好好备考,每天进步一点点,加油!

2021年度 全国税务师职业资格考试

税法（Ⅱ）

应试指南

■ 杨 军　中华会计网校 编

感恩21年相伴　助你梦想成真

中国商业出版社

图书在版编目（CIP）数据

税法（Ⅱ）应试指南／杨军，中华会计网校编．—北京：中国商业出版社，2021.4
2021年度全国税务师职业资格考试
ISBN 978-7-5208-1584-0

Ⅰ．①税… Ⅱ．①杨… ②中… Ⅲ．①税法-中国-资格考试-自学参考资料 Ⅳ．①D922.22

中国版本图书馆 CIP 数据核字（2021）第 058213 号

责任编辑：朱文昊 黄世嘉

中国商业出版社出版发行
010-63180647　www.c-cbook.com
（100053　北京广安门内报国寺 1 号）
新华书店经销
三河市中晟雅豪印务有限公司印刷

*

787 毫米×1092 毫米　16 开　30 印张　788 千字
2021 年 4 月第 1 版　2021 年 4 月第 1 次印刷
定价：88.00 元

****

（如有印装质量问题可更换）

前　言

正保远程教育

- **发展**：2000—2021年：感恩21年相伴，助你梦想成真
- **理念**：学员利益至上，一切为学员服务
- **成果**：18个不同类型的品牌网站，涵盖13个行业
- **奋斗目标**：构建完善的"终身教育体系"和"完全教育体系"

中华会计网校

- **发展**：正保远程教育旗下的第一品牌网站
- **理念**：精耕细作，锲而不舍
- **成果**：每年为我国财经领域培养数百万名专业人才
- **奋斗目标**：成为所有会计人的"网上家园"

"梦想成真"书系

- **发展**：正保远程教育主打的品牌系列辅导丛书
- **理念**：你的梦想由我们来保驾护航
- **成果**：图书品类涵盖会计职称、注册会计师、税务师、经济师、资产评估师、审计师、财税、实务等多个专业领域
- **奋斗目标**：成为所有会计人实现梦想路上的启明灯

图书特色

1 高分战术

解读考试整体情况，
了解大纲总体框架

一、考试总体情况
《税法(Ⅱ)》是税务师考试的基础性科目。本科目考点多，记忆量大，对考生的专业判断能力和实务处理能力的要求较高，考生应依据考试大纲的要求，对考试教材中的基本内容全面掌

二、本书内容体系

章节(按重要性划分)	考试分值比重
第一梯队　第一章　企业所得税 　　　　　第二章　个人所得税	60%左右

三、命题规律及应试方法
　(一)命题规律
　1. 计算机闭卷考试
　《税法(Ⅱ)》考试采用计算机闭卷考试(简称"机考")方式，即在计算机终端获取试题、作

考情解密

▌历年考情概况
　　本章是《税法(Ⅱ)》科目最重要的章节，是通过考试的关键。历年考题中单项选择题、多项选择题、计算题和综合分析题均会涉及本章内容。作为具有"吸星大法"神功的税种，企业所得税在考试中，尤其是计算题、综合分析题中会结合增值税、消费税、城市维护建设税、教

考点详解及精选例题

一、纳税义务人、征税对象及
税率

(一)纳税人★★★
　　在中华人民共和国境内企业和其他取得收入的组织(以下统称企业)为企业所得税的纳税人。根据注册地标准和实际管理机构标

〔提示 2〕 实际管理机构，是指对企业的生产经营、人员、账务、财产等实施实质性全面管理和控制的机构。
　　2. 非居民企业：依照外国(地区)法律成立且实际管理机构不在中国境内，但在中国境内设立机构、场所的，或者在中国境内未设立机构、场所，但有来源于中国境内所得的企业。

真题精练

一、单项选择题
1. (2020 年) 2019 年度某公司利润总额1 000 万元。当年发生非扶贫性质公益性捐赠支出 200 万元，2018 年结转到2019 年末抵扣完的公益性捐赠 30 万元，

3. (2020 年)企业合并适用一般性税务处理方法时，说法错误的是(　　)。
　A. 被合并企业亏损不得在合并企业结转弥补
　B. 被合并企业合并前所得税事项由合

同步训练 限时180分钟

一、单项选择题
1. 下列属于企业所得税视同销售的是(　　)。
　A. 房地产企业将开发房产转作办公使用
　B. 钢材企业将自产的钢材用于本企业的在

　C. 某化妆品生产企业将生产的化妆品对外捐赠
　D. 工业企业将产品用于境内分支机构的移送

2 应试指导及同步训练

- 深入解读本章考点及考试变化内容

- 全方位透析考试，钻研考点

- 了解考试方向和易错点

- 夯实基础，快速掌握答题技巧

3 思维导图全解

本章知识体系全呈现

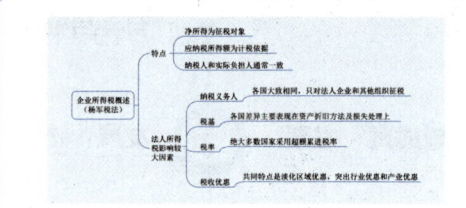

4 考前模拟试卷

模拟演练，助力冲关。

模拟试卷(一)

一、单项选择题(共 40 题，每题 1.5 分。每题的备选项中，只有 1 个最符合题意)
1. 2020 年某化妆品生产企业不含税收入总额8 000 万元(其中接受捐赠收入为 20 万元，取得投资境内非上市公司的股息红利100 万元)，发生的成本、税金及附加合计3 200 万元，销售费用 2 500 万元(其中广告业务宣传费合计 2 200 万元)，管理费用 500 万元，财务费用 200 万元。已知上

模拟试卷(一) 参考答案及详细解析

一、单项选择题
1. C【解析】对化妆品制造与销售、医药制造和饮料制造(不含酒类制造)企业发生的广告费和业务宣传费支出，不超过当年销售收入 30%的部分，准予扣除；超过部分，准予在以后纳税年度结转扣除。本年允许扣除的广告业务宣传费限额 =(8 000-100-20)×30% = 2 364(万元)。本年实际发生了 2 200 万元，上年 200 万元，

模拟试卷(二)

一、单项选择题(共 40 题，每题 1.5 分。每题的备选项中，只有 1 个最符合题意)
1. 下列各项中，在计算企业所得税应纳税所得时准予扣除的是(　　)。
　A. 企业之间支付的管理费
　B. 银行内营业机构之间支付的利息
　C. 企业内营业机构之间支付的租金
　D. 企业内营业机构之间支付的特许权使用费

模拟试卷(二) 参考答案及详细解析

1. B【解析】企业之间支付的管理费、企业内营业机构之间支付的租金和特许权使用费，以及非银行企业内营业机构之间支付的利息，不得扣除。
2. A【解析】可扣除的财产损失 = 5 + 3 × 13% = 5.39(万元)
　抵债服装销售所得 = 120 - 100 = 20(万元)
　债务重组所得 = 150 - (120 + 120 × 13%) =

目 录
CONTENTS

第一部分　高分战术

2021年高分战术 ·· 3
　　一、考试总体情况 ··· 3
　　二、本书内容体系 ··· 3
　　三、命题规律及应试方法 ··· 4

第二部分　应试指导及同步训练

第1章　企业所得税 ·· 9
考情解密 ··· 9
考点详解及精选例题 ··· 11
真题精练 ··· 98
真题精练答案及解析 ··· 109
同步训练 ··· 117
同步训练答案及解析 ··· 130

第2章　个人所得税 ··· 139
考情解密 ··· 139
考点详解及精选例题 ··· 140
真题精练 ··· 191
真题精练答案及解析 ··· 197
同步训练 ··· 201
同步训练答案及解析 ··· 211

第3章　国际税收 ·· 218
考情解密 ··· 218

I

考点详解及精选例题 …………………………………… 219
真题精练 …………………………………… 240
真题精练答案及解析 …………………………………… 242
同步训练 …………………………………… 244
同步训练答案及解析 …………………………………… 247

第 4 章 印花税 …………………………………… 250

考情解密 …………………………………… 250
考点详解及精选例题 …………………………………… 250
真题精练 …………………………………… 259
真题精练答案及解析 …………………………………… 260
同步训练 …………………………………… 261
同步训练答案及解析 …………………………………… 265

第 5 章 房产税 …………………………………… 268

考情解密 …………………………………… 268
考点详解及精选例题 …………………………………… 268
真题精练 …………………………………… 274
真题精练答案及解析 …………………………………… 276
同步训练 …………………………………… 277
同步训练答案及解析 …………………………………… 280

第 6 章 车船税 …………………………………… 283

考情解密 …………………………………… 283
考点详解及精选例题 …………………………………… 283
真题精练 …………………………………… 288
真题精练答案及解析 …………………………………… 289
同步训练 …………………………………… 289
同步训练答案及解析 …………………………………… 291

第 7 章 契 税 …………………………………… 293

考情解密 …………………………………… 293
考点详解及精选例题 …………………………………… 293
真题精练 …………………………………… 299

真题精练答案及解析 …… 299
同步训练 …… 300
同步训练答案及解析 …… 303

第 8 章　城镇土地使用税 …… 306

考情解密 …… 306
考点详解及精选例题 …… 306
真题精练 …… 314
真题精练答案及解析 …… 316
同步训练 …… 317
同步训练答案及解析 …… 320

第 9 章　耕地占用税 …… 324

考情解密 …… 324
考点详解及精选例题 …… 324
真题精练 …… 329
真题精练答案及解析 …… 330
同步训练 …… 331
同步训练答案及解析 …… 333

第 10 章　船舶吨税 …… 334

考情解密 …… 334
考点详解及精选例题 …… 334
真题精练 …… 337
真题精练答案及解析 …… 337
同步训练 …… 338
同步训练答案及解析 …… 339

易错易混知识点辨析 …… 341

第三部分　思维导图全解

本书各章思维导图全解 …… 351

第四部分 考前模拟试卷

2021 年考前模拟试卷 ··· 431
模拟试卷（一） ··· 431
模拟试卷（一）参考答案及详细解析 ······························· 442
模拟试卷（二） ··· 450
模拟试卷（二）参考答案及详细解析 ······························· 460

附录： 本书适用的税率表

正保文化官微

关注正保文化官方微信公众号，回复"勘误表"，获取本书勘误内容。

第一部分

高分战术

梦想成真辅导丛书

2021 年高分战术

税务师职业资格(Tax Advisor 简称：TA)考试共设五个考试科目。考试成绩实行 5 年为一个周期的滚动管理办法，在连续 5 个考试年度内参加全部 5 个科目的考试并合格，可取得税务师职业资格证书(免试部分科目的人员，须在连续 4 个考试年度内通过应试科目的考试)。通过上述考试管理规定可以看出税务师考试还是有一定难度的，对广大考生来说，每个科目都是你取证路上的妖魔鬼怪，每个科目都要用百倍的信心，全身心的付出投入到考试的备考复习中。作为五分之一的《税法(Ⅱ)》来说，主要考核我国的所得税、财产税、行为税以及国际税收等内容。从历年考试情况来看，《税法(Ⅱ)》既考核基础知识，更注重考查考生的实际业务能力，要求考生对各税种的税收政策和计算方法掌握得细致、深刻。

一、考试总体情况

《税法(Ⅱ)》是税务师职业资格考试的基础性科目。本科目考点多，记忆量大，对考生的专业判断能力和实务处理能力的要求高，考生应依据考试大纲的要求，对考试教材中的基本内容全面掌握，融会贯通。在学习中要注意合理规划时间，注重学习方法，选择典型性的习题进行必要练习。

二、本书内容体系

	章节(按重要性划分)	考试分值比重
第一梯队	第一章　企业所得税	60%左右
	第二章　个人所得税	
第二梯队	第三章　国际税收	20%左右
	第四章　印花税	
	第五章　房产税	
第三梯队	第六章　车船税	20%左右
	第七章　契税	
	第八章　城镇土地使用税	
	第九章　耕地占用税	
	第十章　船舶吨税	

三、命题规律及应试方法

(一)命题规律

1. 计算机闭卷考试

《税法(Ⅱ)》考试采用计算机闭卷考试(简称"机考")方式,即在计算机终端获取试题、作答并提交答题结果。要求考生适应这种考试方式。

2. 全部题型均为选择题

考试题目均为选择题,这种方式对判卷老师来说节省了大量的时间,对考生来说,该怎么做怎么做,一个都不能少,考生要适应这种方式。具体考试题型、题量及考试要求见下表:

年份	题型及题量				总题量及分值
	单选题	多选题	计算题	综合分析题	
2016年前	40题/40分	30题/60分	2题/16分	2题/24分	90题,140分(84分通过)
2016年	40题/40分	22题/44分	4题/32分		
2016年以后	40题/60分	20题/40分	2题/16分		80题,140分(84分通过)
考试要求	(1)单选题:每题的备选项中,只有1个最符合题意。 (2)多选题:每题的备选项中。有2个或2个以上符合题意,至少有1个错项。错选,本题不得分;少选,所选的每个选项得0.5分。 (3)计算题:每题4个小问题,共8小题,每小题2分。每小题的备选项中,只有一个最符合题意。 (4)综合分析题:每题6个小问题,共12小题,每小题2分。由单选和多选组成。错选,本题不得分;少选,所选的每个选项得0.5分				

3. 全面考核,重点突出

全书10章内容,出题老师"雨露均沾",每一章均有分,但分值的比重差异非常大,主角是两个所得税,从历年考试分值统计中我们可以看出,它们所占分值的比重近60%,那是相当重要。对其他章节来说,每章分值的比重不高,但考生也不能忽视,这部分内容便于理解,内容相对少些,小投入,大惊喜,对通过考试来说,同样重要。

4. 既考核法规的记忆,又考核法规的运用

考题中有纯粹记忆性知识点的考核,但所占分值比重并不高,考试中涉及更多的是法规法条的具体运用,包括单选题和多选题涉及的一些计算的、识别性的问题,以及占分值比重约30%的计算题和综合分析题都属于这种题型。

5. "考新"是永远的重点

考试更侧重对新知识的考核。体现知识更新是税务师职业资格考试的一个重要特点,每年辅导教材都会根据最近一年来法规制度的变化予以修订,都会增加一些新的税法规定,而这些新知识点往往在考试中又特别容易考到,这就需要考生在学习中引起特别关注和足够的重视。

(二)应试方法

(1)制订科学合理的学习计划。"凡事预则立,不预则废。"一个科学合理的学习计划可以帮助我们合理安排学习时间。学习计划一旦确定,坚决执行,绝不奉行"计划没有变化快"的鸵鸟哲学。

（2）仔细研读本辅导书的内容，结合中华会计网校（www.chinaacc.com）老师授课内容深刻理解考试教材，是考试成功的基础。

（3）适量的题目演练，是考试成功的保障。从历年考试来看，150分钟完成80个题目的作答，时间紧张，题量较大，要求考生平时多进行有针对性的练习，加深对考试教材内容的掌握，同时领会做题的技巧，还可以对学习成果进行检查，发现学习中的问题，及时纠正学习中的理解偏差。

（4）注重总结。《税法（Ⅱ）》内容多，需要记忆理解的考点多，在研读指定辅导教材时要注意总结，提炼知识点，使考试教材由厚变薄，全面提升对考试教材的掌控能力。在习题演练中，不能只看题，还要真做题，同时要注意总结各类题型的特点，解题思路、流程，全面提升应试能力。

祝愿各位考生能如愿通过考试，早日取得税务师职业资格。*梦想成真！*

2021年考试变化讲解

关于左侧小程序码，你需要知道——

亲爱的读者，无论你是新学员还是老考生，本着"逢变必考"的原则，今年考试的变动内容你都需要重点掌握。微信扫描左侧小程序码，网校老师为你带来2021年本科目考试变动解读，助你第一时间掌握重要考点。

第二部分

应试指导及同步训练

梦想成真辅导丛书

第1章 企业所得税

考情解密

历年考情概况

本章是《税法（Ⅱ）》科目最重要的章节，是通过考试的关键。历年考题中单项选择题、多项选择题、计算题和综合分析题均会涉及本章内容。作为具有"吸星大法"神功的税种，企业所得税在考试中，尤其是计算题、综合分析题中会结合增值税、消费税、城市维护建设税、教育费附加等《税法（Ⅰ）》中的税种，以及《税法（Ⅱ）》中的房产税、车船税、城镇土地使用税、印花税等小税种进行考核，本章近三年考试的平均分值在50-55分左右。

正所谓"擒贼先擒王"，希望考生尽快开始着手本章的学习。本章综合性强、内容复杂，需要掌握的内容很多，学习起来有一定的难度。本着"两手都要抓，两手都要硬"的原则，要求考生一方面要注重教材基本知识的理解记忆，另一方面要选择适量的典型习题进行练习。同时要求考生注意根据考试的规律采用杨军老师提出的"分层复习法"做到：掌握的不含糊，熟悉的不遗忘，了解的不磨叽，从而提高复习效率和效果。最后要求考生注意总结，将杂乱的知识点条理化，将各类练习题的解题流程模型化，做到融会贯通，这样才能保证考场上在有限的时间里做完题、提高准确率。

近年考点直击

考点	主要考查题型	考频指数	考查角度
纳税人、征税对象与税率	单选题、多选题	★	主要在客观题中进行考查，以文字性的选择题为主
源泉扣缴			
征收管理			
资产的所得税处理	单选题、多选题	★★	客观题考核为主，主要围绕固定资产、长期待摊费用考核，其他资产考核频率相对较低，个别年份结合在综合分析题中考核，主要以固定资产的税会差异处理为主
资产损失税前扣除的所得税处理	单选题、多选题	★★	在客观题中单独考核，主要是文字性的选择题
企业重组的所得税处理	单选题、多选题	★★	在客观题中单独考核，主要是文字性的选择题，个别年份涉及计算性选择题
房地产开发经营业务的所得税处理	单选题、多选题	★★	在客观题中单独考核，主要是文字性的选择题

续表

考点	主要考查题型	考频指数	考查角度
税收优惠	单选题、多选题、综合分析题	★★	客观题考核主要是以文字性的选择题为主，可能会有少量的计算性题目；在综合分析题中与应纳税所得额和应纳税额的计算结合起来进行考查
特别纳税调整	单选题、多选题	★★	在客观题中单独考核，主要是文字性的选择题
应纳税所得额和应纳税额的计算	单选题、多选题、计算题、综合分析题	★★★	本章的核心，围绕应纳税所得额计算中的五个要素：收入总额、不征税收入、免税收入、各项扣除、亏损弥补全面考核。包括客观题中的文字性、计算性选择题，以及综合分析题中结合其他考点的综合性考核

本章2021年考试主要变化

(1) 新增"集成电路生产企业结转年限"的内容；

(2) 新增"电影行业亏损弥补结转问题"的相关内容；

(3) 删除"企业清算"的相关表述；

(4) 重新编写"公益性捐赠支出"部分的内容；

(5) 删除"QIFF和RQFII取得中国境内的股票等权益性投资资产转让所得"相关内容；

(6) 删除"经济特区和上海浦东新区新设立高新技术企业过渡性税收优惠"内容；

(7) 新增"北京冬奥会有关的税收政策"相关内容；

(8) 删除"科技型中小企业的研究开发费用"内容；

(9) 新增"关于购进、单位价值计算方法、一次性扣除等"相关表述；

(10) 重新编写"关于促进集成电路产业和软件产业发展的优惠"；

(11) 新增"上海自贸试验区临港新片区、海南自由贸易港"相关内容；

(12) 删除"非居民企业所得税管理若干问题"下的相关内容。

考点详解及精选例题

一、纳税义务人、征税对象与税率

扫我解疑难

（一）纳税人★★

在中华人民共和国境内企业和其他取得收入的组织（以下统称企业）为企业所得税的纳税人。根据注册地标准和实际管理机构标准，企业所得税的纳税人分为居民企业和非居民企业。

『提示』依照中国法律、行政法规成立的个人独资企业、合伙企业不适用《企业所得税法》。

【老杨唠吧唠】上述不适用《企业所得税法》的个人独资企业和合伙企业适用《个人所得税法》的有关规定。

1. 居民企业：依法在中国境内成立，或者依照外国（地区）法律成立但实际管理机构在中国境内的企业。

『提示1』依法在中国境内成立的企业，包括依照中国法律、行政法规在中国境内成立的企业、事业单位、社会团体以及其他取得收入的组织。组织是指经国家有关部门批准，依法注册、登记的事业单位、社会团体等组织。

『提示2』实际管理机构，是指对企业的生产经营、人员、账务、财产等实施实质性全面管理和控制的机构。

2. 非居民企业：依照外国（地区）法律成立且实际管理机构不在中国境内，但在中国境内设立机构、场所的，或者在中国境内未设立机构、场所，但有来源于中国境内所得的企业。

『提示1』相关概念：机构、场所。

(1) 管理机构、营业机构、办事机构。
(2) 工厂、农场、开采自然资源的场所。
(3) 提供劳务的场所。
(4) 从事建筑、安装、装配、修理、勘探等工程作业的场所。
(5) 其他从事生产经营活动的机构、场所。

『提示2』非居民企业委托营业代理人在中国境内从事生产经营活动的，包括委托单位或者个人经常代其签订合同，或者储存、交付货物等，该营业代理人视为非居民企业在中国境内设立的机构、场所。

【例题1·单选题】根据企业所得税法律制度的规定，以下属于非居民企业的是（　　）。

A. 根据我国法律成立，实际管理机构在中国的甲公司

关于"扫我解疑难"，你需要知道——

亲爱的读者，下载并安装"中华会计网校"APP，扫描对应二维码，即可获赠知识点概述分析及知识点讲解视频（前10次试听免费），帮助夯实相关考点内容。若想获取更多的视频课程，建议选购中华会计网校辅导课程。

---

* 注：本书采用★级进行标注，"★"表示了解，"★★"表示熟悉，"★★★"表示掌握。

B. 根据外国法律成立，实际管理机构在我国的乙公司

C. 根据外国法律成立且实际管理机构在国外，在我国设立机构、场所的丙公司

D. 根据我国法律成立，在国外设立机构、场所的丁公司

解析 非居民企业，是指依照外国(地区)法律成立且实际管理机构不在中国境内，但在中国境内设立机构、场所的，或者在中国境内未设立机构、场所，但有来源于中国境内所得的企业。

答案 C

【例题2·多选题】根据企业所得税法律制度的规定，下列依照中国法律、行政法规成立的公司、企业中，属于企业所得税纳税人的有( )。

A. 国有独资公司
B. 合伙企业
C. 个人独资企业
D. 一人有限责任公司
E. 社会团体

解析 依照中国法律、行政法规成立的合伙企业、个人独资企业不属于企业所得税的纳税人。

答案 ADE

(二)征税对象★

企业所得税的征税对象是指企业取得的生产经营所得、其他所得和清算所得。具体的规定见表1-1。

表1-1 征税对象

纳税人	征税对象	
居民企业	来源于中国境内、境外的所得	
非居民企业	在中国境内设立机构、场所的	来源于中国境内的所得，以及发生在中国境外但与其所设机构、场所有实际联系的所得
	在中国境内未设立机构、场所的，或者虽设立机构、场所但取得的所得与其所设机构、场所没有实际联系的	来源于中国境内的所得

『提示』 实际联系，是指非居民企业在中国境内设立的机构、场所拥有的据以取得所得的股权、债权，以及拥有、管理、控制据以取得所得的财产。

【老杨嘚吧嘚】特别提请注意，很多考生错误地认为，非居民企业只就来源于中国境内的所得作为征税对象，这点在选择题中出现特别容易"暴雷"，通过上表我们知道非居民企业在中国境内设立机构、场所的，发生在境外但与其所设机构、场所有实际联系的所得也是企业所得税的征税对象，所以务必不要认为非居民企业只有境内所得作为征税对象缴纳企业所得税。

(三)所得来源地的确定★★

所得来源地的确定是上表中确认征税对象的基础。具体的规定见表1-2。

表1-2 所得来源地的确定

所得类型		所得来源地的确定
销售货物所得		交易活动发生地
提供劳务所得		劳务发生地
转让财产所得	不动产转让	不动产所在地
	动产转让	转让动产的企业或者机构、场所所在地
	权益性投资资产转让	被投资企业所在地
股息、红利等权益性投资所得		分配所得的企业所在地
利息、租金和特许权使用费所得		负担、支付所得的企业或者机构、场所所在地或个人住所地

【例题3·多选题】依据企业所得税相关规定，下列对所得来源地的确定，正确的有( )。

A. 销售货物所得，按照机构所在地确定

B. 提供劳务所得，按照劳务发生地确定

C. 不动产转让所得，按照不动产所在地确定

D. 动产转让所得，按照转让动产的企业或者机构、场所所在地确定

E. 股息、红利等权益性投资所得，按照分配所得的企业所在地确定

解析 选项A，销售货物所得，按照交易活动发生地确定。　　**答案** BCDE

【例题4·单选题】某日本企业(实际管理机构不在中国境内)在中国境内设立分支机构，2020年该机构在中国境内取得咨询收入500万元，在中国境内培训技术人员，取得日方支付的培训收入200万元，在香港取得与该分支机构无实际联系的所得80万元，2020年度该境内机构企业所得税的应纳税收入总额为( )万元。

A. 500　　　　　　B. 580

C. 700　　　　　　D. 780

解析 该日本企业来自境内所得额应该是500万元的咨询收入和境内培训收入200万元，合计700万元；在香港取得的所得不是境内，而且和境内机构无关，所以不属于境内应税收入。　　**答案** C

【例题5·多选题】注册地与实际管理机构所在地均在法国的某银行，取得的下列各项所得中，应按规定缴纳我国企业所得税的有( )。

A. 转让位于我国的一处不动产取得的财产转让所得

B. 在香港证券交易所购入我国某公司股票后取得的分红所得

C. 在我国设立的分行为我国某公司提供理财咨询服务取得的服务费收入

D. 在我国设立的分行为位于日本的某电站提供流动资金贷款取得的利息收入

E. 转让位于美国的一处不动产取得的财产转让所得

解析 选项E，不动产转让，按照不动产所在地确认所得。　　**答案** ABCD

(四)税率★★★

我国企业所得税实行比例税率。具体的规定见表1-3。

表1-3　企业所得税税率

税率	适用范围
25%	居民企业
	在中国境内设有机构、场所且所得与机构、场所有关联的非居民企业
20% (实际10%)	中国境内未设立机构、场所的，有来自中国境内的所得
	虽设立机构、场所但取得所得与其所设机构、场所没有实际联系的非居民企业
20%	小型微利企业(详见税收优惠)
15%	(1)高新技术企业；(2)自2017年1月1日起经认定的技术先进型服务企业；(3)自2011年1月1日至2030年12月31日，对设在西部地区的鼓励类产业企业；(4)2019年1月1日起至2021年12月31日符合条件的从事污染防治的第三方企业(详见税收优惠)

【老杨唠吧唠】请注意，非居民企业也有适用25%税率的情况哟！

二、应纳税所得额的计算★★★

扫我解疑难

企业每一纳税年度的收入总额,减除不征税收入、免税收入、各项扣除以及允许弥补的以前年度亏损后的余额,为应纳税所得额。用公式表示如下:

应纳税所得额=收入总额-不征税收入-免税收入-各项扣除-允许弥补的以前年度亏损

『提示』上述公式是直接法下计算的应纳税所得额,考试中更多的是考核间接法的应纳税所得额的计算,公式如下:

应纳税所得额=会计利润总额±纳税调整项目金额

【原理案例】

2020年某居民企业取得主营业务收入4 000万元,发生主营业务成本2 600万元,发生销售费用770万元(其中广告费650万元),管理费用480万元,财务费用60万元,可以税前扣除的税金及附加40万元。用上述两种方法计算该企业的应纳税所得额。[已知该企业税法允许扣除的广告费和业务宣传费扣除比例为销售(营业)收入的15%]

解析

(1)直接法:

广告费和业务宣传费扣除限额=4 000×15%=600(万元)

应纳税所得额=4 000-2 600-[(770-650)+600]-480-60-40=100(万元)

(2)间接法:

会计利润=4 000-2 600-770-480-60-40=50(万元)

广告费和业务宣传费调增所得额=650-4 000×15%=650-600=50(万元)

应纳税所得额=50+50=100(万元)

『提示』企业应纳税所得额的计算,除另有规定外,以权责发生制为原则,属于当期的收入和费用,不论款项是否收付,均作为当期的收入和费用;不属于当期的收入和费用,即使款项已经在当期收付,也不作为当期的收入和费用。

三、收入总额

扫我解疑难

企业的收入总额包括以货币形式和非货币形式从各种来源取得的收入。

货币形式包括现金、存款、应收账款、应收票据、准备持有至到期的债券投资以及债务的豁免。

非货币形式的收入包括固定资产、生物资产、无形资产、股权投资、存货、不准备持有至到期的债券投资、劳务以及有关权益。

『提示』企业以非货币形式取得的收入,应当按照公允价值确定收入额,即按市场价格确定的价值。

【老杨唠吧唠】货币收入和非货币收入的区分中特别注意易错的债券投资和债务豁免。注意收入应为不含增值税的收入,考试中要注意审题,含增值税收入要换算为不含税收入,公式如下:不含税销售额=含税销售额÷(1+增值税税率)。

(一)一般收入的确认★★★

1. 销售货物收入:销售商品、产品、原材料、包装物、低值易耗品以及其他存货取得的收入。

2. 提供劳务收入:企业从事建筑安装、修理修配、交通运输、仓储租赁、金融保险、邮电通信、咨询经纪、文化体育、科学研究、技术服务、教育培训、餐饮住宿、中介代理、卫生保健、社区服务、旅游、娱乐、加工以及其他劳务服务活动取得的收入。

3. 转让财产收入:企业转让固定资产、生物资产、无形资产、股权、债权等财产取得的收入。

『提示』转让股权收入:

(1)应于转让协议生效且完成股权变更手续时确认收入实现。

(2) 股权转让所得=转让股权收入-股权成本

(3) 计算股权转让所得时不得扣除被投资企业未分配利润等股东留存收益中按该项股权所可能分配金额。

【例题6·单选题】 2021年3月甲企业将持有乙企业5%的股权以1 000万元的价格转让，转让价格中包含乙企业未分配利润中归属于该股权的20万元，股权的购置成本为800万元。甲企业应确认的股权转让所得为（　）万元。

A. 50   B. 180
C. 200   D. 220

解析 ▶ 股权转让收入扣除为取得该股权所发生的成本后，为股权转让所得。企业计算股权转让所得时，不得扣除被投资企业未分配利润等股东留存收益中按该项股权所可能分配的金额。股权转让所得=1 000-800=200（万元）。 **答案** ▶ C

【例题7·单选题】 2020年初A居民企业以实物资产500万元直接投资于B居民企业，取得B企业30%的股权。2021年3月，A企业将持有B企业的股权全部转让，取得收入600万元，转让时B企业在A企业投资期间形成的未分配利润为400万元。关于A企业该项投资业务的说法中，正确的是（　）。

A. A企业取得投资转让所得100万元
B. A企业应确认投资的股息所得400万元
C. A企业应确认的应纳税所得额为-20万元
D. A企业投资转让所得应缴纳企业所得税15万元

解析 ▶ 投资转让所得=600-500=100（万元） **答案** ▶ A

4. 股息、红利等权益性投资收益：企业因权益性投资从被投资方取得的收入。

『提示1』除另有规定外，应以被投资企业股东会或股东大会作出利润分配或转股决定的日期，确认收入的实现。

『提示2』被投资企业将股权（票）溢价所形成的资本公积转为股本的，不作为投资方企业的股息、红利收入，投资方企业也不得增加该项长期投资的计税基础。

『提示3』被清算企业的股东分得的剩余资产的金额，其中相当于被清算企业累计未分配利润和累计盈余公积中按该股东所占股份比例计算的部分，应确认为股息所得；剩余资产减除股息所得后的余额，超过或低于股东投资成本的部分，应确认为股东的投资转让所得或损失。

【例题8·单选题】 2020年初A居民企业通过投资，拥有B上市公司15%股权。2021年3月，B公司增发普通股1 000万股，每股面值1元，发行价格2.5元，股款已全部收到并存入银行。2020年6月B公司将股本溢价形成的资本公积金全部转增股本，下列关于A居民企业相关投资业务的说明，正确的是（　）。

A. A居民企业应确认股息收入225万元
B. A居民企业应确认红利收入225万元
C. A居民企业应增加该项投资的计税基础225万元
D. A居民企业转让股权时不得扣除转增股本增加的225万元

解析 ▶ 被投资企业将股权（票）溢价所形成的资本公积转为股本的，不作为投资方企业的股息、红利收入，投资方企业也不得增加该项长期投资的计税基础。 **答案** ▶ D

5. 利息收入：企业将资金提供他人使用但不构成权益性投资，或者因他人占用本企业资金取得的收入，包括存款利息、贷款利息、债券利息、欠款利息等收入。

『提示』按照合同约定的债务人应付利息的日期确认收入的实现。

【@混合性投资业务企业所得税处理】

(1) 定义：

企业混合性投资业务，是指兼具权益和债权双重特性的投资业务。

(2) 混合性投资的条件：

①被投资企业接受投资后，需要按投资合同或协议约定的利率定期支付利息（或定期支付保底利息、固定利润、固定股息，下同）；

②有明确的投资期限或特定的投资条件，并在投资期满或者满足特定投资条件后，被投资企业需要赎回投资或偿还本金；

③投资企业对被投资企业净资产不拥有所有权；

④投资企业不具有选举权和被选举权；

⑤投资企业不参与被投资企业日常生产经营活动。

（3）所得税处理：

①投资企业：应于被投资企业应付利息的日期，确认收入的实现并计入当期应纳税所得额。

②被投资企业：应于应付利息的日期，确认利息支出，按"非金融企业向非金融企业借款利息支出"的规定进行税前扣除。

③对于被投资企业赎回的投资，投资双方应于赎回时将赎价与投资成本之间的差额确认为债务重组损益，分别计入当期应纳税所得额。

【老杨嘚吧嘚】混合性投资的判断条件考生可以从它的定义出发去理解，这样记忆效率比较高，通俗地讲就是"一个叫投资的哥们长了个债权的模样"。

6. 租金收入：企业提供固定资产、包装物或者其他有形资产的使用权取得的收入。

『提示1』按照合同约定的承租人应付租金的日期确认收入的实现。

『提示2』如果交易合同或协议中规定租赁期限跨年度，且租金提前一次性支付的，出租人可对上述已确认的收入，在租赁期内，分期均匀计入相关年度收入。

【老杨嘚吧嘚】跨年提前一次性收到租金的处理要注意不同税种税务处理上的差异，除了上面『提示2』的所得税规定外，要注意印花税在书立时一次性缴纳；房产税按年计算、分期缴纳；增值税租赁服务采取预收款方式的，纳税义务发生时间为收到预收款的当天。

7. 特许权使用费收入：企业提供专利权、非专利技术、商标权、著作权以及其他特许权的使用权取得的收入。

『提示』按照合同约定的特许权使用人应付特许权使用费的日期确认收入。

【老杨嘚吧嘚】考生可以将上述利息收入、租金收入和特许权使用费收入的日期确认做一个归纳，你会发现他们的表述惊人的相似，都是"某某人应付某某的日期确认收入"，老杨把他们三个叫"孪生三兄弟"，因为他们三个有共同的记忆点，除了这里外，考生可以回看"所得来源地的确定"这个知识点，你会发现他们"孪生三兄弟"的叫法是有根据的。考生可以一并复习。

【例题9·计算题】某生产化工产品的公司，2020年发生以下事项：签订一份委托贷款合同，合同约定两年后合同到期时一次性收取利息。2020年已将利息收入40万元进行了相关的会计处理。年初签订一项商标使用权合同，合同约定商标使用期限为4年，使用费总额为240万元，每两年收费一次，2020年第一次收取使用费，实际收取120万元，已将60万元进行了相关的会计处理。该公司的所得税处理是什么？

解析 利息收入应调减应纳税所得额40万元，对利息收入，应按照合同约定的债务人应付利息的日期确认收入的实现。

商标使用权收入应调增应纳税所得额60万元，对特许权使用费收入，应按照合同约定的特许权使用人应付特许权使用费的日期确认收入的实现。

8. 接受捐赠收入：企业接受的来自其他企业、组织或者个人无偿给予的货币性资产、非货币性资产。

『提示』按照实际收到捐赠资产的日期确

认收入的实现。

【老杨唠吧唠】捐赠问题在考试中个别考生混淆了接受捐赠和对外捐赠的问题，导致整道题的得分率瞬间降到"冰点"，老杨提请注意：接受捐赠是"天上掉馅饼"，是"别人白给你的"，是你收入总额的一部分；而对外捐赠是"你献爱心的行为"，是你给别人的，具体税务处理见后面的"扣除项目和标准"中的相关知识点。

【例题10·计算题】某公司2021年3月接受捐赠原材料一批，取得增值税专用发票，注明价款10万元，增值税额1.3万元，未做账务处理。请计算该笔业务对应纳税所得额的影响金额。

解析▶

(1) 直接法下：应确认的收入总额＝10+1.3＝11.3(万元)

(2) 间接法下：应调整应纳税所得额＝10+1.3＝11.3(万元)

9.其他收入：企业取得的除以上收入外的其他收入，包括企业资产溢余收入、逾期未退包装物押金收入、确实无法偿付的应付款项、已作坏账损失处理后又收回的应收款项、债务重组收入、补贴收入、违约金收入、汇兑收益等。

【老杨唠吧唠】其他收入，从考试角度考生注意它包括哪些内容即可，但老杨提请注意：他的名字叫"其他收入"，千万不要和会计科目"其他业务收入"搞混了！

(二)特殊收入的确认★★(见表1-4)

表1-4 特殊收入的确认

分类	收入确认
分期收款方式销售货物的	按照合同约定的收款日期确认收入的实现
企业受托加工制造大型机械设备、船舶、飞机，以及从事建筑、安装、装配工程业务或者提供其他劳务等，持续时间超过12个月的	按照纳税年度内完工进度或者完成的工作量确认收入的实现
采取产品分成方式取得收入的	按照企业分得产品的日期确认收入的实现，其收入额按照产品的公允价值确定
企业发生非货币性资产交换，以及将货物、财产、劳务用于捐赠、偿债、赞助、集资、广告、样品、职工福利或者利润分配等用途的	应当视同销售货物、转让财产或者提供劳务，但国务院财政、税务主管部门另有规定的除外

(三)处置资产收入的确认★★★(见表1-5)

表1-5 处置资产收入的确认

内部处置，不视同销售(资产转移至境外除外)	不属于内部处置，视同销售
(1)将资产用于生产、制造、加工另一产品； (2)改变资产形状、结构或性能； (3)改变资产用途(如自建商品房转为自用或经营)； (4)将资产在总机构及其分支机构之间转移； (5)上述两种或两种以上情形的混合； (6)其他不改变资产所有权属的用途	(1)用于市场推广或销售； (2)用于交际应酬； (3)用于职工奖励或福利； (4)用于股息分配； (5)用于对外捐赠； (6)其他改变资产所有权属的用途

『提示1』特别注意：将资产转移至境外不属于内部处置。

『提示2』不属于内部处置，视同销售的情形，除另有规定外，应按照被移送资产的公允价值确定销售收入。

【老杨唠吧唠】本知识点是考试的重点内

容,要求考生可以正确区分视同销售和不视同销售的范围,老杨推荐的判断原则是"权属+除"这三个字:"权属"是指资产所有权属,权属在形式和实质上均不改变的为内部处置,不视同销售;改变的不属于内部处置,视同销售。"除"是指将资产转移至境外不根据"权属"判断,它不属于内部处置,视同销售。

(四)相关收入实现的确认★★

1. 收入确认一般原则(见表1-6)

表1-6 收入确认一般原则

收入	确认原则	说明
销售商品	(1)商品销售合同已经签订,企业已将商品所有权相关的主要风险和报酬转移给购货方; (2)企业对已售出的商品既没有保留通常与所有权相联系的继续管理权,也没有实施有效控制; (3)收入的金额能够可靠地计量; (4)已发生或将发生的销售方的成本能够可靠地核算	—
提供劳务 (完工进度法)	(1)收入的金额能够可靠地计量; (2)交易的完工进度能够可靠地确定; (3)交易中已发生和将发生的成本能够可靠地核算	完工进度法(完工百分比法): 当期劳务收入=合同或协议价款×完工进度-以前年度累计已确认劳务收入 当期劳务成本=劳务估计总成本×完工进度-以前年度累计已确认劳务成本 完工进度的确定:已完工作的测量、已提供劳务占劳务总量的比例、发生成本占总成本的比例

【老杨嘚吧嘚】收入确认的一般原则在我们的考试中是考核过文字性选择题的,仅此而已,考生在复习中不需要过多的链接《财务与会计》中的收入确认知识点。

2. 销售商品收入实现时间及金额的确认(见表1-7和表1-8)

表1-7 销售商品收入实现时间的确认

销售方式	收入确认时间
托收承付方式	办妥托收手续时
预收款方式	发出商品时
需要安装和检验	购买方接受商品及安装和检验完毕时
如安装程序比较简单	发出商品时
支付手续费方式委托代销	收到代销清单时

表1-8 销售商品收入金额的确认

销售方式	收入金额的确认
售后回购	(1)符合收入确认条件:销售的商品按售价确认收入,回购的商品作为购进商品处理; (2)不符合销售收入确认条件:收到的款项确认为负债,回购价格大于原售价的,差额在回购期间确认利息费用
商业折扣	扣除商业折扣后金额
现金折扣	扣除现金折扣前金额确定收入金额,现金折扣在实际发生时作为财务费用扣除
销售折让	发生当期冲减当期销售商品收入

续表

销售方式	收入金额的确认
以旧换新	销售商品按收入确认条件确认收入，回收商品作为购进商品处理
买一赠一	不属于捐赠，将总的销售金额按各商品公允价值的比例来分摊确认各项的销售收入

企业取得财产（包括各类资产、股权、债权等）转让收入、债务重组收入、接受捐赠收入、无法偿付的应付款收入等，不论是以货币形式还是非货币形式体现，除另有规定外，均应一次性计入确认收入的年度计算缴纳企业所得税。

【老杨唠吧唠】 很多同时报考《税法（Ⅰ）》科目的考生，在学习这部分知识点时常常会联系增值税法的规定，这是个好办法，但一定要注意两个税种在具体税务处理规定上的差异，例如：增值税里的"折扣销售"到了所得税里就叫"商业折扣"了；而增值税里的"销售折扣"到了所得税里就叫"现金折扣"，类似的不同税种规定上的差异，采用"对比记忆法"的考生要引起充分的重视。只报考《税法（Ⅱ）》科目的考生当然也就不存在类似问题了。

3. 提供劳务收入的确认（见表1-9）

表1-9 提供劳务收入的确认

分类	收入确认
安装费	依安装完工进度确认。安装是商品销售附带条件的，安装费在确认商品销售实现时确认
宣传媒介收费	相关的广告或商业行为出现于公众面前时确认。广告的制作费，根据制作完工进度确认
软件费	为特定客户开发软件的收入，根据开发的完工进度确认
服务费	含在商品售价内可区分的服务费，在提供服务期间分期确认
艺术表演、招待宴会和其他特殊活动收费	在相关活动发生时确认。收费涉及几项活动的，预收的款项应合理分配给每项活动，分别确认
会员费	只有会籍，其他服务或商品另收费的取得该会员费时确认。入会或加入会员后，不再付费或以低于非会员的价格销售商品或提供服务的，会员费应在整个受益期内分期确认
特许权费	提供设备和其他有形资产的特许权费，在交付资产或转移资产所有权时确认；提供初始及后续服务的特许权费，在提供服务时确认
劳务费	长期为客户提供重复的劳务收取的劳务费，在相关劳务活动发生时确认

【老杨唠吧唠】 考生可以根据上表总结一下哪些收入按"完工进度"确认收入；另一个需要注意"特许权费收入"和"特许权使用费收入"的规定在选择题出现时不要"张冠李戴"。

【例题11·多选题】 依据企业所得税相关规定，下列表述正确的有（ ）。

A. 商业折扣一律按折扣前的金额确定商品销售收入

B. 现金折扣应当按折扣后的金额确定商品销售收入

C. 属于提供初始及后续服务的特许权费，在提供服务时确认收入

D. 属于提供设备和其他有形资产的特许权费，在交付资产或转移资产所有权时确认

E. 申请入会或加入会员，只允许取得会籍，所有其他服务或商品都要另行收费的，在取得该会员费时确认收入

解析▶ 选项A，应当按照扣除商业折扣后的金额确定销售商品收入金额；选项B，应当按扣除现金折扣前的金额确定销售商品收入金额。
答案▶ CDE

【例题12·多选题】 下列关于企业所得税收入确认时间的说法中，正确的有（ ）。

A. 转让股权收入，在签订股权转让合同时确认收入

B. 采取预收款方式销售商品的，在发出

商品时确认收入

C. 提供初始及后续服务的特许权费，在提供服务时确认收入

D. 采用分期收款方式销售商品的，根据实际收款日期确认收入

E. 为特定客户开发软件的收费，根据开发的完工进度确认收入

解析 ▶ 选项A，转让股权收入，应于转让协议生效且完成股权变更手续时，确认收入的实现；选项D，以分期收款方式销售货物的，按照合同约定的收款日期确认收入的实现。

答案 ▶ BCE

（五）不征税收入和免税收入 ★★

【老杨唠吧唠】不征税收入先天具有不征税的基因，从企业所得税原理上讲应永久不列入征税范围的收入范畴，而免税收入是一种税收优惠，考生要注意二者的区别。

1. 不征税收入

（1）财政拨款：各级人民政府对纳入预算管理的事业单位、社会团体等组织拨付的财政资金。

（2）依法收取并纳入财政管理的行政事业性收费、政府性基金。

①支：企业按照规定缴纳的符合审批权限的政府性基金和行政事业性收费，准予在计算应纳税所得额时扣除。

②收：企业收取的各种基金、收费，计入当年收入总额。

③缴：上缴财政的作为不征税收入，于上缴财政的当年从收入总额中减除；未上缴财政的部分，不得减除。

【老杨唠吧唠】本考点老杨提请考生一定要注意区分"支、收、缴"这三个字。"支"是企业按照规定缴纳可以在计算应纳税所得额时扣除的支出；而"收"和"缴"是两条线，收到的各种基金、收费，计入当年收入总额，只有上缴的部分才能从收入总额中减除！

（3）对社保基金取得的直接股权投资收益、股权投资基金收益，作为企业所得税不征税收入。

（4）自2018年3月13日至2023年12月31日，对在中国境内未设立机构、场所的，或者虽设立机构、场所但取得的所得与其所设机构、场所没有实际联系的境外机构投资者（包括境外经纪机构），从事中国境内原油期货交易取得的所得（不含实物交割所得），暂不征收企业所得税。

对境外经纪机构在境外为境外投资者提供中国境内原油期货经纪业务取得的佣金所得，不属于来源于中国境内的劳务所得，不征收企业所得税。

（5）国务院规定的其他不征税收入。

①企业取得的各类财政性资金，除属于国家投资和资金使用后要求归还本金的以外，均应计入当年收入总额。

②由国务院财政、税务主管部门规定专项用途并经国务院批准的财政性资金，作为不征税收入，计算应纳税所得额时从收入总额中减除。

『提示1』财政性资金：企业取得的来源于政府及其有关部门的财政补助、补贴、贷款贴息，以及其他各类财政专项资金，包括直接减免的增值税和即征即退、先征后退、先征后返的各种税收，但不包括企业按规定取得的出口退税款。

『提示2』专项用途财政性资金企业所得税处理

（1）符合不征税收入的财政性资金的条件：①企业能够提供规定资金专项用途的资金拨付文件；②财政部门或其他拨付资金的政府部门对该资金有专门的资金管理办法或具体管理要求；③企业对该资金以及以该资金发生的支出单独进行核算。

【杨氏记忆法】三有原则：有文件、有要求、有核算！

（2）不征税收入用于支出所形成的费用，不得在计算应纳税所得额时扣除；用于支出所形成的资产，其计算的折旧、摊销不得在计算应纳税所得额时扣除。

（3）企业将符合条件的财政性资金作不征

税收入处理后，在5年(60个月)内未发生支出且未缴回财政部门或其他拨付资金的政府部门的部分，应计入取得该资金第六年的应税收入总额；计入应税收入总额的财政性资金发生的支出，允许在计算应纳税所得额时扣除。

【老杨唠吧唠】企业取得的各类财政性资金除规定外要计入当年收入总额，而这其中只有符合专项用途并经国务院批准的财政性资金才作为不征税收入从收入总额中减除，这点要特别注意。

【例题13·多选题】企业从县级以上各级人民政府财政部门及其他部门取得的应计入收入总额的财政性资金，作为不征税收入，应同时符合的条件有（ ）。

A. 企业能够提供规定资金专项用途的资金拨付文件

B. 资金使用的具体情况每年必须报上级主管部门备案

C. 企业对该资金以及以该资金发生的支出单独进行核算

D. 该资金不得用于资本性支出

E. 财政部门对该资金有专门的资金管理办法或具体管理要求

解析 企业从县级以上各级人民政府财政部门及其他部门取得的应计入收入总额的财政性资金，凡同时符合以下条件的，可以作为不征税收入，在计算应纳税所得额时从收入总额中减除：(1)企业能够提供规定资金专项用途的资金拨付文件；(2)财政部门或其他拨付资金的政府部门对该资金有专门的资金管理办法或具体管理要求；(3)企业对该资金以及以该资金发生的支出单独进行核算。

答案 ACE

2. 免税收入

(1) 国债利息收入。

【老杨唠吧唠】注意"利息"这两个字！国债转让收入不属于免税收入！

(2) 符合条件的居民企业之间的股息、红利等权益性收益。

『提示』是指居民企业直接投资于其他居民企业的投资收益。

(3) 在中国境内设立机构、场所的非居民企业从居民企业取得与该机构、场所有实际联系的股息、红利等权益性投资收益。

『提示』上述免税的投资收益都不包括连续持有居民企业公开发行并上市流通的股票不足12个月取得的投资收益。

(4) 符合条件的非营利组织的收入。

『提示1』符合条件的非营利组织是指：

①依法履行非营利组织登记手续。

②从事公益性或者非营利性活动。

③取得的收入除用于与该组织有关的、合理的支出外，全部用于登记核定或者章程规定的公益性或者非营利性事业。

④财产及其孳息不用于分配。

⑤按照登记核定或者章程规定，该组织注销后的剩余财产用于公益性或者非营利性目的，或者由登记管理机关转赠给与该组织性质、宗旨相同的组织，并向社会公告。

⑥投入人对投入该组织的财产不保留或者享有任何财产权利。

⑦工作人员工资福利开支控制在规定的比例内，不变相分配该组织的财产。

⑧国务院财政、税务主管部门规定的其他条件。

『提示2』符合条件的非营利组织的收入，不包括非营利组织从事营利性活动取得的收入，但国务院财政、税务主管部门另有规定的除外。

『提示3』非营利组织的下列收入为免税收入：

①接受其他单位或者个人捐赠的收入；

②除财政拨款以外的其他政府补助收入，但不包括因政府购买服务而取得的收入；

③按照省级以上民政、财政部门规定收取的会费；

④不征税收入和免税收入孳生的银行存款利息收入；

⑤财政部、国家税务总局规定的其他

收入。

（5）对企业取得的2009年及以后年度发行的地方政府债券利息所得，免征企业所得税。

（6）自2020年1月1日起，跨境电子商务综合试验区内实行核定征收的跨境电商企业的收入属于《企业所得税法》第二十六条规定的免税收入，可享受免税收入优惠政策。

（7）对企业投资者转让创新企业境内发行存托凭证（创新企业CDR）取得的差价所得和持有创新企业CDR取得的股息红利所得，按转让股票差价所得和持有股票的股息红利所得政策规定征免企业所得税。

（8）对公募证券投资基金（封闭式证券投资基金、开放式证券投资基金）转让创新企业CDR取得的差价所得和持有创新企业CDR取得的股息红利所得，按公募证券投资基金税收政策规定暂不征收企业所得税。

（9）对合格境外机构投资者（QFII）、人民币合格境外机构投资者（RQFII）转让创新企业CDR取得的差价所得和持有创新企业CDR取得的股息红利所得，视同转让或持有据以发行创新企业CDR的基础股票取得的权益性资产转让所得和股息红利所得免征企业所得税。

【例题14·单选题】符合条件的非营利组织取得下列收入，免征企业所得税的是（ ）。

A. 从事营利活动取得的收入
B. 因政府购买服务而取得的收入
C. 不征税收入孳生的银行存款利息收入
D. 按照县级民政部门规定收取的会费收入

解析 ▶ 非营利组织的下列收入为免税收入：接受其他单位或者个人捐赠的收入；除税法规定的财政拨款以外的其他政府补助收入，但不包括因政府购买服务而取得的收入；按照省级以上民政、财政部门规定收取的会费；不征税收入和免税收入孳生的银行存款利息收入；财政部、国家税务总局规定的其他收入。

答案 ▶ C

四、企业接收政府和股东划入资产的所得税处理 ★★

扫我解疑难

（一）企业接收政府划入资产的企业所得税处理

1. 县级以上人民政府（包括政府有关部门，下同）将国有资产明确以股权投资方式投入企业，企业应作为国家资本金（包括资本公积）处理。该项资产如为非货币性资产，按政府确定的接收价值确定计税基础。

2. 县级以上人民政府将国有资产无偿划入企业，凡指定专门用途并按规定进行管理的，企业可作为不征税收入进行企业所得税处理。其中，该项资产属于非货币性资产的，应按政府确定的接收价值计算不征税收入。

3. 县级以上人民政府将国有资产无偿划入企业，属于上述1、2项以外情形的，应按政府确定的接收价值计入当期收入总额计算缴纳企业所得税。政府没有确定接收价值的，按资产的公允价值计算确定应税收入。

（二）企业接收股东划入资产的企业所得税处理

1. 企业接收股东划入资产（包括股东赠与资产、上市公司在股权分置改革过程中接收原非流通股股东和新非流通股股东赠与的资产、股东放弃本企业的股权，下同），凡合同、协议约定作为资本金（包括资本公积）且在会计上已作实际处理的，不计入企业的收入总额，企业应按公允价值确定该项资产的计税基础。

2. 企业接收股东划入资产，凡作为收入处理的，应按公允价值计入收入总额，计算缴纳企业所得税，同时按公允价值确定该项资产的计税基础。

【老杨唠吧唠】划入资产的所得税处理老杨总结的解题技巧是"分主体看目的"寻找"最美关键词"的方法：考场上首先要分清划入的是政府还是股东？然后根据其目的找到"关键词"进而做出正确的税务处理，其中政府划入的税务处理的关键词是"接收价值"，股东划入的税务处理的关键词是"公允价值"。

五、税前扣除项目

扫我解疑难

企业实际发生的与取得收入有关的、合理的支出,包括成本、费用、税金、损失和其他支出,准予在计算应纳税所得额时扣除。

(一)税前扣除项目的原则和范围★

具体扣除原则和范围见表1-10。

表1-10 税前扣除项目的原则和范围

项目			内容与要点
税前扣除项目的原则	(1)权责发生制原则;(2)配比原则;(3)合理性原则		
税前扣除项目的范围	成本		直接成本和间接成本
	期间费用	管理费用	(1)符合规定条件的按发生额扣除,例如工资薪金、财产保险等;
		销售费用	(2)按规定比例扣除,例如业务招待费等
		财务费用	
	税金		计入税金及附加扣除的税金(不包括增值税):印花税、房产税、车船税、城镇土地使用税、消费税、城市维护建设税、教育费附加和地方教育费附加、出口关税、土地增值税、资源税等
			计入资产或者货物的成本:契税、车辆购置税、进口关税、不得抵扣的增值税、耕地占用税
	损失		企业发生的损失,减除责任人赔偿和保险赔款后的余额按规定扣除

(二)扣除项目及其标准★★★

税法对属于可以在税前扣除的成本、费用、税金和损失的某些特定项目,规定了扣除标准。这部分知识点是考试重点内容,要求熟练掌握。

1. 工资、薪金支出

企业发生的合理工资、薪金支出准予据实扣除。

【老杨唠吧唠】注意是"支出"!!!

『提示1』工资、薪金,是指企业每一纳税年度支付给在本企业任职或者与其有雇佣关系的员工的所有现金或者非现金形式的劳动报酬,包括基本工资、奖金、津贴、补贴、年终加薪、加班工资,以及与任职或者受雇有关的其他支出。

『提示2』"合理的工资、薪金",是指企业按照股东大会、董事会、薪酬委员会或相关管理机构制定的工资、薪金制度规定实际发放给员工的工资、薪金。税务机关在对工资、薪金进行合理性确认时,可按以下原则掌握:

(1)企业制定了较为规范的员工工资、薪金制度;

(2)企业所制定的工资、薪金制度符合行业及地区水平;

(3)企业在一定时期所发放的工资、薪金是相对固定的,工资、薪金的调整是有序进行的;

(4)企业对实际发放的工资、薪金,已依法履行了代扣代缴个人所得税义务;

(5)有关工资、薪金的安排,不以减少或逃避税款为目的。

『提示3』属于国有性质的企业,其工资、薪金,不得超过政府有关部门给予的限定数额;超过部分,不得计入企业工资、薪金总额,也不得在计算企业应纳税所得额时扣除。

『提示4』企业因雇佣其他人员所发生的费用的处理见图1-1。

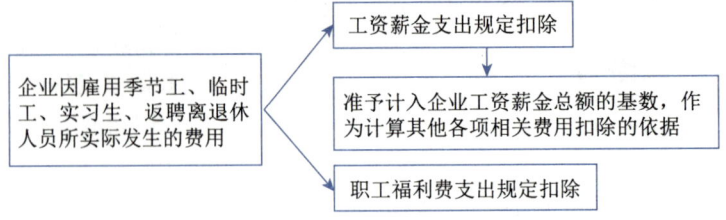

图1-1 企业因雇佣其他人员所发生的费用的处理

『提示5』企业接受外部劳务派遣用工的费用的处理见图1-2。

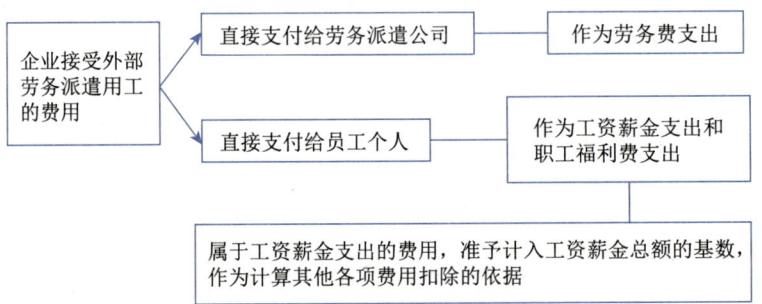

图1-2 企业接受外部劳务派遣用工的费用的处理

『提示6』企业福利性补贴支出税前扣除。随企业员工工资薪金制度、固定与工资薪金一起发放的福利性补贴，符合规定的合理工资、薪金支出条件，可作为企业发生的工资薪金支出，按规定在税前扣除。不能符合合理工资、薪金支出条件的福利性补贴作为规定的职工福利费按规定计算限额税前扣除。

『提示7』企业在年度汇缴清缴结束前向员工实际支付的已预提汇缴年度工资薪金，准予在汇缴年度按规定扣除。

【老杨唠吧唠】老杨提请考生注意"一个主体三个费用"可以成为出题老师的"难度调节阀"，如果在考题中出现考生注意不到很容易有种"被套路的赶脚"，导致整道题得分率较低。"一个主体"是"国有性质的企业"，这一类企业的工资薪金支出扣除是有"限额"的，考生一定要注意；"三个费用"就是上述"提示4-6"的三点内容，一定要注意各情况下的费用支出的处理。

2. 职工福利费、工会经费、职工教育经费

企业发生的职工福利费、工会经费、职工教育经费按标准扣除，未超过标准的按实际数扣除，超过标准的只能按标准扣除。

企业发生的职工福利费支出，不超过工资、薪金总额的14%的部分准予扣除，超过的部分不得扣除。

企业拨缴的工会经费，不超过工资、薪金总额2%的部分准予扣除，超过的部分不得扣除。

除国务院财政、税务主管部门另有规定外，企业发生的职工教育经费支出，不超过工资、薪金总额8%的部分，准予扣除；超过部分，准予在以后纳税年度结转扣除。

『提示1』上述"工资、薪金总额"，是指企业按规定实际发放的工资、薪金总和，不包括企业的职工福利费、职工教育经费、工会经费以及养老保险费、医疗保险费、失业保险费、工伤保险费、生育保险费等社会保险费和住房公积金。

『提示2』福利费包括的内容：

企业职工福利费是指企业为职工提供的除职工工资、奖金、津贴、纳入工资总额管理的补贴、职工教育经费、社会保险费和补充养老保险费（年金）、补充医疗保险费及住房公积金以外的福利待遇支出，包括发放给

职工或为职工支付的以下各项现金补贴和非货币性集体福利：

(1)为职工卫生保健、生活、住房、交通等所发放的各项补贴和非货币性福利，包括企业向职工发放的因公外地就医费用、未实行医疗统筹企业职工医疗费用、职工供养直系亲属医疗补贴、供暖费补贴、职工防暑降温费、职工困难补贴、救济费、职工食堂经费补贴、职工交通补贴等。

(2)企业尚未分离的内设集体福利部门所发生的设备、设施和人员费用，包括职工食堂、职工浴室、理发室、医务所、托儿所、疗养院、集体宿舍等集体福利部门设备、设施的折旧、维修保养费用以及集体福利部门工作人员的工资薪金、社会保险费、住房公积金、劳务费等人工费用。

(3)职工困难补助，或者企业统筹建立和管理的专门用于帮助、救济困难职工的基金支出。

(4)按规定发生的其他职工福利费，包括丧葬补助费、抚恤费、职工异地安家费、独生子女费、探亲假路费，以及符合企业职工福利费定义但没有包括在上述各条款项目中的其他支出。

『提示3』职工教育经费相关规定：

(1)职工福利费支出和工会拨缴的工会经费超过规定标准的部分不得扣除，而企业发生的职工教育经费支出超过部分，准予在以后纳税年度结转扣除。

(2)集成电路设计企业和符合条件的软件企业职工教育经费中的职工培训费用，应单独进行核算并按实际发生额在计算应纳税所得额时扣除。企业应准确划分职工教育经费中的职工培训费支出，对于不能准确划分的，以及准确划分后职工教育经费中扣除职工培训费用的余额，一律按照工资、薪金总额8%的比例扣除。

(3)企业因接收学生实习所实际发生的与取得收入有关的合理支出，以及企业发生的职工教育经费支出，依法在计算应纳税所得额时扣除。

【杨氏解题法】三步法(见图1-3)

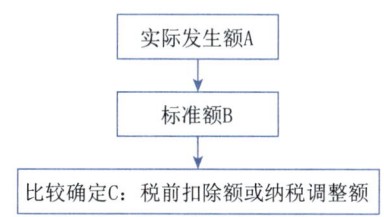

图1-3 三步法

项目	第一步：实际发生额 A	第二步：标准额 B	第三步：比较确定 C	
			税前扣除额	纳税调整额
福利费	已知条件中金额(大部分考题均作为已知条件，少量题目需要计算出实际发生额)；	工资薪金总额×14%	1. A>B 时 = B 2. A<B 时 = A 『提示』孰低	1. A>B 时 = A-B 2. A<B 时无须调整
工会经费	已知条件中金额	工资薪金总额×2%		
职工教育经费	已知条件中金额	工资薪金总额×8%		

【老杨唠吧唠】福利费包括的内容不少，要求考生熟悉，老杨提请注意的是提示2第(2)条中内设集体福利部门工作人员的"工资薪金、社会保险费、住房公积金、劳务费等人工费用"属于福利费，这点很多考生容易忽略，一看"工资薪金"等字眼就想当然地认为是"工资、薪金支出"，这一定要引起充分的重视!!!我们假设一下如果这个知识点和上一个"老杨唠吧唠"提示注意的内容结合起来考核"杨氏三步法"的运用，对考生还是很有"杀伤力"的。

【例题15·计算题】某企业2019年已计入成本、费用中的全年实发工资总额为400万元(属于合理限度的范围)，实际发生的职工工会经费6万元、职工福利费60万元、职工教育经费37万元。请计算该企业三项经费的所得税处理。

解析 允许扣除的工会经费限额 = 400×2% = 8(万元)，实际发生6万元，因此按发生额扣除，不需调整。

允许扣除的职工福利费限额 = 400×14% = 56(万元)，实际发生额60万元，超标，调增4万元。

允许扣除的职工教育经费限额 = 400×8% = 32(万元)，实际发生额37万元，超标，调增5万元。

『提示』考题中的常见问法。

(1)直接法的问法：允许扣除的金额？6+56+32 = 94(万元)

(2)间接法的问法：纳税调整的金额？4+5 = 9(万元)

3. 保险费：财产保险、社会保险和商业保险(见图1-4)

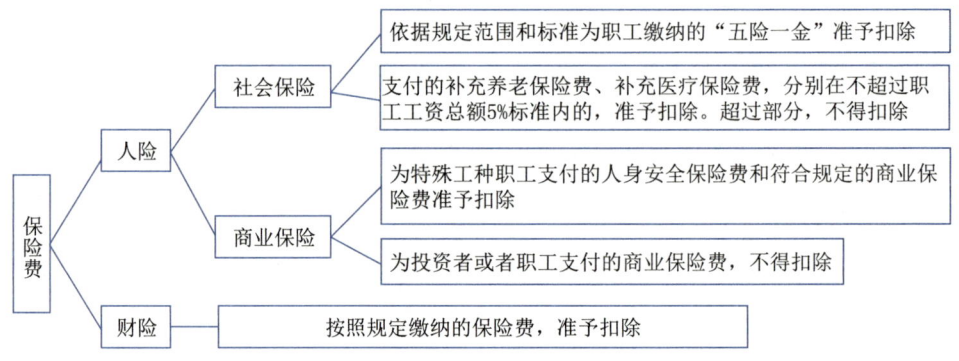

图1-4 保险费的扣除

『提示1』自2018年度开始，企业参加雇主责任险、公众责任险等责任保险，按照规定缴纳的保险费，准予在企业所得税税前扣除。

『提示2』企业职工因公出差乘坐交通工具发生的人身意外保险费支出，准予企业在计算应纳税所得额时扣除。

『提示3』安置残疾人的机关事业单位以及由机关事业单位改制后的企业，为残疾人缴纳的机关事业单位养老保险，属于基本养老保险范围。

【老杨唠吧唠】注意补充养老保险费和补充医疗保险费的扣除比例是"分别"5%。

【例题16·多选题】企业缴纳的下列保险金可以在税前直接扣除的有( )。

A. 为特殊工种的职工支付的人身安全保险费

B. 为没有工作的董事长夫人缴纳的社会保险费用

C. 为投资者或者职工支付的商业保险费

D. 按照国家规定的标准，为董事长缴纳的补充养老保险金

E. 企业参加财产保险按照规定缴纳的保险费

解析 选项B，董事长的夫人不属于企业的职工，为其缴纳的保险费属于与本企业收入无关的支出，不得在税前扣除；选项C，企业为投资者或者职工支付的商业保险费，不得扣除。

答案 ADE

【例题17·单选题】2020年某软件生产企业发放的合理工资总额200万元；实际发生职工福利费用35万元、工会经费3.5万元、职工教育经费8万元(其中职工培训经费4万元)；另为职工支付补充养老保险12万元、补充医疗保险8万元。2020年企业申报所得税时就上述费用应调增应税所得额( )万元。

A. 7   B. 9
C. 12   D. 22

解析 补充养老保险：实际发生12万元，扣除限额 = 200×5% = 10(万元)，调增所

得额 2 万元；

补充医疗保险：实际发生 8 万元，扣除限额 = 200×5% = 10(万元)，不需要调整；

职工福利费：实际发生 35 万元，扣除限额 = 200×14% = 28(万元)，调增所得额 7 万元；

职工教育经费：软件企业支付给职工的培训费可以全额扣除，所以支付的 4 万元培训费可以全额扣除，实际发生 4 万元，职工教育经费扣除限额 = 200×8% = 16(万元)，可以全额扣除；

工会经费：实际发生 3.5 万元，扣除限额 = 200×2% = 4(万元)，可以全额扣除。

综上分析，上述费用应调增所得额为 9 万元。

答案 B

4. 关于我国居民企业实行股权激励计划有关企业所得税处理问题(见图 1-5)

股权激励
立即行权
实际行权时该股票的公允价格与激励对象实际行权支付价格的差额和数量，作为当年上市公司工资薪金支出在税前扣除
等待期后行权
上市公司等待期内会计上计算确认的相关成本费用，不得在对应年度企业所得税时扣除。行权后按上述处理

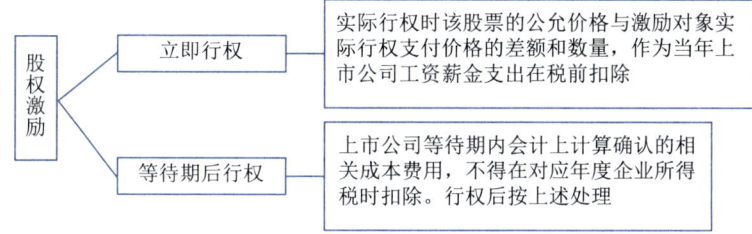

图 1-5　股权激励的扣除

『**提示 1**』股权激励实行方式包括授予限制性股票、股票期权以及其他法律法规规定的方式。

『**提示 2**』上述所指股票实际行权时的公允价格，以实际行权日该股票的收盘价格确定。

【**例题 18 · 单选题**】2019 年 1 月某上市公司对本公司 20 名管理人员实施股票期权激励政策，约定如在公司连续服务 2 年，即可以 4 元/股的价格购买本公司股票 1 000 股。2021 年 1 月，20 名管理人员全部行权，行权日股票收盘价 20 元/股。根据企业所得税相关规定，行权时该公司所得税前应扣除的费用金额为(　)元。

A. 300 000　　B. 320 000

C. 380 000　　D. 400 000

解析 行权时该公司所得税前应扣除的费用 = (20−4)×1 000×20 = 320 000(元)

答案 B

5. 借款费用(见图 1-6)

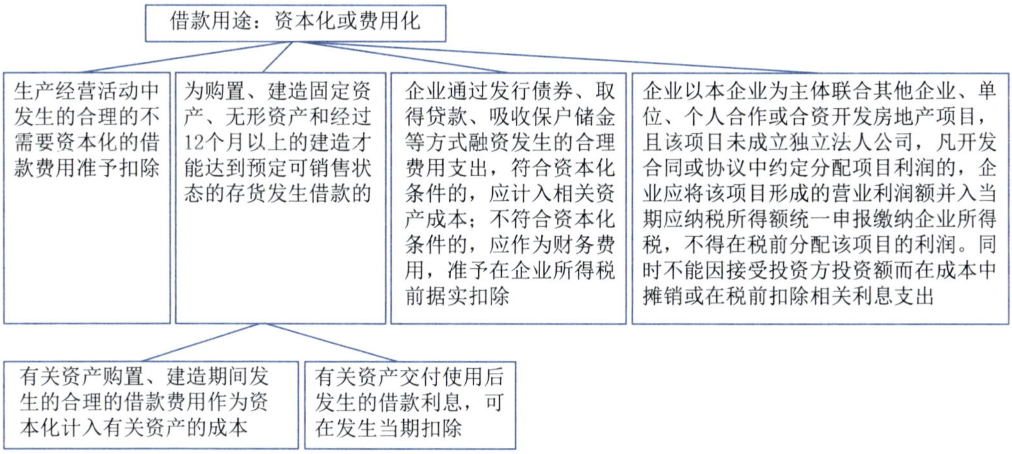

借款用途：资本化或费用化
生产经营活动中发生的合理的不需要资本化的借款费用准予扣除
为购置、建造固定资产、无形资产和经过12个月以上的建造才能达到预定可销售状态的存货发生借款的
企业通过发行债券、取得贷款、吸收保户储金等方式融资发生的合理费用支出，符合资本化条件的，应计入相关资产成本；不符合资本化条件的，应作为财务费用，准予在企业所得税前据实扣除
企业以本企业为主体联合其他企业、单位、个人合作或合资开发房地产项目，且该项目未成立独立法人公司，凡开发合同或协议中约定分配项目利润的，企业应将该项目形成的营业利润额并入当期应纳税所得额统一申报缴纳企业所得税，不得在税前分配该项目的利润。同时不能因接受投资方投资额而在成本中摊销或在税前扣除相关利息支出
有关资产购置、建造期间发生的合理的借款费用作为资本化计入有关资产的成本
有关资产交付使用后发生的借款利息，可在发生当期扣除

图 1-6　借款费用的扣除

【**老杨嘚吧嘚**】借款是否资本化，一定要注意和借款期限的长短无关，重要的是根据用途区分是资本化还是费用化，另一个要注意资本化是“购置、建造期间”合理的借款费用计入

有关资产的成本,"期间"两个字很重要!

6. 利息费用的扣除(见表1-11):杨氏三步法

表1-11 利息费用的扣除

资金来源		税务处理
非金融企业向金融企业借款		非金融企业向金融企业借款的利息支出可据实扣除。(包括金融企业的各项存款利息支出和同业拆借利息支出、企业经批准发行债券的利息支出)
非金融企业向非金融企业借款	无关联性	不超过按照金融企业同期同类贷款利率计算的数额的部分可据实扣除,超过部分不许扣除。(利率制约)
关联借款	利率制约	处理原则同上
	本金制约	接受关联方债权性投资与其权益性投资比例为:金融企业,为5:1;其他企业,为2:1。特例:能够证明相关交易活动符合独立交易原则的;或者该企业的实际税负不高于境内关联方的,其实际支付给境内关联方的利息支出,在计算应纳税所得额时准予扣除
自然人借款		股东或关联自然人借款:处理原则同关联企业
		内部职工或其他人员借款:符合条件只受利率制约。条件:借贷是真实、合法、有效的,并且不具有非法集资目的或其他违反法律、法规的行为;签订借款合同

『提示1』企业在按照合同要求首次支付利息并进行税前扣除时,应提供"金融企业的同期同类贷款利率情况说明",以证明其利息支出的合理性。

"金融企业的同期同类贷款利率情况说明"中,应包括在签订该借款合同当时,本省任何一家金融企业提供同期同类贷款利率情况。该金融企业应为经政府有关部门批准成立的可以从事贷款业务的企业,包括银行、财务公司、信托公司等金融机构。

"同期同类贷款利率"是指在贷款期限、贷款金额、贷款担保以及企业信誉等条件基本相同时,金融企业提供贷款的利率。既可以是金融企业公布的同期同类平均利率,也可以是金融企业对某些企业提供的实际贷款利率。

『提示2』企业自关联方取得的不符合规定的利息收入应按照有关规定缴纳企业所得税。

『提示3』企业投资者投资未到位而发生的利息支出扣除问题。

投资者在规定期限内未缴足其应缴资本额的,企业对外借款所发生的利息,相当于实缴资本额与在规定期限内应缴资本额的差额应计付的利息,不得在计算应纳税所得额时扣除。

具体计算不得扣除的利息,应以企业一个年度内每一账面实收资本与借款余额保持不变的期间作为一个计算期,公式为:

企业每一计算期不得扣除的借款利息=该期间借款利息额×该期间未缴足注册资本额÷该期间借款额

年度内不得扣除的借款利息总额为该年度内每一计算期不得扣除的借款利息额之和

【例题19·计算题】甲公司投资注册乙公司(均为非金融企业),乙公司注册资本1 000万元。已知:银行同期贷款利率为8%;甲公司占乙公司股权20%,乙向甲借款500万元,10%年利率;乙实际税负高于甲且无法证明借款活动符合独立交易原则。请计算本期利息费用的纳税调整的金额。

解析 可以采用"三步法",实际发生额=500×10%=50(万元);扣除标准受"本金制约"和"利率制约"双制约,金额=200×2×8%=32(万元),实际发生额超过标准的18万元作纳税调整增加处理。

【例题20·计算题】某企业2020年"财务费用"账户列支350万元,其中:4月1日向银行借款500万元用于厂房扩建,借款期限1年,当年向银行支付了3个季度的借款利息22.5万元,该厂房8月31日竣工结算并交付使用。6月1日为弥补流动资金不足,经批准向其他企业融资100万元,借款期限1年,年利率12%,按月付息,本年实际支付利息7万元。请计算该企业所得税允许扣除的财务费用。

解析 1年期银行利率=(22.5÷3×4)÷500×100%=6%

允许扣除的财务费用=[350-(22.5+7)]+22.5÷9×4+100×6%÷12×7=334(万元)

【例题21·单选题】某企业2020年1月1日成立,注册资本500万元,按规定,资本金应于成立日全部到位。1月1日实际到位350万元,7月1日又到位100万元,其余投资截至2020年底尚未到位。2020年3月1日该企业向银行取得贷款200万元,利率6%,贷款期限一年。假设不存在其他的利息费用,2020年该企业税前不得扣除的利息为( )万元。

A. 3　　　　　B. 1.5
C. 4.5　　　　D. 4.8

解析 2020年3月1日~6月30日不得扣除的利息=(200×6%÷12×4)×150÷200=3(万元);2020年7月1日~12月31日不得扣除的利息=(200×6%÷12×6)×50÷200=1.5(万元);2020年合计不得扣除的利息=3+1.5=4.5(万元)。　　**答案** C

【老杨唠吧唠】这是一个和本章第11节特别纳税调整"资本弱化"有关的知识点,考生可以结合起来一并复习。

7. 汇兑损失

企业在货币交易中,以及纳税年度终了时将人民币以外的货币性资产、负债按照期末即期人民币汇率中间价折算为人民币时产生的汇兑损失,除已经计入有关资产成本以及与向所有者进行利润分配相关的部分外,准予扣除。

8. 业务招待费

企业发生的与生产经营活动有关的业务招待费支出,按照发生额的60%扣除,但最高不得超过当年销售(营业)收入的5‰。

【记忆小贴士】业务招待费的扣除标准的确定:发生额×60% PK 销售收入×5‰,取小。

『提示1』对从事股权投资业务的企业(包括集团公司总部、创业投资企业等),其从被投资企业所分配的股息、红利以及股权转让收入,可以按规定的比例计算业务招待费扣除限额。

『提示2』企业在筹建期间,发生的与筹办活动有关的业务招待费支出,可按实际发生额的60%计入企业筹办费,并按有关规定在税前扣除。

【老杨唠吧唠】销售(营业)收入就是我们常说的"基数",包括属于纳税人根据国家统一会计制度确认的主营业务收入、其他业务收入以及根据税收规定确认的视同销售收入,但不包括营业外收入(资产处置损益)和投资收益,简称"三作两不作"。广告费和业务宣传费的"基数"与此相同。

【例题22·单选题】某生产企业(居民企业)为增值税一般纳税人,2020年销售产品取得不含税销售额5 000万元,债券利息收入200万元(其中国债利息收入50万元),发生管理费用800万元,其中业务招待费80万元,销售费用1 400万元,该企业2020年度所得税前可以扣除的业务招待费用为( )万元。

A. 80　　　　B. 48
C. 25　　　　D. 26

解析 企业发生的与生产经营活动有关的业务招待费支出,按照发生额的60%扣除,但最高不得超过当年销售(营业)收入的5‰。

业务招待费扣除限额=5 000×5‰=25(万元)<80×60%=48(万元),可以扣除25万元。
　　答案 C

9. 广告费和业务宣传费

企业每一纳税年度发生的符合条件的广告费和业务宣传费支出,除国务院财政、税务主管部门另有规定外,不超过当年销售(营业)收入15%的部分,准予扣除;超过部分,准予在以后纳税年度结转扣除。

【提示1】超过扣除标准的广告费和业务宣传费，准予在以后纳税年度结转扣除。注意两点：(1)这个规定业务招待费是没有的；(2)这种结转是没有时间限制的，但受结转当年扣除限额的限制，即只能在当年实际发生的广告费和业务宣传费低于当年扣除限额的部分中扣除。

【提示2】企业在筹建期间，发生的广告费和业务宣传费，可按实际发生额计入企业筹办费，并按有关规定在税前扣除。

【提示3】自2011年1月1日至2025年12月31日，对化妆品制造与销售、医药制造和饮料制造(不含酒类制造)企业发生的广告费和业务宣传费支出，不超过当年销售(营业)收入30%的部分，准予扣除；超过部分，准予在以后纳税年度结转扣除。

【提示4】烟草企业的烟草广告费和业务宣传费支出，一律不得在计算应纳税所得额时扣除。

【提示5】对签订广告费和业务宣传费分摊协议的关联企业，其中一方发生的不超过当年销售收入税前扣除限额比例内的广告费和业务宣传费支出可以在本企业扣除，也可以将其中的部分或全部按照分摊协议归集至另一方扣除。另一方在计算本企业广告费和业务宣传费支出企业所得税税前扣除限额时，可将按照上述办法归集至本企业的广告费和业务宣传费不计算在内。

【老杨唠吧唠】广告费和业务宣传费统一计算扣除标准，有时候考题中分别给出了二者的实际发生额，计算中要加在一块后使用"三步法"。

【例题23·单选题】某企业2020年销售货物收入1 500万元，出租房屋收入500万元，转让房屋收入300万元，接受捐赠收入100万元，政府补助收入50万元。当年实际发生业务招待费20万元，广告费支出为52万元。2019年超标广告费90万元，则2020年税前准予扣除的业务招待费和广告费的金额合计为(　　)万元。

A. 152　　　　B. 62
C. 15　　　　D. 90

解析▶ 2020年业务招待费的税前扣除金额：标准一是发生额的60%，20×60%=12(万元)；标准二是最高不得超过当年销售(营业)收入的5‰，(1 500+500)×5‰=10(万元)，两者相比选其小，税前扣除的业务招待费为10万元。

2020年广告费税前扣除限额=(1 500+500)×15%=300(万元)，实际支出52万元，尚结余税前扣除指标248万元，2019年超标的广告费90万元小于248万元，超标的广告费可以在本年全部扣除。则2020年税前准予扣除的广告费=52+90=142(万元)。合计扣除=10+142=152(万元)。

答案▶ A

【例题24·单选题】2020年度，甲企业实现销售收入3 000万元，当年发生广告费400万元，上年度结转未扣除广告费60万元。已知广告费不超过当年销售收入15%的部分，准予扣除。甲企业在计算2020年度企业所得税纳税所得额时，准予扣除的广告费金额为(　　)万元。

A. 340　　　　B. 510
C. 450　　　　D. 460

解析▶ 扣除限额=3 000×15%=450(万元)；本年实际发生400万元可以全额扣除，另外，还可以扣除上年度结转未扣除的广告费50万元，合计450万元。

答案▶ C

【杨氏解题法】三步法

项目	实际发生额A	标准额B	比较确定	
			税前扣除额	纳税调整额
业务招待费	已知条件中金额	发生额×60% PK 销售收入×5‰取小	1. A>B时=B； 2. A<B时=A 【提示】孰低	1. A>B时=A-B 2. A<B时无须调整

续表

项目	实际发生额 A	标准额 B	比较确定	
			税前扣除额	纳税调整额
广宣费	已知条件中金额	销售收入×0%/15%/30%	1. A>B 时=B； 2. A<B 时=A 『提示』孰低	1. A>B 时=A-B 2. A<B 时无须调整

【老杨嘚吧嘚】根据业务招待费的特点，上表"三步法"第三步比较确定可以适用更简便的方法：税前扣除额就是"B"，纳税调整额就是"A-B"。另一个需要特别注意的是"广宣费"以前年度结转在本年度扣除的金额在"间接法"计算应纳税所得额是做"纳税调减"处理的，例如上面的例题中的"上年度结转未扣除的广告费 50 万元"，如果和"间接法"下应纳税额计算的主观题结合，一定要"调减"哟！

10. 环境保护专项资金

企业依照法律、行政法规有关规定提取的用于环境保护、生态恢复等方面的专项资金，准予扣除。上述专项资金提取后改变用途的，不得扣除。

【老杨嘚吧嘚】注意上述规定"提取"两个字，这是它与众不同的地方。

11. 租赁费

企业根据生产经营活动的需要租入固定资产支付的租赁费，按照以下方法扣除：

（1）以经营租赁方式租入固定资产发生的租赁费支出，按照租赁期限均匀扣除；

（2）以融资租赁方式租入固定资产发生的租赁费支出，按照规定构成融资租入固定资产价值的部分应当提取折旧费用，分期扣除。

12. 劳动保护费

企业发生的合理的劳动保护支出，准予扣除。

『提示』企业根据其工作性质和特点，由企业统一制作并要求员工工作时统一着装所发生的工作服饰费用，可以作为企业合理的支出给予税前扣除。

13. 公益性捐赠支出

企业当年发生以及以前年度结转的公益性捐赠支出，不超过年度利润总额 12%的部分，准予扣除。超过年度利润总额 12%的部分，准予结转以后 3 年内在计算应纳税所得额时扣除。

『提示 1』公益性捐赠，是指企业通过公益性社会组织或者县级（含县级）以上人民政府及其部门等国家机关，用于规定的公益事业的捐赠。

『提示 2』年度利润总额，是指企业依照国家统一会计制度的规定计算的年度会计利润。

『提示 3』企业发生的公益性捐赠支出未在当年税前扣除的部分，准予向以后年度结转扣除，但结转年限自捐赠发生年度的次年起计算最长不得超过三年。企业在对公益性捐赠支出计算扣除时，应先扣除以前年度结转的捐赠支出，再扣除当年发生的捐赠支出。

【老杨嘚吧嘚】注意"先捐先扣"的特点。

【例题 25·计算题】某企业 2019 年结转以后年度扣除的公益性捐赠 30 万元，2020 年年度利润总额 1 000 万元，当年通过公益性社会团体对外捐赠 100 万元。请计算该企业 2020 年可以扣除的捐赠金额。

解析 扣除限额=1 000×12%=120（万元），2020 年可以扣除的捐赠金额=30+90=120（万元），2020 年超过限额的 10 万元可以结转以后 3 个年度扣除。

『提示 4』除另有规定外，公益性社会组织、县级以上人民政府及其部门等国家机关在接受

企业或个人捐赠时，按以下原则确认捐赠额：

（1）接受的货币性资产捐赠，以实际收到的金额确认捐赠额；

（2）接受的非货币性资产捐赠，以其公允

价值确认捐赠额。捐赠方在向公益性社会组织、县级以上人民政府及其部门等国家机关捐赠时，应当提供注明捐赠非货币性资产公允价值的证明；不能提供证明的，接受捐赠方不得向其开具捐赠票据。

『提示 5』 关于企业扶贫捐赠所得税税前扣除政策：

①自 2019 年 1 月 1 日至 2022 年 12 月 31 日，企业通过公益性社会组织或者县级(含)以上人民政府及其组成部门和直属机构，用于目标脱贫地区的扶贫捐赠支出，准予在计算企业所得税应纳税所得额时据实扣除。在政策执行期限内，目标脱贫地区实现脱贫的，可继续适用上述政策。"目标脱贫地区"包括 832 个国家扶贫开发工作重点县、集中连片特困地区县(新疆阿克苏地区 6 县 1 市享受片区政策)和建档立卡贫困村。②企业同时发生扶贫捐赠支出和其他公益性捐赠支出，在计算公益性捐赠支出年度扣除限额时，符合条件的扶贫捐赠支出不计算在内。③企业在 2015 年 1 月 1 日至 2018 年 12 月 31 日期间已发生的符合条件的扶贫捐赠支出，尚未在计算企业所得税应纳税所得额时扣除的部分，可依上述①的政策执行。

『提示 6』 自 2020 年 1 月 1 日至 2021 年 3 月 31 日，企业通过公益性社会组织或者县级以上人民政府及其部门等国家机关，捐赠用于应对新型冠状病毒感染的肺炎疫情的现金和物品，允许在计算应纳税所得额时全额扣除。

企业直接向承担疫情防治任务的医院捐赠用于应对新型冠状病毒感染的肺炎疫情的物品，允许在计算应纳税所得额时全额扣除。

捐赠人凭承担疫情防治任务的医院开具的捐赠接收函办理税前扣除事宜。企业取得承担疫情防治任务的医院开具的捐赠接收函，作为税前扣除依据自行留存备查。

企业享受上述支持疫情防控工作捐赠全额税前扣除政策的，采取"自行判别、申报享受、相关资料留存备查"的方式。

值得注意的是：直接向承担疫情防治任务的医院捐赠的现金不在可扣除范围。国家机关、公益性社会组织和承担疫情防治任务的医院接受的捐赠，应专项用于应对新型冠状病毒的肺炎疫情工作，不得挪作他用。

14. 总机构分摊的费用

非居民企业在中国境内设立的机构、场所，就其中国境外总机构发生的与该机构、场所生产经营有关的费用，能够提供总机构出具的费用汇集范围、定额、分配依据和方法等证明文件，并合理分摊的，准予扣除。

15. 资产损失

企业当期发生的固定资产和流动资产盘亏、毁损净损失，由其提供清查盘存资料经向主管税务机关备案后，准予扣除；企业因存货盘亏、毁损、报废等原因不得从销项税金中抵扣的进项税金，应视同企业财产损失，准予同存货损失一起在所得税前按规定扣除。

16. 手续费及佣金支出

企业发生与生产经营有关的手续费及佣金支出，不超过规定计算限额以内的部分准予扣除，超过的部分不得扣除。具体的规定见表 1-12。

表 1-12 手续费及佣金支出税前扣除规定

分类	扣除标准
保险企业	发生与其经营活动有关的手续费及佣金支出，不超过当年全部保费收入扣除退保金等后余额的**18%**(含本数)的部分，在计算应纳税所得额时准予扣除；超过部分，允许结转以后年度扣除
电信企业	在发展客户、拓展业务等过程中(如委托销售电话入网卡、电话充值卡等)，需向经纪人、代办商支付手续费及佣金的，其实际发生的相关手续费及佣金支出，不超过企业当年收入总额5%的部分，准予在企业所得税前据实扣除

分类	扣除标准
其他企业	按与具有合法经营资格中介服务机构或个人(不含交易双方及其雇员、代理人和代表人等)所签订服务协议或合同确认的<u>收入金额的5%</u>计算限额

『提示1』除委托个人代理外，企业以现金等非转账方式支付的手续费及佣金不得在税前扣除；企业为发行权益性证券支付给有关证券承销机构的手续费及佣金不得在税前扣除；企业不得将手续费及佣金支出计入回扣、业务提成、返利、进场费等费用；企业支付的手续费及佣金不得直接冲减服务协议或合同金额，并如实入账。

『提示2』从事代理服务、主营业务收入为手续费、佣金的企业(如证券、期货、保险代理等企业)，其为取得该类收入而实际发生的营业成本(包括手续费及佣金支出)，准予在企业所得税前据实扣除。

【例题26·多选题】下列支出中，准予在企业所得税前全额扣除的有( )。

A. 企业按规定缴纳的财产保险费

B. 烟草企业实际发生的，不超过当年销售(营业)收入15%的广告费和业务宣传费

C. 工业企业向保险公司借入经营性资金的利息支出

D. 保险企业实际发生的，且占当年全部保费收入金额的12%的手续费及佣金支出

E. 保险企业实际发生的，且占当年全部保费收入扣除退保金等后余额12%的手续费及佣金支出

解析 选项A，企业按规定缴纳的财产保险费，准予全额扣除；选项B，烟草企业的烟草广告费和业务宣传费支出，一律不得在计算应纳税所得额时扣除；选项C，工业企业向保险公司借入经营性资金的利息支出属于向金融企业的借款可以扣除；选项D、E，保险企业实际发生的，且占当年全部保费收入扣除退保金等后余额18%的手续费及佣金支出准予扣除，注意要扣除退保金，所以选项D不正确，选项E没超过18%的比例可以全额扣除，所以选项

E正确。

答案 ACE

17. 航空企业空勤训练费、核电厂操纵员培训费

航空企业实际发生的飞行员养成费、飞行训练费、乘务训练费、空中保卫员训练费等空勤训练费用，可以作为航空企业运输成本在税前扣除。

核力发电企业为培养核电厂操纵员发生的培养费用，可作为企业的发电成本在税前扣除。

18. 投资企业撤回或减少投资

投资企业从被投资企业撤回或减少投资，其取得的资产中，相当于初始出资的部分，应确认为投资收回；相当于被投资企业累计未分配利润和累计盈余公积按减少实收资本比例计算的部分，应确认为股息所得；其余部分确认为投资资产转让所得。

『提示1』被投资企业发生的经营亏损，由被投资企业按规定结转弥补；投资企业不得调整减低其投资成本，也不得将其确认为投资损失。

『提示2』投资企业撤回或减少投资不包括股权转让。股权转让与投资撤回或减少的区别是股权转让不得确认股息所得，而投资撤回或减少应确认股息所得。

【老杨唠吧唠】投资企业从被投资企业撤回或减少投资，其取得资产中的"三部曲"的顺序是：投资收回—股息所得—投资资产转让所得。要注意和收入总额中一般收入中有关被清算企业的股东分得的剩余资产的金额确认的"三部曲"的区别：股息所得—投资成本—投资转让所得或损失。

【例题27·单选题】2019年初甲居民企业以实物资产400万元直接投资于乙居民企业，取得乙企业30%的股权。2020年

11月,甲企业全部撤回投资,取得资产总计600万元,投资撤回时乙企业累计未分配利润为300万元,累计盈余公积50万元。关于甲企业撤回该项投资的说法,正确的是( )。

A. 甲企业应确认的投资资产转让所得为200万元

B. 甲企业应确认的投资股息所得为105万元

C. 甲企业应确认的应纳税所得额为200万元

D. 甲企业撤回投资应缴纳企业所得税50万元

解析 ▶ 初始投资400万元确认为投资收回。甲企业应确认的股息所得=(300+50)×30%=105(万元)

甲企业应确认的投资资产转让所得=600-400-105=95(万元)

居民企业之间的符合条件的投资收益免税。所以甲企业应确认的应纳税所得额为95万元。应缴纳企业所得税=95×25%=23.75(万元)。

答案 ▶ B

19. 保险公司缴纳的保险保障基金

(1)保险公司按下列规定缴纳的保险保障基金,准予据实税前扣除。具体的规定见表1-13。

表1-13 保险公司保险保障基金的扣除

业务类别		相关规定
非投资型财产保险		不得超过保费收入的0.8%
投资型财产保险	有保证收益	不得超过业务收入的0.08%
	无保证收益	不得超过业务收入的0.05%
人寿保险业务	有保证收益	不得超过业务收入的0.15%
	无保证收益	不得超过业务收入的0.05%
短期健康保险		不得超过保费收入的0.8%
长期健康保险		不得超过保费收入的0.15%
非投资型意外伤害保险		不得超过保费收入的0.8%
投资型意外伤害保险	有保证收益	不得超过业务收入的0.08%
	无保证收益	不得超过业务收入的0.05%

【老杨唠吧唠】上表的这个"狗皮膏药"在考试教材中好多年了,由于"记忆成本高出题频率非常低",考生可以根据自身的需求取舍!

(2)保险公司有下列情形之一的,其缴纳的保险保障基金不得在税前扣除:

①财产保险公司的保险保障基金余额达到公司总资产6%的。

②人身保险公司的保险保障基金余额达到公司总资产1%的。

(3)保险公司按国务院财政部门的相关规定提取的未到期责任准备金、寿险责任准备金、长期健康险责任准备金、已发生已报案未决赔款准备金和已发生未报案未决赔款准备金,准予在税前扣除。

①未到期责任准备金、寿险责任准备金、长期健康险责任准备金依据经中国银保监会核准任职资格的精算师或出具专项审计报告的中介机构确定的金额提取。

②已发生已报案未决赔款准备金,按最高不超过当期已经提出的保险赔款或者给付金额的100%提取;已发生未报案未决赔款准备金按不超过当年实际赔款支出额的8%提取。

保险企业在计算扣除上述各项准备金时,凡未执行财政部有关会计规定仍执行中国银行保险监督管理委员会有关监管规定的,应将两者之间的差额调整当期应纳税所得额。

（4）保险公司实际发生的各种保险赔款、给付，应首先冲抵按规定提取的准备金，不足冲抵部分，准予在当年税前扣除。

【例题28·多选题】下列说法符合企业所得税关于保险公司缴纳的保险保障基金规定的有（ ）。

A. 投资型财产保险业务，有保证收益，缴纳的保险保障基金不超过业务收入的0.08%准予据实扣除

B. 财产保险公司的保障基金余额达到公司总资产的5%，其缴纳的保险保障基金不得在税前扣除

C. 保险公司按规定提取的未到期责任准备金，准予在税前扣除

D. 保险公司实际发生的各种保险赔偿，可以直接在所得税前扣除

E. 已发生已报案未决赔偿准备金，按最高不超过当期已经提出的保险赔偿款或者给付金额的100%提取

解析 ▶ 选项B，财产保险公司的保障基金余额达到公司总资产的6%，其缴纳的保险保障基金不得在税前扣除；选项D，保险公司实际发生的各种保险赔偿、给付，应首先冲抵按规定提取的准备金，不足冲抵部分，准予在当年税前扣除。 答案 ▶ ACE

20. 棚户区改造支出的所得税处理

企业参与政府统一组织的工矿（含中央下放煤矿）棚户区改造、林区棚户区改造、垦区危房改造并同时符合一定条件的棚户区改造支出，准予在企业所得税前扣除。

21. 关于以前年度发生应扣未扣支出的税务处理

对企业发现以前年度实际发生的、按照税收规定应在企业所得税前扣除而未扣除或者少扣除的支出，企业作出专项申报及说明后，准予追补至该项目发生年度计算扣除，但追补确认期限不得超过5年。

企业由于上述原因多缴的企业所得税款，可以在追补确认年度企业所得税应纳税款中抵扣，不足抵扣的，可以向以后年度递延抵扣或申请退税。

22. 关于税前扣除规定与企业实际会计处理之间的税务处理

对企业依据财务会计制度规定，并实际在财务会计处理上已确认的支出，凡没有超过《企业所得税法》和有关税收法规规定的税前扣除范围和标准的，可按企业实际会计处理确认的支出，在企业所得税前扣除，计算其应纳税所得额。

23. 金融企业贷款损失准备金企业所得税税前扣除政策

（1）金融企业准予当年税前扣除的贷款损失准备金计算公式如下：

准予当年税前扣除的贷款损失准备金＝本年末准予提取贷款损失准备金的贷款资产余额×1%－截至上年末已在税前扣除的贷款损失准备金的余额

（2）金融企业发生的符合条件的贷款损失，应先冲减已在税前扣除的贷款损失准备金，不足冲减部分可据实在计算当年应纳税所得额时扣除。

(三)税前扣除凭证管理办法★★

税前扣除凭证，是指企业在计算企业所得税应纳税所得额时，证明与取得收入有关的、合理的支出实际发生，并据以税前扣除的各类凭证。为规范企业所得税税前扣除凭证（以下简称"税前扣除凭证"）管理，2018年7月1日起，按如下规定执行：

1. 企业是指《企业所得税法》及其实施条例规定的居民企业和非居民企业。

2. 税前扣除凭证在管理中遵循真实性、合法性、关联性原则。真实性是指税前扣除凭证反映的经济业务真实，且支出已经实际发生；合法性是指税前扣除凭证的形式、来源符合国家法律、法规等相关规定；关联性是指税前扣除凭证与其反映的支出相关联且有证明力。

3. 企业发生支出，应取得税前扣除凭证，作为计算企业所得税应纳税所得额时扣除相关支出的依据。

4. 企业应在当年度企业所得税法规定的汇算清缴期结束前取得税前扣除凭证。

5. 企业应将与税前扣除凭证相关的资料，包括合同协议、支出依据、付款凭证等留存备查，以证实税前扣除凭证的真实性。

6. 税前扣除凭证按照来源分为内部凭证和外部凭证。

内部凭证是指企业自制用于成本、费用、损失和其他支出核算的会计原始凭证。内部凭证的填制和使用应当符合国家会计法律、法规等相关规定。

外部凭证是指企业发生经营活动和其他事项时，从其他单位、个人取得的用于证明其支出发生的凭证，包括但不限于发票（包括纸质发票和电子发票）、财政票据、完税凭证、收款凭证、分割单等。

7. 企业在境内发生的支出项目属于增值税应税项目（以下简称"应税项目"）的，对方为已办理税务登记的增值税纳税人，其支出以发票（包括按照规定由税务机关代开的发票）作为税前扣除凭证；对方为依法无需办理税务登记的单位或者从事小额零星经营业务的个人，其支出以税务机关代开的发票或者收款凭证及内部凭证作为税前扣除凭证，收款凭证应载明收款单位名称、个人姓名及身份证号、支出项目、收款金额等相关信息。

小额零星经营业务的判断标准是个人从事应税项目经营业务的销售额不超过增值税相关政策规定的起征点。

税务总局对应税项目开具发票另有规定的，以规定的发票或者票据作为税前扣除凭证。

8. 企业在境内发生的支出项目不属于应税项目的，对方为单位的，以对方开具的发票以外的其他外部凭证作为税前扣除凭证；对方为个人的，以内部凭证作为税前扣除凭证。

企业在境内发生的支出项目虽不属于应税项目，但按国家税务总局规定可以开具发票的，可以发票作为税前扣除凭证。

9. 企业从境外购进货物或者劳务发生的支出，以对方开具的发票或者具有发票性质的收款凭证、相关税费缴纳凭证作为税前扣除凭证。

10. 企业取得私自印制、伪造、变造、作废、开票方非法取得、虚开、填写不规范等不符合规定的发票（以下简称"不合规发票"），以及取得不符合国家法律、法规等相关规定的其他外部凭证（以下简称"不合规其他外部凭证"），不得作为税前扣除凭证。

11. 企业应当取得而未取得发票、其他外部凭证或者取得不合规发票、不合规其他外部凭证的，若支出真实且已实际发生，应当在当年度汇算清缴期结束前，要求对方补开、换开发票、其他外部凭证。补开、换开后的发票、其他外部凭证符合规定的，可以作为税前扣除凭证。

12. 企业在补开、换开发票、其他外部凭证过程中，因对方注销、撤销、依法被吊销营业执照、被税务机关认定为非正常户等特殊原因无法补开、换开发票、其他外部凭证的，可凭以下资料证实支出真实性后，其支出允许税前扣除：

（1）无法补开、换开发票、其他外部凭证原因的证明资料（包括工商注销、机构撤销、列入非正常经营户、破产公告等证明资料）；

（2）相关业务活动的合同或者协议；

（3）采用非现金方式支付的付款凭证；

（4）货物运输的证明资料；

（5）货物入库、出库内部凭证；

（6）企业会计核算记录以及其他资料。

上述（1）至（3）为必备资料。

13. 汇算清缴期结束后，税务机关发现企业应当取得而未取得发票、其他外部凭证或者取得不合规发票、不合规其他外部凭证并且告知企业的，企业应当自被告知之日起60日内补开、换开符合规定的发票、其他外部凭证。其中，因对方特殊原因无法补开、换开发票、其他外部凭证的，企业应当按照本上述12条的规定，自被告知之日起60日内提供可以证实其支出真实性的相关资料。

14. 企业在规定的期限未能补开、换开符合规定的发票、其他外部凭证，并且未能按照上述第12条的规定提供相关资料证实其支出真实性的,相应支出不得在发生年度税前扣除。

15. 除发生上述第13条规定的情形外,企业以前年度应当取得而未取得发票、其他外部凭证,且相应支出在该年度没有税前扣除的,在以后年度取得符合规定的发票、其他外部凭证或者按照上述第12条的规定提供可以证实其支出真实性的相关资料,相应支出可以追补至该支出发生年度税前扣除,但追补年限不得超过五年。

16. 企业与其他企业(包括关联企业)、个人在境内共同接受应纳增值税劳务(以下简称"应税劳务")发生的支出,采取分摊方式的,应当按照独立交易原则进行分摊,企业以发票和分割单作为税前扣除凭证,共同接受应税劳务的其他企业以企业开具的分割单作为税前扣除凭证。

企业与其他企业、个人在境内共同接受非应税劳务发生的支出,采取分摊方式的,企业以发票外的其他外部凭证和分割单作为税前扣除凭证,共同接受非应税劳务的其他企业以企业开具的分割单作为税前扣除凭证。

17. 企业租用(包括企业作为单一承租方租用)办公、生产用房等资产发生的水、电、燃气、冷气、暖气、通信线路、有线电视、网络等费用,出租方作为应税项目开具发票的,企业以发票作为税前扣除凭证;出租方采取分摊方式的,企业以出租方开具的其他外部凭证作为税前扣除凭证。

六、不得扣除的项目 ★★★

扫我解疑难

具体内容见表1-14。

表1-14 不得扣除的项目

计算应纳税所得额时不得扣除的项目	特殊说明
(1)向投资者支付的股息、红利等权益性投资收益款项; (2)企业所得税税款; (3)税收滞纳金; (4)罚金、罚款和被没收财物的损失; (5)超过规定标准的捐赠支出; (6)赞助支出; (7)未经核定的准备金支出; (8)企业之间支付的管理费、企业内营业机构之间支付的租金和特许权使用费,以及非银行企业内营业机构之间支付的利息; (9)与取得收入无关的其他支出	①罚金、罚款和被没收财物的损失,指纳税人违反国家有关法律、法规规定,被有关部门处以的罚款、罚金和被没收财物; ②赞助支出指企业发生的与生产经营活动无关的各种非广告性质支出

【老杨唠吧唠】本表的内容在选择题中出现的频率比较高,计算题、综合分析题中要注意表中的(3)至(7),这些项目是企业按会计制度规定,在计算会计利润时已扣除,按税法规定,在计算应纳税所得额时不得扣除的。因此,在间接法计算应纳税所得额时需要做调增处理。

七、亏损弥补 ★★

扫我解疑难

企业某一纳税年度发生的亏损可以用下一年度的所得弥补,下一年度的所得不足以弥补的,可以逐年延续弥补,但最长不得超过5年。

『提示1』自2018年1月1日起,当年具备高新技术企业或科技型中小企业资格的企业，其具备资格年度之前5个年度发生的尚未弥补完的亏损，准予结转以后年度弥补，最长结转年限由5年延长至10年。

〖提示2〗亏损不是企业财务报表中的亏损额，而是税法调整后的金额。

〖提示3〗五年弥补期是以亏损年度的第一年度算起，连续五年内不论是盈利或亏损，都作为实际弥补年限计算。

〖提示4〗连续发生年度亏损，必须从第一个亏损年度算起，先亏先补，后亏后补。

〖提示5〗企业在汇总计算缴纳企业所得税时其境外营业机构的亏损不得抵减境内营业机构的盈利。

【例题29·单选题】甲居民企业2016年设立，2016年-2020年未弥补亏损前的所得情况如下：

年份	2016年	2017年	2018年	2019年	2020年
未弥补亏损前的所得(万元)	-20	100	-220	180	200

假设无其他纳税调整项目，甲居民企业2020年度企业所得税应纳税所得额为(　　)万元。

A. 200　　　　　　B. 160
C. 210　　　　　　D. 260

解析▶ 2016年20万元的亏损2017年弥补。2018年的亏损，2019年弥补180万元，2020年弥补40万元。

2020年应纳税所得额=(200-40)=160(万元)

答案▶ B

【例题30·计算题】某企业近几年盈亏情况如下：

年份	2014年	2015年	2016年	2017年	2018年	2019年	2020年
应纳税所得额(万元)	-90	-60	20	30	35	-10	100

请计算该企业2020年的应纳税额。

解析▶ 2020年应纳税额=(100-60-10)×25%=7.5(万元)

〖提示6〗企业筹办期间不计算为亏损年度，企业自开始生产经营的年度，为开始计算企业损益的年度。企业从事生产经营之前进行筹办活动期间发生筹办费用支出，不得计算为当期的亏损，企业可以在开始经营之日的当年一次性扣除，也可以按照新税法有关长期待摊费用的处理规定处理，但一经选定，不得改变。

〖提示7〗税务机关对企业以前年度纳税情况进行检查时调增的应纳税所得额，凡企业以前年度发生亏损，且该亏损属于《企业所得税法》规定允许弥补的，应允许调增的应纳税所得额弥补该亏损。弥补该亏损后仍有余额的，按照《企业所得税法》规定计算缴纳企业所得税。

〖提示8〗受疫情影响较大的困难行业企业2020年度发生的亏损，最长结转年限由5年延长至8年。

困难行业企业，包括交通运输、餐饮、住宿、旅游(指旅行社及相关服务、游览景区管理两类)四大类，具体判断标准按照现行《国民经济行业分类》执行。困难行业企业2020年度主营业务收入须占收入总额(剔除不征税收入和投资收益)的50%以上。

〖提示9〗自2020年1月1日起，国家鼓励的线宽小于130纳米(含)的集成电路生产企业，属于国家鼓励的集成电路生产企业清单年度之前5个纳税年度发生的尚未弥补完的亏损，准予向以后年度结转，总结转年限最长不得超过10年。国家鼓励的集成电路生产企业或项目清单由国家发展改革委、工业和信息化部会同财政部、税务总局等相关部门制定。

〖提示10〗对电影行业企业2020年度发生的亏损，最长结转年限由5年延长至8年。

电影行业企业限于电影制作、发行和放映等企业，不包括通过互联网、电信网、广播电视网等信息网络传播电影的企业。

八、资产的所得税处理

扫我解疑难

（一）固定资产的税务处理★★★

固定资产是指企业为生产产品、提供劳务、出租或者经营管理而持有的、使用时间超过 12 个月的非货币性资产，包括房屋、建筑物、机器、机械、运输工具以及其他与生产经营活动有关的设备、器具、工具等。具体的规定见表 1-15。

表 1-15　固定资产的税务处理

项目	税务处理
计税基础	(1)外购的固定资产，以购买价款和支付的相关税费以及直接归属于使该资产达到预定用途发生的其他支出为计税基础； (2)自行建造的固定资产，以竣工结算前发生的支出为计税基础； (3)融资租入的固定资产，以租赁合同约定的付款总额和承租人在签订租赁合同过程中发生的相关费用为计税基础，租赁合同未约定付款总额的，以该资产的公允价值和承租人在签订租赁合同过程中发生的相关费用为计税基础； (4)盘盈的固定资产，以同类固定资产的重置完全价值为计税基础；
计税基础	(5)通过捐赠、投资、非货币性资产交换、债务重组等方式取得的固定资产，以该资产的公允价值和支付的相关税费为计税基础； (6)改建的固定资产，除已足额提取折旧的固定资产和租入的固定资产以外的其他固定资产，以改建过程中发生的改建支出增加计税基础； (7)融资性售后回租业务中，承租人出售资产的行为，不确认为销售收入，对融资性租赁的资产，仍按承租人出售前原账面价值作为计税基础计提折旧； (8)企业固定资产投入使用后，由于工程款项尚未结清而未取得全额发票的，可暂按合同规定的金额计入固定资产计税基础计提折旧，待发票取得后进行调整。但该项调整应在固定资产投入使用后 12 个月内进行； (9)全民所有制企业改制为国有独资公司或者国有全资子公司，属于规定的"企业发生其他法律形式简单改变"的，改制中资产评估增值不计入应纳税所得额；资产的计税基础按其原有计税基础确定；资产增值部分的折旧或者摊销不得在税前扣除
折旧方法	(1)企业应当自固定资产投入使用月份的次月起计算折旧；停止使用的固定资产，应当自停止使用月份的次月起停止计算折旧； (2)企业应当根据固定资产的性质和使用情况，合理确定固定资产的预计净残值，一经确定，不得变更； (3)固定资产按照直线法计算的折旧，准予扣除
折旧范围	不得计提折旧的范围： (1)房屋、建筑物以外未投入使用的固定资产； (2)以经营租赁方式租入的固定资产； (3)以融资租赁方式租出的固定资产； (4)已足额提取折旧仍继续使用的固定资产； (5)与经营活动无关的固定资产； (6)单独估价作为固定资产入账的土地； (7)其他不得计算折旧扣除的固定资产

续表

项目	税务处理
最低折旧年限	(1)房屋、建筑物，为20年； (2)飞机、火车、轮船、机器、机械和其他生产设备，为10年； (3)与生产经营活动有关的器具、工具、家具等，为5年； (4)飞机、火车、轮船以外的运输工具，为4年； (5)电子设备，为3年

【老杨唠吧唠】上表中的知识点考生在学习中要注意一些细节性的规定，例如：自行建造的固定资产的计税基础是竣工结算前的支出而不是达到预定可使用状态前的支出；再比如，折旧的开始时间是固定资产投入使用月份的次月起计算而不是从达到可使用状态的次月起计算，包括但不限于上面举例的这两点，是考试中的易错点，要引起考生的充分重视！

『提示1』企业固定资产会计折旧年限如果短于税法规定的最低折旧年限，其按会计折旧年限计提的折旧高于按税法规定的最低折旧年限计提的折旧部分，应调增当期应纳税所得额；企业固定资产会计折旧年限已期满且会计折旧已提足，但税法规定的最低折旧年限尚未到期且税收折旧尚未足额扣除，其未足额扣除的部分准予在剩余的税收折旧年限继续按规定扣除。

企业固定资产会计折旧年限如果长于税法规定的最低折旧年限，其折旧应按会计折旧年限计算扣除，税法另有规定除外。

【记忆小贴士】会计折旧年限<税法规定的最低折旧年限：税会差异调整；

固定资产会计折旧年限>税法规定的最低折旧年限：折旧按会计折旧年限计算扣除。

『提示2』企业对房屋、建筑物固定资产在未足额提取折旧前进行改扩建的：

(1)如属于推倒重置的，该资产原值减除提取折旧后的净值，应并入重置后的固定资产计税成本，并在该固定资产投入使用后的次月起，按照税法规定的折旧年限，一并计提折旧。

(2)如属于提升功能、增加面积的，该固定资产的改扩建支出，并入该固定资产计税基础，并从改扩建完工投入使用后的次月起，重新按税法规定的该固定资产折旧年限计提折旧，如该改扩建后的固定资产尚可使用的年限低于税法规定的最低年限，可以按尚可使用的年限计提折旧。

『提示3』企业按会计规定提取的固定资产减值准备，不得税前扣除，其折旧仍按税法确定的固定资产计税基础计算扣除。

『提示4』企业按税法规定实行加速折旧的，其按加速折旧办法计算的折旧额可全额在税前扣除。

【例题31·多选题】根据企业所得税法的规定，下列关于固定资产计税基础的说法中正确的有（　　）。

A. 盘盈的固定资产，以同类固定资产的重置完全价值为计税基础

B. 通过债务重组方式取得的固定资产，以该资产的账面价值为计税基础

C. 外购的固定资产，以购买价款和支付的相关税费以及直接归属于使该资产达到预定用途发生的其他支出为计税基础

D. 融资租入的固定资产，以租赁合同约定的付款总额和相关费用为计税基础

E. 自行建造的固定资产，以竣工结算前发生的支出为计税基础

解析　选项B，通过债务重组方式取得的固定资产，以该资产的公允价值和支付的相关税费为计税基础。　答案　ACDE

【老杨唠吧唠】考生可以把固定资产、生产性生物资产和无形资产相关知识点总结在一块复习，这样学习效率会更高。

(二)生物资产的税务处理★★

生物资产是指有生命的动物和植物。分别为消耗性生物资产、生产性生物资产和公益性生物资产。消耗性生物资产和公益性生物资产不通过折旧扣除,在购入时一次性扣除其成本。生产性生物资产的规定与固定资产的规定类似,具体的规定见表1-16。

表1-16 生产性生物资产的税务处理

项目	税务处理
计税基础	(1)外购的生产性生物资产,以购买价款和支付的相关税费为计税基础; (2)通过捐赠、投资、非货币性资产交换、债务重组等方式取得的生产性生物资产,以该资产的公允价值和支付的相关税费为计税基础
折旧方法	按照直线法计算的折旧准予扣除。企业应当自生产性生物资产投入使用月份的次月起计算折旧;停止使用的生产性生物资产,应当自停止使用月份的次月起停止计算折旧
最低折旧年限	(1)林木类生产性生物资产,为10年; (2)畜类生产性生物资产,为3年

【例题32·单选题】某农场外购奶牛支付价款20万元,依据企业所得税相关规定,税前扣除方法为( )。

A. 一次性在税前扣除
B. 按奶牛寿命在税前分期扣除
C. 按直线法以不低于3年折旧年限计算折旧税前扣除
D. 按直线法以不低于10年折旧年限计算折旧税前扣除

解析▶ 奶牛属于畜类生产性生物资产,最低按3年计提折旧。 答案▶ C

(三)无形资产的税务处理★★

无形资产是指企业长期使用但没有实物形态的资产,包括专利权、商标权、著作权、土地使用权、非专利技术、商誉等。具体的规定见表1-17。

表1-17 无形资产的税务处理

项目	税务处理
计税基础	(1)外购的无形资产,以购买价款和支付的相关税费以及直接归属于使该资产达到预定用途发生的其他支出为计税基础; (2)自行开发的无形资产,以开发过程中该资产符合资本化条件后至达到预定用途前发生的支出为计税基础; (3)通过捐赠、投资、非货币性资产交换、债务重组等方式取得的无形资产,以该资产的公允价值和支付的相关税费为计税基础
摊销范围	下列无形资产不得计算摊销费用扣除: (1)自行开发的支出已在计算应纳税所得额时扣除的无形资产; (2)自创商誉; (3)与经营活动无关的无形资产; (4)其他不得计算摊销费用扣除的无形资产
摊销方法	按照直线法计算摊销
最低摊销年限	无形资产的摊销年限不得低于10年,合同有约定的,按合同约定的使用年限分摊

『提示』企业外购的软件,凡符合固定资产或无形资产确认条件的,可以按照固定资产或无形资产进行核算,其折旧或摊销年限可以适当缩短,最短可为2年(含)。

【例题33·多选题】根据企业所得税法的规定,下列关于无形资产的税务处理正确的有( )。

A. 外购的无形资产,以购买价款和支付的相关税费以及直接归属于使该资产达到预定用途发生的其他支出为计税基础

B. 通过债务重组方式取得的无形资产,以该资产的公允价值和支付的相关税费为计税基础

C. 自创商誉的摊销年限不得低于10年

D. 在计算应纳税所得额时,企业按照规定计算的无形资产摊销费用,准予扣除

E. 外购商誉的支出,在企业整体转让或者清算时,准予扣除

解析 ▶ 选项C,自创商誉是不得计算摊销费用的。
答案 ▶ ABDE

(四)长期待摊费用的税务处理 ★★★

长期待摊费用是指企业发生的应在一个年度以上或几个年度进行摊销的费用。待摊费用尽管是一次性支出的,但与支出对应的受益期间较长,按照收入支出的配比原则,应该将该费用支出在企业的受益期间内平均摊销。具体的规定见表1-18。

表1-18 长期待摊费用的税务处理

项目	税务处理
已足额提取折旧的固定资产的改建支出	按照固定资产预计尚可使用年限分期摊销
租入固定资产的改建支出	按照合同约定的剩余租赁期限分期摊销
固定资产的大修理支出	按照固定资产尚可使用年限分期摊销
其他应当作为长期待摊费用的支出	支出发生月份的次月起,分期摊销,摊销年限不得低于3年

【提示】大修理支出,是指同时符合下列条件的支出:①修理支出达到取得固定资产时的计税基础50%以上。②修理后使用年限延长2年以上。

【老杨唠吧唠】老杨提请考生注意企业的固定资产修理支出和大修理支出的税务处理差异,修理支出可在发生当期直接扣除。

【例题34·单选题】2020年某商贸公司以经营租赁方式租入临街门面,租期10年。2021年3月公司对门面进行了改建装修,发生改建费用20万元。关于改建费用的税务处理,下列说法正确的是( )。

A. 改建费用应作为长期待摊费用处理

B. 改建费用应从2021年1月进行摊销

C. 改建费用可以在发生当期一次性税前扣除

D. 改建费用应在3年的期限内摊销

解析 ▶ 租入固定资产的改建支出要作为长期待摊费用来处理,按照合同约定的剩余租赁期限内分期摊销。
答案 ▶ A

(五)存货的税务处理 ★★

存货是指企业持有以备出售的产品或者商品、处在生产过程中的在产品、在生产或者提供劳务过程中耗用的材料和物料等。具体的规定见表1-19。

表1-19 存货的税务处理

项目	税务处理
计税基础	存货确定成本的方法: (1)支付现金方式取得的存货:以购买价款和支付的相关税费为成本; (2)支付现金以外的方式取得的存货:以该存货的公允价值和支付的相关税费为成本; (3)生产性生物资产收获的农产品:以产出或者采收过程中发生的材料费、人工费和分摊的间接费用等必要支出为成本。 特殊规定:除国务院财政、税务主管部门另有规定外,企业在重组过程中,应当在交易发生时确认有关资产的转让所得或者损失,相关资产应当按照交易价格重新确定计税基础

续表

项目	税务处理
计价方法	先进先出法、加权平均法、个别计价法

『提示』注意存货计价方法不包括后进先出法，计价方法一经选用，不得随意变更。

(六)投资资产的税务处理★★

投资资产是指企业对外进行权益性投资和债权性投资而形成的资产。企业对外投资期间，投资资产的成本在计算应纳税所得额时不得扣除，企业在转让或者处置投资资产时，投资资产的成本准予扣除。

1. 投资资产按以下方法确定成本

(1)通过支付现金方式取得的投资资产，以购买价款为成本；

(2)通过支付现金以外的方式取得的投资资产，以该资产的公允价值和支付的相关税费为成本。

2. 非货币性资产投资涉及的企业所得税处理规定

(1)居民企业(以下简称企业)以非货币性资产对外投资确认的非货币性资产转让所得，可在不超过5年期限内，分期均匀计入相应年度的应纳税所得额，按规定计算缴纳企业所得税。(递延纳税)

(2)企业以非货币性资产对外投资，应对非货币性资产进行评估并按评估后的公允价值扣除计税基础后的余额，计算确认非货币性资产转让所得。

企业以非货币性资产对外投资，应于投资协议生效并办理股权登记手续时，确认非货币性资产转让收入的实现。

关联企业之间发生的非货币性资产投资行为，投资协议生效后12个月内尚未完成股权变更登记手续的，于投资协议生效时，确认非货币性资产转让收入的实现。

【记忆小贴士】非货币性资产转让所得=非货币性资产评估后的公允价值-计税基础

(3)企业以非货币性资产对外投资而取得被投资企业的股权，应以非货币性资产的原计税成本为计税基础，加上每年确认的非货币性资产转让所得，逐年进行调整。(逐年调整)

被投资企业取得非货币性资产的计税基础，应按非货币性资产的公允价值确定。

(4)企业在对外投资5年内转让上述股权或投资收回的，应停止执行递延纳税政策，并就递延期内尚未确认的非货币性资产转让所得，在转让股权或投资收回当年的企业所得税年度汇算清缴时，一次性计算缴纳企业所得税；企业在计算股权转让所得时，可按上述(3)的规定将股权的计税基础一次调整到位。(一次到位)

『提示』企业在对外投资5年内注销的，应停止执行递延纳税政策，并就递延期内尚未确认的非货币性资产转让所得，在注销当年的企业所得税年度汇算清缴时，一次性计算缴纳企业所得税。

【记忆小贴士】递延纳税、逐年调整、一次到位。

【老杨唠吧唠】老杨提请考生注意在转让上述股权或投资收回时，纳税人需要计算两部分所得，一部分是递延期内尚未确认的非货币性资产转让所得，另一部分是股权转让所得。

九、资产损失税前扣除的所得税处理

扫我解疑难

(一)资产损失的概念★★

准予在企业所得税税前扣除的资产损失，是指企业在实际处置、转让上述资产过程中发生的合理损失(以下简称实际资产损失)，以及企业虽未实际处置、转让上述资产，但符合规定条件计算确认的损失(以下简称法定资产损失)。

『提示』企业以前年度发生的资产损失未能在当年税前扣除的，可以按照前述办法的规定，向税务机关说明并进行专项申报扣除。

其中，属于实际资产损失的，准予追补至该项损失发生年度扣除，其追补确认期限一般不得超过5年，但因计划经济体制转轨过程中遗留的资产损失、企业重组上市过程中因权属不清出现争议而未能及时扣除的资产损失、因承担国家政策性任务而形成的资产损失以及政策定性不明确而形成资产损失等特殊原因形成的资产损失，其追补确认期限经国家税务总局批准后可适当延长。属于法定资产损失，应在申报年度扣除。

【老杨唠吧唠】 老杨提请考生注意实际资产损失和法定资产损失的区别。

(二)资产损失扣除政策★★

1. 企业除贷款类债权外的应收、预付账款符合下列条件之一的，减除可收回金额后确认的无法收回的应收、预付款项，可以作为坏账损失在计算应纳税所得额时扣除：

(1)债务人依法宣告破产、关闭、解散、被撤销，或者被依法注销、吊销营业执照，其清算财产不足清偿的；

(2)债务人死亡，或者依法被宣告失踪、死亡，其财产或者遗产不足清偿的；

(3)债务人逾期3年以上未清偿，且有确凿证据证明已无力清偿债务的；

(4)与债务人达成债务重组协议或法院批准破产重整计划后，无法追偿的；

(5)因自然灾害、战争等不可抗力导致无法收回的；

(6)国务院财政、税务主管部门规定的其他条件。

2. 企业的股权投资符合下列条件之一的，减除可收回金额后确认的无法收回的股权投资，可以作为股权投资损失在计算应纳税所得额时扣除：

(1)被投资方依法宣告破产、关闭、解散、被撤销，或者被依法注销、吊销营业执照的；

(2)被投资方财务状况严重恶化，累计发生巨额亏损，已连续停止经营3年以上，且无重新恢复经营改组计划的；

(3)对被投资方不具有控制权，投资期限届满或者投资期限已超过10年，且被投资单位因连续3年经营亏损导致资不抵债的；

(4)被投资方财务状况严重恶化，累计发生巨额亏损，已完成清算或清算期超过3年以上的；

(5)国务院财政、税务主管部门规定的其他条件。

3. 企业因存货盘亏、毁损、报废、被盗等原因不得从增值税销项税额中抵扣的进项税额，可以与存货损失一起在计算应纳税所得额时扣除。

【例题35·计算题】 某外商投资者一般纳税人开办的摩托车生产企业2020年8月发生非正常损失，损失上月购入的原材料账面金额为32.79万元(其中含运费金额2.79万元)。计算企业所得税前允许扣除的损失金额。

解析 进项税额转出=(32.79-2.79)×13%+2.79×9%=3.9+0.25=4.15(万元)

应纳税所得额中扣除的资产损失=32.79+4.15=36.94(万元)

4. 企业在计算应纳税所得额时已经扣除的资产损失，在以后纳税年度全部或者部分收回时，其收回部分应当作为收入计入收回当期的应纳税所得额。

5. 企业境内、境外营业机构发生的资产损失应分开核算，对境外营业机构由于发生资产损失而产生的亏损，不得在计算境内应纳税所得额时扣除。

(三)资产损失税前扣除管理★★

1. 申报管理

(1)下列资产损失，应当以清单申报的方式向税务机关申报扣除：

①企业在正常经营管理活动中，按照公允价格销售、转让、变卖非货币资产的损失；

②企业各项存货发生的正常损耗；

③企业固定资产达到或超过使用年限而正常报废清理的损失；

④企业生产性生物资产达到或超过使用年限而正常死亡发生的资产损失；

⑤企业按照市场公平交易原则，通过各种交易场所、市场等买卖债券、股票、期货、基金以及金融衍生产品等发生的损失。

『提示』除清单申报扣除以外的资产损失，应以专项申报的方式向税务机关申报扣除。企业无法准确判别是否属于清单申报扣除的资产损失，可以采取专项申报的形式申报扣除。

（2）在中国境内跨地区经营的汇总纳税企业发生的资产损失，应按以下规定申报扣除：

①总机构及其分支机构发生的资产损失，除应按专项申报和清单申报的有关规定，各自向当地主管税务机关申报外，各分支机构同时还应上报总机构；

②总机构对各分支机构上报的资产损失，除税务机关另有规定外，应以清单申报的形式向当地主管税务机关进行申报；

③总机构将跨地区分支机构所属资产捆绑（打包）转让所发生的资产损失，由总机构向当地主管税务机关进行专项申报。

（3）商业零售企业存货损失税前扣除规定：

①商业零售企业存货因零星失窃、报废、废弃、过期、破损、腐败、鼠咬、顾客退换货等正常因素形成的损失，为存货正常损失，准予按会计科目进行归类、汇总，然后再将汇总数据以清单的形式进行企业所得税纳税申报，同时出具损失情况分析报告。

②商业零售企业存货因风、火、雷、震等自然灾害，仓储、运输失事，重大案件等非正常因素形成的损失，为存货非正常损失，应当以专项申报形式进行企业所得税纳税申报。

③存货单笔（单项）损失超过500万元的，无论何种因素形成的，均应以专项申报方式进行企业所得税纳税申报。

【例题36·多选题】下列资产损失属于以清单申报形式申报扣除的有（　　）。

A. 企业各项存货发生的正常损耗

B. 企业生产性生物资产达到或超过使用年限而正常死亡发生的资产损失

C. 企业固定资产达到或超过使用年限而正常报废清理的损失

D. 企业存货因管理不善发生的非正常损失

E. 企业在正常经营管理活动中，按照公允价格销售、转让、变卖非货币资产的损失

解析 ▶ 选项D，企业存货因管理不善发生的非正常损失不属于以清单申报形式申报扣除的损失，需要专项申报扣除。答案 ▶ ABCE

2. 资产损失确认证据

具有法律效力的外部证据，是指司法机关、行政机关、专业技术鉴定部门等依法出具的与本企业资产损失相关的具有法律效力的书面文件。特定事项的企业内部证据，是指会计核算制度健全、内部控制制度完善的企业，对各项资产发生毁损、报废、盘亏、死亡、变质等内部证明或承担责任的声明。具体的规定见表1-20。

表1-20 资产损失的确认证据

外部证据	内部证据
(1) 司法机关的判决或者裁定； (2) 公安机关的立案结案证明、回复； (3) 工商部门出具的注销、吊销及停业证明； (4) 企业的破产清算公告或清偿文件； (5) 行政机关的公文； (6) 专业技术部门的鉴定报告； (7) 具有法定资质的中介机构的经济鉴定证明； (8) 仲裁机构的仲裁文书； (9) 保险公司对投保资产出具的出险调查单、理赔计算单等保险单据	(1) 有关会计核算资料和原始凭证； (2) 资产盘点表； (3) 相关经济行为的业务合同； (4) 企业内部技术鉴定部门的鉴定文件或资料； (5) 企业内部核批文件及有关情况说明； (6) 对责任人由于经营管理责任造成损失的责任认定及赔偿情况说明； (7) 法定代表人、主要负责人和财务负责人签章证实有关损失的书面申明

【老杨唠吧唠】 资产损失的确认证据无需特别记忆，根据证据来源很容易确定属于内部证据还是外部证据，需要提醒的是"相关经济行为的业务合同"属于内部证据。

【例题37·多选题】 下列属于资产损失确认的外部证据的有( )。

A. 司法机关的判决或者裁定
B. 工商部门出具的注销、吊销及停业证明
C. 有关会计核算资料和原始凭证
D. 企业内部技术鉴定部门的鉴定文件或资料
E. 专业技术部门的鉴定报告

解析 ▶ 选项 C、D，属于内部证据。

答案 ▶ ABE

(四)其他应注意事项★★

1. 企业逾期3年以上的应收款项在会计上已作为损失处理的，可以作为坏账损失，但应说明情况，并出具专项报告。

2. 企业逾期1年以上，单笔数额不超过5万元或者不超过企业年度收入总额万分之一的应收款项，会计上已经作为损失处理的，可以作为坏账损失，但应说明情况，并出具专项报告。

3. 存货报废、毁损或变质损失数额较大的(指占企业该类资产计税成本10%以上，或减少当年应纳税所得、增加亏损10%以上)，纳税人留存备查自行出具的有法定代表人、主要负责人和财务负责人签章证实有关损失的书面声明。

4. 企业对外提供与本企业生产经营活动有关的担保，因被担保人不能按期偿还债务而承担连带责任，经追索，被担保人无偿还能力，对无法追回的金额，比照应收款项损失进行处理。

与本企业生产经营活动有关的担保是指企业对外提供的与本企业应税收入、投资、融资、材料采购、产品销售等生产经营活动相关的担保。

5. 下列股权和债权不得作为损失在税前扣除：

(1)债务人或者担保人有经济偿还能力，未按期偿还的企业债权；
(2)违反法律、法规的规定，以各种形式、借口逃废或悬空的企业债权；
(3)行政干预逃废或悬空的企业债权；
(4)企业未向债务人和担保人追偿的债权；
(5)企业发生非经营活动的债权；
(6)其他不应当核销的企业债权和股权。

6. 其他可以作为资产损失的情形：

(1)企业将不同类别的资产捆绑(打包)，以拍卖、询价、竞争性谈判、招标等市场方式出售，其出售价格低于计税成本的差额。
(2)企业正常经营业务因内部控制制度不健全而出现操作不当、不规范或因业务创新但政策不明确、不配套等原因形成的资产损失，应由企业承担的金额。
(3)企业因刑事案件原因形成的损失，应由企业承担的金额，或经公安机关立案侦查两年以上仍未追回的金额。

7. 金融企业涉农贷款和中小企业贷款损失准备金税前扣除

金融企业对其涉农贷款和中小企业贷款进行风险分类后，按照以下比例计提的贷款损失准备金，准予在计算应纳税所得额时扣除：

(1)关注类贷款，计提比例为2%；
(2)次级类贷款，计提比例为25%；
(3)可疑类贷款，计提比例为50%；
(4)损失类贷款，计提比例为100%。

8. 2017年度及以后年度企业所得税汇算清缴。企业向税务机关申报扣除资产损失，仅需填报企业所得税年度纳税申报表《资产损失税前扣除及纳税调整明细表》，不再报送资产损失相关资料。相关资料由企业留存备查。企业应当完整保存资产损失相关资料，保证资料的真实性、合法性。

9. 企业向税务机关申报扣除特定损失时，需留存备查专业技术鉴定意见(报

告)或法定资质中介机构出具的专项报告,自2018年12月28日起不再留存,改为"纳税人留存备查自行出具的有法定代表人、主要负责人和财务负责人签章证实有关损失的书面申明"。

10. 企业向税务机关申报扣除按独立交易原则向关联企业转让资产而发生的损失,或向关联企业提供借款、担保而形成的债权损失时,需留存备查中介机构出具的专项报告及其相关的证明材料,自2018年12月28日起不再留存。改为"纳税人留存备查自行出具的有法定代表人、主要负责人和财务负责人签章证实有关损失的书面申明和相关材料"。

十、企业重组的税务处理

扫我解疑难

(一)企业重组的概念★

企业重组,是指企业在日常经营活动以外发生的法律结构或经济结构重大改变的交易,包括企业法律形式改变、债务重组、股权收购、资产收购、合并、分立等。

股权支付:企业重组中购买、换取资产的一方支付的对价中,以本企业或其控股企业的股权、股份作为支付的形式。

非股权支付:指以本企业的现金、银行存款、应收账款、本企业或其控股企业股权和股份以外的有价证券、存货、固定资产、其他资产以及承担债务等作为支付的形式。

(二)企业重组的一般性税务处理方法★★

1. 企业由法人转变为个人独资企业、合伙企业等非法人组织,或将登记注册地转移至中华人民共和国境外(包括港、澳、台地区),应视同企业进行清算、分配,股东重新投资成立新企业。企业的全部资产以及股东投资的计税基础均应以公允价值为基础确定。

企业发生其他法律形式简单改变的,可直接变更税务登记,除另有规定外,有关企业所得税纳税事项(包括亏损结转、税收优惠等权益和义务)由变更后企业承继,但因住所发生变化而不符合税收优惠条件的除外。

2. 企业债务重组

(1)以非货币资产清偿债务,应当分解为转让相关非货币性资产和按非货币性资产公允价值清偿债务两项业务,确认相关资产的所得或损失。

【例题38·单选题】甲与乙达成债务重组协议,甲以一批库存商品抵偿所欠乙公司一年前发生的债务180.8万元,该批库存商品的账面成本为130万元,市场不含税销售价为140万元,该批商品的增值税税率为13%。假定适用企业所得税税率25%,城市维护建设税和教育费附加不予考虑。甲企业的该项重组业务应缴纳企业所得税( )万元。

A. 5.65　　　　B. 8.15
C. 12.7　　　　D. 16.76

解析 资产转让收益(视同销售)=140-130=10(万元)

债务重组收益=180.8-140-140×13%=22.6(万元)

所以,该项重组业务应纳所得税额=[(140-130)+(180.8-140-140×13%)]×25%=8.15(万元)。

答案 B

(2)发生债权转股权的,应当分解为债务清偿和股权投资两项业务,确认有关债务清偿所得或损失。

(3)债务人应当按照支付的债务清偿额低于债务计税基础的差额,确认债务重组所得;债权人应当按照收到的债务清偿额低于债权计税基础的差额,确认债务重组损失。

(4)债务人的相关所得税纳税事项原则上保持不变。

3. 股权收购、资产收购

(1)被收购方应确认股权、资产转让所得或损失;

(2)收购方取得股权或资产的计税基础应以公允价值为基础确定;

(3)被收购企业的相关所得税事项原则上

保持不变。

4. 企业合并

(1)合并企业应按公允价值确定接受被合并企业各项资产和负债的计税基础；

(2)被合并企业及其股东都应按清算进行所得税处理；

(3)被合并企业的亏损不得在合并企业结转弥补。

5. 企业分立

(1)被分立企业对分立出去的资产应按公允价值确认资产转让所得或损失；

(2)分立企业应按公允价值确认接受资产的计税基础；

(3)被分立企业继续存在时，其股东取得的对价应视同被分立企业分配进行处理；

(4)被分立企业不再继续存在时，被分立企业及其股东都应按清算进行所得税处理；

(5)企业分立相关企业的亏损不得相互结转弥补。

【老杨唠吧唠】股权收购、资产收购、合并分立相关交易的税务处理建议总结其共同规律一并记忆，具体内容见表1-21：

表1-21 企业重组一般性税务处理

方式	支付对价方式	被收购方、被合并方、被分立方	收购方、合并方、分立方
一般性企业重组	—	确认所得和损失	公允价值作为计税基础

【例题39·计算题】甲公司将其10 000万股股权中的80%转给让乙公司。已知收购日甲公司每股资产计税基础8元，每股资产公允价值为10元。在收购对价中乙公司以银行存款支付8 000万元，以股权形式支付72 000万元。假设该交易采用一般性税务处理方法，计算甲公司资产转让所得或损失和乙公司收到股权的计税基础。

解析 甲公司资产转让所得 = 80 000 - 64 000 = 16 000(万元)

乙公司收到股权的计税基础 = 80 000(万元)

(三)企业重组的特殊性税务处理方法★★★

1. 适用特殊性税务处理的条件

企业重组同时符合下列条件的，适用特殊性税务处理规定：

(1)具有合理的商业目的，且不以减少、免除或者推迟缴纳税款为主要目的。

(2)被收购、合并或分立部分的资产或股权比例符合规定的比例。

(3)企业重组后的连续12个月内不改变重组资产原来的实质性经营活动。

(4)重组交易对价中涉及股权支付金额符合规定比例。

(5)企业重组中取得股权支付的原主要股东，在重组后连续12个月内，不得转让所取得的股权。

2. 企业重组符合上述特殊性税务处理条件的，交易各方对其交易中的股权支付部分，可以按以下规定进行特殊性税务处理：

(1)企业债务重组确认的应纳税所得额占该企业当年应纳税所得额50%以上，可以在5个纳税年度的期间内，均匀计入各年度的应纳税所得额。

企业发生债权转股权业务，对债务清偿和股权投资两项业务暂不确认有关债务清偿所得或损失，股权投资的计税基础以原债权的计税基础确定。企业的其他相关所得税事项保持不变。

(2)股权收购，收购企业购买的股权不低于被收购企业全部股权的50%，且收购企业在该股权收购发生时的股权支付金额不低于其交易支付总额的85%，可以选择按以下规定处理：

①被收购企业的股东取得收购企业股权的计税基础，以被收购股权的原有计税基础确定。

②收购企业取得被收购企业股权的计税基础，以被收购股权的原有计税基础确定。

③收购企业、被收购企业的原有各项资产和负债的计税基础和其他相关所得税事项保持不变。

(3)资产收购,受让企业收购的资产不低于转让企业全部资产的50%,且受让企业在该资产收购发生时的股权支付金额不低于其交易支付总额的85%,可以选择按以下规定处理:

①转让企业取得受让企业股权的计税基础,以被转让资产的原有计税基础确定。

②受让企业取得转让企业资产的计税基础,以被转让资产的原有计税基础确定。

(4)企业合并,企业股东在该企业合并发生时取得的股权支付金额不低于其交易支付总额的85%,以及同一控制下且不需要支付对价的企业合并,可以选择按以下规定处理:

①合并企业接受被合并企业资产和负债的计税基础,以被合并企业的原有计税基础确定。

②被合并企业合并前的相关所得税事项由合并企业承继。

③可由合并企业弥补的被合并企业亏损的限额=被合并企业净资产公允价值×截至合并业务发生当年年末国家发行的最长期限的国债利率

④被合并企业股东取得合并企业股权的计税基础,以其原持有的被合并企业股权的计税基础确定。

【例题40·计算题】 摩托车生产企业合并一家小型股份公司,股份公司全部资产公允价值为5 700万元、全部负债为3 200万元、未超过弥补年限的亏损额为620万元。合并时摩托车生产企业以股权形式支付2 300万元、以银行存款支付200万元。该合并业务符合企业重组特殊性税务处理的条件且选择此方法执行。截至合并业务发生当年年末国家发行的最长期限的国债利率为6%。请计算可由合并企业弥补的被合并企业的亏损限额。

解析 可由合并企业弥补的被合并企业亏损限额=(5 700-3 200)×6%=150(万元)

(5)企业分立,被分立企业所有股东按原持股比例取得分立企业的股权,分立企业和被分立企业均不改变原来的实质经营活动,且被分立企业股东在该企业分立发生时取得的股权支付金额不低于其交易支付总额的85%,可以选择按以下规定处理:

①分立企业接受被分立企业资产和负债的计税基础,以被分立企业的原有计税基础确定。

②被分立企业已分立出去资产相应的所得税事项由分立企业承继。

③被分立企业未超过法定弥补期限的亏损额可按分立资产占全部资产的比例进行分配,由分立企业继续弥补。

④被分立企业的股东取得分立企业的股权(以下简称"新股"),如需部分或全部放弃原持有的被分立企业的股权(以下简称"旧股"),"新股"的计税基础应以放弃"旧股"的计税基础确定。如不需放弃"旧股",则其取得"新股"的计税基础可从以下两种方法中选择确定:直接将"新股"的计税基础确定为零;或者以被分立企业分立出去的净资产占被分立企业全部净资产的比例先调减原持有的"旧股"的计税基础,再将调减的计税基础平均分配到"新股"上。

(6)重组交易各方按上述(1)至(5)项规定对交易中股权支付暂不确认有关资产的转让所得或损失的,其非股权支付仍应在交易当期确认相应的资产转让所得或损失,并调整相应资产的计税基础。

非股权支付对应的资产转让所得或损失=(被转让资产的公允价值-被转让资产的计税基础)×(非股权支付金额÷被转让资产的公允价值)

【例题41·单选题】 A企业持有B企业95%的股权,共计3 000万股,2020年10月将其全部转让给C企业。收购日A企业持有的B企业股权每股资产的公允价值为12元,每股资产的计税基础为10元。在收购对价中C企业以股权形式支付32 400万元,以银行存款支付3 600万元。假定符合特殊性税务处理的其他条件,A企业转让股权应缴纳企业所得税( )万元。

A. 0 　　　　　　B. 30
C. 100 　　　　　D. 150

解析 ▶ 收购企业取得被收购企业股权比例是95%,股权支付比例=32 400÷(32 400+3 600)×100%=90%,题目已告知该业务符合特殊性税务处理的其他条件,所以该业务适用特殊性税务处理。

对于被收购企业的股东(A企业)取得收购企业股权的计税基础,以被收购股权的原有计税基础确定。所以股权支付的部分不确认所得和损失;对于非股权支付的部分,要按照规定确认所得和损失,依法计算缴纳企业所得税。

A企业转让股权的应纳税所得额=(3 000×12-3 000×10)×3 600÷36 000=600(万元)

A企业转让股权应缴纳企业所得税=600×25%=150(万元)

答案 ▶ D

【老杨唠吧唠】股权收购、资产收购、合并分立相关交易的税务处理可以总结在一块并和一般性企业重组的税务处理对比记忆,具体内容见表1-22:

表1-22 企业重组一般性与特殊性税务处理对比

方式	支付对价方式	被收购方、被合并方、被分立方	收购方、合并方、分立方
一般性企业重组	—	确认所得和损失	以公允价值作为计税基础
特殊性企业重组	股权支付	不确认所得和损失	原有计税基础确定
	非股权支付	确认所得和损失	以公允价值作为计税基础

【例题42·计算题】甲公司将其10 000万股股权中的80%转给让乙公司。已知收购日甲公司每股资产计税基础8元,每股资产公允价值为10元。在收购对价中乙公司以银行存款支付8 000万元,以股权形式支付72 000万元。假设该交易采用特殊性税务处理方法,计算甲公司资产转让所得或损失和乙公司收到股权的计税基础。

解析 ▶ (1)修改:假如上例中为100%股权收购,即:在收购对价中乙公司以股权形式支付80 000万元。

①甲公司不确认资产转让所得。

②甲公司股东取得乙公司股权的计税基础=64 000(万元)(注:被收购企业的股东取得收购企业股权的计税基础,以被收购股权的原有计税基础确定)。

③乙公司收到甲公司股权的计税基础=64 000万元(注:收购企业取得被收购企业股权的计税基础,以被收购股权的原有计税基础确定)。

(2)按上例:

①甲公司取得非股权支付额对应的资产转让所得=(被转让资产公允价值-被转让资产计税基础)×(非股权支付金额÷被转让资产的公允价值)=(80 000-64 000)×(8 000÷80 000)=16 000×10%=1 600(万元)

②甲公司股东取得乙公司股权的计税基础=64 000×90%=57 600(万元)(注:被收购企业的股东取得收购企业股权的计税基础,以被收购股权的原有计税基础确定)

③乙公司收到股权的计税基础=64 000×(72 000÷80 000)+8 000=65 600(万元)(注:收购企业取得被收购企业股权的计税基础,以被收购股权的原有计税基础确定,其中非股权支付的部分要调整相应资产的计税基础)

【老杨唠吧唠】本题和例题39是一个案例的不同条件下的税务处理,建议考生结合表1-22充分对比他们的税务处理的差异,这样更利于考生的理解记忆。

3. 关于非居民企业股权转让适用特殊性税务处理有关规定

适用特殊性税务处理的非居民企业股权转让的情形：

（1）非居民企业向其100%直接控股的另一非居民企业转让其拥有的居民企业股权，没有因此造成以后该项股权转让所得预提税负担变化，且转让方非居民企业向主管税务机关书面承诺在3年（含3年）内不转让其拥有受让方非居民企业的股权（包括因境外企业分立、合并导致中国居民企业股权被转让的情形）；

（2）非居民企业向与其具有100%直接控股关系的居民企业转让其拥有的另一居民企业股权；

（3）非居民企业股权转让选择特殊性税务处理的，应于股权转让合同或协议生效且完成工商变更登记手续30日内进行备案。属于第（1）项情形的，由转让方向被转让企业所在地所得税主管税务机关备案；属于第（2）项情形的，由受让方向其所在地所得税主管税务机关备案。

（四）股权、资产划转★★

自2014年1月1日起，对100%直接控制的居民企业之间，以及受同一或相同多家居民企业100%直接控制的居民企业之间按账面净值划转股权或资产，凡具有合理商业目的、不以减少、免除或者推迟缴纳税款为主要目的，股权或资产划转后连续12个月内不改变被划转股权或资产原来实质性经营活动，且划出方企业和划入方企业均未在会计上确认损益的，可以选择按以下规定进行特殊性税务处理：

（1）划出方企业和划入方企业均不确认所得。

（2）划入方企业取得被划转股权或资产的计税基础，以被划转股权或资产的原账面净值确定。

（3）划入方企业取得的被划转资产，应按其原账面净值计算折旧扣除。

十一、房地产开发经营业务的所得税处理★★

扫我解疑难

（一）开发产品完工认定条件

除土地开发之外，其他开发产品完工认定只要符合三个条件之一的，就视为已经完工，即：

（1）开发产品竣工证明材料已报房地产管理部门备案；

（2）开发产品已开始投入使用；

（3）开发产品已取得了初始产权证明。

（二）收入的税务处理

1. 开发产品销售收入的范围为销售开发产品过程中取得的全部价款，包括现金、现金等价物及其他经济利益。企业代有关部门、单位和企业收取的各种基金、费用和附加等，凡纳入开发产品价内或由企业开具发票的，应按规定全部确认为销售收入；未纳入开发产品价内并由企业之外的其他收取部门、单位开具发票的，可作为代收代缴款项进行管理。

2. 企业通过正式签订《房地产销售合同》或《房地产预售合同》所取得的收入，应确认为销售收入的实现。具体的规定见表1-23。

表1-23 收入的税务处理

具体业务	税务处理
采取一次性全额收款方式销售开发产品	应于实际收讫价款或取得索取价款凭据（权利）之日，确认收入的实现
采取分期收款方式销售开发产品	应按销售合同或协议约定的价款和付款日确认收入的实现，付款方提前付款的，在实际付款日确认收入的实现

续表

具体业务	税务处理
采取银行按揭方式销售开发产品	应按销售合同或协议约定的价款确定收入额，其首付款应于实际收到日确认收入的实现，余款在银行按揭贷款办理转账之日确认收入的实现
采取支付手续费方式委托销售开发产品	应按销售合同或协议中约定的价款于收到受托方已销开发产品清单之日确认收入的实现
采取视同买断方式委托销售开发产品	属于企业与购买方签订销售合同或协议，或企业、受托方、购买方三方共同签订销售合同或协议的，如果销售合同或协议中约定的价格高于买断价格，则应按销售合同或协议中约定的价格计算的价款于收到受托方已销开发产品清单之日确认收入的实现；如果属于前两种情况中销售合同或协议中约定的价格低于买断价格，以及属于受托方与购买方签订销售合同或协议的，则应按买断价格计算的价款于收到受托方已销开发产品清单之日确认收入的实现
采取基价(保底价)并实行超基价双方分成方式委托销售开发产品	属于由企业与购买方签订销售合同或协议，或企业、受托方、购买方三方共同签订销售合同或协议的，如果销售合同或协议中约定的价格高于基价，则应按销售合同或协议中约定的价格计算的价款于收到受托方已销开发产品清单之日确认收入的实现，企业按规定支付受托方的分成额，不得直接从销售收入中减除；如果销售合同或协议约定的价格低于基价，则应按基价计算的价款于收到受托方已销开发产品清单之日确认收入的实现。属于由受托方与购买方直接签订销售合同的，则应按基价加上按规定取得的分成额于收到受托方已销开发产品清单之日确认收入的实现
采取包销方式委托销售开发产品	包销期内可根据包销合同的有关约定，参照上述三种情况规定确认收入的实现；包销期满后尚未出售的开发产品，企业应根据包销合同或协议约定的价款和付款方式确认收入的实现
将开发产品用于捐赠、赞助、职工福利、奖励、对外投资、分配给股东或投资人、抵债、交换等	应视同销售，于开发产品所有权或使用权转移，或于实际取得利益权利时确认收入(或利润)的实现
企业销售未完工开发产品	取得的收入应先按预计计税毛利率分季(或月)计算出预计毛利额，计入当期应纳税所得额。开发产品完工后，企业应及时结算其计税成本并计算此前销售收入的实际毛利额，同时将其实际毛利额与其对应的预计毛利额之间的差额，计入当年度企业本项目与其他项目合并计算的应纳税所得额

【记忆小贴士】支付手续费方式委托销售开发产品的税务处理总结(见表1-24)

确认时间均为收到清单时，收入金额的确认见下表：

表1-24 支付手续费方式委托销售开发产品的税务处理总结

委托方式	合同协议签订情况	收入金额的确认
支付手续费		销售合同或协议中约定的价款
视同买断	企业与购买方签订销售合同或协议	销售合同或协议中约定的价格和买断价格中的较高者
	企业、受托方、购买方三方共同签订	
	受托方与购买方签订	买断价格

续表

委托方式	合同协议签订情况	收入金额的确认
基价(保底价)并实行超基价双方分成方式	企业与购买方签订销售合同或协议	销售合同或协议中约定的价格和基价中的较高者，企业按规定支付受托方的分成额，不得直接从销售收入中减除
	企业、受托方、购买方三方共同签订	
	受托方与购买方直接签订销售合同	基价加上按规定取得的分成额
包销方式	包销期内可根据包销合同的有关约定，参照上述3项规定确认收入的实现；包销期满后尚未售出的开发产品，企业应根据包销合同或协议约定的价款和付款方式确认收入的实现	

3. 视同销售

企业将开发产品用于捐赠、赞助、职工福利、奖励、对外投资、分配给股东或投资人、抵偿债务、换取其他企事业单位和个人的非货币性资产等行为，应视同销售，于开发产品所有权或使用权转移，或于实际取得利益权利时确认收入(或利润)的实现。确认收入(或利润)的方法和顺序为：

(1)按本企业近期或本年度最近月份同类开发产品市场销售价格确定；

(2)由主管税务机关参照当地同类开发产品市场公允价值确定；

(3)按开发产品的成本利润率确定。开发产品成本利润率不得低于15%，具体比例由主管税务机关确定。

4. 企业销售未完工开发产品取得的收入，应先按预计计税毛利率分季(或月)计算出预计毛利额，计入当期应纳税所得额。开发产品完工后，企业应及时结算其计税成本并计算此前销售收入的实际毛利额，同时将其实际毛利额与其对应的预计毛利额之间的差额，计入当年度企业本项目与其他项目合并计算的应纳税所得额。

5. 企业销售未完工开发产品的计税毛利率：

(1)开发项目位于省、自治区、直辖市和计划单列市人民政府所在地城市城区和郊区的不得低于15%。

(2)开发项目位于地级市城区及郊区的，不得低于10%。

(3)开发项目位于其他地区的，不得低于5%。

(4)属于经济适用房、限价房和危改房的，不得低于3%。

【记忆小贴士】政策房3%，非政策房：看位置(15%-10%-5%)

6. 企业新建的开发产品在尚未完工或办理房地产初始登记、取得产权证前，与承租人签订租赁预约协议的，自开发产品交付承租人使用之日起，出租方取得的预租价款按租金确认收入的实现。

【例题43·单选题】下列关于房地产企业所得税涉税处理的表述，正确的是( )。

A. 经济适用房开发项目，计税毛利率不得低于5%

B. 采取银行按揭方式销售开发产品，应于实际收讫价款之日，确认收入的实现

C. 房地产开发企业对经济适用房项目的预售收入进行初始纳税申报时，必须附送有关部门批准经济适用房项目开发、销售的文件以及其他相关证明材料

D. 将开发产品用于对外投资，不属于视同销售，不涉及企业所得税

解析 选项A，经济适用房开发项目，计税毛利率不得低于3%；选项B，采取银行按揭方式销售开发产品，应按销售合同或协议约定的价款确定收入额，其首付款应于实际收到日确认收入的实现，余款在银行按揭贷款办理转账之日确认收入的实现；选项D，将开发产品用于对外投资，应视同销售，于开发产品所有权或使用权转移时确认收入的实现。 答案 C

(三)成本、费用扣除的税务处理

企业在进行成本、费用的核算与扣除时，

必须按规定区分期间费用和开发产品计税成本、已销开发产品计税成本与未销开发产品计税成本。

企业发生的期间费用、已销开发产品计税成本、税金及附加、土地增值税准予当期按规定扣除。

计税成本是指企业在开发、建造开发产品(包括固定资产,下同)过程中所发生的按照税收规定进行核算与计量的应归入某项成本对象的各项费用。

已销开发产品的计税成本,按当期已实现销售的可售面积和可售面积单位工程成本确认。可售面积单位工程成本和已销开发产品的计税成本按下列公式计算确定:

可售面积单位工程成本 = 成本对象总成本÷成本对象总可售面积

已销开发产品的计税成本 = 已实现销售的可售面积×可售面积单位工程成本

1. 成本费用扣除的税务处理(见表1-25)

表1-25 成本费用扣除的税务处理

具体项目		税务处理
对尚未出售的已完工开发产品和按照有关规定对已售开发产品进行日常维护、保养、修理等实际发生的维修费		准予当期据实扣除
已计入销售收入的共用部位、共用设施设备维修基金按规定移交给有关部门、单位的		应于移交时扣除
企业在开发区内建造的会所、物业管理场所、电站、热力站、水厂、文体场馆、幼儿园等配套设施	属于非营利性且产权属于全体业主的,或无偿赠与地方政府、公用事业单位的	可视为公共配套设施,按公共配套设施费的有关规定进行处理(利用地下基础设施形成的停车场所也按此规定处理)
	属于营利性的,或产权归企业所有的,或未明确产权归属的,或无偿赠与地方政府、公用事业单位以外其他单位的	应当单独核算其成本。除企业自用应按建造固定资产进行处理外,其他一律按建造开发产品进行处理
企业在开发区内建造的邮电通讯、学校、医疗设施、单独建造的停车场所		应单独核算成本
企业采取银行按揭方式销售开发产品,凡约定企业为购买方的按揭贷款提供担保的,其销售开发产品时向银行提供的保证金(担保金)		不得从销售收入中减除,也不得作为费用在当期税前扣除,但实际发生损失时可据实扣除
企业委托境外机构销售开发产品的,其支付境外机构的销售费用(含佣金或手续费)		不超过委托销售收入10%的部分,准予据实扣除
企业为建造开发产品借入资金而发生的符合税收规定的借款费用,可按企业会计准则的规定进行归集和分配,其中属于财务费用性质的借款费用		可直接在税前扣除
企业集团或其成员企业统一向金融机构借款分摊集团内部其他成员企业使用的,借入方凡能出具从金融机构取得借款的证明文件,可以在使用借款的企业间合理地分摊利息费用,使用借款的企业分摊的合理利息		准予在税前扣除
企业因国家无偿收回土地使用权而形成的损失		可作为财产损失按有关规定在税前扣除
企业开发产品(以成本对象为计量单位)整体报废或毁损		其净损失按有关规定审核确认后准予在税前扣除
企业开发产品转为自用的,其实际使用时间累计未超过12个月又销售的		不得在税前扣除折旧费用

2. 计税成本对象的确定原则

(1) 可否销售原则；

(2) 功能区分原则；

(3) 定价差异原则；

(4) 成本差异原则；

(5) 权益区分原则。

【记忆小贴士】 快速记忆：可售、功能权益分、成本定价差。

3. 开发产品计税成本支出的内容

(1) 土地征用费及拆迁补偿费。包括契税、耕地占用税、土地使用费、土地闲置费等。

(2) 前期工程费。

(3) 建筑安装工程费。

(4) 基础设施建设费。

(5) 公共配套设施费：指开发项目内发生的、独立的、非营利性的，且产权属于全体业主的，或无偿赠与地方政府、政府公用事业单位的公共配套设施支出。

(6) 开发间接费。

4. 成本计算方法

(1) 企业开发、建造的开发产品应按制造成本法进行计量与核算。

(2) 共同成本和不能分清负担对象的间接成本，应按受益的原则和配比的原则分配至各成本对象，具体分配方法可按以下规定选择其一：

① 占地面积法：指按已动工开发成本对象占地面积占开发用地总面积的比例进行分配。

② 建筑面积法：指按已动工开发成本对象建筑面积占开发用地总建筑面积的比例进行分配。

③ 直接成本法：指按期内某一成本对象的直接开发成本占期内全部成本对象直接开发成本的比例进行分配。

④ 预算造价法：指按期内某一成本对象预算造价占期内全部成本对象预算造价的比例进行分配。

5. 企业下列成本应按以下方法进行分配

(1) 土地成本，一般按占地面积法进行分配。如果确需结合其他方法进行分配的，应商税务机关同意。

『提示』土地开发同时联结房地产开发的，属于一次性取得土地分期开发房地产的情况，其土地开发成本经商税务机关同意后可先按土地整体预算成本进行分配，待土地整体开发完毕再行调整。

(2) 单独作为过渡性成本对象核算的公共配套设施开发成本，应按建筑面积法进行分配。

(3) 借款费用属于不同成本对象共同负担的，按直接成本法或按预算造价法进行分配。

(4) 其他成本项目的分配法由企业自行确定。

(四) 非货币方式取得土地使用权的成本确定 (见表1-26)

表1-26 非货币方式取得土地使用权的成本确定

方式		确认时点	确认金额
产品换地权	本土地开发的产品	接受土地使用权时暂不确认其成本，待首次分出开发产品时	分出(应付)产品的公允价值+土地使用权转移税费+应付补价-应收补价
	其他土地开发的产品	投资交易发生时	
股权换地权		投资交易发生时	该项土地使用权公允价值+土地使用权转移税费+应付补价-应收补价

(五) 预提费用的税务处理

除以下几项预提(应付)费用外，计税成本均应为实际发生的成本：

1. 出包工程未最终办理结算而未取得全

额发票的，在证明资料充分的前提下，其发票不足金额可以预提，但最高不得超过合同总金额的10%。

2. 公共配套设施尚未建造或尚未完工的，可按预算造价合理预提建造费用。此类公共配套设施必须符合已在售房合同、协议或广告、模型中明确承诺建造且不可撤销，或按照法律、法规规定必须配套建造的条件。

3. 应向政府上缴但尚未上缴的报批报建费用、物业完善费用可以按规定预提。

『提示』物业完善费用是指按规定应由企业承担的物业管理基金、公建维修基金或其他专项基金。

（六）特定事项的税务处理

1. 企业以本企业为主体联合其他企业、单位、个人合作或合资开发房地产项目，且该项目未成立独立法人公司的，按下列规定处理：

（1）约定向投资各方分配开发产品的，企业在首次分配开发产品时，如该项目已经结算计税成本，其应分配给投资方开发产品的计税成本与其投资额之间的差额计入当期应纳税所得额；如未结算计税成本，则将投资方的投资额视同销售收入进行税务处理。

（2）约定分配项目利润的，按以下规定处理：

①企业应将该项目形成的营业利润额并入当期应纳税所得额统一申报缴纳企业所得税，不得在税前分配该项目的利润。同时，不能因接受投资方投资额而在成本中摊销或在税前扣除相关利息支出。

②投资方取得该项目的营业利润应视同股息、红利进行税务处理。

2. 企业以换取开发产品为目的，将土地使用权投资其他企业房地产开发项目的，按以下规定进行处理：

企业应在首次取得开发产品时，将其分解为转让土地使用权和购入开发产品两项经济业务进行所得税处理，并按应从该项目取得的开发产品（包括首次取得的和以后应取得的）的市场公允价值计算确认土地使用权转让所得或损失。

【老杨唠吧唠】特定事项的税务处理规定1和2的内容要注意理解记忆，上述1的记忆总结成一句话：分房同销售，已结成本算差额未结成本算收入；分利同投资。上述2的记忆总结成一句话：投地换房视同卖地买房，考试按照这两句话去理解即可。

3. 土地增值税清算涉及企业所得税退税问题处理

房地产开发企业（以下简称企业）由于土地增值税清算，导致多缴企业所得税的退税按以下规定处理：

（1）企业按规定对开发项目进行土地增值税清算后，当年企业所得税汇算清缴出现亏损且有其他后续开发项目的，该亏损应按照税法规定向以后年度结转，用以后年度所得弥补。

（2）企业按规定对开发项目进行土地增值税清算后，当年企业所得税汇算清缴出现亏损，且没有后续开发项目的，可以按照以下方法计算出该项目由于土地增值税原因导致的项目开发各年度多缴企业所得税税款，并申请退税：

①该项目缴纳的土地增值税总额，应按照该项目开发各年度实现的项目销售收入占整个项目销售收入总额的比例，在项目开发各年度进行分摊，具体按以下公式计算：

各年度应分摊的土地增值税＝土地增值税总额×（项目年度销售收入÷整个项目销售收入总额）

公式中的销售收入包括视同销售房地产的收入，但不包括企业销售的增值额未超过扣除项目金额20%的普通标准住宅的销售收入。

②该项目各年度应分摊的土地增值税减去该年度已经在企业所得税税前扣除的土地增值税后，余额属于当年应补充扣除的土地增值税；企业应调整当年度的应纳税所得额，并按规定计算当年度应退的企业所得税税款；

当年度已缴纳的企业所得税税款不足退税的，应作为亏损向以后年度结转，并调整以后年度的应纳税所得额。

③按照上述方法进行土地增值税分摊调整后，相应年度应纳税所得额为正数的，应按规定计算缴纳企业所得税。

④企业按上述方法计算的累计退税额，不得超过其在该项目开发各年度累计实际缴纳的企业所得税；超过部分作为项目清算年度产生的亏损，向以后年度结转。

（3）企业在申请退税时，应向主管税务机关提供书面材料说明应退企业所得税款的计算过程，包括该项目缴纳的土地增值税总额、项目销售收入总额、项目年度销售收入额、各年度应分摊的土地增值税和已经税前扣除的土地增值税、各年度的适用税率，以及是否存在后续开发项目等情况。

上述规定自2016年12月9日起施行，施行前企业凡已经对土地增值税进行清算且没有后续开发项目的，仍存在尚未弥补的因土地增值税清算导致的亏损，按照上述第（2）条规定的方法计算多缴企业所得税税款，并申请退税。

【老杨唠吧唠】理解这部分内容的基础是要知道土地增值税的预征和清算制度对企业所得税计算的影响，以下为例，2018年预缴的240万元在计算当年的企业所得税时已经扣除了，但它不是"真的"，它只是一个根据预征率计算的金额，直到案例中的2020年清算时根据公式计算2018年应分摊的土地增值税440万元，这才是它"真的"应该在计算当年应纳税所得额时扣除的土地增值税的金额，这样就导致了2018年应纳税所得额和税额要按分摊计算的金额进行调整，从而引出了一系列的"故事"。知道"故事"为什么发生再结合一点点企业所得税计算的基本功，理解本部分内容也就不会感到那么吃力了！

【例题44·计算题】某房地产开发企业2018年1月开始开发某房地产项目，2020年10月项目全部竣工并销售完毕，12月进行土地增值税清算，整个项目共缴纳土地增值税1 100万元，其中2018年—2020年预缴土地增值税分别为240万元、300万元、60万元；2020年清算后补缴土地增值税500万元。2018年—2020年实现的项目销售收入分别为12 000万元、15 000、3 000万元，缴纳的企业所得税分别为45万元、310万元、0万元。该企业2020年度汇算清缴出现亏损，应纳税所得额为-400万元。企业没有后续开发项目，拟申请退税，具体计算详见下表：

	2018年	2019年	2020年
预缴土地增值税	240	300	60
补缴土地增值税	—	—	500
分摊土地增值税	1 100×(12 000÷30 000)=440	1 100×(15 000÷30 000)=550	1 100×(3 000÷30 000)=110
应纳税所得额调整	240−440=−200	300−550−20=−270	60+500−110=450
调整后应纳税所得额	45÷25%−200=−20	—	−400+450=50
应退企业所得税	200×25%=50	270×25%=67.5	—
已缴纳企业所得税	45	310	0
实退企业所得税	45	67.5	—
应补企业所得税	—	—	50×25%=12.5
累计退税额	—	—	45+67.5−12.5=100

十二、税收优惠

扫我解疑难

【老杨唠吧唠】税收优惠考试还是比较重要的,考生学习起来普遍感觉知识点多,不容易记忆,这是正常的反应,老杨提示要注意分层级,不要"胡子眉毛一把抓",具体分为三个层级:掌握(★★★)、熟悉(★★)和了解(★)。考生可以结合表1-27,"按图索骥",对应后面的内容进行复习。

表1-27 税收优惠简要总结

优惠方式		具体内容
直接减免	免征	8项
	减半	2项
定期减免	3免3减半	国家重点扶持公共基础设施项目投资经营所得(含电网新建项目、符合条件的一次核准分批次建设的所得);符合条件环境保护、节能节水项目所得(含公共垃圾处理和海水淡化);饮水工程运营管理单位从事规定的饮水工程新建项目投资经营所得
定额扣减		重点群体创业就业自签订劳动合同并交纳社会保险当月起在3年内按实际招用人数予以定额扣减
低税率	20%	※小型微利企业
	15%	※国家需要重点扶持的高新技术企业;技术先进型服务企业;符合条件的从事污染防治的第三方企业、中国(上海)自贸试验区临港新片区内符合条件的法人企业、注册在海南自由贸易港并实质性运营的鼓励类产业企业
	10%	非居民企业优惠(适用范围)
※加计扣除	75%	研究开发费(注意:具体管理规定,重点:"委托境外研发")
	100%	企业安置残疾人员所支付的工资、制造企业研发费用
※投资抵税		70%投资额抵扣所得额(创业投资企业)
		10%投资额抵扣税额(购置并实际使用规定的环境保护、节能节水、安全生产等专用设备)
减计收入		综合利用资源、提供社区养老、托育、家政服务、金融机构向农户小额贷款、保险公司为种植业、养殖业提供保险业务、小额贷款公司为农户提供小额贷款,取得的收入减按90%计入收入总额
※加速折旧		相关规定
※免征额		转让技术所有权所得
鼓励软件产业和集成电路产业发展的优惠		
西部大开发		鼓励类15%税率
其他		1. 持有2011—2023年发行的铁路建设债券取得的利息收入减半征收企业所得税; 2. 深港通股票市场交易互联互通机制试点有关税收政策

(一)免税收入(详见"不征税收入和免税收入")★

企业的下列收入为免税收入:一是国债利息收入;二是符合条件的居民企业之间的股息、红利等权益性投资收益;三是在中国境内设立机构、场所的非居民企业从居民企业取得与该机构、场所有实际联系的股息、红利等权益性投资收益;四是符合条件的非营利组织的收入。

(二)免征与减征优惠★★

企业的下列所得项目,可以免征、减征企业所得税;企业如果从事国家限制和禁止发展的项目,不得享受企业所得税优惠:

1. 从事农、林、牧、渔业项目的所得

企业从事农、林、牧、渔业项目的所得,包括免征和减征两部分。

（1）企业从事下列项目的所得，**免征**企业所得税：

①蔬菜、谷物、薯类、油料、豆类、棉花、麻类、糖料、水果、坚果的种植；

②农作物新品种的选育；

③中药材的种植；

④林木的培育和种植；

⑤牲畜、家禽的饲养；

⑥林产品的采集；

⑦灌溉、农产品初加工、兽医、农技推广、农机作业和维修等农、林、牧、渔服务业项目；

⑧远洋捕捞。

（2）企业从事下列项目的所得，**减半征收**企业所得税：

①花卉、茶以及其他饮料作物和香料作物的种植；

②海水养殖、内陆养殖。

（3）农、林、牧、渔业项目的所得税优惠政策和征收管理的有关事项：

①企业从事下列项目所得的税务处理：

A. 猪、兔的饲养，按"牲畜、家禽的饲养"项目处理；

B. 饲养牲畜、家禽产生的分泌物、排泄物，按"牲畜、家禽的饲养"项目处理；

C. 观赏性作物的种植，按"花卉、茶及其他饮料作物和香料作物的种植"项目处理；

D. "牲畜、家禽的饲养"以外的生物养殖项目，按"海水养殖、内陆养殖"项目处理。

②农产品初加工相关事项的税务处理：

A. 企业根据委托合同，受托对符合规定的农产品进行初加工服务，其所收取的加工费，可以按照农产品初加工的免税项目处理。

B. 企业对外购茶叶进行筛选、分装、包装后进行销售的所得，不享受农产品初加工的优惠政策。

C. 对取得农业农村部颁发的"远洋渔业企业资格证书"并在有效期内的远洋渔业企业，从事远洋捕捞业务取得的所得免征企业所得税。

③企业购买农产品后直接进行销售的贸易活动产生的所得，不能享受农、林、牧、渔业项目的税收优惠政策。

2. 从事国家重点扶持的公共基础设施项目投资经营的所得

企业从事国家重点扶持的公共基础设施项目投资经营的所得，自项目取得第一笔生产经营收入所属纳税年度起，第1年至第3年免征企业所得税，第4年至第6年减半征收企业所得税。

『提示1』企业投资经营符合规定条件和标准的公共基础设施项目，采用一次核准、分批次（如码头、泊位、航站楼、跑道、路段、发电机组等）建设的，凡同时符合以下条件的，可按每一批次为单位计算所得，并享受企业所得税"三免三减半"优惠：

（1）不同批次在空间上相互独立；

（2）每一批次自身具备取得收入的功能；

（3）以每一批次为单位进行会计核算，单独计算所得，并合理分摊期间费用。

『提示2』企业承包经营、承包建设和内部自建自用上述规定的项目，不得享受上述企业所得税优惠。

『提示3』自2013年1月1日起，居民企业从事符合规定条件和标准的电网（输变电设施）的新建项目，可依法享受"三免三减半"的企业所得税优惠政策。

3. 从事符合条件的环境保护、节能节水项目的所得

环境保护、节能节水项目的所得，自项目取得第一笔生产经营收入所属纳税年度起，第1年至第3年免征企业所得税，第4年至第6年减半征收企业所得税。

『提示1』符合条件的环境保护、节能节水项目，包括公共污水处理、公共垃圾处理、沼气综合开发利用、节能减排技术改造、海水淡化等。

『提示2』以上规定享受减免税优惠的项目，在减免税期限内转让的，受让方自受让之日起，可以在剩余期限内享受规定的减免

税优惠；减免税期限届满后转让的，受让方不得就该项目重复享受减免税优惠。

对**饮水工程运营管理单位**从事规定的**饮水工程新建项目**投资经营所得，自项目取得第一笔生产经营收入所属纳税年度起，第一年至第三年免征企业所得税，第四年至第六年减半征收企业所得税。

4. 符合条件的技术转让所得

税法所称符合条件的技术转让所得免征、减征企业所得税，是指一个纳税年度内，居民企业转让技术所有权所得**不超过500万元的部分**，**免征**企业所得税；**超过500万元的部分**，**减半征收**企业所得税。

『提示1』技术转让的范围，包括居民企业转让专利技术（法律授予独占权的发明、实用新型和非简单改变产品图案的外观设计）、计算机软件著作权、集成电路布图设计权、植物新品种、生物医药新品种以及财政部和国家税务总局确定的其他技术。

『提示2』享受减免企业所得税优惠的技术转让应符合以下条件：

（1）享受优惠的技术转让主体是企业所得税法规定的居民企业；

（2）技术转让属于财政部、国家税务总局规定的范围；

（3）境内技术转让经省级以上科技部门认定；

（4）向境外转让技术经省级以上商务部门认定；

（5）国务院税务主管部门规定的其他条件。

『提示3』技术转让所得＝技术转让收入－技术转让成本－相关税费

或：技术转让所得＝技术转让收入－无形资产摊销费用－相关税费－应分摊期间费用（5年以上非独占许可使用权）

『提示4』技术转让收入：不包括销售或转让设备、仪器、零部件、原材料等非技术性收入以及不属于与技术转让项目密不可分的技术咨询、技术服务、技术培训等收入。

可以计入技术转让收入的技术咨询、技术服务、技术培训收入指转让方为使受让方掌握所转让的技术投入使用、实现产业化而提供的必要的技术咨询、技术服务和技术培训所产生的收入，并应同时符合以下条件：

（1）在技术转让合同中约定的与该技术转让相关的技术咨询、技术服务、技术培训；

（2）技术咨询、技术服务、技术培训收入与该技术转让项目收入一并收取价款。

『提示5』不享受优惠政策的情形：

（1）居民企业取得禁止出口和限制出口技术转让所得。

（2）居民企业从直接或间接持有股权之和达到100%的关联方取得的技术转让所得。

（3）要求单独计算技术转让所得，并合理分摊企业的期间费用；没有单独计算的，不得享受优惠。

5. 铁路债券利息收入

对企业投资者持有2011～2023年发行的铁路债券取得的利息收入，减半征收企业所得税。

6. 深港股票市场交易互联互通机制试点有关税收政策

自2016年12月5日起，深港股票市场交易互联互通机制试点有关税收政策问题明确如下：

（1）内地企业投资者通过深港通投资香港联交所上市股票的转让差价所得税。

对内地企业投资者通过深港通投资香港联交所上市股票取得的转让差价所得，计入其收入总额，**依法征收**企业所得税。

（2）内地企业投资者通过深港通投资香港联交所上市股票的股息红利所得税。

①对内地企业投资者通过深港通投资香港联交所上市股票取得的股息红利所得，计入其收入总额，依法计征企业所得税。其中，内地居民企业连续持有H股**满12个月**取得的股息红利所得，**依法免征**企业所得税。

②香港联交所上市H股公司应向中国结算提出申请，由中国结算向H股公司提供内

地企业投资者名册，H 股公司对内地企业投资者不代扣股息红利所得税款，应纳税款由企业自行申报缴纳。

③内地企业投资者自行申报缴纳企业所得税时，对香港联交所非 H 股上市公司已代扣代缴的股息红利所得税，可依法申请税收抵免。(结合表 2-8 学习)

7. 内地与香港基金互认有关税收政策

对内地企业投资者通过基金互认买卖香港基金份额取得的转让差价所得，计入其收入总额，依法征收企业所得税。

对内地企业投资者通过基金互认从香港基金分配取得的收益，计入其收入总额，依法征收企业所得税。

8. 文化事业单位转制为企业有关税收政策

经营性文化事业单位转制为企业，自转制注册之日起 5 年内免征企业所得税。2018 年 12 月 31 日之前已完成转制的企业，自 2019 年 1 月 1 日起可继续免征 5 年企业所得税。

9. 重点群体创业就业有关税收政策

企业招用建档立卡贫困人口，以及在人力资源社会保障部门公共就业服务机构登记失业半年以上且持《就业创业证》或《就业失业登记证》(注明"企业吸纳税收政策")的人员，与其签订 1 年以上期限劳动合同并依法缴纳社会保险费的，自签订劳动合同并缴纳社会保险当月起，在 3 年内按实际招用人数予以定额依次扣减增值税、城市维护建设税、教育费附加、地方教育附加和企业所得税优惠。

10. 自 2019 年 11 月 11 日起，对国际奥委会相关实体中的非居民企业取得的与北京冬奥会有关的收入，免征企业所得税。

(三)高新技术企业优惠★★

1. 国家需要重点扶持的高新技术企业<u>减按 15%</u>的税率征收企业所得税

高新技术企业是指国家重点支持的高新技术领域内，持续进行研究开发与技术成果转化，形成企业核心自主知识产权，并以此为基础开展经营活动，在中国境内(不包括香港、澳门、台湾地区)注册的居民企业。

『提示 1』科技部、财政部、国家税务总局负责全国高新技术企业认定工作的指导、管理和监督。通过认定的高新技术企业，其资格自颁发证书之日起有效期为三年。

『提示 2』认定为高新技术企业须同时满足的条件：

(1)企业申请认定时须注册成立一年以上。

(2)企业通过自主研发、受让、受赠、并购等方式，获得对其主要产品(服务)在技术上发挥核心支持作用的知识产权的所有权。

(3)对企业主要产品(服务)发挥核心支持作用的技术属于《国家重点支持的高新技术领域(2016 年修订)》规定的范围。

(4)企业从事研发和相关技术创新活动的科技人员占企业当年职工总数的比例不低于 10%。

(5)企业近三个会计年度(实际经营期不满三年的按实际经营时间计算，下同)的研究开发费用总额占同期销售收入总额的比例符合如下要求。

①最近一年销售收入小于 5 000 万元(含)的企业，比例不低于 5%。

②最近一年销售收入在 5 000 万元至 2 亿元(含)的企业，比例不低于 4%。

③最近一年销售收入在 2 亿元以上的企业，比例不低于 3%。

其中，企业在中国境内发生的研究开发费用总额占全部研究开发费用总额的比例不低于 60%。

④近一年高新技术产品(服务)收入占企业同期总收入的比例不低于 60%。

⑤企业创新能力评价应达到相应要求。

⑥企业申请认定前一年内未发生重大安全、重大质量事故或严重环境违法行为。

『提示 3』已认定的高新技术企业有下列行为之一的，由认定机构取消其高新技术企业资格：

①在申请认定过程中存在严重弄虚作假行为的；

②发生重大安全、重大质量事故或有严重环境违法行为的；

③未按期报告与认定条件有关重大变化情况或累计两年未填报年度发展情况报表的。

对被取消高新技术企业资格的企业，由认定机构通知税务机关按《税收征管法》及有关规定，追缴其自发生上述行为之日所属年度起已享受的高新技术企业税收优惠。

『提示4』已获得高新技术企业资格的企业后续管理及重新认定前的税收问题。

(1) 企业获得高新技术企业资格后，自高新技术企业证书注明的发证时间所在年度起申报享受税收优惠，并按规定向主管税务机关办理备案手续。

(2) 企业的高新技术企业资格期满当年，在通过重新认定前，其企业所得税暂按15%的税率预缴，在年底前仍未取得高新技术企业资格的，应按规定补缴相应期间的税款。

(3) 对取得高新技术企业资格且享受税收优惠的高新技术企业，税务部门如在日常管理过程中发现其在高新技术企业认定过程中或享受优惠期间不符合认定条件的，应提请认定机构复核。复核后确认不符合认定条件的，由认定机构取消其高新技术企业资格，并通知税务机关追缴其证书有效期内自不符合认定条件年度起已享受的税收优惠。

(4) 享受税收优惠的高新技术企业，应妥善保管以下资料留存备查：

①高新技术企业资格证书。②高新技术企业认定资料。③知识产权相关材料。④年度主要产品(服务)发挥核心支持作用的技术属于《国家重点支持的高新技术领域(2016年修订)》规定范围的说明，高新技术产品(服务)及对应收入资料。⑤年度职工和科技人员情况证明材料。⑥当年和前两个会计年度研发费用总额及占同期销售收入比例、研发费用管理资料以及研发费用辅助账，研发费用结构明细表。⑦省税务机关规定的其他资料。

2. 技术先进型服务企业所得税优惠

自2017年1月1日起，对经认定的**技术先进型服务企业**，**减按15%**的税率征收企业所得税。享受企业所得税优惠政策的技术先进型服务企业必须同时符合以下条件：

(1) 在中国境内(不包括港、澳、台地区)注册的法人企业；

(2) 从事《技术先进型服务业务认定范围(试行)》中的一种或多种技术先进型服务业务，采用先进技术或具备较强的研发能力；

(3) 具有大专以上学历的员工占企业职工总数的50%以上；

(4) 从事《技术先进型服务业务认定范围(试行)》中的技术先进型服务业务取得的收入占企业当年总收入的50%以上；

(5) 从事离岸服务外包业务取得的收入不低于企业当年总收入的35%。

『提示』自2018年1月1日起，对经认定的技术先进型服务企业(服务贸易类)，减按15%的税率征收企业所得税。

所称技术先进型服务企业(服务贸易类)须符合的条件及认定管理事项，按照上述技术先进型服务企业的相关规定执行。其中，企业须满足的技术先进型服务业务领域范围按照财税〔2018〕44号文件所附的《技术先进型服务业务领域范围(服务贸易类)》执行。

(四) 小型微利企业优惠 ★★

1. 小型微利企业的基本规定

(1) 自2019年1月1日至2020年12月31日，对小型微利企业年应纳税所得额不超过100万元的部分，减按25%计入应纳税所得额，按20%的税率缴纳企业所得税。

(2) 自2021年1月1日至2022年12月31日，对小型微利企业年应纳税所得额不超过100万元的部分，减按12.5%计入应纳税所得额，按20%的税率缴纳企业所得税。

(3) 自2019年1月1日至2021年12月31日，对小型微利企业年应纳税所得额超过100万元但不超过300万元的部分，减按50%计入应纳税所得额，按20%的税率缴纳企业所得税。

小型微利企业是指从事国家非限制和禁止行业，并同时符合规定的年度应纳税所得额、从业人数和资产总额三项条件的企业。

2. 小型微利企业的征收管理

（1）符合规定条件的小型微利企业，无论采取查账征收还是核定征收方式均可享受小型微利企业所得税优惠政策。

（2）符合规定条件的小型微利企业，在季度、月份预缴企业所得税时，可以自行享受小型微利企业所得税优惠政策，无须税务机关审核批准。

（3）小型微利企业优惠政策只适用于全部生产经营活动产生的所得均负有我国企业所得税纳税义务的企业。仅就来源于我国所得负有我国纳税义务的非居民企业，不适用上述规定。

（4）小型微利企业所得税统一实行按季度预缴。

预缴企业所得税时，小型微利企业的资产总额、从业人数、年度应纳税所得额指标，暂按当年度截至本期申报所属期末的情况进行判断。其中，资产总额、从业人数指标按照"全年季度平均值"的计算公式，计算截至本期申报所属期末的季度平均值；年度应纳税所得额指标暂按截至本期申报所属期末不超过300万元的标准判断。

（5）原不符合小型微利企业条件的企业，在年度中间预缴企业所得税时，按上述规定判断符合小型微利企业条件的，应按照截至本期申报所属期末累计情况计算享受小型微利企业所得税减免政策。当年度此前期间因不符合小型微利企业条件而多预缴的企业所得税税款，可在以后季度应预缴的企业所得税税款中抵减。

按月度预缴企业所得税的企业，在当年度4月、7月、10月预缴申报时，如果按照规定判断符合小型微利企业条件的，下一个预缴申报期起调整为按季度预缴申报，一经调整，当年度内不再变更。

（6）自2020年1月1日起，跨境电子商务综合试验区内实行核定征收的跨境电商企业符合小型微利企业优惠政策条件的，可享受小型微利企业所得税优惠政策。

（五）加计扣除优惠★★★

1. 研发费用

企业开展研发活动中实际发生的研发费用，未形成无形资产计入当期损益的，在按规定据实扣除的基础上，在2018年1月1日至2023年12月31日期间，再按照实际发生额的75%在税前加计扣除；形成无形资产的，在上述期间按照无形资产成本的175%在税前摊销。

制造业企业开展研发活动中实际发生的研发费用，未形成无形资产计入当期损益的，在按规定据实扣除的基础上，自2021年1月1日起，再按照实际发生额的100%在税前加计扣除；形成无形资产的，自2021年1月1日起，按照无形资产成本的200%在税前摊销。

所称制造业企业，是指以制造业业务为主营业务，享受优惠当年主营业务收入占收入总额的比例达到50%以上的企业。制造业的范围按照《国民经济行业分类》（GB/T4574-2017）确定，如国家有关部门更新《国民经济行业分类》，从其规定。收入总额按照《企业所得税法》第六条规定执行。

『提示1』研发活动，是指企业为获得科学与技术新知识，创造性运用科学技术新知识，或实质性改进技术、产品（服务）、工艺而持续进行的具有明确目标的系统性活动。

『提示2』研发费用的具体范围包括：

（1）人员人工费用。人员人工费用包括直接从事研发活动人员的工资薪金、基本养老保险费、基本医疗保险费、失业保险费、工伤保险费、生育保险费和住房公积金，以及外聘研发人员的劳务费用。

（2）直接投入费用。

①研发活动直接消耗的材料、燃料和动

力费用。

②用于中间试验和产品试制的模具、工艺装备开发及制造费，不构成固定资产的样品、样机及一般测试手段购置费，试制产品的检验费。

③用于研发活动的仪器、设备的运行维护、调整、检验、维修等费用，以及通过经营租赁方式租入的用于研发活动的仪器、设备租赁费。

(3) 折旧费用。折旧费用包括用于研发活动的仪器、设备的折旧费。

(4) 无形资产摊销。无形资产摊销包括用于研发活动的软件、专利权、非专利技术（包括许可证、专有技术、设计和计算方法等）的摊销费用。

(5) 新产品设计费、新工艺规程制定费、新药研制的临床试验费、勘探开发技术的现场试验费。

(6) 其他相关费用。包括与研发活动直接相关的其他费用，如技术图书资料费、资料翻译费、专家咨询费、高新科技研发保险费、研发成果的检索、分析、评议、论证、鉴定、评审、评估、验收费用，知识产权的申请费、注册费、代理费、差旅费、会议费等。此项费用总额不得超过可加计扣除研发费用总额的10%。

其他相关费用的归集与限额计算。企业在一个纳税年度内进行多项研发活动的，应按照不同研发项目分别归集可加计扣除的研发费用。在计算每个项目其他相关费用的限额时应当按照以下公式计算：

其他相关费用限额＝上述允许加计扣除的研发费用中的第(1)至(5)项的费用之和×10%/(1-10%)

当其他相关费用实际发生数小于限额时，按实际发生数计算税前加计扣除数额；当其他相关费用实际发生数大于限额时，按限额计算税前加计扣除数额。

(7) 财政部和国家税务总局规定的其他费用。

『提示3』不适用税前加计扣除政策的活动：

(1) 企业产品(服务)的常规性升级。

(2) 对某项科研成果的直接应用，如直接采用公开的新工艺、材料、装置、产品、服务或知识等。

(3) 企业在商品化后为顾客提供的技术支持活动。

(4) 对现存产品、服务、技术、材料或工艺流程进行的重复或简单改变。

(5) 市场调查研究、效率调查或管理研究。

(6) 作为工业(服务)流程环节或常规的质量控制、测试分析、维修维护。

(7) 社会科学、艺术或人文学方面的研究。

『提示4』不适用税前加计扣除政策的行业：

(1) 烟草制造业。

(2) 住宿和餐饮业。

(3) 批发和零售业。

(4) 房地产业。

(5) 租赁和商务服务业。

(6) 娱乐业。

(7) 财政部和国家税务总局规定的其他行业。

『提示5』特别事项的处理：

(1) 企业委托外部机构或个人进行研发活动所发生的费用，按照费用**实际发生额的80%**计入委托方研发费用并计算加计扣除，受托方不得再进行加计扣除。委托外部研究开发费用实际发生额应按照独立交易原则确定。

企业委托外部机构或个人开展研发活动发生的费用，可按规定税前扣除；加计扣除时按照研发活动发生费用的80%计入委托方研发费用，并作为加计扣除基数按规定计算加计扣除，受托方不得再进行加计扣除。委托外部研发费用实际发生额应按照独立交易原则确定。委托个人研发的，应凭个人出具的发票等合法有效凭证在税前加计扣除。

（2）委托方与受托方存在关联关系的，受托方应向委托方提供研发项目费用支出明细情况。

（3）企业共同合作开发的项目，由合作各方就自身实际承担的研发费用分别计算加计扣除。

（4）企业集团根据生产经营和科技开发的实际情况，对技术要求高、投资数额大，需要集中研发的项目，其实际发生的研发费用，可以按照权利和义务相一致、费用支出和收益分享相配比的原则，合理确定研发费用的分摊方法，在受益成员企业间进行分摊，由相关成员企业分别计算加计扣除。

（5）企业为获得创新性、创意性、突破性的产品进行创意设计活动而发生的相关费用，可按照规定进行税前加计扣除。

创意设计活动是指多媒体软件、动漫游戏软件开发，数字动漫、游戏设计制作；房屋建筑工程设计（绿色建筑评价标准为三星）、风景园林工程专项设计；工业设计、多媒体设计、动漫及衍生产品设计、模型设计等。

『提示6』委托境外进行研发活动：

（1）委托境外进行研发活动所发生的费用，按照费用<u>实际发生额的80%</u>计入委托方的委托境外研发费用。委托境外研发费用<u>不超过</u>境内符合条件的研发费用<u>三分之二</u>的部分，可以按规定在企业所得税前加计扣除。委托境外进行研发活动不包括委托境外个人进行的研发活动。

【老杨嘚吧嘚】"杨氏三步法"

第一步A：支付的境外委托研发×80%；

第二步B：符合条件境内研发费×2/3；

第三步：比较确定：A＞B 则加计 B×75%；A＜B 则加计＝A×75%。

【举例】某企业2018年发生委托境外研发费用80万元，当年境内符合条件的研发费用为120万元。

【解析】

第一步A：80×80%＝64（万元）

第二步B：120×2/3＝80（万元）

第三步：加计＝64×75%＝48（万元）

【延伸】可以扣除的研发费用合计＝120+120×75%+80+48＝338（万元）

（2）委托方与受托方存在关联关系的，受托方应向委托方提供研发项目费用支出明细情况。

『提示7』会计核算与管理：

（1）企业应按照国家财务会计制度要求，对研发支出进行会计处理；同时，对享受加计扣除的研发费用按研发项目设置辅助账，准确归集核算当年可加计扣除的各项研发费用实际发生额。企业在一个纳税年度内进行多项研发活动的，应按照不同研发项目分别归集可加计扣除的研发费用。

（2）企业应对研发费用和生产经营费用分别核算，准确、合理归集各项费用支出，对划分不清的，不得实行加计扣除。

『提示8』管理事项及征管要求：

（1）研发费用加计扣除适用于会计核算健全、实行查账征收并能够准确归集研发费用的居民企业。

（2）企业研发费用各项目的实际发生额归集不准确、汇总额计算不准确的，税务机关有权对其税前扣除额或加计扣除额进行合理调整。

（3）税务机关对企业享受加计扣除优惠的研发项目有异议的，可以转请地市级（含）以上科技行政主管部门出具鉴定意见，科技部门应及时回复意见。企业承担省部级（含）以上科研项目的，以及以前年度已鉴定的跨年度研发项目，不再需要鉴定。

（4）企业符合规定的研发费用加计扣除条件而在2016年1月1日以后未及时享受该项税收优惠的，可以追溯享受并履行备案手续，追溯期限最长为3年。

（5）税务部门应加强研发费用加计扣除优惠政策的后续管理，定期开展核查，年度核查面不得低于20%。

（6）企业取得作为不征税收入处理的财政

性资金用于研发活动所形成的费用或无形资产，不得计算加计扣除或摊销。

（7）法律、行政法规和国务院财税主管部门规定不允许企业所得税前扣除的费用和支出项目不得计算加计扣除。

（8）已计入无形资产但不属于允许加计扣除研发费用范围的，企业摊销时不得计算加计扣除。

（9）自2019年度企业所得税汇算清缴开始，企业申报享受研发费用加计扣除政策时，按照规定执行，不再填报《研发项目可加计扣除研究开发费用情况归集表》和报送《"研发支出"辅助账汇总表》，《"研发支出"辅助账汇总表》由企业留存备查。

（10）自2021年起，企业预缴申报当年第3季度（按季预缴）或9月（按月预缴）企业所得税时，可以自行选择就当年上半年研发费用享受加计扣除优惠政策，采取"自行判别、申报享受、相关资料留存备查"办理方式。企业办理第3季度或9月预缴申报时，未选择享受研发费用加计扣除优惠政策的，可在次年办理汇算清缴时统一享受。

2. 企业安置残疾人员所支付的工资

企业安置残疾人员所支付工资费用的加计扣除，是指企业安置残疾人员的，在按照支付给残疾职工工资据实扣除的基础上，按照支付给残疾职工工资的**100%加计扣除**。

『提示』企业享受安置残疾职工工资100%加计扣除应同时具备如下条件：

（1）依法与安置的每位残疾人签订了1年以上（含）的劳动合同或服务协议，并且安置的每位残疾人在企业实际上岗工作。

（2）为安置的每位残疾人按月足额缴纳了企业所在区、县人民政府根据国家政策规定的基本养老保险、基本医疗保险、失业保险和工伤保险等社会保险。

（3）定期通过银行等金融机构向安置的每位残疾人实际支付了不低于企业所在区、县适用的经省级人民政府批准的最低工资标准的工资。

（4）具备安置残疾人上岗工作的基本设施。

（六）创投企业优惠★★

（1）创业投资企业采取股权投资方式投资于未上市的中小高新技术企业**2年以上**的，可按其投资额的**70%**在股权持有**满2年的当年**抵扣该创业投资企业的应纳税所得额；当年不足抵扣的，可在以后纳税年度结转抵扣。

『提示1』创投企业是指依法在中国境内设立的专门从事创业投资活动的企业或其他经济组织。

『提示2』中小企业接受创业投资之后，经认定符合高新技术企业标准的，应自其被认定年度起计算投资期限。该期限内中小企业接受创业投资后，企业规模超过中小企业标准，但仍符合高新技术企业标准的，不影响创业投资企业享受优惠。

（2）公司制创业投资企业采取股权投资方式直接投资于种子期、初创期科技型企业（以下简称初创科技型企业）**满2年**（24个月，下同）的，可以按照投资额的**70%**在股权持有**满2年的当年**抵扣该公司制创业投资企业的应纳税所得额；当年不足抵扣的，可以在以后纳税年度结转抵扣。

（3）有限合伙制创业投资企业（以下简称合伙创投企业）采取股权投资方式直接投资于初创科技型企业**满2年**的，该合伙创投企业的合伙人是法人合伙人的可以按照对初创科技型企业投资额的**70%**抵扣法人合伙人从合伙创投企业分得的所得；当年不足抵扣的，可以在以后纳税年度结转抵扣。

『提示1』初创科技型企业，应同时符合以下条件：

（1）在中国境内（不包括港、澳、台地区）注册成立、实行查账征收的居民企业；

（2）接受投资时，从业人数不超过300人，其中具有大学本科以上学历的从业人数不低于30%；资产总额和年销售收入均不超过5 000万元；

（3）接受投资时设立时间不超过5年

(60个月，下同)；

(4)接受投资时以及接受投资后2年内未在境内外证券交易所上市；

(5)接受投资当年及下一纳税年度，研发费用总额占成本费用支出的比例不低于20%。

『提示2』 享受税收优惠的创业投资企业，应同时符合以下条件：

(1)在中国境内(不含港、澳、台地区)注册成立、实行查账征收的居民企业或合伙创投企业，且不属于被投资初创科技型企业的发起人；

(2)符合《创业投资企业管理暂行办法》规定或者《私募投资基金监督管理暂行办法》关于创业投资基金的特别规定，按照上述规定完成备案且规范运作；

(3)投资后2年内，创业投资企业及其关联方持有被投资初创科技型企业的股权比例合计应低于50%；

『提示3』 享受税收政策的投资，仅限于通过向被投资初创科技型企业直接支付现金方式取得的股权投资，不包括受让其他股东的存量股权。

(七)加速折旧优惠★★

1. 一般性加速折旧

企业的固定资产由于技术进步等原因，确需加速折旧的，可以缩短折旧年限或者采取加速折旧的方法。可以采取缩短折旧年限或者采取加速折旧的方法的固定资产，包括：

(1)由于技术进步，产品更新换代较快的固定资产；

(2)常年处于强震动、高腐蚀状态的固定资产。

『提示1』 采取缩短折旧年限方法的，最低折旧年限不得低于规定折旧年限的60%；采取加速折旧方法的，可以采取双倍余额递减法或者年数总和法。

『提示2』 采取加速折旧方法的，可以采用双倍余额递减法或者年数总和法。加速折旧方法一经确定，一般不得变更。

2. 特殊性加速折旧

(1)企业在2018年1月1日至2023年12月31日新购进的设备、器具，单位价值不超过500万元的，允许一次性计入当期成本费用在计算应纳税所得额时扣除，不再分年度计算折旧。

『提示1』 所称设备、器具，是指除房屋、建筑物以外的固定资产(以下简称固定资产)；所称购进，包括以货币形式购进或自行建造，其中以货币形式购进的固定资产包括购进的使用过的固定资产；以货币形式购进的固定资产，以购买价款和支付的相关税费以及直接归属于使该资产达到预定用途发生的其他支出确定单位价值，自行建造的固定资产，以竣工结算前发生的支出确定单位价值。

『提示2』 固定资产购进时点按以下原则确认，见表1—28。

表1—28 固定资产购进时点确认原则

购入方式	确认时间
货币形式购进的	发票开具时间确认
分期付款或赊销方式购进的	到货时间确认
自行建造的	竣工结算时间确认

『提示3』 固定资产在投入使用月份的次月所属年度一次性税前扣除。

『提示4』 企业选择享受一次性税前扣除政策的，其资产的税务处理可与会计处理不一致。

『提示5』 企业根据自身生产经营核算需要，可自行选择享受一次性税前扣除政策。未选择享受一次性税前扣除政策的，以后年度不得再变更。

(2)所有行业企业持有的单位价值不超过5000元的固定资产，允许一次性计入当期成本费用在计算应纳税所得额时扣除，不再分年度计算折旧。

【老杨唠吧唠】教材中本部分内容新旧政策叠加，理解起来比较困难，我们可以从考试角度，重点掌握上述政策规定即可。在2021年的考试中要重点掌握设备、器具的相关所得税处理，老杨总结的应考流程是：

第 1 步：判断新购进的设备、器具是否超过 500 万元：

① A≤500 万元：一次性扣除。

② A>500 万元：进入第 2 步。

第 2 步：判断企业类型：

① 制造业及信息传输、软件和信息技术服务业：加速折旧。

② 其他企业：符合规定按一般性加速折旧政策处理，不符合规定正常折旧。

(3) 对所有行业企业在 2014 年 1 月 1 日后购进并专门用于研发活动的仪器、设备：

① 单位价值≤100 万元：一次扣除。

② 单位价值>100 万元：缩短折旧年限或加速折旧。

(4) 全部制造业以及信息传输、软件和信息技术服务业企业中的小型微利企业新购进的研发和生产经营共用的仪器、设备：

① 单位价值≤100 万元：一次扣除。

② 单位价值>100 万元：缩短折旧年限或加速折旧。

【老杨唠吧唠】上述第 (3) 和第 (4) 条的内容熟悉即可，老杨提示，考生在和上述第 (1) 条的对比主要注意执行时间和资产类型的差异，具体见表 1-29。

表 1-29 新购进固定资产政策总结

行业		执行期间	单位价值	资产类型	折旧方法
制造业、信息传输、软件和信息技术服务	小型微利	2019 年 1 月 1 日后	不超 100 万元	研发生产经营共用仪器设备	一次扣除
	其他		无限制	固定资产	缩短年限或加速折旧
所有行业		2018-2023 年	不超 500 万元	设备、器具	一次扣除

(5) 疫情防控设备扣除

自 2020 年 1 月 1 日至 2021 年 3 月 31 日，对疫情防控重点保障物资生产企业为扩大产能新购置的相关设备，允许一次性计入当期成本费用在企业所得税税前扣除。

『提示 1』疫情防控重点保障物资生产企业名单，由省级及以上发展改革部门、工业和信息化部门确定。

『提示 2』截止日期视疫情情况另行公告。

(八) 减计收入优惠★

1. 企业综合利用资源指企业以规定的资源作为主要原材料，生产国家非限制和禁止并符合国家和行业相关标准的产品取得的收入，减按 90% 计入收入总额。

2. 自 2019 年 6 月 1 日至 2025 年 12 月 31 日，提供社区养老、托育、家政服务取得的收入，在计算应纳税所得额时，减按 90% 计入收入总额。

3. 自 2017 年 1 月 1 日至 2023 年 12 月 31 日，对金融机构农户小额贷款的利息收入，在计算应纳税所得额时，按 90% 计入收入总额。

4. 自 2017 年 1 月 1 日至 2023 年 12 月 31 日，对保险公司为种植业、养殖业提供保险业务取得的保费收入，在计算应纳税所得额时，按 90% 计入收入总额。

5. 自 2017 年 1 月 1 日至 2023 年 12 月 31 日，对经省级金融管理部门（金融办、局等）批准成立的小额贷款公司取得的农户小额贷款利息收入，在计算应纳税所得额时，按 90% 计入收入总额。

(九) 境内税额抵免优惠★★★

税额抵免，是指企业购置并实际使用《环境保护专用设备企业所得税优惠目录》《节能节水专用设备企业所得税优惠目录》和《安全生产专用设备企业所得税优惠目录》规定的环境保护、节能节水、安全生产等专用设备的，该专用设备的投资额的 10% 可以从企业当年的应纳税额中抵免；当年不足抵免的，可以在以后5个纳税年度结转抵免。

『提示』 享受上述企业所得税优惠的企业，应当实际购置并自身实际投入使用前款规定的专用设备；企业购置上述专用设备在5年内转让、出租的，应当停止享受企业所得税优惠，并补缴已经抵免的企业所得税税款。转让的受让方可以按照该专用设备投资额的10%抵免当年企业所得税应纳税额；当年应纳税额不足抵免的，可以在以后5个纳税年度结转抵免。

(十)非居民企业优惠★★

非居民企业<u>减按10%</u>的税率征收企业所得税。这里的非居民企业是指在中国境内未设立机构、场所，或者虽设立机构、场所但取得的所得与其所设机构、场所没有实际联系的企业。该类非居民企业取得下列所得免征企业所得税：

(1)外国政府向中国政府提供贷款取得的利息所得；

(2)国际金融组织向中国政府和居民企业提供优惠贷款取得的利息所得；

(3)经国务院批准的其他所得。

(十一)促进节能服务产业发展的优惠★

对符合条件的节能服务公司实施合同能源管理项目，符合《企业所得税法》有关规定的，自项目取得第一笔生产经营收入所属纳税年度起，第1年至第3年免征企业所得税，第4年至第6年按照25%的法定税率减半征收企业所得税。

(十二)其他有关行业的优惠★★

1.关于促进集成电路产业和软件产业发展的优惠

根据《国务院关于印发新时期促进集成电路产业和软件产业高质量发展若干政策的通知》(国发〔2020〕8号)有关要求，为促进集成电路产业和软件产业高质量发展，自2020年1月1日起，有关企业所得税政策如下：

(1)国家鼓励的集成电路线宽小于28纳米(含)，且经营期在15年以上的集成电路生产企业或项目，第1年至第10年免征企业所得税；国家鼓励的集成电路线宽小于65纳米(含)，且经营期在15年以上的集成电路生产企业或项目，第1年至第5年免征企业所得税，第6年至第10年按照25%的法定税率减半征收企业所得税；国家鼓励的集成电路线宽小于130纳米(含)，且经营期在10年以上的集成电路生产企业或项目，第1年至第2年免征企业所得税，第3年至第5年按照25%的法定税率减半征收企业所得税。

对于按照集成电路生产企业享受税收优惠政策的，优惠期自获利年度起计算；对于按照集成电路生产项目享受税收优惠政策的，优惠期自项目取得第一笔生产经营收入所属纳税年度起计算，集成电路生产项目需单独进行会计核算、计算所得，并合理分摊期间费用。

国家鼓励的集成电路生产企业或项目清单由国家发展改革委、工业和信息化部会同财政部、税务总局等相关部门制定。

(2)国家鼓励的线宽小于130纳米(含)的集成电路生产企业，属于国家鼓励的集成电路生产企业清单年度之前5个纳税年度发生的尚未弥补完的亏损，准予向以后年度结转，总结转年限最长不得超过10年。

(3)国家鼓励的集成电路设计、装备、材料、封装、测试企业和软件企业，自获利年度起，第1年至第2年免征企业所得税，第3年至第5年按照25%的法定税率减半征收企业所得税。

国家鼓励的集成电路设计、装备、材料、封装、测试企业和软件企业条件，由工业和信息化部会同国家发展改革委、财政部、税务总局等相关部门制定。

(4)国家鼓励的重点集成电路设计企业和软件企业，自获利年度起，第1年至第5年免征企业所得税，接续年度减按10%的税率征收企业所得税。

国家鼓励的重点集成电路设计和软件企业清单由国家发展改革委、工业和信息化部会同财政部、税务总局等相关部门制定。

2. 关于鼓励证券投资基金发展的优惠政策

（1）对证券投资基金从证券市场中取得的收入，包括买卖股票、债券的差价收入，股权的股息、红利收入，债券的利息收入及其他收入，暂不征收企业所得税。

（2）对投资者从证券投资基金分配中取得的收入，暂不征收企业所得税。

（3）对证券投资基金管理人运用基金买卖股票、债券的差价收入，暂不征收企业所得税。

3. 保险保障基金有关企业所得税优惠规定

中国保险保障基金有限责任公司根据《保险保障基金管理办法》取得的下列收入，免征企业所得税：

（1）境内保险公司依法缴纳的保险保障基金。

（2）依法从撤销或破产保险公司清算财产中获得的受偿收入和向有关责任方追偿所得，以及依法从保险公司风险处置中获得的财产转让所得。

（3）接受捐赠收入。

（4）银行存款利息收入。

（5）购买政府债券、中央银行、中央企业和中央级金融机构发行债券的利息收入。

（6）国务院批准的其他资金运用取得的收入。

【例题45·多选题】下列所得，可以减按10%的税率征收企业所得税的有（　　）。

A. 符合条件的小型微利企业取得的所得

B. 经认证的新办软件企业第三个获利年度取得的所得

C. 当年未享受税收优惠的国家规划布局内的重点软件生产企业取得的所得

D. 在中国境内未设立机构、场所的非居民企业，取得的来源于中国境内的所得

E. 在中国境内设立机构、场所的非居民企业，取得与该机构、场所有实际联系的所得

解析 ▶ 选项A，符合条件的小型微利企业取得所得，适用的税率为20%；选项B，经认证的新办软件企业的第三个获利年度取得的所得按照25%的法定税率减半征收企业所得税；选项E，适用的税率为25%。

答案 ▶ CD

（十三）西部大开发的税收优惠★

对设在西部地区的鼓励类产业企业减按15%的税率征收企业所得税。（鼓励类产业企业是指以符合规定的产业项目为主营业务，且其主营业务收入占企业收入总额60%以上的企业。）

（十四）从事污染防治第三方企业的税收优惠★

自2019年1月1日起至2021年12月31日，对符合条件的从事污染防治的第三方企业减按15%的税率征收企业所得税。

（十五）永续债企业所得税政策★

永续债是指经国家发展改革委员会、中国人民银行、中国银行保险监督管理委员会、中国证券监督管理委员会核准，或经中国银行间市场交易商协会注册、中国证券监督管理委员会授权的证券自律组织备案，依照法定程序发行、附赎回（续期）选择权或无明确到期日的债券，包括可续期企业债、可续期公司债、永续债务融资工具（含永续票据）、无固定期限资本债券等。自2019年1月1日起按以下规定施行：

1. 企业发行的永续债，可以适用股息、红利企业所得税政策，即：投资方取得的永续债利息收入属于股息、红利性质，按照现行企业所得税政策相关规定进行处理，其中，发行方和投资方均为居民企业的，永续债利息收入可以适用企业所得税法规定的居民企业之间的股息、红利等权益性投资收益免征企业所得税规定；同时发行方支付的永续债利息支出不得在企业所得税税前扣除。

2. 企业发行符合规定条件的永续债，也可以按照债券利息适用企业所得税政策，即：发行方支付的永续债利息支出准予在其企

所得税税前扣除；投资方取得的永续债利息收入应当依法纳税。

『提示』符合规定条件的永续债，是指符合下列条件中5条(含)以上的永续债：

(1)被投资企业对该项投资具有还本义务；

(2)有明确约定的利率和付息频率；

(3)有一定的投资期限；

(4)投资方对被投资企业净资产不拥有所有权；

(5)投资方不参与被投资企业日常生产经营活动；

(6)被投资企业可以赎回，或满足特定条件后可以赎回；

(7)被投资企业将该项投资计入负债；

(8)该项投资不承担被投资企业股东同等的经营风险；

(9)该项投资的清偿顺序位于被投资企业股东持有的股份之前。

3. 企业发行永续债，应当将其适用的税收处理方法在证券交易所、银行间债券市场等发行市场的发行文件中向投资方予以披露。

4. 发行永续债的企业对每一永续债产品的税收处理方法一经确定，**不得变更**。企业对永续债采取的税收处理办法与会计核算方式不一致的，发行方、投资方在进行税收处理时须作出相应纳税调整。

(十六)中国(上海)自贸试验区临港新片区

自2020年1月1日起，对新片区内从事集成电路、人工智能、生物医药、民用航空等关键领域核心环节相关产品(技术)业务，并开展实质性生产或研发活动的符合条件的法人企业，自设立之日起5年内减按15%的税率征收企业所得税。

(十七)海南自由贸易港

1. 自2020年1月1日至2024年12月31日，对注册在海南自由贸易港并实质性运营的鼓励类产业企业，减按15%的税率征收企业所得税。

所称鼓励类产业企业，是指以海南自由贸易港鼓励类产业目录中规定的产业项目为主营业务，且其主营业务收入占企业收入总额60%以上的企业。所称实质性运营，是指企业的实际管理机构设在海南自由贸易港，并对企业生产经营、人员、账务、财产等实施实质性全面管理和控制。对不符合实质性运营的企业，不得享受优惠。

海南自由贸易港鼓励类产业目录包括《产业结构调整指导目录(2019年本)》《鼓励外商投资产业目录(2019年版)》和海南自由贸易港新增鼓励类产业目录。上述目录在规定执行期限内修订的，自修订版实施之日起按新版本执行。

对总机构设在海南自由贸易港的符合条件的企业，仅就其设在海南自由贸易港的总机构和分支机构的所得，适用15%税率；对总机构设在海南自由贸易港以外的企业，仅就其设在海南自由贸易港内的符合条件的分支机构的所得，适用15%税率。具体征管办法按照税务总局有关规定执行。

2. 自2020年1月1日至2024年12月31日，对在海南自由贸易港设立的旅游业、现代服务业、高新技术产业企业新增境外直接投资取得的所得，免征企业所得税。

所称新增境外直接投资所得应当符合以下条件：

(1)从境外新设分支机构取得的营业利润；或从持股比例超过20%(含)的境外子公司分回的，与新增境外直接投资相对应的股息所得。

(2)被投资国(地区)的企业所得税法定税率不低于5%。

所称旅游业、现代服务业、高新技术产业，按照海南自由贸易港鼓励类产业目录执行。

3. 自2020年1月1日至2024年12月31日，对在海南自由贸易港设立的企业，新购置(含自建、自行开发)固定资产或无形资产，单位价值不超过500万元(含)的，允许一次性计入当期成本费用在计算应纳税所得额时扣除，不再分年度计算折旧和摊销；新购置(含自建、自行开发)固定资产或无形资产，单位价值超过500万元的，可以缩短折旧、摊销年限或采取加速折旧、摊销的方法。

所称固定资产，是指除房屋、建筑物以外的固定资产。

十三、应纳税额的计算★★★

扫我解疑难

(一)居民企业应纳税额的计算

应纳税额=应纳税所得额×适用税率−减免税额−抵免税额

应纳税所得额：

(1)直接法：应纳税所得额=收入总额−不征税收入−免税收入−各项扣除金额−弥补亏损

(2)间接法：应纳税所得额=会计利润总额±纳税调整项目金额

『提示』纳税调整项目金额包括两方面的内容：一是企业财务会计制度规定的项目范围与税收法规规定的项目范围不一致应予以调整的金额；二是企业财务会计制度规定的扣除标准与税法规定的扣除标准不一致的差异应予以调整的金额。

(二)居民企业核定征收应纳税额的计算

居民企业核定征收企业所得税的有关规定的具体内容见表1−30。

表1−30　居民企业核定征收企业所得税的有关规定

项目	具体内容
核定征收的范围	(1)依照法律、行政法规的规定可以不设置账簿的； (2)依照法律、行政法规的规定应当设置但未设置账簿的； (3)擅自销毁账簿或者拒不提供纳税资料的； (4)虽设置账簿，但账目混乱或者成本资料、收入凭证、费用凭证残缺不全，难以查账的； (5)发生纳税义务，未按照规定的期限办理纳税申报，经税务机关责令限期申报，逾期仍不申报的； (6)申报的计税依据明显偏低，又无正当理由的
核定应税所得率	(1)能正确核算(查实)收入总额，但不能正确核算(查实)成本费用总额的； (2)能正确核算(查实)成本费用总额，但不能正确核算(查实)收入总额的； (3)通过合理方法，能计算和推定纳税人收入总额或成本费用总额的
核定应纳所得税额	不属于核定应税所得率情形的纳税人适用核定应纳所得税额
核定征收的方法	(1)参照当地同类行业或者类似行业中经营规模和收入水平相近的纳税人的税负水平核定； (2)按照应税收入额或成本费用支出额定率核定； (3)按照耗用的原材料、燃料、动力等推算或测算核定； (4)按照其他合理方法核定
注意事项	核定征收的方法中所列一种方法不足以正确核定应纳税所得额或应纳税额的，可以同时采用两种以上的方法核定。采用两种以上方法测算的应纳税额不一致时，可按测算的应纳税额从高核定

续表

项目	具体内容
不适用核定征收的企业	(1)享受《企业所得税法》及其实施条例和国务院规定的一项或几项企业所得税优惠政策的企业(不包括仅取得免税收入的企业和《企业所得税法》第二十八条规定的符合条件的小型微利企业); (2)汇总纳税企业; (3)上市公司; (4)银行、信用社、小额贷款公司、保险公司、证券公司、期货公司、信托投资公司、金融资产管理公司、融资租赁公司、担保公司、财务公司、典当公司等金融企业; (5)会计、审计、资产评估、税务、房地产评估、土地估价、工程造价、律师、价格鉴证、公证机构、专利代理、基层法律服务机构、商标代理以及其他经济鉴证类社会中介机构; (6)专门从事股权(股票)投资业务的企业; (7)国家税务总局规定的其他企业

采用应税所得率方式核定征收企业所得税的,应纳所得税额计算公式如下:

应纳所得税额=应纳税所得额×适用税率

应纳税所得额=应税收入额×应税所得率

或:应纳税所得额=成本(费用)支出额÷(1-应税所得率)×应税所得率

实行应税所得率方式核定征收企业所得税的纳税人,经营多业的,无论其经营项目是否单独核算,均由税务机关根据其主营项目确定适用的应税所得率。

主营项目应为纳税人所有经营项目中,收入总额或者成本(费用)支出额或者耗用原材料、燃料、动力数量所占比重最大的项目。

纳税人的生产经营范围、主营业务发生重大变化,或者应纳税所得额或应纳税额增减变化达到20%的,应及时向税务机关申报调整已确定的应纳税额或应税所得率。

『提示』依法按照核定应税所得率方式核定征收企业所得税的企业,取得的转让股权(股票)收入等转让财产收入,应全额计入应税收入额,按照主营项目确定适用的应税所得率计算征税;若主营项目发生变化,应在当年汇算清缴时,按照变化后的主营项目重新确定适用的应税所得率计算征税。

【例题46·单选题】2020年某居民企业向主管税务机关申报收入总额120万元,成本费用支出总额127.5万元,全年亏损7.5万元,经税务机关检查,成本费用支出核算准确,但收入总额不能确定。税务机关对该企业采取核定征税办法,应税所得率为25%。2020年度该企业应缴纳企业所得税( )万元。

A. 10.07　　　B. 10.15
C. 10.5　　　D. 10.63

解析　应纳企业所得税=127.5÷(1-25%)×25%×25%=10.63(万元)　答案　D

(三)跨境电子商务综合试验区核定征收企业所得税

1. 跨境电子商务综合试验区(以下简称"综试区")内的跨境电子商务零售出口企业(以下简称"跨境电商企业")核定征收企业所得税。

『提示1』综试区,是指经国务院批准的跨境电子商务综合试验区;跨境电商企业,是指自建跨境电子商务销售平台或利用第三方跨境电子商务平台开展电子商务出口的企业。

『提示2』自2020年1月1日起施行。

2. 综试区内核定征收的跨境电商企业应准确核算收入总额,并采用应税所得率方式核定征收企业所得税。应税所得率统一按照4%确定。

3. 综试区内实行核定征收的跨境电商企业符合小型微利企业优惠政策条件的,可享受小型微利企业所得税优惠政策;其取得的收入属于规定的免税收入的，可享受免税收入优惠政策。

(四)非居民企业应纳税额的计算

对于在中国境内未设立机构、场所的，或者虽设立机构、场所但取得的所得与其所设机构、场所没有实际联系的非居民企业的所得，按照下列方法计算应纳税所得额：

(1)股息、红利等权益性投资收益和利息、租金、特许权使用费所得，以**收入全额**为应纳税所得额；

(2)转让财产所得，以**收入全额减除财产净值后的余额**为应纳税所得额；

(3)其他所得，参照前两项规定的方法计算应纳税所得额。

『提示1』非居民企业取得上述规定的相关所得，在计算缴纳企业所得税时，应以不含增值税的收入全额作为应纳税所得额。

『提示2』扣缴义务人与非居民企业签订与《企业所得税法》第三条第三款规定的所得有关的业务合同时，凡合同中约定由扣缴义务人实际承担应纳税款的，应将非居民企业取得的不含税所得换算为含税所得计算并解缴应扣税款。

【例题47·单选题】某外国公司实际管理机构不在中国境内，也未在中国设立机构、场所，2020年从中国境内某企业获得专有技术使用权转让收入200万元，该技术的成本为80万元，从外商投资企业取得投资收益300万元，此外转让其在中国境内的房屋一栋，转让收入3 000万元，原值1 000万元，已提折旧600万元。则该外国公司2020年应当向我国缴纳的企业所得税为( )万元。

A. 350　　　　B. 310
C. 50　　　　 D. 250

解析▶ 应缴纳企业所得税＝(200＋300)×10%＋[3 000－(1 000－600)]×10%＝310(万元)　　答案▶ B

(五)非居民企业所得税核定征收办法

1. 非居民企业的所得税征收方式

非居民企业因会计账簿不健全，资料残缺难以查账，或者其他原因不能准确计算并据实申报其应纳税所得额的，税务机关有权核定其应纳税所得额：

(1)按**收入总额**核定应纳税所得额；

应纳税所得额＝收入总额×经税务机关核定的利润率

(2)按**成本费用**核定应纳税所得额；

应纳税所得额＝成本费用总额÷(1－核定利润率)×核定利润率

(3)按**经费支出**换算收入核定应纳税所得额。

应纳税所得额＝本期经费支出额÷(1－核定利润率)×核定利润率

2. 核定征收的利润率

核定征收情况下的非居民企业的利润率标准：

(1)从事承包工程作业、设计和咨询劳务的，利润率为15%~30%；

(2)从事管理服务的，利润率为30%~50%；

(3)从事其他劳务或劳务以外经营活动的，利润率不低于15%。

3. 非居民企业与中国居民企业签订机器设备或货物销售合同，同时提供设备安装、装配、技术培训、指导、监督服务等劳务，其销售货物合同中未列明提供上述劳务服务收费金额，或者计价不合理的，主管税务机关可以根据实际情况，参照相同或相近业务的计价标准核定劳务收入。无参照标准的，以**不低于销售货物合同总价款的10%**为原则，确定非居民企业的劳务收入。

4. 非居民企业为中国境内客户提供劳务取得的收入，凡其提供的服务全部发生在中国境内的，应全额在中国境内申报缴纳企业所得税。凡其提供的服务同时发生在中国境内外的，应以劳务发生地为原则划分其境内、外收入，并就其在中国境内取得的劳务收入申报缴纳企业所得税。税务机关对其境内、外收入划分的合理性和真实性有异议的，可以要求非居民企业提供真实有效的证明，并根据工作量、工作时间、成本费用等因素合理划分其境内、外收入；如非居民企业不能提供真实有效的证明，税务机关可视同其提供的服务全部发生在中国境内，确定其劳务收入并据以征收企业所得税。

5. 采取核定征收方式征收企业所得税的非居民企业，在中国境内从事适用不同核定利润率的经营活动，并取得应税所得的，应分别核算并适用相应的利润率计算缴纳企业所得税；凡不能分别核算的，应从高适用利润率，计算缴纳企业所得税。

6. 主管税务机关应及时向非居民企业送达《非居民企业所得税征收方式鉴定表》，非居民企业应在收到《非居民企业所得税征收方式鉴定表》后 **10 个工作日** 内，完成《非居民企业所得税征收方式鉴定表》的填写并送达主管税务机关，主管税务机关在受理《非居民企业所得税征收方式鉴定表》后 **20 个工作日** 内，完成该项征收方式的确认工作。

【例题48·多选题】非居民企业因会计账簿不健全，资料残缺难以查账，不能准确计算并据实申报其应纳税所得额的，税务机关核定其应纳税所得额的方法有（ ）。

A. 按收入总额核定
B. 按成本费用核定
C. 按经费支出换算收入核定
D. 按照上期应纳税所得额直接核定
E. 按照同类同规模企业应纳税所得额核定

解析 非居民企业因会计账簿不健全，资料残缺难以查账，不能准确计算并据实申报其应纳税所得额的，税务机关可以采取的方法有三种：按收入总额核定应纳税所得额、按成本费用核定应纳税所得额、按经费支出换算收入核定应纳税所得额。 答案 ABC

（六）外国企业常驻代表机构税收管理

自2010年1月1日起，代表机构应当就其归属所得依法申报缴纳企业所得税。

对账簿不健全，不能准确核算收入或成本费用，以及无法按照规定据实申报的代表机构，税务机关有权采取以下两种方式核定其应纳税所得额。

1. 按经费支出换算收入：适用于能够准确反映经费支出但不能准确反映收入或成本费用的代表机构。

应纳税所得额＝本期经费支出额÷(1－核定利润率)×核定利润率

代表机构的经费支出额包括：在中国境内、外支付给工作人员的工资薪金、奖金、津贴、福利费、物品采购费（包括汽车、办公设备等固定资产）、通信费、差旅费、房租、设备租赁费、交通费、交际费、其他费用等。

『提示』（1）购置固定资产所发生的支出，以及代表机构设立时或者搬迁等原因所发生的装修费支出，应在发生时一次性作为经费支出额换算收入计税。

（2）利息收入不得冲抵经费支出额；发生的交际应酬费，以实际发生数额计入经费支出额。

（3）以货币形式用于我国境内的公益、救济性质的捐赠、滞纳金、罚款，以及为其总机构垫付的不属于其自身业务活动所发生的费用，不应作为代表机构的经费支出额。

（4）其他费用包括：为总机构从中国境内购买样品所支付的样品费和运输费用；国外样品运往中国发生的中国境内的仓储费用、报关费用；总机构人员来华访问聘用翻译的费用；总机构为中国某个项目投标由代表机构支付的购买标书的费用等。

2. 按收入总额核定应纳税所得额：适用于可以准确反映收入但不能准确反映成本费用的代表机构。

应纳企业所得税额＝收入总额×核定利润率×企业所得税税率

『提示』代表机构的核定利润率不应低于15%。

（七）企业转让上市公司限售股有关所得税问题

转让限售股取得收入的企业（包括事业单位、社会团体、民办非企业单位等），为企业所得税的纳税义务人。

1. 因股权分置改革造成原由个人出资而由企业代持有的限售股，企业在转让时按以下规定处理：

(1) 企业转让上述限售股取得的收入，应作为企业应税收入计算纳税。

上述限售股转让收入扣除限售股原值和合理税费后的余额为该限售股转让所得。企业未能提供完整、真实的限售股原值凭证，不能准确计算该限售股原值的，主管税务机关一律按该限售股转让收入的15%，核定为该限售股原值和合理税费。

依照上述规定完成纳税义务后的限售股转让收入余额转付给实际所有人时不再纳税。

(2) 依法院判决、裁定等原因，通过证券登记结算公司，企业将其代持的个人限售股直接变更到实际所有人名下的，不视同转让限售股。

2. 企业在限售股解禁前将其持有的限售股转让给其他企业或个人（以下简称受让方），其企业所得税问题按以下规定处理：

(1) 企业应按减持在证券登记结算机构登记的限售股取得的全部收入，计入企业当年度应税收入计算纳税。

(2) 企业持有的限售股在解禁前已签订协议转让给受让方，但未变更股权登记、仍由企业持有的，企业实际减持该限售股取得的收入，依照第(1)项规定纳税后，其余额转付给受让方的，受让方不再纳税。

十四、源泉扣缴★

扫我解疑难

(一) 扣缴义务人（见表1-31）

表1-31 扣缴义务人

所得来源	扣缴义务人
未设立机构、场所的非居民企业从中国境内取得的所得	支付人
虽设立机构、场所的非居民企业，但从中国境内取得的所得与其所设机构、场所没有实际联系的所得	
非居民企业在中国境内取得工程作业和劳务所得	工程价款或者劳务费的支付人

(二) 扣缴方法

(1) 扣缴义务人扣缴税款时，按照非居民企业应纳税额计算方法计算税款。

(2) 应当扣缴的所得税，扣缴义务人未依法扣缴或者无法履行扣缴义务的，由纳税人在所得发生地缴纳。纳税人未依法缴纳的，税务机关可以从该企业在中国境内其他收入项目的支付人应付的款项中，追缴该企业的应纳税款。

(3) 税务机关在追缴该纳税人应纳税款时，应当将追缴理由、追缴数额、缴纳期限和缴纳方式等告知该企业。

(4) 扣缴义务人每次代扣的税款，应当自代扣之日起7日内缴入国库，并向所在地的税务机关报送扣缴企业所得税报告表。

(三) 非居民承包工程作业和提供劳务税收管理规定

1. 非居民承包工程作业的认定

(1) 非居民包括非居民企业和非居民个人。

(2) 税收管理包括：增值税和企业所得税。涉及个人所得税、印花税等税收的管理，应按有关规定执行。

2. 登记备案和税源信息管理（见表1-32）

表1-32 登记备案和税源信息管理

时间	具体内容
30天	非居民企业在中国境内承包工程作业或提供劳务的，应当自项目合同或协议（以下简称合同）签订之日起30日内，向项目所在地主管税务机关办理税务登记手续

时间	具体内容
15 天	非居民企业在中国境内承包工程作业或提供劳务的,应当在项目完工后 15 日内,向项目所在地主管税务机关报送项目完工证明、验收证明等相关文件复印件,并依据《税务登记管理办法》的有关规定申报办理注销税务登记
	境内机构和个人向非居民发包工程作业或劳务项目,与非居民的主管税务机关不一致的,应当自非居民申报期限届满之日起 15 日内向境内机构和个人的主管税务机关报送非居民申报纳税证明资料复印件
10 天	境内机构和个人向非居民发包工程作业或劳务项目合同发生变更的,发包方或劳务受让方应自变更之日起 10 日内向所在地主管税务机关报送《非居民项目合同变更情况报告表》

3. 跟踪管理

(1)境内机构和个人从境外取得的付款凭证,主管税务机关对其真实性有疑义的,可要求其提供境外公证机构或者注册会计师的确认证明,经税务机关审核认可后,方可作为计账核算的凭证。

(2)主管税务机关应对非居民享受协定待遇进行事后管理,审核其提交的报告表和证明资料的真实性和准确性,对其不构成常设机构的情形进行认定。对于不符合享受协定待遇条件且未履行纳税义务的情形,税务机关应该依法追缴其应纳税款、滞纳金及罚款。

(3)主管税务机关应对非居民参与国家、省、地市级重点建设项目,包括城市基础设施建设、能源建设、企业技术设备引进等项目中涉及的承包工程作业或提供劳务,以及其他有非居民参与的合同金额超过 5 000 万元人民币的,实施重点税源监控管理。

(4)欠缴税款的非居民企业法定代表人或非居民个人在出境前未按照规定结清应纳税款、滞纳金又不提供纳税担保的,税务机关可以通知出入境管理机关阻止其出境。

(5)对于非居民工程或劳务项目完毕,未按期结清税款并已离境的,主管税务机关可制作《税务事项告知书》,通过信函、电子邮件、传真等方式,告知该非居民限期履行纳税义务,同时通知境内发包方或劳务受让者协助追缴税款。

(四)非居民企业派遣人员在中国境内提供劳务征收企业所得税有关规定

非居民企业(以下统称"派遣企业")派遣人员在中国境内提供劳务,如果派遣企业对被派遣人员工作结果承担部分或全部责任和风险,通常考核评估被派遣人员的工作业绩,应视为派遣企业在中国境内设立机构、场所提供劳务;如果派遣企业属于税收协定缔约对方企业,且提供劳务的机构、场所具有相对的固定性和持久性,该机构、场所构成在中国境内设立的常设机构。

在作出上述判断时,应结合下列因素予以确定:

(1)接收劳务的境内企业(以下统称"接收企业")向派遣企业支付管理费、服务费性质的款项;

(2)接收企业向派遣企业支付的款项金额超出派遣企业代垫、代付被派遣人员的工资、薪金、社会保险费及其他费用;

(3)派遣企业并未将接收企业支付的相关费用全部发放给被派遣人员,而是保留了一定数额的款项;

(4)派遣企业负担的被派遣人员的工资、薪金未全额在中国缴纳个人所得税;

(5)派遣企业确定被派遣人员的数量、任职资格、薪酬标准及其在中国境内的工作地点。

『提示』如果派遣企业仅为在接收企业行使股东权利、保障其合法股东权益而派遣人员在中国境内提供劳务的,包括被派遣人员为派遣企业提供对接收企业投资的有关建议、代表派遣企业参加接收企业股东大会或董事会议等活动,均不因该活动在接收企业营业场所进行而认定为派遣企业在中国境内设立机构、场所或常设机构。

(五)非居民企业从事国际运输业务税收管理

1. 非居民从事国际运输业务的认定

(1)从事国际运输业务，是指非居民企业以自有或者租赁的船舶、飞机、舱位，运载旅客、货物或者邮件等进出中国境内口岸的经营活动以及相关装卸、仓储等附属业务。

(2)非居民企业以程租、期租、湿租的方式出租船舶、飞机取得收入的经营活动属于国际运输业务。

(3)非居民企业从事上述规定的国际运输业务，以取得运输收入的非居民企业为纳税人。

(4)除执行税收协定涉及的其他税种外，上述规定仅适用于企业所得税。

2. 征收管理

(1)非居民企业应自有关部门批准其经营资格或运输合同、协议签订之日起30日内，自行或委托代理人选择向境内一处业务口岸所在地主管税务机关办理税务登记，并同时提供相关信息。

(2)应纳税所得额=收入总额-实际发生并与取得收入有关、合理的支出

收入总额是指非居民企业运载旅客、货物或者邮件等进出中国境内口岸所取得的客运收入、货运收入的总和。客运收入包括客票收入以及逾重行李运费、餐费、保险费、服务费和娱乐费等；货运收入包括基本运费以及各项附加费等。

(3)非居民企业不能准确计算并据实申报其应纳税所得额的，由主管税务机关按照规定核定其应纳税所得额。

(六)非居民企业间接转让财产企业所得税处理

1. 非居民企业通过实施不具有合理商业目的的安排，间接转让中国居民企业股权等财产，规避企业所得税纳税义务的，按照规定，可以重新定性该间接转让交易，确认为直接转让中国居民企业股权等财产。

中国居民企业股权等财产，是指非居民企业直接持有，且转让取得的所得按照中国税法规定，应在中国缴纳企业所得税的中国境内机构、场所财产，中国境内不动产，在中国居民企业的权益性投资资产等(以下称中国应税财产)。

间接转让中国应税财产，是指非居民企业通过转让直接或间接持有中国应税财产的境外企业(不含境外注册中国居民企业，以下称境外企业)股权及其他类似权益(以下称股权)，产生与直接转让中国应税财产相同或相近实质结果的交易，包括非居民企业重组引起境外企业股东发生变化的情形。

2. 适用上述规定的间接转让中国应税财产所得，应按以下顺序进行税务处理：

(1)间接转让机构、场所财产所得，应作为与所设机构、场所有实际联系的所得，按照税法规定征税；

(2)除适用上述第(1)项规定情形外，间接转让不动产所得，应作为来源于中国境内的不动产转让所得，按照税法规定征税；

(3)除适用上述两项规定情形外，间接转让股权所得，应作为来源于中国境内的权益性投资资产转让所得，按照税法规定征税。

3. 除下述第4条和第5条规定情形外，与间接转让中国应税财产相关的整体安排同时符合以下情形的，应直接认定为不具有合理商业目的：

(1)境外企业股权75%含以上价值直接或间接来自中国应税财产；

(2)间接转让中国应税财产交易发生前一年内任一时点，境外企业资产总额(不含现金)的90%含以上直接或间接由在中国境内的投资构成，或间接转让中国应税财产交易发生前一年内，境外企业取得收入的90%含以上直接或间接来源于中国境内；

(3)境外企业及直接或间接持有中国应税财产的下属企业虽在所在国家(地区)登记注

册,以满足法律所要求的组织形式,但实际履行的功能及承担的风险有限,不足以证实其具有经济实质;

(4)间接转让中国应税财产交易在境外应缴所得税税负低于直接转让中国应税财产交易在中国的可能税负。

4. 与间接转让中国应税财产相关的整体安排符合以下情形之一的,不适用上述第1条的规定:

(1)非居民企业在公开市场买入并卖出同一上市境外企业股权取得间接转让中国应税财产所得;

(2)在非居民企业直接持有并转让中国应税财产的情况下,按照可适用的税收协定或安排的规定,该项财产转让所得在中国可以免予缴纳企业所得税。

5. 间接转让中国应税财产同时符合以下条件的,应认定为具有合理商业目的:

(1)交易双方的股权关系具有下列情形之一:

①股权转让方直接或间接拥有股权受让方80%以上的股权;

②股权受让方直接或间接拥有股权转让方80%以上的股权;

③股权转让方和股权受让方被同一方直接或间接拥有80%以上的股权。

『提示』境外企业股权50%以上(不含)价值直接或间接来自中国境内不动产的,上述持股比例应为100%。

上述间接拥有的股权按照持股链中各企业的持股比例乘积计算。

(2)本次间接转让交易后可能再次发生的间接转让交易相比在未发生本次间接转让交易情况下的相同或类似间接转让交易,其中国所得税负担不会减少。

(3)股权受让方全部以本企业或与其具有控股关系的企业的股权(不含上市企业股权)支付股权交易对价。

6. 其他规定

(1)股权转让方通过直接转让同一境外企业股权导致间接转让两项以上中国应税财产,按规定应予征税,涉及两个以上主管税务机关的,股权转让方应分别到各所涉主管税务机关申报缴纳企业所得税。

各主管税务机关应相互告知税款计算方法,取得一致意见后组织税款入库;如不能取得一致意见的,应报其共同上一级税务机关协调。

(2)股权转让方未按期或未足额申报缴纳间接转让中国应税财产所得应纳税款,扣缴义务人也未扣缴税款的,除追缴应纳税款外,还应按照规定对股权转让方按日加收利息。

股权转让方自签订境外企业股权转让合同或协议之日起30日内提供规定的资料或按照规定申报缴纳税款的,按规定的基准利率计算利息;未按规定提供资料或申报缴纳税款的,按基准利率加5个百分点计算利息。

【老杨唠吧唠】 源泉扣缴这部分知识点考生学习起来感觉抽象不好理解,好在考试出题频率不高且分值比较低,考生熟悉基本规定即可。

十五、特别纳税调整★★

(一)特别纳税调整的概念及关联申报管理

特别纳税调整是指企业与其关联方之间的业务往来,不符合独立交易原则而减少企业或者其关联方应纳税收入或者所得额的,税务机关有权按照合理方法调整。

1. 关联方

关联方是指与企业有下列关联关系之一的企业、其他组织或者个人,具体指:

(1)在资金、经营、购销等方面存在直接或者间接的控制关系;

(2)直接或者间接地同为第三者控制;

(3)在利益上具有相关联的其他关系。

2. 关联申报管理

（1）实行查账征收的居民企业和在中国境内设立机构、场所并据实申报缴纳企业所得税的非居民企业向税务机关报送年度企业所得税纳税申报表时，应当就其与关联方之间的业务往来进行关联申报。

（2）企业与其他企业、组织或者个人具有下列关系之一的，构成关联关系：

①一方直接或者间接持有另一方的股份总和达到25%以上；

双方直接或者间接同为第三方所持有的股份达到25%以上。

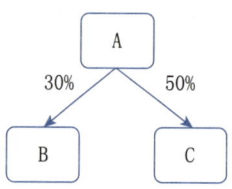

如果一方通过中间方对另一方间接持有股份，只要其对中间方持股比例达到25%以上，则其对另一方的持股比例按照中间方对另一方的持股比例计算。

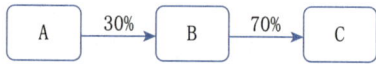

两个以上具有夫妻、直系血亲、兄弟姐妹以及其他抚养、赡养关系的自然人共同持股同一企业，在判定关联关系时持股比例合并计算。

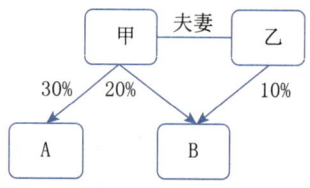

②双方存在持股关系或者同为第三方持股，虽持股比例未达到上述第①项规定，但双方之间借贷资金总额占任一方实收资本比例达到50%以上，或者一方全部借贷资金总额的10%以上由另一方担保（与独立金融机构之间的借贷或者担保除外）。

借贷资金总额占实收资本比例＝年度加权平均借贷资金/年度加权平均实收资本，其中：

年度加权平均借贷资金＝i笔借入或者贷出资金账面金额×i笔借入或者贷出资金年度实际占用天数/365

年度加权平均实收资本＝i笔实收资本账面金额×i笔实收资本年度实际占用天数/365

【例题49·计算题】A公司持有B公司20%的股份。在2020年度内，两公司发生如下借贷交易：

（1）2020年2月1日，A公司从B公司借入资金1 000万元，2020年2月28日归还；

（2）2020年4月1日，B公司从A公司借入资金2 000万元，2020年5月31日归还；

（3）2020年8月1日，A公司从B公司借入资金1 000万元，双方约定2021年2月28日归还；

在2020年度内，两公司的实收资本情况如下：

（1）2019年12月31日，A公司实收资本为3 000万元，B公司实收资本为1 000万元；

（2）2020年7月1日，A公司实收资本增加了1 000万元；

（3）B公司注册资本在2020年度未发生变化。

判定2020年A、B是否构成关联关系？

解析

（1）2020年度加权平均借贷资金＝1 000×28/365＋2 000×61/365＋1 000×153/365＝830.14（万元）；

（2）A公司2020年度加权平均实收资本＝1 000×184/365＋3 000×365/365＝3 504.11（万元）；

B公司2020度加权平均实收资本＝1 000（万元）；

（3）A公司2020年度借贷资金总额占实收资本比例＝830.14/3 504.11＝23.69%；

B 公司 2020 年度借贷资金总额占实收资本比例 = 830.14/1 000 = 83.01%；

双方之间借贷资金总额占任一方实收资本比例达到 50% 以上即构成关联关系，所以 2020 年度 A 公司和 B 公司因资金借贷构成关联关系。

③双方存在持股关系或同为第三方持股，虽持股比例未达到上述第①项规定，但一方的生产经营活动必须由另一方提供专利权、非专利技术、商标权、著作权等特许权才能正常进行，或一方的购买、销售、接受劳务、提供劳务等经营活动由另一方控制（控制是指一方有权决定另一方的财务和经营政策，并能据以从另一方的经营活动中获取利益）。

④一方半数以上董事或半数以上高级管理人员（包括上市公司董事会秘书、经理、副经理、财务负责人和章程规定的其他人员）由另一方任命或委派，或同时担任另一方董事或高管；或双方各自半数以上董事或半数以上高管人员同为第三方任命或委派。

⑤具有夫妻、直系血亲、兄弟姐妹以及其他抚养、赡养关系的两个自然人分别与双方具有上述第①至④项关系之一。

⑥双方在实质上具有其他共同利益。

『提示 1』仅因国家持股或者由国有资产管理部门委派董事、高级管理人员而存在上述第①至④项关系的，不构成关联关系。

『提示 2』除上述第②项规定外，上述关联关系年度内发生变化的，关联关系按照实际存续期间认定。

比如：2020 年 1 月 1 日至 3 月 31 日，A 公司拥有 B 公司 50% 的股权，但 A 公司在 2020 年 4 月 1 日向 C 公司出售其拥有的 B 公司的 30% 的股权，C 公司持有该股权至 2020 年 12 月 31 日。在这种情况下，不考虑其他可能构成关联关系的情形，A 公司与 B 公司在 2020 年 1 月 1 日至 3 月 31 日期间构成关联关系，C 公司与 B 公司在 2020 年 4 月 1 日至 2020 年 12 月 31 日期间构成关联关系。

（3）关联交易主要包括

①有形资产使用权或者所有权的转让。有形资产包括商品、产品、房屋建筑物、交通工具、机器设备、工具器具等。

②金融资产的转让。金融资产包括应收账款、应收票据、其他应收款项、股权投资、债权投资和衍生金融工具形成的资产等。

③无形资产使用权或者所有权的转让。无形资产包括专利权、非专利技术、商业秘密、商标权、品牌、客户名单、销售渠道、特许经营权、政府许可、著作权等。

④资金融通。资金包括各类长短期借贷资金（含集团资金池）、担保费、各类应计息预付款和延期收付款等。

⑤劳务交易。劳务包括市场调查、营销策划、代理、设计、咨询、行政管理、技术服务、合约研发、维修、法律服务、财务管理、审计、招聘、培训、集中采购等。

【老杨唠吧唠】关联交易主要内容的记忆顺口溜是"两形两融一个劳务"。

（4）存在下列情形之一的居民企业，应当在报送年度关联业务往来报告表时，填报国别报告：

①该居民企业为跨国企业集团的最终控股企业，且其上一会计年度合并财务报表中的各类收入金额合计超过 55 亿元。

最终控股企业是指能够合并其所属跨国企业集团所有成员实体财务报表的，且不能被其他企业纳入合并财务报表的企业。

成员实体应当包括：

A. 实际已被纳入跨国企业集团合并财务报表的任一实体。

B. 跨国企业集团持有该实体股权且按公开证券市场交易要求应被纳入但实际未被纳入跨国企业集团合并财务报表的任一实体。

C. 仅由于业务规模或者重要性程度而未

被纳入跨国企业集团合并财务报表的任一实体。

D. 独立核算并编制财务报表的常设机构。

②该居民企业被跨国企业集团指定为国别报告的报送企业。

『提示』 国别报告主要披露最终控股企业所属跨国企业集团所有成员实体的全球所得、税收和业务活动的国别分布情况。

(5)企业虽不属于上述第(4)项规定填报国别报告的范围,但其所属跨国企业集团按照其他国家有关规定应当准备国别报告,且符合下列条件之一的,税务机关可以在实施特别纳税调查时要求企业提供国别报告:

①跨国企业集团未向任何国家提供国别报告。

②虽然跨国企业集团已向其他国家提供国别报告,但我国与该国尚未建立国别报告信息交换机制。

③虽然跨国企业集团已向其他国家提供国别报告,且我国与该国已建立国别报告信息交换机制,但国别报告实际未成功交换至我国。

(6)最终控股企业为中国居民企业的跨国企业集团,其信息涉及国家安全的,可以按照国家有关规定,豁免填报部分或者全部国别报告。

3. 部分关联业务的税务处理——母子公司间提供服务支付费用有关企业所得税处理

(1)母公司为其子公司提供各种服务而发生的费用,应按照独立企业之间公平交易原则确定服务的价格,作为企业正常的劳务费用进行税务处理。

母子公司未按照独立企业之间的业务往来收取价款的,税务机关有权予以调整。

(2)母公司向其多个子公司提供同类项服务,其收取的服务费可以采取分项签订合同或协议收取;也可以采取服务分摊协议的方式。

(3)母公司以管理费形式向子公司提取费用,子公司因此支付给母公司的管理费,不得在税前扣除。

4. 特别纳税调整管理的内容
(1)转让定价管理;
(2)预约定价安排管理;
(3)成本分摊协议管理;
(4)受控外国企业管理;
(5)资本弱化管理;
(6)一般反避税管理。

(二)同期资料管理

同期资料包括主体文档、本地文档和特殊事项文档。

1. 主体文档

(1)符合下列条件之一的企业,准备主体文档:

①年度发生跨境关联交易,且合并该企业财务报表的最终控股企业所属企业集团已准备主体文档。

②年度关联交易总额**超过10亿元**。

(2)主体文档主要披露最终控股企业所属企业集团的全球业务整体情况,包括以下内容:

①组织架构。②企业集团业务。③无形资产。④融资活动。⑤财务与税务状况。

(3)在企业集团最终控股企业会计年度终了之日起**12个月内**准备完毕。

2. 本地文档

(1)年度关联交易金额符合下列条件之一的企业,准备本地文档:

①有形资产所有权转让金额(来料加工业务按照年度进出口报关价格计算)超过**2亿元**。

②金融资产转让金额超过**1亿元**。

③无形资产所有权转让金额超过**1亿元**。

④其他关联交易金额合计超过**4 000万元**。

『提示』企业执行预约定价安排的,预约定价安排涉及的关联交易金额不计入上述规定的关联交易金额范围。

(2)本地文档主要披露企业关联交易的详细信息,包括以下内容:

①企业概况。②关联关系。③关联交易。④可比性分析。⑤转让定价方法的选择和使用。

(3)应当在关联交易发生年度次年6月30日之前准备完毕。

3. 特殊事项文档

(1)特殊事项文档包括成本分摊协议特殊事项文档和资本弱化特殊事项文档。

(2)应当在关联交易发生年度次年6月30日之前准备完毕。

4. 豁免情形

(1)企业仅与境内关联方发生关联交易的,可以不准备主体文档、本地文档和特殊事项文档。

(2)企业执行预约定价安排的,可以不准备预约定价安排涉及关联交易的本地文档和特殊事项文档。

【老杨唠吧唠】要求考生能够正确区分准备主体文档、本地文档和特殊事项文档的情形。

5. 其他要求

(1)同期资料应当使用中文,并标明引用信息资料的出处来源。

(2)同期资料应当加盖企业印章,并由法定代表人或者法定代表人授权的代表签章。

(3)同期资料应当自税务机关要求的准备完毕之日起保存10年。企业合并、分立的,应当由合并、分立后的企业保存同期资料。

(4)企业依照有关规定进行关联申报、提供同期资料及有关资料的,税务机关实施特别纳税调查补征税款时,可以依据规定,按照税款所属纳税年度中国人民银行公布的与补税期间同期的人民币贷款基准利率加收利息。

(三)特别纳税调查调整及相互协商程序管理

税务机关以风险管理为导向,构建和完善关联交易利润水平监控管理指标体系,加强对企业利润水平的监控,通过特别纳税调整监控管理和特别纳税调查调整,促进企业税法遵从。税务机关通过关联申报审核、同期资料管理和利润水平监控等手段,对企业实施特别纳税调整监控管理,发现企业存在特别纳税调整风险的,可以向企业送达《税务事项通知书》,提示其存在的税收风险。企业收到特别纳税调整风险提示或者发现自身存在特别纳税调整风险的,可以自行调整补税。企业自行调整补税的,应当填报《特别纳税调整自行缴纳税款表》。企业自行调整补税的,税务机关仍可按照有关规定实施特别纳税调查调整。

1. 特别纳税调整调查程序

企业要求税务机关确认关联交易定价原则和方法等特别纳税调整事项的,税务机关应当启动特别纳税调查程序。

(1)税务机关实施特别纳税调查,应当重点关注具有以下风险特征的企业:

①关联交易金额较大或者类型较多。

②存在长期亏损、微利或者跳跃性盈利。

③低于同行业利润水平。

④利润水平与其所承担的功能风险不相匹配,或者分享的收益与分摊的成本不相配比。

⑤与低税国家(地区)关联方发生关联交易。

⑥未按照规定进行关联申报或者准备同期资料。

⑦从其关联方接受的债权性投资与权益性投资的比例超过规定标准。

⑧由居民企业,或者由居民企业和中国居民控制的设立在实际税负低于12.5%的国家(地区)的企业,并非由于合理的经营需要

而对利润不作分配或者减少分配。

⑨实施其他不具有合理商业目的的税收筹划或者安排。

(2)税务机关实施转让定价调查时,应当进行可比性分析,可比性分析一般包括以下五个方面。税务机关可以根据案件情况选择具体分析内容:

①交易资产或者劳务特性,包括有形资产的物理特性、质量、数量等;无形资产的类型、交易形式、保护程度、期限、预期收益等;劳务的性质和内容;金融资产的特性、内容、风险管理等;

②交易各方执行的功能、承担的风险和使用的资产。功能包括研发、设计、采购、加工、装配、制造、维修、分销、营销、广告、存货管理、物流、仓储、融资、管理、财务、会计、法律及人力资源管理等;风险包括投资风险、研发风险、采购风险、生产风险、市场风险、管理风险及财务风险等;资产包括有形资产、无形资产、金融资产等;

③合同条款,包括交易标的、交易数量、交易价格、收付款方式和条件、交货条件、售后服务范围和条件、提供附加劳务的约定、变更或者修改合同内容的权利、合同有效期、终止或者续签合同的权利等。合同条款分析应当关注企业执行合同的能力与行为,以及关联方之间签署合同条款的可信度等;

④经济环境,包括行业概况、地理区域、市场规模、市场层级、市场占有率、市场竞争程度、消费者购买力、商品或者劳务可替代性、生产要素价格、运输成本、政府管制,以及成本节约、市场溢价等地域特殊因素;

⑤经营策略,包括创新和开发、多元化经营、协同效应、风险规避及市场占有策略等。

2. 特别纳税调整转让定价方法

税务机关应当在可比性分析的基础上,选择合理的转让定价方法,对企业关联交易进行分析评估。转让定价方法包括可比非受控价格法、再销售价格法、成本加成法、交易净利润法、利润分割法及其他符合独立交易原则的方法。

(1)可比非受控价格法以非关联方之间进行的与关联交易相同或者类似业务活动所收取的价格作为关联交易的公平成交价格。可比非受控价格法可以适用于所有类型的关联交易。

(2)再销售价格法以关联方购进商品再销售给非关联方的价格减去可比非关联交易毛利后的金额作为关联方购进商品的公平成交价格。其计算公式如下:

公平成交价格=再销售给非关联方的价格×(1-可比非关联交易毛利率)

可比非关联交易毛利率=可比非关联交易毛利/可比非关联交易收入净额×100%

再销售价格法一般适用于再销售者未对商品进行改变外形、性能、结构或者更换商标等实质性增值加工的简单加工或者单纯购销业务。

(3)成本加成法以关联交易发生的合理成本加上可比非关联交易毛利后的金额作为关联交易的公平成交价格。其计算公式如下:

公平成交价格=关联交易发生的合理成本×(1+可比非关联交易成本加成率)

可比非关联交易成本加成率=可比非关联交易毛利/可比非关联交易成本×100%

成本加成法一般适用于有形资产使用权或者所有权的转让、资金融通、劳务交易等关联交易。

(4)交易净利润法以可比非关联交易的利润指标确定关联交易的利润。利润指标包括息税前利润率、完全成本加成率、资产收益率、贝里比率等。具体计算公式如下:

①息税前利润率=息税前利润/营业收入×100%

②完全成本加成率=息税前利润/完全成本×100%

③资产收益率=息税前利润/[(年初资产

总额+年末资产总额)/2]×100%

④贝里比率=毛利/(营业费用+管理费用)×100%

利润指标的选取应当反映交易各方执行的功能、承担的风险和使用的资产。利润指标的计算以企业会计处理为基础，必要时可以对指标口径进行合理调整。

交易净利润法一般适用于不拥有重大价值无形资产企业的有形资产使用权或者所有权的转让和受让、无形资产使用权受让以及劳务交易等关联交易。

(5)利润分割法根据企业与其关联方对关联交易合并利润(实际或者预计)的贡献计算各自应当分配的利润额。利润分割法主要包括一般利润分割法和剩余利润分割法。

利润分割法一般适用于企业及其关联方均对利润创造具有独特贡献，业务高度整合且难以单独评估各方交易结果的关联交易。利润分割法的适用应当体现利润应在经济活动发生地和价值创造地征税的基本原则。

(6)其他符合独立交易原则的方法包括成本法、市场法和收益法等资产评估方法，以及其他能够反映利润与经济活动发生地和价值创造地相匹配原则的方法。

①成本法是以替代或者重置原则为基础，通过在当前市场价格下创造一项相似资产所发生的支出确定评估标的价值的评估方法。成本法适用于能够被替代的资产价值评估。

②市场法是利用市场上相同或者相似资产的近期交易价格，经过直接比较或者类比分析以确定评估标的价值的评估方法。市场法适用于在市场上能找到与评估标的相同或者相似的非关联可比交易信息时的资产价值评估。

③收益法是通过评估标的未来预期收益现值来确定其价值的评估方法。收益法适用于企业整体资产和可预期未来收益的单项资产评估。

(7)其他规定：

①税务机关分析评估被调查企业关联交易时，应当在分析评估交易各方功能风险的基础上，选择功能相对简单的一方作为被测试对象。

②税务机关在进行可比性分析时，优先使用公开信息，也可以使用非公开信息。

③税务机关分析评估被调查企业关联交易是否符合独立交易原则时，可以根据实际情况选择算术平均法、加权平均法或者四分位法等统计方法，逐年分别或者多年度平均计算可比企业利润或者价格的平均值或者四分位区间。

④税务机关应当按照可比利润水平或者可比价格对被调查企业各年度关联交易进行逐年测试调整。

⑤税务机关采用四分位法分析评估企业利润水平时，企业实际利润水平低于可比企业利润率区间中位值的，原则上应当按照不低于中位值进行调整。

3.来料加工业务调整

(1)税务机关分析评估被调查企业为其关联方提供的来料加工业务，在可比企业不是相同业务模式，且业务模式的差异会对利润水平产生影响的情况下，应当对业务模式的差异进行调整，还原其不作价的来料和设备价值。企业提供真实完整的来料加工产品整体价值链相关资料，能够反映各关联方总体利润水平的，税务机关可以就被调查企业与可比企业因料件还原产生的资金占用差异进行可比性调整，利润水平调整幅度超过10%的，应当重新选择可比企业。

除上述外，对因营运资本占用不同产生的利润差异不作调整。

(2)企业为境外关联方从事来料加工或者进料加工等单一生产业务，或者从事分销、合约研发业务，原则上应当保持合理的利润水平。

上述企业如出现亏损，无论是否达到同期资料准备标准，均应当就亏损年度准备同期资料本地文档。税务机关应当重点审核上述企业的本地文档，加强监控管理。

4. 受让无形资产使用权调整

（1）企业仅拥有无形资产所有权而未对无形资产价值做出贡献的，不应当参与无形资产收益分配。无形资产形成和使用过程中，仅提供资金而未实际执行相关功能和承担相应风险的，应当仅获得合理的资金成本回报。

（2）企业与其关联方转让或者受让无形资产使用权而收取或者支付的特许权使用费，应当根据下列情形适时调整，未适时调整的，税务机关可以实施特别纳税调整：

①无形资产价值发生根本性变化；

②按照营业常规，非关联方之间的可比交易应当存在特许权使用费调整机制；

③无形资产使用过程中，企业及其关联方执行的功能、承担的风险或者使用的资产发生变化；

④企业及其关联方对无形资产进行后续开发、价值提升、维护、保护、应用和推广做出贡献而未得到合理补偿。

（3）与经济利益不匹配而减少企业或者其关联方应纳税收入或者所得额的，税务机关可以实施特别纳税调整。未带来经济利益，且不符合独立交易原则的，税务机关可以按照已税前扣除的金额全额实施特别纳税调整。

（4）企业向仅拥有无形资产所有权而未对其价值创造做出贡献的关联方支付特许权使用费，不符合独立交易原则的，税务机关可以按照已税前扣除的金额全额实施特别纳税调整。

（5）企业以融资上市为主要目的在境外成立控股公司或者融资公司，仅因融资上市活动所产生的附带利益向境外关联方支付特许权使用费，不符合独立交易原则的，税务机关可以按照已税前扣除的金额全额实施特别纳税调整。

5. 非受益性劳务价款调整

企业与其关联方发生劳务交易支付或者收取价款不符合独立交易原则而减少企业或者其关联方应纳税收入或者所得额的，税务机关可以实施特别纳税调整。

符合独立交易原则的关联劳务交易应当是受益性劳务交易，并且按照非关联方在相同或者类似情形下的营业常规和公平成交价格进行定价。受益性劳务是指能够为劳务接受方带来直接或者间接经济利益，且非关联方在相同或者类似情形下，愿意购买或者愿意自行实施的劳务活动。

6. 特别纳税调整程序实施

（1）企业向未执行功能、承担风险，无实质性经营活动的境外关联方支付费用，不符合独立交易原则的，税务机关可以按照已税前扣除的金额全额实施特别纳税调整。

（2）实际税负相同的境内关联方之间的交易，只要该交易没有直接或者间接导致国家总体税收收入的减少，原则上不作特别纳税调整。

（3）企业收到《特别纳税调查调整通知书》后有异议的，可以在依照《特别纳税调查调整通知书》缴纳或者解缴税款、利息、滞纳金或者提供相应的担保后，依法申请行政复议。

对行政复议决定不服的，可以依法向人民法院提起行政诉讼。

（4）税务机关对企业实施特别纳税调整，涉及企业向境外关联方支付利息、租金、特许权使用费的，除另有规定外，不调整已扣缴的税款。

（5）税务机关对企业实施特别纳税调整的，应当根据企业所得税法及其实施条例的有关规定对2008年1月1日以后发生交易补征的企业所得税按日加收利息。

特别纳税调查调整补缴的税款，应当按

照应补缴税款所属年度的先后顺序确定补缴税款的所属年度，以入库日为截止日，分别计算应加收的利息额：

①企业在《特别纳税调查调整通知书》送达前缴纳或者送达后补缴税款的，应当自税款所属纳税年度的次年6月1日起至缴纳或者补缴税款之日止计算加收利息。企业超过《特别纳税调查调整通知书》补缴税款期限仍未缴纳税款的，应当自补缴税款期限届满次日起按照税收征管法及其实施细则的有关规定加收滞纳金，在加收滞纳金期间不再加收利息；

②利息率按照税款所属纳税年度12月31日公布的与补税期间同期的中国人民银行人民币贷款基准利率（以下简称基准利率）加5个百分点计算，并按照一年365天折算日利息率；

③企业按照有关规定提供同期资料及有关资料的，或者按照有关规定不需要准备同期资料但根据税务机关要求提供其他相关资料的，可以只按照基准利率加收利息。

经税务机关调查，企业实际关联交易额达到准备同期资料标准，但未按照规定向税务机关提供同期资料的，税务机关补征税款加收利息，适用上述（2）的规定。

（6）被调查企业在税务机关实施特别纳税调查调整期间申请变更经营地址或者注销税务登记的，税务机关在调查结案前原则上不予办理税务变更、注销手续。

7. 特别纳税调整协商

（1）根据我国对外签署的税收协定的有关规定，国家税务总局可以依据企业申请或者税收协定缔约对方税务主管当局请求启动相互协商程序，与税收协定缔约对方税务主管当局开展协商谈判，避免或者消除由特别纳税调整事项引起的国际重复征税。

（2）有下列情形之一的，国家税务总局可以拒绝企业申请或者税收协定缔约对方税务主管当局启动相互协商程序的请求：

①企业或者其关联方不属于税收协定任一缔约方的税收居民；

②申请或者请求不属于特别纳税调整事项；

③申请或者请求明显缺乏事实或者法律依据；

④申请不符合税收协定有关规定；

⑤特别纳税调整案件尚未结案或者虽然已经结案但是企业尚未缴纳应纳税款。

（3）有下列情形之一的，国家税务总局可以暂停相互协商程序：

①企业申请暂停相互协商程序；

②税收协定缔约对方税务主管当局请求暂停相互协商程序；

③申请必须以另一被调查企业的调查调整结果为依据，而另一被调查企业尚未结束调查调整程序；

④其他导致相互协商程序暂停的情形。

（4）有下列情形之一的，国家税务总局可以终止相互协商程序：

①企业或者其关联方不提供与案件有关的必要资料，或者提供虚假、不完整资料，或者存在其他不配合的情形；

②企业申请撤回或者终止相互协商程序；

③税收协定缔约对方税务主管当局撤回或者终止相互协商程序；

④其他导致相互协商程序终止的情形。

（四）预约定价安排管理

1. 预约定价安排概念：企业可以与税务机关就其未来年度关联交易的定价原则和计算方法达成定价的一种事先安排。

2. 预约定价安排谈签与执行流程：预备会谈、谈签意向、分析评估、正式申请、协商签署和监控执行。

3. 预约定价安排类型：单边、双边和多边。

4. 预约定价安排适用范围。

（1）预约定价安排适用于主管税务机关向企业送达接收其谈签意向的《税务事项通知

书》之日所属纳税年度起 3~5 个年度的关联交易。

（2）企业以前年度的关联交易与预约定价安排适用年度相同或者类似的，经企业申请，税务机关可以将预约定价安排确定的定价原则和计算方法追溯适用于以前年度该关联交易的评估和调整。追溯期最长为 10 年。

（3）预约定价安排一般适用于主管税务机关向企业送达接收其谈签意向的《税务事项通知书》之日所属纳税年度前 3 个年度每年度发生的关联交易金额 4 000 万元人民币以上的企业。

5. 预约定价安排谈签与执行（见图 1-7）。

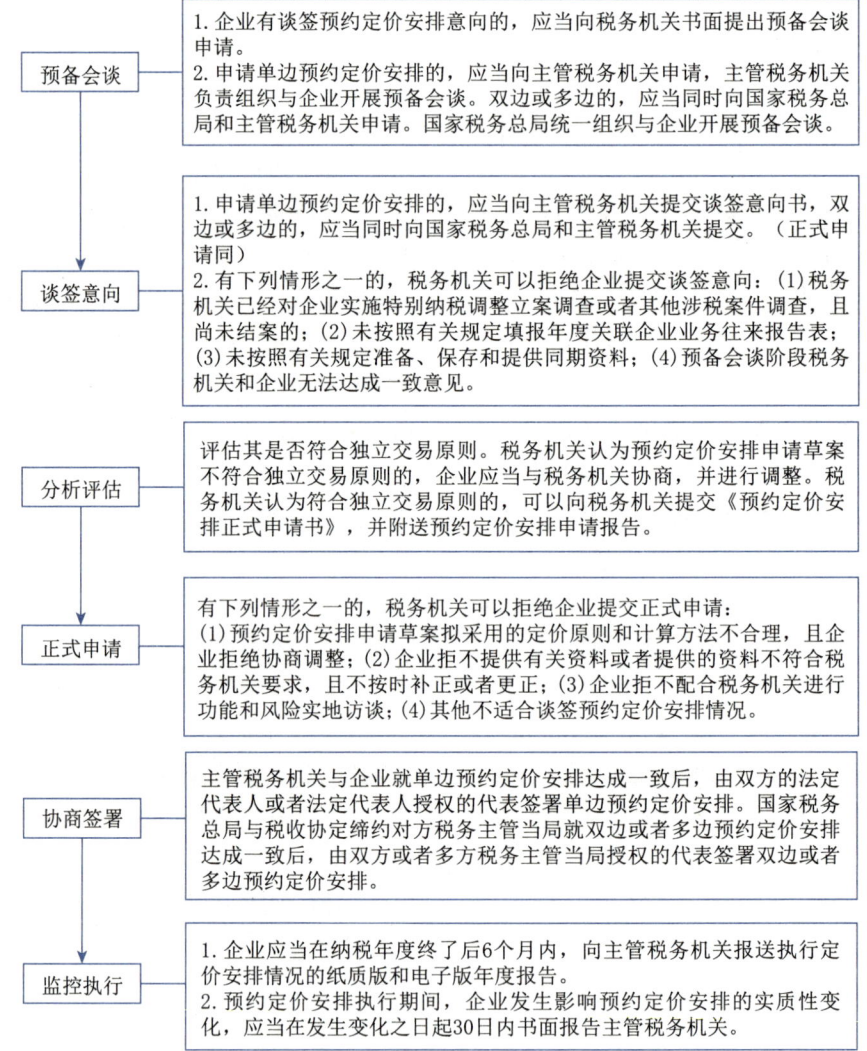

图 1-7 预约定价安排谈签与执行

6. 预约定价安排管理。

（1）预约定价安排执行期满后自动失效，企业申请续签的，应当在预约定价安排执行期满之日前 90 日内向税务机关提出续签申请。

（2）预约定价安排执行期间，主管税务机关与企业发生分歧的，双方应当进行协商。协商不能解决的，可以报上一级税务机关协调；涉及双边或者多边预约定价安排的，必须层报国家税务总局协调。对上一级税务机关或者国家税务总局的决定，下一级税务机关应当予以执行。企业仍不能接受的，可以终止预约定价安排的执行。

(3)在预约定价安排签署前,税务机关和企业均可暂停、终止预约定价安排程序。

(4)没有按照规定的权限和程序签署预约定价安排,或者税务机关发现企业隐瞒事实的,应当认定预约定价安排自始无效。

(5)税务机关与企业不能达成预约定价安排的,税务机关在协商过程中所取得的有关企业的提议、推理、观念和判断等非事实性信息,不得用于对该预约定价安排涉及关联交易的特别纳税调查调整。

(五)成本分摊协议管理

1. 对于符合独立交易原则的成本分摊协议,有关税务处理如下:

(1)企业按照协议分摊的成本,应在协议规定的各年度税前扣除;

(2)涉及补偿调整的,应在补偿调整的年度计入应纳税所得额;

(3)涉及无形资产的成本分摊协议,加入支付、退出补偿或终止协议时对协议成果分配的,应按资产购置或处置的有关规定处理。

2. 成本分摊协议的参与方对开发、受让的无形资产或参与的劳务活动享有受益权,并承担相应的活动成本;关联方承担的成本应与非关联方在可比条件下为获得上述受益权而支付的成本相一致。

(1)参与方使用成本分摊协议所开发或受让的无形资产不需另支付特许权使用费。

(2)企业对成本分摊协议所涉及无形资产或劳务的受益权应有合理的、可计量的预期收益,且以合理商业假设和营业常规为基础。

(3)涉及劳务的成本分摊协议一般适用于集团采购和集团营销策划。

3. 企业与其关联方签署成本分摊协议,有下列情形之一的,其自行分摊的成本不得税前扣除:

(1)不具有合理商业目的和经济实质;

(2)不符合独立交易原则;

(3)没有遵循成本与收益配比原则;

(4)未按有关规定备案或准备、保存和提供有关成本分摊协议的同期资料;

(5)自签署成本分摊协议之日起经营期限少于20年。

(六)受控外国企业管理

受控外国企业是指由居民企业,或者由居民企业和居民个人(以下统称中国居民股东,包括中国居民企业股东和中国居民个人股东)控制的设立在实际税负低于所得税法第四条第一款规定税率水平50%的国家(地区),并非出于合理经营需要对利润不作分配或减少分配的外国企业。

1. 计入中国居民企业股东当期的视同受控外国企业股息分配的所得,应按以下公式计算:

中国居民企业股东当期所得=视同股息分配额×实际持股天数÷受控外国企业纳税年度天数×股东持股比例

中国居民股东多层间接持有股份的,股东持股比例按各层持股比例相乘计算。

2. 中国居民企业股东能够提供资料证明其控制的外国企业满足以下条件之一的,可免于将外国企业不作分配或减少分配的利润视同股息分配额,计入中国居民企业股东的当期所得:

(1)设立在国家税务总局指定的非低税率国家(地区);

(2)主要取得积极经营活动所得;

(3)年度利润总额低于500万元人民币。

(七)资本弱化管理

1. 企业从其关联方接受的债权性投资与权益性投资的比例超过规定标准而发生的利息支出,不得在计算应纳税所得额时扣除。不得扣除的利息支出应按以下公式计算:

不得扣除利息支出=年度实际支付的全部关联方利息×(1-标准比例÷关联债资比例)

(1)标准比例:金融企业,为5∶1;其他企业,为2∶1。

(2)关联债资比例的具体计算方法如下:

关联债资比例=年度各月平均关联债权投资之和/年度各月平均权益投资之和

其中:

各月平均关联债权投资=(关联债权投资月初账面余额+月末账面余额)/2

各月平均权益投资=(权益投资月初账面余额+月末账面余额)/2

『提示』权益投资为企业资产负债表所列示的所有者权益金额。

(1)所有者权益<实收资本(股本)+资本公积,则权益投资=实收资本(股本)+资本公积;

(2)实收资本(股本)与资本公积之和<实收资本(股本)金额,则权益投资=实收资本(股本)金额。

2. 不得在计算应纳税所得额时扣除的利息支出,不得结转到以后纳税年度;应按照实际支付给各关联方利息占关联方利息总额的比例,在各关联方之间进行分配,其中,分配给实际税负高于企业的境内关联方的利息准予扣除;直接或间接实际支付给境外关联方的利息应视同分配的股息,按照股息和利息分别适用的所得税税率差补征企业所得税,如已扣缴的所得税税款多于按股息计算应征所得税税款,多出的部分不予退税。

【老杨唠吧唠】考生可以结合"利息费用的扣除"知识点一并学习。

(八)一般反避税管理

自2015年2月1日起,以下规定适用于税务机关按照《企业所得税法》规定,对企业实施的不具有合理商业目的而获取税收利益的避税安排,实施的特别纳税调整。

税收利益是指减少、免除或者推迟缴纳企业所得税应纳税额。

1. 避税安排特征及调整方法

(1)避税安排具有以下特征:

①以获取税收利益为唯一目的或者主要目的;

②以形式符合税法规定、但与其经济实质不符的方式获取税收利益。

(2)下列情况不适用一般反避税规定:

①与跨境交易或者支付无关的安排;

②涉嫌逃避缴纳税款、逃避追缴欠税、

骗税、抗税以及虚开发票等税收违法行为。

(3)企业的安排属于转让定价、成本分摊、受控外国企业、资本弱化等其他特别纳税调整范围的,应当首先适用其他特别纳税调整相关规定。

(4)企业的安排属于受益所有人、利益限制等税收协定执行范围的,应当首先适用税收协定执行的相关规定。

(5)税务机关对企业的避税安排应当以具有合理商业目的和经济实质的类似安排为基准,按照实质重于形式的原则实施特别纳税调整。调整方法包括:

①对安排的全部或者部分交易重新定性;

②在税收上否定交易方的存在,或者将该交易方与其他交易方视为同一实体;

③对相关所得、扣除、税收优惠、境外税收抵免等重新定性或者在交易各方间重新分配;

④其他合理方法。

2. 反避税立案

(1)各级税务机关应当结合工作实际,应用各种数据资源,如企业所得税汇算清缴、纳税评估、同期资料管理、对外支付税务管理、股权转让交易管理、税收协定执行等,及时发现一般反避税案源。

(2)主管税务机关发现企业存在避税嫌疑的,层报省、自治区、直辖市和计划单列市(以下简称省)税务机关复核同意后,报税务总局申请立案。

(3)省税务机关应当将税务总局形成的立案申请审核意见转发主管税务机关。税务总局同意立案的,主管税务机关实施一般反避税调查。

3. 反避税调查

(1)主管税务机关实施一般反避税调查时,应当向被调查企业送达《税务检查通知书》。被调查企业认为其安排不属于避税安排的,应当自收到《税务检查通知书》之日起60日内提供相关资料。企业因特殊情况不能按期提供的,可书面申请延期但是最长不得超过30日。主管税务机关应当自收到企业延期申请之日起15日内书面回复。逾期未回复的，视同税务机关同意企业的延期申请。

（2）企业拒绝提供资料的，主管税务机关可按《税收征管法》规定进行核定。

4. 反避税结案

（1）主管税务机关根据调查过程中获得的相关资料，自税务总局同意立案之日起9个月内进行审核，综合判断企业是否存在避税安排，形成案件不予调整或者初步调整方案的意见和理由，层报省税务机关复核同意后，报税务总局申请结案。

（2）被调查企业在收到《特别纳税调查初步调整通知书》之日起7日内未提出异议的，主管税务机关应当下发《特别纳税调查调整通知书》。

被调查企业在收到《特别纳税调查初步调整通知书》之日起7日内提出异议，但是主管税务机关经审核后认为不应采纳的，应将被调查企业的异议及不应采纳的意见和理由层报省税务机关复核同意后，报税务总局再次申请结案。

被调查企业在收到《特别纳税调查初步调整通知书》之日起7日内提出异议，主管税务机关经审核后认为确需对调整方案进行修改的，应当将被调查企业的异议及修改后的调整方案层报省税务机关复核同意后，报税务总局再次申请结案。

5. 反避税争议处理

（1）被调查企业对主管税务机关作出的一般反避税调整决定不服的，可以按照有关法律法规的规定申请法律救济。

（2）被调查企业认为我国税务机关作出的一般反避税调整，导致国际双重征税或者不符合税收协定规定征税的，可以按照税收协定及其相关规定申请启动相互协商程序。

十六、征收管理★★

扫我解疑难

（一）纳税地点

1. 除税收法律、行政法规另有规定外，居民企业以**企业登记注册地**为纳税地点；但登记注册地在境外的，以**实际管理机构所在地**为纳税地点。

2. 居民企业在中国境内设立不具有法人资格的营业机构的，应当汇总计算并缴纳企业所得税。

3. 非居民企业在中国境内设立机构、场所的，应当就其所设机构、场所取得的来源于中国境内的所得，以及发生在中国境外但与其所设机构、场所有实际联系的所得，以机构、场所所在地为纳税地点。非居民企业在中国境内设立两个或者两个以上机构、场所，符合国务院主管部门规定条件的，可以选择由其主要机构、场所汇总缴纳企业所得税。

（1）汇总纳税的非居民企业应在汇总纳税的年度中持续符合下列所有条件：

①汇总纳税的各机构、场所已在所在地主管税务机关办理税务登记，并取得纳税人识别号。

②主要机构、场所符合《企业所得税法实施条例》第一百二十六条规定，汇总纳税的各机构、场所不得采用核定方式计算缴纳企业所得税。

③汇总纳税的各机构、场所能够按照规定准确计算本机构、场所的税款分摊额，并按要求向所在地主管税务机关办理纳税申报。

（2）汇总纳税的各机构、场所实行"统一计算、分级管理、就地预缴、汇总清算、财政调库"的企业所得税征收管理办法。除本公告另有规定外，相关税款计算、税款分摊、缴库或退库地点、缴库或退库比例、征管流程等事项，比照《财政部 国家税务总局 中国人民银行关于印发〈跨省市总分机构企业所得税分配及预算管理办法〉的通知》（财预〔2012〕40号）、《财政部 国家税务总局 中国人民银行关于〈跨省市总分机构企业所得税分配及预算管理办法〉的补充通知》（财预〔2012〕453号）、《国家税务总局关于印发<跨地区经营汇总纳税企业所得税征收管理办法>的公告》（国家税务总局公告2012年第57

号)等适用于居民企业汇总缴纳企业所得税的规定执行。

(3)除下面第(4)条规定外，主要机构、场所比照居民企业总机构就地分摊缴纳企业所得税；被汇总机构、场所比照居民企业分支机构就地分摊缴纳企业所得税。

(4)符合上述第(1)条规定的机构、场所不具有主体生产经营职能，不从纳入汇总缴纳企业所得税的其他机构、场所之外取得营业收入，仅具有内部辅助管理或服务职能的，可以纳入汇总计算缴纳企业所得税的范围，但不就地分摊缴纳企业所得税。

(5)汇总纳税的各机构、场所应在首次办理汇总缴纳企业所得税申报时，向所在地主管税务机关报送以下信息资料：

①主要机构、场所名称及纳税人识别号；

②全部被汇总机构、场所名称及纳税人识别号；

③符合汇总缴纳企业所得税条件的财务会计核算制度安排。

已按上款规定报送的信息资料发生变更的，汇总纳税的各机构、场所应在发生变更后首次办理汇总缴纳企业所得税申报时，向所在地主管税务机关报告变化情况。

(6)除国家税务总局另有规定外，汇总纳税的各机构、场所应按照企业所得税法第五十四条及其他有关规定，分季度预缴和年终汇算清缴企业所得税。

(7)在办理季度预缴申报时，汇总纳税的各机构、场所应向所在地主管税务机关报送以下资料：

①非居民企业所得税申报表；

②季度财务报表(限于按实际利润预缴企业所得税的情形)。

(8)在办理年度汇算清缴申报时，汇总纳税的各机构、场所应向所在地主管税务机关报送以下资料：

①非居民企业所得税申报表；

②年度财务报表。

(9)汇总纳税的各机构、场所主管税务机关对管理的机构、场所执行本公告规定负有日常管理和监督检查责任，各主管税务机关之间应及时沟通信息，协调管理。主要机构、场所主管税务机关应在每季度终了和年度汇算清缴期满后30日内，将主要机构、场所申报信息传递给各被汇总机构、场所主管税务机关。各被汇总机构、场所主管税务机关应在每季度终了和年度汇算清缴期满后30日内，将本地被汇总纳税机构、场所申报信息传递给主要机构、场所主管税务机关。

①汇总纳税的各机构、场所主管税务机关不得对汇总纳税的各机构、场所同一税务处理事项作出不一致的处理决定。相关主管税务机关就有关处理事项不能达成一致的，报共同上级税务机关决定。

②主要机构、场所主管税务机关发现主要机构、场所不具备本公告第二条规定条件的，在征得各被汇总机构、场所主管税务机关同意后，责令其限期改正，逾期不改正的，取消该非居民企业所有机构、场所相关年度企业所得税汇总缴纳方式，并通知各被汇总机构、场所主管税务机关。

③被汇总机构、场所主管税务机关发现被汇总机构、场所不具备本公告第二条规定条件的，在征得主要机构、场所主管税务机关同意后，责令其限期改正，逾期不改正的，取消该被汇总机构、场所相关年度企业所得税汇总缴纳方式，并通知主要机构、场所及其他被汇总机构、场所主管税务机关。

(10)汇总纳税的各机构、场所全部处于同一省、自治区、直辖市或计划单列市税务机关(以下称省税务机关)管辖区域内的，该省税务机关在不改变本公告第二条规定汇总纳税适用条件的前提下，可以按照不增加纳税义务，不减少办税便利的原则规定管理办法。

4.非居民企业在中国境内未设立机构、场所，或者虽设立机构、场所但取得的所得与其所设机构、场所没有实际联系的，以扣缴义务人所在地为纳税地点。

5. 除国务院另有规定外，企业之间不得合并缴纳企业所得税。

(二)纳税期限

1. 企业所得税按年计征，分月或者分季预缴，年终汇算清缴，多退少补。

2. 企业自年度终了之日起 5 个月内，向税务机关报送年度企业所得税纳税申报表，并汇算清缴，结清应缴应退税款。

3. 企业在一个纳税年度中间开业，或者终止经营活动，使该纳税年度的实际经营期不足 12 个月的，应当以其实际经营期为一个纳税年度。

4. 企业依法清算时，应当以清算期间作为一个纳税年度。

5. 企业在年度中间终止经营活动的，应当自实际经营终止之日起 60 日内，向税务机关办理当期企业所得税汇算清缴。

6. 自 2019 年起，小型微利企业所得税统一实行按季度预缴。

(三)纳税申报

1. 按月或按季预缴的，应当自月份或者季度终了之日起 15 日内，向税务机关报送预缴企业所得税纳税申报表，预缴税款。

2. 企业在纳税年度内无论盈利或者亏损，都应当依照规定的期限，向税务机关报送预缴企业所得税纳税申报表、年度企业所得税纳税申报表、财务会计报告和税务机关规定应当报送的其他有关资料。

(四)跨地区经营汇总纳税企业所得税征收管理

【老杨唠吧唠】学习这部分内容首先要知道为什么产生这个问题，根本上说是由于企业所得税作为法人所得税要汇总纳税，但汇总后的税额不能全部成为总机构的税源，要找到一个合理方法在总分机构间进行分配，这样就产生了我们将要学习的这个征收管理的规定。

1. 基本原则和适用范围

(1)居民企业在中国境内跨地区(指跨省、自治区、直辖市和计划单列市，下同)设立不具有法人资格分支机构的，该居民企业为跨地区经营汇总纳税企业(以下简称汇总纳税企业)，除另有规定外，其企业所得税征收管理适用以下规定。(部分企业全额上缴中央国库不适用以下规定)

(2)基本原则。

①统一计算，是指总机构统一计算包括汇总纳税企业所属各个不具有法人资格分支机构在内的全部应纳税所得额、应纳税额。

②分级管理，是指总机构、分支机构所在地的主管税务机关都有对当地机构进行企业所得税管理的责任，总机构和分支机构应分别接受机构所在地主管税务机关的管理。

③就地预缴，是指总机构、分支机构应按照规定，分月或分季分别向所在地主管税务机关申报预缴企业所得税。

④汇总清算，是指在年度终了后，总机构统一计算汇总纳税企业的年度应纳税所得额、应纳所得税额，抵减总机构、分支机构当年已就地分期预缴的企业所得税款后，多退少补。

⑤财政调库，是指财政部定期将缴入中央国库的汇总纳税企业所得税待分配收入，按照核定的系数调整至地方国库。

(3)适用范围：总机构和具有主体生产经营职能的二级分支机构，就地分摊缴纳企业所得税。以下二级分支机构不就地分摊缴纳企业所得税：

①不具有主体生产经营职能，且在当地不缴纳增值税的产品售后服务、内部研发、仓储等汇总纳税企业内部辅助性的二级分支机构，不就地分摊缴纳企业所得税。

『提示』总机构设立具有主体生产经营职能的部门(非上述二级分支机构)，且该部门的营业收入、职工薪酬和资产总额与管理职能部门分开核算的，可将该部门视同一个二级分支机构，按规定计算分摊并就地缴纳；不能分开核算的，该部门不得视同一个二级分支机构，不得计算分摊并就地缴纳企业所得税。

②上年度认定为小型微利企业的，其二

级分支机构不就地分摊缴纳企业所得税。

③新设立的二级分支机构，设立当年不就地分摊缴纳企业所得税。

『提示1』汇总纳税企业当年由于重组等原因从其他企业取得重组当年之前已存在的二级分支机构，并作为本企业二级分支机构管理的，该二级分支机构不视同当年新设立的二级分支机构，按规定计算分摊并就地缴纳企业所得税。

『提示2』汇总纳税企业内就地分摊缴纳企业所得税的总机构、二级分支机构之间，发生合并、分立、管理层级变更等形成的新设或存续的二级分支机构，不视同当年新设立的二级分支机构，按规定计算分摊并就地缴纳企业所得税。

④当年撤销的二级分支机构，自办理注销税务登记之日所属企业所得税预缴期间起，不就地分摊缴纳企业所得税。

⑤汇总纳税企业在中国境外设立的不具有法人资格的二级分支机构，不就地分摊缴纳企业所得税。

（4）根据《企业所得税法》第五十条规定。居民企业在中国境内设立不具有法人资格的营业机构的，应当汇总计算并缴纳企业所得税。由于分支机构（包括视同独立纳税人缴税的二级分支机构）不具有法人资格，其经营情况应并入企业总机构，由企业总机构汇总计算应纳税款，并享受相关优惠政策。

2. 税款预缴和汇算清缴

（1）汇总纳税企业按规定汇总计算的企业所得税，包括预缴税款和汇算清缴应缴应退税款，50%在各分支机构间分摊，各分支机构根据分摊税款就地办理缴库或退库（见图1-8）。

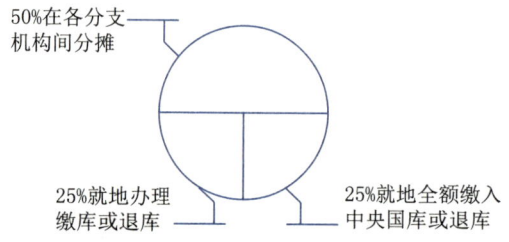

图1-8 汇总纳税企业的税款分配

【老杨嘚吧嘚】形象地说就是一个"T"字型分配。

（2）企业所得税分月或者分季预缴，由总机构所在地主管税务机关具体核定。

汇总纳税企业应根据当期实际利润额，按照规定的预缴分摊方法计算总机构和分支机构的企业所得税预缴额，分别由总机构和分支机构就地预缴；在规定期限内按实际利润额预缴有困难的，也可以按照上一年度应纳税所得额的1/12或1/4，按照规定的预缴分摊方法计算总机构和分支机构的企业所得税预缴额，分别由总机构和分支机构就地预缴。预缴方法一经确定，当年度不得变更。

（3）汇总纳税企业在纳税年度内预缴企业所得税税款少于全年应缴企业所得税税款的，应在汇算清缴期内由总、分机构分别结清应缴的企业所得税税款；预缴税款超过应缴税款的，主管税务机关应及时按有关规定分别办理退税，或者经总、分机构同意后分别抵缴其下一年度应缴企业所得税税款。

3. 总分机构分摊税款的计算

（1）总机构按以下公式计算分摊税款：

总机构分摊税款＝汇总纳税企业当期应纳所得税额×50%

（2）分支机构按以下公式计算分摊税款：

所有分支机构分摊税款总额＝汇总纳税企业当期应纳所得税额×50%

某分支机构分摊税款＝所有分支机构分摊税款总额×该分支机构分摊比例

某分支机构分摊比例＝（该分支机构营业收入/各分支机构营业收入之和）×0.35+（该分支机构职工薪酬/各分支机构职工薪酬之和）×0.35+（该分支机构资产总额/各分支机构资产总额之和）×0.30

【杨氏记忆法】

分支机构分摊比例 = $A/\sum A \times 0.35 + B/\sum B \times 0.35 + C/\sum C \times 0.30$

A：营业收入；B：职工薪酬；C：资产。

『提示1』总机构应按照上年度分支机构

的营业收入、职工薪酬和资产总额三个因素计算各分支机构分摊所得税款的比例。

上年度分支机构的营业收入、职工薪酬和资产总额，是指分支机构上年度全年的营业收入、职工薪酬数据和上年度12月31日的资产总额数据，是依照国家统一会计制度的规定核算的数据。一个纳税年度内，总机构首次计算分摊税款时采用的分支机构营业收入、职工薪酬和资产总额数据，与此后经过中国注册会计师审计确认的数据不一致的，不作调整。

『提示2』三级及以下分支机构，其营业收入、职工薪酬和资产总额统一计入二级分支机构。

『提示3』对于按照税收法律、法规和其他规定，总机构和分支机构处于不同税率地区的，先由总机构统一计算全部应纳税所得额，然后按规定的比例和计算的分摊比例，计算划分不同税率地区机构的应纳税所得额，再分别按各自的适用税率计算应纳税额后加总计算出汇总纳税企业的应纳所得税总额，最后按规定的比例和按计算的分摊比例，向总机构和分支机构分摊就地缴纳的企业所得税款。

【老杨唠吧唠】由于总机构和分支机构处于不同税率地区，所以不能用前面提到的一般方法计算，但整体思路并没有什么不同，简单地说就是需要"二次分摊"：第一次分摊前汇总的是所得额，然后用前述方法分摊，将分摊后的所得额乘以各自的税率后再行汇总，这样汇总后的就是税额了，最后再用同样的方法进行二次分摊（见图1-9）。

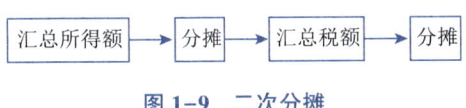

图1-9 二次分摊

4. 日常管理

（1）汇总纳税企业发生的资产损失，应按以下规定申报扣除：

①总机构及二级分支机构发生的资产损失，除应按专项申报和清单申报的有关规定各自向所在地主管税务机关申报外，二级分支机构还应同时上报总机构；三级及以下分支机构发生的资产损失不需向所在地主管税务机关申报，应并入二级分支机构，由二级分支机构统一申报。

②总机构对各分支机构上报的资产损失，除税务机关另有规定外，应以清单申报的形式向所在地主管税务机关申报。

③总机构将分支机构所属资产捆绑打包转让所发生的资产损失，由总机构向所在地主管税务机关专项申报。

（2）总机构应将查补所得税款（包括滞纳金、罚款）按照规定计算分摊和缴纳。

（五）合伙企业所得税的征收管理

1. 合伙企业以每一个合伙人为纳税义务人。自然人：个人所得税；法人和其他组织：企业所得税。

2. 合伙企业生产经营所得和其他所得采取"先分后税"的原则。

3. 合伙企业的合伙人是法人和其他组织的，合伙人在计算其缴纳企业所得税时，不得用合伙企业的亏损抵减其盈利。

4. 合伙企业的合伙人按照下列原则确定应纳税所得额：

（1）合伙企业的合伙人以合伙企业的生产经营所得和其他所得，按照合伙协议约定的分配比例确定应纳税所得额。

（2）合伙协议未约定或者约定不明确的，以全部生产经营所得和其他所得，按照合伙人协商决定的分配比例确定应纳税所得额。

（3）协商不成的，以全部生产经营所得和其他所得，按照合伙人实缴出资比例确定应纳税所得额。

（4）无法确定出资比例的，以全部生产经营所得和其他所得，按照合伙人数量平均计算每个合伙人的应纳税所得额。

【老杨唠吧唠】合伙人确定所得额的先后顺序见图1-10：

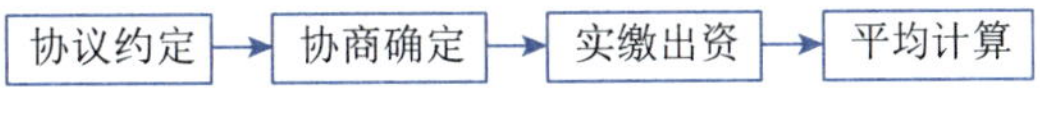

协议约定 → 协商确定 → 实缴出资 → 平均计算

图1-10 确定所得额的先后顺序

（六）境外注册中资控股居民企业所得税的管理

1. 相关概念

（1）境外注册中资控股企业（以下简称境外中资企业）是指由中国内地企业或者企业集团作为主要控股投资者，在中国内地以外国家或地区（含中国香港、澳门、台湾）注册成立的企业。

（2）境外注册中资控股居民企业（以下简称非境内注册居民企业）是指因实际管理机构在中国境内而被认定为中国居民企业的境外注册中资控股企业。

（3）非境内注册居民企业的实际管理机构所在地与境内主要控股投资者所在地一致的，其主管税务机关是指境外注册中资控股居民企业中国境内主要投资者登记注册地主管税务机关。

2. 居民身份认定管理

（1）境外中资企业居民身份的认定，采用企业自行判定提请税务机关认定和税务机关调查发现予以认定两种形式。

（2）非境内注册居民企业发生下列重大变化情形之一的，应当自变化之日起15日内报告主管税务机关，主管税务机关应当按照规定层报税务总局确定是否取消其居民身份：

①企业实际管理机构所在地变更为中国境外的；

②中方控股投资者转让企业股权，导致中资控股地位发生变化的。

（七）企业政策性搬迁所得税管理

1. 搬迁收入

企业的搬迁收入，包括搬迁补偿收入和本企业搬迁资产处置收入等。

搬迁补偿收入具体包括：

（1）对被征用资产价值的补偿；

（2）因搬迁、安置而给予的补偿；

（3）对停产停业形成的损失而给予的补偿；

（4）资产搬迁过程中遭到毁损而取得的保险赔款；

（5）其他补偿收入。

企业搬迁资产处置收入，是指企业由于搬迁而处置企业各类资产所取得的收入。

『提示』企业由于搬迁处置存货而取得的收入，应按正常经营活动取得的收入进行所得税处理，不作为企业搬迁收入。

2. 搬迁支出

（1）企业的搬迁支出，包括搬迁费用支出和企业资产处置支出。

（2）搬迁费用支出包括：

①安置职工实际发生的费用；

②停工期间支付给职工的工资及福利费、临时存放搬迁资产而发生的费用；

③各类资产搬迁安装费用以及其他与搬迁相关的费用。

（3）资产处置支出包括：

①变卖及处置各类资产的净值；

②处置过程中所发生的税费等支出。

『提示』企业由于搬迁而报废的资产，如无转让价值，其净值作为企业的资产处置支出。

3. 搬迁资产税务处理

（1）企业搬迁的资产，简单安装或不需要安装即可继续使用的，在该项资产重新投入使用后，就其净值按该资产尚未折旧或摊销的年限，继续计提折旧或摊销。

（2）企业搬迁的资产，需要进行大修理后才能重新使用的，应就该资产的净值，加上大修理过程所发生的支出，为该资产的计税成本。在该项资产重新投入使用后，按该资产尚可使用的年限，计提折旧或摊销。

（3）企业搬迁中被征用的土地，采取土地置换的，换入土地的计税成本按被征用土地的净值，以及该换入土地投入使用前所发生的各项费用支出，为该换入土地的计税成本，在该换入土地投入使用后，按规定年限摊销。

（4）企业搬迁期间新购置的各类资产，应按规定计算确定资产的计税成本及折旧或摊销年限。

『提示』企业发生的购置资产支出，不得从搬迁收入中扣除。

4. 应税所得

(1)企业在搬迁期间发生的搬迁收入和搬迁支出,可以暂不计入当期应纳税所得额,而在完成搬迁的年度,对搬迁收入和支出进行汇总清算。

(2)企业的搬迁收入,扣除搬迁支出后的余额,为企业的搬迁所得。

(3)企业应在搬迁完成年度,将搬迁所得计入当年度企业应纳税所得额计算纳税。

(4)下列情形之一的,为搬迁完成年度,企业应进行搬迁清算,计算搬迁所得:

①从搬迁开始,5年内(包括搬迁当年度)任何一年完成搬迁的。

②从搬迁开始,搬迁时间满5年(包括搬迁当年度)的年度。

(5)企业搬迁收入扣除搬迁支出后为负数的,应为搬迁损失。搬迁损失可在下列方法中选择其一进行税务处理:

①在搬迁完成年度,一次性作为损失进行扣除。

②自搬迁完成年度起分3个年度,均匀在税前扣除。

上述方法由企业自行选择,但一经选定,不得改变。

(6)企业同时符合下列条件的,视为已经完成搬迁:

①搬迁规划已基本完成。

②当年生产经营收入占规划搬迁前年度生产经营收入50%以上。

(7)企业边搬迁、边生产的,搬迁年度应从实际开始搬迁的年度计算。

(8)企业以前年度发生尚未弥补的亏损的,凡企业由于搬迁停止生产经营无所得的,从搬迁年度次年起,至搬迁完成年度前一年度止,可作为停止生产经营活动年度,从法定亏损结转弥补年限中减除;企业边搬迁、边生产的,其亏损结转年度应连续计算。

5. 征收管理

(1)企业应当自搬迁开始年度,至次年5月31日前,向主管税务机关(包括迁出地和迁入地)报送政策性搬迁依据、搬迁规划等相关材料(政府搬迁文件或公告、搬迁重置总体规划、拆迁补偿协议、资产处置计划和其他与搬迁相关的事项)。

(2)凡在国家税务总局2012年第40号公告生效前(2012年10月1日)已经签订搬迁协议且尚未完成搬迁清算的企业政策性搬迁项目,企业在重建或恢复生产过程中购置的各类资产,可以作为搬迁支出,从搬迁收入中扣除。但购置的各类资产,应剔除该搬迁补偿收入后,作为该资产的计税基础,并按规定计算折旧或费用摊销。

(八)居民企业报告境外投资和所得信息的管理

居民企业成立或参股外国企业,或者处置已持有的外国企业股份或有表决权股份,符合以下情形之一,且按照中国会计制度可确认的,应当在办理企业所得税预缴申报时向主管税务机关填报《居民企业参股外国企业信息报告表》:

(1)在该规定施行之日,居民企业直接或间接持有外国企业股份或有表决权股份达到10%(含)以上;

(2)在该规定施行之日后,居民企业在被投资外国企业中直接或间接持有的股份或有表决权股份自不足10%的状态改变为达到或超过10%的状态;

(3)在该规定施行之日后,居民企业在被投资外国企业中直接或间接持有的股份或有表决权股份自达到或超过10%的状态改变为不足10%的状态。

(九)企业清算的所得税处理

1. 下列企业应进行清算的所得税处理:

(1)按《公司法》《企业破产法》等规定需要进行清算的企业;

(2)企业重组中需要按清算处理的企业。

2. 企业清算的所得税处理包括以下内容:

(1)全部资产均应按可变现价值或交易价格,确认资产转让所得或损失;

(2)确认债权清理、债务清偿的所得或

损失；

(3)改变持续经营核算原则，对预提或待摊性质的费用进行处理；

(4)依法弥补亏损，确定清算所得；

(5)计算并缴纳清算所得税；

(6)确定可向股东分配的剩余财产、应付股息等。

3. 清算所得＝全部资产可变现价值或交易价格－资产的计税基础－清算费用－相关税费＋债务清偿损益

企业应将整个清算期作为一个独立的纳税年度计算清算所得。

4. 可向所有者分配的剩余资产＝全部资产的可变现价值或交易价格－清算费用－职工的工资、社会保险费用和法定补偿金－清算所得税－以前年度欠税等税款－企业债务

5. 被清算企业的股东分得的剩余资产的金额

股息所得＝被清算企业累计未分配利润和累计盈余公积×股份比例

投资转让所得(损失)＝剩余资产－股息所得－投资成本

被清算企业的股东从被清算企业分得的资产应按可变现价值或实际交易价格确定计税基础。

【例题50·多选题】根据企业所得税相关规定，关于企业清算所得税处理的说法，正确的有( )。

A. 需要进行清算所得税处理的仅指按《公司法》和《企业破产法》规定需要进行的企业

B. 被清算企业的股东分得的剩余资产应确认为股息所得

C. 被清算企业的股东分得的资产按可变现价值或实际交易价格确认计税基础

D. 由于改变了持续经营原则，企业未超过规定期限的亏损不得在清算所得中弥补

E. 企业应将整个清算期作为一个独立的纳税年度计算清算所得

解析 选项A，还包括企业重组中需要按清算处理的企业；选项B，股东分得的清算剩余资产的金额，确认为股息所得和投资转让所得或损失。其中相当于从被清算企业累计未分配利润和累计盈余公积中分得部分，确认股息所得，剩余资产减除上述股息部分，超过或低于投资成本的部分，确认为投资资产转让所得或损失；选项D，可以依法弥补亏损。

答案 CE

真题精练

一、单项选择题

1. (2020年)2019年度某公司利润总额1 000万元。当年发生非扶贫性质公益性捐赠支出200万元，2018年结转到2019年未抵扣完的公益性捐赠30万元，该公司2019年计算应纳税所得额时可扣除本年发生的公益性捐赠金额( )万元。

   A. 90　　　　　　B. 11
   C. 80　　　　　　D. 120

2. (2020年)某企业转让因股权分置改革所持有的限售股，取得转让收入6 000万，但不能提供限售股原值凭证，在计算企业所得税时，该限售股核定的合理税费是( )万元。

   A. 180　　　　　　B. 600
   C. 900　　　　　　D. 300

3. (2020年)企业合并适用一般性税务处理方法时，说法错误的是( )。

   A. 被合并企业亏损不得在合并企业结转弥补

   B. 被合并企业合并前相关所得税事项由合并企业承继

   C. 合并企业按公允价值确定接受被合并企业各项资产的计税基础

   D. 被合并企业及其股东都按清算进行所得税处理

4. (2020年)2019年1月1日,某企业以不含税价200万购买符合无形资产确认条件的软件一套,当月投入使用。2019年该软件可在企业所得税前摊销的最高限额是( )万元。
   A. 100　　　　　　B. 20
   C. 40　　　　　　 D. 200

5. (2020年)某企业为一家小型微利企业,2019年度应纳税所得额280万元,该企业2019年应缴纳企业所得税( )万。
   A. 23　　　　　　 B. 14
   C. 28　　　　　　 D. 19

6. (2020年)下列关于企业所得税确认收入时间的说法,正确的是( )。
   A. 广告制作,在广告出现于公众面前时确认收入
   B. 采用支付手续费方式代销商品,在发出商品时确认收入
   C. 为客户开发软件,根据开发软件的完工进度确认收入
   D. 采取预收款方式销售商品在收到预收款时确认收入

7. (2020年)甲公司收购乙公司股权200万股中的80%,收购日乙公司每股资产的计税基础为5元,每股资产的公允价值为10元,在收购对价中甲公司以股权形式支付了1 440万,其余以银行存款付讫,乙公司取得非股权支付额应确认的股权转让所得为( )万元。
   A. 800　　　　　　B. 144
   C. 720　　　　　　D. 80

8. (2020年)符合条件的非营利组织取得下列收入,应缴纳企业所得税的是( )。
   A. 免税收入孳生的银行利息收入
   B. 接受个人的捐赠收入
   C. 因政府购买服务而取得的收入
   D. 按照省级以上财政部门规定收取的会费收入

9. (2020年)下列收入,不属于企业所得税搬迁收入的是( )。
   A. 资产搬迁过程中遭遇毁损而取得的保险赔偿
   B. 搬迁资产的处置收入
   C. 因搬迁、安置而给予的补偿
   D. 搬迁处置存货的收入

10. (2020年)企业从事下列项目的所得,免征企业所得税的是( )。
    A. 海水养殖
    B. 香料作物的种植
    C. 牲畜的饲养
    D. 花卉的种植

11. (2020年)某房地产开发企业委托境外机构销售开发产品,实现销售收入10 000万元,支付境外机构的销售费用1 200万元。在计算应纳税所得额时可扣除的境外销售费用为( )万元。
    A. 1 200　　　　　B. 800
    C. 1 000　　　　　D. 500

12. (2020年)下列关于企业所得税加速折旧优惠政策的说法,正确的是( )。
    A. 2020年企业新购进单台价值600万元的设备,可一次性税前扣除
    B. 企业选择享受一次性税前扣除政策的,其资产的税务处理可与会计处理不一致
    C. 固定资产在投入使用月份的当月所属年度一次性税前扣除
    D. 采取缩短折旧年限的,最低折旧年限不得低于规定折旧年限的50%

13. (2020年)某金融企业2019年年末,准予提取贷款损失准备金的贷款资产余额为10 000万元,截至2018年已在税前扣除的贷款损失准备金余额为60万元。该金融企业2019年准予税前扣除的贷款损失准备金为( )万元。
    A. 40　　　　　　 B. 100
    C. 140　　　　　　D. 240

14. (2020年)下列支出,在计算企业所得税应纳税所得额时准予扣除的是( )。
    A. 按规定缴纳的公众责任险
    B. 企业内营业机构之间支付的租金

C. 外购未投入使用的设备

D. 非银行企业内营业机构之间支付的利息

15. (2019年)2015年甲公司出资4 000万元投资M公司,取得其40%的股权,2019年甲公司从M公司撤资,取得收入9 000万元,撤资时M公司累计未分配利润为3 000万元,甲撤资应确定的应纳税所得额是( )万元。

   A. 3 000   B. 5 000
   C. 6 000   D. 3 800

16. (2019年)企业发生的广告费,下列所得税表述正确的是( )。

   A. 酒类制造企业的广告费,不得在税前扣除

   B. 医药销售企业的广告费,不超过当年销售收入30%的部分准予税前扣除

   C. 企业筹建期间发生的广告费,可按实际发生额计入筹办费,按有关规定在税前扣除

   D. 签订广告分摊协议的关联企业计算税前可扣除的广告费只能在关联企业之间扣除

17. (2019年)企业在年度中间终止经营活动,办理企业所得税汇算清缴的时间是( )。

   A. 自清算完成之日30天内
   B. 自注销营业执照之前30日内
   C. 自终止实际经营之日60日内
   D. 自人民法院宣告破产之日起15日内

18. (2019年)依据企业所得税法的相关规定,当企业分立事项采取一般性税务处理方法时,分立企业接受资产的计税基础是被分立资产的( )。

   A. 公允价值   B. 账面价值
   C. 账面净值   D. 评估价值

19. (2019年)依据企业所得税的相关规定,下列所得按转让货物或资产的企业所在地确定所得来源地的是( )。

   A. 转让不动产所得
   B. 销售货物所得
   C. 转让动产所得

   D. 转让权益性投资资产所得

20. (2019年)2018年1月甲企业以1 000万元直接投资乙企业,取得其40%的股权。2019年10月甲企业将该股权全部转让,取得收入1 200万元。股权转让时,乙企业累积未分配利润200万元。甲企业该项投资业务的税务处理,正确的是( )。

   A. 甲企业该项投资资产的转让所得120万元

   B. 甲企业该项投资业务的股息所得80万元

   C. 甲企业转让该项股权应缴纳企业所得税50万元

   D. 甲企业投资成本1 000万元在持股期间均摊扣除

21. (2019年)依据企业所得税的相关规定,下列关于收入确认的时间,正确的是( )。

   A. 接受捐赠收入,按照合同约定的捐赠日期确认收入的实现

   B. 特许权使用费收入,以实际取得收入的日期确认收入的实现

   C. 采取产品分成方式取得收入的,按照企业分得产品的日期确认收入的实现

   D. 股息、红利等权益性投资收益,以被投资方实际分红的日期确认收入的实现

22. (2019年)关于企业政策性搬迁相关资产计税成本的确定,下列说法正确的是( )。

   A. 企业搬迁过程中外购的固定资产,以购买价款和支付的相关税费作为计税成本

   B. 企业搬迁中被征用的土地,采取土地置换的,以换入土地的评估价值作为计税成本

   C. 企业简单安装即可继续使用的搬迁资产,以该项资产净值与安装费用合计数作为计税成本

   D. 企业需要大修理才能重新使用的搬迁资产,以该资产净值与大修理支出合计

数作为计税成本

23. (2019年)甲企业以本公司价值1 350万元的股权和150万元货币资金为对价,收购乙企业80%的经营性资产,该资产计税基础为1 000万元。假设各方选择特殊性税务处理(不考虑其他税费),则乙企业应确认的资产转让所得是( )万元。
   A. 0　　　　　　　　B. 50
   C. 400　　　　　　　D. 500

24. (2019年)依据企业所得税的相关规定,下列固定资产可以计提折旧的是( )。
   A. 闲置未用的仓库和办公楼
   B. 以经营租赁方式租入的生产设备
   C. 单独估价作为固定资产入账的土地
   D. 已提足折旧仍继续使用的运输工具

25. (2019年)2019年10月甲企业吸收合并乙企业,该业务符合特殊性税务处理相关条件。合并日乙企业净资产账面价值1 000万元、公允价值1 200万元,五年内尚未弥补的亏损为60万元。假设年末国家发行的最长期限国债利率为4.5%,则甲企业可弥补的乙企业亏损限额是( )万元。
   A. 0　　　　　　　　B. 45
   C. 54　　　　　　　D. 60

26. (2019年)关于预约定价安排的管理和监控,下列说法正确的是( )。
   A. 预约定价安排采取五分位法确定价格或者利润水平
   B. 预约定价安排签署前,税务机关和企业均可暂停、终止预约定价安排程序
   C. 预约定价安排执行期间,主管税务机关与企业发生分歧,应呈报国家税务总局协调
   D. 预约定价安排执行期间,企业发生影响预约定价安排的实质性变化,应当在发生变化之日起60日内书面报告主管税务机关

27. (2019年)依据企业所得税的相关规定,符合条件的非营利性组织取得的下列收入,应缴纳企业所得税的是( )。
   A. 接受社会捐赠的收入
   B. 因政府购买服务取得的收入
   C. 按照省级以上民政、财政部门规定收取的会费收入
   D. 不征税收入、免税收入孳生的银行存款利息收入

28. (2019年)2019年8月,某房地产公司采取基价并实行超基价分成方式委托销售开发产品,假设截至当年12月31日,房地产公司、中介公司与购买方三方共签销售合同的成交额为5 000万元,其中房地产公司获得基价、超基价分成额分别为4 200万元和500万元。房地产公司企业所得税的应税收入是( )万元。
   A. 4 200　　　　　　B. 4 500
   C. 4 700　　　　　　D. 5 000

29. (2018年)计算企业应纳税所得额时,下列支出可在发生当期直接扣除的是( )。
   A. 长期股权投资的支出
   B. 企业发生的合理的劳动保护支出
   C. 购买生产用无形资产的支出
   D. 购买生产用原材料的支出

30. (2018年)在我国境内未设立机构、场所的境外某企业,2016年投资中国某居民企业债券,2017年取得不含税利息收入200万元,延期支付利息的不含税违约金10万元,债券转让所得20万元,假设利息所得的协定税率为7%,上述利息所得在我国应缴纳所得税( )万元。
   A. 14.0　　　　　　B. 16.1
   C. 15.4　　　　　　D. 14.7

31. (2018年)某企业2017年支付正式职工的合理工资总额为1 000万元,临时工工资为30万元,企业当年缴纳的工会经费为28万元,在计算企业所得税时,工会经费应调增的应纳税所得额为( )元。
   A. 7.40　　　　　　B. 28.00
   C. 9.76　　　　　　D. 8.00

32. (2018年改)某商业企业在2019年年均职

工人数 75 人，年均资产总额 960 万元，当年经营收入 1 240 万元，符合小型微利企业标准，税前准予扣除项目金额 1 200 万元。该企业 2019 年应缴纳企业所得税（　）万元。

A. 4　　　　　　B. 2
C. 8　　　　　　D. 5

33.（2018 年）房地产公司采用银行按揭方式销售开发产品，为购房者支付的按揭贷款担保金，正确的企业所得税处理是（　）。

A. 在实际发生损失的当期据实扣除
B. 作为营业外支出在支付当期据实扣除
C. 作为财务费用在支付当期据实扣除
D. 作为销售费用在支付当期据实扣除

34.（2018 年）关于企业政策性搬迁损失的所得税处理，下列说法正确的是（　）。

A. 自搬迁完成年度起分 2 个纳税年度，均匀在税前扣除
B. 自搬迁完成年度起分 5 个纳税年度，均匀在税前扣除
C. 自搬迁完成年度起分 4 个纳税年度，均匀在税前扣除
D. 自搬迁完成年度起分 3 个纳税年度，均匀在税前扣除

35.（2018 年）根据企业所得税相关规定，企业转让动产的所得来源地是（　）。

A. 交易活动发生地
B. 负担支付所得的企业所在地
C. 受让动产的企业所在地
D. 转让动产的企业所在地

36.（2018 年）下列所得，实际适用 10% 的企业所得税税率的是（　）。

A. 居民企业来自境外的所得
B. 小型企业来自境内的所得
C. 高新技术企业来自境内的所得
D. 在中国境内未设立经营机构的非居民企业来自境内的股息所得

37.（2018 年）下列所得，可享受企业所得税减半征收优惠的是（　）。

A. 种植油料作物的所得
B. 种植豆类作物的所得
C. 种植糖料作物的所得
D. 种植香料作物的所得

38.（2018 年）根据企业所得税相关规定，下列收入属于居民企业不征税收入的是（　）。

A. 债务的豁免
B. 接受企业的捐赠收入
C. 取得的权益性投资收益
D. 依法收取并纳入财政管理的行政事业性收费

39.（2018 年）根据企业所得税相关规定，下列企业属于非居民企业的是（　）。

A. 依法在中国境内成立的外商投资企业
B. 依法在境外成立但实际管理机构在中国境内的外国企业
C. 在中国境内未设立机构、场所，但有来源于中国境内所得的外国企业
D. 在中国境内未设立机构、场所且没有来源于中国境内所得的外国企业

40.（2018 年）2016 年 3 月某商贸公司以经营租赁方式租入临街商铺一间，租期 8 年。2018 年 3 月公司发生商铺改建支出 20 万元。关于该笔改建支出，正确的企业所得税处理是（　）。

A. 按 2 年分期摊销扣除
B. 按 6 年分期摊销扣除
C. 按 8 年分期摊销扣除
D. 在发生的当期一次性扣除

41.（2018 年）下列支出可以在企业所得税税前扣除的是（　）。

A. 子公司支付给母公司的管理费用
B. 企业内设营业机构之间支付的租金
C. 银行企业内设营业机构之间支付的利息
D. 企业内设营业机构之间支付的特许权使用费

42.（2018 年）2016 年 1 月甲企业以 800 万元直接投资乙居民企业，取得股权 40%。2017 年 12 月，甲企业将所持乙企业股权全部转让，取得转让收入 1 000 万元。投

资期间乙企业累计盈余公积和未分配利润400万元。下列关于甲企业股权转让业务的税务处理，正确的是( )。

A. 应确认应纳税所得额160万元

B. 应确认股权转让所得200万元

C. 应确认股息红利所得840万元

D. 应确认应纳税所得额1 000万元

二、多项选择题

1. (2020年)航空企业实际发生下列费用，可作为航空企业运输成本在税前扣除的有( )。

   A. 空中保卫员训练费

   B. 飞行训练费

   C. 地勤人员义务学习培训费

   D. 飞行员养成费

   E. 乘务训练费

2. (2020年)下列资料可作为企业资产损失外部证据的有( )。

   A. 行政机关的公文

   B. 专业技术部门的鉴定报告

   C. 企业破产清算公告

   D. 司法机关判决

   E. 企业相关经济行为的业务合同

3. (2020年)下列项目，可享受三免三减半优惠的有( )。

   A. 节能节水项目所得

   B. 国家重点扶持的公共基础设施项目所得

   C. 资源综合利用项目所得

   D. 符合条件的节能服务公司实施合同能源管理项目所得

   E. 环境保护项目所得

4. (2020年)下列属于特别纳税调整转让定价方法中交易净利润法利润指标的有( )。

   A. 完全成本加成率

   B. 资产收益率

   C. 贝里比率

   D. 可比非关联交易比率

   E. 息税前利润率

5. (2020年)依据企业所得税规定，下列行为视同销售的有( )。

   A. 将资产用于职工奖励

   B. 将资产用于市场推广

   C. 将资产用于交际应酬

   D. 将资产用于生产另一产品

   E. 将资产用于股息分配

6. (2020年)依据企业所得税相关规定，下列款项不得抵免境内所得税税额的有( )。

   A. 按境外所得税法应该缴纳并已实际缴纳的所得税税款

   B. 按境外所得税法律规定属于错缴的境外所得税税款

   C. 境外所得税纳税人从境外征税主体得到实际返还的所得税税款

   D. 按照税收协定规定不应征收的境外所得税税款

   E. 因少缴或迟缴境外所得税而追加的滞纳金或罚款

7. (2020年)依据企业所得税相关规定，关于业务招待费计算扣除的说法，正确的有( )。

   A. 企业视同销售的收入，不得作为业务招待费的计算基数

   B. 企业税前可扣除的业务招待费，最高不得超过当年销售或营业收入的5‰

   C. 创投企业从其被投资企业所分配的股息、红利，可作为业务招待费的计算基数

   D. 企业筹建期间发生的业务招待费，可按实际发生额的60%计入筹办费在税前扣除

   E. 从事股权投资业务的企业取得的股权转让收入，可作为业务招待费的计算基数

8. (2020年)依据企业所得税同期资料管理规定，下列年度关联交易金额应当准备本地文档的有( )。

   A. 金融资产转让金额超过10 000万元

   B. 无形资产所有权转让金额超过10 000万元

   C. 有形资产所有权转让金额超过20 000万元

   D. 无形资产使用权转让金额未超过

5 000万元

E. 劳务关联交易金额合计超过4 000万元

9.（2019年）下列各项中，可全额在企业所得税前扣除的有（ ）。

A. 航空企业空中保卫员训练费用

B. 核力发电企业的操纵员培训费用

C. 高新技术企业研发人员的培训费用

D. 技术先进型服务企业的职工教育经费

E. 软件生产企业的职工培训费用

10.（2019年）关于无形资产的企业所得税处理，下列说法正确的有（ ）。

A. 无形资产的摊销，采用直线法摊销年限不得低于10年

B. 外购商誉的支出，在企业整体转让或清算时扣除

C. 作为投资的无形资产，有关合同其约定了使用年限的，可按照约定的使用年限摊销

D. 自创商誉不得计算摊销使用扣除

E. 通过债务重组方式取得的无形资产，以应收债权和支付的相关税费作为计税基础

11.（2019年）企业取得的下列收入中，属于企业所得税政策性搬迁补偿收入的有（ ）。

A. 由于搬迁处置存货而取得的处置收入

B. 由于搬迁、安置而给予的补偿

C. 搬迁过程中的资产毁损而取得的保险赔款

D. 对被征用资产价值的补偿

E. 对停产停业形成的损失而给予的补偿

12.（2019年）依据企业所得税的相关规定，企业取得的下列资金中，不计入企业收入总额的有（ ）。

A. 增加企业实收资本的国家投资

B. 无法偿付的应付款项

C. 按规定取得的增值税出口退税款

D. 企业资产的溢余收入

E. 企业使用后需归还财政的资金

13.（2019年）企业直接从事研发活动的下列人工费用，可享受研发费用加计扣除优惠政策的有（ ）。

A. 补充养老保险费

B. 住房公积金

C. 失业保险费

D. 基本医疗保险费

E. 基本养老保险费

14.（2019年）下列居民企业中，不得核定征收企业所得税的有（ ）。

A. 小额贷款公司

B. 上市公司

C. 进出口代理公司

D. 专门从事股权（股票）投资业务的企业

E. 担保公司

15.（2019年）下列所得中，按照支付、负担所得的企业或机构、场所所在地确定所得来源地的有（ ）。

A. 销售货物所得

B. 利息所得

C. 动产转让所得

D. 特许权使用费所得

E. 租金所得

16.（2019年）依据《跨地区经营汇总纳税企业所得税征收管理办法》的规定，计算各分支机构企业所得税分摊比例，需要考虑的因素有（ ）。

A. 职工薪酬　　B. 期间费用

C. 营业收入　　D. 资产总额

E. 利润总额

17.（2019年改）依据企业所得税的相关规定，下列企业中属于非居民企业的有（ ）。

A. 实际管理机构在法国，向中国境内企业转让位于英国的不动产的法国企业

B. 实际管理机构在美国，在中国境内开采石油资源的美国企业

C. 实际管理机构在韩国，在中国境内提供建筑劳务的韩国企业

D. 实际管理机构在中国大陆，在香港从事食品加工的香港企业

E. 实际管理机构在英国，向中国境内提

供专利使用权的英国企业

18. (2018年)居民企业的下列所得,可以享受企业所得税技术转让所得优惠政策的有( )。
    A. 转让拥有5年以上的技术所有权的所得
    B. 转让植物新品种的所得
    C. 转让计算机软件著作权的所得
    D. 从直接或间接持有股权之和达100%的关联方取得的转让所得
    E. 转让拥有5年以上非独占许可使用权的所得

19. (2018年)软件企业的下列支出,在计算应纳税所得额时可在发生当期据实扣除的有( )。
    A. 职工培训费
    B. 诉讼费
    C. 合理的工资薪金支出
    D. 非广告性赞助支出
    E. 合理的劳动保护费支出

20. (2018年)企业所得税的下列收入,应一次性计入所属纳税年度的有( )。
    A. 企业资产溢余收入
    B. 接受捐赠收入
    C. 无法偿付的应付款收入
    D. 工期为两年的船舶制造收入
    E. 财产转让收入

21. (2018年)根据企业所得税相关规定,企业下列支出超过税法规定扣除限额标准,准予向以后年度结转扣除的有( )。
    A. 业务宣传费支出
    B. 广告费支出
    C. 职工福利费支出
    D. 职工教育经费支出
    E. 公益性捐赠支出

22. (2018年)根据企业所得税相关规定,下列支出应作为长期待摊费用进行税务处理的有( )。
    A. 融资租入固定资产的租赁费支出
    B. 固定资产的大修理支出
    C. 未提足折旧的固定资产改建支出
    D. 已提足折旧的固定资产的改建支出
    E. 租入固定资产的改建支出

23. (2017年)依据企业所得税的相关规定,下列支出可作为长期待摊费用进行税务处理的有( )。
    A. 已提足折旧的固定资产的改建支出
    B. 未提足折旧的固定资产改建支出
    C. 融资租入固定资产的租赁费支出
    D. 经营租入固定资产的改建支出
    E. 固定资产的大修理支出

24. (2017年)依据企业所得税的相关规定,金融企业准予税前提取贷款损失准备金的贷款有( )。
    A. 担保贷款 B. 委托贷款
    C. 代理贷款 D. 抵押贷款
    E. 质押贷款

25. (2017年)在计算企业所得税时,下列支出允许在税前扣除的有( )。
    A. 企业向银行支付的罚息
    B. 企业发生的诉讼费用
    C. 企业支付的合同违约金
    D. 企业缴纳的企业所得税税款
    E. 企业向投资者支付的股息、红利

26. (2017年)依据企业所得税的有关规定,下列行为应视同销售确认收入的有( )。
    A. 将自产货物用于职工奖励
    B. 将自建商品房转为固定资产
    C. 将自产货物用于职工宿舍建设
    D. 将外购货物用于交际应酬
    E. 将自产货物移送至境外分支机构

27. (2017年)依据企业所得税的相关规定,企业发生的广告费和业务宣传费可按当年销售(营业)收入的30%的比例扣除的有( )。
    A. 白酒制造企业
    B. 饮料销售企业
    C. 医药制造企业
    D. 化妆品制造企业
    E. 化妆品销售企业

三、计算题

1. （2020年）某房地产开发公司2019年开发一栋写字楼，相关资料如下：

(1) 取得土地使用权支付土地出让金4 000万元、市政配套设施费600万元，缴纳契税184万元；

(2) 支付前期工程费、建筑安装工程费、基础设施工程费共计6 800万元，支付公共配套设施费400万元；

(3) 写字楼地上建筑面积12 000平方米，地下配套车位不可售面积3 000平方米；

(4) 公司采取基价并实行超基价五五分成方式委托代销写字楼面积80%，每平方米不含税基价1.9万元，剩余面积办公自用；公司、受托方、购买方三方共同签订销售合同，取得不含税收入19 200万元；

(5) 取得地下车位临时停车费不含税收入18万元；

(6) 发生期间费用1 500万元，缴纳城市维护建设税、教育费附加、城镇土地使用税、印花税、土地增值税等税金及附加共计2 100万元。

依据上述资料，回答下列问题：

(1) 该公司2019年企业所得税应税收入是（　　）万元。

A. 19 200　　　　B. 19 218
C. 18 258　　　　D. 24 018

(2) 该公司2019年企业所得税前应扣除的土地成本（含契税）是（　　）万元。

A. 3 680.0　　　B. 3 827.2
C. 4 600.0　　　D. 4 784.0

(3) 该公司2019年企业所得税前应扣除土地成本以外的开发成本是（　　）万元。

A. 5 440　　　　B. 5 760
C. 6 800　　　　D. 7 200

(4) 该公司2019年应缴纳企业所得税（　　）万元。

A. 1 184.5　　　B. 1 284.5
C. 1 507.7　　　D. 1 707.7

2. （2017年）我国境内某居民企业（以下称该企业）在A国设立一分公司（以下称境外分公司），2015年该企业境内应纳税所得额-14.29万元，境外分公司税后所得10万元，已在该国缴纳企业所得税4.29万元。2016年该企业境内应纳税所得额30万元，境外分公司税后所得14万元，已在该国缴纳企业所得税6万元。该企业适用企业所得税税率25%，境外分公司适用企业所得税税率30%。

根据上述资料，回答下列问题：

(1) 2015年度汇总纳税时，境外分公司所得的抵免限额是（　　）万元。

A. 0　　　　　　B. 3.00
C. 3.57　　　　D. 4.29

(2) 2016年度汇总纳税时，境外分公司所得的抵免限额是（　　）万元。

A. 3.00　　　　B. 3.50
C. 5.00　　　　D. 6.00

(3) 2016年度汇总纳税时，境外分公司所得实际抵免的所得税税额是（　　）万元。

A. 3.00　　　　B. 3.25
C. 5.00　　　　D. 6.00

(4) 2016年度汇总纳税时，该企业实际应缴纳的企业所得税是（　　）万元。

A. 6.50　　　　B. 7.50
C. 8.25　　　　D. 9.00

四、综合分析题

1. （2020年）某电器生产企业，2019年销售电器取得不含税收入15 000万元，应扣除的相关成本10 000万元；转让技术所有权取得不含税收入2 000万元，应扣除的相关成本、费用等600万元；从居民企业分回股息200万元；发生期间费用4 000万元，上缴的税金及附加300万元；企业自行计算的利润总额2 300万元。经聘请的税务师对其2019年度企业所得税进行审核，发现有关情况如下：

(1) 投入研发支出1 000万元研发新产品和新工艺，其中600万元形成了无形资产，2019年4月1日取得专利证书并正式投入使用，该无形资产摊销期限为10年，当年未摊销费用；未形成无形资产的研发支出400万元已计入费用扣除；

（2）期间费用包含的广告费2 600万元，营业外支出包含通过市政府向目标脱贫地区扶贫捐款20万元；

（3）外购商誉支出100万元，并在成本费用扣除了摊销费10万元；

（4）6月1日至6月30日对经营租入固资进行改建，发生改建支出432万元，一次性计入了当期费用中。该固定资产改建后7月1日投入使用，租期三年。

请根据上述资料回答下列问题：

（1）投入使用的研发用无形资产当年应扣除的摊销费用是（　　）万元。

A. 87.50　　　　B. 45.00
C. 78.75　　　　D. 105.0

（2）广告费和扶贫捐款应调增应纳税所得额（　　）万元。

A. 350　　　　B. 370
C. 320　　　　D. 50

（3）外购商誉和经营性租入固定资产发生的费用，应调增应纳税所得额（　　）万元。

A. 360　　　　B. 372
C. 370　　　　D. 382

（4）下列关于该企业发生业务的税务处理，说法正确的有（　　）。

A. 从居民企业分回的股息应缴纳所得税
B. 未形成无形资产的研发费用可加计扣除75%
C. 外购商誉在企业破产整体清算时准予扣除
D. 通过市政府向目标脱贫地区的扶贫捐款准予据实扣除

（5）该企业2019年企业所得税的应纳税所得额是（　　）万元。

A. 1 491.25　　　　B. 1 581.25
C. 2 243.25　　　　D. 2 133.25

（6）该企业2019年应缴纳企业所得税（　　）万元。

A. 372.81　　　　B. 282.81
C. 448.31　　　　D. 420.81

2．（2019年改）某软件生产企业，系增值税一般纳税人。企业会计核算2019年度主营业务收入1 800万元，成本、费用等支出金额合计1 350万元，实现会计利润450万元，年末增值税留抵税额22万元。2020年4月聘请税务师对其2019年度的企业所得税汇算清缴审核发现以下业务未作纳税调整：

（1）10月赊销产品一批，不含税价款为200万元，合同约定2019年12月20日收款，但该款于2020年1月5日收讫。企业于实际收款日确认收入并结转成本160万元。

（2）销售费用账户中的广告费400万元，管理费用账户中的业务招待费20万元。

（3）研发费用账户中的研发人员工资及"五险一金"50万元、外聘研发人员劳务费用5万元、直接投入材料费用20万元、支付境外机构的委托研发费用70万元。

（4）11月购进并投入使用设备一台，取得增值税专用发票注明价款240万元，税款31.2万元，会计按直线法计提折旧，期限4年，净残值为0。所得税处理时，企业选择一次性扣除政策。

（5）全年发放工资1 000万元，发生职工福利费150万元，税务机关代收工会经费25万元，并取得代收票据，职工教育经费110万元（含职工培训费用90万元）。

（注：该企业适用的城市维护建设税税率7%，教育费附加、地方教育附加征收比率分别为3%、2%；该企业已过两免三减半优惠期，适用的企业所得税税率为25%，不考虑软件企业的增值税即征即退）

根据上述资料，回答下列问题：

（1）2019年该企业城市维护建设税、教育费附加和地方教育附加的纳税调整额是（　　）万元。

A. 0.48　　　　B. 1.20

C. 1.44　　　　D. 3.84

(2) 2019年该企业广告费和业务招待费的纳税调整额是( )万元。

A. 8　　　　B. 10
C. 108　　　　D. 110

(3) 2019年该企业研发费用的纳税调整额是( )万元。

A. 90.00　　　　B. 93.75
C. 98.25　　　　D. 108.75

(4) 下列关于企业新购进设备加速折旧政策的表述，正确的有( )。

A. 能享受该优惠政策的固定资产包括房屋、建筑物等不动产

B. 固定资产在投入使用月份的次月所属年度一次性税前扣除

C. 企业当年放弃一次性税前扣除政策，可以在次年选择享受

D. 企业选择享受一次性税前扣除政策，其资产的税务处理可与会计处理不一致

E. 以货币形式购进的固定资产，除采取分期付款或赊销方式购进外，按发票开具时间确认购进时点

(5) 2019年该企业职工福利费、工会经费和职工教育经费的纳税调整额是( )万元。

A. 5　　　　B. 10
C. 15　　　　D. 45

(6) 2019年该企业应缴纳企业所得税( )万元。

A. 66.26　　　　B. 71.26
C. 71.44　　　　D. 72.51

3. (2018年改)某电动车生产企业为增值税一般纳税人。2018年企业自行核算的会计利润总额11 696万元，已预缴企业所得税1 500万元。2019年1月，经委托的税务师审核，发现以下业务：

(1) 企业2018年年初房产原值12 300万元，其中幼儿园房产原值300万元，未申报缴纳房产税；

(2) 企业2018年成本费用含实际发放合理工资薪金总额4 000万元，实际发生的职工工会经费100万元、职工福利费480万元、职工教育经费450万元；

(3) 合并一配件厂，合并基准日配件厂全部资产的计税基础和公允价值分别为5 000万元和5 700万元，全部负债的计税基础和公允价值分别为3 600万元和3 200万元，可结转以后年度弥补的亏损额670万元。合并方支付本企业股权2 300万元、银行存款200万元。合并符合企业重组的特殊性税务处理条件且双方选择采用此方法。

(说明：计税房产余值的扣除比例20%，合并当年国家发行最长期限的国债年利率为4.3%)

根据上述资料，回答下列问题：

(1) 该企业2018年应缴纳的房产税为( )万元。

A. 118.08　　　　B. 144.00
C. 147.60　　　　D. 115.20

(2) 该企业2018年会计利润总额为( )万元。

A. 11 580.80　　　　B. 11 696.00
C. 15 296.00　　　　D. 11 270.50

(3) 该企业2018年职工福利费、职工教育经费和职工工会经费应调增应纳税所得额( )万元。

A. 150　　　　B. 290
C. 370　　　　D. 70

(4) 该企业2018年应纳税所得额为( )万元。

A. 11 623.30　　　　B. 11 942.50
C. 11 909.80　　　　D. 11 562.50

(5) 企业合并配件厂的所得税处理方法，正确的有( )。

A. 该企业接受配件厂负债的计税基础为3 600万元

B. 合并当年该企业可弥补配件厂全部亏损额

C. 配件厂合并前的有关企业所得税事项由

该企业承继
D. 配件厂股东取得该企业股权的计税基础，按其原持有股权的计税基础确定
E. 该企业接受配件厂资产的计税基础为5 000万元

(6) 该企业2018年应补缴企业所得税（ ）万元。
A. 1 402.45　　B. 1 410.63
C. 1 405.83　　D. 1 250.00

真题精练答案及解析

一、单项选择题

1. A 【解析】企业在对公益性捐赠支出计算扣除时，应先扣除以前年度结转的捐赠支出，再扣除当年发生的捐赠支出。公益性捐赠扣除限额 = 1 000×12% = 120（万元），2018年结转的公益性捐赠30万元准予扣除，可扣除本年发生的公益性捐赠金额为120−30 = 90（万元）。

2. C 【解析】企业未能提供完整、真实的限售股原值凭证，不能准确计算该限售股原值的，主管税务机关一律按该限售股转让收入的15%，核定为该限售股原值和合理税费。
该限售股核定的合理税费 = 6 000×15% = 900（万元）。

3. B 【解析】一般性税务处理方法下，企业合并，当事各方应按下列规定处理：
(1) 合并企业应按公允价值确定接受被合并企业各项资产和负债的计税基础；
(2) 被合并企业及其股东都应按清算进行所得税处理；
(3) 被合并企业的亏损不得在合并企业结转弥补。

4. A 【解析】企事业单位购进软件，凡符合固定资产或无形资产确认条件的，可以按照固定资产或无形资产进行核算，其折旧或摊销年限可以适当缩短，最短可为2年（含）。该软件可在企业所得税前摊销的最高限额 = 200÷2 = 100（万元）。

5. A 【解析】自2019年1月1日至2020年12月31日，对小型微利企业年应纳税所得额不超过100万元的部分，减按25%计入应纳税所得额，按20%的税率缴纳企业所得税；自2019年1月1日至2021年12月31日，对年应纳税所得额超过100万元但不超过300万元的部分，减按50%计入应纳税所得额，按20%的税率缴纳企业所得税。该企业2019年应缴纳企业所得税 = 100×25%×20% +（280−100）×50%×20% = 23（万元）。

6. C 【解析】选项A，宣传媒介的收费，应在相关的广告或商业行为出现于公众面前时确认收入。广告的制作费，应根据制作广告的完工进度确认收入；选项B，销售商品采用支付手续费方式委托代销的，在收到代销清单时确认收入；选项D，销售商品采取预收款方式的，在发出商品时确认收入。

7. D 【解析】被转让资产的公允价值 = 200×80%×10 = 1 600（万元）
被转让资产的计税基础 = 200×80%×5 = 800（万元）
非股权支付对应的资产转让所得 =（被转让资产的公允价值−被转让资产的计税基础）×（非股权支付金额÷被转让资产的公允价值）=（1 600−800）×（1 600−1 440）÷1 600 = 80（万元）。

8. C 【解析】非营利组织的下列收入为免税收入：
(1) 接受其他单位或者个人捐赠的收入；
(2) 除财政拨款以外的其他政府补助收入，但不包括因政府购买服务而取得的收入；
(3) 按照省级以上民政、财政部门规定收取的会费；

(4)不征税收入和免税收入孳生的银行存款利息收入;

(5)财政部、国家税务总局规定的其他收入。

选项C,不属于免税收入,应缴纳企业所得税。

9. D 【解析】企业的搬迁收入,包括搬迁过程中从本企业以外(包括政府或其他单位)取得的搬迁补偿收入,以及本企业搬迁资产处置收入等。企业取得的搬迁补偿收入,是指企业由于搬迁取得的货币性和非货币性补偿收入。具体包括:(1)对被征用资产价值的补偿;(2)因搬迁、安置而给予的补偿;(3)对停产停业形成的损失而给予的补偿;(4)资产搬迁过程中遭到毁损而取得的保险赔款;(5)其他补偿收入。企业搬迁资产处置收入,是指企业由于搬迁而处置企业各类资产所取得的收入。

企业由于搬迁处置存货而取得的收入,应按正常经营活动取得的收入进行所得税处理,不作为企业搬迁收入。

10. C 【解析】选项A、B、D属于减半征收企业所得税的项目。

企业从事下列项目的所得,减半征收企业所得税:

(1)花卉、茶以及其他饮料作物和香料作物的种植;

(2)海水养殖、内陆养殖。

11. C 【解析】委托境外机构销售开发产品的,其支付境外机构的销售费用(含佣金或手续费)不超过委托销售收入10%的部分,准予据实扣除。可扣除的境外销售费用 = 10 000×10% = 1 000(万元)。

12. B 【解析】选项A,企业在2018年1月1日至2023年12月31日新购进的设备、器具,单位价值不超过500万元的,允许一次性计入当期成本、费用在计算应纳税所得额时扣除;选项C,固定资产在投入使用月份的次月所属年度一次性税前扣除;选项D,采取缩短折旧年限的,最低折旧年限不得低于规定折旧年限的60%。

13. A 【解析】金融企业准予当年税前扣除的贷款损失准备金=本年末准予提取贷款损失准备金的贷款资产余额×1%-截至上年末已在税前扣除的贷款损失准备金的余额该金融企业2019年准予税前扣除的贷款损失准备金 = 10 000×1%-60 = 40(万元)。

14. A 【解析】选项BD,企业之间支付的管理费、企业内营业机构之间支付的租金和特许权使用费,以及非银行企业内营业机构之间支付的利息,不得扣除;选项C,房屋、建筑物以外未投入使用的固定资产,不得计算折旧在税前扣除。

15. D 【解析】应纳税所得额 = 9 000-4 000-3 000×40% = 3 800(万元)。

16. C 【解析】选项A、B,对化妆品制造或销售、医药制造和饮料制造(不含酒类制造)企业发生的广告费和业务宣传费支出,不超过当年销售(营业)收入30%的部分,准予扣除。选项D,对签订广告费和业务宣传费分摊协议(以下简称分摊协议)的关联企业,其中一方发生的不超过当年销售(营业)收入税前扣除限额比例内的广告费和业务宣传费支出可以在本企业扣除,也可以将其中的部分或全部按照分摊协议归集至另一方扣除。另一方在计算本企业广告费和业务宣传费支出企业所得税税前扣除限额时,可将按照上述办法归集至本企业的广告费和业务宣传费不计算在内。

17. C 【解析】企业在年度中间终止经营活动的,应当自实际经营终止之日起60日内,向税务机关办理当期企业所得税汇算清缴。

18. A 【解析】一般性税务处理规定,企业分立,当事各方应按下列规定处理:
(1)被分立企业对分立出去资产应按公允

价值确认资产转让所得或损失。
(2)分立企业应按公允价值确认接受资产的计税基础。
(3)被分立企业继续存在时,其股东取得的对价应视同被分立企业分配进行处理。
(4)被分立企业不再继续存在时,被分立企业及其股东都应按清算进行所得税处理。
(5)企业分立相关企业的亏损不得相互结转弥补。

19. C 【解析】选项A,转让不动产所得,按照不动产所在地确定;选项B,销售货物所得,按照交易活动发生地确定;选项D,转让权益性投资资产所得,按照被投资企业所在地确定。

20. C 【解析】选项A,股权转让所得=1 200-1 000=200(万元);选项B,不确认股息所得;选项C,甲企业该项投资业务应缴纳企业所得税=200×25%=50(万元);选项D,投资成本在投资转让时可以进行扣除。

21. C 【解析】选项A,接受捐赠收入,按照实际收到捐赠资产的日期确认收入的实现;选项B,特许权使用费收入,按照合同约定的特许权使用人应付特许权使用费的日期确认收入的实现;选项D,股息、红利等权益性投资收益,除另有规定外,按照被投资企业股东会或股东大会作出利润分配或转股决定的日期,确认收入的实现。

22. D 【解析】选项A,外购的固定资产,以购买价款和支付的相关税费以及直接归属于使该资产达到预定用途发生的其他支出为计税基础;选项B,企业搬迁中被征用的土地,采取土地置换的,换入的土地的计税成本按被征用土地的净值以及该换入土地投入使用前所发生的各项费用支出,为该换入土地的计税成本;选项C,企业搬迁的资产,简单安装或不需要安装即可继续使用的,在该资产重新投入使用后,就其净值按企业所得税法及其实施条例规定的该资产尚未折旧或摊销的年限,继续计提折旧或摊销。

23. B 【解析】对于企业重组特殊性税务处理:交易中股权支付的部分,暂不确认有关资产的转让所得或损失;交易中非股权支付部分仍应在交易当期确认相应的资产转让所得或损失,并调整相应资产的计税基础。乙企业应确认的资产转让所得=[(1 350+150)-1 000]×[150÷(1 350+150)]=50(万元)。

24. A 【解析】不得计算折旧扣除的固定资产:
(1)房屋、建筑物以外未投入使用的固定资产;
(2)以经营租赁方式租入的固定资产;
(3)以融资租赁方式租出的固定资产;
(4)已足额提取折旧仍继续使用的固定资产;
(5)与经营活动无关的固定资产;
(6)单独估价作为固定资产入账的土地;
(7)其他不得计算折旧扣除的固定资产。

25. C 【解析】在特殊性税务处理情形下,被合并企业未超过法定弥补期限的亏损额可以结转到合并企业在限额内进行弥补,可由合并企业弥补的被合并企业亏损的限额=被合并企业净资产公允价值×截至合并业务发生当年年末国家发行的最长期限的国债利率=1 200×4.5%=54(万元)。

26. B 【解析】选项A,预约定价安排采用四分位法确定价格或者利润水平,在预约定价安排执行期间,如果企业当年实际经营结果在四分位区间之外,税务机关可以将实际经营结果调整到四分位区间中位值。选项C,预约定价安排执行期间,主管税务机关与企业发生分歧的,双方应当进行协商;协商不能解决的,可以报上一级税务机关协调;涉及双边或者多边预约定价安排的,必须层报国家税务总局协调。选项 D，预约定价安排执行期间，企业发生影响预约定价安排的实质性变化，应当在发生变化之日起 30 日内书面报告主管税务机关，详细说明该变化对执行预约定价安排的影响，并附送相关资料。

27. B 【解析】非营利组织的下列收入为免税收入：
(1)接受其他单位或者个人捐赠的收入。
(2)除财政拨款以外的其他政府补助收入，但不包括因政府购买服务而取得的收入。
(3)按照省级以上民政、财政部门规定收取的会费。
(4)不征税收入和免税收入孳生的银行存款利息收入。
(5)财政部、国家税务总局规定的其他收入。

28. D 【解析】房地产开发企业采取基价(保底价)并实行超基价双方分成方式委托销售开发产品的，属于由开发企业与购买方签订销售合同或协议，或开发企业、受托方、购买方三方共同签订销售合同或协议的，如果销售合同或协议中约定的价格高于基价，则应按销售合同或协议中约定的价格计算的价款于收到受托方已销开发产品清单之日确认收入的实现。

29. B 【解析】企业发生的合理的劳动保护支出，准予在发生当期直接扣除。

30. D 【解析】在我国应缴纳所得税 = (200 + 10)×7% = 14.7(万元)。

31. A 【解析】工会经费可以扣除的限额 = (1 000 + 30)×2% = 20.6(万元) < 实际缴纳的 28 万元，应纳税调增 = 28 - 20.6 = 7.4(万元)。

32. B 【解析】该商业企业符合小型微利企业的认定条件，自 2019 年 1 月 1 日至 2020 年 12 月 31 日，对小型微利企业年应纳税所得额不超过 100 万元的部分，减按 25% 计入应纳税所得额，按 20% 的税率缴纳企业所得税。
应缴纳企业所得税 = (1 240 - 1 200)×25%×20% = 2(万元)

33. A 【解析】企业采取银行按揭方式销售开发产品，凡约定企业为购买方的按揭贷款提供担保的，其销售开发产品时向银行提供的保证金(担保金)不得从销售收入中减除，也不得作为费用在当期税前扣除，但实际发生损失时可据实扣除。

34. D 【解析】企业搬迁收入扣除搬迁支出后为负数的，应为搬迁损失。搬迁损失可在下列方法中选择其一进行税务处理：
(1)在搬迁完成年度，一次性作为损失进行扣除。
(2)自搬迁完成年度起分 3 个年度，均匀在税前扣除。

35. D 【解析】转让财产所得：(1)不动产转让所得按照不动产所在地确定。(2)动产转让所得按照转让动产的企业或者机构、场所所在地确定。(3)权益性投资资产转让所得按照被投资企业所在地确定。

36. D 【解析】对在中国境内未设立机构、场所，或者虽设立机构、场所但取得的所得与其所设机构、场所没有实际联系的非居民企业实际适用 10% 的税率。

37. D 【解析】企业从事下列项目的所得，减半征收企业所得税：
(1)花卉、茶以及其他饮料作物和香料作物的种植；
(2)海水养殖、内陆养殖。

38. D 【解析】财政拨款、依法收取并纳入财政管理的行政事业性收费、政府性基金都属于不征税收入。

39. C 【解析】非居民企业是指依照外国(地区)法律成立且实际管理机构不在中国境内，但在中国境内设立机构、场所，或者在中国境内未设立机构、场所，但有来源于中国境内所得的企业。

40. B 【解析】租入固定资产的改建支出，

按照合同约定的剩余租赁期限分期摊销。该题中剩余租赁期为6年，所以按照6年分期摊销扣除。

41. C 【解析】企业之间支付的管理费、企业内营业机构之间支付的租金和特许权使用费，以及非银行企业内营业机构之间支付的利息，不得扣除。所以选项C正确。

42. B 【解析】转让股权收入扣除为取得该股权所发生的成本后，为股权转让所得。

二、多项选择题

1. ABDE 【解析】航空企业实际发生的飞行员养成费、飞行训练费、乘务训练费、空中保卫员训练费等空勤训练费用，可以作为航空企业运输成本在税前扣除。

2. ABCD 【解析】选项E，企业相关经济行为的业务合同属于内部证据。

3. ABDE 【解析】选项C，企业综合利用资源生产符合国家产业政策规定的产品所取得的收入，可以在计算应纳税所得额时减计收入。

4. ABCE 【解析】交易净利润法的利润指标包括息税前利润率、完全成本加成率、资产收益率、贝里比率等。

5. ABCE 【解析】企业将资产移送他人的下列情形，因资产所有权属已发生改变而不属于内部处置资产，应按规定视同销售确定收入：
(1)用于市场推广或销售；
(2)用于交际应酬；
(3)用于职工奖励或福利；
(4)用于股息分配；
(5)用于对外捐赠；
(6)其他改变资产所有权属的用途。

6. BCDE 【解析】不应作为可抵免境外所得税税额的情形：
(1)按照境外所得税法律及相关规定属于错缴或错征的境外所得税税款；
(2)按照税收协定规定不应征收的境外所得税税款；
(3)因少缴或迟缴境外所得税而追加的利息、滞纳金或罚款；
(4)境外所得税纳税人或者其利害关系人从境外征税主体得到实际返还或补偿的境外所得税税款；
(5)按照我国《企业所得税法》及其实施条例规定，已经免征我国企业所得税的境外所得负担的境外所得税税款；
(6)按照国务院财政、税务主管部门有关规定已经从企业境外应纳税所得额中扣除的境外所得税税款。

7. BCDE 【解析】选项A，计算业务招待费税前扣除限额基数的营业收入中包括视同销售收入。

8. ABCE 【解析】年度关联交易金额符合下列条件之一的企业，应当准备本地文档：
(1)有形资产所有权转让金额(来料加工业务按照年度进出口报关价格计算)超过2亿元。
(2)金融资产转让金额超过1亿元。
(3)无形资产所有权转让金额超过1亿元。
(4)其他关联交易金额合计超过4 000万元。

9. ABE 【解析】选项A，航空企业实际发生的飞行员养成费、飞行训练费、乘务训练费、空中保卫员训练费等空勤训练费用，可以作为航空企业运输成本在税前扣除；选项B，核力发电企业为培养核电厂操纵员发生的培养费用，可作为企业的发电成本在税前扣除；选项E，软件生产企业发生的职工教育经费中的职工培训费用，可以全额在企业所得税前扣除。选项C、D，高新技术企业和技术先进型服务企业，发生的培训费用，属于职工教育经费，自2018年1月1日起，不超过工资、薪金总额8%的部分，准予在计算企业所得税应纳税所得额时扣除。

10. ABCD 【解析】通过捐赠、投资、非货币性资产交换、债务重组等方式取得的无形资产，以该资产的公允价值和支付的相关税费为计税基础；无形资产按照直线法计算的摊销费用，准予扣除；无形资产的摊销年限不得低于10年；作为投资或者受让的无形资产，有关法律规定或者合同约定了使用年限的，可以按照规定或者约定的使用年限分期摊销；外购商誉的支出，在企业整体转让或者清算时，准予扣除。

11. BCDE 【解析】企业取得的搬迁补偿收入，是指企业由于搬迁取得的货币性和非货币性补偿收入。具体包括：
(1)对被征用资产价值的补偿；
(2)因搬迁、安置而给予的补偿；
(3)对停产停业形成的损失而给予的补偿；
(4)资产搬迁过程中遭到毁损而取得的保险赔款；
(5)其他补偿收入。
企业由于搬迁处置存货而取得的收入，应按正常经营活动取得的收入进行所得税处理，不作为企业搬迁收入。

12. ACE 【解析】企业以货币形式和非货币形式从各种来源取得的收入，为收入总额。包括：
(1)销售货物收入；
(2)提供劳务收入；
(3)转让财产收入；
(4)股息、红利等权益性投资收益；
(5)利息收入；
(6)租金收入；
(7)特许权使用费收入；
(8)接受捐赠收入；
(9)其他收入。是指企业取得的除上述收入外的其他收入，包括企业资产溢余收入、逾期未退包装物押金收入、确实无法偿付的应付款项、已作坏账损失处理后又收回的应收款项、债务重组收入、补贴收入、违约金收入、汇兑收益等。

13. BCDE 【解析】人员人工费用包括直接从事研发活动人员的工资薪金、基本养老保险费、基本医疗保险费、失业保险费、工伤保险费、生育保险费和住房公积金，以及外聘研发人员的劳务费用。

14. ABDE 【解析】选项C，可以核定征收，其他均不得核定征收企业所得税。

15. BDE 【解析】企业所得税所得来源地的确定：
(1)销售货物所得，按照交易活动发生地确定。
(2)提供劳务所得，按照劳务发生地确定。
(3)转让财产所得。①不动产转让所得按照不动产所在地确定。②动产转让所得按照转让动产的企业或者机构、场所所在地确定。③权益性投资资产转让所得按照被投资企业所在地确定。
(4)股息、红利等权益性投资所得，按照分配所得的企业所在地确定。
(5)利息所得、租金所得、特许权使用费所得，按照负担、支付所得的企业或者机构、场所所在地确定，或者按照负担、支付所得的个人的住所地确定。
(6)其他所得，由国务院财政、税务主管部门确定。

16. ACD 【解析】由总机构统一计算企业应纳税所得额和应纳所得税额，并分别由总机构、分支机构按月或按季就地预缴。总机构在每月或每季终了之日起十日内，按照上年度各省市分支机构的营业收入、职工薪酬和资产总额三个因素，将统一计算的企业当期应纳税额的50%在各分支机构之间进行分摊。

17. ABCE 【解析】选项D，实际管理机构在境内，属于居民企业。

18. ABCE 【解析】技术转让的范围，包括居民企业转让专利技术、计算机软件著作权、集成电路布图设计权、植物新品种、生物医药新品种，以及财政部和国家税务总局确定的其他技术。
其中：专利技术，是指法律授予独占权

的发明、实用新型和非简单改变产品图案的外观设计。

自2015年10月1日起,全国范围内的居民企业转让5年(含)以上非独占许可使用权取得的技术转让所得,也纳入上述享受企业所得税优惠的技术转让所得范围。

选项D,居民企业从直接或间接持有股权之和达到100%的关联方取得的技术转让所得,不享受技术转让减免企业所得税优惠政策。

19. ABCE 【解析】选项D,非广告性赞助支出,不得扣除。

20. ABCE 【解析】选项D,企业受托加工制造大型机械设备、船舶、飞机,以及从事建筑、安装、装配工程业务或者提供其他劳务等,持续时间超过12个月的,按照纳税年度内完工进度或者完成的工作量确认收入的实现。

21. ABDE 【解析】选项C,超出限额标准的部分,不得结转扣除。

22. BDE 【解析】企业发生的下列支出作为长期待摊费用,按照规定摊销的,准予扣除:
(1)已足额提取折旧的固定资产的改建支出;
(2)租入固定资产的改建支出;
(3)固定资产的大修理支出;
(4)其他应当作为长期待摊费用的支出。

23. ADE 【解析】企业发生的下列支出作为长期待摊费用,按照规定摊销的,准予扣除:
(1)已足额提取折旧的固定资产的改建支出;
(2)租入固定资产的改建支出;
(3)固定资产的大修理支出;
(4)其他应当作为长期待摊费用的支出。

24. ADE 【解析】准予税前提取贷款损失准备金的贷款包括:抵押贷款、质押贷款和担保贷款。

25. ABC 【解析】选项A,企业向银行支付的罚息,不属于行政性罚款,可以税前扣除;选项B、C,诉讼费用、合同违约金都可以税前扣除。

26. ADE 【解析】选项B、C,均属于内部处置资产,不属于视同销售;选项E,境内和境外属于不同的税收管辖区域,因为移至境外,不是同一税收管辖区域了,不属于内部处置资产,而是应视同销售确认收入。

27. CDE 【解析】对化妆品制造与销售、医药制造和饮料制造(不含酒类制造)企业发生的广告费和业务宣传费支出,不超过当年销售(营业)收入30%的部分,准予扣除;超过部分,准予在以后纳税年度结转扣除。

三、计算题

1. (1)B 【解析】基价=12 000×80%×1.9=18 240(万元),实际取得不含税收入19 200万元,大于基价,销售写字楼应税收入应为19 200万元。

『提示』企业按规定支付受托方的分成额,不得直接从销售收入中减除。该公司2019年企业所得税应税收入=19 200(销售写字楼收入)+18(收取临时停车费收入)=19 218(万元)

(2)B 【解析】该公司2019年企业所得税前应扣除土地成本=(4 000+600+184)×80%=3 827.2(万元)。

(3)B 【解析】土地成本以外的开发成本=(6 800+400)×80%=5 760(万元)。

(4)C 【解析】该公司2019年应缴纳企业所得税=(19 200+18−3 827.2−5 760−1 500−2 100)×25%=1 507.7(万元)。

2. (1)A 【解析】企业当期境内、境外应纳税所得总额是零,其当期境外所得税的抵免限额也为零。

(2)C 【解析】2016年境外分公司税前所得=14+6=20(万元),抵免限额=20×25%=5(万元)。

— 115 —

(3)C　【解析】在境外实际缴纳的税额是6万元,抵免限额是5万元,所以抵免的税额就是5万元。

(4)B　【解析】2016年度境内应纳税所得额是30万元,境外所得不用补税,所以实际应纳税额=30×25%=7.5(万元)。

四、综合分析题

1.(1)C　【解析】在2018年1月1日至2023年12月31日,企业开展研发活动中实际发生的研发费用,未形成无形资产计入当期损益的,在按规定据实扣除的基础上,再按照实际发生额的75%在税前加计扣除;形成无形资产的,在上述期间按照无形资产成本的175%在税前摊销。应扣除的摊销费用=600×175%÷10÷12×9=78.75(万元)。

(2)A　【解析】广告费扣除限额=15 000×15%=2 250(万元),实际发生广告费2 600万元,应纳税调增2 600-2 250=350万元。

企业通过公益性社会组织或者县级(含)以上人民政府及其组成部门直属机构,用于目标脱贫地区的扶贫捐赠支出,准予在计算企业所得税应纳税所得额时据实扣除。扶贫捐款支出无需纳税调整。

(3)C　【解析】外购商誉的支出,在企业整体转让或者清算时,准予扣除。外购商誉应纳税调增10万。经营租入固定资产改建支出计入长期待摊费用,按照3年摊销。经营性租入固定资产发生的费用应纳税调增=432-432÷3÷12×6=360(万元)

外购商誉和经营性租入固定资产发生的费用合计纳税调增370万元。

(4)BCD　【解析】选项A,从居民企业分回的股息属于免税收入,免征企业所得税。

(5)A　【解析】技术转让所得纳税调减=500+(2 000-600-500)×50%=950(万元)

股息所得纳税调减200万元。

费用化研发支出加计扣除,纳税调减=400×75%=300(万元)。

该企业2019年企业所得税的应纳税所得额=2 300-950-200-300-78.75+350+370=1 491.25(万元)。

(6)A　【解析】该企业2019年应缴纳企业所得税=1 491.25×25%=372.81(万元)。

2.(1)A　【解析】城建税、教育费附加和地方教育附加的纳税调整额=(200×13%-22)×(7%+3%+2%)=0.48(万元)

(2)D　【解析】广告费扣除限额=(1 800+200)×15%=300(万元),实际发生400万元,应纳税调增100万元;业务招待费扣除限额=(1 800+200)×0.5%=10(万元),实际发生额的60%=20×60%=12(万元),应纳税调增=20-10=10(万元)。

2019年该企业广告费和业务招待费的纳税调整额合计=100+10=110(万元)。

(3)B　【解析】境内符合条件的研发费用三分之二的部分=(50+5+20)×2/3=50(万元),境外委托研发费用80%=70×80%=56(万元),只能按50万元计算境外委托研发费用的加计扣除。

研发费用应纳税调整=(50+5+20)×75%+50×75%=93.75(万元)。

(4)BDE　【解析】选项A,企业在2018年1月1日至2023年12月31日新购进的设备、器具,单位价值不超过500万元的,允许一次性计入当期成本费用在计算应纳税所得额时扣除,不再分年度计算折旧。设备、器具是指除房屋、建筑物以外的固定资产,选项A不正确;企业根据自身生产经营核算需要,可自行选择享受一次性税前扣除政策。未选择享受一次性税前扣除政策的,以后年度不得再变更,选项C不正确。

(5)C　【解析】福利费扣除限额=1 000×14%=140(万元),实际发生150万元,应纳税调增10万元。

工会经费扣除限额=1 000×2%=20(万元),实际发生25万元,应纳税调增5万元。

职工教育经费扣除限额=1 000×8%=80(万元),职工培训费可以全额扣除,除此之外的职工教育经费未超过限额,无需纳税调整。

所以三项经费合计纳税调整额=10+5=15(万元)。

(6)C 【解析】2019年该企业应缴纳企业所得税=(450+200-160-0.48+110-93.75-240+240÷4÷12+15)×25%=71.44(万元)

3.(1)D 【解析】应缴纳的房产税=(12 300-300)×(1-20%)×1.2%=115.20(万元),企业办的各类学校、医院、托儿所、幼儿园自用的房产,免征房产税。

(2)A 【解析】会计利润总额=11 696-115.2=11 580.8(万元)

(3)A 【解析】实际发放合理工资薪金总额4 000万元,

职工工会经费扣除限额=4 000×2%=80(万元),实际发生额100万元,纳税调增20万元。

职工福利费扣除限额=4 000×14%=560(万元),实际发生额480万元,未超标,无需调整。

职工教育经费扣除限额=4 000×8%=320(万元),实际发生额450万元,纳税调增130万元。

三项经费应调增所得额=20+130=150(万元)

(4)A 【解析】采用特殊性税务处理时,可由合并企业弥补的被合并企业亏损的限额=被合并企业净资产公允价值×截至合并业务发生当年年末国家发行的最长期限的国债利率=(5 700-3 200)×4.3%=107.5(万元)

实际亏损670万元,可以弥补亏损107.5万元。

应纳税所得额=11 580.8+150-107.5=11 623.3(万元)

(5)ACD 【解析】选项B,弥补亏损有限额规定,可以弥补亏损107.5万元;选项E,非股权支付的200万元,应在交易当期确认相应的资产转让所得或损失,并调整相应资产的计税基础。

(6)C 【解析】应补缴企业所得税=11 623.3×25%-1 500=1 405.83(万元)

同步训练

限时180分钟

扫我做试题

一、单项选择题

1. 下列属于企业所得税视同销售的是( )。
   A. 房地产企业将开发房产转作办公使用
   B. 钢材企业将自产的钢材用于本企业的在建工程
   C. 某化妆品生产企业将生产的化妆品对外

捐赠

D. 工业企业将产品用于境内分支机构的移送

2. 某国家重点扶持的高新技术企业2019年销售收入2 000万元，销售成本1 000万元，期间费用750万元，其中研发费用200万元，广告宣传费用450万元；假定该企业不存在其他纳税调整项目，2019年应纳的企业所得税税额为( )万元。

A. 42.5　　　　　　B. 35
C. 37.5　　　　　　D. 40

3. 某外国公司实际管理机构不在中国境内，也未在中国境内设立机构、场所，2016年从中国境内某企业取得其专利技术使用权转让收入21.2万元(含增值税)，发生成本10万元。该外国公司在中国境内应缴纳企业所得税( )万元。

A. 2.5　　　　　　B. 2.0
C. 5.0　　　　　　D. 1.0

4. 甲企业持有乙企业93%的股权，共计3 000万股。2020年8月丙企业决定收购甲企业所持有的乙企业全部股权，该股权每股计税基础为10元、收购日每股公允价值为12元。在收购中丙企业以公允价值为32 400万元的股权以及3 600万元银行存款作为支付对价，假定该收购行为符合且企业选择特殊性税务处理，则甲企业股权转让的应纳税所得额为( )万元。

A. 300　　　　　　B. 600
C. 5 400　　　　　D. 6 000

5. 依据企业所得税的相关规定，企业接受县政府以股权投资方式投入的国有非货币性资产，应确定的计税基础是( )。

A. 政府确定的接收价值
B. 该资产的公允价值
C. 该资产的账面净值
D. 该资产的账面原值

6. 下列关于外国企业常驻代表机构经费支出的税务处理方法，符合企业所得税相关规定的是( )。

A. 以货币形式用于我国境内的公益救济性捐赠，发生的当期一次性作为经费支出
B. 代表机构搬迁发生的装修费用，在冲抵搬迁处置收入后分年抵减应纳税所得额
C. 代表机构设立时发生的装修费用，在发生的当期一次性作为经费支出
D. 购置固定资产的支出，通过计提折旧分别计入相应各期经费支出

7. 下列转让定价方法，可以适用于所有类型关联交易的是( )。

A. 可比非受控价格法
B. 再销售价格法
C. 交易净利润法
D. 成本加成法

8. 2020年某公司给自有员工实际发放合理工资总额为1 000万元；公司生产部门接受外部劳务派遣员工6人，每人每月支付劳务费3 000元。假设公司当年发生的职工福利费为200万元，职工福利费应调增应纳税所得额( )万元。

A. 54.96　　　　　B. 55.97
C. 56.98　　　　　D. 60.00

9. 企业支付的下列保险费，不得在企业所得税税前扣除的是( )。

A. 企业为投资者购买的商业保险
B. 企业按规定为职工购买的工伤保险
C. 企业为特殊工种职工购买的法定人身安全保险
D. 企业为本单位车辆购买的交通事故责任强制保险

10. 依据企业所得税的相关规定，销售货物所得来源地的判定标准是( )。

A. 销售货物的目的地
B. 销售货物的企业所在地
C. 销售货物的起运地
D. 交易活动的发生地

11. 依据企业所得税的相关规定，下列关于销售货物收入确认时间的说法，错误的是( )。

A. 销售商品采取托收承付方式的，在办

妥托收手续时确认收入

B. 销售商品采取预收货款方式的，在收到预收货款时确认收入

C. 销售商品需要简单安装和检验的，可在发出商品时确认收入

D. 销售商品采取支付手续费方式委托代销的，在收到代销清单时确认收入

12. 依据企业所得税的相关规定，房地产企业开发产品的成本计量与核算的方法是( )。

   A. 制造成本法　　B. 标准成本法
   C. 作业成本法　　D. 实际成本法

13. 下列收入中，属于企业所得税法规定的不征税收入是( )。

   A. 事业单位收到的财政拨款收入
   B. 外贸企业收到的出口退税款收入
   C. 企业取得的国债利息收入
   D. 企业收到地方政府未规定专项用途的税收返还款收入

14. 在中国境内设立机构、场所的非居民企业取得的下列所得，实际适用 10% 的企业所得税税率的是( )。

   A. 与境内机构、场所有实际联系的境内所得
   B. 与境内机构、场所有实际联系的境外所得
   C. 与境内机构、场所没有实际联系的境内所得
   D. 与境内机构、场所没有实际联系的境外所得

15. 下列企业，属于我国企业所得税居民企业的是( )。

   A. 依照日本法律成立且实际管理机构在日本，但在中国境内从事装配工程作业的企业
   B. 依照美国法律成立且实际管理机构在美国，但在中国境内设立营业场所的企业
   C. 依照中国香港地区法律成立但实际管理机构在大陆的企业
   D. 依照中国台湾地区法律成立且实际管理机构在台湾的企业

16. 某企业 2020 年 6 月购置并投入使用环境保护专用设备(属于企业所得税优惠目录的范围)，取得增值税专用发票注明的金额 300 万元、税额 39 万元，2020 年该企业应纳税所得额 168 万元。该企业当年应缴纳的企业所得税是( )万元。

   A. 12.0　　　　　B. 6.9
   C. 26.0　　　　　D. 42.0

17. 某高新技术企业适用所得税税率 15%，2020 年 8 月依照法院裁定将其代持有的面值 200 万元的限售股，通过证券经纪公司变更到实际持有人名下，应缴纳企业所得税( )万元。

   A. 30　　　　　　B. 50
   C. 25.5　　　　　D. 0

18. 下列各项债权，准予作为损失在企业所得税税前扣除的是( )。

   A. 行政部门干预逃废的企业债权
   B. 担保人有经济偿还能力未按期偿还的企业债权
   C. 企业未向债务人追偿的债权
   D. 由国务院批准文件证明，经国务院专案批准核销的债权

19. 下列关于企业从被投资单位撤回投资时取得资产的企业所得税税务处理的说法，正确的是( )。

   A. 相当于初始投资的部分应确认为股息所得
   B. 取得的全部资产应确认为股息所得
   C. 超过初始投资的部分应确认为投资资产转让所得
   D. 相当于被投资企业累计未分配利润和累计盈余公积部分应确认为股息所得

20. 下列关于企业合并实施一般性税务处理的说法，正确的是( )。

   A. 被合并企业的亏损可按比例在合并企业结转弥补
   B. 合并企业应按照账面净值确认被合并

企业各项资产的计税基础

C. 被合并企业股东应按清算进行所得税处理

D. 合并企业应按照协商价格确认被合并企业各项负债的计税基础

21. 搬迁企业发生的下列各项支出，属于资产处置支出的是（　　）。

A. 临时存放搬迁资产发生的费用

B. 安置职工实际发生的费用

C. 变卖各类资产过程中发生的税费支出

D. 资产搬迁发生的安装费用

22. 房地产开发企业单独作为过渡性成本对象核算的公共配套设施开发成本，分配至各成本对象的方法是（　　）。

A. 建筑面积法　　B. 占地面积法

C. 直接成本法　　D. 预算造价法

23. 某企业 2020 年支付如下费用：合同工工资 105 万元，实习生工资 20 万元。返聘离休人员工资 30 万元。劳务派遣公司用工费 40 万元。2020 年企业计算企业所得税时允许扣除的职工工会经费限额是（　　）万元。

A. 3.9　　　　　　B. 3.1

C. 2.5　　　　　　D. 2.1

24. 下列各项支出，允许在计算企业所得税应纳税所得额时扣除的是（　　）。

A. 关联企业租赁设备支付的合理租金

B. 企业内营业机构之间支付的租金

C. 超过规定标准的捐赠支出

D. 工商部门罚款

25. 某公司将设备租赁给他人使用，合同约定租期从 2016 年 9 月 1 日到 2019 年 8 月 31 日，每年不含税租金 480 万元，2016 年 8 月 15 日一次性收取 3 年租金 1 440 万元。下列关于该租赁业务收入确认的说法，正确的是（　　）。

A. 2016 年增值税应确认的收入为 480 万元

B. 2016 年增值税应确认的收入为 160 万元

C. 2016 年企业所得税应确认的收入为 1 440 万元

D. 2016 年企业所得税应确认的收入为 160 万元

26. 某电子公司（企业所得税税率 15%）2014 年 1 月 1 日向母公司（企业所得税税率 25%）借入 2 年期贷款 5 000 万元用于购置原材料，约定年利率为 10%，银行同期同类贷款利率为 7%。2015 年电子公司企业所得税前可扣除的该笔借款的利息费用为（　　）万元。

A. 1 000　　　　　B. 500

C. 350　　　　　　D. 0

27. 下列应收账款损失，如已说明情况出具专项报告并在会计上已作为损失处理的，可以在企业所得税税前扣除的是（　　）。

A. 逾期 3 年的 20 万元应收账款损失

B. 相当于企业年度收入千分之一的应收账款损失

C. 逾期 2 年的 10 万元应收账款损失

D. 逾期 1 年的 10 万元应收账款损失

28. 下列各项收入中免征企业所得税的是（　　）。

A. 转让国债取得转让收入

B. 非营利组织免税收入孳生的银行存款利息

C. 国际金融组织向居民企业提供一般贷款的利息收入

D. 从事种植观赏性作物并销售取得的收入

29. 县级人民政府将国有非货币性资产明确以股权投资方式投入企业，企业应作为国家资本金处理，该非货币性资产的计税基础为（　　）。

A. 市场公允价值

B. 双方协商价值

C. 该资产投入前的账面余值

D. 政府确定的接收价值

30. 下列各项支出，可在企业所得税税前扣除的是（　　）。

A. 企业之间支付的管理费用
B. 非银行企业内营业机构之间支付的利息
C. 企业依据法律规定提取的环境保护专项资金
D. 烟草企业的烟草广告费和烟草宣传费

31. 下列关于企业筹建期间相关业务税务处理的说法，正确的是( )。
    A. 筹建期应确认为企业的亏损年度
    B. 筹办费应作为长期待摊费用在不低于2年的时间内进行摊销
    C. 筹建期发生的广告费和业务宣传费可按实际发生额计入筹办费
    D. 筹建期发生的业务招待费可按实际发生额计入筹办费

32. 下列情形中，不能作为坏账损失在计算应纳税所得额时扣除的是( )。
    A. 因自然灾害导致无法收回的应收账款
    B. 债务人被依法注销，其清算财产不足以清偿的应收账款
    C. 债务人2年未偿清且有确凿证据证明无力偿还的应收账款
    D. 法院批准破产重组计划后无法追偿的应收账款

33. 某服装生产企业，因无法准确核算成本支出，被税务机关确定为核定征收企业所得税，企业当年收入总额30万元，其中7月份取得股票转让收入5万元，转让成本3万元，核定所得率15%，该企业当年应缴纳企业所得税( )万元。
    A. 0.6   B. 0.75
    C. 1.13   D. 1.44

34. 2019年甲公司在境外设立不具有独立纳税地位的分支机构，该分支机构2020年产生利润200万元，下列关于该境外利润确认收入时间的说法中，正确的是( )。
    A. 按照利润所属年度确认收入的实现
    B. 按照利润实际汇回的日期确认收入的实现
    C. 按照双方约定汇回的日期确认收入的实现
    D. 按照境外分支机构作出利润汇回决定的日期确认收入的实现

35. 甲公司经营《公共基础设施项目企业所得税优惠目录》规定的码头，2018年取得第一笔生产经营收入，2019年开始盈利，2021年甲公司将码头转让给乙投资公司经营，乙公司当年因码头项目取得应纳税所得额5 000万元。2021年乙公司就该项目所得应缴纳企业所得税( )万元。
    A. 1 250   B. 0
    C. 750   D. 625

36. 2020年甲房地产公司采用银行按揭方式销售商品房，为购房者的按揭贷款提供价值1 500万元担保。下列关于该担保金税务处理的说法，正确的是( )。
    A. 可以从销售收入中扣减
    B. 作为销售费用在税前列支
    C. 作为财务费用在税前列支
    D. 实际发生损失时可以据实扣除

37. 2020年10月甲公司向乙公司投资300万元，期限5年，每年年末收取固定利息，下列关于该投资业务的税务处理的说法中，正确的是( )。
    A. 甲公司收到的固定利息为免税收入
    B. 乙公司应于应付固定利息的日期确认支出
    C. 乙公司支付的固定利息可以据实在税前扣除
    D. 甲公司应于实际收到固定利息的日期确认收入的实现

38. 2020年9月甲公司销售一批产品，开具增值税专用发票上注明价款40万元、金额栏注明折扣额3万元，适用的增值税税率为13%，甲公司应确认的产品销售收入( )万元。
    A. 37   B. 40
    C. 43.29   D. 45.20

39. 某财产保险公司，2020年1月至11月财产保险费收入合计50 000万元；12月

财产保险保费收入6 000万元，部分业务发生退保，支付退保金3 890万元。当年支付佣金合计9 500万元。则该公司2020年佣金支出税前允许扣除的金额为（　　）万元。

A. 3 789　　　　B. 7 816.50
C. 9 379.80　　D. 9 500

40. 2019年1月1日，甲企业对乙企业投资1 800万元，取得其40%的股权，2020年12月，甲企业全部撤回对乙企业的投资，取得资产总计2 600万元，投资撤回时乙企业累计未分配利润为1 000万元，累计盈余公积150万元。甲企业应缴纳的企业所得税为（　　）万元。

A. 200　　　　B. 85
C. 340　　　　D. 0

二、多项选择题

1. 下列关于资产的企业所得税税务处理的说法，正确的有（　　）。

   A. 外购商誉的支出在企业整体转让时准予扣除
   B. 租入资产的改建支出应作为长期待摊费用摊销扣除
   C. 企业持有至到期投资成本按照预计持有期限分期摊销扣除
   D. 固定资产大修理支出按照尚可使用年限分期摊销扣除
   E. 外购固定资产以购买价款和支付的增值税作为计税基础

2. 下列关于手续费及佣金支出的企业所得税税务处理的表述中，正确的有（　　）。

   A. 企业计入固定资产的手续费及佣金支出应通过折旧方式分期扣除
   B. 电信企业按照企业当年收入总额的5%计算可扣除手续费及佣金限额
   C. 人身保险企业按照当年全部保费收入的15%计算可扣除佣金限额
   D. 财产保险企业按照当年全部保费收入的15%计算可扣除佣金限额
   E. 以现金方式支付给具有合法经营资格个人的佣金可以扣除

3. 下列对100%直接控制的居民企业之间按照账面净值划转资产，符合特殊性税务处理条件的税务处理，正确的有（　　）。

   A. 划入方企业取得的被划转资产，应按其账面原值计算折旧扣除
   B. 划入方企业取得被划转资产的计税基础以账面原值确定
   C. 划入方企业取得的被划转资产，应按其账面净值计算折旧扣除
   D. 划入方企业不确认所得
   E. 划出方企业不确认所得

4. 下列小型微利企业2018年1月1日后购进资产的税务处理，正确的有（　　）。

   A. 小型微利企业购进用于生产经营的价值520万元的固定资产允许一次性税前扣除
   B. 小型微利企业购进用于研发的价值80万元的固定资产允许一次性税前扣除
   C. 固定资产缩短折旧年限的不能低于规定折旧年限的60%
   D. 购进的固定资产允许采用加速折旧方法
   E. 购进的固定资产允许缩短折旧年限

5. 下列关于房地产开发企业成本费用扣除的企业所得税处理中，正确的有（　　）。

   A. 企业因国家无偿收回土地使用权形成的损失可按照规定扣除
   B. 企业利用地下基础设施建成的停车场应作为公共配套设施处理
   C. 企业单独建造的停车场所应作为成本对象单独核算
   D. 企业支付给境外销售机构不超过委托销售收入20%的部分准予扣除
   E. 企业在房地产开发区内建造的学校应单独核算成本

6. 企业与关联方签署成本分摊协议，发生特殊情形会导致其自行分配的成本不得于税前扣除，这些情况包括（　　）。

   A. 不具有合理商业目的和经济实质

B. 自签署成本分摊协议之日起经营期限为25年

C. 没有遵循成本与收益配比原则

D. 未按照有关规定备案或准备有关成本分摊协议的同期资料

E. 不符合独立交易原则

7. 间接转让中国应税财产的交易双方及被间接转让股权的中国居民企业可以向主管税务机关报告股权转让事宜并提交相关资料。这些资料包括( )。

A. 境外企业及间接持有中国应税财产的下属企业上两个年度财务、会计报表

B. 境外企业及直接持有中国应税财产的下属企业上两个年度财务、会计报表

C. 被间接转让股权的中国居民企业上一年度财务会计报表

D. 股权转让前后的企业股权架构图

E. 股权转让合同

8. 企业发生的下列资产处置行为应按税法规定视同销售计征企业所得税的有( )。

A. 将资产用于对外捐赠

B. 将资产用于交际应酬

C. 将资产用于职工奖励

D. 改变资产的性能

E. 改变资产形状

9. 下列各项属于企业所得税法规定的职工福利费支出的有( )。

A. 集体福利部门工作人员的住房公积金

B. 职工因公外地就医费用

C. 自办职工食堂经费补贴

D. 离退休人员工资

E. 职工疗养费用

10. 企业从事下列项目所得,免征企业所得税的有( )。

A. 企业受托从事蔬菜种植

B. 企业委托个人饲养家禽

C. 企业外购蔬菜分包后销售

D. 农机作业和维修

E. 农产品初加工

11. 企业提供下列劳务中,按照完工进度确认企业所得税应税收入的有( )。

A. 广告的制作

B. 提供宴会招待

C. 提供艺术表演

D. 为特定客户开发软件

E. 作为商品销售附带条件的安装

12. 除税法另有规定外,企业在计算企业所得税时,税前扣除一般应遵循的原则有( )。

A. 配比原则　　B. 合理性原则

C. 谨慎性原则　D. 重要性原则

E. 权责发生制原则

13. 我国居民企业的下列技术转让行为中,符合税法规定可以享受技术转让所得免征、减征企业所得税的有( )。

A. 转让国家限制出口技术

B. 转让国家禁止出口技术

C. 转让其拥有的技术所有权

D. 转让其拥有的6年全球独占许可使用权

E. 转让计算机软件著作权给100%控股子公司

14. 下列收入中,属于企业所得税规定的"其他收入"范围的有( )。

A. 违约金收入

B. 股息收入

C. 债务重组收入

D. 确实无法偿付的应付款项

E. 逾期未退的包装物押金收入

15. 根据企业所得税法的规定,下列关于资产计税基础的说法中正确的有( )。

A. 外购的生产性生物资产,以购买价款和支付的相关税费为计税基础

B. 通过债务重组方式取得的固定资产,以该资产的账面价值为计税基础

C. 企业对外投资期间,投资资产的成本在计算应纳税所得额时不得扣除

D. 融资性售后回租中对融资性租赁的资产,承租人出售资产的行为,不确认为销售收入,仍按承租人出售前原账面价

值作为计税基础

E. 自行建造的固定资产,以达到预定可使用状态前发生的支出为计税基础

16. 下列关于非货币性资产投资涉及的企业所得税处理的表述中,正确的有( )。

A. 企业以非货币性资产对外投资确认的非货币性资产转让所得,可在不超过5年期限内,分期均匀计入相应年度的应纳税所得额,按规定计算缴纳企业所得税

B. 企业以非货币性资产对外投资,应于投资协议生效并办理股权登记手续时,确认非货币性资产转让收入的实现

C. 企业以非货币性资产对外投资,应对非货币性资产进行评估并按评估后的公允价值扣除计税基础后的余额,计算确认非货币性资产转让所得

D. 企业以非货币性资产对外投资而取得被投资企业的股权,应以非货币性资产的原计税成本为计税基础,加上每年确认的非货币性资产转让所得,逐年进行调整

E. 被投资企业取得非货币性资产的计税基础,应按非货币性资产的原计税基础确定

17. 具有下列关系的企业中,构成关联关系的有( )。

A. 一方直接或者间接持有另一方的股份总和达到25%以上

B. 双方直接或者间接同为第三方所持有的股份达到25%以上

C. 一方三分之一高级管理人员由另一方任命或者委派

D. 双方存在持股关系虽持股比例未达到25%,但一方的生产经营活动必须由另一方提供专利权、非专利技术、商标权、著作权等特许权才能正常进行

E. 双方存在持股关系虽持股比例未达到25%,但一方的购买、销售、接受劳务、提供劳务等经营活动由另一方控制

18. 下列属于资产损失确认的外部证据的有( )。

A. 司法机关的判决或者裁定

B. 工商部门出具的注销、吊销及停业证明

C. 有关会计核算资料和原始凭证

D. 企业内部技术鉴定部门的鉴定文件或资料

E. 仲裁机构的仲裁文书

19. 下列项目中,不可以从应纳税所得额中扣除的有( )。

A. 企业支付的违约金

B. 子公司以管理费名义支付母公司的费用

C. 企业内营业机构之间支付的租金

D. 企业所得税税款

E. 企业向个人借款支付的利息

20. 根据企业所得税法的规定,下列关于境外所得抵免限额的表述正确的有( )。

A. 超过抵免限额的部分,可以在当年的次年起连续5个年度内抵免

B. 居民企业来源于中国境外的应税所得,已经缴纳的所得税税额,可在抵免限额内抵免

C. 居民企业以间接持股方式持有外国企业10%以上股份,外国企业在境外实际缴纳的所得税税额中属于该项所得负担的部分,可以作为该居民企业的可抵免境外所得税税额

D. 抵免企业所得税税额时,应当提供中国境外税务机关出具的税款所属年度的有关纳税凭证

E. 抵免限额是指来源于境外的所得根据我国企业所得税法规定计算的应纳税额

21. 下列关于房地产开发经营业务成本、费用扣除的税务处理中,正确的有( )。

A. 企业开发产品转为自用的,其实际使用时间累计未超过24个月又销售的,不得在税前扣除折旧费用

B. 企业委托境外机构销售开发产品的,其支付境外机构的销售费用(含佣金或手

续费)不超过委托销售收入10%的部分,准予据实扣除

C. 企业因国家无偿收回土地使用权而形成的损失,可作为财产损失按有关规定在税前扣除

D. 企业开发产品整体报废或毁损,其净损失不得在税前扣除

E. 企业发生的期间费用、已销开发产品计税成本、税金及附加、土地增值税准予当期按规定扣除

22. 下列企业不得适用核定征收企业所得税的有( )。
   A. 信用社　　　　B. 税务师事务所
   C. 上市公司　　　D. 化工制造企业
   E. 专门从事股权投资的企业

23. 下列支出中,应作为长期待摊费用在企业所得税前扣除的有( )。
   A. 固定资产的大修理支出
   B. 固定资产的日常修理支出
   C. 融资租入固定资产的改建支出
   D. 经营租入固定资产的租赁费支出
   E. 已足额提取折旧的固定资产的改建支出

24. 根据企业所得税法的规定,以下所得中可以免征或减征企业所得税的有( )。
   A. 林场销售原木的所得
   B. 从事国家重点扶持的公共基础设施项目投资经营的所得
   C. 从事符合条件的环境保护、节能节水项目的所得
   D. 渔场销售水产品的所得
   E. 销售安全生产设备的所得

25. 根据企业所得税法的规定,下列对企业所得税征收管理的说法正确的有( )。
   A. 按月预缴所得税的,应当自月份终了之日起10日内,向税务机关报送预缴企业所得税纳税申报表,预缴税款
   B. 企业应当在办理注销登记后,就其清算所得向税务机关申报并依法缴纳企业所得税

   C. 企业纳税年度亏损,可以不向税务机关报送年度企业所得税纳税申报表
   D. 依照企业所得税法缴纳的企业所得税,以人民币以外的货币计算的,应当折合成人民币计算并缴纳税款
   E. 企业在一个纳税年度中间开业,或者终止经营活动,使该纳税年度的实际经营期不足十二个月的,应当以其实际经营期为一个纳税年度

26. 根据企业所得税法的规定,下列表述正确的有( )。
   A. 企业发行永续债,发行方和投资方均为居民企业的,投资方取得的利息收入免征企业所得税,同时发行方支付的永续债利息支出不得在企业所得税税前扣除
   B. 对社保基金取得的直接股权投资收益、股权投资基金收益,作为企业所得税不征税收入
   C. 企业直接向承担疫情防治任务的医院捐赠的现金在计算企业所得税时准予全额扣除
   D. 综试区内核定征收的跨境电商企业应准确核算收入总额,并采用应税所得率方式核定征收企业所得税。应税所得率统一按照4%确定
   E. 受疫情影响较大的困难行业企业2020年度发生的亏损,最长结转年限由5年延长至8年

27. 下列关于跨省市总分机构企业所得税分配及预算管理的表述中,不正确的有( )。
   A. 总机构和具有主体生产经营职能的三级分支机构就地预缴企业所得税
   B. 三级及三级以下分支机构,其营业收入、职工薪酬和资产总额等统一并入二级分支机构计算
   C. 上年度认定为小型微利企业,其二级分支机构不就地分摊缴纳企业所得税
   D. 预缴税款50%由总机构分摊缴纳,其

中60%就地办理缴库或退库，40%就地全额缴入中央国库或退库

E. 新设立的二级分支机构，设立当年不就地分摊缴纳企业所得税

28. 根据企业所得税相关规定，下列属于外国企业常驻代表机构经费支出的有（　）。

A. 工作人员的福利费

B. 汽车采购费

C. 发生的交际应酬费

D. 以货币形式用于我国境内的公益、救济性质的捐赠

E. 为总机构从中国境内购买样品所支付的样品费和运输费用

29. 下列关于房地产企业销售开发产品计税成本核算方法的表述，正确的有（　）。

A. 企业因国家无偿收回土地使用权而形成的损失，可作为财产损失按有关规定在税前扣除

B. 计税成本对象的确定原则之一是可否销售原则

C. 借款费用属于不同成本对象共同负担的，按直接成本法或按预算造价法进行分配

D. 停车场所，应作为公共配套设施进行处理

E. 已销开发产品的计税成本，按当期已实现销售的可售面积和可售面积单位工程成本确认

30. 下列关于企业所得税的涉税处理表述，正确的有（　）。

A. 2019年1月1日至2021年12月31日，小型微利企业年应纳税所得额超过100万元但不超过300万元的部分，减按50%计入应纳税所得额，按20%的税率缴纳企业所得税

B. 属于政策性搬迁的企业，边搬迁、边生产的，搬迁年度应从实际开始搬迁的年度计算

C. 企业在计算股权转让所得时，不得扣除被投资企业未分配利润等股东留存收益中按该项股权所可能分配的金额

D. 企业实际资产损失，应当在其实际发生且会计上已作损失处理的年度申报扣除

E. 对企业投资者持有2011—2023年发行的铁路债券取得的利息收入，免征企业所得税

三、计算题

1. 某工业企业，从业人员280人，资产总额为4 800万元，符合小型微利企业标准，2021年度相关生产经营业务如下：

（1）当年销售产品不含税收入700万元，对外提供培训不含税收入120万元。国债利息收入250万元、取得对境内居民企业直接投资的投资收益220万元。

（2）全年产品销售成本为550万元。

（3）全年发生财务费用50万元，其中10万元为资本化的利息。

（4）管理费用共计98万元，销售费用共计50万元，其中列支广告费、业务宣传费30万元。

（5）营业外支出通过政府部门向贫困地区捐款40万元，税收罚款支出5万元，滞纳金2.73万元。

（6）税金及附加20万元。

（7）上年广告宣传费超支20万元。

根据上述资料，回答下列问题：

（1）企业的收入总额为（　）万元。

A. 820　　　　　　B. 1 040

C. 1 070　　　　　D. 1 290

（2）企业税前可扣除的财务费用和销售费用合计为（　）万元。

A. 100　　　　　　B. 120

C. 110　　　　　　D. 90

（3）企业税前可扣除的营业外支出为（　）万元。

A. 23.72　　　　　B. 40

C. 15　　　　　　 D. 13.72

（4）企业应缴纳的企业所得税为（　）万元。

A. 6.1　　　　　　B. 0.1

C. 12.2　　　　D. 24.4

2. 某非居民企业，未在我国境内设立机构、场所，2020年发生的与我国境内相关的业务如下：

（1）以经营租赁的方式出租一批设备给我国境内A企业，取得不含税租金收入100万元。

（2）为我国境内的B企业提供担保服务，取得不含税担保费收入20万元。

（3）转让以前年度购进的我国境内的土地使用权给境内C企业，取得不含税收入1 000万元，转让时该土地的账面价值为800万元，计税基础为700万元。

（4）以融资租赁的方式，出租一套设备给我国境内的D企业，共收取租金200万元（不含税），2020年10月租赁到期，D企业另支付不含税金额10万元取得了设备的所有权，已知该套设备的价款为120万元。

其他资料：上述金额均为不含增值税收入。

根据上述资料，回答下列问题：

（1）A企业应代扣代缴该非居民企业的企业所得税为（　）万元。

A. 9.45　　　　B. 10
C. 20　　　　　D. 25

（2）B企业应代扣代缴该非居民企业的企业所得税为（　）万元。

A. 0　　　　　　B. 5
C. 2　　　　　　D. 4

（3）C企业应代扣代缴该非居民企业的企业所得税为（　）万元。

A. 250　　　　B. 200
C. 100　　　　D. 30

（4）D企业应代扣代缴该非居民企业的企业所得税为（　）万元。

A. 20　　　　　B. 21
C. 9　　　　　　D. 7.9

四、综合分析题

1. 某市一家彩电生产企业，为增值税一般纳税人，适用企业所得税税率25%。2021年生产经营业务如下：

（1）全年直接销售彩电取得不含税销售收入8 000万元（不含换取原材料的部分），全年购进原材料，取得增值税专用发票，注明税款850万元（已通过主管税务机关认证）。

（2）2月，企业将自产的一批彩电换取A公司原材料，市场不含税价值为200万元，成本为130万元，企业已做销售账务处理，换取的原材料价值200万元，双方均开具了专用发票。

（3）企业6月接受捐赠原材料一批，价值100万元并取得捐赠方开具的增值税专用发票，进项税额13万元，该项捐赠收入企业已计入营业外收入核算。

（4）1月1日，企业将闲置的办公室出租给B公司，全年收取不含税租金120万元。

（5）企业全年彩电销售成本4 800万元（不含换取原材料的部分）；发生的销售费用为1 800万元（其中广告费为1 500万元），管理费用为800万元（其中业务招待费为90万元，新产品开发费为120万元）；财务费用为350万元（其中向自然人借款的利息超标10万元）。

（6）已计入成本、费用中的全年实发工资总额为400万元（属于合理限度的范围），实际发生的职工工会经费6万元、职工福利费60万元、职工教育经费15万元。

（7）对外转让彩电的先进生产技术所有权，取得不含税所得600万元。

（8）6月，企业为了提高产品性能与安全度，从国内购入1台安全生产设备并于当月投入使用，增值税专用发票注明价款600万元，进项税额78万元，企业采用直线法按5年计提折旧，残值率8%，税法规定该设备直线法折旧年限为10年。（会计上已经计提折旧计入相关成本费用）

（9）全年发生的营业外支出包括：通过当地民政局向贫困山区捐款130万元，违反工商管理规定被工商部门处罚6万元。

(10) 税前准予扣除的税金及附加为 49.1 万元。

假定上述租金收入不考虑房产税和印花税。

根据上述资料，回答下列问题：

(1) 2021 年度企业计算应纳税所得额时应确认的收入总额为（　　）万元。

A. 8 000　　　　　B. 9 033
C. 8 920　　　　　D. 9 020

(2) 2021 年度该企业实现的会计利润总额为（　　）万元。

A. 754.90　　　　B. 854.90
C. 954.90　　　　D. 967.90

(3) 关于 2021 年度该企业的应纳税所得额的计算，正确的有（　　）。

A. 广告费用应调增应纳税所得额 252 万元
B. 捐赠支出应调增应纳税所得额 13.85 万元
C. 先进技术转让应调减应纳税所得额 500 万元
D. 新产品开发费用应调减应纳税所得额 60 万元

(4) 关于 2021 年度该企业的利息、三项经费的处理，正确的有（　　）。

A. 向自然人贷款利息应调增所得额 10 万元
B. 职工工会经费应调减应纳税所得额 2 万元
C. 职工教育经费应调增应纳税所得额 5 万元
D. 职工福利费应调增应纳税所得额 4 万元

(5) 计算应纳税所得额时，安全设备折旧费应调整的金额为（　　）万元。

A. 27.60　　　　　B. 33.25
C. 36.80　　　　　D. 55.20

(6) 2021 年该企业应缴纳的企业所得税为（　　）万元。

A. 104.94　　　　B. 109.19
C. 169.19　　　　D. 172.44

2. 某市卷烟厂为增值税一般纳税人，2020 年初企业拥有房产原值 750 万元，同年 8 月职工食堂建设完工，转入固定资产，确定房屋入账价值为 50 万元。2020 年度有关生产经营情况为：

(1) 当年销售卷烟，开具增值税专用发票，取得销售金额 500 万元，增值税额 65 万元；开具普通发票，取得含税销售收入 22.6 万元。

(2) 7 月购置并投入使用的安全生产专用设备，企业当年未计提折旧，取得购置设备增值税专用发票上注明价款 70 万元，增值税 9.1 万元，预计使用 10 年，无残值。税法上未选择一次性税前扣除政策。

(3) 当年卷烟销售成本共计为 221 万元；财务费用 10 万元。

(4) 发生管理费用 20.75 万元（含业务招待费 4 万元）。

(5) 销售费用 10 万元。

(6) 假设当年向税务机关缴纳增值税 81.46 万元，缴纳消费税 202.42 万元，城建税和教育费附加 28.39 万元。

(7) 营业外支出 30 万元，其中被工商部门行政罚款 6 万元，向本市养老院直接捐赠 4 万元，通过公益性社会团体向贫困地区捐赠 20 万元。

(8) "投资收益"账户表明有来源于境外 A 国的投资收益 27 万元，该境外所得在境外按照 10% 的税率已经缴纳了税款；购买国库券利息收入 20 万元。

(9) 2020 年发现 2019 年有实际资产损失 18 万元符合当时税法规定扣除标准，但是企业当年未扣除，2019 年应纳税所得额为 10 万元。

相关资料：增值税税率 13%；房产税计算余值时的扣除比例为 25%。

根据上述资料，回答下列问题：

(1) 2020 年应缴纳的房产税共计（　　）万元。

A. 7.79　　　　　B. 7.55
C. 7.69　　　　　D. 6.90

(2) 所得税税前准予扣除的税金及附加为

（　　）万元。
A. 241.20　　B. 232.40
C. 237.71　　D. 230.81

(3) 业务招待费应调整的应纳税所得额为（　　）万元。
A. +1.6　　B. -2.1
C. -2.4　　D. +2.4

(4) 购置安全生产专用设备应调整的会计利润为（　　）万元。
A. -2.92　　B. +2.92
C. +3.41　　D. -3.41

(5) 所得税税前准予扣除的公益性捐赠为（　　）万元。
A. 4.38　　B. 0.68
C. 0.72　　D. 4.15

(6) 该卷烟厂应缴纳的企业所得税额为（　　）万元。
A. 0　　B. 4.82
C. 3.71　　D. 5.42

3. 位于市区的某居民企业为增值税一般纳税人。主要生产销售同一型号的热水器。热水器单台销售成本0.1万元、市场不含税销售价格0.18万元。2019年度企业财务核算反映信息为：销售热水器共计3万台，取得不含税销售收入5 400万元，取得直接投资居民企业的股息收入40万元，准予扣除的成本3 000万元。缴纳增值税450万元、城市维护建设税、教育费附加和地方教育附加54万元，发生销售费用1 300万元，管理费用450万元（其中业务招待费80万元）；发生营业外支出300万元，其中通过市民政局向贫困山区捐款60万元，取得合法票据。企业自行计算全年实现会计利润为336万元。2020年元月，经委托的税务师事务所审核，发现以下两个问题：
(1) 12月10日将100台热水器销售给关联企业，未做账务处理；
(2) 12月20日接受某公司捐赠机器设备一台，取得增值税专用发票，注明金额10万元、增值税1.3万元，未做账务处理。
根据上述资料，计算并回答下列问题：
(1) 该企业12月份应补缴增值税、城市维护建设税、教育费附加和地方教育附加为（　　）万元。
A. 1.16　　B. 1.50
C. 1.46　　D. 1.36

(2) 该企业经审核后全年会计利润总额为（　　）万元。
A. 355.18　　B. 347.54
C. 334.48　　D. 332.78

(3) 该企业对贫困山区的捐赠应调增的应纳税所得额为（　　）万元。
A. 19.98　　B. 19.86
C. 18.29　　D. 17.38

(4) 该企业发生的业务招待费应调增的应纳税所得额为（　　）万元。
A. 53.00　　B. 52.91
C. 52.71　　D. 50.71

(5) 该企业计算应纳税所得额时，下列说法正确的有（　　）。
A. 接受捐赠的收入应并入应纳税所得额但不并入业务招待费的扣除基数
B. 销售给关联企业的热水器的成本可在企业所得税前扣除
C. 分回的股息应并入应纳税所得额计算企业所得税
D. 确认捐赠收入应包含增值税进项税额

(6) 该企业2019年度应缴纳的企业所得税为（　　）万元。
A. 96.37　　B. 86.85
C. 81.85　　D. 78.59

4. 位于某市区国家重点扶持的高新技术企业为增值税一般纳税人，2020年销售产品取得不含税收入6 500万元，另外取得投资收益320万元，全年发生产品销售成本和相关费用共计5 300万元。缴纳的税金及附加339万元，发生的营业外支出420万元，12月末企业自行计算的全年会计利润总额761万元，预缴企业所得税96万元，

未留抵增值税。2021年1月经聘请的税务师事务所审核,发现以下问题:

(1)8月中旬以预收款方式销售一批产品,收到预收账款226万元,并收存银行。12月下旬将该批产品发出,但未将预收款转作收入。相应的成本已入账。

(2)9月上旬接受客户捐赠原材料一批,取得增值税专用发票,发票上注明金额10万元,进项税额1.3万元,企业将捐赠收入直接计入"资本公积"账户核算。

(3)成本费用中包含业务招待费62万元,新产品研究开发费用97万元。

(4)投资收益中有12.6万元是从其他居民企业分回的股息,其余为股权转让收益,营业外支出中含通过公益性社会团体向贫困山区捐赠130万元,直接捐赠10万元。

(5)计入成本费用中的实发工资总额856万元,拨缴职工工会经费20万元。职工福利费实际支出131万元,职工教育经费实际支出32万元。

说明:不考虑地方教育附加,所得税税率15%。

根据上述资料,回答下列问题:

(1)该企业应补缴的增值税及附加税费为( )万元。
A. 35.02   B. 36.38
C. 32.30   D. 28.60

(2)该企业2020年度经审核后会计利润总额为( )万元。
A. 961.0   B. 972.7
C. 951.6   D. 969.7

(3)业务招待费和新产品研发费分别调整应纳税所得额( )万元。
A. 调增28.5   B. 调增29.5
C. 调增24.8   D. 调减72.75

(4)投资收益和捐赠分别调整应纳税所得额( )万元。
A. 调增23.64   B. 调增24.68
C. 调减12.6   D. 调增25.81

(5)职工工会经费、职工教育经费、职工福利费分别调整应纳税所得额( )万元。
A. 调增10.16   B. 不用调整
C. 调增2.88   D. 调增11.26

(6)2020年应补缴企业所得税( )万元。
A. 50.26   B. 52.13
C. 49.07   D. 46.58

同步训练答案及解析

一、单项选择题

1. C 【解析】选项A、B、D,均属于内部处置资产,不属于视同销售。

2. C 【解析】广告宣传费扣除限额 = 2 000×15% = 300(万元),实际发生450万元,只能扣除300万元;研发费用加计扣除额 = 200×75% = 150(万元)。
应纳所得税额 = (2 000 - 1 000 - 750 + 450 - 300 - 150)×15% = 37.5(万元)

3. B 【解析】非居民企业未在中国境内设立机构、场所的,实际所得税税率10%,应缴纳企业所得税 = 21.2÷(1+6%)×10% = 2(万元)。

4. B 【解析】对于被收购企业的股东取得收购企业股权的计税基础,以被收购股权的原有计税基础确定。所以股权支付的部分不确认所得和损失,对于非股权支付的部分,要按照规定确认所得和损失,依法计算缴纳企业所得税。
甲企业转让股权的应纳税所得额 = (3 000×12 - 3 000×10)×3 600÷(32 400 + 3 600) = 600(万元)

5. A 【解析】县级以上人民政府(包括政府有关部门)将国有资产明确以股权投资方式投入企业,企业应作为国家资本金(包括资本公积)处理。该项资产如为非货币性资产,应按政府确定的接收价值确定计税基础。

6. C 【解析】选项A，以货币形式用于我国境内的公益、救济性质的捐赠、滞纳金、罚款，以及为其总机构垫付的不属于其自身业务活动所发生的费用，不应作为代表机构的经费支出额；选项B、D，购置固定资产所发生的支出，以及代表机构设立时或者搬迁等原因所发生的装修费支出，应在发生时一次性作为经费支出额换算收入计税。

7. A 【解析】一般情况下，可比非受控价格法可以适用于所有类型的关联交易。

8. C 【解析】税法规定，企业接受外部劳务派遣用工支出税前扣除问题：企业接受外部劳务派遣用工所实际发生的费用，应分两种情况按规定在税前扣除：按照协议（合同）约定直接支付给劳务派遣公司的费用，应作为劳务费支出；直接支付给员工个人的费用，应作为工资薪金支出和职工福利费支出。其中属于工资薪金支出的费用，准予计入企业工资薪金总额的基数，作为计算其他各项相关费用扣除的依据。
工资、薪金总额 = 1 000 + 6 × 3 000 × 12 ÷ 10 000 = 1 021.6（万元）
职工福利费扣除限额 = 1 021.6 × 14% = 143.02（万元）
职工福利费应调增应纳税所得额 = 200 - 143.02 = 56.98（万元）

9. A 【解析】除企业依照国家有关规定为特殊工种职工支付的人身安全保险费和国务院财政、税务主管部门规定可以扣除的其他商业保险费外，企业为投资者或者职工支付的商业保险费，不得扣除。

10. D 【解析】销售货物所得，按照交易活动发生地确定所得来源地。

11. B 【解析】销售商品采取预收款方式的，在发出商品时确认收入。

12. A 【解析】房地产企业开发、建造的开发产品应按制造成本法进行计量与核算。

13. A 【解析】收入总额中的下列收入为不征税收入：(1) 财政拨款，是指各级人民政府对纳入预算管理的事业单位、社会团体等组织拨付的财政资金；(2) 依法收取并纳入财政管理的行政事业性收费、政府性基金；(3) 国务院规定的其他不征税收入。

14. C 【解析】非居民企业在中国境内未设立机构、场所的，从境内取得的所得，或者虽设立机构、场所，但从境内取得的与其所设机构、场所没有实际联系的所得，减按10%的税率征收企业所得税。

15. C 【解析】居民企业是指依法在中国境内成立，或者依照外国（地区）法律成立但实际管理机构在中国境内的企业。

16. A 【解析】企业购置并实际使用《环境保护专用设备企业所得税优惠目录》规定的专用设备的，该专用设备的投资额的10%可以从企业当年的应纳税额中抵免。
应纳企业所得税 = 168 × 25% - 300 × 10% = 12（万元）。

17. D 【解析】税法规定，依法院判决、裁定等原因，通过证券登记结算公司，企业将其代持的个人限售股直接变更到实际所有人名下的，不视同转让限售股。

18. D 【解析】税法规定，以下股权和债权不得作为损失在税前扣除：(1) 债务人或者担保人有经济偿还能力，未按期偿还的企业债权；(2) 违反法律、法规的规定，以各种形式、借口逃废或悬空的企业债权；(3) 行政干预逃废或悬空的企业债权；(4) 企业未向债务人和担保人追偿的债权；(5) 企业发生非经营活动的债权；(6) 其他不应当核销的企业债权和股权。

19. D 【解析】投资企业撤回或减少投资，其取得的资产中，相当于初始出资的部分，应确认为投资收回；相当于被投资企业累计未分配利润和累计盈余公积按减少实收资本比例计算的部分，应确认为股息所得；其余部分确认为投资资产转让所得。

20. C 【解析】选项A，被合并企业的亏损不得在合并企业结转弥补；选项B、D，合并企业应按公允价值确定接受被合并企业各项资产和负债的计税基础。

21. C 【解析】资产处置支出，是指企业由于搬迁而处置各类资产所发生的支出，包括变卖及处置各类资产的净值、处置过程中发生的税费等支出。

22. A 【解析】单独作为过渡性成本对象核算的公共配套设施开发成本，应按建筑面积法进行分配。

23. B 【解析】企业所得税税前实际发生的合理的工资薪金支出 = 105 + 20 + 30 = 155（万元），允许扣除工会经费限额 = 155×2% = 3.1（万元）。

24. A 【解析】选项B，企业之间支付的管理费、企业内营业机构之间支付的租金和特许权使用费，以及非银行企业内营业机构之间支付的利息，不得扣除；选项C，超过年度利润总额12%部分的公益性捐赠支出当年不得扣除；选项D，罚金、罚款和被没收财物的损失不得扣除。

25. D 【解析】租金收入，按照合同约定承租人应付租金的日期确认收入的实现。如果交易合同或协议中规定的租赁期限跨年度且租金提前一次性支付，根据规定的收入与费用配比原则，出租人可对上述已确认的收入，在租赁期内分期均匀计入相关年度收入，所以2016年可确认企业所得税收入160万元。增值税中，纳税人提供租赁服务采取预收款方式的，其纳税义务发生时间为收到预收款的当天，所以2016年增值税应确认的计税收入为1 440万元。

26. C 【解析】电子公司的实际税负不高于境内关联方，不需要考虑债资比的限制，该笔借款税前可以扣除的金额为不超过金融机构同期同类贷款利率计算的数额。2015年电子公司企业所得税前可扣除的利息费用 = 5 000×7% = 350（万元）。

27. A 【解析】企业逾期3年以上的应收账款在会计上已作为损失处理的，可以作为坏账损失，但应说明情况，并出具专项报告。

28. B 【解析】选项A，国债利息收入免税，但国债转让所得不免；选项C，国际金融组织向中国政府和居民企业提供优惠贷款取得的利息所得免征企业所得税；选项D，观赏性作物的种植，减半征收企业所得税。

29. D 【解析】县级以上人民政府（包括政府有关部门）将国有资产明确以股权投资方式投入企业，企业应作为国家资本金（包括资本公积）处理。该项资产如为非货币性资产，应按政府确定的接收价值确定计税基础。

30. C 【解析】选项A，企业之间支付的管理费用不得税前扣除；选项B，非银行企业内营业机构之间支付的利息，不得税前扣除。银行企业内营业机构之间支付的利息，可以税前扣除；选项D，烟草企业的烟草广告费和烟草宣传费，不得税前扣除。

31. C 【解析】企业筹办期间不计算为亏损年度；筹办费可以在开始经营之日的当年一次性扣除，也可以按照长期待摊费用在不低于3年的时间内进行摊销；企业在筹建期间发生的与筹办活动有关的业务招待费支出，可按实际发生额的60%计入企业筹办费。

32. C 【解析】债务人逾期3年未偿清，且有确凿证据证明无力偿还的应收账款，可作为坏账损失在计算应纳税所得额时扣除。

33. C 【解析】应缴纳企业所得税 = 30×15%×25% = 1.13（万元）

34. A 【解析】居民企业在境外设立不具有独立纳税地位的分支机构取得的各项境外所得，无论是否汇回中国境内，均应计入该企业所属纳税年度的境外应纳税所得额，所以按照利润所属年度确认收入的实现。

35. D 【解析】企业从事国家重点扶持的公共基础设施项目的投资经营的所得，自项目取得第一笔生产经营收入所属纳税年度起，第一年至第三年免征企业所得税，第四年至第六年减半征收企业所得税。企业在减免税期限内转让所享受减免税优惠的项目，受让方可自受让之日起，在剩余优惠期限内享受规定的减免税优惠。乙公司应缴纳企业所得税＝5 000×25%×50%＝625(万元)。

36. D 【解析】企业采取银行按揭方式销售开发产品的，凡约定企业为购买方的按揭贷款提供担保的，其销售开发产品时向银行提供的保证金(担保金)不得从销售收入中减除，也不得作为费用在当期税前扣除，但实际发生损失时可据实扣除。

37. B 【解析】符合条件的混合性投资业务，对于被投资企业支付的利息，投资企业应于被投资企业应付利息的日期，确认收入的实现并计入当期应纳税所得额；被投资企业应于应付利息的日期，确认利息支出，并按税法和《国家税务总局关于企业所得税若干问题的公告》(国家税务总局公告2011年第34号)第一条的规定，进行税前扣除。

38. A 【解析】增值税专用发票上注明的金额为不含税金额，此业务的折扣属于商业折扣，甲公司应按扣除折扣额之后的金额确认收入，所以，应确认的产品销售收入＝40-3＝37(万元)。

39. C 【解析】自2019年1月1日起，保险企业发生与其经营活动有关的手续费及佣金支出，不超过当年全部保费收入扣除退保金等后余额的18%(含本数)的部分，在计算应纳税所得额时准予扣除；超过部分，允许结转以后年度扣除。财产保险企业的佣金支出税前扣除限额＝(50 000+6 000-3 890)×18%＝9 379.80(万元)

实际发生额9 500万元，所以，按规定税前扣除为9 379.80万元。

40. B 【解析】甲企业应确认的股息所得＝(1 000+150)×40%＝460(万元)

初始投资1 800万元确认为投资收回。居民企业之间的符合条件的投资收益免税。甲企业应确认的投资资产转让所得＝2 600-1 800-460＝340(万元)

甲企业应缴纳的企业所得税＝340×25%＝85(万元)

二、多项选择题

1. ABD 【解析】选项C，企业对外投资期间，投资资产的成本在计算应纳税所得额时不得扣除；选项E，外购的固定资产，以购买价款和支付的相关税费以及直接归属于使该资产达到预定用途发生的其他支出为计税基础。

2. AB 【解析】选项C、D，自2019年1月1日起，保险企业按照当年全部保费收入扣除退保金等后余额的18%(含本数)计算限额；选项E，以现金方式支付给具有合法经营资格个人的佣金超过5%的限额不可以扣除。

3. CDE 【解析】划入方企业取得被划转资产的计税基础以账面净值确定。

4. BCDE 【解析】企业在2018年1月1日至2023年12月31日期间新购进的设备、器具，单位价值不超过500万元的，允许一次性计入当期成本费用在计算应纳税所得额时扣除，不再分年度计算折旧。

5. ABCE 【解析】企业支付给境外销售机构不超过委托销售收入10%的部分准予扣除。

6. ACDE 【解析】选项B，自签署成本分摊协议之日起经营期限少于20年。

7. ABDE 【解析】间接转让中国应税财产的交易双方及被间接转让股权的中国居民企业可以向主管税务机关报告股权转让事项，并提交以下资料：(1)股权转让合同或协议；(2)股权转让前后的企业股权架构图；(3)境外企业及直接或间接持有中国应税财产的下属企业上两个年度财务、会计报表；（4）间接转让中国应税财产交易不适用国家税务总局公告2015年第7号公告第一条的理由。

8. ABC 【解析】选项 D、E，改变资产的形状、结构或性能，资产的所有权并未发生转移，属于内部处置资产，无需视同销售计征企业所得税。

9. ABCE 【解析】选项 D，离退休人员工资与企业取得的收入无关，不得列入福利费支出在企业所得税前扣除。

10. ABDE 【解析】选项 C，企业购买农产品后直接进行贸易销售活动产生的所得，不能享受农、林、牧、渔业项目的税收优惠政策。

11. AD 【解析】提供宴会招待和提供艺术表演在相关活动发生时确认收入。安装工作是商品销售附带条件的，安装费在确认商品销售实现时确认收入。

12. ABE 【解析】除税法另有规定外，税前扣除一般应遵循以下原则：
    (1) 权责发生制原则；
    (2) 配比原则；
    (3) 合理性原则。

13. CD 【解析】居民企业取得禁止出口和限制出口技术转让所得以及从直接或间接持有股权之和达到100%的关联方取得的技术转让所得不享受技术转让减免企业所得税优惠政策。

14. ACDE 【解析】选项 B 属于股息、红利等权益性投资收益。

15. ACD 【解析】选项 B，通过债务重组方式取得的固定资产，以该资产的公允价值和支付的相关税费为计税基础；选项 E，自行建造的固定资产，以竣工结算前发生的支出为计税基础。

16. ABCD 【解析】选项 E，被投资企业取得非货币性资产的计税基础，应按非货币性资产的公允价值确定。

17. ABDE 【解析】一方半数以上董事或者半数以上高级管理人员（包括上市公司董事会秘书、经理、副经理、财务负责人和公司章程规定的其他人员）由另一方任命或者委派，或者同时担任另一方的董事或者高级管理人员；或者双方各自半数以上董事或者半数以上高级管理人员同为第三方任命或者委派的，构成关联关系。

18. ABE 【解析】选项 C、D，属于内部证据。

19. BCD 【解析】企业之间支付的管理费、企业内营业机构之间支付的租金和特许权使用费，以及非银行企业内营业机构之间支付的利息，不得扣除。企业向自然人借款，不超过规定贷款利率的部分，有借款合同，真实合法，不属于非法集资，允许税前扣除。

20. ABDE 【解析】居民企业以间接持股方式持有外国企业20%以上股份，构成间接控制。外国企业在境外实际缴纳的所得税税额中属于该项所得负担的部分，可以作为该居民企业的可抵免境外所得税税额。

21. BCE 【解析】选项 A，企业开发产品转为自用的，其实际使用时间累计未超过12个月又销售的，不得在税前扣除折旧费用；选项 D，企业开发产品整体报废或毁损，其净损失按有关规定审核确认后准予在税前扣除。

22. ABCE 【解析】不得采用核定征收的"特殊行业、特殊类型纳税人"包括：（1）享受《中华人民共和国企业所得税法》及其实施条例和国务院规定的一项或几项企业所得税优惠政策的企业（不包括仅享受《中华人民共和国企业所得税法》第26条规定免税收入优惠政策的企业、第28条规定的符合条件的小型微利企业）；(2) 汇总纳税企业；（3）上市公司；(4)银行、信用社、小额贷款公司、保险公司、证券公司、期货公司、信托投资公司、金融资产管理公司、融资租赁公司、担保公司、财务公司、典当公司等金融企业；(5)会计、审计、资产评估、税务、房地产估价、土地估价、工程造价、律师、价格鉴证、公证机构、基层法律服务机构、专利代理、商标代理以及其他经济鉴证类社会中介机构；(6)国家税务总局规定的其他企业。

23. AE 【解析】选项 B，固定资产的日常修理支出可以作为费用直接在当期扣除；选项 C，融资租入固定资产的改建支出，通过计提折旧扣除；选项 D，以经营租赁方式租入固定资产发生的租赁费支出，按照租赁期限均匀扣除。

24. ABCD 【解析】企业所得税法规定，企业的下列所得，可以免征或减征企业所得税：
(1)从事农、林、牧、渔业项目的所得；
(2)从事国家重点扶持的公共基础设施项目投资经营的所得；
(3)从事符合条件的环境保护、节能节水项目的所得；
(4)符合条件的技术转让所得；
(5)非居民企业在中国境内未设立机构、场所的，或者虽设立机构、场所但取得的所得与其所设机构、场所没有实际联系的，其来源于中国境内的所得。

25. DE 【解析】选项 A，按月预缴所得税的，应当自月份终了之日起 15 日内，向税务机关报送预缴企业所得税纳税申报表，预缴税款；选项 B，企业应当在办理注销登记前，就其清算所得向税务机关申报并依法缴纳企业所得税；选项 C，企业在纳税年度内无论盈利或者亏损，都应按照企业所得税法规定的期限，向税务机关报送预缴企业所得税纳税申报表、年度企业所得税纳税申报表、财务会计报告和税务机关规定应当报送的其他有关资料。

26. ABDE 【解析】选项 C，企业直接向承担疫情防治任务的医院捐赠用于应对新型冠状病毒感染的肺炎疫情的物品，允许在计算应纳税所得额时全额扣除；但是直接向承担疫情防治任务的医院捐赠的现金不在可扣除范围。

27. AD 【解析】选项 A，总机构和具有主体生产经营职能的二级分支机构就地预缴企业所得税；选项 D，预缴税款和汇算清缴应缴应退税款，50%在各分支机构间分摊，各分支机构根据分摊税款就地办理缴款或者退库，50%由总机构分摊缴纳，其中 25%就地办理缴库或者退库，25%就地全额缴入中央国库或退库。

28. ABCE 【解析】以货币形式用于我国境内的公益、救济性质的捐赠、滞纳金、罚款，以及为其总机构垫付的不属于其自身业务活动所发生的费用，不应作为代表机构的经费支出额。注意：为总机构从中国境内购买样品所支付的样品费和运输费用，不属于为总机构垫付的不属于其自身业务活动所发生的费用，属于其自身的经费支出。

29. ABCE 【解析】企业单独建造的停车场所，应作为成本对象单独核算。利用地下基础设施形成的停车场所，作为公共配套设施进行处理。

30. ABCD 【解析】对企业投资者持有 2011—2023 年发行的铁路债券取得的利息收入，减半征收企业所得税。

三、计算题

1. (1)D 【解析】收入总额 = 700+120+250+220 = 1 290(万元)

(2)C 【解析】资本化的利息，通过摊销方式扣除，不直接在财务费用中反映。
可扣除的财务费用 = 50-10 = 40(万元)
销售(营业)收入 = 700+120 = 820(万元)
广告宣传费扣除限额 = 820×15% = 123(万元)，实际列支 30 万元，上年超支 20 万元可结转在本年企业所得税税前扣除。
税前可扣除的销售费用 = 50+20 = 70(万元)
税前可扣除的财务费用和销售费用合计 =

110(万元)

(3)B 【解析】利润总额=1 290(收入)-20(税金及附加)-550(成本)-(50-10)(财务费用)-98(管理费用)-50(销售费用)-(40+5+2.73)(营业外支出)=484.27(万元)

捐赠限额=484.27×12%=58.11(万元),实际捐赠为40万元,可据实扣除。

可扣除的营业外支出=40(万元)

(4)B 【解析】应纳税所得额=1 290(收入总额)-(250+220)(免税收入)-20(税金)-550(成本)-40(财务费用)-98(管理费用)-70(销售费用)-40(捐赠)=2(万元)

自2021年1月1日至2022年12月31日,对小型微利企业年应纳税所得额不超过100万元的部分,减按12.5%计入应纳税所得额,按20%的税率缴纳企业所得税。

企业2021年的应纳所得税额=2×12.5%×20%=0.05(万元)

2.(1)B 【解析】以不含税租金收入按照10%代扣代缴企业所得税。A企业应代扣代缴企业所得税=100×10%=10(万元)。

(2)C 【解析】以取得的担保费的全额按照10%代扣代缴企业所得税。B企业应代扣代缴企业所得税=20×10%=2(万元)。

(3)D 【解析】按照转让所得10%代扣代缴企业所得税。C企业应代扣代缴企业所得税=(1 000-700)×10%=30(万元)。

(4)C 【解析】在中国境内未设立机构、场所的非居民企业,以融资租赁方式将设备、物件等租给中国境内企业使用,租赁期满后设备、物件所有权归中国境内企业(包括租赁期满后作价转让给中国境内企业),非居民企业按照合同约定的期限收取租金,应以租赁费(包括租赁期满后作价转让给中国境内企业的价款)扣除设备、物件价款后的余额,作为贷款利息所得计算缴纳企业所得税,由中国境内企业在支付时代扣代缴。D企业应代扣代缴企业所

得税=(200+10-120)×10%=9(万元)。

四、综合分析题

1.(1)B 【解析】收入总额=8 000+200+113(接受捐赠的货物价值及进项税额)+120+600=9 033(万元)

(2)D 【解析】会计利润=9 033-49.1-4 800-130(交换成本)-1 800-800-350-130-6=967.90(万元)

(3)AB 【解析】广告宣传费扣除限额的计算基数=8 000+200+120=8 320(万元)

广告宣传费扣除限额=8 320×15%=1 248(万元),实际发生广告费为1 500万元,超限额,应该调增所得额252万元(1 500-1 248)。

招待费扣除限额=8 320×5‰=41.6(万元),实际发生额的60%=90×60%=54(万元),二者取其低数,税前允许扣除招待费为41.6万元,应该调增所得额48.4万元(90-41.6)。

捐赠支出扣除限额=967.90×12%=116.15(万元)。公益捐赠130万元,税前允许扣除116.15万元,应该调增所得额为13.85万元(130-116.15)。

制造业企业开展研发活动中实际发生的研发费用,未形成无形资产计入当期损益的,在按规定据实扣除的基础上,自2021年1月1日起,再按照实际发生额的100%在税前加计扣除;形成无形资产的,自2021年1月1日起,按照无形资产成本的200%在税前摊销。

即纳税调减应纳税所得额120×100%=120(万元)。

技术所有权转让所得500万元以内的,免征所得税,超过500万元的部分,减半征税。本年技术转让所得600万元,其中500万元免征,100万元减半征税。所以,先进技术转让应调减应纳税所得额550万元。

(4)AD 【解析】企业向自然人借款,利率不得超过金融机构同期同类贷款利率,

超过部分对应的利息不得税前扣除,超标10万元利息,应该调增所得额10万元。

工资总额400万元,实际发生职工工会经费6万元、职工福利费60万元、职工教育经费15万元。

税法允许扣除的工会经费限额=400×2%=8(万元),实际发生6万元,因此按发生额扣除,不需调整;允许扣除的职工福利费限额=400×14%=56(万元),实际发生额60万元,超标,所以职工福利费应调增应税所得额4万元;允许扣除的职工教育经费限额=400×8%=32(万元),实际发生额15万元,不需调整。

(5)A 【解析】当年会计上的折旧=600×(1-8%)÷5÷2=55.2(万元)

当年所得税允许的折旧=600×(1-8%)÷10÷2=27.6(万元)

所以,安全设备折旧费影响所得额调增27.6万元(55.2-27.6)。

(6)A 【解析】本题会计利润已经确定,采用在利润基础上调整计算所得额比较方便。

应税所得额=967.90-550(技术转让所得调减)+252(广告宣传费调增)+48.4(招待费调增)+13.85(公益捐赠调增)-120(新产品技术研发加计扣除)+10(利息调增)+4+27.6(安全设备折旧调增)+6=659.75(万元)

应纳企业所得税=659.75×25%-600×10%(安全设备抵免税额)=104.94(万元)

2.(1)D 【解析】应纳房产税=750×(1-25%)×1.2%+50×(1-25%)×1.2%×4÷12=6.9(万元)

(2)C 【解析】所得税前准予扣除的税金及附加=202.42+28.39+6.9=237.71(万元)

(3)A 【解析】该卷烟厂销售收入总额=500+22.6÷(1+13%)=520(万元)

业务招待费限额:520×5‰=2.6(万元)>4×60%=2.4(万元),准予扣除2.4万元,

实际发生4万元,应调增1.6万元。

(4)A 【解析】专用设备折旧的会计利润扣除额=70×10÷12×5=2.92(万元)

(5)D 【解析】会计利润总额=520-221-10-20.75-6.9-10-202.42-28.39-2.92-30+27+20=34.62(万元)

捐赠扣除限额=34.62×12%=4.15(万元),实际发生20万元,只能扣除4.15万元。

(6)A 【解析】2019年资产损失18万元追补确认期限未超过五年,进行专项申报可以扣除。准予追补2019年度扣除,追补后2019年实际亏损=18-10=8(万元)。

2020年该卷烟厂境内的应纳税所得额=34.62+1.6+6+4+(20-4.15)-27-20-8=7.07(万元)

购置安全生产专用设备,该设备的投资额的10%可以从企业当年的应纳税额中抵免,当年不足抵免的,可以在以后5个纳税年度内结转抵免。

应缴纳企业所得税=7.07×25%+27÷(1-10%)×(25%-10%)-70×10%=-0.73(万元),购置安全生产专用设备,当年不足抵免,可以结转以后年度抵免,当年应缴纳企业所得税0万元。2018年多缴纳的企业所得税,结转以后年度抵免。

3.(1)A 【解析】应补缴的增值税税额=100×0.18×13%-1.3=1.04(万元)

应补缴的城建税及附加税=1.04×(7%+3%+2%)=0.12(万元)

应补缴的增值税、城市维护建设税、教育费附加和地方教育附加=1.04+0.12=1.16(万元)

(2)A 【解析】企业正确的会计利润=336+100×0.18-100×0.1+11.3-0.12=355.18(万元)

(3)D 【解析】捐赠的限额=355.18×12%=42.62(万元)

实际发生60万元,需要纳税调增=60-42.62=17.38(万元)。

(4)B 【解析】销售(营业)收入的5‰=

(5 400+100×0.18)×5‰=27.09(万元)

实际发生额的60%=80×60%=48(万元)

所以允许扣除限额是27.09万元，需要纳税调增=80-27.09=52.91(万元)。

(5) ABD 【解析】取得直接投资居民企业的股息收入属于免税收入，不交企业所得税。

(6) A 【解析】应缴纳的企业所得税额=(355.18+17.38+52.91-40)×25%=96.37(万元)

4. (1) D 【解析】补缴增值税及附加税费=226÷(1+13%)×13%×(1+7%+3%)=28.6(万元)

(2) D 【解析】审核后的会计利润总额=761+226÷(1+13%)+(10+1.3)-226÷(1+13%)×13%×(7%+3%)=969.7(万元)

(3) AD 【解析】业务招待费：(6 500+200)×0.5%=33.5(万元)

发生额的60%=62×60%=37.2(万元)

纳税调增额=62-33.5=28.5(万元)

新产品研发费用加计扣除纳税调减额=97×75%=72.75(万元)

(4) AC 【解析】符合条件的居民企业之间的股息、红利等权益性投资是免税的。

所以投资收益12.6万元应该纳税调减。

公益捐赠支出税前扣除限额=969.7×12%=116.36(万元)

公益捐赠支出超限纳税调增额=130-116.36=13.64(万元)

直接捐赠10万元应该调增。

合计捐赠纳税调增额=13.64+10=23.64(万元)

(5) BCD 【解析】工会经费税前扣除限额=856×2%=17.12(万元)

工会经费支出纳税调增额=20-17.12=2.88(万元)

教育经费税前扣除限额=856×8%=68.48(万元)

教育经费支出实际发生额未超限额不用纳税调整。

职工福利费税前扣除限额=856×14%=119.84(万元)

职工福利支出纳税调增额=131-119.84=11.16(万元)

(6) D 【解析】2020年应补缴的企业所得税=(969.7+28.5-72.75-12.6+23.64+2.88+11.16)×15%-96=46.58(万元)

第2章 个人所得税

考情解密

历年考情概况

本章是《税法（Ⅱ）》科目中的另一个重要章节，分值比重仅次于第一章企业所得税。历年考题单项选择题、多项选择题、计算题和综合分析题均会涉及本章内容，但本章的独立性较强，一般不会和其他税种结合出题。本章主观题的主要题型有两类，一类为自然人的个人所得税计算，包括中国公民和外籍人士两类纳税人的计算问题，另一类为个体工商户、个人独资企业和合伙企业的个人所得税取得的"经营所得"的计算，从考试出题频率看，第一类题型的出现频率高于第二类题型。本章近三年考试的平均分值在30-35分左右。

本章知识点比较"碎"，说它难吧，绝没有"老大"企业所得税难，说它不难吧，琐碎的考点有很多，记起来比较烦。在此杨军老师建议考生注意三点：第一点，要根据下面表格的考频指数合理分配复习时间；第二点，个人所得税的9个税目之间比较独立，所以考生可以采取各个击破的方式进行学习；第三点，要注意总结，做到"相似问题模型化，特殊问题简单化，解题流程标准化"，辅以必要的适当的练习，拿下本章也就不在话下了。

近年考点直击

考点	主要考查题型	考频指数	考查角度
征税对象	单选题、多选题	★★★	客观题的必考题，主观题中正确计算税额的基础
纳税人、税率	单选题、多选题	★★	客观题考核为主，分值不高
税收优惠	单选题、多选题	★★	主要是在客观题中考核文字性选择题，计算题和综合题中偶尔涉及
应纳税所得额和应纳税额的计算	单选题、多选题、计算题、综合分析题	★★★	本章的核心，包括客观题中的文字性、计算性选择题，主观题每年均有考核
征收管理	单选题、多选题	★★	主要在客观题中考查文字性的规定

本章2021年考试主要变化

（1）删除个人所得税的特点中"（四）计算较复杂"；
（2）删除劳务报酬所得概念中"新闻、广播"的表述；
（3）财产租赁所得和财产转让所得定义表述有修改，删除房地产开发企业财产租赁所得的相关规定；
（4）删除"公共租赁住房的税收优惠"；
（5）删除综合所得汇算清缴计算中涉及2019年的表述；
（6）允许扣除的捐赠额表述发生变化；
（7）新增"预扣预缴税款计算方法的优化"；
（8）综合所得汇算清缴管理办法重新编写；
（9）为支持新型冠状病毒感染的肺炎疫情防控工作，时间延长至2021年12月31日。

考点详解及精选例题

一、个人所得税的特点★

个人所得税是以个人取得的各类应税所得为征税对象而征收的一种所得税。从世界范围看个人所得税的税制模式有三种：分类征收制、综合征收制与混合征收制。分类征收制，就是将纳税人不同来源、性质的所得项目，分别规定不同的税率征收；综合征收制，是对纳税人全年的各项所得加以汇总，就其总额进行征税；混合征收制，是对纳税人不同来源、性质的所得先分别按照不同的税率征税，然后将全年的各项所得进行汇总征税。目前我国已经初步建立了分类与综合相结合的征收模式，即混合征收制。我国个人所得税主要有以下特点：

(1)实行混合征收；
(2)超额累进税率与比例税率并用；
(3)费用扣除额较宽；
(4)采取源泉扣缴和自行申报纳税两种征纳方法。

二、个人所得税征税对象★★★

(一)工资、薪金所得

工资、薪金所得：个人因**任职或者受雇**而取得的工资、薪金、奖金、年终加薪、劳动分红、津贴、补贴以及与任职或者受雇有关的其他所得。

【老杨唠吧唠】劳动分红的"红"字让很多考生在判断税目时容易错误地认为是"股息红利"，这个劳动分红还是和"任职、受雇"有关的，所以按"工资、薪金所得"项目征税。

『提示1』工资、薪金所得属于非独立个人劳动所得，强调个人所从事的是他人指定、安排并接受管理的劳动、工作，或服务于公司、工厂、行政、事业单位(私营企业主除外)。

『提示2』年终加薪、劳动分红不分种类和取得情况，一律按工资、薪金所得课税；津贴、补贴等则有例外。

『提示3』不属于工资、薪金性质的补贴，不纳个税的项目：
(1)独生子女补贴；
(2)执行公务员工资制度未纳入基本工资总额的补贴、津贴差额和家属成员的副食品补贴；
(3)托儿补助费；
(4)差旅费津贴、误餐补助。

【老杨唠吧唠】不征税的误餐补助，是指按财政部门规定，个人因公在城区、郊区工作，不能在工作单位或返回就餐，确实需要在外就餐的，根据实际误餐顿数，按规定的标准领取的误餐费。一些单位以误餐补助名义发给职工的补贴、津贴，应当并入当月工资、薪金所得计征个人所得税。

『提示4』个人因公务用车和通讯制度改革而取得的公务用车、通讯补贴收入，扣除一定标准的公务费用后，按照"工资、薪金所得"项目计征个人所得税。按月发放的，并入当月"工资、薪金所得"计征个人所得税；不按月发放的，分解到所属月份并与该月"工资、薪金所得"合并后计征个人所得税。

『提示5』"出租车"总结：
(1)出租汽车经营单位对驾驶员采取单车承包、承租的，驾驶员从事客货营运取得的收入按"工资、薪金所得"征税。
(2)出租车属个人所有，但挂靠出租汽车经营单位或企事业单位，驾驶员向挂靠单位缴纳管理费的，或出租汽车经营单位将出租车所有权转移给驾驶员的，按"经营所得"征税。

【老杨唠吧唠】出租车的征税问题涉及"工资、薪金所得"和"经营所得"两个税目，判断标准总结说就是看"车权"即出租车的所有权。上述(1)的"车权"归属于出租汽车经营单位，驾驶员就是为其打工的，所以按"工资、薪金所得"征税；上述(2)的"车权"属于个人所有，实质就是"个体户"，所以按"经营所得"征税。一个"工资、薪金"这么一小段，老杨唠吧唠了这么多，无论是"误餐补助""劳动分红"还是"出租车"，我们回头看一看就会发现，在判断其税目时遵循了"实质课税"的税法基本原则，这点在个人所得税的学习中尤其重要，因为个人取得的收入形式多种多样，我们在判断其税目时不能望"字"生义，而是要根据其"实质"来确定某种收入的税目。

(二)劳务报酬所得

劳务报酬所得是指个人从事劳务取得的所得，包括从事设计、装潢、安装、制图、化验、测试、医疗、法律、会计、咨询、讲学、翻译、审稿、书画、雕刻、影视、录音、录像、演出、表演、广告、展览、技术服务、介绍服务、经纪服务、代办服务以及其他劳务取得的所得。

『提示1』个人兼职取得的收入，按该项目征税。

『提示2』在校学生因参与勤工俭学活动(包括参与学校组织的勤工俭学活动)而取得的所得，按照"劳务报酬所得"征税。

『提示3』对商品营销活动中，企业和单位对营销业绩突出人员以培训班、研讨会、工作考察等名义组织旅游活动，通过免收差旅费、旅游费对个人实行的营销业绩奖励(包括实物、有价证券等)，应根据所发生费用全额计入营销人员应税所得，依法征收个人所得税，并由提供上述费用的企业和单位代扣代缴。其中，对企业雇员享受的此类奖励，应与当期的工资薪金合并，按照"工资、薪金所得"项目征收个人所得税；对其他人员享受的此类奖励，应作为当期的劳务收入，按照"劳务报酬所得"项目征收个人所得税，并由提供上述费用的企业和单位代扣代缴。

『提示4』董事费收入：

(1)个人担任公司董事、监事且不在公司任职受雇的，按"劳务报酬所得"项目征税；

(2)个人在公司(包括关联公司)任职、受雇同时兼任董事、监事，按"工资、薪金所得"项目征税。

【老杨唠吧唠】判断一种收入是属于劳务报酬所得，还是工资、薪金所得是一个重要的知识点，判断的重要标准简单地说就是看是否有任职、受雇关系，具体来说"劳务报酬所得"与"工资、薪金所得"的区别：

(1)工资、薪金所得：个人从事非独立劳动取得的所得，个人与单位之间有任职、受雇关系。

(2)劳务报酬所得：个人从事独立劳动取得的所得，个人与单位之间无任职、受雇关系。

抓住二者的区别，考生可以回看上述"营销业绩奖励"和"董事费"两项收入的内容，会发现是根本不需要记忆的，有没有这种"赶脚"呢？这个基本判断原则对后续很多知识点的理解记忆也有神奇的作用，要理解哟！

(三)稿酬所得

稿酬所得，是指个人因其作品以图书、报刊形式出版、发表而取得的所得，包括文字、书画、摄影以及其他作品。

【老杨唠吧唠】稿酬强调以图书、报刊形式出版、发表。不以图书、报刊形式出版、发表的翻译、审稿、书画所得按"劳务报酬所得"项目计税。

『提示1』作者去世后，对取得其遗作稿酬的个人，按稿酬所得征收个人所得税。

『提示2』报纸、杂志、出版等单位的职员在本单位的刊物上发表作品、出版图书取得所得征税问题：

(1)任职、受雇于报纸、杂志等单位的记者、编辑等专业人员，因在本单位的报纸、杂志上发表作品取得的所得，与其当月工资收入合并，按"工资、薪金所得"项目征税。

（2）除上述专业人员以外，其他人员在本单位的报纸、杂志上发表作品取得的所得，按"稿酬所得"项目征税。

【老杨唠吧唠】很多考生问我，同样是发表作品，为什么税目不一样？这实际上就是我们前面提到的"实质课税"原则的应用，上述（1）的专业人员发表作品的所得实质是"奖金"，是本职工作的一部分，所以按"工资、薪金所得"项目征税；上述（2）的其他人员发表作品与任职、受雇没有关系，是一种"外快"，由于"出版、发表"了，所以属于"稿酬所得"项目。

『提示3』出版社的专业作者撰写、编写或翻译的作品，由本社以图书形式出版而取得的稿费收入，按"稿酬所得"项目征税。

（四）特许权使用费所得

特许权使用费所得，是指个人提供专利权、商标权、著作权、非专利技术以及其他特许权的使用权取得的所得。提供著作权的使用权取得的所得，不包括稿酬所得。

『提示1』作者将自己的文字作品手稿原件或复印件公开拍卖（竞价）取得的所得，按"特许权使用费所得"项目征税。

【老杨唠吧唠】这个"拍卖"要特殊记忆，其他"拍卖"则按后面介绍的"财产转让所得"项目征税。

『提示2』个人取得特许权的经济赔偿收入按"特许权使用费所得"项目纳税，税款由支付赔款的单位或个人代扣代缴。

『提示3』编剧从电视剧的制作单位取得的剧本使用费，按"特许权使用费所得"项目征税。

（五）经营所得

经营所得，是指：

1. 个体工商户从事生产、经营活动取得的所得，个人独资企业投资人、合伙企业的个人合伙人来源于境内注册的个人独资企业、合伙企业生产、经营的所得。

『提示』个体工商户以业主为个人所得税纳税义务人。

2. 个人依法从事办学、医疗、咨询以及其他有偿服务活动取得的所得。

3. 个人对企业、事业单位承包经营、承租经营以及转包、转租取得的所得。

4. 个人从事其他生产、经营活动取得的所得。

『提示1』个体工商户或个人专营种植业、养殖业、饲养业、捕捞业，不征收个人所得税。

『提示2』个人从事彩票代销业务而取得所得，按本税目计算征税。

『提示3』个人独资企业、合伙企业的个人投资者以企业资金为本人、家庭成员及其相关人员支出与企业生产经营无关的消费性支出及购买汽车、住房等财产性支出，视为企业对个人投资者利润分配，并入投资者个人的生产经营所得，依照"经营所得"项目计征个人所得税。

『提示4』个体工商户和从事生产、经营的个人，取得与生产、经营活动无关的其他各项应税所得，应分别按照其他应税项目的有关规定，计算征收个人所得税。

『提示5』承包、承租后，不改变企业的性质，按分配方式分为两种：

（1）承包、承租人对企业经营成果不拥有所有权，仅按合同（协议）规定取得一定所得的，应按"工资、薪金所得"项目征税。

（2）承包、承租人按合同（协议）规定只向发包方、出租人交纳一定的费用，交纳承包、承租费后的企业的经营成果归承包、承租人所有的，其取得的所得，按"经营所得"项目征税。

【老杨唠吧唠】这实际上又是我们前面提到的"实质课税"原则的应用问题，简单地说承包、承租人对企业经营成果不拥有所有权而取得的所得就是奖金。

（六）利息、股息、红利所得

利息、股息、红利所得，是指个人拥有

债权、股权等而取得的利息、股息、红利所得。

『提示1』 国债和国家发行的金融债券利息免税。

『提示2』 自2008年10月9日起，储蓄存款利息、个人结算账户利息所得税暂免征收个人所得税。

『提示3』 企业购买车辆并将车辆所有权办到股东个人名下，其实质为企业对股东进行了红利性质的实物分配，应按"利息、股息、红利所得"项目计征个人所得税。

『提示4』 除个人独资企业、合伙企业以外的其他企业的个人投资者，以企业资金为本人、家庭成员及其相关人员支付与企业生产经营无关的消费性支出及购买汽车、住房等财产性支出，视为企业对个人投资者的红利分配，依照"利息、股息、红利所得"项目计征个人所得税。

(七)财产租赁所得

财产租赁所得，是指个人出租不动产、机器设备、车船以及其他财产取得的所得。

『提示』 个人取得的财产转租收入属于"财产租赁所得"。

(八)财产转让所得

财产转让所得，是指个人转让有价证券、股权、合伙企业中的财产份额、不动产、机器设备、车船以及其他财产取得的所得。

『提示1』 境内上市公司股票转让所得暂不征收个人所得税。

『提示2』 个人转让自用5年以上并且是家庭唯一生活用房取得的所得免税。

『提示3』 企业改组改制过程中个人取得的量化资产征收个人所得税问题的处理：

根据国家有关规定，允许集体所有制企业在改制为股份合作制企业时可以将有关资产量化给职工个人。为了支持企业改组改制的顺利进行，对于企业在这一改革过程中个人取得量化资产的有关个人所得税问题，现明确如下：

1. 对职工个人以股份形式取得的仅作为分红依据，不拥有所有权的企业量化资产，不征收个人所得税。

2. 对职工个人以股份形式取得的拥有所有权的企业量化资产，暂缓征收个人所得税；待个人将股份转让时，就其转让收入额，减除个人取得该股份时实际支付的费用支出和合理转让费用后的余额，按"财产转让所得"项目计征个人所得税。

3. 对职工个人以股份形式取得的企业量化资产参与企业分配而获得的股息、红利，应按"利息、股息、红利"项目征收个人所得税。

【老杨唠吧唠】 属于同一文件的内容，老杨整编到了一起，这样更利于记忆。

(九)偶然所得

偶然所得，是指个人得奖、中奖、中彩以及其他偶然性质的所得。

『提示1』 购买社会福利有奖募捐奖券一次中奖不超过1万元(含)的，暂免征税；超过1万的，全额征税。

『提示2』 累计消费达到一定额度的顾客给予额外抽奖机会的获奖所得属于偶然所得。

【老杨唠吧唠】 居民个人取得上述第(一)项至第(四)项所得(以下称综合所得)按纳税年度合并计算个人所得税；非居民个人取得上述第(一)项至第(四)项所得，按月或者按次分项计算个人所得税。纳税人取得上述第(六)项至第(九)项所得，依照规定分别计算个人所得税。

【例题1·单选题】 下列所得，不属于个人所得税"工资、薪金所得"应税项目的是(   )。

A. 个人兼职取得的所得

B. 个人按照规定领取的税收递延型商业养老保险的养老金收入

C. 任职丁杂志社的记者在本单位杂志上发表作品取得的所得

D. 个人在公司任职并兼任董事取得的董

事费所得

解析 ▶ 个人兼职取得的所得，按"劳务报酬所得"项目缴纳个人所得税。　**答案** ▶ A

【例题2·多选题】下列所得中，应按照"稿酬所得"缴纳个人所得税的有（　）。

A. 书法家为企业题字获得的报酬

B. 杂志社记者在本社杂志发表文章获得的报酬

C. 电视剧制作中心的编剧编写剧本获得的报酬

D. 出版社的专业作者翻译的小说由该出版社出版获得的报酬

E. 报社印刷车间工作人员在该社报纸发表作品获得的报酬

解析 ▶ 选项A，按劳务报酬所得缴纳个人所得税；选项B，按工资、薪金所得缴纳个人所得税；选项C，按特许权使用费所得缴纳个人所得税。　**答案** ▶ DE

三、纳税人和税率 ★★

扫我解疑难

（一）纳税人

1. 纳税人的分类

个人所得税的纳税人是指在中国境内有住所，或者虽无住所但在境内居住累计满183天，以及无住所又不居住或居住不满183天但从中国境内取得所得的个人，包括中国公民、个体工商户、外籍个人，以及香港、澳门、台湾同胞等。上述纳税义务人依据住所和居住时间两个标准，区分为居民个人和非居民个人，具体规定见表2-1。

表2-1　纳税人分类

纳税人分类	判断标准	纳税义务
居民个人	只要具备以下条件之一的即为居民个人： (1) 在中国境内有住所； (2) 无住所而一个纳税年度内在中国境内居住**累计满183天**的个人。 『提示1』"中国境内"指中国大陆地区，不包括香港、澳门和台湾地区。 『提示2』住所是指因户籍、家庭、经济利益关系而在中国境内习惯性居住的个人。 『提示3』纳税年度自公历1月1日起至12月31日止	负有**无限**纳税义务。其所取得的应纳税所得，无论是来源于中国境内还是中国境外任何地方，都要在中国缴纳个人所得税
非居民个人	只要具备以下条件之一的即为非居民个人： (1) 在中国境内无住所又不居住； (2) 无住所而一个纳税年度内在中国境内居住**累计不满183天**的个人	负有**有限**纳税义务，即仅就其来源于中国境内的所得，向中国缴纳个人所得税

【老杨唠吧唠】注意纳税义务人中合伙企业不是纳税人，合伙企业投资者才是纳税人。另外注意"住所"不是住房，是习惯性居住地。

【例题3·单选题】下列各项中，属于个人所得税中非居民个人的是（　）。

A. 在中国境内无住所，但一个纳税年度中在中国境内居住刚满180天的个人

B. 在中国境内无住所，而在一个纳税年度内居住超过188天但不满360天的个人

C. 在中国境内有住所的个人

D. 在中国境内无住所，并在一个纳税年度内居住满1年不满5年的个人

解析 ▶ 在中国境内有住所的个人以及在中国境内无住所但一个纳税年度中在中国境内居住累计满183天的个人，为个人所得税的居民个人。　**答案** ▶ A

2. 境内无住所个人的纳税义务（见表2-2）

表 2-2　境内无住所个人的纳税义务

居住时间		境内所得		境外所得	
		境内支付	境外支付	境内支付	境外支付
不满 183 天	连续或累计不超过 90 天	√	免税	×（高管纳）	×
	90-183 天之内	√	√	×（高管纳）	×
满 183 天（高管同）	累计满 183 天的年度连续不满 6 年	√	√	√	免税（备案）
	累计满 183 天的年度连续满 6 年	√	√	√	√

『说明』"√"表示征税，"×"表示不征税。

『提示 1』在中国境内居住累计满 183 天的任一年度中有一次离境超过 30 天的，其在中国境内居住累计满 183 天的年度的连续年限重新起算。

『提示 2』（1）无住所个人一个纳税年度在中国境内累计居住满 183 天的，如果此前六年在中国境内每年累计居住天数都满 183 天而且没有任何一年单次离境超过 30 天，该纳税年度来源于中国境内、境外所得应当缴纳个人所得税；如果此前六年的任一年在中国境内累计居住天数不满 183 天或者单次离境超过 30 天，该纳税年度来源于中国境外且由境外单位或者个人支付的所得，免予缴纳个人所得税。

所称此前六年，是指该纳税年度的前一年至前六年的连续六个年度，此前六年的起始年度自 2019 年（含）以后年度开始计算。

（2）无住所个人一个纳税年度内在中国境内累计居住天数，按照个人在中国境内累计停留的天数计算。在中国境内停留的当天满 24 小时的，计入中国境内居住天数，在中国境内停留的当天不足 24 小时的，不计入中国境内居住天数。

3. 所得来源地的确定

（1）《个人所得税法实施条例》第三条规定：

除国务院财政、税务主管部门另有规定外，下列所得，不论支付地点是否在中国境内，均为来源于中国境内的所得：

①因任职、受雇、履约等而在中国境内提供劳务取得的所得。

②将财产出租给承租人在中国境内使用而取得的所得。

③许可各种特许权在中国境内使用而取得的所得。

④转让中国境内的不动产等财产或者在中国境内转让其他财产取得的所得。

⑤从中国境内企业、事业单位、其他组织以及居民个人取得的利息、股息、红利所得。

（2）《关于非居民个人和无住所居民个人有关个人所得税政策的公告》（2019 年第 35 号）中非居民个人和无住所居民个人（以下统称无住所个人）所得来源地确定的有关规定：

①关于工资薪金所得来源地的规定。

个人取得归属于中国境内工作期间的工资、薪金所得为来源于境内的工资、薪金所得。境内工作期间按照个人在境内工作天数计算，包括其在境内的实际工作日以及境内工作期间在境内、境外享受的公休假、个人休假、接受培训的天数。在境内、境外单位同时担任职务或者仅在境外单位任职的个人，在境内停留的当天不足 24 小时的，按照半天计算境内工作天数。

无住所个人在境内、境外单位同时担任职务或者仅在境外单位任职，且当期同时在境内、境外工作的，按照工资薪金所属境内、境外工作天数占当期公历天数的比例计算确定来源于境内、境外工资薪金所得的收入额。

境外工作天数按照当期公历天数减去当期境内工作天数计算。

【老杨唠吧唠】 看到"24小时",很多考生会和上述"境内无住所个人的纳税义务2"中提到的"24小时"搞混,老杨提示考生注意仔细阅读相关规定,理解"居住天数"和"工作天数"的区别,简单地说"居住天数"是判定纳税人身份时使用的标准,而"工作天数"是计算具体税额时使用的标准,由此可见二者并不是同一个概念。

②关于数月奖金以及股权激励所得来源地的规定。

无住所个人取得的数月奖金或者股权激励所得按照上述第①项规定确定所得来源地的,无住所个人在境内履职或者执行职务时收到的数月奖金或者股权激励所得,归属于境外工作期间的部分,为来源于境外的工资、薪金所得;无住所个人停止在境内履约或者执行职务离境后收到的数月奖金或者股权激励所得,对属于境内工作期间的部分,为来源于境内的工资、薪金所得。具体计算方法为:数月奖金或者股权激励乘以数月奖金或者股权激励所属工作期间境内工作天数与所属工作期间公历天数之比。

无住所个人一个月内取得的境内外数月奖金或者股权激励包含归属于不同期间的多笔所得的,应当先分别按照财政部、国家税务总局2019年第35号公告规定计算不同归属期间来源于境内的所得,然后再加总计算当月来源于境内的数月奖金或者股权激励收入额。

数月奖金是指一次取得归属于数月的奖金、年终加薪、分红等工资薪金所得,不包括每月固定发放的奖金及一次性发放的数月工资。股权激励包括股票期权、股权期权、限制性股票、股票增值权、股权奖励以及其他因认购股票等有价证券而从雇主取得的折扣或者补贴。

【老杨唠吧唠】 我们通过总局问题解答中的一个举例理解本部分内容:A先生为无住所个人,2020年1月,A先生同时取得2019年第四季度(公历天数92天)奖金和全年奖金。假设A先生取得季度奖金20万元,对应境内工作天数为46天;取得全年奖金50万元,对应境内工作天数为73天。两笔奖金分别由境内公司、境外公司各支付一半。(不考虑税收协定因素)

2020年度,A先生在中国境内居住天数不超过90天,为非居民个人,A先生仅就境内支付的境内所得,计算在境内应计税的收入。A先生当月取得数月奖金在境内应计税的收入额为:

$$20 \times \frac{1}{2} \times \frac{46}{92} + 50 \times \frac{1}{2} \times \frac{73}{365} = 10(万元)$$

③关于董事、监事及高层管理人员取得报酬所得来源地的规定。

对于担任境内居民企业的董事、监事及高层管理职务的个人,无论是否在境内履行职务,取得由境内居民企业支付或者负担的董事费、监事费、工资薪金或者其他类似报酬(包含数月奖金和股权激励),属于来源于境内的所得。

上述所称高层管理职务包括企业正、副(总)经理、各职能总师、总监及其他类似公司管理层的职务。

【老杨唠吧唠】 担任董事、监事、高层管理职务的无住所个人(以下称高管人员),其境内所得判定的规则与一般无住所雇员不同。高管人员参与公司决策和监督管理,工作地点流动性较大,不宜简单按照工作地点划分境内和境外所得。高管人员取得由境内居民企业支付或负担的报酬,不论其是否在境内履行职务,均属于来源于境内的所得,应在境内缴税。对高管人员取得不是由境内居民企业支付或者负担的报酬,仍需按照任职、受雇、履约地点划分境内、境外所得。(摘自《财政部税政司 税务总局所得税司 税务总局国际税务司关于非居民个人和无住所居民个人有关个人所得税政策问题的解答》)

④关于稿酬所得来源地的规定。

由境内企业、事业单位、其他组织支付或者负担的稿酬所得,为来源于境内的所得。

【老杨唠吧唠】 所得来源地的确定对纳税人尤其是对非居民个人是一个非常重要的规定,当然从考试角度熟悉基本规定即可。在面授中很多考生反映这部分内容感觉很乱,其实大家可以简单的理解为:上述(1)我们可以理解为所得来源地确定的一般规定,而(2)的内容是针对无住所个人的所得来源地确定的具体规定,实际上(2)是对(1)的有针对的细化规定。杨老师把对应的文件名也一并提供给大家,感兴趣的读者可以查询相关文件和配套解读。

(二)税率

个人所得税区分不同个人所得项目,规定了超额累进税率和比例税率两种形式。

1. 综合所得适用3%～45%的七级超额累进税率。

2. 经营所得适用5%～35%的五级超额累进税率。

3. 利息、股息、红利所得,财产租赁所得,财产转让所得和偶然所得适用20%的比例税率。

『提示』个人出租住房取得的所得暂减按10%的税率征收个人所得税。

4. 居民个人分月或分次取得工资、薪金所得,劳务报酬所得,稿酬所得,特许权使用费所得时,支付单位预扣预缴个人所得税的预扣率。其中,工资、薪金所得适用3%～45%的七级超额累进预扣率;劳务报酬所得适用20%～40%的三级超额累进预扣率;稿酬所得、特许权使用费所得适用20%的比例预扣率。

5. 非居民个人取得工资、薪金所得,劳务报酬所得,稿酬所得,特许权使用费所得,分所得项目按月或按次计算个人所得税,统一适用3%～45%的七级超额累进税率。

【例题4·多选题】 下列各项中,适用5%-35%的超额累进税率计征个人所得税的有( )。

A. 个体工商户的生产经营所得
B. 个人独资企业的生产经营所得
C. 对企事业单位的承包经营所得
D. 合伙企业的生产经营所得
E. 工资薪金所得

解析 选项E,工资、薪金所得适用3%～45%的七级超额累进税率。

答案 ABCD

四、应纳税所得额的确定★★★

扫我解疑难

(一)应纳税所得额的一般规定

应纳税所得额=各项收入-税法规定的扣除项目或扣除金额

1. 个人所得的形式

包括现金、实物、有价证券和其他形式的经济利益;所得为实物的,应当按照取得的凭证上所注明的价格计算应纳税所得额,无凭证的实物或者凭证上所注明的价格明显偏低的,参照市场价格核定应纳税所得额;所得为有价证券的,根据票面价格和市场价格核定应纳税所得额;所得为其他形式的经济利益的,参照市场价格核定应纳税所得额。

2. 每次收入的确定

(1)非居民个人取得劳务报酬所得、稿酬所得、特许权使用费所得,属于一次性收入的,以取得该项收入为一次;属于同一项目连续性收入的,以一个月内取得的收入为一次。

(2)财产租赁所得,以一个月内取得的收入为一次。

(3)利息、股息、红利所得,以支付利息、股息、红利时取得的收入为一次。

(4)偶然所得,以每次取得该项收入为一次。

3. 费用扣除方法(见表2-3)

表2-3 费用扣除方法

应税项目		扣除方法
综合所得中的四项所得	居民个人	工资、薪金所得：按月"累计预扣"，年度"汇算清缴" 劳务报酬所得、稿酬所得、特许权使用费所得：按次或者按月预扣预缴税款，年度"汇算清缴"
	非居民个人	工资薪金所得：定额扣除 劳务报酬、稿酬和特许权使用费所得：定率扣除
经营所得		核算扣除有关成本、费用或规定的必要费用
财产转让所得		
财产租赁所得		定额或定率扣除
利息、股息、红利所得		无扣除
偶然所得		

(二)应纳税所得额的特殊规定

个人将其所得对教育、扶贫、济困等公益慈善事业进行捐赠，捐赠额未超过纳税人申报的应纳税所得额30%的部分，可以从其应纳税所得额中扣除；国务院规定对公益慈善事业捐赠实行全额税前扣除的，从其规定。

『提示1』个人将其所得对教育、扶贫、济困等公益慈善事业进行捐赠，是指个人将其所得通过中国境内的公益性社会组织、国家机关向教育、扶贫、济困等公益慈善事业的捐赠。如果是直接捐赠，一律不得扣除。

『提示2』应纳税所得额，是指计算扣除捐赠额之前的应纳税所得额。

『提示3』个人通过非营利性的社会团体和政府部门对下列机构的捐赠，准予在个人所得税税前按以下规定扣除：(1)对红十字事业的捐赠；(2)对福利性、非营利性老年服务机构的捐赠；(3)对公益性青少年活动场所的捐赠；(4)对农村义务教育的捐赠；(5)对教育事业的捐赠；(6)向宋庆龄基金会等6家单位的捐赠；(7)对中国医药卫生事业发展基金会的捐赠；(8)对中国教育发展基金会的捐赠；(9)对中国老龄事业发展基金会等8家单位的捐赠；(10)对中华快车基金会等5家单位的捐赠；(11)向地震灾区的捐赠。

『提示4』对新型冠状病毒感染的肺炎疫情防控工作的捐赠(财政部、税务总局2020年第9号公告)：自2020年1月1日至2021年12月31日，个人的下列捐赠允许在计算应纳税所得额时全额扣除：①个人通过公益性社会组织或者县级以上人民政府及其部门等国家机关，捐赠用于应对新型冠状病毒感染的肺炎疫情的现金和物品；②个人直接向承担疫情防治任务的医院捐赠用于应对新型冠状病毒感染的肺炎疫情的物品。捐赠人凭承担疫情防治任务的医院开具的捐赠接收函办理税前扣除事宜。

【老杨唠吧唠】捐赠扣除的分解动作："五步法"

第一步：计算扣除捐赠前的应纳税所得额

第二步：分析是否可以全额扣除：全额扣直接进入第五步，非全额扣进入下一步

第三步：计算捐赠扣除限额：第一步结果×30%

第四步：比较确定：

实际捐赠额<捐赠扣除限额：允许扣除的捐赠额=实际捐赠额

实际捐赠额>捐赠扣除限额：允许扣除的捐赠额=捐赠扣除限额

第五步：计算税额：应纳税额=(应纳税所得额-允许扣除的捐赠额或全额扣除的金额)×适用税率-速算扣除数

【例题5·单选题】2020年8月，李某取得财产租赁收入80 000元，从中拿出20 000元通过国家机关捐赠给受灾地区。李某8月份应纳个人所得税（　　）元。

A. 6 160　　　　B. 6 272
C. 8 400　　　　D. 8 960

解析　捐赠扣除限额＝80 000×(1－20%)×30%＝19 200（元），实际捐赠额20 000元，允许扣除捐赠额19 200元。应纳个人所得税＝[80 000×(1－20%)－19 200]×20%＝8 960(元)。

答案　D

五、减免税优惠★★

扫我解疑难

（一）法定免税项目

根据《个人所得税法》及其实施条例相关规定，对个人下列所得项目，免征个人所得税：

1. 省级人民政府、国务院部委和中国人民解放军军以上单位，以及外国组织、国际组织颁发的科学、教育、技术、文化、卫生、体育、环境保护等方面的奖金。

2. 国债和国家发行的金融债券利息。其中，国债利息，是指个人持有中华人民共和国财政部发行的债券而取得的利息；国家发行的金融债券利息，是指个人持有经国务院批准发行的金融债券而取得的利息所得。

3. 按照国家统一规定发给的补贴、津贴。这是指按照国务院规定发给的政府特殊津贴、院士津贴，以及国务院规定免予缴纳个人所得税的其他补贴、津贴。

4. 福利费、抚恤金、救济金。其中，福利费是指根据国家有关规定，从企业、事业单位、国家机关、社会团体提留的福利费或者从工会经费中支付给个人的生活补助费；救济金是指各级人民政府民政部门支付给个人的生活困难补助费。

5. 保险赔款。

6. 军人的转业费、复员费、退役金。

7. 按照国家统一规定发给干部、职工的安家费、退职费、基本养老金或者退休费、离休费、离休生活补助费。其中，退职费是指符合《国务院关于工人退休、退职的暂行办法》规定的退职条件，并按该办法规定的退职费标准所领取的退职费。

8. 依照我国有关法律规定应予免税的各国驻华使馆、领事馆的外交代表、领事官员和其他人员的所得。依照有关法律规定应予免税的各国驻华使馆、领事馆的外交代表、领事官员和其他人员的所得，是指依照《中华人民共和国外交特权与豁免条例》和《中华人民共和国领事特权与豁免条例》规定免税的所得。

9. 中国政府参加的国际公约、签订的协议中规定免税的所得。

10. 经国务院财政部门批准免税的所得。该类免税规定，由国务院报全国人民代表大会常务委员会备案。

（二）法定减税项目

根据《个人所得税法》规定，有下列情形之一的，可以减征个人所得税，具体幅度和期限，由省、自治区、直辖市人民政府规定，并报同级人民代表大会常务委员会备案：

1. 残疾、孤老人员和烈属的所得；

2. 因严重自然灾害造成重大损失的。

国务院可以规定其他减税情形，报全国人民代表大会常务委员会备案。

（三）其他减免税项目

根据财政部、国家税务总局的若干规定，对个人下列所得免征或暂免征收个人所得税：

1. 外籍个人以非现金形式或实报实销形式取得的住房补贴、伙食补贴、搬迁费、洗衣费。

2. 外籍个人按合理标准取得的境内、境外出差补贴。

3. 外籍个人取得的探亲费、语言训练费、子女教育费等，经当地税务机关审核批准为合理的部分。

4. 凡符合下列条件之一的外籍专家取得

的工资、薪金所得，可免征个人所得税：

（1）根据世界银行专项贷款协议，由世界银行直接派往我国工作的外国专家。

（2）联合国组织直接派往我国工作的专家。

（3）为联合国援助项目来华工作的专家。

（4）援助国派往我国专为该国援助项目工作的专家，其取得的无论我方或外国支付的工资、薪金和生活补贴。

（5）根据两国政府签订的文化交流项目来华工作2年以内的文教专家，其工资、薪金所得由该国负担的。

（6）根据我国大专院校国际交流项目来华工作2年以内的文教专家，其工资、薪金所得由该国负担的。

（7）通过民间科研协定来华工作的专家，其工资、薪金所得由该国政府机构负担的。

5. 个人举报、协查各种违法、犯罪行为而获得的奖金。

6. 个人办理代扣代缴税款手续，按规定取得的扣缴手续费。

7. 个人转让自用达5年以上，并且是唯一的家庭生活用房取得的所得。

8. 对个人购买社会福利有奖募捐奖券、体育彩票，一次中奖收入在1万元以下（含）的暂免征个人所得税，超过1万元的，全额征收个人所得税。

9. 达到离休、退休年龄，但确因工作需要，适当延长离休、退休年龄的高级专家（指享受国家发放的政府特殊津贴的专家、学者），其在延长离休、退休期间的工资、薪金所得，视同离休费、退休费免征个人所得税。

10. 对个人取得的教育储蓄存款利息所得以及国务院财政部门确定的其他专项储蓄存款或储蓄型专项基金存款的利息所得，免征个人所得税。自2008年10月9日起，对居民个人储蓄存款利息和证券市场个人投资者取得的证券交易结算资金利息所得，暂免征收个人所得税。

11. 居民个人按照国家规定的范围和标准缴纳的基本养老保险、基本医疗保险、失业保险等社会保险费和住房公积金，允许在个人应纳税所得额中扣除，免于征收个人所得税。

12. 个人实际领（支）取原提存的基本养老保险金、基本医疗保险金、失业保险金和住房公积金时，免征个人所得税。

13. 生育妇女按照县级以上人民政府根据国家有关规定制定的生育保险办法，取得的生育津贴、生育医疗费或其他属于生育保险性质的津贴、补贴，免征个人所得税。

14. 对工伤职工及其近亲属按照《中华人民共和国工伤保险条例》规定取得的一次性伤残保险待遇，免征个人所得税。

15. 对退役士兵按照《退役士兵安置条例》（国务院、中央军委令第608号）规定，取得的一次性退役金以及地方政府发放的一次性经济补助，免征个人所得税。

16. 对个人取得的2012年及以后年度发行的地方政府债券利息收入，免征个人所得税。

地方政府债券，是指经国务院批准同意，以省、自治区、直辖市、计划单列市政府为发行和偿还主体的债券。

17. 对个人投资者持有2019—2023年发行的铁路债券取得的利息收入，减按50%计入应纳税所得额计算征收个人所得税。税款由兑付机构在向个人投资者兑付利息时代扣代缴。

18. 职工从依照国家有关法律规定宣告破产的企业取得的<u>一次性安置费收入</u>，免征个人所得税。

19. 沪港、深港股票市场交易互联互通和内地与香港基金互认的税收优惠。

（1）对内地个人投资者通过沪港通、深港通投资香港联交所上市股票取得的转让差价所得和通过基金互认买卖香港基金份额取得的转让差价所得，自2019年12月5日起至2022年12月31日止，继续暂免征收个人所得税。

(2)对香港市场投资者(包括企业和个人)投资上海证券交易所(简称上交所)上市A股取得的转让差价所得,暂免征收所得税。

20. 公共租赁住房的税收优惠。个人捐赠住房作为公租房,符合税收法律法规规定的,对其公益性捐赠支出未超过其申报的应纳税所得额30%的部分,准予从其应纳税所得额中扣除。

21. 对国际奥委会及其相关实体的外籍雇员、官员、教练员、训练员以及其他代表在2019年6月1日至2022年12月31日期间临时来华,从事与北京冬奥会相关的工作,取得由北京冬奥组委支付或认定的收入,免征增值税和个人所得税。

22. 支持新型冠状病毒感染的肺炎疫情防控的税收优惠。为支持新型冠状病毒感染的肺炎疫情防控工作,自2020年1月1日至2021年12月31日,下列所得免征个人所得税:

(1)对参加疫情防治工作的医务人员和防疫工作者按照政府规定标准取得的临时性工作补助和奖金,免征个人所得税。政府规定标准包括各级政府规定的补助和奖金标准。

对省级及省级以上人民政府规定的对参与疫情防控人员的临时性工作补助和奖金,比照执行。

(2)单位发给个人用于预防新型冠状病毒感染的肺炎的药品、医疗用品和防护用品等实物(不包括现金),不计入工资、薪金收入,免征个人所得税。

【例题6·单选题】个人取得的下列所得,免征个人所得税的是( )。

A. 年终兑现的绩效奖

B. 外籍个人以现金形式取得住房补贴

C. 个人转让自用五年住房

D. 个人购买体育彩票一次中奖收入8 000元

解析 ▶ 选项A,按照"工资、薪金所得"项目征税;选项B,外籍个人以非现金形式或实报实销形式取得的住房补贴,暂免征收个人所得税;选项C,个人转让自用达5年以上,并且是唯一的家庭生活用房取得的所得,暂免征收个人所得税。 答案 ▶ D

六、居民个人综合所得应纳税额的计算★★★

扫我解疑难

(一)每月(次)综合所得的税务处理(见表2-4)

表2-4 每月(次)综合所得的税务处理

所得项目	税务处理
工资、薪金所得	扣缴义务人支付时,按"**累计预扣法**"计算预扣税款,并按月办理扣缴申报
劳务报酬所得	(1)每次收入不超过4 000元的,预扣预缴税额=(收入-800)×**预扣率** (2)每次收入4 000元以上的,预扣预缴税额=收入×(1-20%)×**预扣率**-速算扣除数
稿酬所得	(1)每次收入不超过4 000元的,预扣预缴税额=(收入-800)×**70%**×20% (2)每次收入4 000元以上的,预扣预缴税额=收入×(1-20%)×**70%**×20%
特许权使用费所得	(1)每次收入不超过4 000元的,预扣预缴税额=(收入-800)×20% (2)每次收入4 000元以上的,预扣预缴税额=收入×(1-20%)×20%

附:工资、薪金所得的累计预扣法

累计预扣预缴应纳税所得额=累计收入-累计免税收入-累计减除费用-累计专项扣除-累计专项附加扣除-累计依法确定的其他扣除

本期应预扣预缴税额=(累计预扣预缴应纳税所得额×预扣率-速算扣除数)-累计减免税额-累计已预扣预缴税额

『提示1』累计减除费用,按照5 000元/月乘以纳税人当年截至本月在本单位的任职受雇月份数计算。

『提示2』**专项扣除**包括居民个人按照国家规定的范围和标准缴纳的基本养老保险、基本医疗保险、失业保险等社会保险费和住房公积金等。

『提示3』**专项附加扣除**包括子女教育、继续教育、大病医疗、住房贷款利息或者住房租金、赡养老人等支出。

(1)除大病医疗汇算清缴时扣除外,其他专项附加扣除可以选择预扣预缴时扣除也可以汇算清缴时扣除。

(2)一个纳税年度内,如果没有及时将扣除信息报送任职受雇单位,以致在单位预扣预缴工资、薪金所得税未享受扣除或未足额享受扣除的,可以在当年剩余月份内向单位申请补充扣除,也可以在次年3月1日至6月30日内,向汇缴地主管税务机关进行汇算清缴申报时办理扣除。

『提示4』**其他扣除**包括个人缴付符合国家规定的企业年金、职业年金,个人购买符合国家规定的商业健康保险、税收递延型商业养老保险的支出,以及国务院规定可以扣除的其他项目。

【老杨唠吧唠】老杨提请考生注意区分专项扣除、专项附加扣除和其他扣除的区别,其中专项附加扣除的具体规定见"八、综合所得的专项附加扣除"。

『提示5』专项扣除、专项附加扣除和依法确定的其他扣除,以居民个人一个纳税年度的应纳税所得额为限额,一个纳税年度扣除不完的,不结转以后年度扣除。

【例题7·计算题】居民个人杨某2020年每月应发工资均为30 000元,每月减除费用5 000元,"三险一金"等专项扣除为4 500元,享受专项附加扣除共计2 000元,没有减免收入及减免税额等情况;10月份杨某分别取得劳务报酬和稿酬30 000元和20 000元,请计算其前3个月工资薪金各月应预扣预缴税额和全年预扣预缴税额及劳务报酬所得和稿酬所得预扣预缴税额。

附表1:**个人所得税预扣率表**(居民个人工资、薪金所得预扣预缴适用)

级数	累计预扣预缴应纳税所得额	预扣率(%)	速算扣除数
1	不超过36 000元	3	0
2	超过36 000元至144 000元的部分	10	2 520
3	超过144 000元至300 000元的部分	20	16 920
4	超过300 000元至420 000元的部分	25	31 920
5	超过420 000元至660 000元的部分	30	52 920
6	超过660 000元至960 000元的部分	35	85 920
7	超过960 000元的部分	45	181 920

附表2:**个人所得税预扣率表**(居民个人劳务报酬所得预扣预缴适用)

级数	预扣预缴应纳税所得额	预扣率(%)	速算扣除数
1	不超过20 000元	20	0
2	超过20 000元至50 000元的部分	30	2 000
3	超过50 000元的部分	40	7 000

解析

(1)工资、薪金预扣预缴税额计算

1月份工资、薪金所得应预扣预缴税额=(30 000-5 000-4 500-2 000)×3%=555(元)

2月份工资、薪金所得应预扣预缴税额=(30 000×2-5 000×2-4 500×2-2 000×2)×10%-2 520-555=625(元)

3月份工资、薪金所得应预扣预缴税额=

$(30\,000 \times 3 - 5\,000 \times 3 - 4\,500 \times 3 - 2\,000 \times 3) \times 10\% - 2\,520 - 555 - 625 = 1\,850(元)$

全年累计预扣预缴税额 $= (30\,000 \times 12 - 5\,000 \times 12 - 4\,500 \times 12 - 2\,000 \times 12) \times 20\% - 16\,920 = 27\,480(元)$

（2）劳务报酬所得预缴税额计算

预扣预缴的应纳税所得额 $=$ 收入 $\times (1 - 20\%) = 30\,000 \times (1 - 20\%) = 24\,000(元)$

应预扣预缴税额 $= 24\,000 \times 30\% - 2\,000 = 5\,200(元)$

（3）稿酬所得预缴税额计算

预扣预缴的应纳税所得额 $=$ 收入 $\times (1 - 20\%) \times 70\% = 20\,000 \times (1 - 20\%) \times 70\% = 11\,200(元)$

应预扣预缴税额 $= 11\,200 \times 20\% = 2\,240(元)$

（二）预扣预缴税款计算方法的优化

（1）为进一步支持稳就业、保就业，减轻当年新入职人员个人所得税预扣预缴阶段的税收负担，国家税务总局发布的《关于完善调整部分纳税人个人所得税预扣预缴方法的公告》（国家税务总局公告2020年第13号）规定，自2020年7月1日起，进一步完善调整年度中间首次取得工资、薪金所得等人员有关个人所得税预扣预缴方法。具体规定为：

对一个纳税年度内首次取得工资、薪金所得的居民个人，扣缴义务人在预扣预缴个人所得税时，可按照5 000元/月乘以纳税人当年截至本月月份数计算累计减除费用。

上述首次取得工资、薪金所得的居民个人，是指自纳税年度首月起至新入职时，未取得工资、薪金所得或者未按照累计预扣法预扣预缴过连续性劳务报酬所得个人所得税的居民个人。

正在接受全日制学历教育的学生因实习取得劳务报酬所得的，扣缴义务人预扣预缴个人所得税时，可按照《国家税务总局关于发布〈个人所得税扣缴申报管理办法（试行）〉的公告》（国家税务总局公告2018年第61号）规定的累计预扣法计算并预扣预缴税款。

（2）为进一步支持稳就业、保就业、促消费，助力构建新发展格局，国家税务总局发布的《关于进一步简便优化部分纳税人个人所得税预扣预缴方法的公告》（国家税务总局公告2020年第19号）规定，自2021年1月1日起，进一步简便优化部分纳税人个人所得税预扣预缴方法。具体规定为：

对上一完整纳税年度内每月均在同一单位预扣预缴工资、薪金所得个人所得税且全年工资、薪金收入不超过60 000元的居民个人，扣缴义务人在预扣预缴本年度工资、薪金所得个人所得税时，累计减除费用自1月起直接按照全年60 000元计算扣除。即在纳税人累计收入不超过60 000元的月份，暂不预扣预缴个人所得税；在其累计收入超过60 000元的当月及年内后续月份，再预扣预缴个人所得税。

扣缴义务人应当按规定办理全员全额扣缴申报，并在《个人所得税扣缴申报表》相应纳税人的备注栏注明"上年各月均有申报且全年收入不超过6万元"字样。

对按照累计预扣法预扣预缴劳务报酬所得个人所得税的居民个人，扣缴义务人比照上述规定执行。

（三）全年综合所得汇算清缴的税务处理

综合所得应纳税所得额 = 每一纳税年度的收入额 − 基本费用6万元/年 − 专项扣除 − 专项附加扣除 − 其他扣除

应纳税额 = 全年应纳所得额 × 适用税率 − 速算扣除数

应补（退）税额 = 全部应纳税额 − 减免税额 − 已缴税额 − 境外所得已纳所得税抵免额

『提示』工资、薪金所得**全额**计入收入额；劳务报酬所得、特许权使用费所得的收入额为实际取得劳务报酬、特许权使用费收入的**80%**；此外，稿酬所得的收入额在扣除20%费用基础上，再**减按70%**计算，即稿酬所得的收入额为实际取得稿酬收入的**56%**。

【老杨唠吧唠1】工资、薪金所得是全额计入收入额，而劳务报酬等要注意"打折"计入收入额：劳务报酬、特许权使用费打8折；稿酬折上折，实际是打5.6折。

【老杨唠吧唠2】注意劳务报酬所得、稿酬所得、特许权使用费所得在预扣预缴和汇算清缴时的规定区别：

(1)收入额计算方法不同：年度汇算清缴时，收入额为收入减除20%的费用后的余额；预扣预缴时收入额为每次收入减除费用后的余额，其中，收入不超过4 000元的，费用按800元计算；每次收入4 000元以上的，费用按20%计算。

(2)适用的税率/预扣率不同：年度汇算清缴时，并入综合所得适用3%~45%的超额累进税率；预扣预缴时，劳务报酬所得适用个人所得税预扣率表二，稿酬所得、特许权使用费所得适用20%的比例预扣率。

(3)可扣除的项目不同：居民个人的上述三项所得和工资、薪金所得属于综合所得，年度汇算清缴时以四项所得的合计收入额减除费用6万元以及专项扣除、专项附加扣除和依法确定的其他扣除后的余额，为应纳税所得额。而上述三项所得日常预扣预缴税款时暂不减除上述扣除项目。

【例题8·计算题】接上例题，杨某2020年收入情况如下：全年工资薪金收入36万元，"三险一金"等专项扣除为4 500元/月，全年享受专项附加扣除共计2.4万元，全年取得劳务报酬收入3万元，稿酬收入2万元。不考虑其他因素，请计算杨某汇算清缴多退少补的个人所得税税额。

解析

(1)全年收入额 = 36+3×(1−20%)+2×(1−20%)×70% = 39.52(万元)

(2)全年减除费用 = 6(万元)
专项扣除 = 0.45×12 = 5.4(万元)
专项附加扣除 = 2.4(万元)
扣除项合计 = 6+5.4+2.4 = 13.8(万元)

(3)应纳税所得额 = 39.52 − 13.8 = 25.72(万元) = 257 200(元)

(4)全年应纳个人所得税额 = 257 200×20%−16 920 = 34 520(元)

(5)汇算清缴应补退税额 = 34 520 − 27 480−5 200−2 240 = −400(元)

所以汇算清缴时应该退税400元。

【老杨唠吧唠】上述例题7和例题8看起来并不难，但今后做的很多计算题、综合题往往是在这个原理例题的基础上结合其他知识点的延伸，所以务必掌握这两道例题的基本计算流程。

七、非居民个人应纳税所得额确定和应纳税额的计算★★★

扫我解疑难

非居民个人取得工资、薪金所得，劳务报酬所得，稿酬所得和特许权使用费所得，有扣缴义务人的，由扣缴义务人按月或者按次代扣代缴税款，不办理汇算清缴。

扣缴义务人向非居民个人支付工资、薪金所得，劳务报酬所得，稿酬所得和特许权使用费所得时，应当按照以下方法按月或者按次代扣代缴税款：

1. 工资、薪金所得应纳税所得额 = 每月收入额−5 000元/月

2. 劳务报酬所得、稿酬所得、特许权使用费所得，以每次收入额为应纳税所得额，其中：

(1)劳务报酬所得应纳税额 = 收入×(1−20%)×税率−速算扣除数

(2)稿酬所得应纳税额 = 收入×(1−20%)×70%×税率−速算扣除数

(3)特许权使用费所得应纳税额 = 收入×(1−20%)×税率−速算扣除数

【老杨唠吧唠】这个规定和居民个人关于劳务报酬、特许权使用费、稿酬所得的规定是一致的。

『提示』非居民个人在一个纳税年度内税款扣缴方法保持不变，达到居民个人条件时，应当告知扣缴义务人基础信息变化情况，年度终了后按照居民个人有关规定办理汇算清缴。

附：个人所得税税率表(见表2-5)

表2-5 个人所得税税率表

(非居民个人工资、薪金所得，劳务报酬所得，稿酬所得，特许权使用费所得适用)

级数	应纳税所得额	税率(%)	速算扣除数
1	不超过3 000元	3	0
2	超过3 000元至12 000元的部分	10	210
3	超过12 000元至25 000元的部分	20	1 410
4	超过25 000元至35 000元的部分	25	2 660
5	超过35 000元至55 000元的部分	30	4 410
6	超过55 000元至80 000元的部分	35	7 160
7	超过80 000元的部分	45	15 160

【例题9·计算题】假如某非居民个人取得劳务报酬所得20 000元，稿酬所得10 000元，请计算应扣缴的个人所得税。

解析

劳务报酬所得的应纳税额 = 20 000×(1-20%)×20%-1 410 = 1 790(元)

稿酬所得的应纳税额 = 10 000×(1-20%)×70%×10%-210 = 350(元)

八、综合所得的专项附加扣除★★★

扫我解疑难

(一)子女教育

纳税人的子女接受全日制学历教育的相关支出，按照**每个子女每月1 000元**的标准定额扣除。

【老杨唠吧唠】注意是每个子女，也就是通常说的"按人头"，另外注意是"定额"，无论实际支出的多少均按每月1 000元扣除。

『提示1』子女是指婚生子女、非婚生子女、继子女、养子女。父母之外的其他人担任未成年人的监护人的，比照本规定执行。

【老杨唠吧唠】注意不包括"干"的、"义"的等等。

『提示2』学历教育包括义务教育(小学、初中教育)、高中阶段教育(普通高中、中等职业、技工教育)、高等教育(大学专科、大学本科、硕士研究生、博士研究生教育)。

『提示3』年满3岁至小学入学前处于学前教育阶段的子女，按本规定执行。

『提示4』父母可以选择由其中一方按扣除标准的100%扣除，也可以选择由双方分别按扣除标准的50%扣除，具体扣除方式在一个纳税年度内不能变更。

『提示5』纳税人子女在中国境外接受教育的，纳税人应当留存境外学校录取通知书、留学签证等相关教育的证明资料备查。

【老杨唠吧唠】由此可见，符合规定的接受境外教育也可以扣除。

『提示6』扣除计算时间：学前教育阶段，为子女年满3周岁当月至小学入学前一月。学历教育，为子女接受全日制学历教育入学的当月至全日制学历教育结束的当月，包含因病或其他非主观原因休学但学籍继续保留的休学期间，以及施教机构按规定组织实施的寒暑假等假期。

【记忆小贴士】1 000/月×人头；满3岁到博士；境外可扣；父母分扣各一半、约定一方可全扣。

(二)赡养老人

纳税人赡养一位及以上被赡养人的赡养支出，统一按照以下标准定额扣除：

【老杨唠吧唠】注意一位以上即可扣除，也是定额扣，不按"人头"。

1. 纳税人为独生子女的，按照**每月**

2 000元的标准定额扣除；

2. 纳税人为非独生子女的，由其与兄弟姐妹分摊每月 2 000 元的扣除额度，每人分摊的额度不能超过每月 1 000 元。

〖提示 1〗可以由赡养人均摊或者约定分摊，也可以由被赡养人指定分摊。约定或者指定分摊的须签订书面分摊协议，指定分摊优先于约定分摊。具体分摊方式和额度在一个纳税年度内不能变更。

〖提示 2〗被赡养人是指年满 60 岁的父母（指生父母、继父母、养父母），以及子女均已去世的年满 60 岁的祖父母、外祖父母。

【老杨唠吧唠】注意不包括岳父母。另外注意"年满 60 岁"的年龄标准，已经达到退休年龄但未满足这个年龄条件的也不得扣除该项支出。

〖提示 3〗扣除计算时间：被赡养人年满 60 周岁的当月至赡养义务终止的年末。

【老杨唠吧唠】注意结束时间不是终止的"当月"而是"年末"，这点和其他扣除项目的扣除时间的规定有很大的不同。

【记忆小贴士】2 000/月；满 60；无子女隔辈可扣；独生独扣、非独分摊扣最高不过千；终止年末停。

（三）住房贷款利息

纳税人本人或者配偶单独或者共同使用商业银行或者住房公积金个人住房贷款为本人或者其配偶购买中国境内住房，发生的首套住房贷款利息支出，在实际发生贷款利息的年度，按照每月 1 000 元的标准定额扣除，扣除期限最长不超过 240 个月。

【老杨唠吧唠】注意是境内住房的首套住房贷款利息，包括住房公积金贷款，也是定额扣。

〖提示 1〗纳税人只能享受一次首套住房贷款的利息扣除。

〖提示 2〗首套住房贷款是指购买住房享受首套住房贷款利率的住房贷款。

〖提示 3〗经夫妻双方约定，可以选择由其中一方扣除，具体扣除方式在一个纳税年度内不能变更。

〖提示 4〗夫妻双方婚前分别购买住房发生的首套住房贷款，其贷款利息支出，婚后可以选择其中一套购买的住房，由购买方按扣除标准的 100% 扣除，也可以由夫妻双方对各自购买的住房分别按扣除标准的 50% 扣除，具体扣除方式在一个纳税年度内不能变更。

〖提示 5〗纳税人应当留存住房贷款合同、贷款还款支出凭证备查。

〖提示 6〗扣除计算时间：贷款合同约定开始还款的当月至贷款全部归还或贷款合同终止的当月。

【老杨唠吧唠】注意最长不超过 240 个月，不是就按 240 个月扣除，这点一定要和扣除的时间性规定结合起来，要注意提前还贷或者少于 240 个月或多于 240 个月的贷款利息扣除问题。

【记忆小贴士】1 000/月；20 年；境内首套；婚前均有房婚后扣一套。

（四）住房租金

纳税人在主要工作城市没有自有住房而发生的住房租金支出，定额扣除标准见表 2-6。

表 2-6 住房租金定额扣除标准

地区		扣除标准
直辖市、省会（首府）城市、计划单列市以及国务院确定的其他城市		1 500 元/月
上述以外	市辖区户籍人口超过 100 万的城市	1 100 元/月
	市辖区户籍人口不超过 100 万的城市	800 元/月

【老杨唠吧唠】注意本项扣除也是定额扣除。

〖提示 1〗纳税人的配偶在纳税人的主要工作城市有自有住房的，视同纳税人在主要工作城市有自有住房。

『提示2』主要工作城市是指纳税人任职受雇的直辖市、计划单列市、副省级城市、地级市(地区、州、盟)全部行政区域范围；纳税人无任职受雇单位的，为受理其综合所得汇算清缴的税务机关所在城市。

『提示3』夫妻双方主要工作城市相同的，只能由一方扣除住房租金支出。

『提示4』住房租金支出由签订租赁住房合同的承租人扣除。

『提示5』纳税人及其配偶在一个纳税年度内不能同时分别享受住房贷款利息和住房租金专项附加扣除。

『提示6』纳税人应当留存住房租赁合同、协议等有关资料备查。

『提示7』扣除计算时间：租赁合同(协议)约定的房屋租赁期开始的当月至租赁期结束的当月。提前终止合同(协议)的，以实际租赁期限为准。

【记忆小贴士】1 500/1 100/800/月；无房；夫妻双方同城一方扣、不同城均无房分别扣；不与房贷同享。

(五)大病医疗

在一个纳税年度内，纳税人发生的与基本医保相关的医药费用支出，扣除医保报销后个人负担(指医保目录范围内的自付部分)**累计超过15 000元的部分**，由纳税人在办理年度汇算清缴时，在**80 000元限额内据实扣除**。

【老杨唠吧唠】注意医保目录范围内自付的部分也不是都可以扣除，自付的部分超过1.5万元的部分在8万元限额内据实扣除，要特别注意是"限额扣除"，要和前面"定额扣除"区分清楚。

『提示1』纳税人发生的医药费用支出可以选择由本人或者其配偶扣除；未成年子女发生的医药费用支出可以选择由其父母一方扣除。

『提示2』纳税人及其配偶、未成年子女发生的医药费用支出，按规定分别计算扣除额。

【老杨唠吧唠】注意可以"分别"扣除！

『提示3』纳税人应当留存医药服务收费及医保报销相关票据原件(或者复印件)等资料备查。医疗保障部门应当向患者提供在医疗保障信息系统记录的本人年度医药费用信息查询服务。

『提示4』扣除计算时间：医疗保障信息系统记录的医药费用实际支出的当年。

【记忆小贴士】80 000/年；限额内据实扣；本人扣或配偶扣；未成年子女的一方扣；多人可分扣。

(六)继续教育

1. 纳税人在中国境内接受学历(学位)继续教育的支出，在学历(学位)教育期间按照**每月400元定额扣除**。同一学历(学位)继续教育的扣除期限不能超过**48个月**。

【老杨唠吧唠】注意是"境内"。

2. 纳税人接受技能人员职业资格继续教育、专业技术人员职业资格继续教育的支出，在取得相关证书的当年，按照**3 600元定额扣除**。

【老杨唠吧唠】注意是"当年"扣。

『提示1』个人接受本科及以下学历(学位)继续教育，符合规定扣除条件的，可以选择由其父母扣除，也可以选择由本人扣除。

『提示2』纳税人接受技能人员职业资格继续教育、专业技术人员职业资格继续教育的，应当留存相关证书等资料备查。

『提示3』扣除计算时间：学历(学位)继续教育，为在中国境内接受学历(学位)继续教育入学的当月至学历(学位)继续教育结束的当月。技能人员职业资格继续教育、专业技术人员职业资格继续教育，为取得相关证书的当年。包含因病或其他非主观原因休学但学籍继续保留的休学期间，以及施教机构按规定组织实施的寒暑假等假期。

【记忆小贴士】学历继教：期间400/月，同一学历4年；职业继教：取证当年3 600。

【例题10·单选题】下列关于子女教育专项附加扣除的说法中，不正确的是( )。

A. 包括年满3岁至小学入学前处于学前教育阶段的子女

B. 父母可以选择由其中一方按扣除标准的100%扣除，也可以选择由双方分别按扣除标准的50%扣除，具体扣除方式在一个纳税年度内不能变更

C. 子女包括婚生子女、非婚生子女、继子女、但不包括养子女和干子女

D. 纳税人子女在中国境外接受教育的，纳税人应当留存境外学校录取通知书、留学签证等相关教育的证明资料备查

解析 ▶ 子女，是指婚生子女、非婚生子女、继子女、养子女。　　**答案** ▶ C

（七）后续管理

1. 纳税人应当将《个人所得税专项附加扣除信息表》及相关留存备查资料，自法定汇算清缴期结束后保存5年。

纳税人报送给扣缴义务人的《个人所得税专项附加扣除信息表》，扣缴义务人应当自预扣预缴年度的次年起留存5年。

2. 纳税人向扣缴义务人提供专项附加扣除信息的，扣缴义务人应当按照规定予以扣除，不得拒绝。扣缴义务人应当为纳税人报送的专项附加扣除信息保密。

3. 扣缴义务人应当及时按照纳税人提供的信息计算办理扣缴申报，不得擅自更改纳税人提供的相关信息。

扣缴义务人发现纳税人提供的信息与实际情况不符，可以要求纳税人修改。纳税人拒绝修改的，扣缴义务人应当向主管税务机关报告，税务机关应当及时处理。

除纳税人另有要求外，扣缴义务人应于年度终了后两个月内，向纳税人提供已办理的专项附加扣除项目及金额等信息。

4. 税务机关定期对纳税人提供的专项附加扣除信息开展抽查。

5. 税务机关核查时，纳税人无法提供留存备查资料，或者留存备查资料不能支持相关情况的，税务机关可以要求纳税人提供其他佐证；不能提供其他佐证材料，或者佐证材料仍不足以支持的，不得享受相关专项附加扣除。

6. 税务机关核查专项附加扣除情况时，可以提请有关单位和个人协助核查，相关单位和个人应当协助。

7. 纳税人有下列情形之一的，主管税务机关应当责令其改正；情形严重的，应当纳入有关信用信息系统，并按照国家有关规定实施联合惩戒；涉及违反税收征管法等法律法规的，税务机关依法进行处理：

①报送虚假专项附加扣除信息。
②重复享受专项附加扣除。
③超范围或标准享受专项附加扣除。
④拒不提供留存备查资料。
⑤税务总局规定的其他情形。

纳税人在任职、受雇单位报送虚假扣除信息的，税务机关责令改正的同时，通知扣缴义务人。

九、经营所得应纳税额的计算★★

扫我解疑难

【老杨嘚吧嘚】 本税目的很多规定与第一章企业所得税的规定相同，为提高备考效率，相同的内容本书将不再提及，这就是"增量复习法"，考生在复习时注意掌握与企业所得税的不同点，其他知识点以企业所得税的规定为准即可。

经营所得应纳税额的计算公式：

应纳税额＝全年应纳税所得额×适用税率－速算扣除数＝（全年收入总额－成本－费用－损失）×适用税率－速算扣除数

『提示1』取得经营所得的个人，没有综合所得的，计算其每一纳税年度的应纳税所得额时，应当减除费用60 000元、专项扣除、专项附加扣除以及依法确定的其他扣除。（专项附加扣除在办理汇算清缴时减除）

『提示2』从事生产、经营活动，未提供完整、准确的纳税资料，不能正确计算应纳税所得额的，由主管税务机关核定应纳税所

得额或者应纳税额。

(一)个体工商户个人所得税计税方法

1. 计税基本规定

应纳税所得额=收入总额-成本-费用-损失-税金-其他支出-允许弥补的以前年度亏损

(1)收入总额：与企业所得税一般收入的9个项目相比少了股息、红利等权益性投资收益和特许权使用费收入这两项。

(2)个体工商户下列支出不得扣除：①个人所得税税款；②税收滞纳金；③罚金、罚款和被没收财物的损失；④不符合扣除规定的捐赠支出；⑤赞助支出；⑥用于个人和家庭的支出；⑦与取得生产经营收入无关的其他支出；⑧国家税务总局规定不准扣除的支出。

【老杨唠吧唠】除了特别注意⑥外，与企业所得税不得扣除项目的规定基本相同。

(3)个体工商户生产经营活动中，应当分别核算生产经营费用和个人、家庭费用。对于生产经营与个人、家庭生活混用难以分清的费用，其40%视为与生产经营有关费用，准予扣除。

【老杨唠吧唠】换个角度说60%不得扣除，有时候考题也有这种套路。

(4)个体工商户纳税年度发生的亏损，准予向以后年度结转，用以后年度的生产经营所得弥补，但结转年限最长不得超过5年。

(5)个体工商户与企业联营而分得的利得，按"利息、股息、红利所得"项目征税。

(6)个体工商户和从事生产、经营的个人取得与生产经营活动无关的各项所得，应按规定分别计算征收个人所得税。

【老杨唠吧唠】上述(5)和(6)是混合所得税制最好的体现，各有各的计税方法，不能并入"经营所得"项目征税。

2. 扣除项目及标准

(1)应付职工薪酬等相关费用的扣除标准(见表2-7)。

表 2-7 应付职工薪酬等相关费用的扣除标准

	从业人员	业主
工资薪金支出	实际支付可以据实扣除	不得税前扣除(费用扣除标准6万/年)
四险一金	规定的范围和标准缴纳的可扣	
补充养老保险费和补充医疗保险费	分别在不超过从业人员工资总额5%标准内的部分据实扣除；超过部分，不得扣除	当地(地级市)上年度社会平均工资的3倍为计算基数，分别在不超过该计算基数5%标准内的部分据实扣除；超过部分，不得扣除
商业保险	按规定为特殊工种从业人员支付的人身安全保险费和按规定可以扣除的其他商业保险费外，业主本人或为从业人员支付的商业保险费不得扣除	
工会经费、职工福利费和职工教育经费支出	工资薪金总额的2%、14%和2.5%的标准内据实扣除	当地(地级市)上年度社会平均工资的3倍为计算基数，在规定比例内据实扣除

【老杨唠吧唠】从上表中可以看出，从业人员的扣除规定和企业所得税基本相同，强调注意的是职工教育经费支出的扣除比例是2.5%，而企业所得税的规定比例是8%；业主的除"四险一金"和商业保险的规定和从业人员一致外，其他的几项扣除规定一定要特殊记忆，经常在考题中出现。

【例题 11·单选题】某个体工商户2020年为其从业人员实际发放工资105万元，业主领取工资20万元，2020年该个体工商户允许税前扣除的从业人员补充养老保险限额为(　　)万元。

A. 3.15　　B. 5.25
C. 1.05　　D. 7.35

解析 个体工商户为从业人员缴纳的补充养老保险费、补充医疗保险费，分别在不超过从业人员工资总额5%标准内的部分据实扣除；超过部分，不得扣除。该个体工商户允许税前扣除的从业人员补充养老保险限额=105×5%=5.25(万元)。

答案 ▶ B

(2)个体工商户按照规定缴纳的摊位费、行政性收费、协会会费等，按实际发生数额扣除。

(3)个体工商户自申请营业执照之日起至开始生产经营之日止所发生符合规定的费用，除为取得固定资产、无形资产的支出，以及应计入资产价值的汇兑损益、利息支出外，作为开办费，个体工商户可以选择在开始生产经营的当年一次性扣除，也可自生产经营月份起在不短于3年期限内摊销扣除，但一经选定，不得改变。

【老杨唠吧唠】要注意和企业所得税及长期待摊费用的区别，@企业所得税的规定：企业从事生产经营之前进行筹办活动期间发生筹办费用支出，不得计算为当期的亏损，企业可以在开始经营之日的当年一次性扣除，也可以按照新税法有关长期待摊费用的处理规定处理，但一经选定，不得改变。@长期待摊费用：其他应当作为长期待摊费用的支出，支出发生月份的次月起，分期摊销，摊销年限不得低于3年。

(4)个体工商户通过公益性社会团体或者县级以上人民政府及其部门，用于规定的公益事业的捐赠，捐赠额不超过其应纳税所得额30%的部分可以据实扣除。财政部、国家税务总局规定可以全额在税前扣除的捐赠支出项目按有关规定执行。

『提示』个体工商户直接对受益人的捐赠不得扣除。

(5)个体工商户研究开发新产品、新技术、新工艺所发生的开发费用，以及研究开发新产品、新技术而购置单台价值在10万元以下的测试仪器和试验性装置的购置费准予直接扣除；单台价值在10万元以上(含10万元)的测试仪器和试验性装置，按固定资产管理，不得在当期直接扣除。

【老杨唠吧唠】要注意和企业所得税的区别，@企业所得税的规定：企业在2018年1月1日至2023年12月31日期间新购进的设备、器具(指除房屋、建筑物以外的固定资产)，单位价值不超过500万元的，允许一次性计入当期成本费用在计算应纳税所得额时扣除，不再分年度计算折旧；单位价值超过500万元的，按照相关规定执行。

【例题12·单选题】根据个人所得税的相关规定，下列关于个体工商户税前扣除的说法，正确的是( )。

A. 个体工商户代其从业人员负担的税款，可以在税前扣除

B. 个体工商户被税务机关加收的税收滞纳金，可以在税前扣除

C. 个体工商户按照规定缴纳的协会会费，按实际发生额在税前扣除

D. 个体工商户发生的经营费用与生活费用划分不清的，可全额在税前扣除

解析 ▶ 选项A，个体工商户代其从业人员或者他人负担的税款，不得税前扣除。选项B，税收滞纳金不得税前扣除。选项D，个体工商户生产经营活动中，应当分别核算生产经营费用和个人、家庭费用。对于生产经营与个人、家庭生活混用难以分清的费用，其40%视为与生产经营有关费用，准予扣除。

答案 ▶ C

3. 业主费用减除标准

个体工商户2019年1月1日起的生产经营所得，应适用税法修改后的费用减除标准，即每月5 000元。

个体工商户、个人独资企业和合伙企业因在纳税年度中间开业、合并、注销及其他原因，导致该纳税年度的实际经营期不足1年的，对个体工商户业主、个人独资企业投资者和合伙企业自然人合伙人的生产经营所得计算个人所得税时，以其实际经营期为1个纳税年度。投资者本人的费用扣除标准，应按照其实际经营月份数，以每月5 000元的减除标准确定。计算公式如下：

应纳税所得额＝该年度收入总额－成本、费用及损失－当年投资者本人的费用扣除额

当年投资者本人的费用扣除额＝月减除费用(5 000元/月)×当年实际经营月份数

应纳税额＝应纳税所得额×税率－速算扣除数

4. 流动资产的税务处理及存货计价

流动资产是指可以在1年内或者超过1年的一个营业周期内变现或者运用的资产，包括现金、应收及预付款项和存货。所谓存货，是指在生产经营过程中为销售或者耗用而储备的物资，包括各种原材料、辅助材料、燃料、低值易耗品、包装物、在产品、外购商品、自制半成品、产成品等。存货应按实际成本计价，领用或发出存货的核算，原则上采用加权平均法。

5. 应纳税额的计算方法

个体工商户的生产、经营所得适用<u>五级超额累进税率</u>，以其应纳税所得额按适用税率计算应纳税额。其计算公式为：

应纳税额＝应纳税所得额×适用税率－速算扣除数

由于个体工商户生产、经营所得的应纳税额实行按年计算、分月或分季预缴、年终汇算清缴、多退少补的方法，因此，在实际工作中，需要分别计算按月预缴税额和年终汇算清缴税额。其计算公式为：

本月应预缴税额＝本月累计应纳税所得额×适用税率－速算扣除数－上月累计已预缴税额

全年应纳税额＝全年应纳税所得额×适用税率－速算扣除数

汇算清缴税额＝全年应纳税额－全年累计已预缴税额

(二)个人独资企业和合伙企业个人所得税的规定(增量复习法)

1. 查账征税

(1)投资者工资不得在税前扣除。个人独资企业和合伙企业投资者的生产经营所得依法计征个人所得税时，个人独资企业和合伙企业投资者本人的费用扣除标准统一确定为60 000元/年，即5 000元/月(自2018年10月1日起)。投资者兴办两个或两个以上企业的，其费用扣除标准由投资者选择在其中一个企业的生产经营所得中扣除。

(2)投资者及其家庭发生的生活费用不允许在税前扣除。投资者及其家庭发生的生活费用与企业生产经营费用混合在一起，并且难以划分的，全部视为生活费用，不允许税前扣除。

【老杨唠吧唠】注意和前述个体工商户生产经营所得规定的区别，@个体工商户生产经营所得：个体工商户生产经营活动中，应当分别核算生产经营费用和个人、家庭费用。对于生产经营与个人、家庭生活混用难以分清的费用，其40%视为与生产经营有关费用，准予扣除。

(3)企业生产经营和投资者及其家庭生活共用的固定资产，难以划分的，由主管税务机关根据企业的生产经营类型、规模等具体情况，核定准予在税前扣除的折旧费用的数额或比例。

(4)投资者兴办两个或两个以上企业，并且企业性质全部是独资的，年度终了后，汇算清缴时，应纳税款的计算方法为：汇总其投资兴办的所有企业的经营所得作为应纳税所得额，以此确定适用税率，计算出全年经营所得的应纳税额，再根据每个企业的经营所得占所有企业经营所得的比例，分别计算出每个企业的应纳税额和应补缴税额。计算公式如下：

①应纳税所得额＝Σ各个企业的经营所得(汇总确定税率)

②应纳税额＝应纳税所得额×税率－速算扣除数

③本企业应纳税额＝应纳税额×本企业的经营所得÷Σ各个企业的经营所得

④本企业应补缴的税额＝本企业应纳税额－本企业预缴的税额

(5)企业的年度亏损，允许用本企业下一

年度的生产经营所得弥补,下一年度所得不足弥补的,允许逐年延续弥补,但最长不得超过5年。投资者兴办两个或两个以上企业的,企业的年度经营亏损不能跨企业弥补。

2. 核定征收

(1)核定征收包括定额征收、核定应税所得率征收和其他合理的征收方式。

(2)核定应税所得率征收方式的计算公式:

①应纳所得税额=应纳税所得额×适用税率

②应纳税所得额=收入总额×应税所得率

或=成本费用支出额/(1-应税所得率)×应税所得率

『提示』企业经营多业的,无论其经营项目是否单独核算,均应根据其主营项目确定其适用的应税所得率。

(3)实行核定征税的投资者不得享受个人所得税的优惠政策。

(4)查账征税改为核定征税后,查账征税认定的年度经营亏损未弥补完的部分不得再继续弥补。

『提示1』无论查账征收的,还是核定征收的投资分回的利息或者股息、红利单独按"利息、股息、红利所得"项目纳税。

『提示2』残疾人员投资兴办或参与投资兴办个人独资企业和合伙企业的,残疾人员取得的经营所得,符合各省、自治区、直辖市人民政府规定的减征个人所得税条件的,经本人申请、主管税务机关审核批准,可按各省、自治区、直辖市人民政府规定减征的范围和幅度,减征个人所得税。

【例题13·多选题】实行查账征收的个人独资企业在计算个人所得税时,允许税前据实扣除的有( )。

A. 投资者的工资

B. 投资者及其家庭发生的生活费用

C. 直接对受益人的捐赠

D. 不超过当年销售(营业)收入15%的广告费和业务宣传费

E. 参加财产保险,按规定缴纳的保险费

解析 ▶ 选项A,投资者的工资不得在税前直接扣除,但可按规定的标准扣除费用;选项B,投资者及其家庭发生的生活费用不允许在税前扣除;选项C,直接对受益人的捐赠不得扣除。

答案 ▶ DE

3. 征收管理

投资者的个人所得税征收管理工作由税务局负责。

(1)申报缴纳期限。

①投资者应纳的个人所得税税款,按年计算,分月或者分季预缴,由投资者在每月或者每季度终了后15日内预缴,年度终了后3个月内汇算清缴,多退少补。

②企业在年度中间合并、分立、终止时,投资者应当在停止生产经营之日起60日内,向主管税务机关办理当期个人所得税汇算清缴。

③企业在纳税年度的中间开业,或者由于合并、关闭等原因,使该纳税年度的实际经营期不足12个月的,应当以其实际经营期为一个纳税年度。

④年度终了后30日内,投资者应向主管税务机关报送《生产、经营所得个人所得税申报表(B表)》,并附送年度会计决算报表和预缴个人所得税纳税凭证。

⑤投资者兴办两个或两个以上企业的,向企业实际经营管理所在地主管税务机关办理年度纳税申报时,应附注从其他企业取得的年度应纳税所得额;其中含有合伙企业的,应报送汇总从所有企业取得的所得情况的《合伙企业投资者个人所得税汇总申报表》,同时,附送所有企业的年度会计决算报表和当年度已缴个人所得税纳税凭证。

(2)纳税地点。

投资者应向企业实际经营管理所在地主管税务机关申报缴纳个人所得税。投资者从合伙企业取得的生产经营所得,由合伙企业向企业实际经营管理所在地主管税务机关申报缴纳投资者应纳的个人所得税,并将个人所得税申报表抄送投资者。

投资者兴办两个或两个以上企业的，应分别向企业实际经营管理所在地主管税务机关预缴税款。年度终了后办理汇算清缴时，区别不同情况分别处理：

①投资者兴办的企业全部是个人独资性质的，分别向各企业的实际经营管理所在地主管税务机关办理年度纳税申报，并依所有企业的经营所得总额确定适用税率，以本企业的经营所得为基础，计算应缴税款，办理汇算清缴。

②投资者兴办的企业中含有合伙性质的，投资者应向经常居住地主管税务机关申报纳税，办理汇算清缴，但经常居住地与其兴办企业的经营管理所在地不一致的，应选定其参与兴办的某一合伙企业的经营管理所在地为办理年度汇算清缴所在地，并在5年内不得变更。

投资者变更个人所得税汇算清缴地点的，根据《国家税务总局关于取消合伙企业投资者变更个人所得税汇算清缴地点审批后加强后续管理问题的通知》(国税发〔2004〕81号)规定，须符合以下相关条件：

a. 在上一次选择汇算清缴地点满5年；

b. 上一次选择汇算清缴地点未满5年，但汇算清缴地所办企业终止经营或者投资者终止投资；

c. 投资者在汇算清缴地点变更前5日内，已向原主管税务机关说明汇算清缴地点变更原因、新的汇算清缴地点等变更情况。

(三)对企事业单位承包经营、承租经营所得的计税方法

1. 应纳税所得额

对企事业单位承包经营、承租经营所得是以每一纳税年度的收入总额，减除必要费用后的余额，为应纳税所得额。其中，收入总额是指纳税人按照承包经营、承租经营合同规定分得的经营利润和工资、薪金性质的所得。个人的承包、承租经营所得，既有工资、薪金性质，又含生产、经营性质，但考虑到个人按承包、承租经营合同规定分到的是经营利润，涉及的生产、经营成本费用已经扣除，所以，税法规定，"减除必要费用"是指按月减除5 000元，实际减除的是相当于个人的生计及其他费用。其计算公式为：

应纳税所得额＝个人承包、承租经营收入总额－每月费用扣除标准×实际承包或承租月数

个人在承租、承包经营期间，按照企业所得税的有关规定，"凡承租经营后，未改变被租企业名称，未变更工商登记，仍以被租企业名义对外从事生产经营活动，不论被承租企业与承租方如何分配经营成果，均以被承租企业为纳税义务人"，即按照企业所得税的有关规定先缴纳企业所得税，然后才按个人承包所得的规定计算缴纳个人所得税。

2. 应纳税额的计算方法

对企事业单位承包经营、承租经营所得适用五级超额累进税率，以其应纳税所得额按适用税率计算应纳税额。计算公式为：

应纳税额＝应纳税所得额×适用税率－速算扣除数

实行承包、承租经营的纳税人，应以每一纳税年度的承包、承租经营所得计算纳税。纳税人在一个年度内分次取得承包、承租经营所得的，应在每次取得承包、承租经营所得后预缴税款，年终汇算清缴，多退少补。如果纳税人的承包、承租期在一个纳税年度内经营不足12个月，应以其实际承包、承租经营的期限为一个纳税年度计算纳税。计算公式为：

应纳税所得额＝该年度承包、承租经营收入额－(5 000×该年度实际承包、承租经营月份数)

应纳税额＝应纳税所得额×适用税率－速算扣除数

十、利息、股息、红利所得的计税方法★★

扫我解疑难

(一)应纳税所得额

利息、股息、红利所得以个人每次取得的收入额为应纳税所得额，不得从收入额中

扣除任何费用。其中,每次收入是指支付单位或个人每次支付利息、股息、红利时,个人所取得的收入。对于股份制企业在分配股息、红利时,以股票形式向股东个人支付应得的股息、红利(即派发红股),应以派发红股的股票票面金额为收入额,计算征收个人所得税。

(二)实施上市公司股息红利**差别化**个人所得税政策

(1)个人从公开发行和转让市场取得的上市公司股票,持股期限超过1年的,股息红利所得暂免征收个人所得税(见图2-1)。

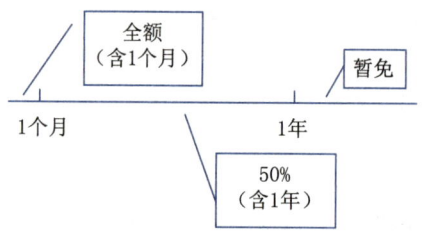

图2-1 股息红利按照时间的纳税

个人从公开发行和转让市场取得的上市公司股票,持股期限在1个月以内(含)的,其股息红利所得全额计入应纳税所得额;持股期限在1个月以上至1年(含)的,暂减按50%计入应纳税所得额;上述所得统一适用20%的税率计征个人所得税。

(2)上市公司派发股息红利时,对个人持股1年以内(含)的,上市公司暂不扣缴个人所得税;待个人转让股票时,证券登记结算公司根据其持股期限计算应纳税额,由证券公司等股份托管机构从个人资金账户中扣收并划付证券登记结算公司,证券登记结算公司应于次月5个工作日内划付上市公司,上市公司在收到税款当月的法定申报期内向主管税务机关申报缴纳。

(3)个人转让股票时,按照"先进先出"的原则计算持股期限,即证券账户中先取得的股票视为先转让。

(4)对个人持有的上市公司限售股,解禁后取得的股息红利,按照规定计算纳税,持股时间自解禁日起计算;解禁前取得的股息红利继续暂减按50%计入应纳税所得额,适用20%的税率计征个人所得税。

【**老杨唠吧唠**】不要忽略限售股解禁前取得的股息红利的税务处理规定。

(5)个人从公开发行和转让市场取得的上市公司股票包括:

①通过证券交易所集中交易系统或大宗交易系统取得的股票;
②通过协议转让取得的股票;
③因司法扣划取得的股票;
④因依法继承或家庭财产分割取得的股票;
⑤通过收购取得的股票;
⑥权证行权取得的股票;
⑦使用可转换公司债券转换的股票;
⑧取得发行的股票、配股、股份股利及公积金转增股本;
⑨持有从代办股份转让系统转到主板市场(或中小板、创业板市场)的股票;
⑩上市公司合并,个人持有的被合并公司股票转换的合并后公司股票;
⑪上市公司分立,个人持有的被分立公司股票转换的分立后公司股票;
⑫其他从公开发行和转让市场取得的股票。

(6)转让股票包括下列情形:

①通过证券交易所集中交易系统或大宗交易系统转让股票;
②协议转让股票;
③持有的股票被司法扣划;
④因依法继承、捐赠或家庭财产分割让渡股票所有权;
⑤用股票接受要约收购;
⑥行使现金选择权将股票转让给提供现金选择权的第三方;
⑦用股票认购或申购交易型开放式指数基金(ETF)份额;
⑧其他具有转让实质的情形。

(三)中小企业股份转让系统挂牌公司股息红利征税规定

个人持有全国中小企业股份转让系统挂牌公司的股票,持股期限在1个月以内

(含)的,其股息红利所得全额计入应纳税所得额;持股期限在1个月以上至1年(含)的,暂减按50%计入应纳税所得额;持股期限超过1年的,暂免征收个人所得税。上述所得统一适用20%的税率计征个人所得税。

【老杨唠吧唠】 本条规定实际上与上述(二)的规定是一致的,一块记忆吧!

(四)沪港股票市场交易互联互通机制试点有关税收政策规定(包括企业所得税和个人所得优惠,"深港通"同)(见表2-8)

表2-8 沪港股票市场交易互联互通机制试点有关税收政策总结

	香港投资者投资沪市A股		内地投资者投资联交所股票	
	企业	个人	企业	个人
股息红利所得	暂不执行按持股时间的差别化征税政策,由上市公司按10%税率代扣		计征企业所得税。其中,内地居民企业连续持有H股满12个月取得的股息红利所得免征	(1)上市H股,H股公司20%税率代扣 (2)上市的非H股,中国结算20%税率代扣
转让差价所得	暂免征税		征收企业所得税	暂免征税

『提示』

(1)H股公司对内地企业投资者不代扣股息红利所得税款,应纳税款由企业自行申报缴纳。

(2)内地企业投资者自行申报缴纳企业所得税时,对香港联交所非H股上市公司已代扣代缴的股息红利所得税,可依法申请税收抵免。

十一、财产租赁所得的计税方法 ★★

扫我解疑难

1. 应纳税所得额的规定

(1)"次"的规定:以一个月内取得的所得为一次。

(2)依次扣除以下费用:

①财产租赁过程中缴纳的税费;

②向出租方支付租金(针对转租);

③由纳税人负担的该出租财产实际开支的修缮费用;

④税法规定的费用扣除标准。

(3)税率:个人按市场价格出租住房税率为10%;其他租赁所得,个人所得税税率为20%。

2. 应纳税所得额及应纳税额的计算公式

应纳税额=应纳税所得额×适用税率(20%或10%)

(1)每次(月)收入不超过4 000元的:

应纳税所得额=每次(月)收入额-准予扣除项目-修缮费用(800元为限)-800元

(2)每次(月)收入超过4 000元的:

应纳税所得额=[每次(月)收入额-准予扣除项目-修缮费用(800元为限)]×(1-20%)

【例题14·单选题】 中国公民李某2020年6月将位于某市的住房出租给他人居住,按市场价格每月收取不含税租金6 000元,7月份发生了修缮费1 200元,李某2020年8月份租金收入应缴纳个人所得税( )元。(已知:个人出租住房减按1.5%计算增值税;房产税税率4%)

A. 270.8   B. 428.08
C. 460.08   D. 856.16

解析 ▶ 应缴纳个人所得税=[6 000-6 000×1.5%×(7%+3%)-6 000×4%-400]×(1-20%)×10%=428.08(元)。

答案 ▶ B

十二、财产转让所得的计税方法 ★★

扫我解疑难

(一)一般情况下财产转让所得应纳税额的计算

应纳税额=应纳税所得额×20%=(收入总额-财产原值-合理税费)×20%

『提示1』财产原值,是指:

(1)有价证券,为买入价以及买入时按照规定缴纳的有关费用。

(2)建筑物,为建造费或者购进价格以及其他有关税费。

(3)土地使用权,为取得土地使用权所支付的金额、开发土地的费用以及其他有关税费。

(4)机器设备、车船,为购进价格、运输费、安装费以及其他有关费用。

(5)其他财产,参照以上方法确定。

『提示2』纳税义务人未提供完整、准确的财产原值凭证,不能正确计算财产原值的,由主管税务机关核定其财产原值。

(二)财产转让所得的计税方法

1. 计算公式

应纳税所得额=每次收入额-财产原值-合理税费

应纳税额=应纳税所得额×适用税率

2. 转让债券个人所得税的计算公式

每次卖出债券应纳个人所得税额=(该次卖出该类债券收入-该次卖出该类债券允许扣除的买价和费用)×20%

一次卖出某一种类的债券允许扣除的买价和费用=购进该种债券买入价和买进过程中缴纳的税费总和÷购进该种类债券总数量×一次卖出的该种类债券数量+卖出的该种类债券过程中缴纳的税费

【例题15·单选题】中国公民王某2020年3月购入1 000份债券,每份买入价10元,购进过程中支付的税费共计150元。12月以每份12元的价格卖出其中600份,支付卖出债券的税费(增值税除外)共计60元。王某该转让行为应缴纳个人所得税( )元。(以上价格均为不含税价格)

A. 220 B. 152
C. 210 D. 250

解析 ▶ 王某售出债券应缴纳的个人所得税税额=[12×600-60-(1 000×10+150)×600÷1 000]×20%=210(元) 答案 ▶ C

3. 个人因购买和处置债权取得所得征收个人所得税

(1)个人通过招标、竞拍或其他方式购置债权以后,通过相关司法或行政程序主张债权而取得的所得,应按照"财产转让所得"项目缴纳个人所得税。

(2)个人通过上述方式取得"打包"债权,只处置部分债权的,其应纳税所得额按以下方式确定:

①以每次处置部分债权的所得,作为一次财产转让所得征税。

②其应税收入按照个人取得的货币资产和非货币资产的评估价值或市场价值的合计数确定。

③所处置债权成本费用(即财产原值),按下列公式计算:

当次处置债权成本费用=个人购置"打包"债权实际支出×当次处置债权账面价值(或拍卖机构公布价值)÷"打包"债权账面价值(或拍卖机构公布价值)

④个人购买和处置债权过程中发生的拍卖招标手续费、诉讼费、审计评估费以及缴纳的税金等合理税费,在计算个人所得税时允许扣除。

4. 个人转让债券类债权时原值的确定

转让债券类债权,采用"加权平均法"确定其应予减除的财产原值和合理费用。即以纳税人购进的同一种类债券买入价和买进过程中缴纳的税费总和,除以纳税人购进的该种类债券数量之和,乘以纳税人卖出的该种类债券数量,再加上卖出的该种类债券过程中缴纳的税费。

十三、偶然所得的计税方法 ★

扫我解疑难

1. 应纳税所得额的规定

偶然所得以个人每次取得的收入额为应纳税所得额,不扣除任何费用。除有特殊规定外,每次收入额就是应纳税所得额,以每次取得该项收入为一次。

2. 应纳税额的计算公式

应纳税额=应纳税所得额×适用税率=每次收入额×20%

十四、特殊情形下个人所得税的计税方法★★★

扫我解疑难

(一)居民个人全年一次性奖金应纳税额的计算

全年一次性奖金是指行政机关、企事业单位等扣缴义务人根据其全年经济效益和对雇员全年工作业绩的综合考核情况,向雇员发放的一次性奖金。一次性奖金也包括年终加薪、实行年薪制和绩效工资办法的单位根据考核情况兑现的年薪和绩效工资。

居民个人取得全年一次性奖金,在2021年12月31日前,**可选择不并入**当年综合所得,以全年一次性奖金收入除以12个月得到的数额,按照**按月换算后**的综合所得税率表(以下简称月度税率表),确定适用税率和速算扣除数,单独计算纳税。

【老杨唠吧唠】纳税人如果选择不并入当年综合所得,其计税方法推荐采用杨氏分步法:

第1步:找税率:全年一次性奖金除以12个月,按其商数依据"月度税率表"确定适用税率和速算扣除数。

第2步:算税额:应纳税额=全年一次性奖金×适用税率-速算扣除数

【例题16·计算题】假定中国居民个人李某2020年在我国境内一次性领取年终含税奖金60 000元。假设李某选择不并入综合所得请计算李某取得年终奖金应缴纳的个人所得税。

解析

第1步:找税率:年终奖金适用的税率和速算扣除数为按12个月分摊后,每月的奖金=60 000/12=5 000(元),根据按月换算后的综合税率表,适用的税率和速算扣除数分别为10%、210元。

第2步:算数额:年终奖应缴纳个人所得税=年终奖金收入×适用的税率-速算扣除数=60 000×10%-210=5 790(元)

『提示1』该方法不是唯一选择,居民个人也可选择并入当年综合所得计算纳税,如果选择了上述方法一个纳税年度内,对每一个纳税人该计税方法只允许采用一次。

『提示2』该方法是过渡性政策,自2022年1月1日起,居民个人取得全年一次性奖金,应并入当年综合所得计算缴纳个人所得税。

『提示3』中央企业负责人取得年度绩效薪金延期兑现收入和任期奖励的规定:

在2021年12月31日前,中央企业负责人任期结束后取得的绩效薪金40%部分和任期奖励,参照上述居民个人取得全年一次性奖金的计税规定执行;2022年1月1日之后的政策另行明确。

(二)关于保险营销员、证券经纪人佣金收入的政策

保险营销员、证券经纪人取得的佣金收入,属于**劳务报酬所得**,以不含增值税的收入减除20%的费用后的余额为收入额,收入额减去展业成本以及附加税费后,并入当年综合所得,计算缴纳个人所得税。保险营销员、证券经纪人展业成本按照**收入额的25%**计算。

【老杨唠吧唠】推荐:杨氏计算三步法

第1步:收入额A=不含增值税的收入×(1-20%)

第2步:展业成本B=A×25%

第3步:A-B-附加税费并入综合所得

【记忆小贴士】考场上可以更简便的计算方法:不含增值税的收入×80%×75%-附加税费并入综合所得!

【例题17·计算题】2020年某保险营销员取得不含税佣金收入37.5万元,假定不考虑其他附加税费、专项扣除和专项附加扣除,请计算2020年该营销员应缴纳的个人所

得税。

解析
收入额＝375 000×(1－20%)＝300 000(元)
展业成本＝300 000×25%＝75 000(元)
并入综合所得的金额＝300 000－75 000＝225 000(元)
应缴纳个人所得税＝(225 000－60 000)×20%－16 920＝16 080(元)

(三)年金个人所得税政策(属于综合所得扣除中的其他扣除)

1. 缴费

(1)单位缴费部分计入个人账户时暂不缴纳。

(2)个人缴费部分在不超过本人缴费工资计税基数的4%标准内的部分暂从应纳税所得额中扣除。

(3)超过规定的标准缴付的年金单位缴费和个人缴费部分并入个人当期工资薪金征税。

『提示』计税基数＝本人上一年度月平均工资≤所在地上一年度职工月平均工资×3,其中：企业年金月平均工资按国家统计局规定列入工资总额统计的项目计算。职业年金个人缴费工资计税基数为职工岗位工资和薪级工资之和。

2. 运营

年金基金投资运营收益分配计入个人账户时暂不缴纳。

3. 领取

(1)个人达到国家规定的退休年龄领取年金,符合规定的不并入综合所得,全额单独计算应纳税款。

『提示』按月领取的,适用月度税率表计算纳税；按季领取的,平均分摊计入各月,按每月领取额适用月度税率表计算纳税；按年领取的,适用综合所得税率表计算纳税。

(2)个人因出境定居而一次性领取的年金个人账户资金,或个人死亡后,其指定的受益人或法定继承人一次性领取的年金个人账户余额,适用综合所得税率表计算纳税。对个人除上述特殊原因外一次性领取年金个人账户资金或余额的,适用月度税率表计算纳税。

(3)本规定实施前缴费已纳的个税,领取时可以扣除。

『提示』个人领取年金时,其应纳税款由受托人代表委托人委托托管人代扣代缴。

【例题18·计算题】中国公民王某在国内一家企业工作,2020年1月份工资总额19 300元,含个人缴付的年金500元和按照规定缴付的"三险一金"800元。(相关资料：王某所在城市上一年度职工月平均工资为3 500元。王某本年度取得的工资与上年度相同,假设王某无其他扣除项目)

请计算：王某1月工资收入预缴的个人所得税。

解析 王某所在地上一年度职工月平均工资的3倍＝3 500×3＝10 500(元)；10 500×4%＝420<500,因此个人缴付的500元年金不可以全部在个人所得税前扣除的。

1月工资薪金预扣预缴的个人所得税＝(19 300－800－420－5 000)×3%＝392.4(元)

(四)关于解除劳动关系、提前退休、内部退养的一次性补偿收入的政策

1. 个人与用人单位解除劳动关系取得一次性补偿收入(包括用人单位发放的经济补偿金、生活补助费和其他补助费),在当地上年职工平均工资3倍数额以内的部分,免征个人所得税；超过3倍数额的部分,不并入当年综合所得,单独适用<u>综合所得税率表</u>,计算纳税。

2. 个人办理提前退休手续而取得的一次性补贴收入,应按照办理提前退休手续至法定离退休年龄之间实际年度数平均分摊,确定适用税率和速算扣除数,单独适用综合所得税率表,计算纳税。计算公式：

应纳税额＝{[(一次性补贴收入÷办理提前退休手续至法定退休年龄的实际年度数)－费用扣除标准]×适用税率－速算扣除数}×办理提前退休手续至法定退休年龄的实际年度数

3. 个人办理内部退养手续而取得的一次

性补贴收入，按照《国家税务总局关于个人所得税有关政策问题的通知》（国税发〔1999〕58号）规定计算纳税：

（1）实行内部退养的个人在其办理内部退养手续后至法定离退休年龄之间从原任职单位取得的工资、薪金，不属于离退休工资，应按"工资、薪金所得"项目计征个人所得税。

（2）个人在办理内部退养手续后从原任职单位取得的一次性收入，应按办理内部退养手续后至法定离退休年龄之间的所属月份进行平均，并与领取当月的工资、薪金所得合并后减除当月费用扣除标准，以余额为基数确定适用税率，再将当月工资、薪金加上取得的一次性收入，减去费用扣除标准，按适用税率计征个人所得税。

（3）个人在办理内部退养手续后至法定离退休年龄之间重新就业取得的工资、薪金所得，应与其从原任职单位取得的同一月份的工资、薪金所得合并，并依法自行向主管税务机关申报缴纳个人所得税。

【老杨唠吧唠】内部退养是对一些符合规定的职工执行的政策，在退养期间由企业发给基本生活费，并按规定继续为其缴纳社会保险费，达到退休年龄时正式办理退休手续；提前退休是机关、企事业单位对未达到法定退休年龄、正式办理提前退休手续的个人采取的一项政策。

【例题19·计算题】杨某2020年1月31日与企业解除劳动合同，其在企业工作年限为10年，领取经济补偿金80 000元，其所在地区上年职工平均工资为12 000元。请计算杨某应就其取得的补偿收入缴纳的个人所得税。

解析
应税部分 = 80 000 - 3 × 12 000 = 44 000（元）
应纳税额 = 44 000 × 10% - 2 520 = 1 880（元）

（五）关于单位低价向职工售房的政策
单位按低于购置或建造成本价格出售住房给职工，职工因此而少支付的差价部分，符合规定的，不并入当年综合所得，以差价收入除以12个月得到的数额，按月度税率表确定适用税率和速算扣除数，单独计算纳税。

计算公式为：

应纳税额 = 职工实际支付的购房价款低于该房屋的购置或建造成本价格的差额 × 适用税率 - 速算扣除数

【老杨唠吧唠】单位低价向职工售房的计税方法和全年一次性奖金的"分步法"是一样的，考生可将二者结合起来一并复习。

（六）关于外籍个人有关津补贴的政策

2019年1月1日至2021年12月31日期间，外籍个人符合居民个人条件的，可以选择享受个人所得税专项附加扣除，也可以选择按照规定，享受住房补贴、语言训练费、子女教育费等津补贴免税优惠政策，但不得同时享受。外籍个人一经选择，在一个纳税年度内不得变更。

『提示』自2022年1月1日起，外籍个人不再享受住房补贴、语言训练费、子女教育费津补贴免税优惠政策，应按规定享受专项附加扣除。

（七）公益慈善事业捐赠个人所得税政策

1. 个人通过境内公益性社会组织、县级以上人民政府及其部门等国家机关，向教育、扶贫、济困等公益慈善事业的捐赠（以下简称公益捐赠），发生的公益捐赠支出，可以按照个人所得税法有关规定在计算应纳税所得额时扣除。

『提示』境内公益性社会组织，包括依法设立或登记并按规定条件和程序取得公益性捐赠税前扣除资格的慈善组织、其他社会组织和群众团体。

2. 个人发生的公益捐赠支出金额，按照以下规定确定：

（1）捐赠货币性资产的，按照实际捐赠金额确定；

（2）捐赠股权、房产的，按照个人持有股权、房产的财产原值确定；

（3）捐赠除股权、房产以外的其他非货币性资产的，按照非货币性资产的市场价格确定。

【典型例题】 老杨向符合全额扣除规定某公益组织捐赠了如下项目：捐赠现金1万元；原值为250万元，市场价为550万元的房产一套；原值19万元，市场价11万元的8成新汽车一辆。请计算老杨汇算清缴时可扣除的捐赠支出。

解析 ▶ 房产按原值确定公益捐赠支出金额为250万元，捐赠的旧汽车属于股权、房产以外的非货币性资产，按市场价格确定捐赠支出金额为11万元，公益捐赠的支出金额=1+250+11=262(万元)。

3. 居民个人扣除公益捐赠支出规定：

(1)居民个人发生的公益捐赠支出可以在财产租赁所得、财产转让所得、利息股息红利所得、偶然所得(以下统称分类所得)、综合所得或者经营所得中扣除；

在综合所得、经营所得中扣除的，扣除限额分别为当年综合所得、当年经营所得应纳税所得额的30%；

在分类所得中扣除的，扣除限额为当月分类所得应纳税所得额的30%。

『提示1』居民个人根据各项所得的收入、公益捐赠支出、适用税率等情况，自行决定在综合所得、分类所得、经营所得中扣除的公益捐赠支出的顺序。

『提示2』在当期一个所得项目扣除不完的公益捐赠支出，可以按规定在其他所得项目中继续扣除。

(2)居民个人在综合所得中扣除公益捐赠支出的，应按照以下规定处理：

①居民个人取得工资薪金所得的，可以选择在预扣预缴时扣除，也可以选择在年度汇算清缴时扣除。

『提示1』居民个人选择在预扣预缴时扣除的，应按照累计预扣法计算扣除限额，其捐赠当月的扣除限额为截至当月累计应纳税所得额的30%(全额扣除的从其规定，下同)。

『提示2』个人从两处以上取得工资薪金所得，选择其中一处扣除，选择后当年不得变更。

②居民个人取得劳务报酬所得、稿酬所得、特许权使用费所得的，预扣预缴时不扣除公益捐赠支出，统一在汇算清缴时扣除。

③居民个人取得全年一次性奖金、股权激励等所得，且按规定采取不并入综合所得而单独计税方式处理的，公益捐赠支出扣除比照分类所得的扣除规定处理。

(3)居民个人发生的公益捐赠支出，可在捐赠当月取得的分类所得中扣除。当月分类所得应扣除未扣除的公益捐赠支出，可以按照以下规定追补扣除(见表2-9)。

表2-9 当月分类所得应扣除未扣除的公益捐赠支出的追补扣除规定

情形	税务处理
扣缴义务人已经代扣但尚未解缴税款的	可以向扣缴义务人提出追补扣除申请，退还已扣税款
扣缴义务人已经代扣且解缴税款的	可以在公益捐赠之日起90日内申请扣缴义务人向征收税款的税务机关办理更正申报追补扣除，税务机关和扣缴义务人应当予以办理
居民个人自行申报纳税的	可以在公益捐赠之日起90日内向主管税务机关办理更正申报追补扣除

『提示』居民个人捐赠当月有多项多次分类所得的，应先在其中一项一次分类所得中扣除。已经在分类所得中扣除的公益捐赠支出，不再调整到其他所得中扣除。

(4)在经营所得中扣除公益捐赠支出的，可以选择在预缴税款时扣除，也可以选择在汇算清缴时扣除。

(5)经营所得采取核定征收方式的，不扣除公益捐赠支出。

4. 非居民个人扣除公益捐赠支出规定

非居民个人发生的公益捐赠支出，未超过其在公益捐赠支出发生的当月应纳税所得额30%的部分，可以从其应纳税所得额中扣除。扣除不完的公益捐赠支出，可以在经营所得中继续扣除。

『提示』非居民个人按规定可以在应纳税所得额中扣除公益捐赠支出而未实际扣除的，可按规定追补扣除。

5. 相关规定

（1）国务院规定对公益捐赠全额税前扣除的，按照规定执行。个人同时发生按30%扣除和全额扣除的公益捐赠支出，自行选择扣除次序。

（2）公益性社会组织、国家机关在接受个人捐赠时，应当按照规定开具捐赠票据；个人索取捐赠票据的，应予以开具。

『提示1』个人发生公益捐赠时不能及时取得捐赠票据的，可以暂时凭公益捐赠银行支付凭证扣除，并向扣缴义务人提供公益捐赠银行支付凭证复印件。个人应在捐赠之日起**90日**内向扣缴义务人补充提供捐赠票据，如果个人未按规定提供捐赠票据的，扣缴义务人应在**30日**内向主管税务机关报告。

『提示2』机关、企事业单位统一组织员工开展公益捐赠的，纳税人可以凭汇总开具的捐赠票据和员工明细单扣除。

（3）个人通过扣缴义务人享受公益捐赠扣除政策，应当告知扣缴义务人符合条件可扣除的公益捐赠支出金额，并提供捐赠票据的复印件，其中捐赠股权、房产的还应出示财产原值证明。扣缴义务人应当按照规定在预扣预缴、代扣代缴税款时予以扣除，并将公益捐赠扣除金额告知纳税人。

（4）个人应留存捐赠票据，留存期限为**5年**。

（八）境外所得的税额扣除

居民个人从中国境外取得的所得，可以从其应纳税额中抵免已在境外缴纳的个人所得税税额，但抵免额不得超过该纳税人境外所得依照规定计算的应纳税额。

居民个人在中国境外一个国家（地区）实际已经缴纳的个人所得税税额，低于依规定计算出的来源于该国家（地区）所得的抵免限额的，应当在中国缴纳差额部分的税款；超过来源于该国家（地区）所得的抵免限额的，其超过部分不得在本纳税年度的应纳税额中抵免，但是可以在以后纳税年度来源于该国家（地区）所得的抵免限额的余额中补扣。补扣期限最长不得超过五年。

【老杨唠吧唠】计税方法推荐采用杨氏三步法

第一步：抵免限额＝综合所得抵免限额＋经营所得抵免限额＋其他所得项目抵免限额

第二步：实缴税额：已在境外缴纳的所得税税额

第三步：比较确定：补税额。比较原则：多不退，少要补。

（1）第一步＞第二步，差额补税；

（2）第一步＜第二步，本期不补税，差额部分可以在以后5个年度内，用每年抵免限额抵免当年应抵税额后的余额进行抵补。

【例题20·计算题】杨某2020年从A、B两国取得应税收入，其中，在A国一公司取得股息收入60 000元，该收入在A国缴纳个人所得税5 000元；因在B国中奖取得收入50 000元，并在B国缴纳该项收入的个人所得税25 000元。请计算杨某上述两项收入的补税金额。

解析▶

（1）A国

第一步：抵免限额＝60 000×20%＝12 000（元）

第二步：实缴税额：5 000元

第三步：比较确定补税额：少要补，补交7 000元

（2）B国

第一步：抵免限额＝50 000×20%＝10 000（元）

第二步：实缴税额：25 000元

第三步：比较确定税额：多不退，补税额为0。在B国实际缴纳个人所得税25 000元，超出抵减限额15 000元，不能在

本年度扣除，但可在以后5个纳税年度的该国减除限额的余额中补减。

（九）对从事建筑安装业个人取得所得的征税办法

对从事建筑安装业的个体户或未领取营业执照承揽建筑安装业工程作业的建筑安装队和个人，以及建筑安装企业实行个人承包后，工商登记改变为个体经济性质的，其从事建筑安装业取得的收入，应依照"经营所得"项目征收个人所得税。

对从事建筑安装业工程作业的其他人员取得的所得，分别按照"工资、薪金所得"项目和"劳务报酬所得"项目计征个人所得税。

（十）个人股权激励的计税方法

居民个人取得股票期权、股票增值权、限制性股票、股权奖励等股权激励（以下简称股权激励），符合规定的，在2021年12月31日前，不并入当年综合所得，全额单独适用综合所得税率表，计算纳税。计算公式为：

应纳税额＝股权激励收入×适用税率－速算扣除数

『提示1』居民个人一个纳税年度内取得两次以上（含两次）股权激励的，应合并按规定计算纳税。

『提示2』2022年1月1日之后的股权激励政策另行明确。

【例题21·计算题】王先生为某上市公司的员工，公司2019年实行雇员股票期权计划。2019年3月1日，该公司授予王先生股票期权10 000股，授予价3元/股；该期权无公开市场价格，并约定2020年6月1日起可以行权，行权前不得转让。2020年6月1日王先生以授予价购买股票10 000股，当日该股票的公开市场价格8元/股。

解析

应缴纳个人所得税＝10 000×(8－3)×10%－2 520＝2 480(元)

（十一）股权转让所得个人所得税管理办法

股权是指自然人股东（简称个人）投资于在中国境内成立的企业或组织（不包括个人独资企业和合伙企业）的股权或股份。

个人在上海证券交易所、深圳证券交易所转让从上市公司公开发行和转让市场取得的上市公司股票，转让限售股，以及其他有特别规定的股权转让，不适用。

1. 应纳税所得额＝股权转让收入－股权原值和合理费用

2. 股权转让是指个人将股权转让给其他个人或法人的行为，包括以下情形：

（1）出售股权；

（2）公司回购股权；

（3）发行人首次公开发行新股时，被投资企业股东将其持有的股份以公开发行方式一并向投资者发售；

（4）股权被司法或行政机关强制过户；

（5）以股权对外投资或进行其他非货币性交易；

（6）以股权抵偿债务；

（7）其他股权转移行为。

3. 个人股权转让所得个人所得税，以股权转让方为纳税人，以受让方为扣缴义务人。

4. 扣缴义务人应于股权转让相关协议签订后5个工作日内，将股权转让的有关情况报告主管税务机关。

5. 转让方取得与股权转让相关的各种款项，包括违约金、补偿金以及其他名目的款项、资产、权益等，均应当并入股权转让收入。

6. 对个人多次取得同一被投资企业股权的，转让部分股权时，采用"加权平均法"确定其股权原值。

7. 符合下列情形之一的，主管税务机关可以核定股权转让收入：

（1）申报的股权转让收入明显偏低且无正当理由的；

（2）未按照规定期限办理纳税申报，经税务机关责令限期申报，逾期仍不申报的；

（3）转让方无法提供或拒不提供股权转让收入的有关资料；

（4）其他应核定股权转让收入的情形。

8. 符合下列情形之一，视为股权转让收入**明显偏低**：

（1）申报的股权转让收入低于股权对应的净资产份额的。其中，被投资企业拥有土地使用权、房屋、房地产企业未销售房产、知识产权、探矿权、采矿权、股权等资产的，申报的股权转让收入低于股权对应的净资产公允价值份额的。

（2）申报的股权转让收入低于初始投资成本或低于取得该股权所支付的价款及相关税费的。

（3）申报的股权转让收入低于相同或类似条件下同一企业同一股东或其他股东股权转让收入的。

（4）申报的股权转让收入低于相同或类似条件下同类行业的企业股权转让收入的。

（5）不具合理性的无偿让渡股权或股份。

（6）主管税务机关认定的其他情形。

9. 符合下列条件之一的股权转让收入明显偏低，**视为有正当理由**：

（1）能出具有效文件，证明被投资企业因国家政策调整，生产经营受到重大影响，导致低价转让股权；

（2）继承或将股权转让给其能提供具有法律效力身份关系证明的配偶、父母、子女、祖父母、外祖父母、孙子女、外孙子女、兄弟姐妹以及对转让人承担直接抚养或者赡养义务的抚养人或者赡养人；

（3）相关法律、政府文件或企业章程规定，并有相关资料充分证明转让价格合理且真实的本企业员工持有的不能对外转让股权的内部转让；

（4）股权转让双方能够提供有效证据证明其合理性的其他合理情形。

10. 主管税务机关应依次按照下列方法核定股权转让收入：

（1）净资产核定法。

股权转让收入按照每股净资产或股权对应的净资产份额核定。

被投资企业的土地使用权、房屋、房地产企业未销售房产、知识产权、探矿权、采矿权、股权等资产占企业总资产比例超过20%的，主管税务机关可参照纳税人提供的具有法定资质的中介机构出具的资产评估报告核定股权转让收入。

6个月内再次发生股权转让且被投资企业净资产未发生重大变化的，主管税务机关可参照上一次股权转让时被投资企业的资产评估报告核定此次股权转让收入。

（2）类比法。

①参照相同或类似条件下同一企业同一股东或其他股东股权转让收入核定；

②参照相同或类似条件下同类行业企业股权转让收入核定。

（3）其他合理方法。

（十二）纳税人收回转让的股权征收个人所得税的方法

1. 股权转让合同履行完毕、股权已作变更登记，且所得已经实现的，转让人取得的股权转让收入应当依法缴纳个人所得税。转让行为结束后，当事人双方签订并执行解除原股权转让合同、退回股权的协议，是另一次股权转让行为，对前次转让行为征收的个人所得税款不予退回。

2. 股权转让合同未履行完毕，因执行仲裁委员会作出的解除股权转让合同及补充协议的裁决、停止执行原股权转让合同，并原价收回已转让股权的，纳税人不应缴纳个人所得税。

（十三）个人转让上市公司限售股所得征收个人所得税的计算

应纳税所得额＝限售股转让收入－（限售股原值＋合理税费）

应纳税额＝应纳税所得额×20%

如果纳税人未能提供完整、真实的限售股原值凭证的，不能准确计算限售股原值的，主管税务机关一律按限售股转让收入的15%核定限售股原值及合理税费。

『提示1』限售股所对应的公司在证券机

构技术和制度准备完成前上市的:

证券机构按照股改限售股股改复牌日收盘价,或新股限售股上市首日收盘价计算转让收入,按照计算出的转让收入的15%确定限售股原值和合理税费,以转让收入减去原值和合理税费后的余额,适用20%税率,计算预扣预缴个人所得税额。

『提示2』在证券机构技术和制度准备完成后上市的:

按照证券机构事先植入结算系统的限售股成本原值和发生的合理税费,以实际转让收入减去原值和合理税费后的余额,适用20%税率,计算直接扣缴个人所得税额。

【例题22·单选题】赵某在某上市公司任职,任职期间该公司授予赵某限售股4万股,该批限售股已于2020年年初解禁。赵某在9月份之前陆续买进该公司股票3万股,股票平均买价为6元/股,但限售股授予价格不明确。2020年9月赵某以8元/股的价格卖出公司股票5万股。赵某转让5万股股票应缴纳个人所得税(　　)元。

A. 17 000　　　B. 68 000
C. 54 400　　　D. 51 000

解析　纳税人同时持有限售股及该股流通股的,其股票转让所得,按照限售股优先原则,即转让股票视同为先转让限售股,按规定计算缴纳个人所得税。无法准确计算限售股成本原值的,一律以实际转让收入的15%作为限售股成本原值和合理费用。剩余1万股属于个人转让上市公司的流通股票,暂免征收个人所得税。

赵某应缴纳个人所得税 = 40 000×8×(1-15%)×20% = 54 400(元)　　答案　C

『提示3』个人通过证券交易所集中交易系统或大宗交易系统转让限售股,转让收入以转让当日该股份实际转让价格计算,证券公司在扣缴税款时,佣金支出统一按照证券主管部门规定的行业最高佣金费率计算。

『提示4』在证券机构技术和制度准备完成后形成的限售股,自股票上市首日至解禁日期间发生送、转、缩股的,证券登记结算公司应依据送、转、缩股比例对限售股成本原值进行调整;而对于其他权益分派的情形(如现金分红、配股等),不对限售股的成本原值进行调整。

『提示5』对个人在上海证券交易所、深圳证券交易所转让从上市公司公开发行和转让市场取得的上市公司股票所得免征个人所得税。

『提示6』征收管理方式(见表2-10)。

表2-10　征收管理方式

情形	征收管理方式
(1)个人通过证券交易所集中交易系统或大宗交易系统转让限售股; (2)个人用限售股认购或申购交易型开放式指数基金(ETF)份额; (3)个人用限售股接受要约收购; (4)个人行使现金选择权将限售股转让给提供现金选择权的第三方	证券机构预扣预缴、纳税人自行申报清算和证券机构直接扣缴相结合的方式征收。 【记忆小贴士】大宗交易、指数基金、要约收购、现金行权
(1)个人协议转让限售股; (2)个人持有的限售股被司法扣划; (3)个人因依法继承或家庭财产分割让渡限售股所有权; (4)个人用限售股偿还上市公司股权分置改革中由大股东代其向流通股股东支付的对价	自行申报纳税方式 【记忆小贴士】协议转、司法扣、家族让、付对价

【老杨唠吧唠】上表的内容在个别年份的考题中出现过,建议考生结合"记忆小贴士"熟悉。

【例题23·多选题】纳税人转让限售股需自行申报纳税的情形有( )。

A. 个人协议转让限售股
B. 个人用限售股接受要约收购
C. 个人持有的限售股被司法扣划
D. 个人因依法继承或家庭财产分割让渡限售股所有权
E. 个人行使现金选择权将限售股转让给提供现金选择权的第三方

解析 ▶ 选项B、E,对其应纳个人所得税采取证券机构预扣预缴、纳税人自行申报清算和证券机构直接扣缴相结合的方式征收。

答案 ▶ ACD

(十四)个人取得拍卖收入征收个人所得税的计算方法

1. 作者将自己的文字作品**手稿原件或复印件**拍卖取得的所得,按照"特许权使用费所得"项目纳税。

2. 个人拍卖除文字作品原稿及复印件外的其他财产,应以其转让收入额减除财产原值和合理税费后的余额为应纳税所得额,按照"财产转让所得"项目纳税。

应纳税所得额=转让收入-财产原值-合理税费

『提示1』以该项财产最终拍卖成交价格为其转让收入额。

『提示2』财产原值,是指售出方个人取得该拍卖品的价格(以合法有效凭证为准)。具体为:

①通过商店、画廊等途径购买的,为购买该拍卖品时实际支付的价款;
②通过拍卖行拍得的,为拍得该拍卖品实际支付的价款及缴纳的相关税费;
③通过祖传收藏的,为其收藏该拍卖品而发生的费用;
④通过赠送取得的,为其受赠该拍卖品时发生的相关税费;

⑤通过其他形式取得的,参照以上原则确定财产原值。

『提示3』有关合理费用,是指拍卖财产时纳税人按照规定实际支付的拍卖费(佣金)、鉴定费、评估费、图录费、证书费等费用。

『提示4』纳税人如不能提供合法、完整、准确的财产原值凭证,不能正确计算财产原值的,按转让收入额的3%征收率计算缴纳个人所得税;拍卖品为经文物部门认定是海外回流文物的,按转让收入额的2%征收率计算缴纳个人所得税。

(1)纳税人的财产原值凭证内容填写不规范,或者一份财产原值凭证包括多件拍卖品且无法确认每件拍卖品一一对应的原值的,不得将其作为扣除财产原值的计算依据,应视为不能提供合法、完整、准确的财产原值凭证,并按规定的征收率计算缴纳个人所得税。

(2)纳税人能够提供合法、完整、准确的财产原值凭证,但不能提供有关税费凭证的,不得按征收率计算纳税,应当就财产原值凭证上注明的金额据实扣除,并按照税法规定计算缴纳个人所得税。

【例题24·单选题】中国公民张某有一件拍卖品经文物部门认定是海外回流文物,财产原值凭证金额栏没有填写,转让收入额为15万元,张某应缴纳个人所得税( )元。

A. 30 000   B. 0
C. 3 000   D. 15 000

解析 ▶ 张某应缴纳个人所得税=150 000×2%=3 000(元)

答案 ▶ C

(十五)个人无偿受赠房屋产权的个人所得税处理

1. 以下情形的房屋产权无偿赠与,对当事双方**不征收**个人所得税:

(1)房屋产权所有人将房屋产权无偿赠与配偶、父母、子女、祖父母、外祖父母、孙子女、外孙子女、兄弟姐妹;

(2)房屋产权所有人将房屋产权无偿赠与对其承担直接抚养或者赡养义务的抚养人或

（3）房屋产权所有人死亡，依法取得房屋产权的法定继承人、遗嘱继承人或者受遗赠人。

2. 除上述第1条规定情形以外，房屋产权所有人将房屋产权无偿赠与他人的，受赠人因无偿受赠房屋取得的受赠所得，按照"**偶然所得**"项目缴纳个人所得税，税率为20%。

3. 对受赠人无偿受赠房屋计征个人所得税时：应纳税所得额=房地产赠与合同上标明的赠与房屋价值-受赠人支付的相关税费。

4. 受赠人转让受赠房屋的：应纳税所得额=转让受赠房屋的收入-原捐赠人取得该房屋的实际购置成本-赠与和转让过程中受赠人支付的相关税费。

【老杨唠吧唠】提请注意"原捐赠人取得该房屋的实际购置成本"不是在受赠人无偿受赠房屋计征个人所得税时扣除而是在受赠人转让受赠房屋时扣除。

（十六）个人转让离婚析产房屋的征税问题

（1）通过离婚析产的方式分割房屋产权是夫妻双方对共同共有财产的处置，个人因离婚办理房屋产权过户手续，不征收个人所得税。

（2）个人转让离婚析产房屋取得的收入，允许扣除其相应的财产原值和合理费用后，余额按照规定的税率缴纳个人所得税；其相应的财产原值，为房屋初次购置全部原值和相关税费之和乘以转让者占房屋所有权的比例。

（十七）律师事务所从业人员个人所得税的计算方法

1. 律师个人出资兴办的独资和合伙性质的律师事务所，比照"**经营所得**"应税项目征收个人所得税。计算其经营所得时，出资律师本人的工资、薪金不得扣除。

2. 合伙制律师事务所应将年度经营所得全额作为基数，按出资比例或者事先约定的比例计算各合伙人应分配的所得征税。

3. 律师事务所支付给雇员（不包括律师事务所的投资者）的所得，按"工资、薪金所得"缴纳个人所得税。

4. 作为律师事务所雇员的律师与律师事务所按规定的比例对收入分成，律师事务所不负担律师办理案件支出的费用（如交通费、资料费、通信费及聘请人员等费用），律师当月的分成收入按规定扣除办案支出的费用后，余额与律师事务所发给的工资合并，按"工资、薪金所得"征税。

『提示』律师从其分成收入中扣除办理案件支出费用的扣除标准，由各省级税务局根据当地律师办理案件费用支出的一般情况、律师与律师事务所之间的收入分成比例及其他相关参考因素，在律师当月分成收入的30%比例内确定。

5. 兼职律师从律师事务所取得工资、薪金性质的所得，律师事务所在代扣代缴其个人所得税时，不再减除规定的费用扣除标准，以收入全额（取得分成收入的为扣除办理案件支出费用后的余额）直接确定适用的税率，计算扣税。

6. 律师以个人名义**再聘请其他人员**为其工作而支付的报酬，应由该律师按"劳务报酬所得"应税项目负责代扣代缴个人所得税。

7. 律师从接受法律事务服务的当事人处取得法律顾问费或其他酬金等收入，应并入其从律师事务所取得的其他收入，按照规定计算缴纳个人所得税。

8. 律师个人承担的按照律师协会规定参加的业务培训费用，可据实扣除。

（十八）个人投资者收购企业股权后将原盈余积累转增股本个人所得税问题

1名或多名个人投资者以股权收购方式取得被收购企业100%股权，股权收购前，被收购企业原账面金额中的"资本公积、盈余公积、未分配利润"等盈余积累未转增股本。在股权收购后，企业将原账面金额中的盈余积累向个人投资者（新股东，下同）转增股本的处理（见图2-2）：

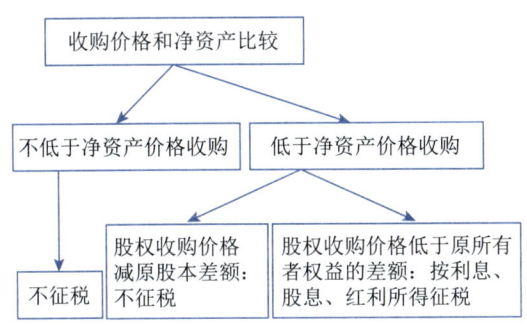

图 2-2 股权收购的个税处理

【例题 25·计算题】甲企业原账面资产总额 8 000 万元,负债 3 000 万元,所有者权益 5 000 万元,其中:实收资本(股本)1 000 万元,资本公积、盈余公积、未分配利润等盈余积累合计 4 000 万元。假定多名自然人投资者(新股东)向甲企业原股东购买该企业 100% 股权,股权收购价 4 500 万元,新股东收购企业后,甲企业将资本公积、盈余公积、未分配利润等盈余积累 4 000 万元向新股东转增实收资本。请说明该业务的纳税情况。

解析➡

新股东以低于净资产 5 000 万元的价格 4 500 万元收购该企业股权,因此收购价格 4 500 万元减原股本 1 000 万元的差额 3 500 万元不征税,股权收购价格 4 500 万元低于原所有者权益 5 000 万元的部分按"利息、股息、红利所得"项目纳税。

(十九)企业转增股本的个人所得税政策

1. 股份制企业转增股本和派发红股的个人所得税规定

(1)股份制企业用资本公积金转增股本,不属于股息、红利性质的分配,对个人取得的转增股本数额,不作为个人所得,不征收个人所得税。

资本公积金,是指股份制企业股票溢价发行收入所形成的资本公积金。

(2)股份制企业用盈余公积金派发红股属于股息、红利性质的分配,对个人取得的红股数额,应征收个人所得税。

2. 中小高新技术企业转增股本的个人所得税规定

根据《财政部国家税务总局关于将国家自主创新示范区有关税收试点政策推广到全国范围实施的通知》(财税〔2015〕116 号)规定,自 2016 年 1 月 1 日起,全国范围内的中小高新技术企业以未分配利润、盈余公积、资本公积向个人股东转增股本时,个人股东一次缴纳个人所得税确有困难的,可根据实际情况自行制订分期缴税计划,在不超过 5 个公历年度内(含)分期缴纳,并将有关资料报主管税务机关备案。

(1)个人股东获得转增的股本,应按照"利息、股息、红利所得"项目,适用 20% 税率征收个人所得税。

(2)股东转让股权并取得现金收入的,该现金收入应优先用于缴纳尚未缴清的税款。

(3)在股东转让该部分股权之前,企业依法宣告破产,股东进行相关权益处置后没有取得收益或收益小于初始投资额的,主管税务机关对其尚未缴纳的个人所得税可不予追征。

中小高新技术企业,是指注册在中国境内实行查账征收的、经认定取得高新技术企业资格,且年销售额和资产总额均不超过 2 亿元、从业人数不超过 500 人的企业。

3. 非上市及未在"新三板"挂牌企业转增股本的个人所得税规定

根据《国家税务总局关于股权奖励和转增股本个人所得税征管问题的公告》(国家税务总局公告 2015 年第 80 号)规定,非上市及未在"新三板"挂牌的中小高新技术企业以未分配利润、盈余公积、资本公积向个人股东转增股本,并符合财税〔2015〕116 号文件有关规定的,纳税人可分期缴纳个人所得税;非上市及未在"新三板"挂牌的其他企业转增股本,应及时代扣代缴个人所得税。

4. 上市公司及在"新三板"挂牌中小高新技术企业转增股本的个人所得税规定

上市公司、上市中小高新技术企业或在"新三板"挂牌的中小高新技术企业向个人股东转增股本(不含以股票发行溢价的资本公积转增股本），股东应纳的个人所得税，继续按照现行有关股息红利差别化个人所得税政策执行；持股期限在1个月以内（含1个月）的，其股息红利所得全额计入应纳税所得额；持股期限在1个月以上至1年（含1年）的，暂减按50%计入应纳税所得额；持股期限超过1年的，暂免征收个人所得税。上述所得统一适用20%的税率计征个人所得税。

（二十）个人非货币性资产投资的所得税政策

1. 个人以非货币性资产投资，属于个人转让非货币性资产和投资同时发生。对个人转让非货币性资产的所得，按"**财产转让所得**"项目依法纳税。

2. 应纳税所得额=转让收入（评估后的公允价值）-资产原值及合理税费

原值：取得该资产时实际发生支出或核定额。

3. 个人以非货币性资产投资，应于非货币性资产转让、取得被投资企业股权时，确认非货币性资产转让收入的实现。纳税人一次性缴税有困难的，自发生应税行为之日起不超过5个公历年度内（含）分期纳税。

（二十一）股权激励和技术入股有关所得税政策

1. 对符合条件的非上市公司股票期权、股权期权、限制性股票和股权奖励实行递延纳税政策

非上市公司授予本公司员工的股票期权、股权期权、限制性股票和股权奖励，符合规定条件的，经向主管税务机关备案，可实行递延纳税政策，即员工在取得股权激励时暂不纳税，递延至转让该股权按"**财产转让所得**"项目，按照20%的税率计算缴纳个人所得税。

『提示1』股权转让所得额=股权转让收入-股权取得成本-合理税费

『提示2』股权取得成本：(1)股票(权)期权按行权价确定；(2)限制性股票按实际出资额确定；(3)股权奖励为零。

『提示3』享受递延纳税政策的非上市公司股权激励(包括股票期权、股权期权、限制性股票和股权奖励，下同)须同时满足以下条件：

(1)属于境内居民企业的股权激励计划。

(2)股权激励计划经公司董事会、股东(大)会审议通过。未设股东(大)会的国有单位，经上级主管部门审核批准。股权激励计划应列明激励目的、对象、标的、有效期、各类价格的确定方法、激励对象获取权益的条件、程序等。

(3)激励标的应为境内居民企业的本公司股权。股权奖励的标的可以是技术成果投资入股到其他境内居民企业所取得的股权。激励标的股票(权)包括通过增发、大股东直接让渡以及法律法规允许的其他合理方式授予激励对象的股票(权)。

(4)激励对象应为公司董事会或股东(大)会决定的技术骨干和高级管理人员，激励对象人数累计不得超过本公司最近6个月在职职工平均人数的30%。

(5)股票(权)期权自授予日起应持有满3年，且自行权日起持有满1年；限制性股票自授予日起应持有满3年，且解禁后持有满1年；股权奖励自获得奖励之日起应持有满3年。上述时间条件须在股权激励计划中列明。

(6)股票(权)期权自授予日至行权日的时间不得超过10年。

(7)实施股权奖励的公司及其奖励股权标的公司所属行业均不属于《股权奖励税收优惠政策限制性行业目录》范围。公司所属行业按公司上一纳税年度主营业务收入占比最高的行业确定。

『提示4』全国中小企业股份转让系统挂牌公司按照上述规定执行。

2. 对上市公司股票期权、限制性股票和股权奖励适当延长纳税期限

上市公司授予个人的股票期权、限制性股票和股权奖励，经向主管税务机关备案，

个人可自股票期权行权、限制性股票解禁或取得股权奖励之日起，在不超过 12 个月的期限内缴纳个人所得税。

『提示』上市公司是指其股票在上海证券交易所、深圳证券交易所上市交易的股份有限公司。

【老杨唠吧唠】注意上述第 1 点适用于非上市公司和第 2 点适用于上市公司。

3. 对技术成果投资入股实施选择性税收优惠政策

企业或个人以技术成果投资入股到境内居民企业，被投资企业支付的对价全部为股票（权）的，企业或个人可选择继续按现行有关税收政策执行，也可选择适用递延纳税优惠政策。

选择技术成果投资入股递延纳税政策的，经向主管税务机关备案，投资入股当期可暂不纳税，允许递延至转让股权时，按股权转让收入减去技术成果原值和合理税费后的差额计算缴纳所得税。

『提示 1』技术成果是指专利技术（含国防专利）、计算机软件著作权、集成电路布图设计专有权、植物新品种权、生物医药新品种，以及科技部、财政部、国家税务总局确定的其他技术成果。

『提示 2』企业或个人选择适用上述任一项政策，均允许被投资企业按技术成果投资入股时的评估值入账并在企业所得税前摊销扣除。

4. 其他相关政策

（1）个人从任职受雇企业以低于公平市场价格取得股票（权）的，凡不符合递延纳税条件，应在获得股票（权）时，对实际出资额低于公平市场价格的差额，按照"工资、薪金所得"项目缴纳个人所得税。

（2）个人因股权激励、技术成果投资入股取得股权后，非上市公司在境内上市的，处置递延纳税的股权时，按照现行限售股有关征税规定执行。

（3）个人转让股权时，视同享受递延纳税优惠政策的股权优先转让。递延纳税的股权成本按照加权平均法计算，不与其他方式取得的股权成本合并计算。

（4）持有递延纳税的股权期间，因该股权产生的转增股本收入，以及以该递延纳税的股权再进行非货币性资产投资的，应在当期缴纳税款。

（二十二）关于无住所个人的计算

1. 无住所个人工资、薪金所得收入额计算

（1）无住所个人为非居民个人的情形。

非居民个人取得工资薪金所得，除"无住所个人为高管人员的情形"规定以外，当月工资薪金收入额分别按照以下两种情形计算：

①非居民个人境内居住时间累计不超过 90 天的情形。

在一个纳税年度内，在境内累计居住不超过 90 天的非居民个人，仅就归属于境内工作期间并由境内雇主支付或者负担的工资薪金所得计算缴纳个人所得税。当月工资薪金收入额的计算公式如下（公式一）：

$$当月工资薪金收入额 = 当月境内外工资薪金总额 \times \frac{当月境内支付工资薪金数额}{当月境内外工资薪金总额} \times \frac{当月工资薪金所属工作期间境内工作天数}{当月工资薪金所属工作期公历天数}$$

『提示 1』境内雇主包括雇佣员工的境内单位和个人以及境外单位或者个人在境内的机构、场所。

『提示 2』凡境内雇主采取核定征收所得税或者无营业收入未征收所得税的，无住所个人为其工作取得工资薪金所得，不论是否在该境内雇主会计账簿中记载，均视为由该境内雇主支付或者负担。

『提示 3』当月境内外工资薪金包含归属于不同期间的多笔工资薪金的，应当先分别

按照规定计算不同归属期间工资薪金收入额，然后再加总计算当月工资薪金收入额。

【典型例题-2010年考题单选改编】 约翰是A国公民，约翰2019年4月15日来北京工作，6月在中国工作了15天后回国。在中国工作期间，境内机构每月支付工资30 000元，A国公司每月支付工资折合人民币60 000元。请计算2019年6月约翰当月应缴纳个人所得税的工资薪金收入额。

解析 当月工资薪金收入额 = 90 000×30 000÷90 000×15÷30 = 15 000（元）

②非居民个人境内居住时间累计超过90天不满183天的情形。

在一个纳税年度内，在境内累计居住超过90天但不满183天的非居民个人，取得归属于境内工作期间的工资薪金所得，均应计算缴纳个人所得税；其取得归属于境外工作期间的工资薪金所得，不征收个人所得税。当月工资薪金收入额的计算公式如下（公式二）：

当月工资薪金收入额 = 当月境内外工资薪金总额×（当月工资薪金所属工作期间境内工作天数÷当月工资薪金所属工作期间公历天数）

（2）无住所个人为居民个人的情形。

在一个纳税年度内，在境内累计居住满183天的无住所居民个人取得工资薪金所得，当月工资薪金收入额按照以下规定计算：

①无住所居民个人在境内居住累计满183天的年度连续不满六年的情形。

在境内居住累计满183天的年度连续不满六年的无住所居民个人，其取得的全部工资薪金所得，除归属于境外工作期间且由境外单位或者个人支付的工资薪金所得部分外，均应计算缴纳个人所得税。工资薪金所得收入额的计算公式如下（公式三）：

当月工资薪金收入额 = 当月境内外工资薪金总额×[1－（当月境外支付工资薪金数额÷当月境内外工资薪金总额）×当月工资薪金所属工作期间境外工作天数÷当月工资薪金所属工作期间公历天数]

②无住所居民个人在境内居住累计满183天的年度连续满六年的情形。

在境内居住累计满183天的年度连续满六年后，不符合优惠条件的无住所居民个人，其从境内、境外取得的全部工资薪金所得均应计算缴纳个人所得税。

（3）无住所个人为高管人员的情形。

①无住所居民个人为高管人员的，工资、薪金收入额按照上述"2)无住所个人为居民个人的情形"规定计算纳税。

②非居民个人为高管人员的，按照以下规定处理：

a. 高管人员在境内居住时间累计不超过90天的情形。

在一个纳税年度内，在境内累计居住不超过90天的高管人员，其取得由境内雇主支付或者负担的工资、薪金所得应当计算缴纳个人所得税；不是由境内雇主支付或者负担的工资、薪金所得，不缴纳个人所得税。

b. 高管人员在境内居住时间累计超过90天不满183天的情形。

在一个纳税年度内，在境内居住累计超过90天但不满183天的高管人员，其取得的工资、薪金所得，除归属于境外工作期间且不是由境内雇主支付或者负担的部分外，应当计算缴纳个人所得税。当月工资、薪金收入额计算适用上述"公式三"的计算公式。

当月工资薪金收入额 = 当月境内外工资薪金总额×[1－当月境外支付工资薪金数额÷当月境内外工资薪金总额×当月工资薪金所属工作期间境外工作天数÷当月工资薪金所属工作期间公历天数]

2. 关于无住所个人税款计算

（1）无住所居民个人税款计算的规定。

无住所居民个人取得综合所得，年度终了后，应按年计算个人所得税；有扣缴义务人的，由扣缴义务人按月或者按次预扣预缴税款；需要办理汇算清缴的，按照规定办理汇算清缴，年度综合所得应纳税额计算公式如下：

年度综合所得应纳税额=（年度工资薪金收入额+年度劳务报酬收入额+年度稿酬收入额+年度特许权使用费收入额-减除费用-专项扣除-专项附加扣除-依法确定的其他扣除）×适用税率-速算扣除数

〖提示〗无住所居民个人为外籍个人的，2022年1月1日前计算工资薪金收入额时，已经按规定减除住房补贴、子女教育费、语言训练费等八项津补贴的，不能同时享受专项附加扣除。

（2）非居民个人税款计算的规定。

①非居民个人当月取得工资薪金所得，以按上述规定计算的当月收入额，减去税法规定的减除费用后的余额，为应纳税所得额，适用按月换算后的综合所得税率表计算应纳税额。

②非居民个人一个月内取得数月奖金，单独按上述规定计算当月收入额，不与当月其他工资薪金合并，按6个月分摊计税，不减除费用，适用月度税率表计算应纳税额，在一个公历年度内，对每一个非居民个人，该计税办法只允许适用一次。计算公式如下：

当月数月奖金应纳税额=[（数月奖金收入额÷6）×适用税率-速算扣除数]×6

③非居民个人一个月内取得股权激励所得，单独按照上述规定计算当月收入额，不与当月其他工资薪金合并，按6个月分摊计税（一个公历年度内的股权激励所得应合并计算），不减除费用，适用月度税率表计算应纳税额，计算公式如下：

当月股权激励所得应纳税额=[（本公历年度内股权激励所得合计额÷6）×适用税率-速算扣除数]×6-本公历年度内股权激励所得已纳税额

④非居民个人取得来源于境内的劳务报酬所得、稿酬所得、特许权使用费所得，以税法规定的每次收入额为应纳税所得额，适用月度税率表计算应纳税额。

3. 无住所个人适用税收协定

按照我国政府签订的税收协定居民条款规定为缔约对方税收居民的个人（以下称对方税收居民个人），可以按照税收协定及有关规定享受税收协定待遇，也可以选择不享受税收协定待遇计算纳税。除税收协定及财政部、税务总局另有规定外，无住所个人适用税收协定的，按照以下规定执行：

（1）无住所个人适用受雇所得条款的规定。

①无住所个人享受境外受雇所得协定待遇。

无住所个人为对方税收居民个人，其取得的工资薪金所得可享受境外受雇所得协定待遇的，可不缴纳个人所得税。

〖提示1〗境外受雇所得协定待遇，是指按照税收协定受雇所得条款规定，对方税收居民个人在境外从事受雇活动取得的受雇所得，可不缴纳个人所得税。

〖提示2〗无住所居民个人为对方税收居民个人的，可在预扣预缴和汇算清缴时按前款规定享受协定待遇；非居民个人为对方税收居民个人的，可在取得所得时按前款规定享受协定待遇。

②无住所个人享受境内受雇所得协定待遇。

无住所个人为对方税收居民个人，其取得的工资薪金所得可享受境内受雇所得协定待遇的，可不缴纳个人所得税。

〖提示1〗境内受雇所得协定待遇，是指按照税收协定受雇所得条款规定，在税收协定规定的期间内境内停留天数不超过183天的对方税收居民个人，在境内从事受雇活动取得受雇所得，不是由境内居民雇主支付或者代其支付的，也不是由雇主在境内常设机构负担的，可不缴纳个人所得税。

〖提示2〗无住所居民个人为对方税收居民个人的，可在预扣预缴和汇算清缴时按前款规定享受协定待遇；非居民个人为对方税收居民个人的，可在取得所得时按前款规定享受协定待遇。

（2）无住所个人适用独立个人劳务或者营业利润条款规定。

无住所居民个人为对方税收居民个人，其取得的劳务报酬所得、稿酬所得可享受独立个人劳务或者营业利润协定待遇的，在预扣预缴和汇算清缴时，可不缴纳个人所得税。

非居民个人为对方税收居民个人，其取得的劳务报酬所得、稿酬所得可享受独立个人劳务或者营业利润协定待遇的，在取得所得时可不缴纳个人所得税。

『提示』独立个人劳务或者营业利润协定待遇，是指按照税收协定独立个人劳务或者营业利润条款规定，对方税收居民个人取得的独立个人劳务所得或者营业利润符合税收协定规定条件的，可不缴纳个人所得税。

（3）无住所个人适用特许权使用费或者技术服务费条款规定。

无住所居民个人为对方税收居民个人，其取得的特许权使用费所得、稿酬所得或者劳务报酬所得可享受特许权使用费或者技术服务费协定待遇的，可不纳入综合所得，在取得当月按照税收协定规定的计税所得额和征税比例计算应纳税额，并预扣预缴税款。年度汇算清缴时，该个人取得的已享受特许权使用费或者技术服务费协定待遇的所得不纳入年度综合所得，单独按照税收协定规定的计税所得额和征税比例计算年度应纳税额及补退税额。

非居民个人为对方税收居民个人，其取得的特许权使用费所得、稿酬所得或者劳务报酬所得可享受特许权使用费或者技术服务费协定待遇的，可按照税收协定规定的计税所得额和征税比例计算应纳税额。

『提示』特许权使用费或者技术服务费协定待遇，是指按照税收协定特许权使用费或者技术服务费条款规定，对方税收居民个人取得符合规定的特许权使用费或者技术服务费，可按照税收协定规定的计税所得额和征税比例计算纳税。

4. 其他相关规定

（1）关于无住所个人预计境内居住时间的规定。

无住所个人在一个纳税年度内首次申报时，应当根据合同约定等情况预计一个纳税年度内境内居住天数以及在税收协定规定的期间内境内停留天数，按照预计情况计算缴纳税款。实际情况与预计情况不符的，分别按照以下规定处理：

①无住所个人预先判定为非居民个人，因延长居住天数达到居民个人条件的，一个纳税年度内税款扣缴方法保持不变，年度终了后按照居民个人有关规定办理汇算清缴，但该个人在当年离境且预计年度内不再入境的，可以选择在离境之前办理汇算清缴。

②无住所个人预先判定为居民个人，因缩短居住天数不能达到居民个人条件的，在不能达到居民个人条件之日起至年度终了15天内，应当向主管税务机关报告，按照非居民个人重新计算应纳税额，申报补缴税款，不加收税收滞纳金。需要退税的，按照规定办理。

③无住所个人预计一个纳税年度境内居住天数累计不超过90天，但实际累计居住天数超过90天的，或者对方税收居民个人预计在税收协定规定的期间内境内停留天数不超过183天，但实际停留天数超过183天的，待达到90天或者183天的月度终了后15天内，应当向主管税务机关报告，就以前月份工资薪金所得重新计算应纳税款，并补缴税款，不加收税收滞纳金。

（2）关于无住所个人境内雇主报告境外关联方支付工资薪金所得的规定。

无住所个人在境内任职、受雇取得来源于境内的工资薪金所得，凡境内雇主与境外单位或者个人存在关联关系，将本应由境内雇主支付的工资薪金所得，部分或者全部由境外关联方支付的，无住所个人可以自行申报缴纳税款，也可以委托境内雇主代为缴纳税款。

无住所个人未委托境内雇主代为缴纳税款的，境内雇主应当在相关所得支付当月终了后15天内向主管税务机关报告相关信息，包括境内雇主与境外关联方对无住所个人的工作安排、境外支付情况以及无住所个人的联系方式等信息。

(二十三)远洋船员的个人所得税政策

自2019年1月1日至2023年12月31日，远洋船员执行如下个人所得税政策：

1. 一个纳税年度内在船航行时间累计满183天的远洋船员，其取得的工资、薪金收入减按50%计入应纳税所得额，依法缴纳个人所得税。

『提示』远洋船员是指在海事管理部门依法登记注册的国际航行船舶船员和在渔业管理部门依法登记注册的远洋渔业船员。在船航行时间是指远洋船员在国际航行或作业船舶和远洋渔业船舶上的工作天数。一个纳税年度内的在船航行时间为一个纳税年度内在船航行时间的累计天数。

2. 远洋船员可选择在当年预扣预缴税款或者次年个人所得税汇算清缴时享受上述优惠政策。

3. 海事管理部门、渔业管理部门同税务部门建立信息共享机制，定期交换远洋船员身份认定、在船航行时间等有关涉税信息。

(二十四)以企业资金为个人购置财产的个人所得税政策

1. 个人投资者以企业(个人独资企业、合伙企业和其他企业)资金为本人、家庭成员及其相关人员购买汽车、住房等财产性支出，视为企业对个人投资者的利润或红利分配，个人独资企业和合伙企业投资者依照"经营所得"项目计征个人所得税；其他企业的个人投资者依照"利息、股息、红利所得"项目计征个人所得税。

2. 企业出资购买房屋及其他财产，将所有权登记为投资者个人、投资者家庭成员或企业其他人员的，不论所有权人是否将财产无偿或有偿交付企业使用，其实质均为企业对个人进行了实物性质的分配。个人独资企业、合伙企业的个人投资者或其家庭成员取得的上述所得，视为企业对个人投资者的利润分配，按照"经营所得"项目计征个人所得税；对除个人独资企业、合伙企业之外的其他企业的个人投资者或其家庭成员取得的上述所得，视为企业对个人投资者的红利分配，按照"利息、股息、红利所得"项目计征个人所得税；对企业其他人员取得的上述所得，按照"工资、薪金所得"项目计征个人所得税。

【老杨嘚吧嘚】这部分的内容在运用时要看是谁取得的，然后根据"实质课税"的原则确定税务处理，总结见表2-11。

表2-11 以企业资金为个人购置财产的个人所得税政策总结

取得人员	税务处理
个人独资企业、合伙企业的个人投资者或其家庭成员取得的	"经营所得"
对除个人独资企业、合伙企业以外其他企业的个人投资者或其家庭成员取得的	"利息、股息、红利所得"
其他人员取得的	"工资、薪金所得"

(二十五)商业健康保险和税收递延型商业养老保险个人所得税规定(属于综合所得扣除中的其他扣除)

1. 自2017年7月1日起，对个人购买符合规定的商业健康保险产品的支出，允许在当年(月)计算应纳税所得额时予以税前扣除，扣除限额为2 400元/年(200元/月)。

『提示1』单位统一为员工购买符合规定的商业健康保险产品的支出，应分别计入员工个人工资薪金，视同个人购买，按上述限额予以扣除(自购买产品次月起)。

『提示2』用商业健康保险税收优惠政策的纳税人，是指取得工资薪金所得、连续性劳务报酬所得的个人，以及取得个体工商户生产经营所得、对企事业单位的承包承租经营所得的个体工商户业主、个人独资企业投资者、合伙企业合伙人和承包承租经营者。

2. 个人按照规定领取的税收递延型商业

养老保险的养老金收入,其中25%部分予以免税,其余75%部分按照10%的比例税率计算缴纳个人所得税,税款计入"工资、薪金所得"项目,由保险机构代扣代缴后,在个人购买税延养老保险的机构所在地办理全员全额扣缴申报。

(二十六)个人终止投资经营收回款项的税收政策

1. 个人因各种原因终止投资、联营、经营合作等行为,从被投资企业或合作项目、被投资企业的其他投资者以及合作项目的经营合作人取得股权转让收入、违约金、补偿金、赔偿金及以其他名目收回的款项等,均属于个人所得税应税收入,应按照"财产转让所得"项目适用的规定计算缴纳个人所得税。

2. 应纳税所得额=个人取得的股权转让收入、违约金、补偿金、赔偿金及以其他名目收回款项合计数-原实际出资额(投入额)及相关税费

(二十七)个人转让全国中小企业股份转让系统(以下简称新三板)挂牌公司股票有关个人所得税政策

1. 自2018年11月1日(含)起,对个人转让新三板挂牌公司非原始股取得的所得,暂免征收个人所得税。

『提示』非原始股是指个人在新三板挂牌公司挂牌后取得的股票,以及由上述股票孳生的送、转股。

2. 对个人转让新三板挂牌公司原始股取得的所得,按照"财产转让所得",适用20%的比例税率征收个人所得税。

『提示』原始股是指个人在新三板挂牌公司挂牌前取得的股票,以及在该公司挂牌前和挂牌后由上述股票孳生的送、转股。

(二十八)个人住房转让所得应纳税额的计算

1. 以实际成交价格为转让收入。纳税人申报的住房成交价格明显低于市场价格且无正当理由的,征收机关依法有权根据有关信息核定其转让收入。

2. 纳税人可凭原购房合同、发票等有效凭证,经税务机关审核后,允许从其转让收入中减除房屋原值、转让住房过程中缴纳的税金及有关合理费用。

『提示1』转让住房过程中缴纳的税金是指纳税人在转让住房时实际缴纳的城市维护建设税、教育费附加、土地增值税、印花税等税金。

『提示2』合理费用指纳税人按照规定实际支付的住房装修费用(有扣除限额)、住房贷款利息、手续费、公证费等费用。

『提示3』住房装修费用:已购公有住房、经济适用房:最高扣除限额为房屋原值的15%;商品房及其他住房:10%。纳税人原购房为装修房,不得再重复扣除装修费用。

(二十九)创业投资企业个人合伙人和天使投资个人有关个人所得税的规定

1. 合伙创投企业采取股权投资方式直接投资于初创科技型企业满2年(24个月,下同)的,合伙创投企业的个人合伙人可以按照对初创科技型企业投资额的70%抵扣个人合伙人从合伙创投企业分得的经营所得;当年不足抵扣的,可以在以后纳税年度结转抵扣。

2. 天使投资个人采取股权投资方式直接投资于初创科技型企业满2年的,可以按照投资额的70%抵扣转让该初创科技型企业股权取得的应纳税所得额;当期不足抵扣的,可以在以后取得转让该初创科技型企业股权的应纳税所得额时结转抵扣。

天使投资个人投资多个初创科技型企业的,对其中办理注销清算的初创科技型企业,天使投资个人对其投资额的70%尚未抵扣完的,可自注销清算之日起36个月内抵扣天使投资个人转让其他初创科技型企业股权取得的应纳税所得额。

『提示1』享受上述税收政策的投资,仅限于通过向被投资初创科技型企业直接支付现金方式取得的股权投资,不包括受让其他

股东的存量股权。

『提示2』初创科技型企业接受天使投资个人投资满2年，在上海证券交易所、深圳证券交易所上市的，天使投资个人转让该企业股票时，按照现行限售股有关规定执行，其尚未抵扣的投资额，在税款清算时一并计算抵扣。

(三十)创业投资企业个人合伙人所得税政策的规定

自2019年1月1日起至2023年12月31日：

1. 创投企业可以选择按单一投资基金核算或者按创投企业年度所得整体核算两种方式之一，对其个人合伙人来源于创投企业的所得计算个人所得税应纳税额。(3年内不能变更)

2. 创投企业选择按单一投资基金核算的，其个人合伙人从该基金应分得的股权转让所得和股息红利所得，按照20%税率计算缴纳个人所得税。

3. 创投企业选择按年度所得整体核算的，其个人合伙人应从创投企业取得的所得，按照"经营所得"项目、5%～35%的超额累进税率计算缴纳个人所得税。

(三十一)促进科技成果转化取得股权奖励所得税政策

1. 科研机构、高等学校转化职务科技成果以股份或出资比例等股权形式给予科技人员个人奖励，经主管税务机关审核后，暂不征收个人所得税。[说明：审核权取消，应在授(获)奖的次月15日内向主管税务机关备案。]

在获奖人按股份、出资比例获得分红时，对其所得按"利息、股息、红利所得"应税项目征收个人所得税。

获奖人转让股权、出资比例，对其所得按"财产转让所得"应税项目征收个人所得税，财产原值为零。

『提示1』科研机构是指按规定设置审批的自然科学研究事业单位机构。高等学校是指全日制普通高等学校(包括大学、专门学院和高等专科学校)。

『提示2』享受上述优惠政策的科技人员必须是科研机构和高等学校的在编正式职工。

2. 自2016年1月1日起，全国范围内的高新技术企业转化科技成果，给予本企业相关技术人员的股权奖励，个人一次缴纳个人所得税确有困难的可根据实际情况在不超过5个公历年度内(含)分期缴纳。

(1)个人获得股权奖励时按"工资薪金所得"项目，参照个人股票期权所得征收个税的有关规定计算确定应纳税额，即应纳税额=股权激励收入×适用税率-速算扣除数。

(2)技术人员转让奖励的股权(含奖励股权孳生的送、转股)并取得现金收入的，该现金收入应优先用于缴纳尚未缴清的税款。

(3)技术人员在转让奖励的股权之前企业依法宣告破产，技术人员进行相关权益处置后没有取得收益或资产，或取得的收益和资产不足以缴纳其取得股权尚未缴纳的应纳税款的部分，税务机关可不予追征。

『提示』相关技术人员指经公司董事会和股东大会决议批准获得股权奖励的以下两类人员：

(1)对企业科技成果研发和产业化作出突出贡献的技术人员，包括企业内关键职务科技成果的主要完成人、重大开发项目的负责人、对主导产品或者核心技术、工艺流程作出重大创新或者改进的主要技术人员。

(2)对企业发展作出突出贡献的经营管理人员，包括主持企业全面生产经营工作的高级管理人员，负责企业主要产品(服务)生产经营合计占主营业务收入(或者主营业务利润)50%以上的中、高级经营管理人员。

3. 企业面向全体员工实施的股权奖励不适用上述规定。

(三十二)科技人员取得职务科技成果转化现金奖励的税收政策

依法批准设立的非营利性研究开发机构和高等学校(以下简称非营利性科研机构和高

校)根据《中华人民共和国促进科技成果转化法》规定,从职务科技成果转化收入中给予科技人员的现金奖励,可减按50%计入科技人员当月"工资、薪金所得",依法缴纳个人所得税。

『提示』非营利性科研机构和高校包括国家设立的科研机构和高校、民办非营利性科研机构和高校。

【老杨唠吧唠】科技成果转化考点总结见表2-12。

表2-12 科技成果转化考点总结

形式	单位性质	税务处理
股权奖励	科研机构、高等学校	科研机构、高等学校转化职务科技成果以股份或出资比例等股权形式给予科技人员个人奖励:①获得时:暂不征税。②按比例获得分红时:按"利息、股息、红利所得"征税。③转让时:按"财产转让所得"征税(财产原值为零)
股权奖励	高新技术企业	全国范围内的高新技术企业转化科技成果给予本企业相关技术人员的股权奖励:一次纳税确有困难的可在不超过5年度内(含)分期缴纳。 『提示』个人获得股权奖励时按"工资薪金所得"项目,参照个人股票期权所得征收个税的有关规定计算确定应纳税额,即应纳税额=股权激励收入×适用税率-速算扣除数
现金奖励	非营利性研发机构和高校	从职务科技成果转化收入中给予科技人员的现金奖励,可减按50%计入科技人员当月"工资、薪金所得"纳税。(包括国家设立的科研机构和高校、民办非营利性科研机构和高校)

(三十三)企业促销展业赠送礼品个人所得税的规定

1.企业在销售商品(产品)和提供服务过程中向个人赠送礼品,下列情形不征个税:

(1)企业通过价格折扣、折让方式向个人销售商品(产品)和提供服务。

(2)企业在向个人销售商品(产品)和提供服务的同时给予赠品,如通信企业对个人购买手机赠话费、入网费,或者购话费赠手机等。

(3)企业对累积消费达到一定额度的个人按消费积分反馈礼品。

2.企业向个人赠送礼品,下列情形缴纳个税:

(1)业务宣传、广告等活动中,随机向本单位以外的个人赠送礼品(包括网络红包)的所得,以及企业在年会、座谈会、庆典以及其他活动中向本单位以外的个人赠送礼品所得,按"偶然所得"项目全额纳税。但企业赠送的具有价格折扣或折让性质的消费券、代金券、抵用券、优惠券等礼品除外。

(2)累积消费达到一定额度的顾客,给予额外抽奖机会的获奖所得,按"偶然所得"项目全额纳税。

『提示』企业赠送的礼品是自产产品(服务)的,按该产品(服务)的市场销售价格确定个税所得;是外购商品(服务)的,按该商品(服务)的实际购置价格确定个税所得。

(三十四)创新企业境内发行存托凭证试点阶段的优惠

为支持实施创新驱动发展战略,自2019年4月3日起,创新企业境内发行存托凭证(以下称创新企业CDR)试点阶段,实施如下个人所得税优惠政策:

1.自试点开始之日起,对个人投资者转让创新企业CDR取得的差价所得,三年(36个月,下同)内暂免征收个人所得税。

2.自试点开始之日起,对个人投资者持有创新企业CDR取得的股息红利所得,三年内实施股息红利差别化个人所得税政策,具体参照《财政部 国家税务总局 证监会关于实施上市公司股息红利差别化个人所得税政策有关问题的通知》(财税〔2012〕85号)、《财政

部 国家税务总局 证监会关于上市公司股息红利差别化个人所得税政策有关问题的通知》(财税〔2015〕101号)的相关规定执行，由创新企业在其境内的**存托机构代扣代缴税款**，并向**存托机构所在地**税务机关办理**全员全额明细申报**。对于个人投资者取得的股息红利在境外已缴纳的税款，可按照个人所得税法以及双边税收协定(安排)的相关规定予以抵免。

创新企业CDR，是指符合《国务院办公厅转发证监会关于开展创新企业境内发行股票或存托凭证试点若干意见的通知》(国办发〔2018〕21号)规定的试点企业，以境外股票为基础证券，由存托人签发并在中国境内发行，代表境外基础证券权益的证券。

本公告所称试点开始之日，是指首只创新企业CDR取得国务院证券监督管理机构的发行批文之日。

十五、征收管理★★

我国的个人所得税纳税申报有自行申报纳税和全员全额扣缴申报纳税两种方式。

(一)扣缴申报管理办法

个人所得税以所得人为纳税人，以支付所得的单位或者个人为扣缴义务人。扣缴义务人向个人支付应税款项时，应当依照个人所得税法规定预扣或者代扣税款，按时缴库，并专项记载备查。上述所称支付，包括现金支付、汇拨支付、转账支付和以有价证券、实物以及其他形式的支付。

1. 实行全员全额扣缴申报的应税所得范围

按照《个人所得税法》规定，扣缴义务人应当按照国家规定办理全员全额扣缴申报，并向纳税人提供其个人所得和已扣缴税款等信息。

全员全额扣缴申报，是指扣缴义务人应当在代扣税款的次月15日内，向主管税务机关报送其支付所得的所有个人的有关信息、支付所得数额、扣除事项和数额、扣缴税款的具体数额和总额以及其他相关涉税信息资料。

实行个人所得税全员全额扣缴申报的应税所得包括：除了"经营所得"外的其他8项所得。

2. 扣缴义务人的法定义务

(1)扣缴义务人每月或者每次预扣、代扣的税款，应当在次月15日内缴入国库，并向税务机关报送《个人所得税扣缴申报表》。

(2)扣缴义务人首次向纳税人支付所得时，应当按照纳税人提供的纳税人识别号等基础信息，填写《个人所得税基础信息表(A表)》，并于次月扣缴申报时向税务机关报送。扣缴义务人对纳税人向其报告的相关基础信息变化情况，应当于次月扣缴申报时向税务机关报送。

(3)支付工资、薪金所得的扣缴义务人应当于年度终了后两个月内，向纳税人提供其个人所得和已扣缴税款等信息。纳税人年度中间需要提供上述信息的，扣缴义务人应当提供。

3. 代扣代缴税款的手续费

税务机关对应扣缴义务人按照规定扣缴的税款(不包括税务机关、司法机关等查补或者责令补扣的税款)，按年付给2%的手续费，扣缴义务人领取的扣缴手续费可用于提升办税能力、奖励办税人员。

(二)自行纳税申报管理

自行申报纳税，是指在税法规定的纳税期限内，由纳税人自行向税务机关申报取得的应税所得项目和数额，如实填写个人所得税纳税申报表，并按税法规定计算应纳税额据此缴纳个人所得税的一种纳税方法。

1. 应办理申报纳税的情形

(1)取得综合所得需要办理汇算清缴。

(2)取得应税所得没有扣缴义务人。

(3)取得应税所得，扣缴义务人未扣缴税款。

(4)取得境外所得。

(5)因移居境外注销中国户籍。

(6)非居民个人在中国境内从两处以上取得工资、薪金所得。

(7)国务院规定的其他情形。

2. 取得综合所得且符合下列情形之一的纳税人，应当依法办理汇算清缴：

(1)从两处以上取得综合所得，且综合所得年收入额减除专项扣除后的余额超过60 000元。

(2)取得劳务报酬所得、稿酬所得、特许权使用费所得中一项或者多项所得，且综合所得年收入额减除专项扣除的余额超过60 000元。

(3)纳税年度内预缴税额低于应纳税额。

(4)纳税人申请退税。

需要办理汇算清缴的纳税人，应当在取得所得的次年3月1日至6月30日内，向任职、受雇单位所在地主管税务机关办理纳税申报，并报送《个人所得税年度自行纳税申报表》。纳税人有两处以上任职、受雇单位的，选择向其中一处任职、受雇单位所在地主管税务机关办理纳税申报；纳税人没有任职、受雇单位的，向户籍所在地或经常居住地主管税务机关办理纳税申报。

3. 取得经营所得的纳税申报

个体工商户业主、个人独资企业投资者、合伙企业个人合伙人、承包承租经营者个人以及其他从事生产、经营活动的个人取得经营所得，按年计算个人所得税，由纳税人在月度或季度终了后15日内，向经营管理所在地主管税务机关办理预缴纳税申报。在取得所得的次年3月31日前，向经营管理所在地主管税务机关办理汇算清缴；从两处以上取得经营所得的，选择向其中一处经营管理所在地主管税务机关办理年度汇总申报。

4. 纳税人取得应税所得，扣缴义务人未扣缴税款的，应当区别以下情形办理纳税申报：

(1)居民个人取得综合所得的，按照前述"取得综合所得需要办理汇算清缴的纳税申报"相关规定办理。

(2)非居民个人取得工资、薪金所得，劳务报酬所得，稿酬所得，特许权使用费所得的，应当在取得所得的次年6月30日前，向扣缴义务人所在地主管税务机关办理纳税申报。有两个以上扣缴义务人均未扣缴税款的，选择向其中一处扣缴义务人所在地主管税务机关办理纳税申报。

非居民个人在次年6月30日前离境（临时离境除外）的，应当在离境前办理纳税申报。

(3)纳税人取得利息、股息、红利所得，财产租赁所得，财产转让所得和偶然所得的，应当在取得所得的次年6月30日前，按相关规定向主管税务机关办理纳税申报。

税务机关通知限期缴纳的，纳税人应当按照期限缴纳税款。

5. 取得境外所得的纳税申报

居民个人从中国境外取得所得的，应当在取得所得的次年3月1日至6月30日内，向中国境内任职、受雇单位所在地主管税务机关办理纳税申报；在中国境内没有任职、受雇单位的，向户籍所在地或中国境内经常居住地主管税务机关办理纳税申报；户籍所在地与中国境内经常居住地不一致的，选择其中一地主管税务机关办理纳税申报；在中国境内没有户籍的，向中国境内经常居住地主管税务机关办理纳税申报。

6. 因移居境外注销中国户籍的纳税申报

纳税人因移居境外注销中国户籍的，应当在申请注销中国户籍前，向户籍所在地主管税务机关办理纳税申报，进行税款清算。

7. 非居民个人在中国境内从两处以上取得工资、薪金所得的纳税申报

非居民个人在中国境内从两处以上取得工资、薪金所得的，应当在取得所得的次月15日内，向其中一处任职、受雇单位所在地主管税务机关办理纳税申报。

8. 纳税人可以采用远程办税端、邮寄等

方式申报，也可以直接到主管税务机关申报。

(三)反避税规定

1. 有下列情形之一的，税务机关有权按照合理方法进行纳税调整：

(1)个人与其关联方之间的业务往来不符合独立交易原则而减少本人或者其关联方应纳税额，且无正当理由。

(2)居民个人控制的，或者居民个人和居民企业共同控制的设立在实际税负明显偏低的国家(地区)的企业，无合理经营需要，对应当归属于居民个人的利润不作分配或者减少分配。

(3)个人实施其他不具有合理商业目的的安排而获取不当税收利益。

2. 反避税措施

针对上述情形，税务机关依照规定作出纳税调整，需要补征税款的，应当补征税款，并依法加收利息。

依法加收的利息，应当按照税款所属纳税申报期最后一日中国人民银行公布的与补税期间同期的人民币贷款基准利率计算，自税款纳税申报期满次日，起至补缴税款期限届满之日止按日加收。纳税人在补缴税款期限届满前补缴税款的，利息加收至补缴税款之日。

(四)综合所得汇算清缴管理办法

1. 应退或应补税额=[(综合所得收入额-60 000元-"三险一金"等专项扣除-子女教育等专项附加扣除-依法确定的其他扣除-捐赠)×适用税率-速算扣除数]-2020年已预缴税额

『提示』年度汇算不包括：经营所得、利息股息红利所得、财产转让所得、财产租赁所得、偶然所得。不并入综合所得的项目，如解除劳动合同、提前退休、内部退养等一次补偿收入，纳税人选择不并入综合所得的全年一次性奖金。

2. 需要办理年度汇算的纳税人：

依据税法规定，符合下列情形之一的，纳税人需要办理年度汇算：

(1)已预缴税额大于年度应纳税额且申请退税的。

『提示』具体包括：①2020年度综合所得年收入额不足60 000元，但平时已预缴过个人所得税的；②2020年度有符合享受条件的专项附加扣除，但预缴税款时没有申报扣除的；③因年中就业、退职或者部分月份没有收入等原因，减除费用60 000元、"三险一金"等专项扣除、子女教育等专项附加扣除、企业(职业)年金以及商业健康保险、税收递延型养老保险等扣除不充分的；④没有任职受雇单位，仅取得劳务报酬、稿酬、特许权使用费所得，需要通过年度汇算办理各种税前扣除的；⑤纳税人取得劳务报酬、稿酬、特许权使用费所得，年度中间适用的预扣预缴率高于全年综合所得年适用税率；⑥预缴税款时，未申报享受或未足额享受综合所得税收优惠的，如残疾人减征个人所得税优惠等；⑦有符合条件的公益慈善事业捐赠支出，但预缴税款时未办理扣除的，等等。

(2)综合所得收入全年超过12万元且需要补税金额超过400元的。包括：①在两个以上单位任职受雇并领取工资薪金，预缴税款时重复扣除了减除费用(5 000元/月)；②除工资、薪金外，纳税人还有劳务报酬、稿酬、特许权使用费所得，各项综合所得的收入加总后，导致适用综合所得年税率高于预扣预缴率；等等。(双超)

3. **无需办理**年度汇算的纳税人

(1)年度汇算需补税但综合所得收入不超过12万元的(豁免)；

(2)年度汇算需补税金额不超过400元的(豁免)；

(3)已预缴税额与年度应纳税额一致或者不申请年度汇算退税的。

【老杨唠吧唠】只要综合所得年收入不超过12万元，则不论补税金额多少，均不需要汇缴，纳税人只要补税金额不超过400元，则不论综合所得年收入多高，均不需要汇缴。(扣缴义务人未依法预扣预缴的除外)

4. 办理时间

(1) 纳税人办理2020年度汇算的时间为2021年3月1日至6月30日。

(2) 在中国境内无住所的纳税人在2021年3月1日前离境的，可以在离境前办理年度汇算。

5. 办理方式

纳税人可自主选择下列办理方式：

(1) 自行办理年度汇算。

(2) 通过任职受雇单位(含按累计预扣法预扣预缴其劳务报酬所得个人所得税的单位)代为办理。

『提示』纳税人提出代办要求的，单位应当代为办理，或者培训、辅导纳税人通过网上税务局(包括手机所得税App，下同)完成年度汇算申报和退(补)税。由单位代为办理的，纳税人应在2021年4月30日前与单位以书面或者电子等方式进行确认，补充提供其2020年度在本单位以外取得的综合所得收入、相关扣除、享受税收优惠等资料，并对所提交信息的真实性、准确性、完整性负责。纳税人未与单位确认请其代为办理年度汇算的，单位不得代办。

(3) 委托涉税专业服务机构或其他单位及个人(以下称"受托人")办理，受托人需与纳税人签订授权书。

『提示』单位或受托人为纳税人办理年度汇算后，应当及时将办理情况告知纳税人。纳税人发现申报信息存在错误的，可以要求单位或受托人办理更正申报，也可自行办理更正申报。

6. 办理渠道

纳税人可优先通过网上税务局(包括手机个人所得税APP)办理年度汇算，税务机关将按规定为纳税人提供申报表预填服务；不方便通过上述方式办理的，也可以通过邮寄方式或到办税服务厅办理。

『提示』选择邮寄申报的，纳税人需将申报表寄送至主管税务机关所在省、自治区、直辖市和计划单列市税务局公告的地址。

7. 申报信息及资料留存

(1) 纳税人办理年度汇算时，除向税务机关报送个人所得税年度汇算申报表外，如需修改本人相关基础信息，新增享受扣除或者税收优惠的，还应按规定一并填报相关信息。填报的信息，纳税人需仔细核对，确保真实、准确、完整。

(2) 纳税人、代办年度汇算的单位，需将年度汇算申报表以及与纳税人综合所得收入、扣除、已缴税额或税收优惠等相关资料，自年度汇算期结束之日起留存5年。

8. 接受年度汇算申报的税务机关

(1) 按照方便就近原则，纳税人自行办理或受托人为纳税人代为办理年度汇算的，向纳税人任职受雇单位所在地的主管税务机关申报；有两处及以上任职受雇单位的，可自主选择向其中一处申报。纳税人没有任职受雇单位的，向其户籍所在地、经常居住地或者主要收入来源地的主管税务机关申报。主要收入来源地，是指纳税人纳税年度内取得的劳务报酬、稿酬及特许权使用费三项所得累计收入最大的扣缴义务人所在地。

(2) 扣缴义务人在年度汇算期内为纳税人办理年度汇算的，向扣缴义务人的主管税务机关申报。

9. 年度汇算的退税、补税

(1) 纳税人申请年度汇算退税，应当提供其在中国境内开设的符合条件的银行账户。税务机关按规定审核后，按照国库管理有关规定，在国家税务总局2021年第2号公告第九条确定的接受年度汇算申报的税务机关所在地(即汇算清缴地)就地办理税款退库。纳税人未提供本人有效银行账户，或者提供的信息资料有误的，税务机关将通知纳税人更正，纳税人按要求更正后依法办理退税。

(2) 纳税人办理年度汇算补税的，可以通过网上银行、办税服务厅POS机刷卡、银行柜台、非银行支付机构等方式缴纳。邮寄申报并补税的，纳税人需通过网上税务局或者主管税务机关办税服务厅及时关注申报进度并缴纳税款。

（五）个人财产对外转移提交税收证明的规定

1. 税务机关对申请人缴纳税款情况进行证明。税务机关在为申请人开具税收证明时，应当按其收入或财产不同类别、来源，由收入来源地或者财产所在地税务局开具。

2. 申请人拟转移的财产已取得完税凭证的，可直接向外汇管理部门提供完税凭证，无须向税务机关另外申请税收证明。

申请人拟转移的财产总价值在人民币15万元以下的，无须向税务机关申请税收证明。

真题精练

一、单项选择题

1. （2020年）张某兄妹2人均为居民个人，父母均年满60周岁。同时张某还赡养其祖母，2020年张某综合所得申报缴纳个人所得税时，因赡养老人最多可以扣除的金额是（ ）元。
   A. 6 000 B. 12 000
   C. 24 000 D. 18 000

2. （2020年）2020年3月高先生办理提前退休手续时，距离法定退休年龄还差2年，公司按照规定给予高先生一次性补贴收入16万，高先生领取补贴应缴纳个人所得税（ ）元。
   A. 1 248 B. 5 180
   C. 1 200 D. 2 590

3. （2020年）个人股权转让价格明显偏低且无正当理由的，主管税务机关对其股权转让收入进行核定征收时首选的方法是（ ）。
   A. 参照法
   B. 净资产核定法
   C. 加权平均法
   D. 类比法

4. （2020年）关于财产拍卖的个人所得税处理，下列说法正确的是（ ）。
   A. 个人拍卖文字作品复印件所得，按"财产转让所得"项目计税
   B. 个人向拍卖单位所在地主管税务机关，办理拍卖所得税税款的纳税申报
   C. 经认定的海外回流文物的财产原值无法确定的，按转让收入额的3%征收率计税

   D. 个人财产拍卖的应纳税所得额，减按10%税率计算缴纳个人所得税

5. （2020年）周某持有2019年9月1日解禁的某上市公司的股票，分别于2019年7月6日、2019年11月1日取得股息红利800万和200万，两次股息所得合计应缴纳个人所得税（ ）万元。
   A. 200 B. 120
   C. 80 D. 100

6. （2020年）下列个人，属于个人所得税居民个人的是（ ）。
   A. 在中国境内无住所且不居住，但有来自于境内所得的外籍个人
   B. 2019年1月1日至5月30日在境内居住之后再未入境的外籍个人
   C. 2019年3月1日至10月31日在境内履职的外籍个人
   D. 在中国境内无住所且居住不满90天，但有来自于境内所得的外籍个人

7. （2020年）非居民个人约翰2019年9月在我国某出版社出版一部长篇小说，应取得稿酬收入100 000元（不含税），该出版社代付扣缴个人所得税（ ）元。
   A. 10 040 B. 12 440
   C. 20 840 D. 15 400

8. （2020年）按照保险合同约定，2020年8月居民个人周某应领取税收递延型商业养老保险的养老金收入2 000元。保险机构应代扣代缴个人所得税（ ）元。
   A. 400 B. 150

C. 60   D. 240

9.（2020年）个体工商户业主的下列支出，在计算经营所得应纳税所得额时可扣除的是（　）。
A. 为业主缴纳的基本养老保险
B. 非广告性赞助支出
C. 为业主购买的商业保险
D. 支付给业主的工资

10.（2020年）居民个人取得下列所得，应并入综合所得计算应纳税额的是（　）。
A. 个人按规定领取的企业年金
B. 个体工商户取得的经营所得
C. 证券经纪人取得的佣金收入
D. 个人取得的财产转让所得

11.（2020年）徐某夫妇的3个子女在中学就读，依据个人所得税相关规定，徐某夫妇每月最高可享受的税前扣除金额是（　）万元。
A. 1 000   B. 6 000
C. 3 000   D. 2 000

12.（2020年）个人取得下列财产转让所得，自2019年4月3日起三年内暂免个人所得税的是（　）。
A. 香港个人投资者通过沪港通转让上海证交所上市A股取得的所得
B. 内地个人投资者通过沪港通转让香港联交所上市H股取得的所得
C. 转让创新企业境内发行存托凭证（创新企业CDR）取得的所得
D. 转让新三板挂牌公司原始股取得的所得

13.（2019年）在2021年12月31日前，居民个人取得股票期权、股权激励的个人所得税处理正确的是（　）。
A. 必须并入当年综合所得计算纳税
B. 不作为应税所得征收个人所得税
C. 不并入当年综合所得，全额单独适用综合所得税率计算纳税
D. 不并入当年综合所得，单独适用综合所得税率按月份数分摊计算纳税

14.（2019年改）下列工资、薪金所得免征个人所得税的是（　）。
A. 年终加薪
B. 因公务用车制度改革取得的公务用车补贴收入
C. 劳动分红
D. 外籍人员取得任职单位的非现金住房补贴

15.（2019年）居民纳税人方某一次性取得稿酬收入20 000元，按现行个人所得税的相关规定，其预扣预缴个人所得税的应纳税所得额是（　）元。
A. 10 000   B. 11 200
C. 16 000   D. 20 000

16.（2019年）非居民个人取得工资、薪金所得的征收管理，下列说法正确的是（　）。
A. 依据综合所得税率表，按月代扣代缴税款
B. 向扣缴义务人提供专项附加扣除信息的，可按扣除专项附加后的余额代扣税款
C. 扣缴义务人可将同期的工资薪金和股息红利所得合并代扣代缴税款
D. 由扣缴义务人按月代扣代缴税款，不办理汇算清缴

17.（2019年）计算个人所得税综合所得应纳税所得额时，下列支出不得扣除的是（　）。
A. 个人购买的互助型医疗保险支出
B. 个人购买的税收递延型商业养老保险支出
C. 个人缴付符合国家规定的企业年金支出
D. 个人购买符合国家规定的商业健康保险支出

18.（2019年）个人下列公益救济性捐赠，以其申报的应纳税所得额30%为限额扣除的是（　）。
A. 通过县政府对贫困地区的捐赠
B. 对中国教育发展基金会的捐赠

C. 对公益性青少年活动场所的捐赠
D. 对中国老龄事业发展基金会的捐赠

19. (2019年)依据个人所得税的相关规定，个人转让股权所得的主管税务机关是( )。
    A. 交易行为发生地税务机关
    B. 新股东户籍所在地税务机关
    C. 原股东经常居住地税务机关
    D. 股权变更企业所在地税务机关

20. (2019年)居民个人的下列所得，不并入综合所得计税的是( )。
    A. 稿酬所得　　B. 劳务报酬所得
    C. 财产租赁所得　D. 工资薪金所得

21. (2019年)自2016年9月1日起，非上市公司员工获得本公司符合条件的股票期权、限制性股票等奖励，可享受的税收优惠政策是( )。
    A. 减税政策　　B. 免税政策
    C. 递延纳税政策　D. 先征后退政策

22. (2018年)2018年5月公民方某将持有的境内上市公司限售股转让，取得转让收入20万元，假设该限售股原值无法确定，方某转让限售股应缴纳的个人所得税为( )万元。
    A. 0　　　　　B. 4.0
    C. 3.4　　　　D. 2.0

23. (2018年)根据个人所得税的规定，个人独资企业的投资者及其家属发生的生活费用与企业生产经营费用混合在一起且难以划分的，其正确的税务处理是( )。
    A. 实际发生额不得在税前扣除
    B. 实际发生额的60%可以在税前扣除
    C. 实际发生额的40%可以在税前扣除
    D. 实际发生额的10%可以在税前扣除

24. (2018年)个人领取原缴存的下列社会保险和企业年金，应缴纳个人所得税的是( )。
    A. 企业年金
    B. 基本养老保险金
    C. 医疗保险金
    D. 失业保险金

25. (2018年)计算商铺租赁所得个人所得税时，不得在税前扣除的是( )。
    A. 缴纳的印花税
    B. 缴纳的城市维护建设税
    C. 经核准的修缮费用
    D. 违章租赁的罚款

26. (2018年改)下列各项所得，应缴纳个人所得税的是( )。
    A. 托儿补助费
    B. 因通讯制度改革取得的通讯补贴收入
    C. 差旅费津贴
    D. 工伤赔偿金

27. (2018年改)李某持有某合伙企业50%的份额，2019年该企业经营利润30万元(未扣投资者费用)，企业留存利润20万元，李某分得利润5万元。无综合所得和其他扣除项目，2019年李某应缴纳个人所得税( )元。
    A. 6 250　　　B. 7 245
    C. 7 500　　　D. 8 050

28. (2018年)根据个人所得税相关规定，计算合伙企业生产经营所得时准予扣除的是( )。
    A. 合伙企业留存的利润
    B. 分配给合伙人的利润
    C. 支付的工商业联合会会费
    D. 合伙个人缴纳的个人所得税

二、多项选择题

1. (2020年)下列所得，实行全员全额扣缴申报个税的有( )。
   A. 财产租赁所得
   B. 经营所得
   C. 工资、薪金所得
   D. 劳务报酬所得
   E. 稿酬所得

2. (2020年)下列房产处置，缴纳个税的有( )。
   A. 转让离婚析产商铺
   B. 将房屋产权赠与子女

C. 离婚析产方式分割房屋产权

D. 转让无偿受赠房屋

E. 居民个人转让自用3年唯一生活用房

3. (2020年)与个人任职有关的收入,可按全年一次性奖金计税的有( )。

A. 提前退休取得一次性收入

B. 实行年薪制而兑现年薪收入

C. 与单位解除劳动关系取得一次补偿收入

D. 实行绩效工资办法兑现的绩效工资

E. 年终加薪收入

4. (2020年)个人获取的下列所得,按照"偶然所得"项目计征个人所得税的有( )。

A. 无偿获得房产公司赠与的住房

B. 参加客户单位的业务宣传活动,随机获得客户单位赠送的礼品

C. 参加本单位的年会活动,获得的有奖竞猜奖品

D. 为他人提供担保取得的收入

E. 参加客户单位的周年庆典活动,收到客户单位随机赠送的网络红包

5. (2019年)关于个人独资企业和合伙企业所得税核定征收管理的说法,正确的有( )。

A. 核定征收可采用定额征收、核定应税所得率征收以及其他合理方式

B. 实行核定征税的合伙企业投资者,不能享受个人所得税的优惠政策

C. 查账征收方式改为核定征税方式后,在查账征税方式下认定的年度经营亏损未弥补完的部分,可以继续弥补

D. 企业经营多业的,根据其主营项目确定其适用的应税所得率

E. 纳税人依照国家有关规定应当设置,但未设置账簿的应采取核定征收

6. (2019年)非居民个人取得的下列所得中,属于来源于中国境内所得的有( )。

A. 在境外通过网上指导获得境内机构支付的培训所得

B. 转让其在中国境内的房产而取得的财产转让所得

C. 施工机械出租给中国公民在美国使用而取得的租金所得

D. 持有中国境内公司债券取得的利息所得

E. 将专利权转让给中国境内公司取得的特许使用费所得

7. (2019年)下列关于专项附加扣除的说法,符合个人所得税相关规定的有( )。

A. 住房贷款利息扣除的期限最长不得超过240个月

B. 直辖市的住房租金支出的扣除标准是每月1 500元

C. 职业资格技术教育在取得相关证书的当年,按照3 600元定额标准扣除

D. 同一学历的继续教育扣除期限不得超过36个月

E. 赡养老人专项附加扣除的起始时间为被赡养人年满60周岁的当月

8. (2018年)下列各项中,属于"工资、薪金所得"所得的有( )。

A. 企业支付给营销人员的年终奖

B. 个体工商户业主的工资

C. 企业支付给在本企业任职董事长的董事费

D. 电视剧制作单位支付给本单位编剧的剧本使用费

E. 企业支付给职工的过节费

三、计算题

(2016年改)李某为一境内上市公司员工,每月工资12 000元,该公司实行股权激励计划,2016年李某被授予股票期权,授予价4.5元/股,共60 000股。按公司股权激励计划的有关规定,李某于2019年1月20日进行第一次行权,行权数量为30 000股,该股票当日收盘价12元/股,2020年3月9日进行第二次行权,行权数量为20 000股,该股票当日收盘价10.5元/股。2020年8月18日李某将已行权的50 000股股票全部转让,取得转让收入650 000元,缴纳相关税费1 625元。

根据上述资料，回答下列问题：

(1)李某第一次行权所得应缴纳个人所得税( )元。
A. 55 245   B. 44 745
C. 44 190   D. 28 080

(2)李某第二次行权所得应缴纳个人所得税( )元。
A. 9 480   B. 20 000
C. 25 440   D. 26 250

(3)李某转让已行权的50 000股股票应缴纳个人所得税( )元。
A. 130 000   B. 129 700
C. 65 000   D. 0

(4)李某以上各项交易合计应缴纳个人所得税( )元。
A. 492 910   B. 37 560
C. 54 330   D. 62 130

四、综合分析题

1.（2020年）中国居民赵某为某公司高层管理人员，2019年有关涉税信息和收支情况如下：

(1)每月应发工资薪金20 000元，公司每月按规定标准为其扣缴"三险一金"合计4 000元；

(2)2月签订不动产租赁合同，将原值400万元的一套住房按市场价格出租，租期3年，约定2月28日交付使用，3月1日起租，每月不含税租金5 000元；

(3)3月取得劳务报酬收入10 000元，将其中8 000元通过民政局捐给农村义务教育；5月取得稿酬收入5 000元；6月取得特许权使用费收入2 000元；

(注：赵某无免税收入，从2019年1月份开始每月享受专项附加扣除3 000元，取得各项综合所得时支付方已预缴个人所得税，出租房产每月缴纳房产税，不考虑增值税和附加税费)依据上述资料，回答下列问题：

(1)赵某2019年出租住房应缴纳房产税( )元。

A. 2 000   B. 6 000
C. 2 200   D. 6 600

(2)赵某2019年出租住房应缴纳个人所得税( )元。
A. 8 000   B. 4 000
C. 7 680   D. 3 840

(3)赵某2019年综合所得的计税收入额是( )元。
A. 253 200   B. 252 000
C. 252 400   D. 246 000

(4)赵某2019年综合所得应预扣预缴个人所得税( )元。
A. 9 720   B. 9 560
C. 8 200   D. 9 480

(5)赵某2019年综合所得应缴纳个人所得税( )元。
A. 7 520   B. 6 880
C. 7 580   D. 7 480

(6)关于赵某2019年综合所得的汇算清缴，下列说法正确的有( )。

A. 赵某可通过取得工资、薪金或特许权使用费所得的扣缴义务人代办申报

B. 赵某综合所得汇算清缴的相关资料，自年度汇算清缴结束之日起留存5年

C. 赵某委托扣缴义务人代理年度汇算的，其汇算办理地为扣缴义务人的主管税务机关

D. 赵某应在2020年3月1日至6月30日办理2019年综合所得汇算清缴

E. 赵某发现扣缴义务人代办申报信息存在错误的，可以要求扣缴义务人办理更正申报

2.（2019年）李某于2018年底承包甲公司，不改变企业性质，协议约定李某每年向甲公司缴纳400万元承包费后，经营成果归李某所有，甲公司适用企业所得税税率25%。假设2019年该公司有关所得税资料和员工王某的收支情况如下：

(1)甲公司会计利润667.5万元，其中包含国债利息收入10万元，从居民企业分回

的投资收益40万元。

(2)甲公司计算会计利润时扣除了营业外支出300万元,系非广告性赞助支出。

(3)甲公司以前年度亏损50万元可以弥补。

(4)员工王某每月工资18 000元,每月符合规定的专项扣除2 800元,专项附加扣除1 500元,另外王某2019年2月从其他单位取得劳务报酬收入35 000元。

根据上述资料,回答下列问题:

(1)2019年,甲公司纳税调整金额合计是( )万元。

A. 250　　　　　　B. 260
C. 290　　　　　　D. 300

(2)2019年,甲公司应缴纳企业所得税是( )万元。

A. 166.88　　　　B. 216.88
C. 229.38　　　　D. 241.88

(3)2019年,李某承包甲公司应缴纳个人所得税是( )元。

A. 64 630　　　　B. 93 360
C. 111 670　　　D. 132 670

(4)2019年2月,甲公司应预扣预缴王某的个人所得税是( )元。

A. 261　　　　　　B. 522
C. 1 410　　　　　D. 6 661

(5)王某的劳务报酬应预扣预缴的个人所得税是( )元。

A. 4 680　　　　　B. 5 600
C. 6 400　　　　　D. 8 400

(6)王某2019年个人所得税汇算清缴时,应退个人所得税是( )元。

A. 3 500　　　　　B. 3 600
C. 6 400　　　　　D. 7 920

3. (2018年改)美国公民琳达,受雇于我国境内一家上市公司。2019年度在中国境内居住满183天且没有离境记录。琳达取得以下收入:

(1)每月应税工资50 000元;

(2)每月实报实销的住房补贴15 000元;

(3)每月现金方式的餐补10 000元;

(4)取得境内一次性稿酬3 000元;

(5)2017年5月被授予公司股票期权10 000股,授予价1元/股;2019年6月按36元/股全部行权;2019年11月取得该公司股息收入1 500元;12月将该股票(非限售股)全部转让,取得转让收入380 000元,与转让有关的税费合计1 000元;

(6)担任非任职公司独立董事,年终一次性取得董事费5万元,通过市民政局向贫困地区捐赠2万元。

根据上述资料,回答下列问题:

(1)琳达1月工薪收入应预扣预缴个人所得税( )元。

A. 1 195　　　　　B. 805
C. 1 906　　　　　D. 2 980

(2)琳达稿酬所得应预扣预缴个人所得税( )元。

A. 308　　　　　　B. 180
C. 440　　　　　　D. 336

(3)琳达股票期权行权所得应缴纳个人所得税( )元。

A. 82 440　　　　B. 55 580
C. 10 395　　　　D. 92 940

(4)琳达取得股息收入应缴纳个人所得税( )元。

A. 120　　　　　　B. 0
C. 300　　　　　　D. 150

(5)琳达股票转让所得应缴纳个人所得税( )元。

A. 11 800　　　　B. 30 000
C. 60 000　　　　D. 0

(6)琳达取得的董事费应预扣预缴个人所得税( )元。

A. 4 800　　　　　B. 5 500
C. 10 000　　　　D. 4 000

真题精练答案及解析

一、单项选择题

1. B 【解析】非独生子女，赡养老人支出最多扣除不超过 1 000 元/月，一年最多 12 000 元。

2. C 【解析】个人办理提前退休手续而取得的一次性补贴收入，应按照办理提前退休手续至法定离退休年龄之间实际年度数平均分摊，确定适用税率和速算扣除数，单独适用综合所得税率表，计算纳税。
计算公式：应纳税额 = {[（一次性补贴收入÷办理提前退休手续至法定退休年龄的实际年度数）－费用扣除标准]×适用税率－速算扣除数}×办理提前退休手续至法定退休年龄的实际年度数。高先生应缴纳个人所得税 =（160 000÷2－60 000）×3%×2 = 1 200（元）。

3. B 【解析】主管税务机关应依次按照下列方法核定股权转让收入：(1)净资产核定法；(2)类比法；(3)其他合理方法。

4. B 【解析】选项 A，作者将自己的文字作品手稿原件或复印件公开拍卖（竞价）取得的所得，属于提供著作权的使用所得，按"特许权使用费所得"项目征收个人所得税；选项 C，拍卖品为经文物部门认定是海外回流文物的，按转让收入额的 2% 征收率计算缴纳个人所得税；选项 D，个人财产拍卖的应纳税所得额适用 20% 的个人所得税税率。

5. D 【解析】对个人持有的上市公司限售股解禁后取得的股息、红利按照规定计算纳税。持股时间自解禁日起计算；解禁前取得的股息、红利继续暂减按 50% 计入应纳税所得额，适用 20% 的税率计征个人所得税。解禁前的股息红利应缴纳的个税 = 800×50%×20% = 80（万元）。
解禁后的股息红利，因持股期限在 1 个月以上至 1 年（含 1 年）的，暂减按 50% 计入应纳税所得额，因此应缴纳的个税 = 200×50%×20% = 20（万元）。
应缴纳的个税合计 = 80+20 = 100（万元）。

6. C 【解析】选项 AD，在中国境内有住所，或者无住所而一个纳税年度内在中国境内居住累计满 183 天的个人为居民个人；选项 B，在我国居住天数不足 183 天，不属于我国居民个人。

7. B 【解析】应代扣代缴个人所得税 = 100 000×(1－20%)×70%×35%－7 160 = 12 440（元）。

8. B 【解析】个人领取的税收递延型商业养老保险的养老金收入，其中 25% 部分予以免税，其余 75% 部分按照 10% 的比例税率计算缴纳个人所得税 = 2 000×(1－25%)×10% = 150（元）。

9. A 【解析】选项 B，非广告性赞助支出属于发生的与生产经营活动无关的支出，因此不可以税前扣除；选项 C，为业主购买的商业保险，不得税前扣除；选项 D，个体工商户业主的工资、薪金支出不得税前扣除。

10. C 【解析】综合所得具体包括工资薪金所得、劳务报酬所得、稿酬所得、特许权使用费所得。证券经纪人取得的佣金收入属于"劳务报酬所得"；选项 A，个人领取的企业年金不并入综合所得，全额单独计算应纳税款；选项 B，属于经营所得；选项 D，财产转让所得属于分类所得。

11. C 【解析】纳税人的子女接受全日制学历教育的相关支出，按照每个子女每月 1 000 元的标准定额扣除，3 个子女总共税前扣除金额为 3 000 元。

12. C 【解析】选项 A，香港市场个人投资者通过沪港通投资上交所上市 A 股取得的转让差价所得，暂免征收个人所得税；

选项 B，内地个人投资者通过沪港通投资香港联交所上市股票取得的转让差价所得，自 2019 年 12 月 5 日起至 2022 年 12 月 31 日止，暂免征收个人所得税；选项 D，个人转让新三板挂牌公司原始股取得的所得，按照"财产转让所得"征收个人所得税。

13. C 【解析】居民个人取得股票期权、股票增值权、限制性股票、股权奖励等股权激励(以下简称股权激励)，符合规定的相关条件的，在 2021 年 12 月 31 日前，不并入当年综合所得，全额单独适用综合所得税率表，计算纳税。2022 年 1 月 1 日之后的股权激励政策另行明确。

14. D 【解析】对外籍个人的下列所得，暂免征个人所得税：
(1)外籍个人以非现金形式或实报实销形式取得的住房补贴、伙食补贴、搬迁费、洗衣费；
(2)外籍个人按合理标准取得的境内、外出差补贴；
(3)外籍个人取得的探亲费、语言培训费、子女教育费等，经审核批准为合理的部分。

15. B 【解析】预扣预缴的应纳税所得额 = 20 000×(1-20%)×70% = 11 200(元)。

16. D 【解析】非居民个人取得工资、薪金所得，有扣缴义务人的，由扣缴义务人按月代扣代缴税款，不办理汇算清缴。

17. A 【解析】选项 BCD，属于依法确定的其他扣除，可以在计算个人所得税综合所得应纳税所得额时扣除。其他扣除，包括个人缴付符合国家规定的企业年金、职业年金，个人购买符合国家规定的商业健康保险、税收递延型商业养老保险的支出，以及国务院规定可以扣除的其他项目。

18. A 【解析】选项 BCD，准予在个人所得税税前 100%(全额)扣除。个人将其所得通过中国境内的社会团体、国家机关向教育和其他社会公益事业以及遭受严重自然灾害地区、贫困地区的捐赠，捐赠额未超过纳税人申报的应纳税所得额 30%的部分，可以从应纳税所得额中扣除，超过部分不得扣除。

19. D 【解析】选项 D，个人股东股权转让所得，个人所得税以发生股权变更企业所在地税务机关为主管税务机关。

20. C 【解析】综合所得包含工资薪金所得、劳务报酬所得、稿酬所得、特许权使用费所得。

21. C 【解析】非上市公司授予本公司员工的股票期权、股权期权、限制性股票和股权奖励，符合规定条件的，经向主管税务机关备案，可实行递延纳税政策。

22. C 【解析】限售股转让收入扣除限售股原值和合理税费后的余额为该限售股转让所得。企业未能提供完整、真实的限售股原值凭证，不能准确计算该限售股原值的，主管税务机关一律按该限售股转让收入的 15%，核定为该限售股原值和合理税费。
应纳个人所得税 = 20×(1-15%)×20% = 3.4(万元)

23. A 【解析】个人独资企业的投资者及其家庭发生的生活费用与企业生产经营费用混合在一起，并且难以划分的，全部视为投资者个人及其家庭发生的生活费用，不允许税前扣除。

24. A 【解析】个人达到国家规定的退休年龄，领取的企业年金、职业年金，符合规定的，不并入综合所得，全额单独计算应纳税款。其中按月领取的，适用月度税率表计算纳税；按季领取的，平均分摊计入各月，按每月领取额适用月度税率表计算纳税；按年领取的，适用综合所得税率表计算纳税。

25. D 【解析】个人出租财产取得的财产租赁收入，在计算缴纳个人所得税时，应依次扣除以下费用：

(1)财产租赁过程中缴纳的税费;
(2)向出租方支付的租金;
(3)由纳税人负担的该出租财产实际开支的修缮费用;
(4)税法规定的费用扣除标准。

26. B 【解析】选项 B,个人因公务用车和通讯制度改革而取得的公务用车、通讯补贴收入,扣除一定标准的公务费用后,按照"工资、薪金所得"项目计征个人所得税。

27. C 【解析】2019 年李某应缴纳个人所得税 =(300 000×50% − 60 000)×10% − 1 500 = 7 500(元)

28. C 【解析】合伙企业按照规定缴纳的摊位费、行政性收费、协会会费等,按实际发生数额扣除。

二、多项选择题

1. ACDE 【解析】实行个人所得税全员全额扣缴申报的应税所得包括:
   (1)工资、薪金所得;
   (2)劳务报酬所得;
   (3)稿酬所得;
   (4)特许权使用费所得;
   (5)利息、股息、红利所得;
   (6)财产租赁所得;
   (7)财产转让所得;
   (8)偶然所得。

2. ADE 【解析】选项 B,不征收个人所得税;选项 C,通过离婚析产的方式分割房屋产权是夫妻双方对共同共有财产的处置,个人因离婚办理房屋产权过户手续,不征收个人所得税。

3. BDE 【解析】全年一次性奖金包括年终加薪、实行年薪制和绩效工资办法的单位根据考核情况兑现的年薪和绩效工资。

4. ABDE 【解析】选项 C,企业在业务宣传、广告等活动中,随机向"本单位以外的个人"赠送礼品(包括网络红包),以及企业在年会、座谈会、庆典以及其他活动中向本单位以外的个人赠送礼品,个人取得的礼品收入,按照"偶然所得"项目计算缴纳个人所得税。参加本单位的年会活动,获得的有奖竞猜奖品,按照"工资薪金所得"计征个人所得税。

5. ABDE 【解析】选项 C,实行查账征税方式的个人独资企业和合伙企业改为核定征税方式后,在查账征税方式下认定的年度经营亏损未弥补完的部分,不得再继续弥补。

6. BDE 【解析】除国务院财政、税务主管部门另有规定外,下列所得,不论支付地点是否在中国境内,均为来源于中国境内的所得:
   (1)因任职、受雇、履约等在中国境内提供劳务取得的所得;
   (2)将财产出租给承租人在中国境内使用而取得的所得;
   (3)许可各种特许权在中国境内使用而取得的所得;
   (4)转让中国境内的不动产等财产或者在中国境内转让其他财产取得的所得;
   (5)从中国境内企业、事业单位、其他组织以及居民个人取得的利息、股息、红利所得。

7. ABCE 【解析】选项 D,同一学历(学位)继续教育的扣除期限不能超过 48 个月。

8. ACE 【解析】选项 B,应计入个体工商户的生产、经营所得,按照"经营所得"项目计征个人所得税;选项 D,按照"特许权使用费所得"项目征收个人所得税。

三、计算题

(1)D 【解析】第一次行权取得股票期权形式的工资薪金所得应纳税所得额 =(12 − 4.5)×30 000 = 225 000(元),应缴纳个人所得税 = 225 000×20% − 16 920 = 28 080(元)。

(2)A 【解析】本题考查的是员工在两个纳税年度中分别行权取得股票期权形式的工资薪金所得的个人所得税计算,注意和教材中个人在纳税年度内两次以上(含两次)取得股票期权形式的所得的涉税计算的区分,所以这里直接独立分别计税即可,即李某第二次行权所得应缴纳个人所得税 = 20 000×(10.5 - 4.5)×10% - 2 520 = 9 480(元)。

(3)D 【解析】个人将持有的境内上市公司股票于行权后进行转让,取得的所得暂不征收个人所得税。

(4)B 【解析】李某以上各项交易合计应缴纳个人所得税 = 28 080 + 9 480 = 37 560(元)。

四、综合分析题

1.(1)A 【解析】2019年出租住房应缴纳房产税 = 5 000×4%×10 = 2 000(元)。

『提示』 个人出租住房按照4%征收房产税。

(2)D 【解析】2019年出租住房应缴纳个人所得税 = (5 000 - 5 000×4%)×(1 - 20%)×10%×10 = 3 840(元)。

『提示』 个人出租住房按10%征收个人所得税。

(3)C 【解析】赵某2019年综合所得的计税收入额 = 20 000×12 + 10 000×(1 - 20%) + 5 000×(1 - 20%)×70% + 2 000×(1 - 20%) = 252 400(元)。

(4)D 【解析】工资、薪金所得应预扣预缴个人所得税 = (20 000×12 - 5 000×12 - 4 000×12 - 3 000×12)×10% - 2 520 = 7 080(元)。

劳务报酬所得应预扣预缴个人所得税 = 10 000×(1 - 20%)×20% = 1 600(元)。

稿酬所得应预扣预缴个人所得税 = 5 000×(1 - 20%)×70%×20% = 560(元)。

特许权使用费所得应预扣预缴个人所得税 = (2 000 - 800)×20% = 240(元)。

2019年综合所得应预扣预缴个人所得税合计金额 = 7 080 + 1 600 + 560 + 240 = 9 480(元)。

(5)A 【解析】居民个人的综合所得,以每一纳税年度的收入额减除费用60 000元以及专项扣除、专项附加扣除和依法确定的其他扣除后的余额,为年应纳税所得额。

综合所得应纳税所得额 = 252 400 - 60 000 - 4 000×12 - 3 000×12 = 108 400(元)。

个人通过非营利的社会团体和国家机关向农村义务教育的捐赠,准予在计算个人所得税时全额扣除。所以捐赠支出8 000元,可以全额扣除。

赵某2019年综合所得应缴纳个人所得税 = (108 400 - 8 000)×10% - 2 520 = 7 520(元)。

(6)ABCD 【解析】选项E,纳税人发现扣缴义务人提供或者扣缴申报的个人信息、支付所得、扣缴税款等信息与实际情况不符的,有权要求扣缴义务人修改。扣缴义务人拒绝修改的,纳税人应当报告税务机关,税务机关应当及时处理。

2.(1)A 【解析】甲公司纳税调整金额合计 = -10 - 40 + 300 = 250(万元)

『提示』补亏不属于纳税调整,不用考虑。

(2)B 【解析】甲公司2019年应缴纳企业所得税 = (667.5 + 250 - 50)×25% = 216.88(万元)

(3)B 【解析】李某应纳个人所得税 = (667.5 - 216.88 - 400 - 6)×10 000×30% - 40 500 = 93 360(元)

(4)A 【解析】1月甲公司预扣预缴王某个人所得税 = (18 000 - 5 000 - 2 800 - 1 500)×3% = 261(元)

2月甲公司预扣预缴王某个人所得税 = (18 000×2 - 5 000×2 - 2 800×2 - 1 500×2)×3% - 261 = 261(元)

(5)C 【解析】王某劳务报酬预扣预缴个人所得税 = 35 000×(1 - 20%)×30% - 2 000 = 6 400(元)

(6)B 【解析】汇算清缴应纳个人所得税 = [18 000×12 + 35 000×(1 - 20%) - 5 000×12 - 2 800×12 - 1 500×12]×10% -

2 520=10 720(元)

工资薪金预扣预缴个人所得税=(18 000×12-5 000×12-2 800×12-1 500×12)×10%-2 520=7 920(元)

应退个人所得税=7 920+6 400-10 720=3 600(元)

3. (1)D 【解析】琳达1月工薪收入应预扣预缴个人所得税=(50 000+10 000-5 000)×10%-2 520=2 980(元),外籍个人以非现金形式或实报实销形式取得的住房补贴、伙食补贴、搬迁费、洗衣费,免征个人所得税。

(2)A 【解析】琳达稿酬所得应预扣预缴个人所得税=(3 000-800)×70%×20%=308(元)

(3)B 【解析】琳达股票期权行权所得应缴纳个人所得税=(36-1)×10 000×25%-31 920=55 580(元)

(4)D 【解析】琳达取得股息收入应缴纳个人所得税=1 500×50%×20%=150(元)。持股期限超过1个月不足1年,按50%计入应纳税所得额。

(5)D 【解析】转让上市公司股票免征个人所得税。所以琳达股票转让所得应缴纳个人所得税为0。

(6)C 【解析】居民个人取得劳务报酬所得、稿酬所得、特许权使用费所得的,预扣预缴时不扣除公益捐赠支出,统一在汇算清缴时扣除。

琳达取得的董事费应预扣预缴个人所得税=50 000×(1-20%)×30%-2 000=10 000(元)

同步训练 限时120分钟

扫我做试题

一、单项选择题

1. 下列人员中,属于个人所得税居民个人的是( )。
   A. 2019年在中国境内居住时间为156天的台湾同胞
   B. 自2019年7月12日至2019年12月31日,在中国境内工作的外籍专家
   C. 在中国境内无住所且不居住的外籍人员
   D. 在北京开设小卖部的个体工商户中国居民王某

2. 中国公民郑某为某上市公司独立董事(未在该公司任职),2019年12月取得董事费9万元。郑某的董事费应预扣预缴的个人所得税( )元。
   A. 18 520   B. 16 900
   C. 12 400   D. 21 800

3. 下列各项,按"经营所得"项目缴纳个人所得税的是( )。

   A. 个人独资企业的投资者以独资企业资本金进行个人消费
   B. 股份制企业以盈余公积转增股本,个人股东获利部分
   C. 股份制企业的个人投资者以该企业的资本金进行个人消费
   D. 股份制企业的个人投资者从该企业借款,超过12个月仍未归还的借款

4. 个人取得的下列收入中,应按"劳务报酬所得"项目征收个人所得税的是( )。
   A. 在其他单位兼职取得的收入
   B. 拍卖自己的手稿原件收入
   C. 在任职单位取得的董事费收入
   D. 个人购买彩票取得的中奖收入

5. 下列项目中,应按"工资、薪金所得"项目征收个人所得税的是( )。
   A. 劳动分红
   B. 独生子女补贴

C. 托儿补助费

D. 误餐补助

6. 大学教授张某取得的下列收入中，应按"稿酬所得"项目计缴个人所得税的是（　）。

A. 作品参展收入

B. 出版书画作品收入

C. 学术报告收入

D. 审稿收入

7. 某高校教师2020年1月所取得的下列收入中，应计算缴纳个人所得税的是（　）。

A. 国债利息收入

B. 任职高校发放的误餐补助

C. 为某企业开设讲座取得的酬金

D. 任职高校为其缴付的住房公积金

8. 计算商铺租赁所得个人所得税时，不得在税前扣除的是（　）。

A. 缴纳的增值税

B. 缴纳的城市维护建设税

C. 缴纳的印花税

D. 缴纳的教育费附加

9. 个人取得的下列报酬，应按"稿酬所得"缴纳个人所得税的是（　）。

A. 杂志社记者在本社刊物发表文章取得的报酬

B. 演员在企业的广告制作过程中提供形象取得的报酬

C. 高校教授为某杂志社审稿取得的报酬

D. 出版社的专业作者翻译的小说由该出版社出版取得的报酬

10. 根据个人所得税法律制度的规定，下列关于专项附加扣除说法正确的是（　）。

A. 个人接受本科及以下学历（学位）继续教育，符合规定扣除条件的，该项教育支出可以由其父母按照子女教育支出扣除，也可以由本人按照继续教育支出扣除，但不得同时扣除

B. 纳税人的子女接受全日制学历教育的相关支出，按照每个子女每月2 000元的标准定额扣除

C. 赡养支出采取指定分摊或约定分摊方式的，每一纳税人分摊的扣除额最高不得超过每月1 000元，并签订书面分摊协议或口头协议

D. 子女教育支出可以选择父母分别按扣除标准的50%扣除，也可以选择由其中一方按扣除标准的100%扣除，具体扣除方式在3个纳税年度内不得变更

11. 中国内地张先生通过购买中国香港联交所股票，根据沪港通股票市场交易互联互通机制的相关规定，下列各项关于个人所得税的税收处理中，正确的是（　）。

A. 股票转让差价免税

B. 股票转让差价按"财产转让所得"缴纳个人所得税

C. 取得的股息红利，按照10%的税率缴纳个人所得税

D. 取得的股息红利，实行差别化待遇缴纳个人所得税

12. 某国有企业职工张某，于2020年1月因健康原因办理了提前退休手续（至法定退休年龄尚有24个月），取得单位按照统一标准支付的一次性补贴160 000元。则张某2020年1月应缴纳的个人所得税为（　）元。

A. 1 300　　　　B. 1 270

C. 1 200　　　　D. 2 320

13. 2020年度某个人独资企业发生生产经营费用30万元，经主管税务机关审核，与其家庭生活费用无法划分，依据个人所得税的相关规定，该个人独资企业允许税前扣除的生产经营费用为（　）万元。

A. 12　　　　B. 18

C. 0　　　　D. 30

14. 中国公民刘某，2020年由境内甲公司派往境内乙外商投资企业进行技术指导，甲公司支付刘某工资6 000元/月，乙外商投资企业支付刘某工资16 500元/月，假设每月除减除费用外不存在其他扣除项目。乙外商投资企业1月应为刘某预扣

预缴个人所得税( )元。

A. 195　　　　B. 295

C. 345　　　　D. 525

15. 个人取得的下列所得，免征个人所得税的是( )。

A. 县级人民政府颁发的教育方面奖金

B. 按国家统一规定发放的补贴、津贴

C. 提前退休发放的一次性补贴

D. 转让国债的所得

16. 非上市公司授予本公司员工的股票期权，符合规定条件并向主管税务机关备案的，可享受个人所得税的( )。

A. 免税政策　　B. 不征税政策

C. 减税政策　　D. 递延纳税政策

17. 根据个人所得税法律制度的规定，下列各项中，应按照"劳务报酬所得"项目计缴个人所得税的是( )。

A. 个人因与用人单位解除劳动关系而取得的一次性补偿收入

B. 退休人员从原任职单位取得的补贴

C. 兼职律师从律师事务所取得的工资性质的所得

D. 证券经纪人从证券公司取得的佣金收入

18. 居民个人取得综合所得，需要办理汇算清缴的，应当在取得所得的( )办理汇算清缴。

A. 当年12月1日至12月31日内

B. 当年12月1日至次年3月31日内

C. 次年3月1日至6月30日内

D. 次年1月1日至6月30日内

19. 依据个人所得税的相关规定，下列关于个体工商户税前扣除的说法，正确的是( )。

A. 个体工商户为业主本人支付的商业保险金，可以在税前扣除

B. 个体工商户被税务机关加收的税收滞纳金，可以在税前扣除

C. 个体工商户按照规定缴纳的行政性收费，按实际发生额在税前扣除

D. 个体工商户发生的经营费用与生活费用划分不清的，可全额在税前扣除

20. 个人取得的下列所得，属于"工资、薪金所得"所得的是( )。

A. 杂志社财务人员在本单位的报刊上发表作品取得的所得

B. 因公务用车制度改革个人以现金、报销等形式取得的所得

C. 员工因拥有股权而参与企业税后利润分配取得的所得

D. 股东取得股份制公司为其购买并登记在该股东名下的小轿车

21. 下列个体工商户生产经营所得的征税方法中，符合个人所得税相关规定的是( )。

A. 个体工商户发生的与生产经营有关的业务招待费支出，按照发生额的60%扣除，但最高不得超过销售收入的5‰

B. 对账册不健全的个体工商户，其生产经营所得应纳的税款，应在年度终了后3个月内汇算清缴、多退少补

C. 个体工商户代其从业人员或者他人负担的税款允许税前扣除

D. 个体工商户为研究开发新产品、新技术和新工艺而购置测试仪器和试验性装置发生的购置费，允许全额在发生当期扣除

22. 2019年9月退休职工张某取得的下列收入中，免征个人所得税的是( )。

A. 退休工资4 000元

B. 出租店铺取得租金6 000元

C. 发表一篇论文取得稿酬1 000元

D. 提供技术咨询取得一次性报酬2 000元

23. 中国公民杨某2020年1月转让一套住房，取得含增值税销售收入945 000元。该套住房原值840 000元，系杨某2018年8月购入。本次转让过程中，发生合理费用5 000元。杨某1月转让住房应缴纳个人所得税税额是( )元。

A. 11 000　　　B. 12 000

C. 21 000　　　D. 20 000

24. 根据个人所得税法律制度的规定，个体工商户的下列支出中，在计算经营所得应纳税所得额时，不得扣除的是（　）。
   A. 代替从业人员负担的税款
   B. 支付给金融企业的短期流动资金借款利息支出
   C. 依照国家有关规定为特殊工种从业人员支付的人身安全保险金
   D. 实际支付给从业人员合理的工资薪金支出

25. 甲企业有三项债权打包拍卖（债务人 A 欠 20 万元，债务人 B 欠 30 万元，债务人 C 欠 50 万元），假设张某从拍卖会上以 70 万元购买该打包债权。经催讨，最终从 B 债务人处收回欠款 24 万元。不考虑相关税费，则张某应纳个人所得税（　）万元。
   A. 0.6   B. 1.5
   C. 3   D. 4.8

26. 老张持有某上市公司的限售股 10 万股，2020 年 2 月，将其中的 5 万股转出，取得收入 20 万元，该限售股无法提供其成本的相关资料。2020 年 2 月老张转让限售股应缴纳个人所得税（　）万元。
   A. 3.2   B. 4
   C. 3.4   D. 0

27. 张某 2018 年初受赠获得一处房产，已知捐赠人取得该房屋的实际购置成本为 200 万元，张某因接受房屋捐赠而缴纳的各种税费为 5 万元。后来张某因资金短缺，在 2020 年 1 月将此房屋进行转让，取得转让收入 300 万元，转让过程发生的相关税费为 6 万元。张某 2020 年 1 月就此项转让所得应缴纳的个人所得税为（　）万元。（以上税费不含增值税和个人所得税）
   A. 17.8   B. 58.8
   C. 18.8   D. 28.8

28. 刘某 2019 年取得特许权使用费收入两次（不属于一次性收入），分别为 1 600 元、6 500 元。刘某两次特许权使用费所得应预扣预缴的个人所得税税额为（　）元。
   A. 1 200   B. 980
   C. 956   D. 895

29. 某企业雇员王某 2020 年 5 月与本企业解除劳动合同关系，王某在本企业工作年限 8 年，领取经济补偿金 87 500 元。假定当地上年度职工年平均工资为 10 000 元，王某应缴纳的个人所得税为（　）元。
   A. 4 500   B. 5 505
   C. 2 110   D. 3 230

30. 下列项目中，按照规定可以免征个人所得税的是（　）。
   A. 个人转让以股份形式取得的拥有所有权的企业量化资产
   B. 对参加疫情防治工作的医务人员按照政府规定标准取得的临时性工作补助和奖金
   C. 在校学生因参与勤工俭学活动而取得的劳务收入 1 000 元
   D. 个人转让股权

31. 下列表述中，符合个人独资企业和合伙企业纳税规定的是（　）。
   A. 个人独资企业的投资者以全部生产经营所得和对外投资分回的利润作为企业的应纳税所得额
   B. 个人以独资企业和合伙企业的形式开办两个或两个以上的企业，应分别按每个企业的应纳税所得额计算缴纳各自的所得税税额
   C. 个人独资企业的投资者以企业资金为本人、家庭成员支付与企业生产经营无关的消费性支出，依照"利息、股息、红利所得"项目征税
   D. 实行查账征税方式的个人独资企业和合伙企业改为核定征收以后，在原征税方式下认定的年度经营亏损未弥补完的部分，不得再继续弥补

32. 下列关于个人所得税专项附加扣除的规定，说法错误的是（　）。

A. 纳税人的子女接受全日制学历教育的相关支出，按照每个子女每月1 000元的标准定额扣除

B. 纳税人为独生子女的，赡养老人支出按照每月2 000元的标准定额扣除

C. 纳税人及其配偶在一个纳税年度内不能同时分别享受住房贷款利息和住房租金专项附加扣除

D. 个人所得税专项附加扣除额一个纳税年度扣除不完的，可以结转以后年度扣除

33. 2020年初余某将自有商铺对外出租，不含税租金8 000元/月。在不考虑其他税费的情况下，余某每月租金应缴纳个人所得税（　　）元。

   A. 528　　　　　B. 640
   C. 1 280　　　　D. 1 440

34. 2019年4月田某作为人才被引入某公司，该公司将购置价800 000元的一套住房以500 000元的价格出售给田某。田某取得该住房应缴纳个人所得税（　　）元。

   A. 21 500　　　　B. 37 500
   C. 52 440　　　　D. 58 590

35. 下列捐赠支出中，不得在个人所得税前全额扣除的是（　　）。

   A. 个人通过国家机关向红十字事业的捐赠

   B. 个人通过非营利性的社会团体向农村义务教育事业的捐赠

   C. 个人通过国家机关向遭受严重自然灾害地区的捐赠

   D. 个人通过非营利性的社会团体向福利性老年服务机构的捐赠

36. 居民个人取得的下列收入中，按照劳务报酬项目预扣预缴个人所得税的是（　　）。

   A. 证券经纪人取得的佣金收入

   B. 企业对雇员以免费旅游形式给予的营销业绩奖励

   C. 公司职工取得的用于购买企业国有股权的劳动分红

   D. 在本公司任职且同时担任董事的个人取得的董事费

37. 下列关于个人所得税专项附加扣除时限的表述中，符合税法规定的是（　　）。

   A. 同一学历继续教育，扣除时限最长不得超过48个月

   B. 住房贷款利息，扣除时限最长不得超过180个月

   C. 子女教育，扣除时间为子女满3周岁当月至全日制学历教育结束的次月

   D. 专业技术人员职业资格继续教育，扣除时间为取得相关证书的次年

38. 下列收入免征或暂免征收个人所得税的是（　　）。

   A. 提前退休人员取得的一次性补贴收入

   B. 取得的铁路债券利息收入

   C. 残疾、孤老人员和烈士所得

   D. 外籍个人以实报实销形式取得的住房补贴

二、多项选择题

1. 下列各项中，属于"工资、薪金所得"的有（　　）。

   A. 书法家为企业题字获得的报酬

   B. 杂志社记者在本社杂志发表文章获得的报酬

   C. 电视剧制作中心的编剧编写剧本获得的报酬

   D. 出版社的专业作者翻译的小说由该出版社出版获得的报酬

   E. 报社编辑在该社报纸发表作品获得的报酬

2. 依据个人所得税相关规定，下列说法中正确的有（　　）。

   A. 个人取得的教育储蓄存款利息暂免征收个人所得税

   B. 作者去世后，财产继承人取得的遗作稿酬免征个人所得税

   C. 个人取得特许权的经济赔偿收入，应按"偶然所得"项目缴纳个人所得税

   D. 个人独资企业为投资者支付的个人工资，不得在所得税前扣除

E. 对个人购买社会福利有奖募捐奖券一次中奖收入不超过1万元的，暂免征收个人所得税

3. 下列说法符合劳务报酬所得和稿酬所得的相关规定的有（　　）。
   A. 甲某单纯的为出版社提供翻译所取得的所得，应当按照劳务报酬所得纳税
   B. 乙某提供翻译，并且在出版作品上署名取得的所得，应当按照劳务报酬所得纳税
   C. 稿酬所得就是指个人因其作品以图书、报刊形式出版、发表而取得的所得
   D. 劳务报酬所得主要是指接受别人的委托所从事的劳务所得
   E. 翻译作品取得的所得，不论是否署名，均属于劳务报酬所得

4. 下列收入中，应按"财产租赁所得"缴纳个人所得税的有（　　）。
   A. 房产转租收入
   B. 将房产提供给债权人使用抵付利息，而放弃的租金收入
   C. 将非专利技术的使用权让渡给他人使用的收入
   D. 有限责任公司将企业仓库对外出租而获得的租金收入
   E. 个体工商户将私有住房对外出租而获得的租金收入

5. 下列各项中，不适用5%~35%的五级超额累进税率征收个人所得税的有（　　）。
   A. 出租汽车经营单位将出租车所有权转移给驾驶员的，出租车驾驶员从事客货运营取得的收入
   B. 个体工商户对外投资的所得
   C. 个人独资企业的生产经营所得
   D. 对企事业单位的承包经营、承租经营所得
   E. 承租人对承租企业经营成果不拥有所有权取得的所得

6. 根据个人所得税法规定，经营所得包括（　　）。
   A. 个体工商户从事生产、经营活动取得的所得
   B. 个人独资企业投资人来源于境内注册的个人独资企业生产、经营所得
   C. 个人依法从事办学活动取得的所得
   D. 承租人对承租企业经营成果不拥有所有权取得的所得
   E. 个人对企业转租取得所得

7. 下列税务处理中，符合个人独资企业所得税相关规定的有（　　）。
   A. 个人独资企业计提的各种准备金不得税前扣除
   B. 个人独资企业用于家庭的支出不得税前扣除
   C. 个人独资企业支付给环保部门的罚款允许税前扣除
   D. 个人独资企业发生的与生产经营有关的业务招待费，可按规定扣除
   E. 投资者兴办两个或两个以上企业的，其年度经营亏损不可跨企业弥补

8. 个人取得的下列所得，免征个人所得税的有（　　）。
   A. 县级人民政府颁发的教育方面的奖金
   B. 按国家统一规定发放的补贴、津贴
   C. 提前退休发放的一次性补贴
   D. 转让国债的所得
   E. 对工伤职工及其近亲属按规定取得的一次性伤残保险待遇

9. 下列所得中，属于"工资、薪金所得"的有（　　）。
   A. 编剧从任职单位取得的剧本使用费
   B. 雇主为员工购买的商业性补充养老保险
   C. 个人从任职的上市公司取得的股票增值权所得
   D. 出版社的专业作者撰写、编写或翻译的作品，由本社以图书形式出版而取得的所得
   E. 任职、受雇于报社、杂志社等单位的记者、编辑等专业人员，在本单位的报纸、杂志上发表作品取得的所得

10. 下列收入中，属于"特许权使用费所得"

的有（　　）。

A．个人取得特许权经济赔偿收入

B．某作家的文字作品手稿复印件公开拍卖取得的收入

C．某电视剧编剧从任职的电视剧制作中心获得的剧本使用费收入

D．某明星在广告设计、制作、发布过程中提供名义、形象而取得的所得

E．出版社专业作者翻译作品后，由本社以图书形式出版而取得的收入

11．根据个人所得税法的规定，下列说法正确的有（　　）。

A．专项附加扣除是指个人所得税法规定的子女教育、大病医疗、住房贷款利息或者住房租金、赡养老人等5项专项附加扣除

B．纳税人的子女接受全日制学历教育的相关支出，按照每个子女每月1 000元的标准定额扣除

C．个人接受本科及以下学历（学位）继续教育，符合规定扣除条件的，可以选择由其父母扣除，也可以选择由本人扣除

D．住房租金支出由签订租赁住房合同的承租人扣除

E．夫妻双方婚前分别购买住房发生的首套住房贷款，其贷款利息支出，婚后可以选择其中一套购买的住房，由购买方按扣除标准的100%扣除，也可以由夫妻双方对各自购买的住房分别按扣除标准的50%扣除，具体扣除方式在一个纳税年度内不能变更

12．下列行为中，下列各项中，属于"工资、薪金所得"所得的有（　　）。

A．支付给职工的过节费和旅游费

B．支付给在本公司任职的董事费

C．支付给职工的差旅费津贴

D．个人独资企业支付给业主本人的工资

E．支付给本单位销售人员的年度考核奖金

13．根据个人所得税法的规定，下列说法正确的有（　　）。

A．个人所得税专项附加扣除额一个纳税年度扣除不完的，不能结转以后年度扣除

B．个人所得税专项附加扣除额一个纳税年度扣除不完的，在不超过3个年度内可以结转以后年度扣除

C．专项附加扣除涉及的纳税人需要留存备查的相关资料应当留存3年

D．专项附加扣除涉及的纳税人需要留存备查的相关资料应当留存5年

E．其他扣除，包括个人缴付符合国家规定的社会保险、企业年金、职业年金，个人购买符合国家规定的商业健康保险、税收递延型商业养老保险的支出，以及国务院规定可以扣除的其他项目

14．以下关于个人所得税中财产租赁所得的说法中，不正确的有（　　）。

A．个人出租土地使用权取得的所得按照特许权使用费所得征收

B．个人取得的财产转租收入，允许扣除向房屋出租方支付的租金

C．在确认财产租赁所得的纳税义务人时，应以产权凭证为依据，对无产权凭证的，以领取租金的个人为纳税义务人

D．在确定财产租赁所得的纳税义务人时，产权所有人死亡，在未办理产权继承手续期间，该财产出租而有租金收入的，由主管税务机关根据实际情况确定

E．个人按市场价格出租住房的所得，计算的个人所得税适用10%的优惠税率

15．个人独资企业的投资者缴纳所得税时，下列各项应作为生产经营所得的有（　　）。

A．投资者买彩票中奖所得

B．个人独资企业对外投资分回的股息

C．投资者个人从独资企业领取的工资

D．个人独资企业分配给投资者个人的所得

E．个人独资企业来源于中国境外的生产经营所得

16. 下列关于个人财产转让所得的个人所得税的说法中，正确的有（ ）。
   A. 转让债券时，通常采用"移动平均法"确定其应予减除的财产原值和合理费用
   B. 转让债权时，不允许扣除购买和处置债权时缴纳的税金、诉讼费和审计评估费用
   C. 转让债券时，允许从转让收入中扣除买价，但不能扣除转让时发生的有关税费
   D. 个人通过招标购置债权以后，处置部分债权时的应税收入为取得的货币资产和非货币资产的评估价值或市场价值的合计数
   E. 个人购买和处置债权过程中发生的拍卖招标手续费、诉讼费、审计评估费以及缴纳的税金等合理税费，在计算个人所得税时允许扣除

17. 根据个人所得税规定，下列转让行为应被视为股权转让收入明显偏低的有（ ）。
   A. 申报的股权转让收入低于股权对应的净资产份额的
   B. 申报的股权转让收入低于取得该股权所支付的价款和相关税费的
   C. 不具有合理性的无偿转让股权
   D. 申报的股权转让收入低于相同或相似条件下同行业的企业股权转让
   E. 被投资企业拥有土地使用权等资产的个人申报的股权转让收入低于股权对应的净资产公允价值份额20%的转让

18. 根据个人所得税法的规定，下列说法正确的有（ ）。
   A. 非居民个人取得工资、薪金所得，劳务报酬所得，稿酬所得和特许权使用费所得，有扣缴义务人的，由扣缴义务人代扣代缴税款，不办理汇算清缴
   B. 非居民个人的工资、薪金所得，以每月收入额为应纳税所得额
   C. 非居民个人的劳务报酬所得、稿酬所得、特许权使用费所得，以每次收入额为应纳税所得额
   D. 非居民个人的劳务报酬所得、稿酬所得、特许权使用费所得以收入减除20%的费用后的余额为收入额
   E. 稿酬所得的收入额减按70%计算

19. 下列符合个人所得税公益慈善事业捐赠政策规定的有（ ）。
   A. 个人捐赠股权按市场价值确定公益捐赠支出金额
   B. 单位发给个人用于预防新型冠状病毒感染的肺炎的现金补贴免征个人所得税
   C. 居民个人根据各项所得的收入、公益捐赠支出、适用税率等情况，自行决定在综合所得、分类所得、经营所得中扣除的公益捐赠支出的顺序
   D. 居民个人取得劳务报酬所得、稿酬所得、特许权使用费所得的，预扣预缴时不扣除公益捐赠支出，统一在汇算清缴时扣除
   E. 非居民个人发生的公益捐赠支出，未超过其在公益捐赠支出发生的当月应纳税所得额30%的部分，可以从其应纳税所得额中扣除，扣除不完的公益捐赠支出，可以在经营所得中继续扣除

20. 下列关于个人取得拍卖收入，表述正确的有（ ）。
   A. 作者将自己的文字作品手稿原件或复印件拍卖取得的所得，按"财产转让所得"征税
   B. 对个人财产拍卖所得征收个人所得税时，以该项财产最终拍卖成交价格为其转让收入额
   C. 纳税人按照规定实际支付的拍卖费（佣金）、鉴定费、评估费、图录费、证书费可在税前扣除
   D. 纳税人如不能提供合法、完整、准确的财产原值凭证，不能正确计算财产原值的，按转让收入额的5%征收率计算缴纳个人所得税
   E. 个人财产拍卖所得应纳的个人所得税

税款，由拍卖单位负责代扣代缴

21. 个人取得的下列所得中，免征个人所得税的有（ ）。
    A. 国债利息收入
    B. 军人的转业费
    C. 个人转让自用3年且是家庭唯一住房取得的所得
    D. 个人购买体育彩票一次中奖所得1 600元
    E. 储蓄存款利息收入

22. 下列支出，允许从个体工商户生产经营收入中扣除的有（ ）。
    A. 参加财产保险支付的保险费
    B. 个体工商户从业人员的实发工资
    C. 代扣代缴的个人所得税税额
    D. 货物出口过程中发生的汇兑损失
    E. 为特殊工种从业人员支付的人身安全保险费

23. 以下关于个人所得税预扣预缴税款计算方法，说法正确的有（ ）。
    A. 自2020年7月1日起，对一个纳税年度内首次取得工资、薪金所得的居民个人，扣缴义务人在预扣预缴个人所得税时，可按照5 000元/月乘以纳税人当年截至本月月份数计算累计减除费用
    B. 首次取得工资、薪金所得的居民个人，是指自纳税年度首月起至新入职时，未取得工资、薪金所得或者未按照累计预扣法预扣预缴过连续性劳务报酬所得个人所得税的居民个人
    C. 自2021年1月1日起，对上一完整纳税年度内每月均在同一单位预扣预缴工资、薪金所得个人所得税且全年工资、薪金收入不超过60 000元的居民个人，扣缴义务人在预扣预缴本年度工资、薪金所得个人所得税时，累计减除费用自1月起直接按照全年60 000元计算扣除
    D. 在纳税人累计收入不超过60 000元的月份，暂不预扣预缴个人所得税；在其累计收入超过60 000元的当月及年内后续月份，再预扣预缴个人所得税
    E. 自2020年7月1日起，对一个纳税年度内首次取得工资、薪金所得的居民个人，扣缴义务人在预扣预缴个人所得税时，可按照5 000元/月乘以纳税人当年截至本月实际工作月份数计算累计减除费用

24. 以下关于个人转让上市公司限售股所得征收个人所得税的表述正确的有（ ）。
    A. 对个人转让限售股取得的所得，按照"财产转让所得"征收个人所得税
    B. 个人转让限售股，以每次转让的全部收入为应纳税所得额，不扣除任何费用
    C. 个人持有限售股中存在部分限售股原值不明确，导致无法准确计算全部限售股成本原值的，其成本费用一律不得扣除
    D. 个人通过证券交易所集中交易系统或大宗交易系统转让限售股取得所得的个人所得税，采取证券机构预扣预缴、纳税人自行申报清算和证券机构直接扣缴相结合的方式征收
    E. 个人转让境内上市公司公开发行的股票所得，免征个人所得税

25. 下列各项中，应按"利息、股息、红利所得"项目征收个人所得税的有（ ）。
    A. 法人企业为其股东购买小汽车将汽车办理在股东名下
    B. 个人取得的国债转让所得
    C. 个人独资企业业主用企业资金进行个人消费部分
    D. 职工因拥有股票期权且在行权后，取得企业税后利润分配收益
    E. 个人合伙企业的自有利润

26. 下列项目中，免征个人所得税的有（ ）。
    A. 单位发放的补贴、津贴
    B. 保险赔偿款
    C. 生育妇女按取得的生育津贴、生育医疗费或其他属于生育保险性质的津贴、补贴

D. 残疾、孤老人员和烈属的所得
E. 军人的转业费、复员费

27. 实行查账征收的个人独资企业和合伙企业在计算个人所得税时，允许税前据实扣除的有（　　）。
A. 个人投资者的工资费用
B. 分配给投资者的股利
C. 研究开发新技术而购置的一台价值3万元的试验性装置
D. 不超过当年销售（营业）收入15%的广告费和业务宣传费
E. 员工的补充养老、医疗保险费支出

三、计算题

张先生2019年初成立了个人独资企业，2019年营业收入为190万元，营业成本为100万元，营业外支出为10万元，税金及附加为12万元，期间费用为88万元，亏损20万元。当年张先生请某税务师事务所对该个人独资企业进行检查，发现该企业当年存在以下问题：
(1) 期间费用包含投资者家庭日常生活和生产经营费用开支3万元，并且难以划分；
(2) 财务费用中当年1月1日向银行借款200万元，全部用于建造办公楼，银行同期贷款利率为8%，使用时间为1年，利息支出16万元全都计入了当期财务费用；
(3) 已经计入成本费用的工资总额26万元（其中包括张先生的工资6万元，其余是从业人员的工资），实际上缴的工会经费0.4万元；实际发生职工福利费5.8万元；实际发生职工教育经费0.4万元；
(4) 营业外支出中包括被环保部门处以的罚款6万元，银行加罚的利息4万元；
(5) 另外张先生个人2019年取得国债利息收入1.2万元，购买某境内上市公司股票获得分红1.5万元（持有股票期限刚好1年），未进行账务和税务处理。

根据上述资料，回答下列问题：
(1) 财务费用应调整的应纳税所得额为（　　）万元。

A. 20　　　　B. 16
C. 12　　　　D. 0

(2) 工资及工会经费、职工福利费和职工教育经费应调整的应纳税所得额为（　　）万元。

A. 4　　　　B. 9
C. 14　　　　D. 0

(3) 该个人独资企业应缴纳的个人所得税为（　　）万元。

A. 0.39　　　B. 0.65
C. 0.97　　　D. 0.89

(4) 张先生应缴纳的个人所得税合计为（　　）万元。

A. 0.54　　　B. 0.65
C. 0.95　　　D. 0.80

四、综合分析题

中国公民郑某2019年度取得下列所得：
(1) 全年取得基本工资收入500 000元，郑某全年负担的"三险一金"39 600元。
(2) 郑某与他的妻子翠花7年前结婚前分别贷款购买了人生中的第一套住房，夫妻双方商定选择翠花购买的住房作为首套住房贷款利息支出扣除。
(3) 郑某的儿子小石头2016年4月20日出生，女儿小苗苗2019年春节出生，夫妻双方商定子女教育支出由郑某扣除。
(4) 郑某和妻子均为独生子女，郑某的父亲已经年满60岁，母亲年满56岁，郑某的父母均有退休工资，不需要郑某支付赡养费，由于郑某的岳父母在农村生活，郑某每月给岳父汇款2 000元。
(5) 郑某参加了2018年税务师考试，购买了中华会计网校的课程共支出3 000元，通过努力于2019年3月拿到税务师证书，并获得了中华会计网校颁发的全国状元奖金50 000元。
(6) 6月从持有三个月的某上市公司股票分得股息1 500元，从银行取得银行存款利息3 000元，从未上市某投资公司分得股息2 000元。

(7)9月份在境内出版图书取得一次性稿酬95 000元。

(8)12月份取得年终一次性奖金350 000元，储蓄存款利息2 000元，保险赔款5 000元，省政府颁发的科技创新奖金120 000元。（假设郑某取得全年一次性奖金选择不并入当年综合所得计算纳税）

根据上述资料，回答下列问题：

(1)下列符合子女教育支出专项附加扣除有关规定的有（　　）。

A. 子女教育支出2019年扣除额为0元

B. 子女教育支出2019年扣除额为24 000元

C. 子女教育支出2019年扣除额为12 000元

D. 子女教育支出2019年扣除额为9 000元

(2)郑某在计算全年综合所得时可扣除的住房贷款利息支出，下列说法正确的有（　　）。

A. 纳税人只能享受一次首套住房贷款的利息扣除，所以郑某全年可扣除金额12 000元

B. 经夫妻双方约定，可以选择由其中一方扣除，所以郑某全年可扣除金额12 000元

C. 夫妻双方婚前分别购买住房发生的首套住房贷款，其贷款利息支出，婚后可以由夫妻双方对各自购买的住房分别按扣除标准的50%扣除，所以郑某全年可扣除金额6 000元

D. 夫妻双方婚前分别购买住房发生的首套住房贷款，其贷款利息支出，婚后可以选择其中一套购买的住房，由购买方按扣除标准的100%扣除，所以郑某全年可扣除金额0元

(3)郑某不用缴纳个人所得税的项目有（　　）。

A. 中华会计网校奖学金

B. 省政府颁发的科技创新奖

C. 储蓄存款利息

D. 保险赔款

E. 年终一次性奖金

(4)郑某6月份取得股息、利息所得应缴纳个人所得税（　　）元。

A. 550　　　　B. 650

C. 750　　　　D. 850

(5)郑某全年一次性奖金应缴纳个人所得税（　　）元。

A. 84 840　　　B. 0

C. 144 440　　D. 142 340

(6)郑某2019年综合所得应缴纳个人所得税（　　）元。

A. 72 330　　　B. 99 720

C. 109 980　　D. 121 277.81

同步训练答案及解析

一、单项选择题

1. D　【解析】在中国境内有住所，或者无住所而一个纳税年度内在中国境内居住累计满183天的个人，为居民个人，所以选项A、B、C不正确。

2. D　【解析】个人取得的独立董事费，按劳务报酬所得计算个税。郑某应预扣预缴的个人所得税＝90 000×（1－20%）×40%－7 000＝21 800（元）。

3. A　【解析】选项B、C、D，均按利息、股息、红利所得项目缴纳个人所得税。

4. A　【解析】选项B，按"特许权使用费所得"项目征收个人所得税。选项C，在任职单位取得的董事费收入，属于工资薪金所得；在非任职单位取得的董事费收入，属于劳务报酬所得。选项D，个人购买彩票取得的中奖收入属于偶然所得。

5. A　【解析】根据我国目前个人收入的构成情况，规定对于一些不属于工资、薪金性质的补贴、津贴或者不属于纳税人本人工

资、薪金所得项目的收入，不予征税。这些项目包括：(1)独生子女补贴；(2)执行公务员工资制度未纳入基本工资总额的补贴、津贴差额和家属成员的副食品补贴；(3)托儿补助费；(4)差旅费津贴、误餐补助；(5)外国来华留学生，领取的生活津贴费、奖学金。

6. B 【解析】稿酬所得是指个人因其作品以图书、报刊形式"出版、发表"而取得的所得。选项 A、C、D，均属于劳务报酬所得。

7. C 【解析】选项 A，国债利息收入，免征个人所得税；选项 B，任职高校发放的误餐补助，不征收个人所得税；选项 D，住房公积金，免征个人所得税。

8. A 【解析】增值税是价外税，不得在计算所得额时扣除。

9. D 【解析】选项 A，应按"工资、薪金所得"项目缴纳个人所得税；选项 B、C，均应按"劳务报酬所得"项目缴纳个人所得税。

10. A 【解析】选项 B，纳税人的子女接受全日制学历教育的相关支出，按照每个子女每月1 000 元的标准定额扣除。选项 C，赡养支出采取指定分摊或约定分摊方式，每一纳税人分摊的扣除额最高不得超过每月1 000 元，并签订书面分摊协议。选项 D，子女教育支出可以选择父母分别按扣除标准的50%扣除，也可以选择由其中一方按扣除标准的100%扣除。具体扣除方式在 1 个纳税年度内不得变更，而不是3年内不得变更。

11. A 【解析】股票转让差价免税；股息红利所得按照20%的税率征税。

12. C 【解析】个人办理提前退休手续而取得的一次性补贴收入，应按照办理提前退休手续至法定离退休年龄之间实际年度数平均分摊，确定适用税率和速算扣除数，单独适用综合所得税率表，计算纳税。

应纳税额 ={[(一次性补贴收入÷办理提前退休手续至法定退休年龄的实际年度数)－费用扣除标准]×适用税率－速算扣除数}×办理提前退休手续至法定退休年龄的实际年度数

应缴纳的个人所得税 = (160 000÷2 - 60 000)×3%×2 = 1 200(元)

13. C 【解析】个人独资企业投资者及其家庭发生的生活费用不允许在税前扣除。投资者及其家庭发生的生活费用与企业生产经营费用混合在一起，并且难以划分的，全部视为投资者个人及其家庭发生的生活费用，不允许在税前扣除。

14. C 【解析】乙外商投资企业1月份为刘某代扣代缴的个人所得税 = (16 500 - 5 000)×3% = 345(元)

15. B 【解析】选项 A，省级人民政府颁发的教育方面的奖金，免征个人所得税，县级人民政府颁发的不免个人所得税；选项 C，提前退休发放的一次性补贴，不属于免税的离退休工资收入，应按照"工资、薪金所得"项目征收个人所得税；选项 D，国债利息免征个人所得税，转让国债的所得不免税，要交个人所得税。

16. D 【解析】非上市公司授予本公司员工的股票期权、股权期权、限制性股票和股权奖励，符合规定条件的，经向主管税务机关备案，可实行递延纳税政策，即员工在取得股权激励时可暂不纳税，递延至转让该股权时纳税；股权转让时，按照股权转让收入减除股权取得成本以及合理税费后的差额，适用"财产转让所得"项目，按照20%的税率计算缴纳个人所得税。

17. D 【解析】选项 A、B、C，均按照工资、薪金所得项目缴纳个人所得税。

18. C 【解析】居民个人取得综合所得，需要办理汇算清缴的，应当在取得所得的次年3月1日至6月30日内办理汇算清缴。

19. C 【解析】选项A，除个体工商户依照国家有关规定为特殊工种从业人员支付的人身安全保险费和财政、国家税务总局规定可以扣除的其他商业保险费外，个体工商户业主本人或者为从业人员支付的商业保险费，不得扣除。选项B，税收滞纳金不得税前扣除。选项D，个体工商户生产经营活动中，应当分别核算生产经营费用和个人、家庭费用。对于生产经营与个人、家庭生活混用难以分清的费用，其40%视为与生产经营有关费用，准予扣除。

20. B 【解析】选项A，为"稿酬所得"；选项C、D，属于"利息、股息、红利所得"。

21. A 【解析】选项B，对于账册健全的个体工商户，其生产、经营所得应纳的税款实行按年计算、分月预缴，年度终了后3个月汇算清缴，多退少补；对账册不健全的个体工商户，其生产、经营所得的应纳税款，由税务机关依据《税收征管法》自行确定征收方式。选项C，个体工商户代其从业人员或者他人负担的税款，不得税前扣除。选项D，个体工商户研究开发新产品、新技术、新工艺所发生的开发费用，以及研究开发新产品、新技术而购置的单台价值在10万元以下的测试仪器和试验性装置的购置费，准予扣除。超出上述标准和范围的，按固定资产管理，不得在当期扣除。

22. A 【解析】退休工资属于免税项目。

23. A 【解析】财产转让所得应纳税额=（收入总额-财产原值-合理费用）×20%；销售收入945 000元为含增值税销售收入，需要换算为不含税收入。个人转让住房，适用5%的征收率。
财产转让所得应纳税额=[945 000÷（1+5%）-840 000-5 000]×20%=11 000（元）。

24. A 【解析】个体工商户代其从业人员或者他人负担的税款，不得税前扣除。

25. A 【解析】个人所得税应纳税所得额=24-70×[30÷（20+30+50）]=3（万元），应纳个人所得税税额=3×20%=0.6（万元）。

26. C 【解析】因个人持有限售股中存在部分限售股成本原值不明确，导致无法准确计算全部限售股成本原值的，证券登记结算公司一律以实际转让收入的15%作为限售股成本原值和合理税费。应缴纳个人所得税=20×（1-15%）×20%=3.4（万元）。

27. A 【解析】受赠人转让受赠房屋的，以其转让受赠房屋的收入减除原捐赠人取得该房屋的实际购置成本以及赠与和转让过程中受赠人支付的相关税费后的余额，为受赠人的应纳税所得额，依法计征个人所得税。
张某1月就此项转让所得应缴纳的个人所得税=（300-200-5-6）×20%=17.8（万元）

28. A 【解析】刘某两次特许权使用费所得预扣预缴税额=（1 600-800）×20%+6 500×（1-20%）×20%=1 200（元）。

29. D 【解析】个人因与用人单位解除劳动关系而取得的一次性补偿收入（包括用人单位发放的经济补偿金、生活补助费和其他补助费用），其收入在当地上年职工平均工资3倍数额以内的部分，免征个人所得税；超过3倍数额部分的一次性补偿收入，不并入当年综合所得，单独适用综合所得税率表，计算纳税。
王某应缴纳的个人所得税=（87 500-10 000×3）×10%-2 520=3 230（元）。

30. B 【解析】选项A，取得时暂缓征收个人所得税，转让时按"财产转让所得"项目计征个人所得税；选项B，自2020年1月1日至2021年12月31日，对参加疫情防治工作的医务人员和防疫工作者按照政府规定标准取得的临时性工作补助和奖金，免征个人所得税；选项C，应按"劳务报酬所得"项目计征个人所得税；

选项D，应按"财产转让所得"项目计征个人所得税。

31. D 【解析】选项A，个人独资企业的投资者以全部生产经营所得为应纳税所得额，对外投资分回的利润按照"利息、股息、红利所得"项目征税；选项B，个人以独资企业和合伙企业的形式开办两个或两个以上的企业，应该汇总合并计算应纳所得税税额；选项C，个人独资企业的投资者以企业资金为本人、家庭成员支付与企业生产经营无关的消费性支出，应该并入生产经营所得，按"经营所得"项目缴纳个人所得税。

32. D 【解析】个人所得税专项附加扣除额一个纳税年度扣除不完的，不能结转以后年度扣除。

33. C 【解析】应缴纳个人所得税 = 8 000×(1−20%)×20% = 1 280(元)。

34. D 【解析】单位按低于购置或建造成本价格出售住房给职工，职工因此而少支出的差价部分，符合规定的，不并入当年综合所得，以差价收入除以12个月得到的数额，按照月度税率表确定适用税率和速算扣除数，单独计算纳税。计算公式为：应纳税额=职工实际支付的购房价款低于该房屋的购置或建造成本价格的差额×适用税率−速算扣除数

找税率：(800 000 − 500 000) ÷ 12 = 25 000(元)，适用税率20%，速算扣除数1 410；

算税额：应缴纳个人所得税 = (800 000 − 500 000)×20%−1 410 = 58 590(元)。

35. C 【解析】个人将其所得通过中国境内的社会团体、国家机关向教育和其他社会公益事业以及遭受严重自然灾害地区、贫困地区的捐赠，捐赠额未超过纳税人申报的应纳税所得额30%的部分，可以从应纳税所得额中扣除，超过部分不得扣除。

36. A 【解析】选项B、C、D，均按"工资、薪金所得"项目缴纳个人所得税。

37. A 【解析】选项B，住房贷款利息，扣除期限最长不超过240个月。选项C，子女教育：学前教育阶段，为子女年满3周岁当月至小学入学前一月；学历教育，为子女接受全日制学历教育入学的当月至全日制学历教育结束的当月。选项D，纳税人接受技能人员职业资格继续教育、专业技术人员职业资格继续教育支出，在取得相关证书的当年定额扣除。

38. D 【解析】外籍个人以非现金形式或实报实销形式取得的住房补贴、伙食补贴、搬迁费、洗衣费，暂免征收个人所得税。

二、多项选择题

1. BE 【解析】选项A，属于劳务报酬所得；选项C，属于特许权使用费所得；选项D，属于稿酬所得。

2. ADE 【解析】选项B，作者去世后，财产继承人取得的遗作稿酬应征收个人所得税；选项C，个人取得特许权的经济赔偿收入，应按"特许权使用费所得"项目缴纳个人所得税。

3. ACD 【解析】稿酬就是指个人因其作品以图书、报刊形式出版、发表而取得的所得。劳务报酬所得主要是指接受别人的委托所从事的劳务所取得的所得。翻译作品关键看是否署名，如果署名的则按照稿酬计税，如果没有署名的，则按照劳务报酬计税。所以，选项E不正确；选项B，出版的书上译者是署名的，所以是稿酬。

4. ABE 【解析】选项B，属于以房屋租金抵偿债务利息，属于"财产租赁所得"；选项C，非专利技术使用权让渡给他人使用取得的收入属于"特许权使用费所得"；选项D，有限责任公司将企业仓库对外出租而获得的租金收入，缴纳企业所得税。

5. BE 【解析】选项B，个体工商户对外投资的所得按照"利息、股息、红利所得"计征个人所得税；选项E，承租人对企业经营成果不拥有所有权取得的所得，应按

"工资、薪金所得"计征个人所得税。

6. ABCE 【解析】经营所得是指：(1)个体工商户从事生产、经营活动取得的所得，个人独资企业投资人、合伙企业的个人合伙人来源于境内注册的个人独资企业、合伙企业生产、经营的所得；(2)个人依法从事办学、医疗、咨询以及其他有偿服务活动取得的所得；(3)个人对企业、事业单位承包经营、承租经营以及转包、转租取得的所得；(4)个人从事其他生产、经营活动取得的所得。选项D属于承租人取得的工资、薪金所得。

7. ABDE 【解析】选项C，个人独资企业支付给环保部门的罚款，不得税前扣除。

8. BE 【解析】选项A，省级人民政府颁发的教育方面的奖金，免征个人所得税，县级人民政府颁发的不免个人所得税；选项C，提前退休发放的一次性补贴，不属于免税的离退休工资收入，应按照"工资、薪金所得"项目征收个人所得税；选项D，国债利息收入免征个人所得税，转让国债的所得不免税，要交个人所得税。

9. BCE 【解析】选项A，从2002年5月1日起，编剧从电视剧的制作单位取得的剧本使用费，不再区分剧本的使用方是否为其任职单位，统一按特许权使用费所得项目计征个人所得；选项D，出版社的专业作者撰写、编写或翻译的作品，由本社以图书形式出版而取得的稿费收入，应按"稿酬所得"项目计算缴纳个人所得税。

10. ABC 【解析】选项D，纳税人在广告设计、制作、发布过程中提供名义、形象而取得的所得，应按劳务报酬所得项目计算纳税；选项E，出版社专业作者翻译作品后，由本社以图书形式出版而取得的收入按照"稿酬所得"缴纳个人所得税。

11. BCDE 【解析】选项A，专项附加扣除是指个人所得税法规定的子女教育、继续教育、大病医疗、住房贷款利息或者住房租金、赡养老人等6项专项附加扣除。

12. ABE 【解析】选项C，差旅费津贴不属于纳税人本人工资、薪金所得项目的收入，不征收个人所得税；选项D，应按照"经营所得"纳税。

13. AD 【解析】选项B，个人所得税专项附加扣除额一个纳税年度扣除不完的，不能结转以后年度扣除；选项C，专项附加扣除涉及的纳税人需要留存备查的相关资料应当留存5年；选项E，社会保险属于专项扣除，不属于其他扣除。

14. ACD 【解析】选项A，按照财产租赁所得征收；选项C，由主管税务机关根据实际情况确定；选项D，以领取租金的个人为纳税义务人。

15. CDE 【解析】选项A，中奖所得按照"偶然所得"项目计算缴纳个人所得税；选项B，个人独资企业和合伙企业对外投资分回的利息或者股息、红利，不并入企业的收入，而应单独作为投资者个人取得的利息、股息、红利所得，按"利息、股息、红利所得"项目计算缴纳个人所得税。

16. DE 【解析】选项A，转让债券时，通常采用"加权平均法"确定其应予减除的财产原值和合理费用；选项B，个人购买和处置债权过程中发生的拍卖招标手续费、诉讼费、审计评估费以及缴纳的税金等合理税费，在计算个人所得税时允许扣除；选项C，转让环节的税费可以扣除。

17. ABCD 【解析】符合下列情形之一，视为股权转让收入明显偏低：(1)申报的股权转让收入低于股权对应的净资产份额的；(2)申报的股权转让收入低于初始投资成本或低于取得该股权所支付的价款及相关税费的；(3)申报的股权转让收入低于相同或类似条件下同一企业同一股东或其他股东股权转让收入的；(4)申报的股权转让收入低于相同或类似条件下同类行业的企业股权转让收入的；(5)不具合理性的无偿让渡股权或股份；(6)主管税务机关认定的其他情形。

18. ACDE 【解析】选项 B，非居民个人的工资、薪金所得，以每月收入额减除费用 5 000 元后的余额为应纳税所得额。

19. CDE 【解析】选项 A，捐赠股权、房产的，按照个人持有股权、房产的财产原值确定。选项 B，单位发给个人用于预防新型冠状病毒感染的肺炎的药品、医疗用品和防护用品等实物（不包括现金），不计入工资、薪金收入，免征个人所得税。

20. BCE 【解析】选项 A，作者将自己的文字作品手稿原件或复印件拍卖取得的所得，按照"特许权使用费所得"缴纳个人所得税。选项 D，纳税人如不能提供合法、完整、准确的财产原值凭证，不能正确计算财产原值的，按转让收入额的 3% 征收率计算缴纳个人所得税；拍卖品为经文物部门认定是海外回流文物的，按转让收入额的 2% 征收率计算缴纳个人所得税。

21. ABDE 【解析】选项 C，个人转让自用达 5 年以上、并且是唯一的家庭生活用房取得的所得，免征个人所得税。

22. ABDE 【解析】选项 C 不得扣除。

23. ABCD 【解析】自 2020 年 7 月 1 日起，对一个纳税年度内首次取得工资、薪金所得的居民个人，扣缴义务人在预扣预缴个人所得税时，可按照 5 000 元/月乘以纳税人当年截至本月月份数计算累计减除费用，而不是按照当年截至本月实际工作月数计算累计减除费用。

24. ADE 【解析】选项 B，个人转让限售股，以每次限售股转让收入，减除股票原值和合理税费后的余额，为应纳税所得额；选项 C，个人持有限售股中存在部分限售股原值不明确，导致无法准确计算全部限售股成本原值的，证券登记结算公司一律以实际转让收入的 15% 作为限售股成本原值和合理税费。

25. AD 【解析】选项 B，属于财产转让所得；选项 C、E，属于经营所得。

26. BCE 【解析】选项 A，单位发放的补贴、津贴，除了一些不属于工资、薪金性质的补贴、津贴外，其余要并入工资薪金计征个人所得税；选项 D，残疾、孤老人员和烈属的所得，属于减征个人所得税的项目。

27. CD 【解析】选项 A、B，个人投资者的工资、分配给投资者的股利不得在税前扣除；选项 E，从业人员的补充养老、医疗保险费支出，按国家规定的标准计算扣除，并不是据实扣除。

三、计算题

(1) B 【解析】借款用于建造办公楼，根据税法规定此利息支出应当资本化，因此财务费用纳税调增金额 = 200×8% = 16(万元)。

(2) B 【解析】个体工商户、个人独资企业和合伙企业拨缴的工会经费、发生的职工福利费、职工教育经费支出分别在工资薪金总额 2%、14%、2.5% 的标准内据实扣除。投资者的工资不能在税前扣除，工资调增 = 6(万元)；工会经费扣除限额 = (26-6)×2% = 0.4(万元)，据实扣除；福利费扣除限额 = (26-6)×14% = 2.8(万元)，实际发生 5.8 万元，调增 3 万元；职工教育经费扣除限额 = (26-6)×2.5% = 0.5(万元)，实际发生 0.4 万元，据实扣除。

工资及工会经费、职工福利费和职工教育经费应调整的应纳税所得额 = 6+3 = 9(万元)。

(3) B 【解析】该个人独资企业 2019 年应纳税所得额 = -20+3+16+9+6-0.5×12 = 8(万元)

应纳个人所得税 = 8×10%-0.15 = 0.65(万元)

(4) D 【解析】张先生应纳个人所得税合计 = 0.65+1.5×50%×20% = 0.80(万元)

四、综合分析题

(1) D 【解析】学前教育阶段,为子女年满3周岁当月至小学入学前一月。儿子的教育费支出2019年可扣除金额=1 000元/月×9个月=9 000(元),女儿尚未满3岁,不得扣除子女教育支出。

(2) D 【解析】夫妻双方婚前分别购买住房发生的首套住房贷款,其贷款利息支出,婚后可以选择其中一套购买的住房,由购买方按扣除标准的100%扣除,本题中夫妻双方商定选择翠花购买的住房作为首套住房贷款利息支出扣除,所以郑某不得扣除住房贷款利息支出。

(3) BCD 【解析】选项A,按照偶然所得计征个人所得税;选项E,按全年一次性奖金办法征税。

(4) A 【解析】银行储蓄存款利息,免征个人所得税;取得持有一个月以上不超过一年的上市公司股息所得减按50%计入应纳税所得额征收个人所得税;从非上市公司取得股息,全额计税。

应纳个人所得税 = 1 500 × 50% × 20% + 2 000×20% = 550(元)。

(5) A 【解析】居民个人取得全年一次性奖金,在2021年12月31日前,不并入当年综合所得,以全年一次性奖金收入除以12个月得到的数额,按照月度税率表,确定适用税率和速算扣除数,单独计算纳税。

找税率:350 000÷12 = 29 166.67,适用税率25%,速算扣除数2 660。

算税额:应纳个人所得税 = 350 000×25% - 2 660 = 84 840(元)。

(6) A 【解析】①全年综合所得收入额 = 500 000 + 95 000 × (1 - 20%) × 70% = 553 200(元)

②全年减除费用=60 000(元)

专项扣除=39 600(元)

专项附加扣除 = 9 000 + 24 000 + 3 600 = 36 600(元)

扣除项目合计 = 60 000 + 39 600 + 36 600 = 136 200(元)

③综合所得应纳税所得额 = 553 200 - 136 200 = 417 000(元),适用税率25%,速算扣除数31 920。

④综合所得全年应纳个人所得税 = 417 000×25% - 31 920 = 72 330(元)

第3章 国际税收

考情解密

历年考情概况

本章是《税法(Ⅱ)》科目的次重点章,考试中的主要题型为单项选择题、多项选择题、计算题。分值在10-15分左右。本章涉及的内容很多考生在平时工作中接触的不多,可能会感觉比较抽象,记忆点也多。我国税收抵免制度琐碎的知识点要提炼重要考点,注重记忆,切忌"胡子眉毛一把抓"。

【老杨唠吧唠】本章是2017年从《税法(Ⅰ)》调整到《税法(Ⅱ)》来的,每年老杨会收到很多考生学习这章时绝望的反馈,问我可不可以放弃本章,美其名曰"战略放弃",老杨要告诉大家的是:这种想法要不得,考题绝对没有你们想象的难。为了减轻考生备考压力,提高备考效率,在2021年本书编写过程中老杨贯彻了"一切为了应试"的宗旨,结合考试教材和考题特点,将中华会计网校《基础班》课程的讲义作为本书的内容,以方便考生的备考。这么做的理由是:考试教材中的大部分内容都是国家税务总局相关文件中的规定和举例,从考试角度看,考试教材略显凌乱且题量偏大不符合考题的特点,不利于考生学习,这也就是很多考生想"战略放弃"的主要原因吧,所以本章内容是"书课同一",更利于读者应试的需要。

近年考点直击

考点	主要考查题型	考频指数	考查角度
概述	单选题、多选题	★	客观题考核
国际税收抵免制度	单选题、多选题、计算题	★★★	客观题的必考点
国际税收协定	单选题、多选题	★★	客观题考核
国际避税与反避税	单选题、多选题	★	客观题考核
国际税收合作	单选题、多选题	★	客观题考核

本章2021年考试主要变化

(1)修改关于税收协定中投资所得的部分表述内容;

(2)我国对外签署税收协定的典型条款下添加"(六)转让主要由不动产成的公司股权"和"(七)转让公司股权(主要由不动产构成的股权除外)"两条内容;

(3)非居民纳税人享受税收协定待遇的税务管理下删除"协定适用和纳税申报、税务机关后续管理"两大段内容;

(4)中国税收居民身份证明的开具管理下删除5-10六大段内容;

(5)删除(三)税收情况的保密和二、美国海外账户税遵从法案内容;

(6)删除"我国的非居民金融账户涉税信息尽职调查管理"下其他合规要求整段内容;

(7)部分内容更新时间发生变化。

考点详解及精选例题

一、概述
扫我解疑难

(一)国际税收的概念★
国际税收是指对在两个或两个以上国家之间开展跨境交易行为征税的一系列税收法律规范的总称。

『提示1』国家间对商品服务、所得、财产课税的制度差异是国际税收产生的基础。

『提示2』国际税收的实质是国家之间的税收分配关系和税收协调关系。

『提示3』跨境交易从资本或资源的输入、输出角度,可分为"出境交易"和"入境交易"。"出境交易"是资本或资源从本国输出到外国的交易,"出境交易"主要涉及对居民纳税人的境外所得进行征税的问题。"入境交易"是资本或资源从某一外国输入到本国的交易。"入境交易"主要涉及对非居民纳税人的境内所得进行征税的问题。

『提示4』避免国际重复征税和防范国际避税,可以由一国通过国内立法单方面采取措施进行,但通过国家间签订税收协定,以双边或多边方式采取措施可提高国际税收治理的效率。

(二)国际税收原则★★

1. **单一课税原则**:跨境交易产生的收入只应该被课征一道税和至少应该被课征一道税。

2. **受益原则**:纳税人以从政府公共支出中获得的利益大小为税收负担分配的标准。

『提示1』国际税收规则将跨境交易中的积极所得(主要通过生产经营活动取得的收入)的征税权主要给予来源国,将消极所得(主要通过投资活动取得的收入)的征税权主要给予居住国。

『提示2』跨境交易中,个人主要获得的是投资所得,企业主要获得的是生产经营所得。按照受益原则,居住国更关心对个人的征税权,将对个人的征税权分配给居住国比较合理,应将对企业的征税权分配给来源国。

『提示3』按照单一原则和受益原则,所有跨境交易的所得,至少应该按照来源国的税率征税,且不应超过居住国的税率。

『提示4』单一课税原则和受益原则是国际税收问题谈判的出发点,是来源国和居民国税收管辖权分配的国际惯例。

3. **国际税收中性原则**:国际税收规则不应对涉外纳税人跨国经济活动的区位选择以及企业的组织形式等产生影响。

『提示1』从来源国的角度看,就是资本输入中性:资本输入中性要求位于同一国家内的本国投资者和外国投资者在相同税前所得情况下适用相同的税率。

『提示2』从居住国的角度看,就是资本输出中性:资本输出中性要求税法既不鼓励也不阻碍资本的输出,使国内投资者和海外投资者的相同税前所得适用相同的税率。

(三)国际税法原则★★

1. **优先征税原则**:国际税收关系中,确定将某项课税客体划归来源国,由来源国优先行使征税权的一项原则。

2. **独占征税原则**:在签订国际税收协定时,将某项税收客体排他性地划归某一国,由该国单独行使征税权力的一项原则。

『提示』独占征税原则常用以调整由国际经济活动产生的国家与纳税人之间的税收法律关系和国家之间的税收权益分配关系。

3. **税收分享原则**:在签订国际税收协定时,将某些课税客体划归缔约国双方,由双方共同征税的一项原则。

4. **无差异原则**:对外国纳税人和本国纳税人实行平等对待,使两者在征收范围、税率和税收负担方面保持基本一致。

无差异原则在税制结构大体一致的国家之间可以起到促进资本自由流动的作用。所以，发达国家多愿意实行无差异原则，并将其作为本国制定涉外税制的基本原则；而发展中国家多根据本国实际情况，在不违背国际惯例的前提下确定对本国有利的涉外税收原则。

【老杨唠吧唠】国际税收原则解决按什么标准征税，国家间如何分配征税权的问题，国际税法原则是处理国际税收问题的基本信念和习惯，要求考生熟悉国际税收和国际税法各项原则的含义，并可以正确区分哪些原则属于国际税收原则，哪些原则属于国际税法原则。

【例题1·单选题】下列关于国际税收的表述中，不正确的是（ ）。

A. 国际税收是指对在两个或两个以上国家之间开展跨境交易行为征税的一系列税法律规范的总称

B. 国家间对商品服务、所得、财产课税的制度差异是国际税收产生的基础

C. 国际税收的实质是国家之间的税收分配关系和税收协调关系

D. 国际税收的基本原则分为单一课税原则和受益原则两类

解析 ▶ 国际税收的基本原则包括单一课税原则、受益原则和国际税收中性原则。

答案 ▶ D

（四）税收管辖权 ★★★

1. 税收管辖权的概念和分类

（1）税收管辖权是一国政府在征税方面的主权，它表现在一国政府有权决定对哪些人征税、征何种税、征多少税及如何征税等方面。

（2）在国际税收实践中，各国都是以纳税人或征税对象与本国的主权存在着某种属人或属地性质的连接因素，作为行使税收管辖权的前提或依据，属人性质的连接因素就是税收居所，属地性质的连接因素就是所得来源地。

（3）税收管辖权分为三类：收入来源地管辖权、居民管辖权（大多数国家采用）和公民管辖权（又称国籍税收管辖权，包括个人、团体、企业、公司）。

2. 约束税收管辖权的国际惯例

（1）约束居民管辖权的国际惯例（见表3-1）

表3-1 约束居民管辖权的国际惯例

项目	判定标准
自然人居民身份的判定标准	①法律标准；②住所标准；③停留时间标准
法人居民身份的判定标准	①注册地标准（又称法律标准）；②实际管理机构与控制中心所在地标准；③总机构所在地标准；④控股权标准（又称资本控制标准）

（2）约束收入来源地管辖权的国际惯例

①经营所得的判定标准：常设机构标准和交易地点标准。

『提示1』常设机构标准成为各国普遍接受的判定经营所得来源地的标准。

『提示2』常设机构的构成条件：一是有营业场所；二是场所必须是固定的，并且有一定的永久性；三是能够构成常设机构的营业场所必须是企业用于进行全部或部分营业活动的场所，而不是为本企业从事非营业性质的准备活动或辅助性活动的场所。

『提示3』代理性常设机构是指一个代理人如具有以被代理人名义与第三人签订合同的权力，并经常行使这种权力，且代理人所从事的活动不是准备性辅助性的，则代理人应构成被代理人在来源国的常设机构。但是，如果代理人是独立的并能自主从事营业活动，则不能构成一个常设机构。独立的代理人必须在法律上和经济上都是独立的。如果代理人的义务受制于被代理人广泛的控制或过分

详细的指示，或者代理人不承担任何经营风险，则不能视其为独立。

『提示4』常设机构的利润确定，可以分为利润范围和利润计算两个方面，具体内容见表3-2。

表3-2 利润范围和利润计算

项目	方法	具体规定
利润范围	归属法	常设机构所在国行使收入来源地管辖权课税，只能以归属于该常设机构的营业利润为课税范围，而不能扩大到对该常设机构所依附的对方国家企业来源于其国内的营业利润
	引力法	常设机构所在国除了以归属于该常设机构的营业利润为课税范围以外，对并不通过该常设机构，但经营的业务与该常设机构经营相同或同类取得的所得，也要归属该常设机构中合并征税
利润计算	分配法	按照企业总利润的一定比例确定其设在非居住国的常设机构所得
	核定法	常设机构所在国按该常设机构的营业收入额核定利润或按经费支出额推算利润，并以此作为行使收入来源地管辖权的课税范围

② 劳务所得的判定标准（见表3-3）

表3-3 劳务所得的判定标准

项目	判定标准
独立个人劳务所得	①固定基地标准；②停留期间标准；③所得支付者标准 『提示』独立劳务所得具有独立性和随意性
非独立个人劳务所得	①停留期间标准；②所得支付者标准
其他劳务所得	董事费：国际上通行的做法是按照所得支付地标准确认支付董事费的公司所在国有权征税
	跨国从事演出、表演或参加比赛的演员、艺术家和运动员，国际上通行的做法是均由活动所在国行使收入来源地管辖权征税

③ 其他所得的判定标准（见表3-4）

表3-4 其他所得的判定标准

项目	判定标准
投资所得	①权利提供地标准（反映了居住国或国籍国的利益）； ②权利使用地标准（代表着非居住国的利益）； ③双方分享征税权力（国际通常标准）
不动产所得	以不动产的所在地或坐落地为判定标准
财产转让所得	①销售动产收益：转让者的居住国征税； ②不动产转让所得：不动产的坐落地国家征税； ③转让或出售常设机构的营业财产或从事个人独立劳务的固定基地财产：由其所属常设机构或固定基地所在国征税； ④转让或出售从事国际运输的船舶、飞机：船舶、飞机企业的居住国征税； ⑤转让或出售公司股票所取得的收益：在国际税收实践中分歧较大
遗产继承所得	①不动产或有形动产，以其物质形态的存在国为遗产所在地，由遗产所在国对遗产所得行使收入来源地管辖权征税； ②股票或债券，以其发行者或债务人的居住国为遗产所在地，由遗产所在国对遗产所得行使收入来源地管辖权征税

【例题2·单选题】 下列关于约束来源地管辖权国际惯例的表述中，不正确的是( )。

A. 不动产转让所得，由不动产的坐落地国家行使收入来源地管辖权征税

B. 销售动产收益，由购买方的居住国征税

C. 投资所得，应由提供收取利息、股息、特许权使用费等权利的居民所在国行使征税权

D. 转让或出售从事国际运输的船舶、飞机，一般由船舶、飞机企业的居住国征税

解析 ▶ 销售动产收益，国际上通常考虑与企业利润征税权原则相一致，由转让者的居住国征税。

答案 ▶ B

二、国际税收抵免制度

扫我解疑难

（一）概述 ★

目前，国际上居住国政府可选择采用免税法、抵免法、税收饶让、扣除法和低税法等方法，减除国际重复征税，其中抵免法是普遍采用的方法。

抵免法是指居住国政府对其居民取得的国内外所得汇总征税时，允许居民将其国外所得部分已纳税款从中扣减。其计算公式为：

居住国应征所得税额 =（∑国内外应税所得额×居住国所得税率）−允许抵免的已缴纳国外税额

（二）抵免限额的确定方法 ★★

抵免限额是居住国（国籍国）政府从维护本国的税收权益出发，对本国居民（公民）纳税人已向非居住国（非国籍国）政府缴纳的所得税，允许在国内进行税收抵免的最高限额。这个限额以不超过其外国来源所得按照本国税法规定的适用税率计算的应纳税额为限。

1. 限额的计算方法对比（见表3−5）

表3−5 限额的计算方法对比

方法	定义	公式
分国抵免限额	当某居住国居民拥有多国收入时，居住国政府按其收入的来源国分别计算抵免限额	分国抵免限额=（∑国内外应税所得额×居住国所得税率）×（某一外国应税所得÷∑国内外应税所得额）
综合抵免限额	在多国税收抵免条件下，跨国纳税人所在国政府对其全部外国来源所得，不分国别汇总在一起，统一计算一个抵免限额	综合抵免限额=（∑国内外应税所得额×居住国所得税率）×（∑国外应税所得÷∑国内外应税所得额）
分项抵免限额	对国外的收入分项进行抵免，把一些专项所得从总所得中抽离出来，对其单独规定抵免限额，各项所得的抵免限额之间不能互相冲抵	分项抵免限额=（∑国内外应税所得额×居住国所得税率）×（国外某一专项所得÷∑国内外应税所得额）

2. 分国抵免限额和综合抵免限额抵免效果对比（见表3−6）

表3−6 分国抵免限额和综合抵免限额抵免效果对比

情形	分国抵免限额	综合抵免限额
国外经营普遍盈利且国内外税率不一致时（纳税人在高税国与低税国均有投资）	对居住国有利	对纳税人有利
国外经营盈亏并存时	对纳税人有利	对居住国有利

三、我国税收抵免制度★★★

扫我解疑难

企业实际应纳所得税额＝企业境内外所得应纳税总额－企业所得税减免、抵免优惠税额－境外所得税抵免额

下列所得已在境外缴纳的所得税税额，可从其当期应纳税额中抵免，抵免限额为该项所得按规定计算的应纳税额；超过抵免限额的部分，可在以后5个年度内，用每年度抵免限额抵免当年应抵税额后的余额进行抵补：

（1）居民企业来源于中国境外的应税所得；

（2）非居民企业在中国境内设立机构、场所，取得发生在中国境外但与该机构、场所有实际联系的应税所得。

【老杨嘚吧嘚】通过上面的公式我们可以看出境外所得税抵免额的确定和应纳所得税额计算的关系，这对初学者来说很重要，需要知道你付出努力做的这件事有什么作用。另外要注意境外所得的范围不仅包括居民企业也包括上述（2）描述的非居民企业。

（一）境外所得的范围和抵免办法

1. 纳税人境外所得的范围

（1）居民企业（包括按境外法律设立但实际管理机构在中国，被判定为中国税收居民的企业）可以就其取得的境外所得直接缴纳和间接负担的境外企业所得税性质的税额进行抵免。

（2）非居民企业（外国企业）在中国境内设立的机构（场所）可以就其取得的发生在境外，但与其有实际联系的所得直接缴纳的境外企业所得税性质的税额进行抵免。

『提示』非居民企业在中国境内分支机构取得的发生于境外的所得所缴纳的境外税额，给予了与居民企业类似的税额抵免待遇。对此类非居民给予的境外税额抵免仅涉及直接抵免。

2. 抵免办法（见表3-7）

表3-7 抵免办法

方法	含义	适用范围
直接抵免	企业直接作为纳税人就其境外所得在境外缴纳的所得税额在我国应纳税额中抵免	（1）企业就来源于境外的营业利润所得在境外所缴纳的企业所得税； （2）来源于或发生于境外的股息、红利等权益性投资所得、利息、租金、特许权使用费、财产转让等所得在境外被源泉扣缴的预提所得税
间接抵免	境外企业就分配股息前的利润缴纳的外国所得税额中由我国居民企业就该项分得的股息性质的所得间接负担的部分，在我国的应纳税额中抵免	居民企业从其符合规定的境外子公司取得的股息、红利等权益性投资收益所得

（二）境外所得税抵免额的计算方法

【老杨嘚吧嘚】抵免额的计算是本章的核心和难点，这部分内容貌似复杂，但从应试的角度看，流程还是很固定的，在此推荐大家使用"杨氏三步法"。

第一步：抵免限额＝中国境内、境外所得依照企业所得税法及实施条例的规定计算的应纳税总额×来源于某国（地区）的应纳税所得额÷中国境内、境外应纳税所得总额

简化形式：抵免限额＝来源于某国（地区）的应纳税所得额（境外税前所得额）×25%或15%

【原理例题】A投资B，持股比例100%，当年B全年税前所得100万元，所在国企业所得税税率30%，将税后70万元全部分配，按10%预提所得税，A收到63万元。

【解析】

第一步：抵免限额＝100×25%＝25（万

元)

第二步：实缴税额：可抵免境外税额

【原理例题】接上例：可抵免境外税额＝30+7=37(万元)

第三步：比较确定：比较第一步和第二步计算的结果，确定境外抵免额。确定时贯彻"孰低的原则"，第一步和第二步的结果哪个低哪个作为境外抵免额。

【原理例题】接上例：境外所得税抵免额＝25(万元)。

『提示1』自2017年1月1日起，企业可以选择按国(地区)别分别计算[即"分国(地区)不分项"]，或者不按国(地区)别汇总计算[即"不分国(地区)不分项"]其来源于境外的应纳税所得额，并按照规定的税率分别计算其可抵免境外所得税税额和抵免限额。上述方式一经选择，5年内不得改变。

『提示2』企业选择采用不同于以前年度的方式(以下简称新方式)计算可抵免境外所得税税额和抵免限额时，对该企业以前年度按照有关规定没有抵免完的余额，可在税法规定结转的剩余年限内，按新方式计算的抵免限额中继续结转抵免。

『提示3』企业按照规定计算的当期境内、境外应纳税所得总额小于零的，应以零计算当期境内、境外应纳税所得总额，其当期境外所得税的抵免限额也为零。

【老杨唠吧唠】特别注意『提示3』和上述"三步法"的结合时，"三步法"的第一步的金额为零。

『提示4』如果企业境内为亏损，境外盈利分别来自多个国家，则弥补境内亏损时，企业可以自行选择弥补境内亏损的境外所得来源国家(地区)顺序。

(三)境外应纳税所得额的计算

【老杨唠吧唠】考生在学习前首先要知道本部分内容和上述(二)内容的关系：简单地说就是本部分内容解决的是"三步法"第一步中的"境外税前所得"的问题。

1. 企业应按照我国税法的有关规定，确定中国境外所得(境外税前所得)并按以下规定计算境外应纳所得税税额。

根据税法确定的境外所得，在计算适用境外税额直接抵免的应纳税所得额时，应为将该项境外所得直接缴纳的境外所得税额还原计算后的境外税前所得；上述直接缴纳税额还原后的所得中属于股息、红利所得的，在计算适用境外税额间接抵免的境外所得时，应再将该项境外所得间接负担的税额还原计算，即该境外股息、红利所得应为境外股息、红利税后净所得与就该项所得直接缴纳和间接负担的税额之和。

【老杨唠吧唠】这部分知识点的核心关键词是"还原"。

2. 对上述税额还原后的境外税前所得，应再就计算企业应纳税所得总额时已按税法规定扣除的有关成本费用中与境外所得有关的部分进行对应调整扣除后，计算境外应纳税所得额。

【老杨唠吧唠】这部分知识点的核心关键词是"调整"，是上述"还原"后根据规定的"调整"计算，具体规定如下：

(1)居民企业在境外投资设立不具有独立纳税地位的分支机构，其来源于境外的所得，以境外收入总额扣除与取得境外收入有关的各项合理支出后的余额为应纳税所得额。各项收入、支出按税法的有关规定确定。

『提示1』居民企业在境外设立不具有独立纳税地位的分支机构取得的各项境外所得，无论是否汇回中国境内，均应计入该企业所属纳税年度的境外应纳税所得额。

『提示2』确定与取得境外收入有关的合理的支出，应主要考察发生支出的确认和分摊方法是否符合一般经营常规和我国税收法律规定的基本原则。

对企业已在计算应纳税所得总额时扣除，但属于应由各分支机构合理分摊的总部管理费等有关成本费用应作出合理的对应调整分摊。

境外分支机构的合理支出范围通常包括

境外分支机构发生的人员工资、资产折旧、利息、相关税费和应分摊的总机构用于管理分支机构的管理费用等。

（2）居民企业应就其来源于境外的股息、红利等权益性投资收益，以及利息、租金、特许权使用费、转让财产等收入，扣除按照《企业所得税法》及其实施条例等规定计算的与取得该项收入有关的各项合理支出后的余额为应纳税所得额。

『提示1』来源于境外的股息、红利等权益性投资收益，应按被投资方作出利润分配决定的日期确认收入实现。

『说明』企业来源于境外的股息、红利等权益性投资收益所得，若实际收到所得的日期与境外被投资方作出利润分配决定的日期不在同一纳税年度的，应按被投资方作出利润分配日所在的纳税年度确认境外所得。

『提示2』来源于境外的利息、租金、特许权使用费、转让财产等收入，应按有关合同约定应付交易对价款的日期确认收入实现。

『说明』企业来源于境外的利息、租金、特许权使用费、转让财产等收入，若未能在合同约定的付款日期当年收到上述所得，仍应按合同约定付款日期所属的纳税年度确认境外所得。

『提示3』在就境外所得计算应对应调整扣除的有关成本费用时，应对如下成本费用（但不限于）予以特别注意（见表3-8）

表3-8 需特别注意的成本费用

项目	注意事项
股息、红利	应对应调整扣除与境外投资业务有关的项目研究、融资成本和管理费用
利息	应对应调整扣除为取得该项利息而发生的相应的融资成本和相关费用
租金	①属于融资租赁业务的，应对应调整扣除其融资成本；②属于经营租赁业务的，应对应调整扣除租赁物相应的折旧或折耗
特许权使用费	应对应调整扣除提供特许使用的资产的研发、摊销等费用
财产转让	应对应调整扣除被转让财产的成本净值和相关费用

『提示4』企业收到某一纳税年度的境外所得已纳税凭证时，凡是迟于次年5月31日汇算清缴终止日的，可以对该所得境外税额抵免追溯计算。

『提示5』在计算境外应纳税所得额时，企业为取得境内、境外所得而在境内、境外发生的共同支出，与取得境外应税所得有关的、合理的部分，应在境内、境外[分国别（地区），下同]应税所得之间，按照合理比例进行分摊后扣除。

企业应对在计算总所得额时已统一归集并扣除的共同费用，按境外每一国别（地区）数额占企业全部数额的下列一种比例或几种比例的综合比例，在每一国别的境外所得中对应调整扣除，计算来自每一国别的应纳税所得额。

①资产比例；②收入比例；③员工工资支出比例；④其他合理比例。

(四) 境外分支机构亏损的弥补

1.在汇总计算境外应纳税所得额时，企业在境外同一国家（地区）设立不具有独立纳税地位的分支机构，按照《企业所得税法》及其实施条例的有关规定计算的亏损，不得抵减其境内或他国（地区）的应纳税所得额，但可以用同一国家（地区）其他项目或以后年度的所得按规定弥补。

2.企业在同一纳税年度的境内外所得加总为正数的，其境外分支机构发生的亏损，由于上述结转弥补的限制而发生的未予弥补的部分（以下称为非实际亏损额），今后在该分支机构的结转弥补期限**不受5年期限制**。

（1）如果企业当期境内外所得盈利额与亏损额加总后和为零或正数，则其当年度境外分支机构的非实际亏损额可无限期向后结转弥补；

（2）如果企业当期境内外所得盈利额与亏损额加总后和为负数，则以境外分支机构的亏损额超过企业盈利额部分的实际亏损额，按规定期限进行亏损弥补，未超过企业盈利额部分的非实际亏损额仍可**无限期**向后结转弥补。

【例题 3·计算题】 中国境内 A 居民企业 2019 年度境内外净所得为 160 万元。其中，境内所得的应纳税所得额为 300 万元；设在甲国的分支机构当年度应纳税所得额为 100 万元；设在乙国的分支机构当年度应纳税所得额为 -300 万元；A 企业当年度从乙国取得利息所得的应纳税所得额为 60 万元。要求：计算该企业当年度境内、外所得的应纳税所得额。

解析

A 企业当年度境内外净所得为 160 万元，其发生在乙国分支机构的当年度亏损额 300 万元，仅可以用从该国取得的利息 60 万元弥补，未能弥补的非实际亏损额 240 万元，不得从当年度企业其他盈利中弥补。因此，相应调整后 A 企业当年境内、外应纳税所得额为：

境内应纳税所得额 = 300（万元）；

甲国应纳税所得额 = 100（万元）；

乙国应纳税所得额 = -240（万元）；

A 企业当年度应纳税所得总额 = 400（万元）。

A 企业当年度境外乙国未弥补的非实际亏损共 240 万元，允许 A 企业以其来自乙国以后年度的所得无限期结转弥补。

【例题 4·计算题】 中国境内 A 居民企业 2019 年度境内外净所得为 -100 万元。其中，境内所得的应纳税所得额为 300 万元；设在甲国的分支机构当年度应纳税所得额为 -400 万元。要求：计算 A 企业当年的实际亏损额和非实际亏损额。

解析

A 企业当年度应纳税所得总额 = 300（万元）。

实际亏损额 = 400 - 300 = 100（万元），按规定期限进行亏损弥补。

非实际亏损额 = 300（万元），无限期向后结转弥补。

【老杨唠吧唠】 这部分知识点可以理解为针对特殊情况的一种规定，要求理解基本规定。

（五）可予抵免境外所得税税额的确认

1. 不应作为可抵免境外所得税税额的情形：

（1）按照境外所得税法律及相关规定属于错缴或错征的境外所得税税款；

（2）按照税收协定规定不应征收的境外所得税税款；

（3）因少缴或迟缴境外所得税而追加的利息、滞纳金或罚款；

（4）境外所得税纳税人或其利害关系人从境外征税主体得到实际返还或补偿的境外所得税税款；

（5）按照我国规定已经免征我国企业所得税的境外所得负担的境外所得税税款；

（6）按照国务院财政、税务主管部门有关规定已经从企业境外应纳税所得额中扣除的境外所得税税款。

2. 可抵免的境外所得税税额的基本条件为：

（1）企业来源于中国境外的所得依照中国境外税收法律以及相关规定计算而缴纳的税额。

（2）缴纳的属于企业所得税性质的税额，而不拘泥于名称。在不同的国家，对于企业所得税的称呼有着不同的表述，如法人所得税、公司所得税等。判定是否属于企业所得税性质的税额，主要看其是否是针对企业净所得征收的税额。

（3）限于企业应当缴纳且已实际缴纳的税额。税收抵免旨在解决重复征税问题，仅限于企业应当缴纳且已实际缴纳的税额（除另有饶让抵免或其他规定外）。

(4) 可抵免的企业所得税税额，若是税收协定非适用所得税项目，或来自非协定国家的所得，无法判定是否属于对企业征收的所得税税额的，应层报国家税务总局裁定。

3. 可抵免境外所得税税额的换算。

(1) 若企业取得的境外所得已直接缴纳和间接负担的税额为人民币以外货币的，在以人民币计算可予抵免的境外税额时，凡企业记账本位币为人民币的，应按企业就该项境外所得记入账内时使用的人民币汇率进行换算；

(2) 凡企业以人民币以外其他货币作为记账本位币的，应统一按实现该项境外所得对应的我国纳税年度最后一日的人民币汇率中间价进行换算。

【老杨唠吧唠】这部分知识点是与"三步法"第二步有关的知识点，要求考生熟悉其基本规定，尤其是"不应作为可抵免境外所得税税额的情形"具体包括哪些，需要注意选择题，由此我们也可以看出"三步法"的第二步实缴税额并不是纳税人缴纳的全部税额。

(六) 适用间接抵免的外国企业持股比例的计算层级

自2017年1月1日起，企业在境外取得的股息所得，在按规定计算该企业境外股息所得的可抵免所得税额和抵免限额时，由该企业直接或者间接持有 **20%** 以上股份的外国企业，限于按照规定持股方式确定的五层外国企业，即：

第一层：企业直接持有20%以上股份的外国企业；

第二层至第五层：单一上一层外国企业直接持有20%以上股份，且由该企业直接持有或通过一个或多个符合规定持股方式的外国企业间接持有总和达到20%以上股份的外国企业。

符合规定的"持股条件"，是指各层企业直接持股、间接持股以及为计算居民企业间接持股总和比例的每一个单一持股，均应达到20%的持股比例。

【老杨唠吧唠】前面我们介绍过，间接负担的税额在计算时可以扣除，需要注意，并不是境外间接负担的所有税额都可以扣除，它要受到层级和持股比例的限制。符合规定层级和持股比例的境外间接负担的税额才可以扣除，上述内容在实际运用时推荐"杨氏判断法"：多层持股条件判断顺序自上而下，判断口诀：第1层：单看；2-5：双看。

【例题5·计算题】中国居民企业A分别控股了三家公司甲国B1、甲国B2、乙国B3，持股比例分别为40%、60%、100%；B1持有丙国C1公司30%股份，B2持有丙国C2公司50%股份，B3持有丁国C3公司40%股份；C1、C2、C3分别持有戊国D公司30%、50%、20%股份。如图：

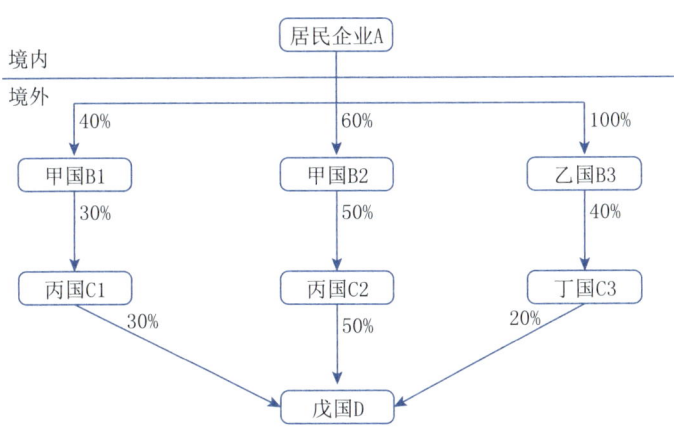

要求：对各公司进行间接抵免持股条件的判定。

解析

(1) 第一层，B层各公司间接抵免持股条件的判定：B1、B2、B3分别直接被A公司控股40%、60%、100%，均超过直接持有20%以上股份的条件，B层公司均符合持股条件。(单看)

(2) 第二层：C层各公司间接抵免持股条件的判定：(双看)

①C1公司判定：

第一眼：C1被符合条件的上一层公司B1控股30%>20%，第一眼满足；

第二眼：C1受居民企业A间接控股=40%×30%=12%<20%，第二眼不满足；

因此：C1不符合持股条件。(但如果协定的规定为10%，则符合间接抵免条件)

②C2公司判定：

第一眼：C2被符合条件的上一层公司B2控股50%>20%，第一眼满足；

第二眼：C2受居民企业A间接控股=50%×60%=30%>20%，第二眼也满足；

因此：C2符合持股条件。

③C3公司判定：

第一眼：C3被符合条件的上一层公司B3控股40%>20%，第一眼满足；

第二眼：C3受居民企业A间接控股=40%×100%=40%>20%，第二眼也满足；

因此：C3符合持股条件。

(3) 第三层：D公司间接抵免持股条件的判定：(双看)

D被C1、C2、C3分别持股，分别判断如下：

C1："一票否决"，由于C1不符合持股条件，即便C1对D公司的持股达到30%，也不得再计入D公司间接抵免持股条件的范围，即来源于D公司30%部分的所得的已纳税额不能进入居民企业A的抵免范畴。

C2：符合持股条件，判断D是否符合持股条件。

第一眼：D被符合条件的上一层公司C2控股50%>20%，第一眼满足；

第二眼：D受居民企业A间接控股=50%×50%×60%=15%<20%，第二眼未满足；但由于D同时C3持股，因此，不能由此判定D是否符合间接抵免条件。

C3：符合持股条件，判断D是否符合持股条件。

第一眼：D被符合条件的上一层公司C3控股20%=20%，第一眼满足；

第二眼：D受居民企业A间接控股=20%×40%×100%=8%<20%，第二眼未满足；但加上A通过B2、C2的间接控股15%，间接控股总和达到23%。因此，D公司符合间接抵免条件，即其所纳税额中属于向C2和C3公司分配的70%股息所负担的部分，可进入A公司的间接抵免范畴。

(七) 境外所得间接负担税额的计算

【老杨唠吧唠】这个知识点是上一个知识点的延续，在判断外国企业符合间接抵免持股比例的规定后，这部分知识点解决的就是具体的间接负担税额的计算问题。

境外投资收益实际间接负担的税额是指符合规定持股条件的外国企业应分得的股息、红利等权益性投资收益中，从最低一层外国企业起逐层计算的属于由上一层企业负担的税额，计算公式如下：

本层企业所纳税额属于由一家上一层企业负担的税额=(本层企业就利润和投资收益所实际缴纳的税额+符合规定的由本层企业间接负担的税额)×本层企业向一家上一层企业分配的股息(红利)÷本层企业所得税后利润额

【老杨唠吧唠】上面的公式很显然并不好记忆，考试时推荐使用"杨氏计算法"：本层企业所纳税额属于由一家上一层企业负担的税额=(利润税+投资税+间接税)×分配比例×持股比例

【例题6·计算题】(单层分配当年)居民企业A投资的持股比例及层级关系见下图。

B1公司当年应纳税所得总额为1 000万元，其中来自C1公司的投资收益为300万元，按10%缴纳C1公司所在国预提所得税额为30万元，当年在所在国按该国境外税收抵免规定计算后实际缴纳所在国所得税额为210万元，税后利润为760万元，全部分配。

要求：计算甲国B1及其下层各企业已纳税额中属于A公司可予抵免的间接负担税额。

解析

根据持股条件判断，C1不符合A公司的间接抵免持股条件，B1公司符合A公司的间接抵免持股条件。

1. 由于C1不符合A公司的间接抵免持股条件，因此不计算由A公司可予抵免的间接负担税额。

2. B1公司符合A公司的间接抵免持股条件。则：

本层企业B1所纳税额属于由一家上一层企业A负担的税额=[本层企业就利润和投资收益所实际缴纳的税额(210+30)+符合规定的由本层企业间接负担的税额0]×本层企业向一家上一层企业分配的股息(红利)304÷本层企业所得税后利润760=(210+30+0)×(304÷760)=96(万元)。即：A公司就从B1公司分得股息间接负担的可在我国应纳税额中抵免的税额为96万元。

『提示1』 本层企业所得税后利润额=税前利润−实际缴纳所在国税额−缴纳预提税额=1 000−210−30=760(万元)。

本层企业向一家上一层企业分配的股息(红利)=760×40%=304(万元)

『提示2』 杨氏计算法：本层企业所纳税额属于由一家上一层企业负担的税额=(210+30+0)×100%×40%=96(万元)。

【例题7·计算题】（多层跨年分配）居民企业A投资的持股比例及层级关系见下图。要求：计算甲国B2及其下层各企业已纳税额中属于A公司可予抵免的间接负担税额，其他已知条件如下：

【老杨唠吧唠】 本题与上题原理完全相同，在学习中注意多层级计算的关联性以及分配不同年度税后利润的处理。

1. C2公司应纳税所得总额为2 000万元，实际缴纳所在国所得税税额为550万元，当年税后利润为1 450万元，如果C2公司将当年税后利润的80%用于分配，同时，将该公司上年未分配税后利润1 600万元一并分配，实际缴纳税额360万元，无其他事项。

解析

根据持股条件判断，C2符合A公司的间接抵免条件。

【知识点链接】

每一层企业从其持股的下一层企业在一个年度中分得的股息(红利)，若是由该下一层企业不同年度的税后未分配利润组成，则应按该股息(红利)对应的每一年度未分配利润，分别计算就该项分配利润所间接负担的税额；按各年度计算的间接负担税额之和，即为取得股息(红利)的企业该一个年度中分得的股息(红利)所得所间接负担的所得税额。

C2公司已纳税额可由B2公司就分得股息间接负担的税额=[(550+0+0)×(580÷1 450)]+[(360+0+0)×(800÷1 600)]=400(万元)

『提示1』 分配当年的股息=1 450×80%×50%=580(万元)

『提示2』 杨氏计算法：本层企业所纳税额属于由一家上一层企业负担的税额=[(550+0+0)×80%×50%]+[(360+0+0)×100%×50%]=400(万元)

2. B2公司应纳税所得总额为5 000万元，

其中来自 C2 公司的投资收益按 10% 缴纳 C2 公司所在国预提所得税额。实际缴纳所在国所得税税额为 962 万元;当年税后利润全部分配。B2 公司向 A 公司按其持股比例 60% 分配股息 2 340 万元。

解析

根据持股条件判断,C2、B2 均符合 A 公司的间接抵免条件。

A 公司从 B2 公司分得股息间接负担的可在我国应纳税额中抵免的税额 =(962+138+400)×(2 340÷3 900)= 900(万元)

『提示1』已知条件中未告知投资收益实际缴纳的税额,需要计算,实际缴纳的税额 = C2 公司分配的(580+800)×10% = 138(万元)。

『提示2』已知条件中未告知当年的税后利润,需要计算,税后利润 = 5 000 - 962 - 138 = 3 900(万元)。

『提示3』杨氏计算法:本层企业所纳税额属于由一家上一层企业负担的税额 =(962+138+400)×100%×60% = 900(万元)

(八)应纳税额的计算

【老杨唠吧唠】下面我们用一道原理案例题,将上面所学的内容做一个串联,让考生感受一下整个计算的流程和各个知识点之间的关系。

【例题8·计算题】假设 A 公司申报的境内外所得总额为 16 000 万元,其中取得境外股息所得为 2 644 万元(已还原向境外直接缴纳 10% 的预提所得税 264.4 万元,但未含应还原计算的境外间接负担的税额),其中 B1 股息所得 304 万元,B2 股息所得 2 340 万元;同时假设 A 公司用于 B1、B2 公司的管理费用为 240 万元,应在计算来自甲国两个 B 子公司的股息应纳税所得时对应调整扣除。

要求:请计算该企业境内外应纳所得税总额。

解析

1. 境外所得抵免额(三步法)

步骤	甲国
第一步	1. 2 644(股息所得 B1 = 304,B2 = 2 340)+996(间接负担 B1 = 96,B2 = 900)-240(管理费)= 3 400(万元); 2. 3 400×25% = 850(万元)
第二步	264.4+996 = 1 260.4(万元)
第三步	当年可实际抵免税额 = 850(万元) 可结转的当年度未抵免税额 = 1 260.4-850 = 410.4(万元)

2. 境内外应纳税总额 =(16 000+996)×25%-850 = 3 399(万元)

(九)税收饶让抵免应纳税额的确定

1. 居民企业从与我国政府订立税收协定(或安排)的国家(地区)取得的所得,按照该国(地区)税收法律享受了免税或减税待遇,且该免税或减税的数额按照税收协定规定应视同已缴税额在中国的应纳税额中抵免的,该免税或减税数额可作为企业实际缴纳的境外所得税额用于办理税收抵免。

2. 境外所得采用简易办法计算抵免额的,不适用饶让抵免。

3. 企业取得的境外所得根据来源国税收法律法规不判定为所在国应税所得,而按中国税收法律法规规定属于应税所得的,不属于税收饶让抵免范畴,应全额按中国税收法律法规规定缴纳企业所得税。

(十)简易办法计算抵免

采用简易办法须遵循"分国不分项"原则。

适用简易办法计算抵免的两种情况:

1. 企业从境外取得营业利润所得以及符合境外税额间接抵免条件的股息所得,虽有所得来源国(地区)政府机关核发的具有纳税性质的凭证或证明,但因客观原因无法真实、准确地确认应当缴纳并已经实际缴纳的境外所得税税额的,除就该所得直接缴纳及间接负担的税额在所得来源国(地区)的实际有效税率低于12.5%以上的外,可按境外应纳税所得额的12.5%作为抵免限额,企业按该国(地区)税务机关或政府机关核发具有纳税性质凭证或证明的金额,其不超过抵免限额的部分,准予抵免;超过的部分不得抵免。

2. 企业从境外取得营业利润所得以及符合境外税额间接抵免条件的股息所得;凡所得来源国(地区)的法定税率且其实际有效税率明显高于25%的,可直接以按25%计算抵免限额。"实际有效税率"是指实际缴纳或负担的企业所得税税额与应纳税所得额的比率。

法定税率且实际有效税率明显高于我国税率的国家,目前包括美国、阿根廷、布隆迪、喀麦隆、古巴、法国、日本、摩洛哥、巴基斯坦、赞比亚、科威特、孟加拉国、叙利亚、约旦、老挝。

居民企业从境外未达到直接持股20%条件的境外子公司取得的股息所得,以及取得利息、租金、特许权使用费、转让财产等所得,向所得来源国直接缴纳的预提所得税额,应按直接抵免有关规定正常计算抵免,不适用简易办法计算抵免。

(十一)境外分支机构与我国对应纳税年度的确定

1. 企业在境外投资设立不具有独立纳税地位的分支机构,其计算生产、经营所得的纳税年度与我国规定的纳税年度不一致的,与我国纳税年度当年度相对应的境外纳税年度,应为在我国有关纳税年度中任何一日结束的境外纳税年度。

2. 企业取得境外股息所得实现日为被投资方作出利润分配决定的日期,不论该利润分配是否包括以前年度未分配利润,均应作为该股息所得实现日所在的我国纳税年度所得计算抵免。

【举例】某居民企业在A国的分公司,2018年按A国法律规定,计算当期利润年度为每年10月1日至次年9月30日。

【解析】

该分公司按A国规定计算2018年10月1日至次年9月30日期间(即A国2018~2019年度)的营业利润及其已纳税额,应在我国2019年度计算纳税及境外税额抵免。

【老杨唠吧唠】截止到这个知识点,本章中国际税收抵免制度的内容全部讲完了,由于考试教材的内容非常多,不利于考生的备考,老杨根据考试的特点,考虑备考效率和效果,将考试必知必会的知识点进行了归纳总结,这就是本书中上述内容编写的出发点。从考试角度可以满足考生备考的需要。本书的内容考生要精心体会,静心学习,千万不要放弃,难度绝对没有你们想象中的难,计算实际上也是程序性的,当然不要"过度备考",造成不必要的困扰和时间精力的浪费。建议学完这块内容后将后面的历年考题中与本部分知识点有关的计算题独立的做一遍,以提高备考效率。

四、国际税收协定★

扫我解疑难

(一)国际税收协定概念

1. 国际税收协定,是指两个或两个以上的主权国家或地区,为了协调相互之间的税收分配关系,本着对等的原则,在有关税收事务方面通过谈判签订的一种书面协议。

2. 截止2020年4月底,我国已正式签署107个避免双重征税协定,其中101个协定已生效。

(二)我国对外签署税收协定典型条款介绍

《中新协定》中的条款包括税收协定的适用范围、税收居民、常设机构、营业利润、国际运输、财产所得、投资所得、劳务所得、其他种类所得、特别规定等条款。

1. 税收居民

同一人可能同时具有缔约国双方的居民身份,为解决这种情况下的居民身份的最终归属,税收协定采取了"加比规则",该规则在确定居民身份时是有先后顺序的,只有当使用前一标准无法解决问题时,才使用后一标准。个人居民身份的判定标准包括:①永久性住所;②重要利益中心;③习惯性居处;④国籍。

2. 常设机构

常设机构,是指企业进行全部或部分营业的固定营业场所。具体包括:一般常设机构、工程型常设机构、劳务型常设机构、代理型常设机构和保险业务常设机构。

3. 营业利润

(1)缔约国一方企业的利润应仅在该国征税,但该企业通过设在缔约国另一方的常设机构进行营业的除外。如果该企业通过在缔约国另一方的常设机构进行营业,其利润可以在另一国征税,但应仅以归属于该常设机构的利润为限。

(2)税收协定规定,只有在构成常设机构的情况下,来源国才有权对营业利润征税。

4. 国际运输——海运和空运

(1)我国对外签订的税收协定,大多数采用居民国独占征税权原则。

(2)我国签订的大部分税收协定都规定国际运输所得适用的税种是所得税,但我国与部分国家的税收协定及议定书,或者其他协议、换函中也涉及间接税。

5. 投资所得

(1)股息。

①股息优惠税率。

一般而言,来源国基于税收协定对股息所得实行限制性税率,具体税率规定如下:

在受益所有人是公司(合伙企业除外),并直接拥有支付股息公司至少25%资本的情况下,不应超过股息总额的5%。

②在其他情况下,不应超过股息总额的10%。

(2)利息。

居民国对本国居民取得的来自缔约国另一方的利息拥有征税权,利息来源国对利息也有征税的权利,但对利息来源国的征税权设定了最高税率,当受益所有人为银行或金融机构的情况下,利息的征税税率为7%,其他情况下利息的征税税率为10%。当受益人为缔约双方政府机构及其拥有的,且不从事商业活动的金融机构或基金从缔约国一方取得的利息应在该国免税。免税金融机构在具体协定中采取列名方式。

(3)特许权使用费。

如果特许权使用费受益所有人,是缔约国另一方居民,则所征税款不应超过特许权使用费总额的10%。缔约国双方主管当局应协商确定实施该限制税率的方式。我国与其他国家(地区)所签订税收协定特许权使用费限制税率存在差异,实际工作中可查阅税收协定的具体规定。

根据《中新协定》议定书的规定,对于使用或有权使用工业、商业、科学设备而支付的特许权使用费,按支付特许权使用费总额的60%确定税基。

6. 转让主要由不动产组成的公司股权

我国签订的部分税收协定中规定,转让一个公司股份取得的收益,该公司的财产又主要直接或间接由位于一方的不动产所组成,可以在不动产所在国征税。

我国与部分国家(地区)的税收协定、税收安排或协议对不动产占比作了明确规定,部分协定没有单列对"转让主要财产为不动产的公司的股份取得收益"的税收处理规定。

7. 转让公司股权(主要由不动产构成的股权除外)

对于除主要由不动产构成的股权外的股权所得,我国与不同国家(地区)的协定规定有所不同,部分表述为:转让不动产组成的公司股份以外的其他股票取得的收益,该项股票又相当于参与缔约国一方居民公司的股权的25%的,可以在该缔约国征税;部分协定还要求:"该收益的收款人在转让行为前的12个月内,曾经直接或间接拥有该公司至少25%的股份";我国与一部分国家(地区)的税收协定中则没有单列对转让其他公司股份取得收益的税务处理规定。

8.《中新协定》的修订

(1)不具有法人资格的中外合作办学机构,以及中外合作办学项目中开展教育教学活动的场所构成税收协定缔约对方居民在中国的常设机构。

(2)缔约国一方企业以船舶或飞机从事国际运输业务从缔约国另一方取得的收入,在缔约国另一方免予征税。

『提示1』从事国际运输业务取得的收入,是指企业以船舶或飞机经营客运或货运取得的收入,以及以程租、期租形式出租船舶或以湿租形式出租飞机(包括所有设备、人员及供应)取得的租赁收入。

企业从事以光租形式出租船舶或以干租形式出租飞机,以及使用、保存或出租用于运输货物或商品的集装箱(包括拖车和运输集装箱的有关设备)等租赁业务取得的收入不属于国际运输收入,但根据《中新协定》附属于国际运输业务的上述租赁业务收入应视同国际运输收入处理。

『说明』"附属"是指与国际运输业务有关且服务于国际运输业务,属于支持和附带性质。企业就其从事附属于国际运输业务的上述租赁业务取得的收入享受海运和空运条款协定待遇,应满足以下三个条件:①企业工商登记及相关凭证资料能够证明企业主营业务为国际运输;②企业从事的附属业务是其在经营国际运输业务时,从事的对主营业务贡献较小但与主营业务联系非常紧密、不能作为一项单独业务或所得来源的活动;③在一个会计年度内,企业从事附属业务取得的收入占其国际运输业务总收入的比例原则上不超过10%。

『提示2』下列与国际运输业务紧密相关的收入应作为国际运输收入的一部分:①为其他国际运输企业代售客票取得的收入;②从市区至机场运送旅客取得的收入;③通过货车从事货仓至机场、码头或者后者至购货者间的运输,以及直接将货物发送至购货者间的运输收入;④仅为其承运旅客提供中转住宿而设置的旅馆取得的收入。

『提示3』非专门从事国际运输业务的企业,以其拥有的船舶或飞机经营国际运输业务取得的收入属于国际运输收入。

『提示4』上述免税规定也适用于参加合伙经营、联合经营或参加国际经营机构取得的收入。对于多家公司联合经营国际运输业务的税务处理,应由各参股或合作企业就其分得利润分别在其所属居民国纳税。

(3)演艺人员活动包括演艺人员从事的舞台、影视、音乐等各种艺术形式的活动;以演艺人员身份开展的其他个人活动(如演艺人员开展的电影宣传活动,演艺人员或运动员参加广告拍摄、企业年会、企业剪彩等活动);具有娱乐性质的涉及政治、社会、宗教或慈善事业的活动。

演艺人员活动不包括会议发言,以及以随行行政、后勤人员(如摄影师、制片人、导演、舞蹈设计人员、技术人员以及流动演出团组的运送人员等)身份开展的活动。在商业活动中进行具有演出性质的演讲不属于会议发言。

五、国际税收协定管理★

扫我解疑难

(一)受益所有人认定

【老杨唠吧唠】学习这部分知识点时,很多考生一头雾水,老杨觉得下面这句话对你们也许有帮助:申请享受我国对外签署的税收协定中对股息、利息和特许权使用费等条款的税收待遇时,缔约国居民需要向税务机关提供资料,需要进行受益所有人的认定。

『提示』受益所有人是指对所得或所得据以产生的权利或财产具有所有权和支配权的人。

1.一般来说,下列因素<u>不利于</u>对申请人"受益所有人"身份的判定(消极因素):

(1)申请人有义务在收到所得的12个月内将所得的50%以上支付给第三国(地区)居民,"有义务"包括约定义务和虽未约定义务但已形成支付事实的情形。

(2)申请人从事的经营活动不构成实质性经营活动。

(3)缔约对方国家(地区)对有关所得不征税或免税,或征税但实际税率极低。

(4)在利息据以产生和支付的贷款合同之外,存在债权人与第三人之间在数额、利率和签订时间等方面相近的其他贷款或存款合同。

(5)在特许权使用费据以产生和支付的版权、专利、技术等使用权转让合同之外,存在申请人与第三人之间在有关版权、专利、技术等的使用权或所有权方面的转让合同。

2. 申请人"受益所有人"身份的判定

申请人从中国取得的所得为股息时,申请人虽不符合"受益所有人"条件,但直接或间接持有申请人100%股份的人符合"受益所有人"条件,并且属于以下两种情形之一的,应认为申请人具有"受益所有人"身份:

(1)上述符合"受益所有人"条件的人为申请人所属居民国(地区)居民;

【举例1】 中国香港居民E投资内地居民并取得股息,中国香港居民F直接持有中国香港居民E100%的股份,虽然中国香港居民E不符合"受益所有人"条件,但是,如果中国香港居民F符合"受益所有人"条件,应认为中国香港居民E具有"受益所有人"身份。投资构架见下图。

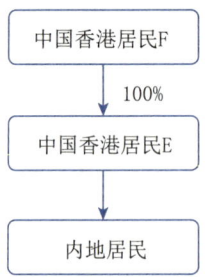

【举例2】 中国香港居民E投资内地居民并取得股息,中国香港居民F通过在BVI注册成立的公司(不论该公司是否为中国香港居民)间接持有中国香港居民E100%的股份,虽然中国香港居民E不符合"受益所有人"条件,但是,如果中国香港居民F符合"受益所有人"条件,应认为中国香港居民E具有"受益所有人"身份。投资构架见下图。

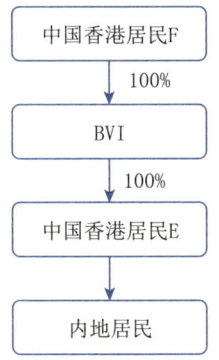

(2)上述符合"受益所有人"条件的人虽不为申请人所属居民国(地区)居民,但该人和间接持有股份情形下的中间层均为符合条件的人。

【举例3】 中国香港居民G投资内地居民并取得股息,新加坡居民I通过新加坡居民H间接持有中国香港居民G100%的股份,虽然中国香港居民G不符合"受益所有人"条件,但是,如果新加坡居民I符合"受益所有人"条件,并且新加坡居民I和新加坡居民H从中国取得的所得为股息时,根据中国与新加坡签署的税收协定可享受的税收协定待遇均和中国香港居民G可享受的税收协定待遇相同,应认为中国香港居民G具有"受益所有人"身份,中国香港居民G可根据内地与中国香港签署的税收安排享受税收协定待遇。投资构架见下图。

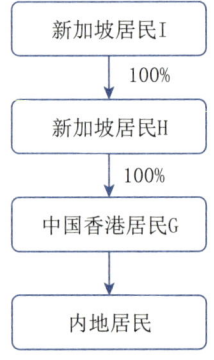

3. 申请人"受益所有人"身份判定的安全

港条款

下列申请人从中国取得的所得为股息时，可不根据上述规定的因素进行综合分析，直接判定申请人具有"受益所有人"身份：

(1)缔约对方政府；

(2)缔约对方居民且在缔约对方上市的公司；

(3)缔约对方居民个人；

(4)申请人被第(1)至(3)项中的一人或多人直接或间接持有100%股份，且间接持有股份情形下的中间层为中国居民或缔约对方居民。

【举例1】香港居民D投资内地居民并取得股息，直接持有香港居民D100%股份的人为香港政府、香港居民且在香港上市的公司或香港居民个人，可直接判定香港居民D具有"受益所有人"身份。投资构架见下图。

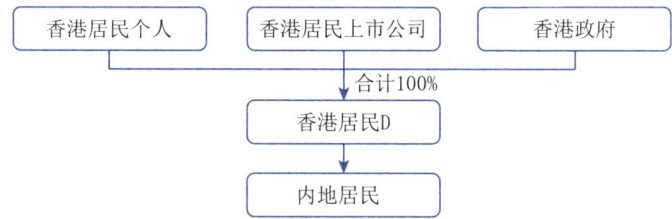

【举例2】香港居民B投资内地居民并取得股息时，香港居民A通过香港居民C间接持有香港居民B100%股份，如果香港居民A为香港政府、香港居民且在香港上市的公司或香港居民个人，可直接判定香港居民B具有"受益所有人"身份。投资构架见下图。

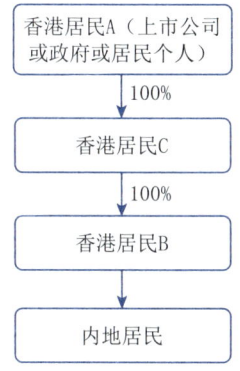

4. 委托投资情况下的受益所有人（2014年24号公告）

"委托投资"是指非居民将自有资金直接委托给境外专业机构用于对居民企业的股权、债权投资，其中的"境外专业机构"指经其所在地国家或地区政府许可从事证券经纪、资产管理、资金以及证券托管等业务的金融机构。

(1)非居民通过委托投资取得投资收益，申请认定受益所有人并享受税收协定待遇，除了需要按照规定申请外，还需要向税务机关提供相关资料，税务机关应对非居民提交的资料进行审核，并区分所得类型进行税务处理。

(2)非居民若已被认定为受益所有人，且根据税收协定股息或利息条款的规定，该非居民取得股息或利息应仅在缔约国对方征税的，如果该非居民通过委托投资取得投资收益同时符合以下条件，则在其首次享受股息或利息条款税收协定待遇之日起3个公历年度内(含本年度)，同一主管税务机关可免予对其受益所有人身份进行重复认定，但应对其取得的投资收益所得类型进行审核：

①通过同一架构安排进行委托投资；

②投资链条上除被投资企业之外的各方保持不变；

③投资链条上除被投资企业之外的各方签署的与投资相关的合同或协议保持不变。

(二)非居民纳税人享受协定待遇的税务管理

非居民纳税人享受协定待遇，采取"自行判断、申报享受、相关资料留存备查"的方式办理。非居民纳税人自行判断符合享受协定待遇条件的，可在纳税申报时，或通过扣缴义务人在扣缴申报时，自行享受协定待遇，同时按照本办法的规定归集和留存相关资料备查,并接受税务机关后续管理。

(三)中国税收居民身份证明的开具管理

1. 企业或者个人(以下统称申请人)为享受中国政府对外签署的税收协定(含与中国香港、澳门和台湾地区签署的税收安排或者协议)、航空协定税收条款、海运协定税收条款、汽车运输协定税收条款、互免国际运输收入税收协议或者换函(以下统称税收协定)待遇,可以向税务机关申请开具《中国税收居民身份证明》(以下简称《税收居民证明》)。

2. 申请人向主管其所得税的县税务局申请开具《税收居民证明》。中国居民企业的境内、外分支机构应当通过其总机构向总机构主管税务机关提出申请。合伙企业应当以其中国居民合伙人作为申请人,向中国居民合伙人主管税务机关提出申请。

六、国际避税与反避税★

(一)国际避税地

1. 国际避税地也称避税港、税务天堂、税收避难所,是指能够为纳税人提供某种合法避税机会的国家和地区。

2. 避税港类型(见表3-9)

表3-9 避税港类型

类型	典型国家和地区列举(部分)
没有所得税和一般财产税	如开曼群岛、巴哈马、百慕大、格陵兰和索马里等
虽开征但税负远低于国际一般负担水平,并提供特殊税收优惠待遇	如中国澳门地区、新加坡、瑞士、英属维尔京群岛、以色列、摩纳哥、塞浦路斯和列支敦士登等
仅实行地域管辖权,只对境内所得按较低税率征税	如中国香港地区、巴拿马、委内瑞拉和阿根廷等
有规范税制但有某些税收特例或提供某些特殊税收优惠	如爱尔兰、英国、加拿大、希腊、卢森堡和荷兰

【例题9·多选题】下列属于对所得仅实行地域管辖权的国家和地区有( )。

A. 巴拿马
B. 英属维尔京群岛
C. 塞浦路斯
D. 中国香港
E. 中国澳门

解析 ▶ 所得税课征仅实行地域管辖权的国家和地区,只对来源于境内的所得按照较低税率征税,如中国香港、巴拿马等。

答案 ▶ AD

(二)国际避税方法

1. 选择有利的企业组织形式避税

纳税人对外投资时,可以根据合伙企业与公司、子公司与分公司在不同国家之间的税制差异,选择最有利的组织形式以实现税收利益最大化。

2. 个人住所和公司居所转移避税

(1)跨国自然人可以通过迁移住所避免成为某一国的居民,从而躲避或减轻纳税义务。

(2)跨国法人可以将其总机构或实际管理机构移居到低税区,避免成为高税国的居民纳税人,得以降低整个公司的税收负担。

(3)企业也可通过跨国并购,将自己变成低税区企业的组成部分,实现税收从高税区向低税区的倒置。

3. 利用转让定价避税

跨国公司集团从整体利益出发,利用各关联企业所在国的关税税率和所得税的差异,通盘考虑所有成员企业的收入和费用,通过内部转让价格处理关联交易,将费用和成本从低税区转移至高税区,将利润从高税区转移至低税区,以减轻整个集团在全球负担的关税和所得税。

4. 利用税收协定避税

一个第三国居民(缔约国的非居民)可以通过改变其居民身份，得以享受其他两个国家签署的税收协定中的优惠待遇。

5. 利用资本弱化避税

跨国公司在高税国投资常利用这个手段进行避税。

6. 利用信托转移财产避税

利用信托转移财产，可以通过在避税港设立个人持股信托公司、受控信托公司和订立信托合同的方式实现。

7. 利用避税港中介公司避税

跨国公司使用的"双层爱尔兰""双层爱尔兰荷兰三明治""双层爱尔兰—荷兰—百慕大"架构，是利用中介公司避税的典范。

8. 利用错配安排进行避税

纳税人在跨国交易中，利用两个国家对同一实体、同一笔收入或同一支出的税务处理规则的不同，同时规避或减轻跨国交易在两个国家的税负。

(三)国际反避税基本方法

1. 防止通过纳税主体国际转移。
2. 防止通过纳税客体国际转移。
3. 防止利用避税地。
4. 转让定价调整。
5. 加强税收多边合作。

七、国际税收合作★

扫我解疑难

(一)我国税收情报交换

1. 情报交换概述

(1)情报交换在税收协定规定的权利和义务范围内进行。情报交换应在税收协定生效并执行以后进行，税收情报涉及的事项可以溯及税收协定生效并执行之前。

(2)我国主管当局为国家税务总局。

(3)我国税务机关收集、调查或核查处理税收情报，适用税收征管法的有关规定。

2. 情报交换的种类与范围

(1)情报交换的类型包括专项情报交换、自动情报交换、自发情报交换以及同期税务检查、授权代表访问和行业范围情报交换等。

(2)情报交换的范围。除缔约国双方另有规定外，情报交换的范围一般为：

①国家范围应仅限于与我国正式签订含有情报交换条款的税收协定并生效执行的国家。

②税种范围应仅限于税收协定规定的税种，主要为具有所得(和财产)性质的税种。

③人的范围应仅限于税收协定缔约国一方或双方的居民。

④地域范围应仅限于缔约国双方有效行使税收管辖权的区域。

我国从缔约国主管当局获取的税收情报可以作为税收执法行为的依据，并可以在诉讼程序中出示。税收情报在诉讼程序中作为证据使用时，税务机关应根据行政诉讼法等法律规定，向法庭申请不在开庭时公开质证。

(二)OECD金融账户涉税信息自动交换标准

1. OECD参照美国的FATCA制定了《金融账户涉税信息自动交换标准》(AEOI标准)，标准由《主管当局协议范本》(MCAA)和《统一报告标准》(CRS)两部分内容组成。

2. 统一报告标准和尽职调查标准是标准的核心。

3. 根据标准开展金融账户涉税信息自动交换，首先由缔约一方的金融机构通过履行尽职调查程序，识别出缔约另一方的税收居民，包括全部自然人和账户余额在25万美元以上的实体在该金融机构所开设的账户。

4. 我国首次对外交换非居民金融账户涉税信息的时间是2018年9月。

(三)我国的非居民金融账户涉税信息尽职调查管理(部分内容)

1. 基本要求

根据《中华人民共和国税收征收管理法》《中华人民共和国反洗钱法》等法律、法规的规定,制定《非居民金融账户涉税信息尽职调查管理办法》。

2. 基本定义

(1)金融机构:包括存款机构、托管机构、投资机构、特定的保险机构及其分支机构。

『提示1』下列机构属于规定的金融机构:①商业银行、农村信用合作社等吸收公众存款的金融机构以及政策性银行;②证券公司;③期货公司;④证券投资基金管理公司、私募基金管理公司、从事私募基金管理业务的合伙企业;⑤开展有现金价值的保险或者年金业务的保险公司、保险资产管理公司;⑥信托公司;⑦其他符合条件的机构。

『提示2』下列机构不属于规定的金融机构:①金融资产管理公司;②财务公司;③金融租赁公司;④汽车金融公司;⑤消费金融公司;⑥货币经纪公司;⑦证券登记结算机构;⑧其他不符合条件的机构。

(2)金融资产:包括证券、合伙权益、大宗商品、掉期、保险合同、年金合同或者上述资产的权益,前述权益包括期货、远期合约或者期权。金融资产不包括实物商品或者不动产非债直接权益。

(3)非居民:指中国税收居民以外的个人和企业(包括其他组织),但不包括政府机构、国际组织、中央银行、金融机构或者在证券市场上市交易的公司及其关联机构。

『提示』账户持有人同时构成中国税收居民和其他国家(地区)税收居民的,金融机构应当按照规定收集并报送其账户信息。

(4)账户持有人:指由金融机构登记或者确认为账户所有者的个人或者机构,不包括代理人、名义持有人、授权签字人等为他人利益而持有账户的个人或者机构。

(5)非居民金融账户:指在我国境内的金融机构开立或者保有的、由非居民或者有非居民控制人的消极非金融机构持有的金融账户。

『提示1』消极非金融机构是指符合下列条件之一的机构:①上一公历年度内,股息、利息、租金、特许权使用费收入等不属于积极经营活动的收入,以及据以产生前述收入的金融资产的转让收入占总收入比重50%以上的非金融机构;②上一公历年度末,拥有可以产生第①项所述收入的金融资产占总资产比重50%以上的非金融机构;③税收居民国(地区)不实施金融账户涉税信息自动交换标准的投资机构。

『提示2』下列非金融机构不属于消极非金融机构:①上市公司及其关联机构;②政府机构或者履行公共服务职能的机构;③仅为了持有非金融机构股权或者向其提供融资和服务而设立的控股公司;④成立时间不足24个月且尚未开展业务的企业;⑤正处于资产清算或者重组过程中的企业;⑥仅与本集团(该集团内机构均为非金融机构)内关联机构开展融资或者对冲交易的企业;⑦非营利组织。

3. 无须开展尽职调查的账户(见表3-10)

表3-10 无须开展尽职调查的账户

类型	条件(同时符合)
退休金账户	①受政府监管;②享受税收优惠;③向税务机关申报账户相关信息;④达到规定的退休年龄等条件时才可取款;⑤每年缴款不超过5万美元,或者终身缴款不超过100万美元
社会保障类账户	①受政府监管;②享受税收优惠;③取款应当与账户设立的目的相关,包括医疗等;④每年缴款不超过5万美元

续表

类型	条件(同时符合)
定期人寿保险合同	①在合同存续期内或者在被保险人年满90岁之前(以较短者为准),至少按年度支付保费,且保费不随时间递减;②在不终止合同的情况下,任何人均无法获取保险价值;③合同解除或者终止时,应付金额(不包括死亡抚恤金)在扣除合同存续期间相关支出后,不得超过为该合同累计支付的保费总额;④合同不得通过有价方式转让
为特殊事项开立的账户	①法院裁定或者判决;②不动产或者动产的销售、交易或者租赁;③不动产抵押贷款情况下,预留部分款项便于支付与不动产相关的税款或者保险;④专为支付税款
存款账户	①因信用卡超额还款或者其他还款而形成,且超额款项不会立即返还账户持有人;②禁止账户持有人超额还款5万美元以上,或者账户持有人超额还款5万美元以上的款项应当在60日内返还账户持有人
上一公历年度余额不超过1 000美元的休眠账户(不包括年金合同)	①过去三个公历年度中,账户持有人未向金融机构发起任何与账户相关的交易;②过去六个公历年度中,账户持有人未与金融机构沟通任何与账户相关的事宜;③对于具有现金价值的保险合同,在过去六个公历年度中,账户持有人未与金融机构沟通任何与账户相关的事宜

其他账户:
(1)由我国政府机关、事业单位、军队、武警部队、居民委员会、村民委员会、社区委员会、社会团体等单位持有的账户;由军人(武装警察)持军人(武装警察)身份证件开立的账户。
(2)政策性银行为执行政府决定开立的账户。
(3)保险公司之间的补偿再保险合同

(四)国际税收合作新形式——税基侵蚀与利润转移(BEPS)行动计划

1. 税基侵蚀和利润转移(BEPS),是指跨国企业利用国际税收规则存在的不足,以及各国税制差异和征管漏洞,人为将利润转移至仅有少量或没有经济活动的免税或低税地区,导致少缴或者总体上不缴纳公司税的税收筹划安排,造成对各国税基的侵蚀。

2. BEPS行动计划其一揽子国际税改项目主要包括三个方面的内容:一是保持跨境交易相关国内法规的协调一致;二是突出强调实质经营活动并提高税收透明度;三是提高税收确定性。

3. 税基侵蚀和利润转移项目成果(见表3-11)

表3-11 税基侵蚀和利润转移项目成果

类别	行动计划
应对数字经济带来的挑战	《应对数字经济的税收挑战》
协调各国企业所得税税制	《消除混合错配安排的影响》《制定有效受控外国公司规则》《对利用利息扣除和其他款项支付实现的税基侵蚀予以限制》《考虑透明度与实质性因素,更有效地打击有害税收实践》
重塑现行税收协定和转让定价国际规则	《防止税收协定优惠的不当授予》《防止人为规避构成常设机构》《确保转让定价结果与价值创造相匹配》
提高税收透明度和确定性	《衡量和监控BEPS》《强制披露规则》《转让定价文档与国别报告》《使争议解决机制更有效》
开发多边工具促进行动计划实施	《开发用于修订双边税收协定的多边工具》

真题精练

一、单项选择题

1. (2020年)境内某居民公司向境外公司(关联企业)支付专利许可费200万,专利指导服务费50万,境外公司为税收协定受益所有人,假定该专利许可费的市场公允价值100万,税收协定的限制税率为5%。该境外公司取得上述收入应向我国交纳企业所得税( )万元。
   A. 12.5　　　　B. 15
   C. 10　　　　　D. 20

2. (2020年)依据我国非居民金融账户涉税信息尽职调查管理的相关规定,下列非金融机构属于消极非金融机构的是( )。
   A. 非营利组织
   B. 上一公历年度末,拥有可产生利息的金融资产占总资产比重50%以上的非金融机构
   C. 仅为了持有非金融机构股权而设立的控股公司
   D. 上市公司及其关联机构

3. (2020年)关于常设机构利润的确定,下列说法正确的是( )。
   A. 分配法要求按照独立核算原则计算常设机构的营业利润
   B. 分配法和核定法主要用于常设机构利润范围的确定
   C. 归属法和引力法主要用于常设机构利润的计算
   D. 核定法可按常设机构的营业收入额或经费支出额核定利润

4. (2019年)下列与境外所得税相关的支出,能作为"可抵免境外所得税税额"的是( )。
   A. 企业错误使用境外所得税法不应缴纳而实际缴纳的税额
   B. 已经免征我国企业所得税的境外所得负担的境外所得税
   C. 因少缴或迟缴境外所得税而追加的利息、滞纳金或罚款
   D. 企业来源于中国境外所得依照中国境外税收法规计算而缴纳税额

5. (2019年)依据非居民金融账户涉税信息尽职调查管理办法的规定,下列非金融机构属于消极非金融机构的是( )。
   A. 非营利组织
   B. 上市公司及其关联机构
   C. 正处于重组过程中的企业
   D. 上一公历年度内取得股息收入占其总收入50%以上的机构

6. (2019年)国际公认的常设机构利润范围的确定方法是( )。
   A. 归属法　　　　B. 分配法
   C. 核定法　　　　D. 控股法

7. (2019年)跨国从事表演的艺术家,其所得来源地税收管辖权判定标准是( )。
   A. 停留时间标准
   B. 固定基地标准
   C. 所得支付者标准
   D. 演出活动所在地标准

8. (2018年)根据《非居民金融账户涉税信息尽职调查管理办法》的规定,下列各项中属于消极非金融机构的是( )。
   A. 上市公司及其关联机构
   B. 仅为了持有非金融机构股权而设立的控股公司
   C. 上一公历年度内,股息收入占总收入50%以上的非金融机构
   D. 上一公历年度末,其股票资产20%以上的非金融机构

9. (2018年)关于董事费来源地的判断,国际通行的标准是( )。
   A. 住所标准
   B. 停留时间标准
   C. 所得支付地标准

D. 劳务发生地标准

二、多项选择题

1. (2020年)依据企业所得税相关规定,下列款项不得抵免境内所得税税额的有( )。
   A. 按境外所得税法应该缴纳并已实际缴纳的所得税税款
   B. 按境外所得税法律规定属于错缴的境外所得税税款
   C. 境外所得税纳税人从境外征税主体得到实际返还的所得税税款
   D. 按照税收协定规定不应征收的境外所得税税款
   E. 因少缴或迟缴境外所得税而追加的滞纳金或罚款

2. (2019年)下列所得中,属于《中新协定》中的特许权使用费所得的有( )。
   A. 缔约国一方居民向我国居民企业因专利违规使用单独收取的侵权赔偿费
   B. 我国居民王某向缔约国一方居民提供税务咨询服务取得的报酬
   C. 我国居民企业向缔约国居民出口设备,在产品保证期内提供售后服务取得的报酬
   D. 缔约国一方居民向我国居民企业提供商业情报取得的所得
   E. 缔约国一方居民向我国居民企业提供专有技术使用权而单独收取的指导费

3. (2018年)根据《中新协定》,与国际运输业务密切相关的下列收入中,应作为国际运输收入的有( )。
   A. 直接将货物发送至购货者取得运输收入
   B. 以光租形式出租船舶取得的租赁收入
   C. 从市区至机场运送旅客取得的收入
   D. 仅为其承运旅客提供中转住宿而设置旅馆取得的收入
   E. 为其他国际运输企业代售客票取得的收入

4. (2018年)根据我国申请人"受益所有人"身份判定的安全港条款,下列从中国取得股息所得的申请人为"受益所有人"的有( )。
   A. 缔约对方居民且在缔约对方上市的公司
   B. 缔约对方政府
   C. 被缔约对方个人直接持股90%的申请人
   D. 被缔约对方非上市居民公司间接持股100%的申请人
   E. 缔约对方居民个人

5. (2018年)在特别纳税调整中,对企业实施不具有合理商业目的而获取税收利益的避税安排,税务机关有权实施的调整方法有( )。
   A. 对安排的全部或部分交易重新定性
   B. 在税收上否定交易方的存在
   C. 将该交易方与其他交易方视为同一实体
   D. 对相关所得、扣除、税收优惠及境外税收抵免等重新定性
   E. 在税收上否定安排交易的发生

三、计算题

1. (2019年)我国某居民企业在甲国设立一家分公司,在乙国设立一家持股80%的子公司,2018年该企业申报的利润总额4 000万元,相关涉税资料如下:
   (1)甲国分公司按我国税法确认的销售收入300万元,销售成本500万元。
   (2)收到乙国子公司投资收益1 900万元,子公司已在乙国缴纳企业所得税1 000万元,子公司当年税后利润全部分配,乙国预提所得税率5%。
   (注:该居民企业适用25%的企业所得税税率,无纳税调整金额,境外已纳税额选择分国不分项抵免方式)。
   根据上述资料,回答下列问题:
   (1)2018年该居民企业来源于子公司投资收益的可抵免税额是( )万元。
   A. 800   B. 500
   C. 1 100   D. 900
   (2)2018年该居民企业来源于子公司的应纳税所得额是( )万元。

A. 1 800 B. 1 700
C. 2 800 D. 2 600

(3)2018年该居民企业子公司境外所得税的抵免税额是( )万元。

A. 450 B. 425
C. 700 D. 650

(4)2018年该居民企业实际缴纳企业所得税是( )万元。

A. 575 B. 525
C. 1 200 D. 1 000

2.(2018年)我国境内某机械制造企业,适用企业所得税税率25%。2017年境内产品销售收入4 000万元,销售成本2 000万元,缴纳税金及附加20万元,销售费用700万元(其中广告费620万元),管理费用500万元,财务费用80万元,取得境外分支机构税后经营所得9万元,分支机构所在国企业所得税税率为20%,该分支机构享受了该国减半征收所得税的优惠。(本题不考虑预提所得税和税收饶让的影响,企业采用"分国不分项"的方法计算税额抵免)。

根据上述资料,回答以下问题:

(1)该企业2017年来源于境外的应纳税所得额是( )万元。

A. 10.00 B. 11.25
C. 12.50 D. 9.00

(2)该企业2017年境外所得的抵免限额是( )万元。

A. 2.25 B. 2.50
C. 9.00 D. 1.00

(3)该企业2017年来源于境内的应纳税所得额是( )万元。

A. 700 B. 720
C. 725 D. 680

(4)该企业2017年实际应缴纳企业所得税( )万元。

A. 177.5 B. 178.0
C. 181.5 D. 170.0

真题精练答案及解析

一、单项选择题

1. **D** 【解析】企业所得税 = [(200 + 50) - 100]×10% + 100×5% = 20(万元)。

2. **B** 【解析】消极非金融机构是指符合下列条件之一的机构:①上一公历年度内,股息、利息、租金、特许权使用费收入等不属于积极经营活动的收入,以及据以产生前述收入的金融资产的转让收入占总收入比重50%以上的非金融机构;②上一公历年度末,拥有可以产生第①项所述收入的金融资产占总资产比重50%以上的非金融机构;③税收居民国(地区)不实施金融账户涉税信息自动交换标准的投资机构。下列非金融机构不属于消极非金融机构:

(1)上市公司及其关联机构;
(2)政府机构或者履行公共服务职能的机构;
(3)仅为了持有非金融机构股权或者向其提供融资和服务而设立的控股公司;
(4)成立时间不足24个月且尚未开展业务的企业;
(5)正处于资产清算或者重组过程中的企业;
(6)仅与本集团(该集团内机构均为非金融机构)内关联机构开展融资或者对冲交易的企业;
(7)非营利组织。

选项ACD,不属于消极非金融机构。

3. **D** 【解析】选项A,分配法是按照企业总利润的一定比例确定其设在非居住国的常设机构所得;选项B,利润范围的确定一般采用归属法和引力法;选项C,利润的计算通常采用分配法和核定法。

4. **D** 【解析】可抵免境外所得税税额,是指企业来源于中国境外的所得依照中国境外税收法律以及相关规定应当缴纳并已实际缴纳的企业所得税性质的税款。但不包括：

(1)按照境外所得税法律及相关规定属于错缴或错征的境外所得税税款；

(2)按照税收协定规定不应征收的境外所得税税款；

(3)因少缴或迟缴境外所得税而追加的利息、滞纳金或罚款；

(4)境外所得税纳税人或者其利害关系人从境外征税主体得到实际返还或补偿的境外所得税税款；

(5)按照我国《企业所得税法》及其实施条例规定，已经免征我国企业所得税的境外所得负担的境外所得税税款；

(6)按照国务院财政、税务主管部门有关规定已经从企业境外应纳税所得额中扣除的境外所得税税款。

5. D 【解析】选项A、B、C，不属于消极非金融机构。消极非金融机构是指符合下列条件之一的机构：①上一公历年度内，股息、利息、租金、特许权使用费收入等不属于积极经营活动的收入，以及据以产生前述收入的金融资产的转让收入占总收入比重50%以上的非金融机构；②上一公历年度末，拥有可以产生第①项所述收入的金融资产占总资产比重50%以上的非金融机构；③税收居民国(地区)不实施金融账户涉税信息自动交换标准的投资机构。

6. A 【解析】国际公认的常设机构利润范围的确定一般采用归属法和引力法。

7. D 【解析】对于跨国从事演出、表演或者参加比赛的演员、艺术家和运动员取得的所得，国际上通行的做法是均由活动所在国行使收入来源地管辖权征税。

8. C 【解析】消极非金融机构是指符合下列条件之一的机构：①上一公历年度内，股息、利息、租金、特许权使用费收入等不属于积极经营活动的收入，以及据以产生前述收入的金融资产的转让收入占总收入比重50%以上的非金融机构；②上一公历年度末，拥有可以产生第①项所述收入的金融资产占总资产比重50%以上的非金融机构；③税收居民国(地区)不实施金融账户涉税信息自动交换标准的投资机构。

9. C 【解析】国际上通行的做法是按照所得支付地标准确认支付董事费的公司所在国有权征税。

二、多项选择题

1. BCDE 【解析】本题考查境外应纳税所得额的计算(可予抵免境外所得税税额的确认)。

不应作为可抵免境外所得税税额的情形：

(1)按照境外所得税法律及相关规定属于错缴或错征的境外所得税税款；

(2)按照税收协定规定不应征收的境外所得税税款；

(3)因少缴或迟缴境外所得税而追加的利息、滞纳金或罚款；

(4)境外所得税纳税人或者其利害关系人从境外征税主体得到实际返还或补偿的境外所得税税款；

(5)按照我国《企业所得税法》及其实施条例规定，已经免征我国企业所得税的境外所得负担的境外所得税税款；

(6)按照国务院财政、税务主管部门有关规定已经从企业境外应纳税所得额中扣除的境外所得税税款。

2. ADE 【解析】单纯货物贸易项下作为售后服务的报酬，产品保证期内卖方为买方提供服务所取得的报酬，专门从事工程、管理、咨询等专业服务的机构或个人提供的相关服务所取得的所得不是特许权使用费，应作为劳务活动所得适用《中新协定》中营业利润的规定。

3. ACDE 【解析】下列与国际运输业务紧密相关的收入应作为国际运输收入的一部分：①为其他国际运输企业代售客票取得

的收入;②从市区至机场运送旅客取得的收入;③通过货车从事货仓至机场、码头或者后者至购货者间的运输,以及直接将货物发送至购货者取得的运输收入;④仅为其承运旅客提供中转住宿而设置旅馆取得的收入。

4. ABE 【解析】根据申请人"受益所有人"身份判定的安全港条款,下列申请人从中国取得的所得为股息时,可不根据国家税务总局2018年第9号公告第二条规定的因素进行综合分析,直接判定申请人具有"受益所有人"身份:

(1)缔约对方政府;

(2)缔约对方居民且在缔约对方上市的公司;

(3)缔约对方居民个人;

(4)申请人被第(1)至(3)项中的一人或多人直接或间接持有100%股份,且间接持有股份情形下的中间层为中国居民或缔约对方居民。

5. ABCD 【解析】税务机关对企业的避税安排应当以具有合理商业目的和经济实质的类似安排为基准,按照实质重于形式的原则实施特别纳税调整。调整方法包括:

(1)对安排的全部或者部分交易重新定性;

(2)在税收上否定交易方的存在,或者将该交易方与其他交易方视为同一实体;

(3)对相关所得、扣除、税收优惠、境外税收抵免等重新定性或者在交易各方间重新分配;

(4)其他合理方法。

三、计算题

1. (1) D 【解析】可抵免税额 = 1 900÷(1-5%)×5%+1 000×80% = 900(万元)

(2) C 【解析】应纳税所得额 = 1 900 + 900 = 2 800(万元)

(3) C 【解析】抵免限额 = 2 800×25% = 700(万元),可抵免税额 900 万元,实际抵免税额为 700 万元。

(4) A 【解析】实际缴纳企业所得税 = [4 000-1 900+(500-300)]×25% = 575(万元)

2. (1) A 【解析】来源于境外的应纳税所得额 = 9÷(1-20%×50%) = 10(万元)

(2) B 【解析】境外所得抵免限额 = 10×25% = 2.5(万元)

(3) B 【解析】广告费扣除限额 = 4 000×15% = 600(万元),实际发生 620 万元,超纳税调增 20 万元。来源于境内的应纳税所得额 = 4 000 - 2 000 - 20 - 700 - 500 - 80 + 20 = 720(万元)。

(4) C 【解析】实际应缴纳企业所得税 = 720×25%+10×25%-1 = 181.5(万元)

【思路点拨】不考虑预提所得税和税收饶让,那么境外实际已纳税额就是 1 万元,不超过抵免限额,那么补税 1.5 万元。

同步训练 限时60分钟

扫我做试题

一、单项选择题

1. 按照居民税收管辖权的国际惯例,自然人居民身份的一般判定标准不包括( )。

A. 住所标准

B. 居所标准

C. 停留时间标准

D. 籍贯标准

2. 下列方法中,将扩大常设机构所在国的征税范围,有助于防止跨国纳税人利用国际税负差别进行避税的是( )。

A. 归属法   B. 引力法
C. 分配法   D. 核定法

3. 某跨国公司在某一纳税年度，来自本国所得100万元；该公司在甲、乙、丙三国各设一分公司，甲国分公司所得40万元，乙国和丙国分公司所得各30万元。各国税率分别是：本国40%、甲国30%、乙国40%、丙国50%，则用分国抵免限额计算方法计算的乙国抵免限额为( )万元。(上述的所得均为税前所得)

    A. 16   B. 14
    C. 12   D. 24

4. 新加坡A公司与中国的B公司在中国成立了一家合营公司C，双方各占50%股份，C公司将所获股息分配给股东时，对于A公司获得的股息，中国政府在征税时的税率最高为( )。

    A. 5%   B. 7%
    C. 8%   D. 10%

5. 下列关于国际反避税基本方法的表述中，错误的是( )。

    A. 国际反避税是指拥有税收管辖权的国家或地区针对纳税人采取的防止纳税人主体或客体进行转移、限制利用避税地等应对措施
    B. 对自然人利用移居国外的形式规避税收，对"部分的"和"虚假的"移居也应承认
    C. 转让定价税制，其实质是一国政府为防止跨国公司利用转让定价避税策略从而侵犯本国税收权益所制定的、与规范关联方转让定价行为有关的实体性规则和程序性规则等一系列特殊税收制度规定的总称
    D. 加强税收多边合作属于国际反避税的基本方法之一

6. 下列关于国际避税方法的表述中，不正确的是( )。

    A. 缔约国的非居民利用税收协定的主要目的是规避来源国征收的营业利润所得税以及股息、利息、特许权使用费的预提所得税
    B. 纳税人对外投资时，可以根据合伙企业与公司、子公司与分公司在不同国家之间的税制差异，选择最有利的组织形式以实现税收利益最大化
    C. 跨国纳税人可以利用混合金融工具进行错配安排来达到避税的目的
    D. 纳税人选择权益性融资方式比债务融资方式具有税收优势

7. 下列属于国际税收抵免制度中普遍采用的方法是( )。

    A. 免税法   B. 抵免法
    C. 扣除法   D. 税收饶让

8. 当跨国纳税人的国外经营活动盈亏并存时，对纳税人有利的抵免税额计算方法是( )。

    A. 分项抵免限额
    B. 综合抵免限额
    C. 分国分项抵免限额
    D. 分国抵免限额

9. 下列关于来源地税收管辖权的判定标准，可适用于非独立个人劳务所得的是( )。

    A. 所得支付者标准
    B. 劳务发生地标准
    C. 常设机构标准
    D. 固定基地标准

10. 国际税收产生的基础是( )。

    A. 跨境贸易和投资等活动的出现
    B. 不同国家之间税收合作的需要
    C. 两个和两个以上国家都对跨境交易征税的结果
    D. 国家间对商品服务、所得和财产课税的制度差异

二、多项选择题

1. 下列关于国际税收的表述中，正确的有( )。

    A. 国际税收中性原则可以从来源国和居住国两个角度进行衡量
    B. 国际税收的基本原则包括单一课税原

则、受益原则和国际税收中性原则

C. 国家间的税收分配关系是对同一课税对象由谁征税、征多少税的税收权益划分问题

D. 国际税收中性原则从来源国的角度看,是资本输出中性

E. 国际税法原则中的税收分享原则规定,各行使征税权的国家必须把适用税率降低,以利于共同征收

2. 下列属于法人居民身份的一般判定标准的有( )。

A. 注册地标准

B. 总机构所在地标准

C. 控股权标准

D. 主要营业活动所在地标准

E. 登记注册标准

3. 境外税额抵免分为直接抵免和间接抵免,其中直接抵免主要适用于( )。

A. 企业就来源于境外的营业利润所得在境外所缴纳的企业所得税

B. 企业就来源于境外的股息、红利等权益性投资所得在境外被源泉扣缴的预提所得税

C. 企业就来源于境外的特许权使用费所得在境外被源泉扣缴的预提所得税

D. 企业就发生于境外的财产转让所得在境外被源泉扣缴的预提所得税

E. 居民企业从其符合规定的境外子公司取得的股息、红利等权益性投资收益所得

4. 在国际税收中,常设机构利润范围的确定方法有( )。

A. 分配法 B. 归属法

C. 核定法 D. 引力法

E. 独立计算法

5. 依据中国与新加坡签订的税收协定,贷款人分担债务人公司风险的判定因素有( )。

A. 该贷款的偿还次于其他贷款人的债权或股息的支付

B. 所签订的贷款合同对偿还日期作出明确的规定

C. 利息的支付水平取决于公司的利润

D. 债务人支付给债权人高额利息

E. 债权人将分享公司的任何利润

6. 下列各项中属于国际避税方法的有( )。

A. 选择有利的企业组织形式

B. 利用资本弱化

C. 利用税收协定

D. 利用转让定价

E. 免税法

7. 国际税法的原则包括( )。

A. 优先征税原则

B. 无差异原则

C. 税收分享原则

D. 税收公平原则

E. 独占征税原则

8. 在国际税收中,自然人居民身份的判定标准有( )。

A. 住所标准

B. 居所标准

C. 停留时间标准

D. 家庭所在地标准

E. 经济活动中心标准

三、计算题

1. 在一带一路的政策引导下,中国居民企业A在境外进行了投资,控股了甲国B1、乙国B2,持股比例分别为50%、100%;B1持有丙国C1公司50%股份,B2持有丁国C2公司50%股份;C1、C2分别持有戊国D公司40%、25%股份。

假设D公司应纳税所得总额和税前会计利润均为1 250万元,适用税率为20%,无投资收益和缴纳预提所得税项目。当年D公司在所在国缴纳企业所得税为250万元;D公司将当年税后利润1 000万元全部分配。

根据上述资料,回答下列问题:

(1)符合单一或多层间接抵免的外国企业

持股比例在（　　）以上。

A. 10%　　　　　B. 15%

C. 20%　　　　　D. 25%

（2）D 公司向 C1 公司分配的股息为（　　）万元。

A. 250　　　　　B. 312.5

C. 400　　　　　D. 500

（3）D 公司已纳税额中由 C1 公司就分得股息间接负担的税额为（　　）万元。

A. 100　　　　　B. 150

C. 200　　　　　D. 250

（4）D 公司向 C2 公司分配的股息为（　　）万元。

A. 250　　　　　B. 400

C. 500　　　　　D. 750

2. 我国居民企业甲在境外进行了投资，相关投资结构及持股比例如下：

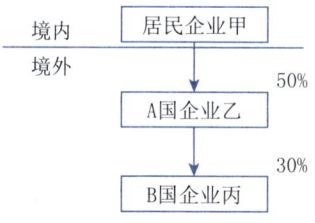

2019 年经营及分配状况如下：

（1）B 国企业所得税税率为 30%，预提所得税税率为 12%，丙企业应纳税所得总额 800 万元，丙企业将部分税后利润按持股比例进行了分配。

（2）A 国企业所得税税率为 20%，预提所得税税率为 10%。乙企业应纳税所得总额（该应纳所得税总额已包含投资收益还原计算的间接税款）1 000 万元，其中来自丙企业的投资收益为 100 万元，按照 12% 的税率缴纳 B 国预提所得税 12 万元；乙企业在 A 国享受税收抵免后实际缴纳的税额 180 万元，乙企业将全部税后利润按持股比例进行了分配。

（3）居民企业甲适用的企业所得税税率 25%，其中来自境内的应纳税所得额为 2 400 万元。

根据以上资料，回答下列问题：

（1）满足持股条件适用间接抵免优惠政策企业包括（　　）。

A. 乙企业

B. 丙企业

C. 乙企业和丙企业均满足

D. 乙企业和丙企业均不满足

（2）乙企业所纳税额属于甲企业负担的税额为（　　）万元。

A. 76　　　　　B. 86

C. 96　　　　　D. 100.38

（3）甲企业取得来源于乙企业投资收益的抵免限额为（　　）万元。

A. 105　　　　　B. 115

C. 125　　　　　D. 108

（4）甲企业取得来源于乙企业投资收益的实际抵免额为（　　）万元。

A. 136.4　　　　B. 100.39

C. 125　　　　　D. 96

同步训练答案及解析

一、单项选择题

1. D 【解析】自然人居民身份的一般判定标准有：住所标准、居所标准、停留时间标准。

2. B 【解析】采用引力法将扩大常设机构所在国的征税范围，有助于防止跨国纳税人利用国际税负差别进行避税。

3. C 【解析】乙国抵免限额 = 30 × 40% = 12（万元）

4. A 【解析】在受益所有人是公司（合伙企业除外），并直接拥有支付股息公司至少 25% 资本的情况下，限制税率为 5%。

5. B 【解析】对自然人利用移居国外的形式规避税收，规定必须属于"真正的"和"全部的"移居才予以承认，可以脱离与本国的税收征纳关系；而对"部分的"和"虚假的"移居则不予承认。

6. D 【解析】由于债务人支付给债权人利息可以税前扣除，选择债务融资方式比权益性融资方式具有税收优势。

7. B 【解析】抵免法是普遍采用的方法。

8. D 【解析】当跨国纳税人的国外经营活动盈亏并存时，分国抵免限额对纳税人有利，采用综合抵免限额对居住国有利。

9. A 【解析】非独立个人劳务所得来源地的确定，目前，国际上通常采用以下两种标准：①停留期间标准；②所得支付者标准。

10. D 【解析】国家间对商品服务、所得、财产课税的制度差异是国际税收产生的基础。

二、多项选择题

1. ABCE 【解析】国际税收中性原则从来源国的角度看，是资本输入中性；从居住国的角度看，是资本输出中性。

2. ABC 【解析】法人居民身份的一般判定标准包括：注册地标准、实际管理和控制中心所在地标准、总机构所在地标准、控股权标准。

3. ABCD 【解析】直接抵免主要适用于企业就来源于境外的营业利润所得在境外所缴纳的企业所得税，以及就来源于或发生于境外的股息、红利等权益性投资所得、利息、租金、特许权使用费、财产转让等所得在境外被源泉扣缴的预提所得税。

4. BD 【解析】常设机构的利润确定，可以分为利润范围和利润计算两个方面。利润范围的确定一般采用归属法和引力法；利润的计算通常采用分配法和核定法。

5. ACE 【解析】对贷款人是否分担企业风险的判定通常可考虑如下因素：

①该贷款大大超过企业资本中的其他投资形式，并与公司可变现资产严重不符。
②债权人将分享公司的任何利润。
③该贷款的偿还次于其他贷款人的债权或股息的支付。
④利息的支付水平取决于公司的利润。
⑤所签订的贷款合同没有对具体的偿还日期作出明确的规定。

6. ABCD 【解析】免税法属于避免国际重复征税的方法。

7. ABCE 【解析】国际税法的原则包括优先征税原则、独占征税原则、税收分享原则、无差异原则。

8. ABC 【解析】自然人居民身份的判定标准有：住所标准、居所标准、停留时间标准。

三、计算题

1. (1) C 【解析】企业直接持股、间接持股以及为计算居民企业间接持股总和比例的每一个单一持股，均应达到20%的持股比例。

(2) C 【解析】D公司向C1公司分配的股息 = 1 000×40% = 400(万元)。

(3) A 【解析】C1间接负担税额 = (250+0+0)×(400÷1 000) = 100(万元)。

(4) A 【解析】D公司向C2公司分配的股息 = 1 000×25% = 250(万元)。

2. (1) A 【解析】丙企业不适用间接抵免优惠政策。甲企业持有丙企业的比例 = 50%×30% = 15%，低于20%。
乙企业适用间接抵免优惠政策。甲企业持有乙企业的比例为50%，大于20%。

(2) C 【解析】乙企业所纳税额属于甲企业负担的税额 = [乙企业就利润和投资收益所实际缴纳的税额(180+12)+乙企业间接负担的税额0]×乙企业向一家上一层企业分配的股息(红利)404÷本层企业所得税后利润额808 = 96(万元)。

(3) C 【解析】甲企业境外所得 = 808×

50%=404(万元),A国的应纳税所得额=404+96=500(万元),抵免限额=(2 400+500)×25%×500÷(2 400+500)=125(万元)。

(4)C 【解析】可抵免境外税额=96+404×10%=136.4(万元),抵免限额=125(万元),当年实际可抵免的税额为125万元。

第4章　印花税

考情解密

历年考情概况

本章属于考试的次重点章节。近三年考试的平均分值6-8分左右。印花税在考试中的难度不大，并且以文字考核的方式为主。计算性选择题在熟练掌握税目和计税依据后，税额的计算比较容易。

近年考点直击

考点	主要考查题型	考频指数	考查角度
概述	单选题、多选题	★	客观题考核，考频不高
征税范围、纳税人和税率	单选题、多选题	★★	征税范围是客观题的必考点。纳税人更多的作为选择题的备选项
减免税优惠	单选题、多选题	★★	主要考查文字性的选择题
计税依据和应纳税额的计算	单选题、多选题、计算题	★★★	(1)单独在客观题中考核印花税计税依据或印花税应纳税额的计算，可以是文字性题目，也可以是计算性的题目；(2)可以单独出计算题，或者属于综合题中的一笔业务
征收管理	单选题、多选题	★★	主要考查文字性的选择题

本章2021年考试主要变化

(1)删除股份制企业向社会公开发行的股票相关印花税规定；
(2)新增部分印花税优惠政策；
(3)部分表述发生变化。

考点详解及精选例题

一、概述★

印花税是对经济活动和经济交往中书立、领受、使用的应税经济凭证所征收的一种税。

印花税的特点：

1. 兼有凭证税和行为税性质；
2. 征税范围广泛；
3. 税率低、税负轻；
4. 由纳税人自行完成纳税义务。

二、纳税人、征税范围和税率

（一）纳税人★★

印花税的纳税人，是在中国境内书立、领受、使用印花税法所列举的凭证并应依法履行纳税义务的单位和个人。具体的规定见表4-1。

表 4-1 印花税的纳税人

纳税人	具体内容	特别说明
立合同人	书立合同的当事人，**不包括合同的担保人、证人、鉴定人**。当事人的代理人有代理纳税义务	**凡由两方或两方以上当事人共同书立的，当事人各方都是印花税的纳税人**
立账簿人	设立并使用营业账簿的单位和个人	
立据人	财产转移书据的当事人	
领受人	权利、许可证照的领受人	
使用人	在国外书立、领受，但在国内使用应税凭证的单位和个人	
电子应税凭证的签订人	以电子形式签订的各类应税凭证的单位和个人	

【老杨唠吧唠】上表特殊说明中的知识点注意和考题的结合，举例说：甲销售商品给乙，考题有两种问法，注意答案是不同的，问法一：甲应纳的印花税；问法二：上述业务应缴纳的印花税。另外需要注意的是这种"双向贴花"的特点并不适用于印花税所有的应税行为。

【例题1·单选题】下列各项中，属于印花税的纳税义务人的是(　　)。

A. 合同的担保人
B. 权利、许可证照的发放人
C. 合同的鉴定人
D. 电子形式签订应税凭证的当事人

解析 ▶ 合同的鉴定人和担保人，不是印花税纳税义务人；权利、许可证照的领受人为印花税纳税义务人。　　答案 ▶ D

(二)征税范围★★★

印花税的应税凭证可以划分为经济合同、产权转移书据、营业账簿、权利许可证照和经财政部门确认的其他凭证。

【老杨唠吧唠】印花税的征税范围采用正列举的方式，不在列举范围内的不纳税。

1. 经济合同

印花税税目中的经济合同包括10大类合同。具体的规定见表4-2。

表 4-2 印花税的合同类凭证

经济合同	具体范围
购销合同	货物供应、预购、采购、购销结合及协作、调剂、补偿、易货等合同。还包括出版单位与发行单位之间订立的图书、报纸、期刊、音像征订凭证；**对纳税人以电子形式签订的各类应税凭证按规定征收印花税；** 对发电厂与电网之间、电网与电网之间(国家电网公司系统、南方电网公司系统内部各级电网互供电量除外)签订的购售电合同，按购销合同征收印花税。**电网与用户之间签订的供用电合同不征印花税**
加工承揽合同	加工、定做、修缮、修理、印刷、广告、测绘、测试等合同
建设工程勘察设计合同	勘察、设计合同的总包合同、分包合同和转包合同
建筑安装工程承包合同	建筑、安装工程承包合同的总包合同、分包合同和转包合同
财产租赁合同	租赁房屋、船舶、飞机、机动车辆、机械、器具、设备等合同，还包括企业、个人出租门店、柜台等签订的合同，**但不包括企业与主管部门签订的租赁承包合同**
货物运输合同	民航、铁路运输、海上运输、内河运输、公路运输和联运合同
仓储保管合同	仓储、保管合同，以及作为合同使用的仓单、栈单等

续表

经济合同	具体范围
借款合同	银行及其他金融组织与借款人(不包括银行同业拆借)所签订的合同；融资租赁合同也属于借款合同
财产保险合同	财产、责任、保证、信用保险合同
技术合同	包括技术开发、转让、咨询、服务等合同 (1)技术转让合同包括专利申请转让、非专利技术转让所书立的合同； (2)技术咨询合同是当事人就有关项目的分析、论证、评价、预测和调查订立的技术合同，但一般的法律、会计、审计等方面的咨询不属于技术咨询，其所立的合同不贴印花； (3)技术服务合同包括技术服务合同、技术培训合同和技术中介合同。 『提示』技术合同不包括专利权转让、专利实施许可所书立的合同

『提示』(1)具有合同性质的凭证应视同合同征税。

(2)未按期兑现的合同应贴花。

(3)同时书立合同和开立单据时，只就合同贴花；凡不书立合同，只开立单据，以单据作为合同使用的，应按规定贴花。

(4)对于企业集团内具有平等法律地位的主体之间自愿订立、明确双方购销关系、据以供货和结算、具有合同性质的凭证，应按规定征收印花税。对于企业集团内部执行计划使用的、不具有合同性质的凭证，不征收印花税。

【例题2·单选题】下列合同中，应缴纳印花税的是( )。

A. 会计咨询合同
B. 审计咨询合同
C. 贴息贷款合同
D. 发电厂与电网订立的购电合同

解析▶ 发电厂与电网订立的购电合同属于购销合同，应缴纳印花税；会计咨询合同和审计咨询合同不缴纳印花税；贴息贷款合同免税。 答案▶ D

2. 产权转移书据

主要包括财产所有权、版权、商标专用权、专利权、专有技术使用权等转移书据。其中，财产所有权转移书据，是指经政府管理机关登记注册的动产、不动产的所有权转移所书立的书据，包括股份制企业向社会公开发行的股票，因购买、继承、赠与所书立的产权转移书据。

另外，土地使用权出让合同、土地使用权转让合同、商品房销售合同按照产权转移书据征收印花税。专利权转让、专利实施许可所书立的合同也属于产权转移书据。

【老杨嘚吧嘚】务必注意掌握产权转移书据和技术合同的范围。

【例题3·多选题】下列各选项中，按照"产权转移书据"税目缴纳印花税的有( )。

A. 土地使用权转让合同
B. 商品房销售合同
C. 专利申请权转让合同
D. 个人无偿赠与不动产登记表
E. 非专利技术转让所书立的合同

解析▶ 选项C、E按照"技术合同"税目缴纳印花税。 答案▶ ABD

3. 营业账簿

营业账簿，是单位或个人记载生产经营活动的财务会计核算账簿，包括记载资金的账簿和其他账簿两种。有关"营业账簿"征免范围应明确的若干问题：

(1)其他营业账簿包括日记账簿和各明细分类账簿。

(2)对采用一级核算形式的单位，只就财会部门设置的账簿贴花；采用分级核算形式的，除财会部门的账簿应贴花外，财会部门设置在其他部门和车间的明细分类账，亦应按规定贴花。

(3)车间、门市部、仓库设置的不属于会计核算范围或虽属会计核算范围,但不记载金额的登记簿、统计簿、台账等,不贴花。

(4)对会计核算采用单页表式记载资金活动情况,以表代账的,在未形成账簿(账册)前,暂不贴花,待装订成册时,按册贴花。

(5)对有经营收入的事业单位,凡属由国家财政部门拨付事业经费,实行差额预算管理的单位,其记载经营业务的账簿,按其他账簿定额贴花,不记载经营业务的账簿不贴花;凡属经费来源实行自收自支的单位,对其营业账簿,应就记载资金的账簿和其他账簿分别按规定贴花。

(6)跨地区经营的分支机构使用的营业账簿,应由各分支机构在其所在地缴纳印花税。

(7)实行公司制改造的并经县级以上政府和有关部门批准的企业在改制过程中成立的新企业(重新办理法人登记的),其新启用的资金账簿记载的资金或因企业建立资本纽带关系而增加的资金,凡原已贴花的部分可不再贴花,未贴花的部分和以后新增加的资金按规定贴花。

(8)以合并或分立方式成立的新企业,其新启用的资金账簿记载的资金,凡原已贴花的部分可不再贴花,未贴花的部分和以后新增加的资金按规定贴花。

(9)企业债权转股权新增加的资金按规定贴花。

(10)企业改制中经评估增加的资金按规定贴花。

(11)企业其他会计科目记载的资金转为实收资本或资本公积的资金按规定贴花。

4. 权利、许可证照

包括政府部门发给的房屋产权证、工商营业执照、商标注册证、专利证、土地使用证。超出此范围的证照(如卫生许可证),不缴纳印花税。

5. 经财政部门确定征税的其他凭证

【例题4·多选题】下列选项中应缴纳印花税的有( )。

A. 工商营业执照
B. 法律咨询合同
C. 商标注册证
D. 房屋产权证
E. 卫生许可证

解析 ▶ 法律咨询合同和卫生许可证,不缴纳印花税。
答案 ▶ ACD

【老杨唠吧唠】印花税的征税范围几乎是必考点,考生在学习中要注意掌握,老杨提示学习中注意细节规定,不要模棱两可,例如:人寿保险合同缴纳印花税与否,我们可以从上述征税范围中的财产保险合同中的"财产"两个字中找到答案,这些都依赖于平时复习时的细心程度,这样以后做题时才可以做到得心应手。

(三)税率★

印花税的比例税率分为4档,即1‰、0.5‰、0.3‰、0.05‰。按比例税率征收的应税项目包括:各种合同及具有合同性质的凭证、记载资金的账簿和产权转移书据等。

『提示1』在上海证券交易所、深圳证券交易所、全国中小企业股份转让系统买卖、继承、赠与优先股所书立的股权转让书据,均依书立时实际成交金额,由出让方按1‰的税率计算缴纳证券(股票)交易印花税。

『提示2』自2018年5月1日起,对按万分之五税率贴花的资金账簿减半征收印花税,对按件贴花五元的其他账簿免征印花税。

三、减免税优惠★★

扫我解疑难

根据《印花税暂行条例》及其实施细则和其他有关税法的规定,有些凭证免征印花税,具体的规定见表4-3。

【老杨唠吧唠】考生可以通过下表提高备考效率。

表 4-3 印花税的免税规定

类别	税收优惠
普惠	1. 已纳税副本或抄本(做正本用另贴);2. 资金账簿减半其他账簿免
房屋	1. 房管部门与个人订立的用于生活居住的房屋的租房合同暂免。 2. 公租房经管单位建设、管理公租房免征。其他住房中配套的公租房按建筑面积比例免征。 3. 公租房经管单位购买住房作为公租房免税(含契税)。 4. 公租房租赁双方免征租赁协议涉及的印花税。 5. 改造安置房经管单位、开发商与改造安置住房相关的印花税以及购买安置住房的个人免征。 6. **高校学生签订的高校学生公寓租赁合同**免征
三农	**国家指定收购部门**与村委会、农民个人书立的农产品收购合同
金融	1. 无息、贴息贷款合同免征。 2. 外国政府或国际金融组织向我国政府及国家金融机构提供优惠贷款书立合同免征。 3. 投资者买卖封闭式证券投资基金免征。 4. 融资租赁合同(含融资性售后回租)按租金总额依"借款合同"贴花。在融资性售后回租业务中,**对承租人、出租人因出售租赁资产及购回租赁资产所签订的合同不征**
改制	1. 国务院和省政府批准的国有(含国有控股)企业改组改制发生的上市公司国有股权无偿转让行为暂不征证券(股票)交易印花税。(不属于上述情况的缴纳) 2. 县级以上政府及主管部门批准改制的企业因改制签订的产权转移书据免予贴花。 3. 县级以上政府及主管部门批准改制的企业改制前签订但尚未履行完的各类应税合同,改制后仅改变执行主体,其余条款未作变动且改制前已贴花的不再贴花
公益	财产所有人将财产赠给政府、社会福利单位、学校所立书据免征
小规模纳税人	由省、自治区、直辖市人民政府确定对增值税小规模纳税人可以在50%的税额幅度内减征印花税(不含证券交易印花税)
运输	1. 军事物资运输;2. 抢险救灾物资运输;3. 新建铁路临管线运输。以上免征
特定主体(时间略)	1. 国家石油储备第一期项目建设过程中涉及的印花税免征。 2. 商品储备管理公司及其直属库资金账簿免征;承担商品储备业务过程中书立的购销合同免征,对合同其他各方当事人应照章征收。 3. 国际奥委会相关实体与北京冬奥组委签订的各类合同免征国际奥委会相关实体印花税。 4. 饮水工程运营管理单位为建设饮水工程取得土地使用权而签订的产权转移书据,以及与施工单位签订的建设工程承包合同免征。 5. 图书、报纸、期刊以及音像制品的发行单位之间,以及发行单位与订阅单位或个人之间书立的征订凭证暂免征印花税。 6. 杭州2022年亚运会和亚残运会及其测试赛组委会、2020年晋江中学生运动会、2020年三亚亚洲沙滩运动会、2021年成都世界大学生运动会使用的营业账簿和签订的各类合同等应税凭证免征印花税。对财产所有人将财产(物品)捐赠给组委会所书立的产权转移书据免征
证券保护基金	证券投资者保护基金公司:(1)新设立的资金账簿免征;(2)与中国人民银行签订的再贷款合同、与证券公司行政清算机构签订的借款合同免征;(3)接收被处置证券公司财产签订的产权转移书据免征;(4)以保护基金自有财产和接收的受偿资产与保险公司签订的财产保险合同免征。 『注意』上述只是对保护基金公司免征,其他当事人照章征税

【例题 5 · 单选题】下列各项中,免征印花税的是( )。

A. 机构买卖封闭式证券投资基金签订的合同

B. 大型超市与村民委员会订立的农产品收购合同

C. 国家石油储备基地各期项目建设过程中签订的合同

D. 房地产管理部门与个人签订的门面房租赁合同

解析 ▶ 选项B，国家指定的收购部门与村民委员会、农民个人书立的农业产品收购合同，免税；选项C，对国家石油储备基地第一期项目建设过程中涉及的印花税予以免征，并不是各期建设；选项D，房地产管理部门与个人签订的用于居住的房屋租赁合同，免税。

答案 ▶ A

四、计税依据和应纳税额的计算 ★★★

扫我解疑难

纳税人应纳印花税的税额，应根据应税凭证的性质，确定不同的计税依据，分别按适用税率计算。

按比例税率计算应纳税额的方法：应纳税额=计税金额×适用税率

按定额税率计算应纳税额的方法：应纳税额=凭证数量×单位税额

（一）印花税计税依据一般规定

这里的应税凭证件数比较好理解，比如几个房产证等。而应纳税额中计税金额却因为合同性质不同而金额不同。依据合同所载金额确定计税依据，合同中所载金额和增值税分开注明的，按不含增值税的合同金额确定计税依据，未分开注明的，以合同所载金额为计税依据。合同类应税凭证的计税依据见表4-4，借款合同计税依据的规定见表4-5。

表4-4 合同类应税凭证的计税依据

合同或凭证	计税依据
购销合同	购销金额，不得作任何扣除。特别是以物易物合同，应按合同所载的购、销金额合计贴花
加工承揽合同	①对于由受托方提供原材料的加工、定制合同，凡在合同中分别记载加工费金额和原材料金额的，应分别按"加工承揽合同"和"购销合同"计算印花税，以合计金额为该合同的应纳印花税额；凡合同中未分别记载的，则应就全部金额依照"加工承揽合同"及其所适用的税率计算应纳的印花税额； ②对于由委托方提供主要材料或原料，受托方只提供辅助材料的加工合同，无论加工费和辅助材料金额是否分别记载，均以辅助材料与加工费的合计数，依照"加工承揽合同"及其所适用的税率计算应纳的印花税额
建设工程勘察设计合同	勘察、设计收入
建筑安装工程承包合同	承包金额，不得剔除任何费用。签订的转包、分包合同，仍应按所载金额另行贴花
财产租赁合同	租金收入
货物运输合同	运输费用或收入，不包括所运货物的金额、装卸费和保险费
仓储保管合同	仓储保管费用或收入
借款合同	借款金额，具体特殊的情况请见表4-5
财产保险合同	支付或收取的保险费金额，不包括所保财产的金额
技术合同	合同所载金额，不包括研发费用

【例题6·计算题】甲公司和乙公司签订了一份以物易物合同，甲公司以110万元的空调换取乙公司80万元的钢材。

问题：(1)如果乙公司以30万元的现金补足差价，那么甲乙单位共缴纳的印花税是多少？

(2)如果乙公司以价值30万元的零件补足差价，那么甲乙单位共缴纳的印花税是多少？（注：合同所载金额为不含增值税金额）

解析

(1) 乙公司以 30 万元的现金补足差价，甲乙单位共缴纳的印花税合计额 = (110 + 80)×0.3‰×10 000×2 = 1 140(元)。

(2) 乙公司以价值 30 万元的零件补足差价，那么相当于是空调换取钢材和零件，甲乙单位共缴纳的印花税合计额 = (110 + 80 + 30)×0.3‰×10 000×2 = 1 320(元)。

【例题 7·单选题】甲企业受托分别为乙、丙企业各加工一批产品；与乙企业签订合同，原材料金额 50 万元由甲企业提供，另外甲企业向乙企业收取加工费 30 万元；与丙企业签订合同，原材料金额 40 万元由丙企业提供，丙企业向甲企业支付加工费 10 万元。该加工业务甲企业应缴纳印花税（　　）元。（注：合同所载金额为不含增值税金额）

A. 120　　　　B. 200
C. 320　　　　D. 350

解析 该加工业务甲企业应缴纳印花税 = 50×0.3‰×10 000 + 30×0.5‰×10 000 + 10×0.5‰×10 000 = 350(元)。

答案 D

表 4-5　借款合同计税依据的规定

形式	计税依据
一项信贷业务既签订借款合同，又一次或分次填开借据的	只以借款合同所载金额为计税依据计税贴花
一项信贷业务只填开借据并作为合同使用的	以借据所载金额为计税依据计税贴花
借贷双方签订的流动资金周转性借款合同	一般按年(期)签订，规定最高限额，借款人在规定的期限和最高限额内随借随还，这类合同只以其规定的最高额为计税依据，在签订时贴花一次，在限额内随借随还不签订新合同的，不再另贴印花
抵押贷款的合同	签订时，应按借款金额贴花，在借款方因无力偿还借款而将抵押财产转移给贷款方时，应再就双方书立的产权书据，按产权转移书据的有关规定计税贴花
融资租赁合同(含融资性售后回租)	应按合同所载租金总额作为计税依据
银团贷款合同	借款方与贷款银团各方应分别在所执的合同正本上，按各自的借款金额计税贴花
基本建设贷款合同	按年度用款计划分年签订借款合同，在最后一年按总概算签订借款总合同，且总合同的借款金额包括各个分合同的借款金额的，应按分合同分别贴花，最后签订的总合同，只就借款总额扣除分合同借款金额后的余额计税贴花

【例题 8·单选题】某金融机构 2020 年发生下列业务：与某商场签订一年期流动资金周转性借款合同，合同规定一个年度内的最高借款限额为每次 100 万元，当年实际发生借款业务 5 次，累计借款额 400 万元，但每次借款额均在限额以内；与某企业签订融资租赁合同，金额 1 000 万元。该金融机构 2020 年应缴纳印花税（　　）元。（注：合同所载金额为不含增值税金额）

A. 550　　　　B. 700
C. 2 050　　　D. 2 200

解析 该金融机构 2020 年应缴纳印花税 = 1 000 000×0.05‰ + 10 000 000×0.05‰ = 550(元)。

答案 A

(二) 印花税计税依据的特殊规定

1. 签订时无法确定计税金额的应税合同

有些合同，在签订时无法确定计税金额，如技术转让合同中的转让收入，是按销售收入的一定比例收取，或是按实现利润分成的，再如有些财产租赁合同，只规定每月或每天的租金标准而无租赁期限。对于此类凭证，可在签订时先按定额 5 元贴花，以后结算时再按实际金额计税，补贴印花。

【例题 9·单选题】有些合同在签订时无

法确定计税金额,对这类合同,目前采用两次纳税的办法,即:在签订时,先按每份合同定额贴花5元,结算时,再按实际金额和适用税率计税( )。

A. 另贴印花　　　B. 补贴印花
C. 减半贴花　　　D. 加倍贴花

解析 ▶ 有些合同(如在技术转让合同中的转让收入)在签订时无法确定计税金额,可在签订时先按定额5元贴花,以后结算时再按实际金额计税,补贴印花。　　**答案** ▶ B

2. 货物联运合同

对国内各种形式的货物联运,凡在起运地统一结算全程运费的,应以全程运费为计税依据,由起运地运费结算双方缴纳印花税;凡分程结算运费的,应以分程的运费作为计税依据,分别由办理运费结算的各方缴纳印花税。

对国际货运,凡由我国运输企业运输的,运输企业所持的运费结算凭证,以本程运费为计税依据计算应纳税额;托运方所持的运费结算凭证,以全程运费为计税依据计算应纳税额。由外国运输企业运输进出口货物的,运输企业所持的运费结算凭证免纳印花税,托运方所持的运费结算凭证,应以运费金额为计税依据缴纳印花税。

【例题10·单选题】 甲运输公司和另外两家运输公司实行联运,共同为某机械企业运输机器设备,机械企业和甲运输公司统一结算全程不含增值税运费120万元,而后甲运输公司和另外两家运输公司均分别结算运费合计100万元,则甲运输公司该业务应纳印花税( )元。

A. 650　　　　　B. 1 100
C. 550　　　　　D. 500

解析 ▶ 对国内货运业务,凡实行联运的,在起运地统一结算全程运费的,应以全程运费为计税依据,由起运地运费结算双方缴纳印花税;凡分程结算运费的,应以分程运费作为计税依据。甲运输公司应该就全程运费及分程运费签订的运输合同,计算缴纳印花税。该业务甲运输公司应纳印花税 = 1 200 000 × 0.5‰ + 1 000 000 × 0.5‰ = 1 100 (元)。　　**答案** ▶ B

3. 特殊的应税账簿

(1)事业单位的营业账簿。

①凡属由国家财政拨付事业经费,实行差额预算管理的单位,其记载经营业务的账簿,按"其他账簿"定额贴花,不记载经营业务的账簿不贴花。

②凡属经费来源实行自收自支的单位,应对记载资金的账簿和其他账簿分别计算应纳税额。

(2)跨地区经营的分支机构的营业账簿。

①对于此类账簿,应由各分支机构在其所在地计算贴花。

②上级单位核拨资金的分支机构,其记载资金的账簿按核拨的账面金额计税贴花,其他账簿按件定额贴花,但其上级单位记载资金的账簿,应按扣除拨给下属机构资金数额后的余额计税贴花。

③上级单位不核拨资金的分支机构,只就其他账簿按件定额贴花。

4. 特殊的其他应税凭证

(1)同时载有两个或两个以上经济事项但适用不同税目税率的凭证。

对于此类凭证,应区分是否将不同经济事项的金额分别记载。如分别记载的,应分别按不同的税目税率计税,将税额相加后贴花;如未分别记载金额的,则按税率高的计税贴花。

(2)未标明金额的应税凭证。

对于此类凭证,应按照凭证所载数量及国家牌价计算金额;没有国家牌价的,按市场价格计算金额,然后按规定的税率计算应纳税额。

(3)所载金额为外币的应税凭证。

对于此类凭证,应按照凭证书立当日国家外汇管理局公布的外汇牌价折合成人民币,然后计算应纳税额。

(4)同一凭证由两方或者两方以上当事人签订并各执一份的,应当由各方所执的一份全额贴花。

(5) 已贴花的凭证，修改后所载金额增加的，其增加部分应当补贴印花税票。

『提示』此外，在计算印花税时还要注意：

①应税合同在签订时纳税义务即已产生，应计算应纳税额并贴花。因此，不论合同是否兑现或者是否按期兑现，均应贴花。

②对于应纳税额不足1角的，免纳印花税；1角以上的，其税额尾数不满5分的不计，满5分的按1角计。对财产租赁合同的应纳税额超过1角但不足1元的，按1元贴花。

【老杨唠吧唠】印花税计税依据考试中也经常出现文字性的选择题。

【例题11·多选题】根据印花税的有关规定，下列说法中错误的有( )。

A. 未履行的合同不缴纳印花税

B. 应税凭证所载金额为外国货币的，按凭证书立当日国家外汇管理局公布的外汇牌价折合成人民币，计算应纳税额

C. 同一凭证上记载两个经济事项且税率不同的，未分别记载金额，由税务机关核定纳税

D. 已贴花的凭证，修改后金额增加的，应就合同记载的全部金额计税贴花

E. 财产租赁合同不足1角的，按照1元贴花

解析 选项A，纳税人签订应税合同，就发生了应税经济行为，必须依法贴花，履行完税手续，所以，不论合同是否兑现或能否按期兑现，都应当缴纳印花税。选项C，同一凭证因载有两个或两个以上经济事项而适用不同税率，分别载有金额的，应分别计算应纳税额，相加后按合计税额贴花；未分别记载金额的，按税率高的计税贴花。选项D，已贴花的凭证，修改后所载金额增加的，其增加部分应当补贴印花税票。选项E，对财产租赁合同的应纳税额超过1角但不足1元的，按1元贴花，不足1角的，不纳税。

答案 ACDE

五、征收管理★★

扫我解疑难

（一）印花税的缴纳方法

1. 一般纳税方法

印花税通常由纳税人根据规定自行计算应纳税额，购买并一次贴足印花税票，完纳税款。对国家政策性银行记载资金的账簿，一次贴花数额较大、难以承担的，经当地税务机关核准，可在3年内分次贴足印花。

2. 简化纳税方法

为简化贴花手续，对那些应纳税额较大或者贴花次数频繁的，税法规定了三种简化的缴纳方法，具体的规定见表4-6。

表4-6 简化纳税方法

纳税方法	适用情形	特别注意
以缴款书或完税证代替贴花的方法	一份凭证的应纳税额数量较大	一份凭证的应纳税额超过500元
按期汇总缴纳印花税的方法	同一种类应纳税凭证，需频繁贴花的	可由纳税人根据实际情况自行决定是否采用按期汇总申报缴纳印花税的方式，汇总申报缴纳的期限不得超过1个月
代扣税款汇总缴纳的方法	税务机关委托某些单位对凭证的当事人应纳的印花税予以代扣(代收)	按期汇总缴纳

3. 纳税贴花的其他具体规定

纳税人贴花时，必须遵照以下规定办理纳税事宜：

①在应纳税凭证书立或领受时即行贴花完税，不得延至凭证生效日期贴花。

②印花税票应粘贴在应纳税凭证上，并由纳税人在每枚税票的骑缝处盖戳注销或画销，严禁揭下重用。

③已经贴花的凭证，凡修改后所载金额增加的部分，应补贴印花。

④凡多贴印花税票的，不得申请退税或者抵扣。

(二)印花税票

1. 印花税票面金额以人民币为单位，分为壹角、贰角、伍角、壹元、贰元、伍元、拾元、伍拾元、壹佰元9种。

2. 印花税票可以委托单位或个人代售，并由税务机关付给不超过代售金额5%的手续费，支付来源从实征印花税款中提取。

(三)纳税环节

印花税应当在书立或领受时贴花。具体是指，在合同签订时、账簿启用时和证照领受时贴花。如果合同是在国外签订，并且不便在国外贴花的，应在将合同带入境时办理贴花纳税手续。

(四)纳税地点

印花税一般实行就地纳税。

真题精练

一、单项选择题

1. (2020年)依据印花税征税范围的规定，下列合同应缴纳印花税的是( )。
   A. 未按期兑现的合同
   B. 无息贷款合同
   C. 银行同业拆借合同
   D. 电网与用户之间签订的供用电合同

2. (2020年)甲企业向银行申办一项金额5 000万元贷款，未签订借款合同，分五次填开借据作为合同使用，五次填开借据共载借款金额8 000万元，该贷款业务甲公司应缴纳印花税( )万元。
   A. 4   B. 2.5
   C. 0.4   D. 0.25

3. (2019年)关于印花税的计税依据正确的是( )。
   A. 财产保险合同以所保财产的金额为计税依据
   B. 融资租赁合同以合同所载租金总额为计税依据
   C. 易货合同以合同所载的换出货物价值为依据
   D. 建筑工程承包合同以总承包合同金额扣除分包合同金额后的余额为依据

4. (2019年)下列关于印花税纳税义务发生时间的说法，错误的是( )。
   A. 营业账簿在启用时贴花
   B. 房屋产权证在领受时贴花
   C. 购销合同在国外签订时贴花
   D. 产权转移书据在国内立据时贴花

5. (2018年)2018年2月，甲公司与乙公司签订一份设备采购合同，价款为2 000万元；两个月后因采购合同作废，又改签为融资租赁合同，租金总额为2 100万元，甲公司应缴纳印花税( )元。
   A. 2 700   B. 8 100
   C. 7 050   D. 7 500

6. (2017年)根据印花税的相关规定，下列合同不属于"产权转移书据"的是( )。
   A. 专有技术使用权合同
   B. 非专利技术转让合同
   C. 土地使用权转让合同
   D. 土地使用权出让合同

7. (2017年)下列合同，应按"购销合同"税目征收印花税的是( )。
   A. 发电厂与电网之间签订的购售电合同
   B. 企业之间签订的土地使用权转让合同
   C. 电网与用户之间签订的供用电合同
   D. 开发商与个人之间签订的商品房销售合同

二、多项选择题

1. (2020年)下列凭证，免征印花税的有( )。
   A. 将自有房产捐赠给政府签订的产权转

移书据
B. 贴息贷款合同
C. 已纳印花税的凭证副本
D. 抢险救灾物资运输合同
E. 货物运输合同

2. (2019年)按"产权转移书据"计征印花税的有( )。
A. 专利实施许可合同
B. 专利申请转让合同
C. 土地使用权出让合同
D. 土地使用权转让合同
E. 商品房销售合同

3. (2018年)根据印花税相关规定,下列说法正确的有( )。
A. 资金账簿按实收资本和资本公积合计金额减半征收印花税
B. 印刷合同按加工承揽合同征收印花税
C. 纳税人以电子形式签订的合同应征收印花税
D. 在中国境外签订的,适用于中国境内并在境内有法律效力的合同应征收印花税
E. 出版单位与发行单位之间订立的图书订购单不征收印花税

4. (2018年)下列权利、许可证照,应征收印花税的有( )。
A. 房屋产权证
B. 商标注册证
C. 工商营业执照
D. 会计师事务所执业许可证
E. 土地使用证

5. (2017年)税务机关可以核定纳税人印花税计税依据的情形有( )。
A. 账册混乱难以查账的
B. 未如实登记和完整保存应税凭证的
C. 未按规定建立印花税应税凭证登记簿的
D. 不如实提供应税凭证致使计税依据明显偏低的
E. 在检查中发现纳税人采用按期汇总缴纳办法的,有未按规定汇总缴纳印花税情况的

6. (2017年)下列合同或凭证,应缴纳印花税的有( )。
A. 商品房销售合同
B. 人寿保险合同
C. 军事物资运输凭证
D. 专利申请转让合同
E. 电网与电网之间签订的购售电合同

真题精练答案及解析

一、单项选择题

1. A 【解析】选项B,无息贷款合同,免征印花税;选项C,银行同业拆借合同,不征收印花税;选项D,电网与用户之间签订的供用电合同,不征收印花税。

2. C 【解析】凡是一项信贷业务既签订借款合同,又一次或分次填开借据的,只以借款合同所载金额为计税依据计税贴花;凡是只填开借据并作为合同使用的,应以借据所载金额为计税依据计税贴花。该贷款业务甲公司应缴纳印花税=8 000×0.05‰=0.4(万元)。

3. B 【解析】选项A,财产保险合同的计税依据为支付(收取)的保险费金额,不包括所保财产的金额;选项C,应按合同所载的购、销合计金额计税贴花;选项D,建筑安装工程承包合同的计税依据为承包金额,不得剔除任何费用,施工单位所签订的分包或转包合同,仍应按所载金额另行贴花。

4. C 【解析】选项C,合同是在国外签订,并且不便在国外贴花,应在将合同带入境时办理贴花纳税手续。

5. C 【解析】应缴纳印花税=(2 000×0.3‰+2 100×0.05‰)×10 000=7 050(元)

6. B 【解析】选项B,非专利技术转让合同

按"技术合同"计征印花税。
7. A 【解析】选项 B、D，按照"产权转移书据"税目征收印花税；选项 C，电网与用户之间签订的供用电合同不属于印花税列举征税的凭证，不征收印花税。

二、多项选择题

1. ABCD 【解析】选项 E，货物运输合同征收印花税。
2. ACDE 【解析】选项 B，按技术合同缴纳印花税。产权转移书据，包括财产所有权、版权、商标专用权、专利权、专有技术使用权、土地使用权出让合同、土地使用权转让合同、商品房销售合同等。
3. ABCD 【解析】选项 E，应征收印花税。
4. ABCE 【解析】权利、许可证照是政府授予单位、个人某种法定权利和准予从事特定经济活动的各种证照的统称。包括政府部门发给的房屋产权证、工商营业执照、商标注册证、专利证、土地使用证等。
5. BCDE 【解析】纳税人有下列情形的，税务机关可以核定纳税人印花税计税依据：
(1)未按规定建立印花税应税凭证登记簿，或未如实登记和完整保存应税凭证的；
(2)拒不提供应税凭证或不如实提供应税凭证致使计税依据明显偏低的；
(3)采用按期汇总缴纳办法的，未按税务机关规定的期限报送汇总缴纳印花税情况报告，经税务机关责令限期报告，逾期仍不报告的或者税务机关在检查中发现纳税人有未按规定汇总缴纳印花税情况。
6. ADE 【解析】选项 B，人寿保险合同不属于印花税征税范围，不缴纳印花税；选项 C，军事物资运输凭证，免征印花税。

同步训练 限时60分钟

扫我做试题

一、单项选择题

1. 下列合同中，应当缴纳印花税的是( )。
   A. 电网与用户之间签订的供电合同
   B. 企业与会计师事务所签订的审计合同
   C. 未兑现的购货合同
   D. 高校学生公寓租赁合同
2. 下列合同中，应按照"财产租赁合同"征收印花税的是( )。
   A. 企业与个体工商户签订的房屋租赁合同
   B. 企业与主管部门签订的租赁承包合同
   C. 企业与金融机构签订的融资租赁合同
   D. 房地产管理部门与个人签订的生活居住用房租赁合同
3. 下列合同中，应当征收印花税的是( )。
   A. 专利申请转让合同
   B. 会计咨询合同
   C. 法律咨询合同
   D. 审计咨询合同
4. 技术合同包括技术开发、转让、咨询、服务等合同，下列项目中属于我国印花税技术合同征税范围的是( )。
   A. 非专利技术转让合同
   B. 专利权转让合同
   C. 专利实施许可合同
   D. 商标专用权转让合同
5. 某企业 2020 年签订了如下经济合同和凭证：与银行签订一年期借款合同，借款金额 400 万元，年利率 8.5%；与甲公司签订技术开发合同，合同总金额为 200 万元，其中研究开发费 30 万元，其余为报酬金额；与某运输公司签订运输合同，运输费用 6.5 万元，其中包括保险费 0.8 万元，装卸费 0.4 万元；上年度实收资本 400 万

元，本年度为370万元。该企业2020年应缴纳印花税（　　）元。（合同所载金额为不含增值税金额）

A. 726.5　　　　B. 736.2

C. 736.5　　　　D. 792.5

6. 下列关于印花税计税依据的表述中，符合印花税规定的是（　　）。

A. 对采用易货方式进行商品交易签订的合同，应以易货差价为计税依据

B. 仓储保管合同，应以所保管货物的金额为计税依据

C. 货物运输合同的计税依据是运输费用总额，不含装卸费和保险费

D. 建筑安装工程承包合同的计税依据是承包总额扣除分包或转包金额后的余额

7. 下列单位或个人属于印花税纳税人的是（　　）。

A. 商品购销合同的担保人

B. 与用户签订供电合同的电网

C. 在国外领取专利证，在国内使用的单位

D. 发放土地证的土地管理局

8. 某企业签订了如下经济合同：与甲公司签订技术开发合同，合同总金额为400万元，其中研究开发费100万元，其余为报酬；与乙公司签订货物销售合同，销售额为300万元；与丁公司签订运输合同，注明运输费用4万元，其中包括保险费0.5万元、装卸费0.5万元。该企业应缴纳印花税（　　）元。（合同所载金额为不含增值税金额）

A. 1 800　　　　B. 1 815

C. 2 115　　　　D. 2 120

9. 2020年12月，A企业向某公司出租闲置仓库，签订出租合同中注明的租金每月4万元，租期未定；接受某公司委托加工一批产品，签订的加工承揽合同中注明原材料由A企业提供，金额为200万元，另外收取加工费30万元；签订的运输合同中注明运费2万元、保险费0.5万元。A企业2020年12月应缴纳印花税（　　）元。（合同所载金额为不含增值税金额）

A. 765　　　　B. 770

C. 1 165　　　　D. 1 170

10. 同一类应纳税凭证需频繁贴花的，可由纳税人根据实际情况自行决定是否采用按期汇总申报缴纳印花税的方式，汇总申报缴纳的期限不得超过（　　）个月。

A. 1　　　　B. 5

C. 10　　　　D. 3

11. 甲企业受托为乙企业加工一批服装，加工合同记载原材料金额60万元，由乙企业提供，甲企业向乙企业收取加工费20万元，收取代垫辅助材料金额3万元。该项业务中甲企业应缴纳印花税（　　）元。（合同所载金额为不含增值税金额）

A. 120　　　　B. 115

C. 110　　　　D. 105

12. 甲公司2019年8月开业，实收资本6 000万元。2020年增加资本公积200万元，3月份与乙公司签订受托加工合同，约定由甲公司提供原材料100万元，并向乙公司收取加工费20万元；5月份与丙公司签订技术开发合同记载报酬金额100万元。2020年甲公司应缴纳印花税（　　）元。（合同所载金额为不含增值税金额）

A. 1 200　　　　B. 1 400

C. 1 700　　　　D. 900

13. 我国某外贸公司与德国某运输企业在德国签订了由德国运输企业为其运输一批进口货物的合同。根据我国印花税法的规定，这项运输合同的印花税征税规定是（　　）。

A. 应由我国外贸公司缴纳印花税

B. 应由德国运输企业缴纳印花税

C. 应由我国外贸公司和德国运输企业双方缴纳印花税

D. 我国外贸公司和德国运输企业均不缴纳印花税

14. 甲公司进口一批货物，由境外的乙公司

负责承运，双方签订的运输合同注明所运输货物价值1 000万元，运输费用25万元和保险费5 000元，下列关于印花税的税务处理，正确的是(　　)。
A. 甲公司应缴纳印花税75元
B. 甲公司应缴纳印花税125元
C. 甲公司和乙公司免征印花税
D. 乙公司应缴纳印花税125元

二、多项选择题

1. 下列合同中，应征收印花税的有(　　)。
A. 未按期兑现的购销合同
B. 电网与用户之间签订的供用电合同
C. 发电厂与电网之间签订的购售电合同
D. 国家指定的收购部门与农民个人签订的农业产品收购合同
E. 企业与会计师事务所签订的审计合同

2. 下列单位，属于印花税纳税人的有(　　)。
A. 技术合同的签订单位
B. 贷款合同的担保单位
C. 电子应税凭证的签订单位
D. 签订运输合同的承运单位
E. 发放商标注册证的商标局

3. 下列凭证，免征印花税的有(　　)。
A. 与高校学生签订的学生公寓租赁合同
B. 乡政府批准企业改制签订的产权转移书据
C. 国际金融组织向我国企业提供优惠贷款书立合同
D. 贴息贷款合同
E. 证券投资保护基金有限责任公司新设立的资金账簿

4. 下列关于国内各种形式的货物联运的印花税的表述，正确的有(　　)。
A. 凡在起运地统一结算全程运费的，应以全程运费为计税依据，由起运地运费结算双方缴纳印花税
B. 凡在起运地统一结算全程运费的，分别由办理运费计算的各方分别以分程的运费为计税依据缴纳印花税
C. 凡分程结算运费的，应以分程的运费作为计税依据，分别由办理运费结算的各方缴纳印花税
D. 凡分程结算运费的，由起运地结算双方以全程运费为计税依据贴花
E. 无论是全程结算运费还是分程结算运费，都是以参与运输的各方为纳税人，分别纳税

5. 下列各项中，按照印花税有关规定，表述正确的有(　　)。
A. 对饮水工程运营管理单位为建设饮水工程取得土地使用权而签订的产权转移书据，免征印花税
B. 纳税人购买了印花税票不等于履行了纳税义务，只有在将印花税票贴在应税凭证上以后，才算完成了纳税义务
C. 印花税一般实行就地纳税
D. 对于全国性商品物资订货会上所签订的合同应纳的印花税，应由纳税人回其所在地后及时办理贴花完税手续
E. 已经贴花的凭证，凡修改后所载金额增加的部分，应当全额重新贴花

6. 关于印花税的计税依据，下列说法正确的有(　　)。
A. 货物运输合同以运输费用和装卸费用总额为计税依据
B. 以物易物方式的商品交易合同，以购销合计金额为计税依据
C. 电网与发电企业签订的供用电合同，以购销合同列明的金额为计税依据
D. 由委托方提供主要材料的加工合同，以加工费和主要材料合计金额为计税依据
E. 建筑安装工程承包后又转包的，以承包总额扣除转包金额后的余额为计税依据

7. 下列合同或凭证，应缴纳印花税的有(　　)。
A. 企业出租门店合同
B. 专利证
C. 军事物资运输凭证
D. 仅备存查的已缴纳印花税的凭证副本
E. 房地产管理部门与个人签订的用于生

产经营的租房合同

8. 下列项目中,符合印花税相关规定的有( )。
   A. 建筑安装工程承包合同的计税依据为扣除分包、转包金额后的余额
   B. 仓储保管合同的计税依据为仓储保管的费用
   C. 对发电厂与电网之间、电网与电网之间签订的销售电合同,按购销合同征收印花税
   D. 货物运输合同的计税依据包括运输货物的金额
   E. 记载资金的营业账簿的计税依据为实收资本和资本公积的两项合计金额

9. 某高新技术企业2019年12月开业,注册资金220万元,当年发生经济活动如下:
   (1)领受工商营业执照、房屋产权证、卫生许可证各一份;建账时共设9个账簿,其中资金账簿中记载实收资本220万元;
   (2)向某汽车租赁公司租赁大货车10辆,合同中约定:每辆大货车不含增值税月租金3 000元,但租期未定。根据上述事项,下列说法正确的有( )。
   A. 工商营业执照不征收印花税
   B. 卫生许可证不征收印花税
   C. 汽车租赁合同暂不贴花
   D. 高新技术企业应纳印花税565元
   E. 高新技术企业应纳印花税555元

10. 下列合同,应按"产权转移书据"税目征收印花税的有( )。
    A. 专利申请权转让合同
    B. 商品房销售合同
    C. 土地使用权出让合同
    D. 土地使用权转让合同
    E. 专利实施许可合同

三、计算题

1. 某加工企业2020年11月发生以下业务:
   (1)11月2日与甲企业签订一份以货换货合同,用库存1 200万元的存货换取甲企业相同金额的原材料;
   (2)11月8日与乙企业签订受托加工合同一份,合同约定,由乙企业提供价值100万元的主要原材料,加工企业收取乙企业辅助材料费20万元和加工费30万元;
   (3)11月23日与丙银行签订抵押借款合同一份,用价值3 000万元的厂房作抵押向银行借款500万元,借款期限为1年,年利率为8%;
   (4)11月30日与丁企业签订财产租赁合同一份,从12月1日起将企业闲置的厂房出租给丁企业使用,每月租金3万元,租期未定。
   (已知:上述合同所载金额均为不含增值税金额。)
   根据上述资料,回答下列问题:
   (1)该企业11月2日与甲企业签订以货换货合同应缴纳印花税( )元。
   A. 3 600   B. 6 000
   C. 7 200   D. 12 000
   (2)该企业11月8日与乙企业签订受托加工合同应缴纳印花税( )元。
   A. 150   B. 250
   C. 550   D. 750
   (3)11月23日与丙银行签订抵押借款合同应缴纳印花税( )元。
   A. 16.67   B. 250
   C. 500   D. 2 500
   (4)11月30日与丁企业签订财产租赁合同应缴纳印花税( )元。
   A. 5   B. 15
   C. 20   D. 30

2. 某高新技术企业成立于2020年,当年发生业务如下:
   (1)资金账簿记载实收资本为700万元、资本公积30万元,新启用其他账簿15本,办理了房屋产权证和工商营业执照各一本;
   (2)2月份发生购进业务,购进原材料85万元,4月份发生销售业务,销售额234.43万元,两笔业务均签订了购销

合同；

(3)6月30日，与C企业签订一协议，公司承租C企业设备1台，每月租赁费5万元，暂不确定租赁期限；与D金融机构发生融资租赁业务，租赁一台大型机械，合同注明租赁费总金额220万元；

(4)10月份与某基金公司签订有价证券转让合同，证券转让所得30万元。

(已知：上述合同所载金额均为不含增值税金额)

根据上述资料，回答下列问题：

(1)业务(1)2020年应纳的印花税为( )元。

A. 1 800　　　　B. 1 835　　　　C. 1 840　　　　D. 1 845

(2)业务(2)2020年应纳的印花税为( )元。

A. 703.3　　　　B. 703.2
C. 958.3　　　　D. 958.2

(3)业务(3)2020年应纳的印花税为( )元。

A. 110　　　　B. 115
C. 220　　　　D. 225

(4)业务(4)2020年应纳的印花税为( )元。

A. 300　　　　B. 400
C. 900　　　　D. 1 500

同步训练答案及解析

一、单项选择题

1. C 【解析】选项A，电网与用户之间签订的供用电合同不属于印花税列举征税的凭证，不征收印花税；选项B，不属于印花税列举征税的凭证，不征收印花税；选项D，免征印花税。

2. A 【解析】选项B，企业与主管部门签订的租赁承包合同不属于财产租赁合同的范围，不缴纳印花税；选项C，对银行及其他金融组织的融资租赁业务签订的融资租赁合同，应按合同所载租金总额，暂按借款合同计税；选项D，房地产管理部门与个人订立的租房合同，凡房屋属于用于生活居住的，暂免贴花。

3. A 【解析】一般的法律、会计、审计等方面的咨询不属于技术咨询，其所立合同不贴印花。

4. A 【解析】专利申请权转让、非专利技术转让所书立的合同，适用"技术合同"税目；专利权转让、专利实施许可所书立的合同、书据，适用"产权转移书据"税目。

5. C 【解析】借款合同的计税依据为借款金额；对技术开发合同，只就合同所载的金额计税，研究开发经费不作为计税依据；货物运输合同的计税依据为取得的运输费金额，不包括货物的金额、装卸费、保险费等；实收资本减少，不存在退税或抵税的规定。该企业本年应缴纳印花税 = $400 \times 10\,000 \times 0.05‰ + (200 - 30) \times 10\,000 \times 0.3‰ + (6.5 - 0.8 - 0.4) \times 10\,000 \times 0.5‰ = 736.5$(元)

6. C 【解析】选项A，对采用易货方式进行商品交易签订的合同，应以合同所载的购、销金额合计数计税贴花；选项B，仓储保管合同的计税依据为仓储保管的费用；选项D，建筑安装工程承包合同的计税依据是承包总额，不得剔除任何费用。

7. C 【解析】选项A，担保人不属于印花税的纳税人；选项B，电网与用户之间签订的供用电合同不征印花税；选项D，土地管理局不属于印花税的纳税人。

8. B 【解析】(1)为了鼓励技术研究开发，对技术开发合同，只就合同所载的报酬金额计税，研究开发费不作为计税依据。技术开发合同应缴纳印花税 = $(4\,000\,000 - 1\,000\,000) \times 0.3‰ = 900$(元)

(2)销售合同应纳的印花税 = 3 000 000 × 0.3‰ = 900(元)

(3)货物运输合同计税依据为取得的运输费金额,不含所运货物的金额、装卸费和保险费。运输合同应纳的印花税 = (4 - 0.5 - 0.5) × 10 000 × 0.5‰ = 15(元)

(4)该企业应缴纳印花税 = 900 + 900 + 15 = 1 815(元)

9. A 【解析】对于租期未定的租赁合同,暂按5元贴花;加工承揽合同,由受托方提供原材料,而且原材料的金额和加工费金额在合同上分别记载的,应分别按购销合同和加工承揽合同计税;运输合同中运费金额按照运输合同计税贴花,保险费不缴纳印花税。应纳印花税 = 5 + 200 × 0.03% × 10 000 + 30 × 0.05% × 10 000 + 2 × 0.05% × 10 000 = 765(元)。

10. A 【解析】同一类应纳税凭证需频繁贴花的,可由纳税人根据实际情况自行决定是否采用按期汇总申报缴纳印花税的方式,汇总申报缴纳的期限不得超过1个月。

11. B 【解析】由于是委托方提供原材料,受托方只提供辅助材料的加工合同,无论加工费和辅助材料金额是否分开记载,均以辅助材料与加工费的合计数,依照加工承揽合同计税贴花,对委托方提供的主要材料或原料金额不计税贴花。应纳税额 = (200 000 + 30 000) × 0.5‰ = 115(元)。

12. A 【解析】自2018年5月1日起,对按万分之五税率贴花的资金账簿减半征收印花税。对于资金账簿,就增加的部分补贴印花。应缴纳印花税 = (200 × 0.05% × 50% + 100 × 0.03% + 20 × 0.05% + 100 × 0.03%) × 10 000 = 1 200(元)。

13. A 【解析】对国际货运,由外国运输企业运输进出口货物的,运输企业所持的运费结算凭证免纳印花税,托运方所持的运费结算凭证,应以运费金额为计税依据缴纳印花税。

14. B 【解析】由外国运输企业运输进出口货物的,运输企业所持的运费结算凭证免纳印花税,托运方所持的运费结算凭证,应以运费金额为计税依据缴纳印花税。所以乙公司不交印花税,甲公司应缴纳印花税 = 25 × 10 000 × 0.5‰ = 125(元)。

二、多项选择题

1. AC 【解析】选项B,电网与用户之间签订的供用电合同不属于印花税列举征税的凭证,不征收印花税;选项D,国家指定的收购部门与村民委员会、农民个人书立的农业产品收购合同,免征印花税;选项E,会计、审计合同不属于印花税征税范围,不征收印花税。

2. ACD 【解析】选项B,担保单位不属于纳税人;选项E,发放商标注册证的商标局也不属于印花税纳税人。

3. ADE 【解析】选项B,经县级以上人民政府及企业主管部门批准改制的企业因改制签订的产权转移书据免予贴花;选项C,外国政府或国际金融组织向我国政府及国家金融机构提供优惠贷款所书立的合同,免征印花税。

4. AC 【解析】对国内各种形式的货物联运,凡在起运地统一结算全程运费的,应以全程运费为计税依据,由起运地运费结算双方缴纳印花税;凡分程计算运费的,应以分程的运费作为计税依据,分别由办理运费结算的各方缴纳印花税。

5. ACD 【解析】选项B,纳税人购买了印花税票不等于履行了纳税义务,只有在将印花税票贴在应税凭证上注销以后,才算完成了纳税义务;凡多贴印花税票的,不可申请退税或者抵扣;选项E,已经贴花的凭证,凡修改后所载金额增加的部分,应就增加的部分补贴印花。

6. BC 【解析】选项A,货物运输合同的计税依据为取得的运输费金额(即运费收入),不包括所运货物的金额、装卸费和保险费等。选项 D,对于由委托方提供主要材料或原料,受托方只提供辅助材料的加工合同,无论加工费和辅助材料金额是否分别记载,均以辅助材料与加工费的合计数,依照加工承揽合同计税贴花;对委托方提供的主要材料或原料金额不计税贴花。选项 E,建筑安装工程承包合同的计税依据为承包金额,不得剔除任何费用。

7. ABE 【解析】选项 C,军事物资运输凭证,免征印花税;选项 D,仅备存查的已缴纳印花税的凭证副本或抄本,免征印花税。

8. BCE 【解析】选项 A,建筑安装工程承包合同的计税依据为承包金额,不得扣除分包、转包额;选项 D,货物运输合同的计税依据为运输费金额,不包括所运输货物的金额、装卸费和保险费等。

9. BD 【解析】工商营业执照、房屋产权证应按照 5 元贴花,卫生许可证不属于印花税的征税范围,不征收印花税;汽车租赁合同,先按 5 元定额贴花,待以后结算时,补贴印花。自 2018 年 5 月 1 日起,对按万分之五税率贴花的资金账簿减半征收印花税,对按件贴花五元的其他账簿免征印花税。

高新技术企业应缴纳的印花税 = $2 \times 5 + 2\,200\,000 \times 0.5‰ \times 50\% + 5 = 565$(元)。

10. BCDE 【解析】选项 A,专利申请权转让合同属于"技术合同"税目。

三、计算题

1. (1)C 【解析】采用以货换货方式进行商品交易签订的合同,是反映既购又销双重经济行为的合同,应按合同所载的购、销金额合计数计税贴花。与甲企业签订换货合同应纳印花税 = $(1\,200 + 1\,200) \times 10\,000 \times 0.3‰ = 7\,200$(元)。

(2)B 【解析】对于由委托方提供主要材料或原料,受托方只提供辅助材料的加工合同,无论加工费和辅助材料金额是否分别记载,均以辅助材料与加工费的合计数,依照"加工承揽合同"计税贴花。对委托方提供的主要材料或原料金额不计税贴花。与乙企业签订受托加工合同应纳印花税 = $(20+30) \times 10\,000 \times 0.5‰ = 250$(元)。

(3)B 【解析】对借款人以财产作抵押,从贷款方取得一定数量抵押贷款的合同,应按借款合同贴花;在借款人因无力偿还借款而将财产转移给贷款方的,应再就双方书立的产权书据,按产权转移书据的有关规定计税贴花。与银行签订抵押借款合同应纳印花税 = $500 \times 10\,000 \times 0.05‰ = 250$(元)。

(4)A 【解析】由于与丁企业签订财产租赁合同,租期未定,因此先按定额 5 元贴花,以后结算时再按实际金额计税,补贴印花。

2. (1)B 【解析】自 2018 年 5 月 1 日起,对按万分之五税率贴花的资金账簿减半征收印花税,对按件贴花五元的其他账簿免征印花税。应缴纳的印花税 = $(7\,000\,000 + 300\,000) \times 0.5‰ \times 50\% + 2 \times 5 = 1\,835$(元)。

(2)C 【解析】购销合同应纳的印花税 = $(850\,000 + 2\,344\,300) \times 0.3‰ = 958.29$(元);按税法规定印花税 1 角以上的,其税额尾数不满 5 分的不计,满 5 分的按 1 角计算。因此应纳的印花税是 958.3 元。

(3)B 【解析】与 C 企业签订协议,租期不确定,先按照 5 元贴花。融资租赁业务应纳的印花税 = $2\,200\,000 \times 0.05‰ = 110$(元)。

应纳印花税 = $110 + 5 = 115$(元)

(4)A 【解析】证券交易印花税按 1‰ 征收,并采用单边收取的征收方式。证券转让应纳印花税 = $300\,000 \times 1‰ = 300$(元)。

第5章 房产税

考情解密

历年考情概况

本章属于考试的次重点章节。近三年考试的平均分值为4-6分。本章主要以单选题和多选题的形式命题,个别年份与其他税种结合以计算题形式命题,计算比较简单。偶尔也会与企业所得税结合考核。

近年考点直击

考点	主要考查题型	考频指数	考查角度
概述	单选题、多选题	★	客观题考核,考频不高
征税范围、纳税人和税率	单选题、多选题	★★	纳税人选择题多次考核过,征税范围和税率可以作为选择题的备选项
减免税优惠	单选题、多选题	★★	主要考查文字性的选择题、部分考点和计算问题结合
计税依据和应纳税额的计算	单选题、多选题、计算题	★★★	(1)客观题中考核房产税计税依据或应纳税额的计算; (2)个别年份结合印花税、契税等其他税种考核计算题,或者综合题中的一笔业务
征收管理	单选题、多选题	★★	主要围绕纳税发生时间考核

本章2021年考试主要变化

(1)部分免税优惠政策延期;
(2)新增自供热单位免征房产税。

考点详解及精选例题

一、概述★

1. 房产税是以房屋为征税对象,以房屋的计税余值或租金收入为计税依据,向房屋产权所有人征收的一种财产税。

2. 房产税的特点
(1)房产税属于财产税中的个别财产税;

『提示』一般财产税也称"综合财产税",是对纳税人拥有的各类财产实行综合课征的税收,个别财产税也称"单项财产税",是对纳税人拥有的土地、房屋、资本和其他财产分别课征的税收。

(2)限于征税范围内的经营性房屋;
(3)区别房屋的经营使用方式规定不同的计税依据。

二、征税范围、纳税人和税率★★

(一)纳税人
房产税的纳税义务人是房屋的产权所有人。其中:

1. 产权属国家所有的，由**经营管理单位**纳税。

2. 产权属集体和个人所有的，由**集体单位和个人**纳税。

3. 产权出典的，由**承典人**纳税。

4. 产权所有人、承典人不在房屋所在地的，由**房产代管人或者使用人**纳税。

5. 产权未确定及租典纠纷未解决的，由**房产代管人或者使用人**纳税。

〖提示〗以人民币以外的货币为记账本位币的外资企业及外籍个人在缴纳房产税时，均应将其根据记账本位币计算的税款按照缴款上月最后一日的人民币汇率中间价折合成人民币。

【例题1·单选题】下列各项中，符合房产税规定的是( )。

A．房屋出租的，由承租人纳税

B．房屋产权出典的，由出典人纳税

C．产权属集体和个人所有的，由集体单位和个人纳税

D．房屋产权未确定的暂不缴纳房产税

解析 选项A，房屋出租的，由出租人纳税；选项B，产权出典的，由承典人缴纳房产税；选项D，房屋产权未确定的由代管人或使用人纳税。 **答案** C

(二) 征税范围

房产税的征税范围见表5-1。

表5-1 房产税的征税范围

征税范围	具体(形态)表现	不属于征税范围的项目
房产	以房屋形态表现的财产。房屋是指有屋面和围护结构(有墙或两边有柱)，能够遮风避雨，可供人们在其中生产、工作、学习、娱乐、居住或储藏物资的场所	独立于房屋之外的建筑物：围墙、烟囱、水塔、变电塔、油池油柜、酒窖菜窖、酒精池、糖蜜池、室外游泳池、玻璃暖房、砖瓦石灰窑以及各种油气罐
区域	城市、县城、建制镇和工矿区： (1)城市是指经国务院批准设立的市； (2)县城是指县人民政府所在地； (3)建制镇是指经省、自治区、直辖市人民政府批准设立的建制镇； (4)工矿区是指工商业比较发达，人口比较集中，符合国务院规定的建制镇标准，但尚未设立建制镇的大中型工矿企业所在地	农村、行政村

【例题2·单选题】下列属于房产税征税范围，应纳房产税的是( )。

A．某市的露天游泳池

B．工矿区内的砖瓦石灰窑

C．建制镇内的房屋

D．房地产开发企业开发的待售商品房

解析 独立于房屋之外的建筑物，如围墙、烟囱、水塔、变电塔、油池油柜、酒窖菜窖、酒精池、糖蜜池、室外游泳池、玻璃暖房、砖瓦石灰窑以及各种油气罐等，不属于房产。房地产开发企业开发的待售商品房，不征收房产税。 **答案** C

(三) 税率

房产税采用比例税率，其计税依据分为两种：依据房产计税余值计税的，税率为1.2%；依据房产租金收入计税的，税率为12%。对于个人出租住房，不区分用途，均按4%的税率征收房产税。

〖提示〗对企事业单位、社会团体以及其他组织按市场价格向个人出租用于居住的住房，减按4%的税率征收房产税。

【例题3·多选题】下列选项属于房产税税率的有( )。

A．1.2%　　　　B．3%

C. 4%   D. 12%

E. 20%

解析 从价计征的房产税，税率为1.2%。从租计征的房产税，税率为12%；对个人出租住房，不区分用途，按4%的税率征收房产税。对企事业单位、社会团体以及其他组织按市场价格向个人出租用于居住的住房，减按4%的税率征收房产税。

答案 ACD

三、减免税优惠★★

扫我解疑难

(一)减免税基本规定

依据有关规定，下列房产免征房产税：

1. 国家机关、人民团体、军队自用的房产

『提示』自用房产指单位本身的办公用房和公务用房。

2. 国家财政部门拨付事业经费的单位自用的房产

『提示1』自用的房产是指这些单位本身的业务用房。

『提示2』包括实行差额预算管理的事业单位本身自用的房产免征房产税，不包括经费来源实行自收自支的事业单位。

3. 宗教寺庙、公园、名胜古迹自用的房产

『提示1』宗教寺庙自用的房产，是指举行宗教仪式等的房屋和宗教人员使用的生活用房屋。

『提示2』公园、名胜古迹自用的房产，是指供公共参观游览的房屋及其管理单位的办公用房屋。公园、名胜古迹中附设的营业单位，如影剧院、饮食部、茶社、照相馆等所使用的房产及出租的房产，应征收房产税。

4. 个人拥有的非营业用的房产

『提示』对个人所有的营业用房或出租等非自用的房产，应按照规定征收房产税。

(二)减免税特殊规定

1. 企业办的各类学校、医院、托儿所、幼儿园自用的房产，免征房产税。

2. 经有关部门鉴定，对毁损不堪居住的房屋和危险房屋，在停止使用后，可免征房产税。

3. 自2004年8月1日起，对军队空余房产租赁收入暂免征收房产税。

4. 凡是在基建工地为基建工地服务的各种工棚、材料棚和办公室、食堂等临时性房屋，在施工期间一律免征房产税。但是，如果在基建工程结束以后，施工企业将这种临时性房屋交还或者估价转让给基建单位的，应当从基建单位接收的次月起，依照规定征收房产税。

5. 自2004年7月1日起，纳税人因房屋大修导致连续停用半年以上的，在房屋大修期间免征房产税。

6. 纳税单位与免税单位共同使用的房屋，按各自使用的部分划分，分别征收或免征房产税。

7. 老年服务机构自用的房产暂免征收房产税。

8. 对按政府规定价格出租的公有住房和廉租住房，包括企业和自收自支事业单位向职工出租的单位自有住房；房管部门向居民出租的公有住房；落实私房政策中带户发还产权并以政府规定租金标准向居民出租的私有住房等，暂免征收房产税。

9. 对房地产开发企业建造的商品房，在出售前不征收房产税。但对出售前房地产开发企业已使用或出租、出借的商品房应按规定征收房产税。

10. 铁道部(铁总)所属铁路运输企业自用的房产，免征房产税(地方铁路运输企业自用房产比照)。

11. 对经营公租房所取得的单独核算的租金收入，免征房产税。

12. 对高校学生公寓免征房产税。

13. 由财政部门拨付事业经费的文化单位

转制为企业，自转制注册之日起五年内对其自用房产免征房产税。2018年12月31日之前已完成转制的企业，自2019年1月1日起对其自用房产可继续免征五年房产税。

14. 自2019年1月1日至2023年12月31日，对饮水工程运营管理单位自用的生产、办公用房产，免征房产税。

15. 自2019年1月1日至2021年12月31日，对农产品批发市场、农贸市场（包括自有和承租）专门用于经营农产品的房产，暂免征收房产税。对同时经营其他产品的农产品批发市场和农贸市场使用的房产，按其他产品与农产品交易场地面积的比例确定免征房产税。

16. 自2019年1月1日至2023年供暖期结束，对向居民供热收取采暖费的"三北"地区供热企业，为居民供热所使用的厂房免征房产税；对供热企业其他厂房，应当按照规定征收房产税。

17. 自2019年1月1日至2021年12月31日，由省、自治区、直辖市人民政府根据本地区实际情况，以及宏观调控需要确定，对增值税小规模纳税人可以在50%的税额幅度内减征房产税。

18. 自2019年6月1日至2025年12月31日，为社区提供养老、托育、家政等服务的机构自有或其通过承租、无偿使用等方式取得并用于提供社区养老、托育、家政服务的房产，免征房产税。

19. 自2018年1月1日至2023年12月31日，对纳税人及其全资子公司从事大型民用客机发动机、中大功率民用涡轴涡桨发动机研制项目自用的科研、生产、办公房产，免征房产税。

20. 自2019年1月1日至2023年12月31日，对纳税人及其全资子公司从事大型客机研制项目自用的科研、生产、办公房产免征房产税。

21. 自2019年1月1日至2021年12月31日，对商品储备管理公司及其直属库自用的承担商品储备业务的房产免征房产税。

【例题4·多选题】下列房产中免征房产税的有（ ）。

A. 按政府规定价格出租的公有住房

B. 宗教寺庙中宗教人员使用的生活用房屋

C. 纳税单位与免税单位共同使用的房屋，纳税单位使用的部分

D. 对商品储备管理公司及其直属库自用的承担商品储备业务的房产

E. 老年服务机构自用的房产

解析 ▶ 选项C，纳税单位与免税单位共同使用的房屋，纳税单位使用的部分，要按规定征收房产税。

答案 ▶ ABDE

四、计税依据和应纳税额的计算 ★★★

（一）计算公式

具体的计算公式见表5-2。

表5-2 房产税的计算

分类		公式	备注
地上建筑物		应纳税额=房产计税余值（或租金收入）×适用税率	房产计税余值=房产原值×（1-原值减除比例）
自用的独立地下建筑	工业用途	应纳房产税的税额=应税房产原值×（1-原值减除比例）×1.2%	以房屋原价的50%~60%作为应税房产原值
	商业和其他用途	应纳房产税的税额=应税房产原值×（1-原值减除比例）×1.2%	以房屋原价的70%~80%作为应税房产原值

【提示1】出租的地下建筑，按照出租地上房屋建筑的有关规定计算征收房产税。

【提示2】对于与地上房屋相连的地下建筑，如房屋的地下室、地下停车场、商场的地下部分等，应将地下部分与地上房屋视为一个整体按照地上房屋建筑的有关规定计算征收房产税。

【老杨唠吧唠1】上表中要注意独立的地下建筑物中"原价"和"原值"的不同。

【老杨唠吧唠2】注意一次收取多年租金不同税种差异：

1. 企业所得税：如果交易合同或协议中规定租赁期限跨年度，且租金提前一次性支付，出租人可对已确认的收入，在租赁期内，分期均匀计入相关年度收入。

2. 印花税在书立时一次性缴纳。

3. 房产税按年计算、分期缴纳。

【老杨唠吧唠3】从价计征的计算公式老杨推荐的公式是：应纳税额＝应税房产原值×(1-扣除比例)×1.2%÷12×应税月份。

【例题5·单选题】某企业有单独两处地下建筑物，分别为工业用途房产和非工业用途房产。房产原值分别为25万元和15万元。该省规定房产税依照房产原值一次减除30%后的余值计算缴纳。同时规定：工业用途地下建筑房产可以原价的60%作为应税房产原值；商业和其他用途地下建筑房产可以原价的70%作为应税房产原值。该企业就两处地下建筑物每年应缴纳的房产税合计为(　　)元。

A. 2 288　　　B. 2 576
C. 2 142　　　D. 2 864

解析 ▶ 工业用途房产应纳房产税的税额＝250 000×60%×(1-30%)×1.2%＝1 260(元)

非工业用途房产应纳房产税的税额＝150 000×70%×(1-30%)×1.2%＝882(元)

应纳房产税合计＝1 260+882＝2 142(元)

答案 ▶ C

（二）计税依据

房产税的计税依据通常是房产的价值。具体的规定见表5-3。

表5-3　房产税的计税依据

分类		计税依据的具体政策
经营自用	以房产的余值为计税依据	房产原值是指纳税人按照会计制度规定，在账簿"固定资产"科目中记载的房屋原价
		房产原值应包括与房屋不可分割的各种附属设备或一般不单独计算价值的配套设施
		凡以房屋为载体，不可随意移动的附属设备和配套设施，如给排水、采暖、消防、中央空调、电气及智能化楼宇设备等，无论在会计核算中是否单独记账与核算，都应计入房产原值
		纳税人对原有房屋进行改建、扩建的，要相应增加房屋的原值
		对于更换房屋附属设备和配套设施的，在将其价值计入房产原值时，可扣减原来相应设备和设施的价值；对附属设备和配套设施中易损坏、需要经常更换的零配件，更新后不再计入房产原值，原零配件的原值也不扣除
		凡在房产税征收范围内的具备房屋功能的地下建筑，包括与地上房屋相连的地下建筑以及完全建在地面以下的建筑、地下人防设施等，均应当按照有关规定征收房产税。如果纳税人未按会计制度规定记载房产原值的，在计征房产税时，应按规定调整房产原值；对房产原值明显不合理的，应重新予以评估；对没有房产原值的，应由房屋所在地的税务机关参考同类房屋的价值核定。在原值确定后，再根据当地所适用的扣除比例，计算确定房产余值
		对出租房产，租赁双方签订的租赁合同约定有免收租金期限的，免收租金期间由产权所有人按照房产原值缴纳房产税(见下例题6)
		对按房产原值计税的房产，无论会计上如何核算，房产原值均应包含地价，包括为取得土地使用权支付的价款、开发土地发生的成本费用等。容积率低于0.5的，按房产建筑面积的2倍计算土地面积并据此确定计入房产原值的地价(见下例题8)

续表

分类		计税依据的具体政策
出租	租金为计税依据	房产的租金收入包括货币收入和实物收入。 『提示』房产出租，计征房产税的租金收入不含增值税
		如果纳税人对个人出租房屋的租金收入申报不实或申报数与同一地段同类房屋的租金收入相比明显不合理的，税务部门可以按照有关规定，采取科学合理的方法核定其应纳税款
投资联营	房产余值计税	以房产投资联营，投资者参与投资利润分红，共担风险的
	租金为计税依据	以房产投资联营、收取固定收入，不承担联营风险的，实际上是纳税人以联营名义取得房产租金
融资租赁	以房产余值计算征收	融资租赁的房产，由承租人自融资租赁合同约定开始日的次月起依照房产余值缴纳房产税。合同未约定开始日的，由承租人自合同签订的次月起依照房产余值缴纳房产税

『提示』在确定计税余值时，房屋原值的具体减除比例，由省、自治区、直辖市人民政府在税法规定的减除幅度内自行确定。

【例题6·单选题】甲公司2020年年初房产原值为8 000万元，3月与乙公司签订租赁合同，约定自2020年4月起将原值500万元房产租赁给乙公司，租期3年，不含增值税月租金2万元，2020年4~6月为免使用期间。甲公司所在地计算房产税余值减除比例为30%，甲公司2020年度应缴纳的房产税为（　　）万元。

A. 65.49　　B. 66.21
C. 66.54　　D. 67.26

解析▷对出租房产，租赁双方签订的租赁合同约定有免收租金期限的，免租期间由产权所有人按照房产原值缴纳房产税。从价计征房产税=8 000×(1-30%)×1.2%×1÷2+7 500×(1-30%)×1.2%×1÷2=33.6+31.5=65.1（万元）；从租计征房产税=2×6×12%=1.44（万元）；甲公司2020年度应缴纳的房产税=65.1+1.44=66.54（万元）。

答案▷C

【例题7·单选题】某企业拥有一栋原值为2 000万元的房产，2020年2月10日将其中的40%出售，月底办理好产权转移手续。已知当地政府规定房产计税余值的扣除比例为20%，2020年该企业应纳房产税（　　）万元。

A. 11.52　　B. 12.16
C. 12.60　　D. 12.80

解析▷应缴纳房产税=2 000×60%×(1-20%)×1.2%+2 000×40%×(1-20%)×1.2%×2÷12=12.80（万元）。

答案▷D

【例题8·单选题】某市一商贸企业2020年末建成办公楼一栋，为建造办公楼新征一块土地，面积为45 000平方米，土地单价为每平方米300元，房产建筑面积为20 000平方米，建筑成本为2 000万元，该办公楼使用年限为50年，该办公楼的原值为（　　）万元。

A. 3 200　　B. 3 350
C. 2 600　　D. 3 000

解析▷该地的容积率=20 000÷45 000=0.44，税法规定，容积率低于0.5的，按产建筑面积的2倍计算土地面积并据此确定计入房产原值的地价。该办公楼的原值=2 000+(20 000×2×300)÷10 000=3 200（万元）。

答案▷A

五、征收管理★★

扫我解疑难

（一）纳税义务发生时间

纳税义务发生时间的具体规定见表5-4。

表 5-4 纳税义务发生时间

房屋来源	纳税义务发生时间
原有房产用于生产经营的	从生产经营之月起，计征房产税
自建的房屋用于生产经营的	自建成之日的次月起计征房产税
委托施工企业建设的房屋	从办理验收手续之日的次月起计征房产税。对于纳税人在办理验收手续前已使用或出租、出借的新建房屋，应从使用或出租、出借的当月起按规定计征房产税
购置新建商品房	自房屋交付使用之次月起计征房产税
购置存量房	自办理房屋权属转移、变更登记手续，房地产权属登记机关签发房屋权属证书之次月起计征房产税
出租、出借房产	自交付出租、出借房产之次月起计征房产税
房地产开发企业自用、出租、出借本企业建造的商品房	自房屋使用或交付之次月起计征房产税

【老杨唠吧唠】上表中只注意"之月"或"次月"是不够的，要注意"什么"的"之月"或"次月"，这才算复习到位。

【例题 9·多选题】下列关于房产税纳税义务发生时间的表述中，正确的有( )。

　　A. 纳税人将原有房产用于生产经营，从生产经营之月起，缴纳房产税

　　B. 纳税人购置新建商品房，自房屋交付使用之次月起计征房产税

　　C. 纳税人出租、出借的房产，自交付出租、出借房产之次月起，缴纳房产税

　　D. 自建的房屋用于生产经营的，自建成之日的次月起，计征房产税

　　E. 纳税人委托施工企业建设的房屋，在办理验收手续前已使用的新建房屋，应从使用的次月起缴纳房产税

解析 ➣ 纳税人委托施工企业建设的房屋，在办理验收手续前已使用的新建房屋，应从使用的当月起缴纳房产税。

答案 ➣ ABCD

(二)纳税期限

房产税实行按年征收、分期缴纳。具体纳税期限由省、自治区、直辖市人民政府规定。各地一般按季或半年征收。

(三)纳税地点

房产税在房产所在地缴纳。

房产不在同一地方的纳税人，应按房产的坐落地点分别向房产所在地的税务机关缴纳。

真题精练

一、单项选择题

1.（2020 年）下列房产，免征房产税的是( )。

　　A. 宗教寺庙中宗教人员的生活用房产

　　B. 房地产开发企业出售前已出租的房产

　　C. 继续使用的危险房产

　　D. 公园中的影剧院房产

2.（2019 年）下列关于房产税房产原值的说法，正确的是( )。

　　A. 计征房产税的房产原值不包括电梯、升降梯

　　B. 计征房产税的房产原值包括电力、电讯、电缆导线

　　C. 改建原有房屋的支出不影响计征房产税的房产原值

　　D. 计征房产税的房产原值不包括会计上单独核算的中央空调

3.（2018 年）下列关于房产税纳税人的税法，

正确的是( )。

A. 产权出典的，由出典人缴纳房产税

B. 产权属于国家所有的，由经营管理单位缴纳房产税

C. 产权未确定及租典纠纷未解决的，无需缴纳房产税

D. 无论产权所有人是否在房屋所在地，均由产权所有人缴纳房产税

4. (2018 年)赵某 2017 年 1 月 31 日将自有住房出租，当月交付使用，每月收入不含税租金 5 000 元，赵某 2017 年应缴纳房产税( )元。

A. 2 200　　　　B. 2 400
C. 6 600　　　　D. 7 200

二、多项选择题

1. (2020 年)下列房产免征房产税的有( )。

A. 个人生活自用房产

B. 人民团体自用房产

C. 老年服务机构自用房产

D. 企业闲置未用房产

E. 企业办托儿所的自用房产

2. (2018 年)根据房产税相关规定，下列房产可免征房产税的有( )。

A. 按政府规定价格出租的公有住房

B. 公园内的照相馆用房

C. 饮水工程运营管理单位自用的生产用房

D. 施工期间为基建工地服务的临时性办公用房

E. 市文工团的办公用房

3. (2017 年)下列关于房产税的说法中，正确的有( )。

A. 非营利性老年服务机构自用房产暂免征房产税

B. 外商投资企业的自用房产免征房产税

C. 企业办的技术培训学校自用的免征房产税

D. 高校学生公寓免征房产税

E. 中国铁路总公司所属铁路运输企业自用房产免征房产税

4. (2016 年)下列关于房产税纳税人及缴纳税款，说法正确的有( )。

A. 租赁合同约定有免收租金期限的出租房产，免收租金期间不需缴纳房产税

B. 融资租赁的房产未约定开始日的，由承租人自合同签订当日起缴纳房产税

C. 产权属集体和个人所有的，由集体单位和个人纳税

D. 产权出典的由承典人缴纳房产税

E. 产权出租的由出租人缴纳房产税

三、计算题

(2018 年)某市甲公司，2018 年发生以下应税行为：

(1)5 月份与乙公司签订两份合同，其中货物运输保管合同注明运费 30 万元，保管费 5 万元，装卸费 2 万元；房屋租赁合同注明原值 1 000 万元的房产出租给乙公司开办快捷酒店，合同约定 5 月 31 交付使用，租期 1 年，年租金 120 万元。

(2)6 月底自建的办公楼交付使用，其入账价值为 1 500 万元(不包括中央空调 80 万元)。

(3)7 月份与丙公司签订技术转让合同，取得转让收入 80 万元，其中技术咨询费 20 万元。

(4)8 月份股东会决定增资 1 000 万元，增资款当月到账。

(说明：以上金额均不含增值税，当地政府规定按房产原值一次扣除 20%的余值计算房产税)

根据上述资料，回答以下问题：

(1)甲公司 2018 年自建的办公楼应缴纳房产税( )元。

A. 75 840　　　　B. 88 480
C. 84 000　　　　D. 94 800

(2)甲公司技术转让合同及增资应缴纳印花税( )元。

A. 2 680　　　　B. 5 180
C. 2 740　　　　D. 5 240

(3)甲公司签订的运输保管合同和租赁合同应缴纳印花税( )元。

A. 1 350　　　B. 1 375
C. 1 360　　　D. 1 400

(4)甲公司2018年出租的房产应缴纳房产税（　　）元。

A. 108 000　　　B. 144 000
C. 124 000　　　D. 168 000

真题精练答案及解析

一、单项选择题

1. A 【解析】选项B，对房地产开发企业建造的商品房，在出售前不征收房产税；但对出售前房地产开发企业已使用或出租、出借的商品房应按规定征收房产税；选项C，经有关部门鉴定，对毁损不堪居住的房屋和危险房屋，在停止使用后，可免征房产税；选项D，公园、名胜古迹中附设的营业单位，如影剧院、饮食部、茶社、照相馆等所使用的房产及出租的房产，应征收房产税。

2. B 【解析】选项A、B，房产原值包括与房屋不可分割的各种附属设备或一般不单独计算价值的配套设施，主要有电力、电讯、电缆导线；电梯、升降机、过道、晒台等；选项C，对原有房屋进行改建、扩建的，要相应增加房屋的原值；选项D，凡以房屋为载体，不可随意移动的附属设备和配套设施，如给排水、采暖、消防、中央空调等，无论在会计核算中是否单独记账与核算，都应计入房产原值，计征房产税。

3. B 【解析】选项A，产权出典的，由承典人纳税；选项C，产权未确定及租典纠纷未解决的，由房产代管人或者使用人纳税；选项D，产权所有人不在房屋所在地的，由房产代管人或者使用人缴纳房产税。

4. A 【解析】个人出租住房减按4%的税率计征房产税。
应纳房产税=5 000×11×4%=2 200（元）

二、多项选择题

1. ABCE 【解析】选项D，企业闲置未用房产，应缴纳房产税。

2. ACDE 【解析】选项B，应征收房产税。

3. ACDE 【解析】选项B，外商投资企业自用的房产，应缴纳房产税，没有免税规定。

4. CDE 【解析】选项A，免收租金期间由产权所有人按照房产原值缴纳房产税；选项B，融资租赁的房产未约定开始日的，由承租人自合同签订的次月起按房产余值缴纳房产税。

三、计算题

(1) A 【解析】中央空调无论在会计核算中是否单独记账与核算，都应计入房产原值，计征房产税。应纳房产税=（1 500+80）×（1-20%）×1.2%×6÷12×10 000=75 840（元）

(2) C 【解析】技术转让合同印花税=80×10 000×0.03%=240（元）
自2018年5月1日起，对按万分之五税率贴花的资金账簿减半征收印花税。增资缴纳印花税=1 000×10 000×0.05%×50%=2 500（元）
两者合计=2 500+240=2 740（元）

(3) D 【解析】运输合同印花税=30×10 000×0.05%+50 000×0.1%=200（元）
租赁合同印花税=120×10 000×0.1%=1 200（元）
两者合计=200+1 200=1 400（元）

(4) C 【解析】租赁房产应纳房产税=1 000×（1-20%）×1.2%×5÷12×10 000+120×12%×7÷12×10 000=124 000（元）

同步训练 限时40分钟

扫我做试题

一、单项选择题

1. 下列属于房产税征收范围的是( )。
   A. 露天游泳池
   B. 房地产开发企业建造的商品房在出售前对外出租
   C. 某工业企业地处于农村的生产用房
   D. 房地产开发企业开发的未使用的待售商品房

2. 某企业为增值税一般纳税人，2020年初委托施工企业建造仓库一幢，9月末办理验收手续，仓库入账原值400万元，9月30日将原值300万元的旧车间对外投资联营，当年收取固定利润10万元(不含增值税)。当地政府规定房产计税余值扣除比例为30%。2020年度该企业上述房产应缴纳房产税( )万元。
   A. 3.60   B. 3.93
   C. 4.14   D. 6.25

3. 下列说法中，不符合房产税有关规定的是( )。
   A. 房产税以在征税范围内的房屋产权所有人为纳税人
   B. 产权出典的，由承典人纳税
   C. 产权属国家所有的，由集体单位和个人纳税
   D. 产权未确定及租典纠纷未解决的，由房产代管人或者使用人缴纳房产税

4. 下列出租住房的行为，不分用途一律减按4%的税率征收房产税的是( )。
   A. 个人出租在城市的住房
   B. 企业出租在农村的住房
   C. 事业单位出租在县城的住房
   D. 社会团体出租在工矿区的住房

5. 某企业有厂房一栋原值200万元，2020年4月开始对该厂房进行扩建，2020年8月底完工并办理验收手续，增加了房产原值45万元，另外对厂房安装了价值15万元的排水设备并单独作固定资产核算。已知当地政府规定计算房产余值的扣除比例为20%，2020年度该企业应缴纳房产税( )元。
   A. 20 640   B. 21 000
   C. 21 120   D. 21 600

6. 某企业2020年年初房产原值4 000万元，6月底将原值200万元、占地面积400平方米的一栋仓库出租给某商场存放货物，租期1年，每月不含税租金收入1.5万元。8月20日对委托施工单位建设的生产车间办理验收手续，由在建工程转入固定资产原值500万元，一并转入的还有基建时的茶炉房100万元，也是计入固定资产管理。当地规定房产税计算余值的扣除比例为20%。该企业2020年应缴纳房产税( )万元。
   A. 40.12   B. 38.52
   C. 40.44   D. 39.48

7. 2020年某企业有两处独立的地下建筑物，分别为工业用途房产(原价30万元)和非工业用途房产(原价20万元)。该企业所在省规定房产税依照房产原值减除30%后的余值计算缴纳，工业用途地下建筑房产以原价的50%作为应税房产原值，其他用途地下建筑房产以原价的80%作为应税房产原值。2020年该企业的地下建筑物应纳房产税( )元。
   A. 2 604   B. 2 576
   C. 3 864   D. 4 200

8. 2020年4月，甲公司以原值500万元、已

计提折旧 200 万元的房产对乙公司投资，甲公司每月收取固定利润 1.5 万元（不含增值税），4 月底乙公司办妥房产过户手续。甲公司所在地政府规定计算房产余值的扣除比例为 20%，2020 年甲公司该房产应缴纳房产税（　　）万元。

A. 2.58　　　　B. 2.34

C. 2.82　　　　D. 3.04

9. 某企业为增值税一般纳税人，拥有房产原值 1 000 万元，2020 年 7 月 1 日将其中的 25%用于对外投资，不承担生产经营风险，投资期限 3 年，当年取得固定利润分红 20 万元（不含增值税）；2020 年 9 月 1 日将其中 10%（自有住房）按政府规定价格租给本企业职工居住，每月取得不含税租金 5 万元，其余房产自用。已知当地政府规定的扣除比例为 20%。该企业 2020 年度应纳房产税（　　）万元。

A. 10.24　　　B. 10.48

C. 12.64　　　D. 14.40

10. 某市一公司 2019 年末建造办公楼，房产建筑面积为 1 500 平方米，建筑成本为 105 万元，不包括土地价值。该宗地为本年新征，总占地面积 3 125 平方米，土地单价为每平方米 150 元，容积率为 0.48（容积率为宗地建筑面积与土地面积的比值），当地政府规定计算房产余值的扣除比例为 30%。该公司 2020 年应纳房产税（　　）元。

A. 12 757.5　　B. 12 600

C. 10 710　　　D. 12 710

11. 某公司 2019 年购进一处房产，2020 年 5 月 1 日用于投资联营，投资期 3 年，当年取得固定收入 160 万元（不含增值税），房产原值 3 000 万元，扣除比例 30%。2020 年该公司应缴纳房产税（　　）万元。

A. 27.6　　　　B. 29.7

C. 21.2　　　　D. 44.4

12. 按照房产税的有关规定，房产税以（　　）方式缴纳。

A. 按年征收，分期缴纳

B. 按季征收，分期缴纳

C. 按月征收，分期缴纳

D. 按年征收，一次性缴纳

二、多项选择题

1. 下列房产中，需要缴纳房产税的有（　　）。

A. 政府机关自用的房产

B. 宗教寺庙出租的房产

C. 人民团体自用的房产

D. 行政机关所属的招待所使用的房产

E. 个人所有的经营性房产

2. 下列关于以房产投资计征房产税的说法正确的有（　　）。

A. 以房产投资成立有限公司，投资方以房产余值为计税依据

B. 房产联营投资，不承担经营风险，只收取固定收入，投资方视固定收入为租金收入，以租金收入为计税依据

C. 以房产联营投资，共担经营风险的，被投资方以房产余值为计税依据

D. 以房产联营投资，共担经营风险的，投资方不再计征房产税

E. 以房产联营投资，不承担经营风险，只收取固定收入的，减按 4%征收房产税

3. 下列情形中，应由房产代管人或者使用人缴纳房产税的有（　　）。

A. 房屋产权未确定的

B. 房屋租典纠纷未解决的

C. 房屋承典人不在房屋所在地的

D. 房屋产权所有人不在房屋所在地的

E. 房屋出租的

4. 下列说法不符合房产税相关规定的有（　　）。

A. 完全建在地下的建筑不计征房产税

B. 融资租赁方式租入的房屋，以每期支付的租赁费为计税依据

C. 与地上建筑物相连的地下建筑物，应将地上建筑物与地下建筑物分开计算房产税

D. 对于更换房屋附属设备和配套设施中不易损坏，不经常更换的部分，在将其价

值计入房产原值时,可扣减原来相应设备和设施的价值

E. 独立地下建筑物若作为工业用途,其房产计税原值为房屋原价的50%~60%,在此基础上扣除原值减除比例作为计税依据

5. 以下有关房产税税收政策的表述中,正确的有( )。

A. 房产原值的具体减除比例,由省、自治区、直辖市税务机关在税法规定的减除幅度内自行确定

B. 以劳务方式抵付房租收入的,出租方应根据当地同类房屋的租金水平,确定租金标准,计征房产税

C. 对房屋附属设备和配套设施中易损坏、需要经常更换的零配件,更新后要计入房产原值

D. 凡以房屋为载体,不可随意移动的附属设备和配套设施,无论会计核算中是否单独记账核算,都并入房产原值,计征房产税

E. 融资租赁合同未约定开始日的,由承租人自合同签订的次月起,依照房产余值缴纳房产税

6. 某房屋租赁企业为增值税一般纳税人,房产原值共1 800万元,2019年6月1日将原值为1 000万元的临街房出租给某连锁商店,月含税租金6.6万元。7月1日将另外的原值100万元的房屋出租给个人用于经营,月含税租金0.66万元。当地政府规定允许按房产原值减除20%后的余值计税。下列说法正确的有( )。

A. 企业出租给连锁商店的房产税税率为12%

B. 企业出租给个人的房产税税率为4%

C. 企业从价计征房产税税额为10.88万元

D. 当年应缴纳房产税16.72万元

E. 当年应缴纳房产税16.80万元

7. 下列房产中,经财政部和国家税务总局批准可以免征房产税的有( )。

A. 军队自用的空余房产

B. 企业自办学校用的房产

C. 按政府规定价格出租公有住房

D. 企业停产后出租给饮食业的房产

E. 施工期间在基建工地为其服务的临时性房产

8. 下列房产属于免征或不征房产税的有( )。

A. 企业办的各类学校自用的房产

B. 房地产开发企业开发待售的商品房

C. 纳税单位与免税单位共同使用的房屋,纳税单位使用的部分

D. 个人所有的营业用房

E. 对纳税人及其全资子公司从事大型客机研制项目自用的科研、生产、办公房产

9. 下列关于房产税征收管理的表述中,正确的有( )。

A. 房产税实行按年征收,分期缴纳

B. 房产不在同一地方的纳税人,应按房产的坐落地点分别向房产所在地的税务机关缴纳

C. 房产税一般按月、季、半年预征

D. 将原有房产用于生产经营的,从生产经营之月起,计征房产税

E. 购置新建商品房,自房屋交付使用之次月起计征房产税

三、计算题

某公司为增值税一般纳税人,2019年关于房产税的有关情况如下:

(1)2月20日,对刚建成的一座生产车间办理验收手续,同时接管基建工地上价值100万元的材料棚,一并转入固定资产,并于当月投入使用,原值合计1 200万元。3月5日,企业因资金紧张,将这座车间抵押给工商银行取得贷款180万元,抵押期间房屋仍由企业使用。

(2)5月1日,将原值为200万元的闲置用房向A企业投资,协议规定,公司每月向A企业收取固定收入2万元(不含增值税),A企业的经营盈亏情况与该公司无关。

(3)5月7日,改建办公楼,办公楼账面原

值450万元,为改造支付费用120万元,加装中央空调支付75万元,该中央空调单独作为固定资产入账,5月底完成改建工程,交付使用。

(4)6月30日,将原值为150万元的闲置房产转让给B企业,转让价100万元。支付转让过程中发生的税金及费用10万元,账面显示该房产已提折旧40万元。

已知:该省规定计算房产余值的扣除比例为30%。

根据上述资料,回答下列问题:

(1)业务(1)中纳税人自建的房屋应纳房产税( )万元。

A. 8.40　　　　B. 7.70

C. 9.24　　　　D. 8.47

(2)业务(2)中该企业以房产对外投资应纳房产税( )万元。

A. 3.60　　　　B. 2.72

C. 2.48　　　　D. 2.24

(3)业务(3)中办公楼应纳房产税( )万元。

A. 5.62　　　　B. 5.12

C. 5.58　　　　D. 4.74

(4)业务(4)中闲置房产应缴纳房产税( )万元。

A. 0.38　　　　B. 0.63

C. 0.78　　　　D. 1.05

同步训练答案及解析

一、单项选择题

1. B 【解析】选项A,露天游泳池不征收房产税。选项B、D,房地产开发企业建造的商品房,在出售前,不征收房产税;但对出售前房地产开发企业已使用或出租、出借的商品房应按规定征收房产税。选项C,房产税征税范围为城市、县城、建制镇和工矿区,不包括农村。

2. B 【解析】以房产进行投资,收取固定收入,不承担投资风险,按租金收入计算缴纳房产税。
应纳房产税=400×(1-30%)×1.2%÷12×3+300×(1-30%)×1.2%÷12×9+10×12%=3.93(万元)

3. C 【解析】选项C,产权属国家所有的,由经营管理单位纳税;产权属集体和个人所有的,由集体单位和个人纳税。

4. A 【解析】对个人出租住房,不区分用途,按4%的税率征收房产税。农村居民住房不属于房产税的征税范围。对企事业单位、社会团体以及其他组织按市场价格向个人出租用于居住的住房,减按4%的税率征收房产税。

5. C 【解析】纳税人对原有房屋进行改建、扩建,要相应增加房屋原值。厂房的排水设备,不管会计核算中是否单独记账与核算,都应计入房产原值,计征房产税。
应纳房产税=200×(1-20%)×1.2%÷12×8×10 000+(200+45+15)×(1-20%)×1.2%÷12×4×10 000=21 120(元)

6. C 【解析】(1)经营自用房产应缴纳的房产税=(4 000-200)×(1-20%)×1.2%+200×(1-20%)×1.2%÷12×6=37.44(万元)
(2)出租房产应缴纳的房产税=1.5×6×12%=1.08(万元)
(3)在建工程转入房产应缴纳的房产税=(500+100)×(1-20%)×1.2%÷12×4=1.92(万元)
(4)2020年应缴纳房产税=37.44+1.08+1.92=40.44(万元)

7. A 【解析】应纳房产税=[30×50%×(1-30%)×1.2%+20×80%×(1-30%)×1.2%]×10 000=2 604(元)

8. D 【解析】应缴纳房产税=500×(1-20%)×1.2%×4÷12+1.5×8×12%=3.04(万

元)

9. B 【解析】对以房产投资，收取固定收入，不承担联营风险的，实际是以联营名义取得房产租金，由出租方按租金收入计算缴纳房产税；企业按政府规定价格向职工出租的单位自有住房，暂免征收房产税。该企业2020年度应纳房产税 = 1 000×65%×(1－20%)×1.2% + [1 000×25%×(1－20%)×1.2%×6÷12+20×12%] + 1 000×10%×(1－20%)×1.2%×8÷12 = 10.48(万元)。

10. B 【解析】容积率低于0.5的，按房产建筑面积的2倍计算土地面积并据此确定计入房产原值的地价。房产税的计税房屋原值 = 1 050 000 + 1 500×2×150 = 1 500 000(元)
应缴纳房产税 = 1 500 000×(1－30%)×1.2% = 12 600(元)

11. A 【解析】以房产投资联营，取得固定收入，不承担联营风险，视同出租。应纳房产税 = 3 000×(1－30%)×1.2%×4÷12+160×12% = 27.6(万元)。

12. A 【解析】我国房产税实行按年征收、分期缴纳的方式。

二、多项选择题
1. BDE 【解析】选项A、C，免征房产税。
2. BCD 【解析】以房产联营投资的，房产税计税依据应区别对待：以房产联营投资，共担经营风险的，被投资方按房产余值为计税依据计征房产税；以房产联营投资，不承担经营风险，只收取固定收入的，实际是以联营名义取得房产租金，因此应由出租方按租金收入计征房产税；对于成立有限公司的，房产应当过户到新公司的名下，故投资方不再缴纳房产税。
3. ABCD 【解析】产权所有人、承典人不在房屋所在地的，或者产权未确定及租典纠纷未解决的，由房产代管人或使用人纳税。房屋出租的由房产所有人纳税。
4. ABC 【解析】选项A，完全建在地面以下的建筑、地下人防设施等，均应当依据有关规定征收房产税；选项B，融资租赁方式租入的房屋以房产余值计算征收房产税；选项C，对于与地上房屋相连的地下建筑，如房屋的地下室、地下停车场、商场的地下部分等，应将地下部分与地上房屋视为一个整体按照地上房屋建筑的有关规定计算征收房产税。

5. BDE 【解析】选项A，在确定房产计税余值时，房产原值的具体减除比例，由省、自治区、直辖市人民政府在税法规定的减除幅度内自行确定；选项C，对房屋附属设备和配套设施中易损坏、需要经常更换的零配件，更新后不再计入房产原值，原零配件的原值也不扣除。

6. AD 【解析】从价计征房产税 = (1 800－1 000－100)×(1－20%)×1.2% + 1 000×(1－20%)×5÷12×1.2% + 100×(1－20%)×6÷12×1.2% = 11.2(万元)
该企业当年应缴纳房产税 = 11.2+6.6÷(1+9%)×7×12% + 0.66÷(1+9%)×6×12% = 16.72(万元)

7. ABCE 【解析】选项D，需要征收房产税。

8. ABE 【解析】选项C，纳税单位与免税单位共同使用的房屋，纳税单位使用的部分，要按规定征收房产税；选项D，个人所有的营业用房或出租等非自用的房屋，均应当依照有关规定征收房产税。

9. ABDE 【解析】选项C，房产税各地一般按季或半年征收。

三、计算题

(1) A 【解析】施工企业将材料棚交还或估价转让给基建单位的，应从基建单位接收的次月起照章纳税；纳税人委托施工企业建设的房屋，从办理验收手续之次月起缴纳房产税。应纳房产税 = 1 200×(1－30%)×1.2%×10÷12 = 8.4(万元)。

(2) C 【解析】该企业以房产对外投资，收取固定收入，不承担联营风险，实际上是以联营名义取得房产的租金，应由出租方按租金收入计缴房产税。应纳房产税 = $200×(1-30\%)×1.2\%×4÷12+2×8×12\%$ = 2.48(万元)。

(3)D 【解析】纳税人对原有房屋进行改建、扩建的，要相应增加房屋的原值。加装的中央空调，无论在会计核算中是否单独记账与核算，都应计入房产原值，计征房产税。应纳房产税 = $450×(1-30\%)×1.2\%×5÷12+(450+120+75)×(1-30\%)×1.2\%×7÷12$ = 4.74(万元)。

(4)B 【解析】该房屋转让后从7月份起由B企业缴纳房产税。该公司1月~6月应纳房产税 = $150×(1-30\%)×1.2\%×6÷12$ = 0.63(万元)。

第6章 车船税

考情解密

历年考情概况

本章属于考试的非重点章。近三年考试的平均分值在2-4分左右。主要以单选题和多选题的形式出现，个别年份与其他小税种结合以计算题形式出现，偶尔也会与企业所得税结合考核，但在计算题和综合分析题中涉及车船税的计算比较简单。

近年考点直击

考点	主要考查题型	考频指数	考查角度
概述	单选题、多选题	★	客观题考核，考频不高
征税范围、纳税人和适用税额	单选题、多选题	★★★	主要熟悉计税单位和其他相关规定
减免税优惠	单选题、多选题	★★	主要考查文字性的选择题、个别考点偶尔和计算题结合
应纳税额的计算与代收代缴	单选题、多选题、计算题	★★★	客观题中考核以应纳税额的计算为主；个别年份结合其他税种在计算题或者综合分析题中考核
征收管理	单选题、多选题	★★	主要考查文字性的选择题

本章2021年考试主要变化

（1）机动船舶的具体适用税额表述变化；
（2）新增两个减免税优惠表述。

考点详解及精选例题

一、概述★

扫我解疑难

1. 车船税是对在中国境内税法规定的车辆、船舶按规定的税目和税额向所有人或者管理人征收的一种财产税。

2. 我国对车船课税历史悠久。早在公元前129年（汉武帝元光六年），我国就开征了算商税。

二、征税范围、纳税人和适用税额★★★

扫我解疑难

（一）征税范围

车船税的征税范围是指在中华人民共和国境内属于《车船税法》所附《车船税税目税额表》规定的车辆、船舶。车辆、船舶是指：

1. 依法应当在车船管理部门登记的机动车辆和船舶；

2. 依法不需要在车船管理部门登记、在单位内部场所行驶或作业的机动车辆和船舶。

【例题1·单选题】下列车船中，不属于

车船税征税范围的是( )。

　　A. 机场内部场所使用的车辆
　　B. 小汽车
　　C. 火车
　　D. 拖船

解析 依法应当在车船管理部门登记的机动车辆和船舶和依法不需要在车船管理部门登记、在单位内部场所行驶或作业的机动车辆和船舶均属于车船税征税范围。选项 C，火车不属于车船税的征税范围。　**答案** C

（二）纳税人

在中华人民共和国境内属于税法规定的车辆、船舶（以下简称车船）的所有人或者管理人，为车船税的纳税人。

『提示 1』 所有人是指在我国境内拥有车船的单位和个人。

『提示 2』 管理人是指对车船具有管理权或者使用权，不具有所有权的单位和个人。

（三）税目和税额

1. 车船税采用定额幅度税率

省、自治区、直辖市人民政府根据《车船税法》所附《车船税税目税额表》确定车辆具体适用税额，应当遵循以下原则：

（1）乘用车依排气量从小到大递增税额；

（2）客车按照核定载客人数 20 人以下和 20 人（含）以上两档划分，递增税额。

省、自治区、直辖市人民政府确定的车辆具体适用税额，应当报国务院备案。

2. 车船税税目税额表（见表6-1）

表6-1　车船税税目税额表

税目		计税单位	备注
乘用车［按发动机汽缸容量（排气量）分档］		每辆	核定载客人数9人(含)以下
摩托车		每辆	—
商用车	客车	每辆	核定载客人数9人以上，包括电车
	货车	整备质量每吨	包括半挂牵引车、三轮汽车和低速载货汽车等
挂车		整备质量每吨	按照货车税额的50%计算
其他车辆	专用作业车	整备质量每吨	不包括拖拉机
	轮式专用机械车		
船舶	机动船舶	净吨位每吨	拖船、非机动驳船分别按照机动船舶税额的50%计算
	游艇（含辅助动力帆艇）	艇身长度每米	

『提示 1』 拖船按照发动机功率每 1 千瓦折合净吨位 0.67 吨计算征收车船税。

『提示 2』 排气量、整备质量、核定载客人数、净吨位、千瓦、艇身长度，以车船登记管理部门核发的车船登记证书或者行驶证所载数据为准。

依法不需要办理登记的车船和依法应当登记而未办理登记或者不能提供车船登记证书、行驶证的车船，以车船出厂合格证明或者进口凭证标注的技术参数、数据为准；不能提供车船出厂合格证明或进口凭证的，由主管税务机关参照国家相关标准核定，没有国家相关标准的参照同类车船核定。

『提示 3』 专用作业车的认定

专用作业车，是指在设计和技术特性上用于特殊工作，并装置有专用设备或器具的汽车，应认定为专用作业车，如汽车起重机、消防车、混凝土泵车、清障车、高空作业车、洒水车、扫路车等。以载运人员或货物为主要目的的专用汽车，如救护车，不属于专用作业车。

『提示 4』 客货两用车，又称多用途货

车,是指在设计和结构上主要用于载运货物,但在驾驶员座椅后带有固定或折叠式座椅,可运载3人以上乘客的货车。客货两用车依照货车的计税单位和年基准税额计征车船税。

『提示5』 整备质量、净吨位、艇身长度等计税单位,有尾数的一律按照含尾数的计税单位据实计算车船税应纳税额。计算得出的应纳税额小数点后超过两位的可四舍五入保留两位小数。

『提示6』 关于车船因质量问题发生退货时的退税

已经缴纳车船税的车船,因质量原因,车船被退回生产企业或者经销商的,纳税人可以向纳税所在地的主管税务机关申请退还自退货月份起至该纳税年度终了期间的税款。退货月份以退货发票所载日期的当月为准。

『提示7』 境内单位和个人租入外国籍船舶的,不征收车船税。境内单位和个人将船舶出租到境外的,应依法征收车船税。

【老杨唠吧唠】 本处知识点,老杨提请注意以下几点:

(1)拖船和非机动驳船在税额计算题目中非常容易忽略的问题就是"折"的问题:千瓦折合成净吨位和税额要乘以50%,这些知识点考题中不作为已知条件出现,考生一个要看到这"两船"时下意识的注意"折"的计算。另一个要同时注意出题老师和考生玩"猫鼠游戏":如果考题的已知条件中明确告知发动机功率是"净吨位",考生千万不要"画蛇添足"再乘以0.67啦!

(2)拖拉机不属于车船税的应税车船的范围。

三、减免税优惠★★

扫我解疑难

(一)法定减免

1. 捕捞、养殖渔船免征车船税。捕捞、养殖渔船,是指在渔业船舶管理部门登记为捕捞船或者养殖船的船舶。

2. 军队、武装警察部队专用的车船免征车船税。军队、武装警察部队专用的车船,是指按照规定在军队、武装警察部队车船管理部门登记,并领取军队、武警牌照的车船。

3. 警用车船免征车船税。警用车船,是指公安机关、国家安全机关、监狱、劳动教养管理机关和人民法院、人民检察院领取警用牌照的车辆和执行警务的专用船舶。

4. 悬挂应急救援专用号牌的国家综合性消防救援车辆和国家综合性消防救援专用船舶免征车船税。

5. 对依照法律规定应当予以免税的外国驻华使领馆、国际组织驻华代表机构及其有关人员的车船免征车船税。

6. 对节约能源、使用新能源的车船可以减征或者免征车船税。免征或者减半征收车船税的车船的范围,由国务院财政、税务主管部门商国务院有关部门制订,报国务院批准。

7. 对受严重自然灾害影响纳税困难以及有其他特殊原因确需减税、免税的,可以减征或者免征车船税。具体减免期限和数额由省、自治区、直辖市人民政府确定,报国务院备案。

8. 省、自治区、直辖市人民政府根据当地实际情况,可以对公共交通车船,农村居民拥有并主要在农村地区使用的摩托车、三轮汽车和低速载货汽车定期减征或者免征车船税。

(二)特定减免

1. 经批准临时入境的外国车船和香港特别行政区、澳门特别行政区、台湾地区的车船不征收车船税。

2. 按照规定缴纳船舶吨税的机动船舶,自《车船税法》实施之日起5年内免征车船税。

3. 机场、港口内部行驶或作业的车船,自《车船税法》实施之日起5年内免征车船税。

4. 国家综合性消防救援车辆由部队号牌改挂应急救援专用号牌的,一次性免征改挂当年车船税。

(三)节能、新能源车船减免

1. 对节能汽车，减半征收车船税。

(1)减半征收车船税的节能乘用车应同时符合以下标准：

①获得许可在中国境内销售的排量为1.6升以下(含1.6升)的燃用汽油、柴油的乘用车(含非插电式混合动力、双燃料和两用燃料乘用车)。

②综合工况燃料消耗量应符合标准。

(2)减半征收车船税的节能商用车应同时符合以下标准：

①获得许可在中国境内销售的燃用天然气、汽油、柴油的轻型和重型商用车(含非插电式混合动力、双燃料和两用燃料轻型和重型商用车)。

②燃用汽油、柴油的轻型和重型商用车综合工况燃料消耗量应符合标准。

2. 对新能源车船，免征车船税。

(1)免征车船税的新能源汽车应同时符合以下标准：

①获得许可在中国境内销售的纯电动商用车、插电式(含增程式)混合动力汽车、燃料电池商用车。

②符合新能源汽车产品技术标准。

③通过新能源汽车专项检测，符合新能源汽车标准。

④新能源汽车生产企业或进口新能源汽车经销商在产品质量保证、产品一致性、售后服务、安全监测、动力电池回收利用等方面符合相关要求。

(2)免征车船税的新能源船舶应符合以下标准：

船舶的主推进动力装置为纯天然气发动机。发动机采用微量柴油引燃方式且引燃油热值占全部燃料总势值的比例不超过5%的，视同纯天然气发动机。

3. 符合上述"(一)""(二)"标准的节能、新能源汽车，由工业和信息化部、国家税务总局不定期联合发布《享受车船税减免优惠的节约能源使用新能源汽车车型目录》予以公告。

『提示』 免征车船税的新能源汽车是指纯电动商用车、插电式(含增程式)混合动力汽车、燃料电池商用车。纯电动乘用车和燃料电池乘用车不属于车船税征税范围，对其不征车船税。

【老杨唠吧唠】 车船税的税收优惠范围并不"广"，一定要重点记忆，特别提醒国家机关、事业单位、人民团体等财政拨付经费单位的车船没有免税的规定，即便出题老师在备选项中增加了"自用"等房产税、城镇土地使用税等税种中出现的字眼干扰考生，我们也一定要"慧眼识真假"。另一个值得嘱咐的是，新能源车船的规定中一定要正确区分：不属于征税范围的是纯电动乘用车和燃料电池乘用车；免税的是纯电动商用车、插电式(含增程式)混合动力汽车、燃料电池商用车。以上两点很多考生容易出现"记忆混淆"，请务必在考前备考阶段有意识的注意以上问题。

【例题2·多选题】 下列车船应缴纳车船税的有( )。

A. 插电式混合动力汽车
B. 事业单位班车
C. 检察院领取警用牌照的车辆
D. 挂车
E. 养殖渔船

解析 插电式混合动力汽车、警用车船、养殖渔船均属于免税车船。 **答案** BD

四、应纳税额的计算与代收代缴 ★★★

扫我解疑难

(一)应纳税额的计算

1. 购置的新车船，购置当年的应纳税额自纳税义务发生的当月起按月计算。

应纳税额 = 年应纳税额 ÷ 12 × 应纳税月份数

2. 在一个纳税年度内，已完税的车船被盗抢、报废、灭失的，纳税人可以凭有关管理机关出具的证明和完税证明，向纳税所在地的主管税务机关申请退还自被盗抢、报废、灭失月份起至该纳税年度终了期间的税款。

3. 已办理退税的被盗抢车船失而复得的，纳税人应当从公安机关出具相关证明的当月起计算缴纳车船税。

4. 已缴纳车船税的车船在同一纳税年度内办理转让过户的，不另纳税，也不退税。

【老杨唠吧唠】车船税关于时间的知识点非常单纯就是"当月"，不像房产税和城镇土地使用税一样"当月""次月"搞得很晕，这个小规律是个"小确幸"。

【例题3·单选题】某公司2019年拥有船舶2艘，净吨位分别为200吨，181吨；120千瓦的拖船1艘；小型船两艘，净吨位均为1吨。不超过200吨的机动船舶税额为净吨位每吨3元，2019年该公司应缴纳的车船税为( )元。

A. 1 290　　　B. 1 269.6
C. 1 097.5　　D. 1 092.5

解析 ▶ 拖船按照发动机功率每1千瓦折合净吨位0.67吨计算。拖船按照机动船舶税额的50%计算征收车船税。该公司应缴纳的车船税 = 200×3 + 181×3 + 120×0.67×3×50% + 2×3 = 1 269.6(元)。

答案 ▶ B

（二）保险机构代收代缴

1. 从事机动车第三者责任强制保险业务的保险机构为机动车车船税的扣缴义务人，应当在收取保险费时依法代收车船税，并出具代收税款凭证。

2. 保险机构作为车船税扣缴义务人，代收车船税并开具增值税发票时，应在增值税发票备注栏中注明代收车船税税款信息。

（三）委托交通运输部门海事管理机构代为征收船舶车船税

海事管理机构代征船舶车船税的计算方法：

（1）船舶按一个年度计算车船税。计算公式为：

年应纳税额 = 计税单位×年基准税额

（2）购置的新船舶，购置当年的应纳税额自纳税义务发生时间起至该年度终了按月计算。计算公式为：

应纳税额 = 年应纳税额×应纳税月份数/12

应纳税月份数 = 12 - 纳税义务发生时间（取月份）+ 1

【老杨唠吧唠】关于保险和海事管理机构的代征知识点，"够用就好"，本书未将文件中的全部规定展示给考生，主要是出于提高备考效率的考虑，因为这部分内容考频不高，另一原因是这两部分的内容很多规定与本书的其他规定相同。特此提请注意。

扫我解疑难

五、征收管理★★

1. 纳税义务发生时间：取得车船所有权或者管理权的当月，即为购买车船的发票或者其他证明文件所载日期的当月。

『提示1』对于在国内购买的机动车，购买日期以《机动车销售统一发票》所载日期为准；对于进口机动车，购买日期以《海关关税专用缴款书》所载日期为准。

『提示2』对于购买的船舶，以购买船舶的发票或者其他证明文件所载日期的当月为准。

2. 纳税地点：车船的登记地或者车船税扣缴义务人所在地。

『提示』依法不需要办理登记的车船，车船税的纳税地点为车船的所有人或者管理人所在地。

3. 申报缴纳：车船税按年申报，分月计算，一次性缴纳。纳税年度为公历1月1日至12月31日。车船税按年申报缴纳。具体申报纳税期限由省、自治区、直辖市人民政府规定。

【例题4·多选题】依据车船税的征收规定，下列表述正确的有( )。

A. 车船税的纳税义务发生时间为取得车船所有权或者管理权的当月

B. 对依法不需要购买机动车交通事故责任强制保险的车辆，纳税人应当向主管税务机关申报缴纳车船税

C. 已办理退税的被盗抢车船失而复得的，纳税人应当从公安机关出具相关证明的当月起计算缴纳车船税

D. 已缴纳车船税的车船在同一纳税年度内办理转让过户的，不另纳税，已经缴纳的车船税可申请退回

E. 车船税按年申报，分月计算，一次性缴纳

解析 已缴纳车船税的车船在同一纳税年度内办理转让过户的，不另纳税，也不退税。

答案 ABCE

真题精练

一、单项选择题

1. （2020年）免征车船税的新能源船舶，应符合的标准是（ ）。
   A. 船舶的主推进动力装置为纯天然气发动机
   B. 船舶的主推进动力装置为混合动力装置
   C. 船舶的主推进动力装置为纯电力发动机
   D. 船舶的主推进动力装置为燃料电池装置

2. （2019年）下列车辆中，可免征车船税的是（ ）。
   A. 电车
   B. 客货两用车
   C. 半挂牵引车
   D. 纯电动商用车

3. （2019年）依法需要办理登记的应税车辆，纳税人自行申报缴纳车船税的地点是（ ）。
   A. 车辆登记地
   B. 车辆购置地
   C. 单位的机构所在地
   D. 个人的经常居住地

4. （2018年）某运输企业2017年初拥有小轿车5辆，2017年3月外购货车12辆（整备质量为10吨），并于当月办理登记手续，假设货车年税额为整备质量每吨50元，小轿车年税额为每辆500元，该企业2017年应缴纳车船税（ ）元。
   A. 2 500   B. 8 500
   C. 7 500   D. 7 000

5. （2018年）下列车辆，应缴纳车船税的是（ ）。
   A. 挂车
   B. 插电式混合动力汽车
   C. 武装警察部队专用的车辆
   D. 国际组织驻华代表机构使用的车辆

6. （2017年）下列关于车船税的说法，正确的是（ ）。
   A. 挂车按照货车税额的50%计算车船税
   B. 非机动驳船按照机动船舶税额60%计算车船税
   C. 拖船按照机动船舶税额的70%计算车船税
   D. 车辆整备质量尾数在0.5吨以下的不计算车船税

二、多项选择题

1. （2020年）下列车辆中，免征车船税的有（ ）。
   A. 纯电动商用车
   B. 插电式混合动力汽车
   C. 燃用柴油重型商用车
   D. 燃用汽油乘用车
   E. 燃料电池商用车

2. （2019年）以"整备质量每吨"作为车船税计税单位的有（ ）。
   A. 挂车
   B. 货车
   C. 乘用车
   D. 专用作业车
   E. 客车

3. （2018年改）根据车船税税收优惠相关规

定,下列说法正确的有( )。
A. 机场、港口内部行驶或作业车船,自《车船税法》实施之日起3年内免征车船税
B. 燃料电池商用车免征车船税
C. 按规定缴纳船舶吨税的机动船舶,自《车船税法》实施之日起5年内免征车船税
D. 省、自治区、直辖市人民政府可根据当地情况,对公共交通车船定期减征或免征车船税

E. 经批准临时入境的台湾籍车船不征收车船税

4.(2016年改)下列车船免征车船税的有( )。
A. 纯电动商用车
B. 警用车辆
C. 捕捞、养殖渔船
D. 救护车
E. 财政拨款事业单位的办公用车

真题精练答案及解析

一、单项选择题

1. A 【解析】免征车船税的新能源船舶应符合以下标准:船舶的主推进动力装置为纯天然气发动机。发动机采用微量柴油引燃方式且引燃油热值占全部燃料总势值的比例不超过5%的,视同纯天然气发动机。
2. D 【解析】免征车船税的新能源汽车是指纯电动商用车、插电式(含增程式)混合动力汽车、燃料电池商用车。
3. A 【解析】车船税的纳税地点为车船登记地或者车船税扣缴义务人所在地。
4. C 【解析】应缴纳车船税=5×500+12×10×50×10÷12=7 500(元)
5. A 【解析】选项A,挂车按照货车税额的50%计算缴纳车船税;选项B、C、D,免征车船税。

6. A 【解析】选项B、C,拖船、非机动驳船分别按照机动船舶税额的50%计算;选项D,整备质量、净吨位、艇身长度等计税单位,有尾数的一律按照含尾数的计税单位据实计算车船税应纳税额。

二、多项选择题

1. ABE 【解析】纯电动商用车、插电式(含增程式)混合动力汽车、燃料电池商用车,免征车船税。
2. ABD 【解析】乘用车、客车,均以"每辆"作为车船税计税单位。
3. BCDE 【解析】选项A,机场、港口内部行驶或作业车船,自《车船税法》实施之日起5年内免征车船税。
4. ABC 【解析】选项D、E,不免征车船税。

同步训练 限时25分钟

扫我做试题

一、单项选择题

1. 下列项目中,属于车船税扣缴义务人的是( )。
   A. 办理交强险业务的保险机构
   B. 机动车的生产厂家
   C. 车辆船舶的所有人
   D. 车辆船舶的管理人

2. 某公司2019年拥有载客汽车2辆;载货汽车3辆,整备质量分别为20吨、15.7吨、16吨。当地省政府规定,载客汽车年税额为240元/辆,载货汽车为40元/吨,则该公司2019年应缴纳的车船税为( )元。

A. 3 000　　　　B. 2 486
C. 2 548　　　　D. 3 360

3. 下列车船中，以整备质量每吨作为车船税计税标准的是（　　）。
   A. 载客汽车
   B. 三轮汽车
   C. 机动船舶
   D. 拖船

4. 某企业 2019 年 1 月缴纳了 5 辆客车车船税，其中一辆 9 月被盗，已办理车船税退还手续；11 月由公安机关找回并出具证明，企业补缴车船税，假定该类型客车年基准税额为 480 元，该企业 2019 年实缴的车船税总计为（　　）元。
   A. 1 920　　　　B. 2 280
   C. 2 400　　　　D. 2 320

5. 某船运公司 2019 年度拥有旧机动船 20 艘，每艘净吨位 750 吨，非机动驳船 2 艘，每艘净吨位 150 吨；当年 8 月新购置机动船 6 艘，每艘净吨位 1 500 吨，当月取得购买机动船的发票。船舶净吨位不超过 200 吨的每吨 3 元。船舶净吨位超过 200 吨但不超过 2 000 吨的每吨 4 元，该公司 2019 年度应缴纳的车船税为（　　）元。
   A. 61 000　　　　B. 76 000
   C. 75 450　　　　D. 77 000

6. 某小型运输公司 2019 年拥有并使用以下车辆：整备质量 5 吨的载货卡车 10 辆，省级人民政府规定货车年税额每吨 50 元；18 座的小型客车 3 辆，省级人民政府规定年税额每辆 530 元。该公司 2019 年应纳车船税（　　）元。
   A. 5 120　　　　B. 4 800
   C. 4 090　　　　D. 4 524

7. 根据车船税法的规定，下列表述错误的是（　　）。
   A. 拖船按照发动机功率每 1 千瓦折合净吨位 0.67 吨计算征收车船税
   B. 依法不需要在车船管理部门登记、在单位内部场所行驶或作业的机动车辆和船舶不缴纳车船税
   C. 车船税按年申报缴纳，具体申报纳税期限由省、自治区、直辖市人民政府规定
   D. 按照规定缴纳船舶吨税的机动船舶，自《车船税法》实施之日起 5 年内免征车船税

8. 某公司 2019 年拥有船舶 2 艘，净吨位分别为 200 吨和 180 吨；200 千瓦的拖船 1 艘，船舶税额为每吨 3 元；8 人的商用客车 2 辆，省级人民政府规定年税额每辆 480 元；整备质量 280 吨的挂车 2 辆，省级人民政府规定货车年税额每吨 40 元。该公司 2019 年应缴纳的车船税为（　　）元。
   A. 13 280　　　　B. 13 501
   C. 21 600　　　　D. 20 350

9. 下列关于车船税纳税义务发生时间的说法，正确的是（　　）。
   A. 取得车船所有权的次月
   B. 合同、协议载明的车船交付日的次月
   C. 购买车船的发票或其他证明文件所载日期的次月
   D. 取得车船所有权或者管理权的当月

10. 下列车船中，属于特定减免税项目的是（　　）。
    A. 国家综合性消防救援专用船舶
    B. 武装警察部队专用的车船
    C. 机场、港口内部行驶或者作业的车船
    D. 农村居民拥有并主要在农村地区使用的摩托车

二、**多项选择题**

1. 根据车船税法的规定，下列选项中属于法定减免的有（　　）。
   A. 捕捞、养殖渔船
   B. 警用车船
   C. 悬挂应急救援专用号牌的国家综合性消防救援车辆
   D. 由部队号牌改挂应急救援专用号牌的国家综合性消防救援车辆
   E. 人民检察院领取警用牌照的车辆

2. 根据车船税的征收管理，下列表述正确的

有( )。

A. 依法不需要办理登记的车船,应在车船的所有人或者管理人所在地缴纳车船税
B. 车船税纳税义务发生时间为取得车船所有权或者管理权的当月
C. 车船税按年申报,分月计算,一次性缴纳
D. 在同一纳税年度内,已缴纳车船税的车船办理转让过户的,不另缴纳车船税,同时也不退税
E. 车船税纳税义务发生时间为取得车船所有权或者管理权的次月

3. 下列说法符合车船税法规定的有( )。
A. 境内单位将船舶出租到境外的,应依法征收车船税
B. 境内单位租入外国籍船舶的,应依法征收车船税
C. 境内个人租入外国籍船舶的,应依法征收车船税
D. 境内个人将船舶出租到境外的,应依法征收车船税
E. 经批准临时入境的外国车船,应依法征收车船税

4. 下列关于车船税的说法正确的有( )。
A. 当年购置新车船的,购置当年的应纳税额自纳税义务发生的次月起按月计算
B. 在机场、港口以及其他企业内部场所行驶或者作业,并在车船管理部门登记的车船,属于征税范围
C. 已办理退税的被盗抢车船失而复得的,纳税人应当从公安机关出具相关证明的当月起计算缴纳车船税
D. 扣缴义务人在代收车船税时,应当在交强险保险单上注明已收税款的信息,作为纳税人完税的证明
E. 依法不需要办理登记的车船,车船税的纳税地点为车船的所有人或者管理人所在地

5. 下列车船中,应以"每辆"作为车船税计税单位的有( )。
A. 电车   B. 摩托车
C. 微型客车   D. 半挂牵引车
E. 三轮汽车

同步训练答案及解析

一、单项选择题

1. A 【解析】从事机动车交通事故责任强制保险业务的保险机构为机动车车船税的扣缴义务人,应当依法代收代缴车船税;车辆、船舶的所有人或者管理人为车船税的纳税人,应当照章缴纳车船税。

2. C 【解析】应纳车船税 = 2×240 + 20×40 + 15.7×40 + 16×40 = 2 548(元)

3. B 【解析】以整备质量每吨作为车船税计税标准的是货车(包括半挂牵引车、三轮汽车和低速载货汽车等)、挂车、专用作业车和轮式专用机械车。载客汽车以每辆作为计税标准;机动船舶、拖船,以净吨位每吨作为计税标准。

4. D 【解析】已办理退税的被盗抢车船,失而复得的,纳税人应当从公安机关出具相关证明的当月起计算缴纳车船税。实缴的车船税 = 4×480 + 480÷12×10 = 2 320(元)。

5. C 【解析】非机动驳船按照机动船舶税额的50%计算车船税。该公司应纳车船税 = 20×750×4 + 2×150×3×50% + 6×1 500×4×5÷12 = 75 450(元)。

6. C 【解析】载货卡车应纳税额 = 5×10×50 = 2 500(元)
小型客车应纳税额 = 3×530 = 1 590(元)
该公司应纳车船税 = 2 500 + 1 590 = 4 090(元)

7. B 【解析】依法应当在车船管理部门登记的机动车辆和船舶,依法不需要在车船管

理部门登记、在单位内部场所行驶或作业的机动车辆和船舶均属于车船税的征税范围。

8. B 【解析】挂车按照货车税额的50%计算缴纳车船税，拖船按照机动船舶税额的50%计算缴纳车船税。拖船按照发动机功率每1千瓦折合净吨位0.67吨计算征收车船税。

该公司应缴纳的车船税 = 200×3 + 180×3 + 200×0.67×3×50% + 2×480 + 280×2×40×50% = 13 501（元）

9. D 【解析】车船税纳税义务发生时间为取得车船所有权或者管理权的当月，即为购买车船的发票或者其他证明文件所载日期的当月。

10. C 【解析】选项A、B、D，属于法定减免车船税的项目。

二、多项选择题

1. ABCE 【解析】选项D，国家综合性消防救援车辆由部队号牌改挂应急救援专用号牌的，一次性免征改挂当年车船税属于特定减免项目。

2. ABCD 【解析】选项E，车船税纳税义务发生时间为取得车船所有权或者管理权的当月。

3. AD 【解析】选项B、C，境内单位和个人租入外国籍船舶的，不征收车船税；选项E，经批准临时入境的外国车船，不征收车船税。

4. BCDE 【解析】选项A，当年购置的新车船，购置当年的应纳税额自纳税义务发生的当月起按月计算。

5. ABC 【解析】半挂牵引车和三轮汽车以整备质量每吨作为计税单位。

第 7 章 　契 　税

考情解密

历年考情概况

本章属于考试的非重点章节。近三年考试的平均分值在4-6分。主要以单选题和多选题的形式出现，个别年份与其他税种结合以计算题形式出现，计算比较简单。考生在学习中要结合下表中的考频指数，抓住重点，注重总结。从历年考生的反馈情况看，本章的计算得分率比较高，但文字性的选择题包括征税范围、减免税优惠和计税依据等考题考生失分较多，需要在平时学习和考试中引起重视。

近年考点直击

考点	主要考查题型	考频指数	考查角度
概述	单选题、多选题	★	客观题考核，考频不高
征税范围、纳税人和税率	单选题、多选题	★★	主要围绕征税范围考核文字性题目
减免税优惠	单选题、多选题	★★	主要考查文字性的选择题、个别考点偶尔和计算题结合
计税依据和应纳税额的计算	单选题、多选题、计算题	★★★	计税依据是高频的文字性选择题考点，单选题中考查以应纳税额的计算为主，个别年份结合其他税种在计算题或者综合分析题中考核
征收管理	单选题、多选题	★	主要考查文字性的选择题

本章2021年考试主要变化

（1）本章内容依据《契税法》进行重新编写；
（2）契税征税范围、税率均涉及表述更新；
（3）契税减免税优惠重新编写，删除"企业事业单位改制重组的契税政策"；
（4）契税计税依据重新编写；
（5）契税纳税期限、其他管理重新编写。

考点详解及精选例题

一、概述★

扫我解疑难

1. 契税是以所有权发生转移的不动产为征税对象，向产权承受人征收的一种财产税。
2. 契税的特点
（1）契税属于财产转移税；
（2）契税由财产承受人缴纳。

二、征税范围、纳税人和税率★★

扫我解疑难

（一）纳税人

在中华人民共和国境内转移土地、房屋权属，承受的单位和个人为契税的纳税人。

【老杨唠吧唠】契税承受人为纳税人的特点一定要牢牢把握。

(二)征税范围

【老杨唠吧唠】征税范围在学习时可以紧紧结合"权属转移",有助于考生提高备考效率。

1. 征税范围的一般规定

契税的征税对象为发生土地使用权和房屋所有权权属转移的土地和房屋。

具体征税范围包括:(1)土地使用权出让;(2)土地使用权转让,包括出售、赠与、互换,不包括土地承包经营权和土地经营权的转移;(3)房屋买卖、赠与、互换。以作价投资(入股)、偿还债务、划转、奖励等方式转移土地、房屋权属的,应当按规定征收契税。契税的征税范围具体规定见表7-1。

表7-1 契税的征税范围

土地、房屋交易的特殊情况	基本处理
房屋买卖	以房产抵债或实物交换房屋,产权人以自有的房产折价抵偿债务,以房产折价款计算缴纳契税;以实物交换房屋,应视同以货币购买房屋,以房屋的价值计算缴纳契税
	以房产作投资或作股权转让,由产权承受方按投资房产价值或房产买价缴纳契税。『提示』以自有房产作股投入本人经营企业,免纳契税
	买房拆料或翻建新房,应照章征收契税,按买价计算缴纳契税
房屋赠与	以获奖方式取得房屋产权的,其实质是接受赠与房产,应缴纳契税
房屋互换	房屋产权相互交换,双方互换价值相等,免纳契税;其价值不相等的,按超出部分由支付差价方缴纳契税

【例题1·单选题】下列关于契税的说法正确的是( )。

A. 契税由房屋产权转让方缴纳

B. 农民个人购买房屋不征收契税

C. 因他人抵债而获得的房屋不征收契税

D. 以自有房产作股投入本人经营企业,免纳契税

解析 ▶ 选项A,契税由房屋产权承受方缴纳;选项B、C,均要征收契税。答案 ▶ D

2. 房屋附属设施有关契税政策

(1)对于承受与房屋相关的附属设施(包括停车位、汽车库、自行车库、顶层阁楼以及储藏室,下同)所有权或土地使用权的行为,按照契税法律、法规的规定征收契税;对于不涉及土地使用权和房屋所有权转移变动的,不征收契税。

(2)采取分期付款方式购买房屋附属设施土地使用权、房屋所有权的,应按合同规定的总价款计征契税。

(3)承受的房屋附属设施权属单独计价的,按照当地确定的适用税率征收契税;与房屋统一计价的,适用与房屋相同的契税税率。

(4)对承受国有土地使用权应支付的土地出让金,要征收契税。不得因减免出让金而减免契税。

(5)对纳税人因改变土地用途而签订土地使用权出让合同变更协议或者重新签订土地使用权出让合同的,应征收契税。计税依据为因改变土地用途应补缴的土地收益金及应补缴政府的其他费用。

【例题2·多选题】根据契税有关规定,下列表述正确的有( )。

A. 采取分期付款方式购买房屋附属设施土地使用权、房屋所有权的,应按合同规定的总价款计征契税

B. 承受的房屋附属设施权属与房屋统一计价的,适用与房屋相同的契税税率

C. 承受国有土地使用权，国家减免土地出让金，契税也可以相应减免

D. 以房抵债，应由产权承受人按房屋现值缴纳契税

E. 房屋产权互换，双方交换价值相等，免征契税

解析 ▶ 选项C，对承受国有土地使用权应支付的土地出让金，要征收契税。不得因减免出让金而减免契税。 **答案** ▶ ABDE

（三）税率

契税实行幅度比例税率，税率幅度为3%~5%。契税的具体适用税率，由省、自治区、直辖市人民政府在前款规定的税率幅度内提出，报同级人民代表大会常务委员会决定，并报全国人民代表大会常务委员会和国务院备案。

省、自治区、直辖市可以依照前款规定的程序对不同主体、不同地区、不同类型的住房的权属转移确定差别税率。

三、减免税优惠★★

扫我解疑难

（一）法定减免

（1）国家机关、事业单位、社会团体、军事单位承受土地、房屋权属用于办公、教学、医疗、科研、军事设施；

（2）非营利性的学校、医疗机构、社会福利机构承受土地、房屋权属用于办公、教学、医疗、科研、养老、救助；

（3）承受荒山、荒地、荒滩土地使用权用于农、林、牧、渔业生产；

（4）婚姻关系存续期间夫妻之间变更土地、房屋权属；

（5）法定继承人通过继承承受土地、房屋权属；

（6）依照法律规定应当予以免税的外国驻华使馆、领事馆和国际组织驻华代表机构承受土地、房屋权属。

（7）因土地、房屋被县级以上人民政府征收、征用，重新承受土地、房屋权属；

（8）因不可抗力灭失住房，重新承受住房权属。

上述第（7）条、第（8）条规定的免征或者减征契税的具体办法，由省、自治区、直辖市人民政府提出，报同级人民代表大会常务委员会决定，并报全国人民代表大会常务委员会和国务院备案。

（二）其他减征、免征和不征契税的项目

（1）对售后回租合同期满，承租人回购原房屋、土地权属的，免征契税。

（2）市、县级人民政府根据《国有土地上房屋征收与补偿条例》有关规定征收居民房屋，居民因个人房屋被征收而选择货币补偿用以重新购置房屋，并且购房成交价格不超过货币补偿的，对新购房屋免征契税；购房成交价格超过货币补偿的，对差价部分按规定征收契税。居民因个人房屋被征收而选择房屋产权调换，并且不缴纳房屋产权调换差价的，对新换房屋免征契税；缴纳房屋产权调换差价的，对差价部分按规定征收契税。

（3）企业承受土地使用权用于房地产开发，并在该土地上代政府建设保障性住房的，计税价格为取得全部土地使用权的成交价格。

（4）单位、个人以房屋、土地以外的资产增资，相应扩大其在被投资公司的股权持有比例，无论被投资公司是否变更工商登记，其房屋、土地权属不发生转移，不征收契税。

（5）个体工商户的经营者将其个人名下的房屋、土地权属转移至个体工商户名下，或个体工商户将其名下的房屋、土地权属转回原经营者个人名下，免征契税。合伙企业的合伙人将其名下的房屋、土地权属转移至合伙企业名下，或合伙企业将其名下的房屋、土地权属转回原合伙人名下，免征契税。

（6）对国家石油储备基地第一期项目建设过程中涉及的契税予以免征。

（7）自2010年10月1日起，个人购买属家庭唯一的普通住房，才能享受契税减半征收的优惠政策。普通住房标准：住宅小区建

筑容积率在1.0以上、单套建筑面积在120平方米以下、实际成交价格低于同级别土地上住房平均交易价格1.2倍以下。各省、自治区、直辖市根据本地区享受优惠政策普通住房的具体标准，允许单套建筑面积和价格标准适当浮动，但向上浮动的比例不得超过上述标准的20%。

(8)对已缴纳契税的购房单位和个人，在未办理房屋权属变更登记前退房的，退还已纳契税；在办理房屋权属变更登记后退房的，不予退还已纳契税。

(9)对公租房经营管理单位购买住房作为公租房，免征契税。

(10)依据《财政部国家税务总局关于棚户区改造有关税收政策的通知》(财税〔2013〕101号)，棚户区改造相关税收政策规定如下：

对经营管理单位回购已分配的改造安置住房继续作为改造安置房源的，免征契税。

个人首次购买90平方米以下改造安置住房，按1%的税率计征契税；购买超过90平方米，但符合普通住房标准的改造安置住房，按法定税率减半计征契税。

个人因房屋被征收而取得货币补偿并用于购买改造安置住房，或因房屋被征收而进行房屋产权调换并取得改造安置住房，按有关规定减免契税。

改造安置住房是指相关部门和单位与棚户区被征收人签订的房屋征收(拆迁)补偿协议或棚户区改造合同(协议)中明确用于安置被征收人的住房或通过改建、扩建、翻建等方式实施改造的住房。

(11)自2019年6月1日至2025年12月31日，为社区提供养老、托育、家政等服务的机构，承受房屋、土地用于提供社区养老、托育、家政服务的，免征契税。

(12)自2019年1月1日至2023年12月31日，对饮水工程运营管理单位为建设饮水工程而承受土地使用权，免征契税。

对于既向城镇居民供水，又向农村居民供水的饮水工程运营管理单位[负责饮水工程运营管理的自来水公司、供水公司、供水(总)站(厂、中心)、村集体、农民用水合作组织等单位]，涉及应征契税的，依据向农村居民供水量占总供水量的比例免征契税。

(13)对个人购买家庭唯一住房(家庭成员范围包括购房人、配偶以及未成年子女)，面积为90平方米及以下的，减按1%的税率征收契税；面积为90平方米以上的，减按1.5%的税率征收契税。

(14)对个人购买家庭第二套改善性住房，面积为90平方米及以下的，减按1%的税率征收契税；面积为90平方米以上的，减按2%的税率征收契税。

家庭第二套改善性住房是指已拥有一套住房的家庭，购买的家庭第二套住房。

【例题3·多选题】下列各项中，免征或不征契税的有(   )。

A. 法定继承人继承房屋权属
B. 受赠人接受他人赠与的房屋
C. 个人之间互换房屋
D. 公共租赁住房经营管理单位购买住房作为公共租赁住房
E. 承受国有土地使用权减免的土地出让金

解析 ▶ 选项B，房屋的受赠人要按规定缴纳契税；选项C，房屋产权相互互换，双方互换价值相等，免征契税，其价值不相等的，按超出部分由支付差价方缴纳契税；选项E，对承受国有土地使用权应支付的土地出让金，要征收契税，不得因减免出让金而减免契税。

答案 ▶ AD

四、计税依据和应纳税额的计算 ★★★

扫我解疑难

(一)契税应纳税额计算公式：

应纳税额=计税依据×税率

(二)契税计税依据的确定

契税的计税依据不含增值税，具体金额

按照土地、房屋交易的不同情况确定：

1. 土地使用权出让、出售，房屋买卖

土地使用权出让、出售，房屋买卖，为土地、房屋权属转移合同确定的成交价格，包括应交付的货币以及实物、其他经济利益对应的价款；买卖装修的房屋，装修费用应包括在内。

2. 土地使用权互换、房屋互换

土地使用权互换、房屋互换，为所互换的土地使用权、房屋价格的差额。

3. 土地使用权赠与、房屋赠与以及没有价格的情况

土地使用权赠与、房屋赠与以及其他没有价格的转移土地、房屋权属行为，为税务机关参照土地使用权出售、房屋买卖的市场价格依法核定的价格。

纳税人申报的成交价格、互换价格差额明显偏低且无正当理由的，由税务机关依照《税收征收管理法》的规定核定。

4. 出让国有土地使用权

出让国有土地使用权的，其契税计税价格为承受人为取得该土地使用权而支付的全部经济利益。

（1）以协议方式出让的，其契税计税价格为成交价格。成交价格包括土地出让金、土地补偿费、安置补助费、地上附着物和青苗补偿费、拆迁补偿费、市政建设配套费等承受者应支付的货币、实物、无形资产及其他经济利益。

没有成交价格或者成交价格明显偏低的，征收机关可依次按下列两种方式确定：

①评估价格：由政府批准设立的房地产评估机构根据相同地段、同类房地产进行综合评定，并经当地税务机关确认的价格。

②土地基准地价：由县以上人民政府公示的土地基准地价。

【老杨唠吧唠】注意两种方式是有先后顺序的。

（2）以竞价方式出让的，其契税计税价格，一般应确定为竞价的成交价格，土地出让金、市政建设配套费以及各种补偿费用应包括在内。

（3）先以划拨方式取得土地使用权，后经批准改为出让方式取得该土地使用权的，应依法缴纳契税，其计税依据为应补缴的土地出让金和其他出让费用。

（4）已购公有住房经补缴土地出让金和其他出让费用成为完全产权住房的，免征土地权属转移的契税。

5. 以房产抵债或实物互换房屋

经当地政府和有关部门批准，以房抵债和实物交换房屋，均视同房屋买卖，应由产权承受人按房屋现值缴纳契税。产权人以自有的房产折价抵偿债务，以房屋折价款缴纳契税；以实物交换房屋，应视同以货币购买房屋，以房屋的价值缴纳契税。

6. 以房产作投资或作股权转让

以房产作投资或作股权转让，这种交易业务属房屋产权转移，视同房屋买卖，由产权承受方按投资房产价值或房产买价缴纳契税。

7. 买房拆料或翻建新房

买房拆料或翻建新房，按买价缴纳契税。

【例题4·单选题】下列关于出让国有土地使用权的契税计税依据的说法中，正确的是（　　）。

A. 以协议方式出让的，对于成交价格明显偏低的，应按照土地基准地价作为契税计税依据

B. 以竞价方式出让的，契税计税依据包括土地出让金、市政建设配套费及各种补偿费用

C. 先以划拨方式取得土地使用权，后改为出让方式的，契税计税依据为补缴的土地出让金

D. 已购公有住房经补缴费用后成为完全产权住房的，契税计税依据为补缴的土地出让金

解析　选项A，以协议方式出让的，对于成交价格明显偏低的，征收机关可以依次

按照评估价格、土地基准地价确定契税计税依据;选项 C,先以划拨方式取得土地使用权,后经批准改为出让方式取得该土地使用权的,应依法缴纳契税,其计税依据为应补缴的土地出让金和其他出让费用;选项 D,已购公有住房经补缴土地出让金和其他出让费用成为完全产权住房的,免征土地权属转移的契税。

答案▶B

五、征收管理★

扫我解疑难

(一)纳税义务发生时间

契税的纳税义务发生时间是纳税人签订土地、房屋权属转移合同的当天,或者纳税人取得其他具有土地、房屋权属转移合同性质凭证的当天。

(二)纳税期限

纳税人应当在依法办理土地、房屋权属登记手续前申报缴纳契税。

在依法办理土地、房屋权属登记前,权属转移合同、权属转移合同性质凭证不生效、无效、被撤销或者被解除的,纳税人可以向税务机关申请退还已缴纳的税款,税务机关应当依法办理。

(三)纳税地点

契税在土地、房屋所在地的征收机关缴纳。

(四)其他管理

1. 纳税人办理纳税事宜后,税务机关应当开具契税完税凭证。纳税人办理土地、房屋权属登记,不动产登记机构应当查验契税完税、减免税凭证或者有关信息。未按照规定缴纳契税的,不动产登记机构不予办理土地、房屋权属登记。

2. 根据人民法院、仲裁委员会的生效法律文书发生土地、房屋权属转移,纳税人不能取得销售不动产发票的,可持人民法院执行裁定书原件及相关材料办理契税纳税申报,税务机关应予受理。

3. 购买新建商品房的纳税人在办理契税纳税申报时,由于销售新建商品房的房地产开发企业已办理注销税务登记或者被税务机关列为非正常户等原因,致使纳税人不能取得销售不动产发票的,税务机关在核实有关情况后应予受理。

4. 税务机关应当与相关部门建立契税涉税信息共享和工作配合机制。自然资源、住房城乡建设、民政、公安等相关部门应当及时向税务机关提供与转移土地、房屋权属有关的信息,协助税务机关加强契税征收管理。税务机关及其工作人员对税收征收管理过程中知悉的纳税人的个人信息,应当依法予以保密,不得泄露或者非法向他人提供。

【例题5·多选题】下列各项中,符合契税有关规定的有( )。

A. 契税在纳税人机构所在地的征收机关缴纳

B. 已缴纳契税的购房单位,在办理房屋权属变更登记后退房的,不予退还已纳契税

C. 采取分期付款方式购买房屋所有权的,按合同规定的总价款计征契税

D. 契税的纳税义务发生时间是纳税人签订土地、房屋权属转移合同的当天

E. 契税纳税人应当自纳税义务发生之日起 10 日内,向税务机关办理纳税申报

解析▶选项 A,契税纳税地点为土地、房屋所在地;选项 E,纳税人应当在依法办理土地、房屋权属登记手续前申报缴纳契税。

答案▶BCD

真题精练

一、单项选择题

1. (2020年)下列行为,应缴纳契税的是( )。
   A. 以无偿划拨方式取得土地使用权
   B. 夫妻将其共有房产变更为一方所有
   C. 承受荒滩土地使用权用于房地产开发
   D. 以股权收购方式承受被收购公司房产

2. (2019年改)关于契税征收管理,下列说法正确的是( )。
   A. 契税在纳税人所在地的征收机关缴纳
   B. 办理契税纳税申报时,必须提供销售不动产发票
   C. 契税的纳税义务发生时间为取得土地、房屋权属证书的当天
   D. 纳税人应当在依法办理土地、房屋权属登记手续前申报缴纳契税

3. (2019年改)下列行为,应缴纳契税的是( )。
   A. 国家机关购买办公用房
   B. 以获奖方式取得房屋权属
   C. 法定继承人继承房屋权属
   D. 以无偿划拨方式承受土地使用权

4. (2018年)单位和个人发生下列行为,应该缴纳契税的是( )。
   A. 转让土地使用权
   B. 承受不动产所有权
   C. 赠与不动产所有权
   D. 转让不动产所有权

5. (2018年)下列说法中,符合契税纳税义务发生时间规定的是( )。
   A. 纳税人接收土地、房屋的当天
   B. 纳税人支付土地、房屋款项的当天
   C. 纳税人办理土地、房屋权属证书的当天
   D. 纳税人签订土地、房屋权属转移合同的当天

二、多项选择题

1. (2020年改)下列行为缴纳契税的有( )。
   A. 买房拆料或翻建新房
   B. 因抵债获取房屋
   C. 因出让取得土地使用权
   D. 以承包方式取得土地经营权
   E. 因获奖取得房屋产权

2. (2019年)下列行为,属于契税征税范围的有( )。
   A. 以抵债方式取得房屋产权
   B. 为拆房取料而购买房屋
   C. 将自有房产投入本人投资经营的企业
   D. 受让土地使用权
   E. 以获奖方式取得房屋产权

3. (2018年)下列情形中,免征契税的有( )。
   A. 军事单位承受土地、房屋用于军事设施
   B. 企业承受土地、房屋用于办公
   C. 合伙企业将其名下的土地、房屋权属转移回原合伙人名下
   D. 与金融租赁公司签订的售后回租合同期满,承租人回购原土地、房屋权属
   E. 国家机关承受土地、房屋用于办公

真题精练答案及解析

一、单项选择题

1. C 【解析】选项A,以划拨方式取得土地使用权,经批准转让房地产时,由房地产转让者补交契税,计税依据为补交的土地使用权出让费用或者土地收益;选项BD,免征契税;选项C,承受荒山、荒地、荒滩土地使用权用于农、林、牧、渔业生产的,免征契税。

2. D 【解析】选项A,契税在土地、房屋所在地的征收机关缴纳;选项B,购买新建

商品房的纳税人在办理契税纳税申报时,由于销售新建商品房的房地产开发企业已办理注销税务登记或者被税务机关列为非正常户等原因,致使纳税人不能取得销售不动产发票的,税务机关在核实有关情况后应予受理;选项 C,契税的纳税义务发生时间是纳税人签订土地、房屋权属转移合同的当天,或者纳税人取得其他具有土地、房屋权属转移合同性质凭证的当天。

3. B 【解析】选项 B,以获奖方式取得房屋产权的,其实质是接受赠与房产,应缴纳契税;选项 A,免征契税;选项 C,免征契税;选项 D,以无偿划拨方式承受土地使用权,不征收契税;以划拨方式取得土地使用权,经批准转让房地产时,由房地产转让者补交契税,计税依据为补交的土地使用权出让费用或者土地收益。

4. B 【解析】契税是以所有权发生转移的不动产为征税对象,向产权承受人征收的一种财产税。

5. D 【解析】契税的纳税义务发生时间是纳税人签订土地、房屋权属转移合同的当天,或者纳税人取得其他具有土地、房屋权属转移合同性质凭证的当天。

二、多项选择题

1. ABCE 【解析】选项 D,土地使用权转让属于契税征税范围,不包括土地承包经营权和土地经营权的转移。

2. ABDE 【解析】选项 C,以自有房产作股投入本人经营企业,免纳契税。因为以自有的房地产投入本人独资经营的企业,房屋产权所有人和土地使用权人未发生变化,无须办理房产变更手续,也不办理契税手续。

3. ACDE 【解析】选项 B,应当征收契税。

同步训练 限时40分钟

扫我做试题

一、单项选择题

1. 某公司 2020 年 1 月以 1 200 万元(不含增值税)购入一幢旧写字楼作为办公用房,该写字楼原值 2 000 万元,已计提折旧 800 万元。当地适用契税税率3%,该公司购入写字楼应缴纳契税( )万元。
   A. 60   B. 36
   C. 30   D. 24

2. 某大学教授甲某 2020 年 11 月份购买 85 平方米的已经装修的家庭唯一住房,合同上注明价款 60 万元,另外支付的装修费 10 万元,采用分期付款方式,分 20 年支付,假定 2020 年支付 8.5 万元,甲某购房应缴纳的契税为( )万元。(当地的契税税率为 3%,以上价格均为不含增值税价格)
   A. 0.085   B. 0.185
   C. 0.7   D. 0.6

3. 甲某是个人独资企业业主,2020 年 1 月将价值 60 万元的自有房产投入独资企业作为经营场所,3 月以 200 万元的价格购入一处房产;6 月将价值 200 万元的自有仓库与另一企业价值 160 万元的仓库互换,甲某收取差价 40 万元。当地契税税率为 4%。甲某以上交易应缴纳契税为( )万元。(以上价格均为不含增值税价格)
   A. 8   B. 8.4
   C. 9.6 D. 16

4. 发生下列经济业务的单位和个人中,应缴纳契税的是( )。
   A. 将房产用于偿债的张先生
   B. 以房屋权属作价投资的某企业集团

C. 将房产投资于本人独资经营企业的李先生

D. 购买房产用于翻建新房的严先生

5. 下列各项中，契税计税依据可由税务机关核定的是( )。

　　A. 土地使用权出售

　　B. 土地使用权出让

　　C. 土地使用权赠与

　　D. 以划拨方式取得土地使用权，后经批准改为出让方式取得该土地使用权的

6. 下列关于契税的说法，正确的是( )。

　　A. 出让土地使用权，如果没有成交价格或者成交价格明显偏低的，征收机关可在评估价格和土地基准地价中任意选择一种方式来评定契税的计税依据

　　B. 法定继承人通过继承承受房屋权属，免征契税

　　C. 纳税人应当在签订土地、房屋权属转移合同之日起10日内申报缴纳契税

　　D. 土地使用权赠与和房屋赠与征收契税的计税依据根据政府批准设立的房地产评估机构的评定价格确定

7. 下列关于契税计税依据的说法，正确的是( )。

　　A. 契税的计税依据不含增值税

　　B. 买卖装修的房屋，契税计税依据不包括装修费用

　　C. 承受国有土地，契税计税依据可以扣减政府减免的土地出让金

　　D. 房屋互换价格差额明显不合理且无正当理由的，由税务机关参照成本价格核定

8. 关于契税的计税依据，下列说法正确的是( )。

　　A. 以协议方式出让土地使用权的，以成交价格作为计税依据，但不包括土地出让金和土地补偿费

　　B. 土地使用权互换的，以互换的土地使用权的价格作为计税依据

　　C. 房屋赠与的，为税务机关参照房屋买卖的市场价格依法核定的价格

　　D. 已购公有住房经补缴土地出让金成为完全产权住房的，以补缴的土地出让金为计税依据

9. 下列关于契税减免税优惠的说法，正确的是( )。

　　A. 符合条件的驻华使领馆外交人员承受土地、房屋权属的，免征契税

　　B. 金融租赁公司通过售后回租承受承租人房屋土地权属的，免征契税

　　C. 单位承受荒滩用于仓储设施开发的，免征契税

　　D. 军事单位承受土地、房屋对外经营的，免征契税

10. 某合资企业2020年接受一家国有企业的投资，以房产投资入股，房产的市场价格为50万元，该合资企业还于2020年以自有房产与另一公司互换一处房产，支付差价款200万元，同年政府有关部门批准向该企业出让土地一块，该企业缴纳土地出让金100万元，按当地规定契税税率为5%。2020年该合资企业共计应缴纳的契税为( )万元。(以上价格均为不含增值税价格)

　　A. 7.5　　　　B. 12.5

　　C. 15　　　　D. 17.5

11. 2020年政府有关部门批准向某企业出让土地一块，该企业缴纳土地出让金100万元、土地补偿费10万元、拆迁补偿费12万元，按当地规定契税税率为3%。2020年该企业共计应缴纳的契税为( )万元。

　　A. 16.1　　　B. 3

　　C. 18　　　　D. 3.66

12. 按照契税的有关规定，契税纳税义务发生的时间是( )。

　　A. 纳税人签订土地、房屋权属转移合同的当天

　　B. 纳税人办妥土地、房屋权属变更登记手续的当天

　　C. 纳税人签订土地、房屋权属变更登记

手续的10日内

D. 房屋、土地移交的当天

13. 家住北京市西城区某四合院的刘先生因拆迁得到拆迁补偿款1 000万元,他在市郊以1 160万元重新购置住房160平方米,当地契税税率为3%。以下关于刘先生契税处理的表述中,正确的是( )。(以上价格均为不含增值税价格)

A. 因拆迁购房免缴契税

B. 因拆迁购房减半缴纳契税

C. 应纳契税48 000元

D. 应纳契税168 000元

14. 某房地产开发公司以协议方式受让一宗国有土地使用权,支付土地出让金8 500万元、土地补偿费3 000万元、安置补助费2 000万元、市政配套设施费1 800万元,假定当地适用的契税税率为4%,该房地产开发公司取得该宗土地使用权应缴纳契税( )万元。

A. 340　　　　B. 460

C. 540　　　　D. 612

二、多项选择题

1. 下列各项中属于契税纳税人的有( )。

A. 购买房屋的个体工商户

B. 转让土地使用权的农村居民

C. 接受对方捐赠房屋的外商投资企业

D. 出租房屋的国有经济单位

E. 以获奖方式取得房屋产权的城镇居民

2. 下列行为承受房产的一方需要缴纳契税的有( )。

A. 以获奖方式取得房屋产权

B. 以房产抵债

C. 以实物互换房屋

D. 土地使用权出让

E. 等价互换的房屋

3. 下列情形中,由税务机关核定契税计税依据的有( )。

A. 房屋赠与

B. 土地使用权赠与

C. 以协议方式出让土地使用权的

D. 以竞价方式出让土地使用权的

E. 成交价格、互换价格差额明显偏低且无正当理由的房屋互换

4. 下列关于契税计税依据的说法正确的有( )。

A. 买卖装修的房屋,契税计税依据应包括装修费用

B. 采用分期付款方式购买房屋,契税计税依据为房屋总价款

C. 减免承受土地使用权应支付的土地出让金,契税计税依据相应减免

D. 纳税人因改变土地用途而签订变更协议,契税计税依据为补缴的土地收益金

E. 房屋互换时,契税计税依据为所互换的房屋价格的差额

5. 以协议方式出让土地使用权的,其契税计税价格包括下列各项中的( )。

A. 土地出让金

B. 安置补助费、拆迁补偿费

C. 竞价的成交价格

D. 市政建设配套费

E. 土地补偿费

6. 甲企业将价值30万元的房产投资乙企业,乙企业办理产权登记后又将该房产以40万元价格售与丙企业,当地契税税率3%,则下列说法正确的有( )。(以上价格均为不含增值税价格)

A. 丙企业缴纳契税0.9万元

B. 丙企业缴纳契税1.2万元

C. 乙企业缴纳契税0.9万元

D. 乙企业缴纳契税0.84万元

E. 甲企业缴纳契税0.84万元

7. 某公司购买写字楼时应缴纳的税金有( )。

A. 土地增值税

B. 契税

C. 增值税

D. 城市维护建设税

E. 印花税

8. 根据契税的有关规定,下列项目中不征或

免征契税的有( )。
A. 社区养老服务机构承受房屋用于养老服务的
B. 人民政府承受的用于办公的房屋
C. 法定继承人继承房屋权属
D. 国有企业承受房屋附属设施权属的
E. 社会团体承受土地、房屋用于办公的

9. 下列项目免征契税的有( )。
A. 以获奖方式获得的房屋
B. 某中学购买一栋教学楼用于教学
C. 企业获得土地使用权而免缴土地出让金
D. 因不可抗力灭失住房而重新承受住房权属
E. 国家机关购买办公楼用于办公

10. 下列行为应征收契税的有( )。
A. 承受荒山土地使用权，用于开发旅游项目的行为
B. 公租房经营管理单位购买住房作为公租房的行为
C. 外国驻华使馆承受土地、房屋权属的行为
D. 采取分期付款方式购买房屋附属设施土地使用权的行为
E. 个人首次购买90平方米以下改造安置住房

11. 下列各项应征收契税的有( )。
A. 以获奖方式取得房屋产权
B. 买房拆料
C. 个人购买属家庭唯一的普通住房
D. 合伙企业的合伙人将其名下的房屋转移至合伙企业名下
E. 以拍卖方式取得土地使用权

同步训练答案及解析

一、单项选择题

1. B 【解析】应缴纳的契税 = 1 200×3% = 36(万元)

2. C 【解析】采取分期付款方式购买房屋附属设施土地使用权、房屋所有权的，应按合同规定的总价款计征契税，买卖装修的房屋，装修费用应包括在内；对个人购买家庭唯一住房，面积为90平方米及以下的，减按1%税率征收契税。
因此甲某应缴纳契税 = (60 + 10) × 1% = 0.7(万元)

3. A 【解析】以自有房产作股投入本人经营企业，免纳契税；房屋互换，其价值不相等的，按超出部分由支付差价方缴纳契税。
甲某应缴纳契税 = 200×4% = 8(万元)

4. D 【解析】在中华人民共和国境内转移土地、房屋权属，承受的单位和个人为契税的纳税人。特别注意契税纳税人是买方而不是卖方。此题中，将房产用于偿债、以房屋权属作价投资均属于契税征税范围，但纳税人为土地、房屋权属的承受人；选项C，免纳契税；选项D，对于买房拆料或翻建新房，应照章征收契税。

5. C 【解析】选项AB，土地使用权出让、出售，为土地权属转移合同确定的成交价格，包括应交付的货币以及实物、其他经济利益对应的价款；选项C，土地使用权赠与，为税务机关参照土地使用权出售的市场价格依法核定的价格；选项D，以划拨方式取得土地使用权，后经批准改为出让方式取得该土地使用权的，应依法缴纳契税，其计税依据为应补缴的土地出让金和其他出让费用。

6. B 【解析】选项A，没有成交价格或者成交价格明显偏低的，征收机关可依次按下列两种方式确定，而不是任意选择其中一种方式：①评估价格：由政府批准设立的房地产评估机构根据相同地段、同类房地产进行综合评定，并经当地税务机关确认的价格；②土地基准地价：由县以上人民政府公示的土地基准地价。选项C，纳税

人应当在依法办理土地、房屋权属登记手续前申报缴纳契税；选项D，土地使用权赠与、房屋赠与以及其他没有价格的转移土地、房屋权属行为，为税务机关参照土地使用权出售、房屋买卖的市场价格依法核定的价格。

7. A 【解析】选项B，房屋买卖的契税计税价格为房屋转移合同确定的成交价格，买卖装修的房屋，装修费用应包括在内；选项C，对承受国有土地使用权应支付的土地出让金，要征收契税，不得因减免土地出让金而减免契税；选项D，由税务机关依照《税收征收管理法》的规定核定。

8. C 【解析】选项A，以协议方式出让土地使用权的，其契税计税价格为成交价格，包括土地出让金、土地补偿费、安置补助费、地上附着物和青苗补偿费、拆迁补偿费、市政建设配套费等承受者应支付的货币、实物、无形资产及其他经济利益；选项B，土地使用权互换的，其计税依据是所互换的土地使用权价格差额；选项D，已购公有住房补缴土地出让金和其他出让费用成为完全产权住房的，免征土地权属转移的契税。

9. A 【解析】选项B，对金融租赁公司开展售后回租业务，承受承租人房屋、土地权属的，照章征税，对售后回租合同期满，承租人回购原房屋、土地权属的，免征契税；选项C，承受荒山、荒地、荒滩土地使用权用于农、林、牧、渔业生产的，免征契税；选项D，军事单位承受土地、房屋对外经营的，照章征税。

10. D 【解析】房产投资入股、互换，土地使用权出让等行为均属于契税征收范围。以房产作投资，由产权承受方按投资房产价值或房产买价缴纳契税；土地使用权出让，为土地权属转移合同确定的成交价格作为计税依据，包括应交付的货币以及实物、其他经济利益对应的价款；土地使用权互换、房屋互换，为所互换

的土地使用权、房屋价格的差额作为计税依据。

该合资企业共计应缴纳的契税=(50+200+100)×5%=17.5(万元)

11. D 【解析】出让国有土地使用权的，其契税计税依据为承受人为取得该土地使用权而支付的全部经济利益。

应缴纳契税=(100+10+12)×3%=3.66(万元)

12. A 【解析】契税纳税义务发生的时间是纳税人签订土地、房屋权属转移合同的当天，或者纳税人取得其他具有土地、房屋权属转移合同性质凭证的当天。

13. C 【解析】居民因拆迁重新购置住房的，对购房成交价格中相当于拆迁补偿款的部分免征契税，成交价格超过拆迁补偿款的，对超过部分征收契税。

应纳契税=(11 600 000−10 000 000)×3%=48 000(元)

14. D 【解析】以协议方式出让土地使用权的，其契税计税价格为成交价格。成交价格包括土地出让金、土地补偿费、安置补助费、地上附着物和青苗补偿费、拆迁补偿费、市政建设配套费等承受者应支付的货币、实物、无形资产及其他经济利益。

应缴纳契税=(8 500+3 000+2 000+1 800)×4%=612(万元)

二、多项选择题

1. ACE 【解析】契税的纳税人是财产的承受者。转让者和房屋的出租者都不是契税的纳税人。

2. ABCD 【解析】选项E，互换房屋的价值相等的免纳契税。

3. ABE 【解析】选项AB，房屋赠与、土地使用权赠与，为税务机关参照土地使用权出售、房屋买卖的市场价格依法核定的价格；选项C，以协议方式出让土地使用权的，为成交价格；选项D，以竞价方式出让土地使用权的，一般应确定为竞价的成

交价格；选项 E，纳税人申报的成交价格、互换价格差额明显偏低且无正当理由的，由税务机关依照《税收征收管理法》的规定核定。所以，选项 ABE 正确。

4. ABE 【解析】选项 C，承受土地使用权应支付的土地出让金，要征收契税，不得因减免出让金而减免契税；选项 D，计税依据为应补缴的土地收益金及应补缴政府的其他费用。

5. ABDE 【解析】以协议方式出让土地使用权的，契税的计税价格为成交价格，包括土地出让金、土地补偿费、安置补助费、地上附着物和青苗补偿费、拆迁补偿费、市政建设配套费等承受者应支付的货币、实物、无形资产及其他经济利益。

6. BC 【解析】乙企业按房产价值或房产买价计算契税，乙企业应缴纳契税 = 30×3% = 0.9(万元)；
丙企业按成交价格计算契税，丙企业应缴纳契税 = 40×3% = 1.2(万元)。

7. BE 【解析】选项 A、C、D，均由销售写字楼的售房单位缴纳；契税为承受方缴纳，印花税为签订房屋买卖合同的双方共同缴纳。

8. ABCE 【解析】选项 D，承受的房屋附属设施权属单独计价的，按照当地确定的适用税率征收契税；与房屋统一计价的，适用与房屋相同的契税税率。

9. BE 【解析】选项 A，以获奖方式获得的房屋，没有免征契税的规定；选项 C，企业获得土地使用权而免缴的土地出让金，不得因减免土地出让金而减免契税；选项 D，因不可抗力灭失住房，重新承受住房权属，该规定的免征或者减征契税的具体办法由省、自治区、直辖市人民政府提出，报同级人民代表大会常务委员会决定。

10. ADE 【解析】选项 A，承受荒山、荒地、荒滩土地使用权用于农、林、牧、渔业生产的，免征契税；选项 B，公租房经营管理单位购买住房作为公租房的，免征契税；选项 C，外国驻华使馆承受土地、房屋权属的，免征契税；选项 D，采取分期付款方式购买房屋附属设施土地使用权、房屋的所有权的，应按合同规定的总价款计征契税；选项 E，个人首次购买 90 平方米以下改造安置住房，按 1% 的税率计征契税。

11. ABCE 【解析】选项 D，合伙企业的合伙人将其名下的房屋、土地权属转移至合伙企业名下，或合伙企业将其名下的房屋、土地权属转回原合伙人名下，免征契税。

第8章 城镇土地使用税

考情解密

历年考情概况

本章属于考试的非重点章节。近三年考试的平均分值在 4-6 分。主要考核方式为单选题和多选题，个别年份与企业所得税、房产税等税种结合在计算题或综合题中考核。本章内容相对简单，其中税收优惠要重点掌握，有了这个基础，城镇土地使用税的计算也就变得非常简单了。

近年考点直击

考点	主要考查题型	考频指数	考查角度
概述	单选题、多选题	★	客观题考核，考频不高
征税范围、纳税人和适用税额	单选题、多选题	★	在客观题中考核文字性的题目
减免税优惠	单选题、多选题	★★★	既可以出单选题，也可以出多选题，也是正确计算税额的基础
计税依据和应纳税额的计算	单选题、多选题、计算题	★★	主要在单选题中考查应纳税额的计算，个别年份结合在计算题或者综合题中考核
征收管理	单选题、多选题	★	主要考查文字性的选择题

本章2021年考试主要变化

本章税收优惠的变化较大，其他基本无变化。

考点详解及精选例题

一、概述★

1. 城镇土地使用税是以开征范围内的土地为征税对象，以实际占用的土地面积为计税依据，按规定税额对拥有土地使用权的单位和个人征收的一种税。

2. 城镇土地使用税的特点
①对占用土地的行为征税；
②征税对象是土地；
③征税范围有所限定；
④实行差别幅度税额。

二、征税范围、纳税人和适用税额★

（一）征税范围

城镇土地使用税的征税范围为城市、县城、建制镇和工矿区。

【例题1·多选题】下列土地属于城镇土地使用税征税范围的有( )。

A. 城市中属于国有企业的土地
B. 农村中属于私营企业所有的土地
C. 建制镇中属于外资企业所有的土地
D. 城市郊区中属于股份制企业所有的土地

E. 工矿区中属于私营企业的土地

解析 城镇土地使用税的征税范围包括在城市、县城、建制镇和工矿区的土地，农村的土地不属于城镇土地使用税的征税范围。

答案 ACDE

(二)纳税义务人

城镇土地使用税的纳税义务人是在城市、县城、建制镇和工矿区内使用土地的单位和个人。单位，包括国有企业、集体企业、私营企业、股份制企业、外商投资企业、外国企业以及其他企业和事业单位、社会团体、国家机关、军队以及其他单位；所称个人，包括个体工商户以及其他个人。

1. 城镇土地使用税由拥有土地使用权的单位或个人缴纳。

2. 土地使用权未确定或权属纠纷未解决的，由实际使用人纳税。

3. 土地使用权共有的，由共有各方分别纳税。

(三)适用税额

城镇土地使用税实行分级幅度税额。

【提示1】省、自治区、直辖市人民政府，应当在规定的税额幅度内，根据市政建设状况、经济繁荣程度等条件，确定所辖地区的适用税额幅度。

【提示2】市、县人民政府应当根据实际情况，将本地区土地划分为若干等级，在省、自治区、直辖市人民政府确定的税额幅度内，制定相应的适用税额标准，报省、自治区、直辖市人民政府批准执行。

【提示3】经省、自治区、直辖市人民政府批准，经济落后地区土地使用税的适用税额标准可以适当降低，但降低额不得超过规定最低税额的30%。经济发达地区土地使用税的适用税额标准可以适当提高，但须报经财政部批准。

【老杨唠吧唠】注意上述『提示1』和『提示2』谁确定"税额幅度"，谁制定"税额标准"。

【例题2·多选题】下列说法不符合城镇土地使用税规定的有( )。

A. 有幅度差别的比例税率

B. 有幅度差别的定额税率

C. 全国统一定额

D. 由各地税务机关确定所辖地区适用的税额幅度

E. 经济发达地区城镇土地使用税的适用税额标准可以适当提高，但须报经财政部批准

解析 城镇土地使用税采用有地区幅度的差别定额税率。经济发达地区城镇土地使用税的适用税额标准可以适当提高，但须报经财政部批准。

答案 ACD

三、减免税优惠★★★

(一)法定免税

城镇土地使用税的免税项目有：

1. 国家机关、人民团体、军队自用的土地

(1)人民团体是指经国务院授权的政府部门批准设立或登记备案，并由国家拨付行政事业费的各种社会团体。

(2)国家机关、人民团体、军队自用的土地，是指这些单位本身的办公用地和公务用地。

2. 由国家财政部门拨付事业经费的单位自用的土地

(1)由国家财政部门拨付事业经费的单位，是指由国家财政部门拨付经费、实行全额预算管理或差额预算管理的事业单位。不包括实行自收自支、自负盈亏的事业单位。

(2)事业单位自用的土地，是指这些单位本身的业务用地。

(3)企业办的学校、医院、托儿所、幼儿园，其自用的土地免征城镇土地使用税。

3. 宗教寺庙、公园、名胜古迹自用的土地

(1)宗教寺庙自用的土地，是指举行宗教

仪式等的用地和寺庙内的宗教人员生活用地。

（2）公园、名胜古迹自用的土地，是指供公共参观游览的用地及其管理单位的办公用地。

公园、名胜古迹中附设的营业场所，如影剧院、饮食部、茶社、照相馆等用地，应征收城镇土地使用税。

4. 市政街道、广场、绿化地带等公共用地

非社会性的公共用地不能免税，如企业内的广场、道路、绿化等占用的土地。

5. 直接用于农、林、牧、渔业的生产用地

指直接从事种植、养殖、饲养的专业用地。农副产品加工厂占地和从事农、林、牧、渔业生产单位的生活、办公用地不包括在内。

6. 开山填海整治的土地

自行开山填海整治的土地和改造的废弃土地，从使用的月份起免缴城镇土地使用税5年至10年。开山填海整治的土地是指纳税人经有关部门批准后自行填海整治的土地，不包括纳税人通过出让、转让、划拨等方式取得的已填海整治的土地。

7. 由财政部另行规定免税的能源、交通、水利用地和其他用地

（二）其他减免税优惠

1. 免税单位与纳税单位之间无偿使用土地

对免税单位无偿使用纳税单位的土地（如公安、海关等单位使用铁路、民航等单位的土地），免征城镇土地使用税；对纳税单位无偿使用免税单位的土地，纳税单位应照章缴纳城镇土地使用税。

2. 房地产开发公司开发建造商品房用地

房地产开发公司开发建造商品房的用地，除经批准开发建设经济适用房的用地外，对各类房地产开发用地一律不得减免城镇土地使用税。

3. 防火、防爆、防毒等安全防范用地

对于各类危险品仓库、厂房所需的防火、防爆、防毒等安全防范用地，可由各省、自治区、直辖市税务局确定，暂免征收城镇土地使用税；对仓库库区、厂房本身用地，应依法征收城镇土地使用税。

4. 企业的铁路专用线、公路等用地

对企业的铁路专用线、公路等用地，除另有规定者外，在企业厂区（包括生产、办公及生活区）以内的，应照章征收城镇土地使用税；在厂区以外、与社会公用地段未加隔离的，暂免征收城镇土地使用税。

5. 企业绿化用地

对企业厂区（包括生产、办公及生活区）以内的绿化用地，应照章征收城镇土地使用税，厂区以外的公共绿化用地和向社会开放的公园用地，暂免征收城镇土地使用税。

6. 盐场、盐矿用地

（1）对盐场、盐矿的生产厂房、办公、生活区用地，应照章征收城镇土地使用税。

（2）盐场的盐滩、盐矿的矿井用地，暂免征收城镇土地使用税。

（3）对盐场、盐矿的其他用地，由各省、自治区、直辖市税务局根据实际情况，确定征收城镇土地使用税或给予定期减征、免征的照顾。

7. 矿山企业用地

（1）矿山的采矿场、排土场、尾矿库、炸药库的安全区，以及运矿运岩公路、尾矿输送管道及回水系统用地，免征城镇土地使用税。

（2）对位于城镇土地使用税征税范围内的煤炭企业已取得土地使用权，未利用的塌陷地，自2006年9月1日起恢复征收城镇土地使用税。

除上述规定外，对矿山企业的其他生产用地及办公、生活区用地，均应征收城镇土地使用税。

8. 电力行业用地

（1）火电厂厂区围墙内的用地，均应征收城镇土地使用税。对厂区围墙外的灰场、输灰管、输油（气）管道、铁路专用线用地，免

征城镇土地使用税;厂区围墙外的其他用地,应照章征税。

(2)水电站的发电厂房用地(包括坝内、坝外式厂房)、生产、办公、生活用地,应征收城镇土地使用税;对其他用地给予免税照顾。

(3)对供电部门的输电线路用地、变电站用地,免征城镇土地使用税。

9. 水利设施用地

(1)水利设施及其管扩用地(如水库库区、大坝、堤防、灌渠、泵站等用地),免征城镇土地使用税;其他用地,如生产、办公、生活用地,应照章征税。

(2)对兼有发电的水利设施用地城镇土地使用税的征免,具体办法比照电力行业征免城镇土地使用税的有关规定办理。

10. 核工业总公司所属企业用地

对生产核系列产品的厂矿,为照顾其特殊情况,除生活区、办公区用地应依照规定征收城镇土地使用税外,其他用地暂免征收城镇土地使用税。

11. 交通部门港口用地

对交通部门的港口的码头(即泊位,包括岸边码头、伸入水中的浮码头、堤岸、堤坝、栈桥等)用地,免征城镇土地使用税;对港口的其他用地,应按规定征收土地使用税。

12. 民航机场用地

(1)机场飞行区(包括跑道、滑行道、停机坪、安全带、夜航灯光区)用地、场内外通信导航设施用地和飞行区四周排水防洪设施用地,免征城镇土地使用税。

(2)在机场道路中,场外道路用地免征城镇土地使用税;场内道路用地依照规定征收城镇土地使用税。

(3)机场工作区(包括办公、生产和维修用地及候机楼、停车场)用地、生活区用地、绿化用地,均须依照规定征收城镇土地使用税。

13. 司法部所属劳改劳教单位用地

(1)少年犯管教所的用地和由国家财政部门拨付事业经费的劳教单位自用的土地,免征城镇土地使用税。

(2)劳改单位及经费实行自收自支的劳教单位的工厂、农场等,凡属于管教或生活用地,例如:办公室、警卫室、职工宿舍、犯人宿舍、储藏室、食堂、礼堂、图书室、阅览室、浴室、理发室、医务室等房屋、建筑物用地及其周围土地,均免征城镇土地使用税。

(3)对监狱用地,若主要用于关押犯人,只有极少部分用于生产经营的,可从宽掌握,免征城镇土地使用税。

(4)劳改劳教单位警戒围墙外的其他生产经营用地,应照章征收城镇土地使用税。

14. 老年服务机构自用土地

对政府部门和企事业单位、社会团体以及个人等社会力量投资兴办的福利性、非营利性的老年服务机构自用土地,暂免城镇土地使用税。

老年服务机构是指专门为老年人提供生活照料、文化、护理、健身等多方面服务的福利性、非营利性的机构,主要包括:老年社会福利院、敬老院(养老院)、老年服务中心、老年公寓(含老年护理院、康复中心、托老所)等。

15. 铁路运输企业自用的土地

铁道部(现为中国铁路总公司)所属铁路运输企业自用的土地免征城镇土地使用税。地方铁路运输企业自用的房产、土地应缴纳的城镇土地使用税,比照铁道部所属铁路运输企业的政策执行。享受免征城镇土地使用税优惠政策的铁道部所属铁路运输企业是指铁路局及国有铁路运输控股公司[含广铁(集团)公司、青藏铁路公司、大秦铁路股份有限公司、广深铁路股份有限公司等,具体包括客货、编组站、车务、机务、工务、电务、水电、供电、列车、客运、车辆段]、铁路办事处、中铁集装箱运输有限责任公司、中铁特货运输有限责任公司、中铁快运股份有限公司。

16. 核电站用地

对核电站的核岛、常规岛、辅助厂房和通信设施用地(不包括地下线路用地)、生活、办公用地按规定征收城镇土地使用税,其他用地免征城镇土地使用税。对核电站应税土地在基建期内减半征收城镇土地使用税。

17. 棚户区改造用地

对改造安置住房建设用地免征城镇土地使用税。在商品住房等开发项目中配套建造安置住房的,依据政府部门出具的相关材料、房屋征收(拆迁)补偿协议或棚户区改造合同(协议),按改造安置住房建筑面积占总建筑面积的比例免征城镇土地使用税。

18. 农产品批发市场、农贸市场用地

自2019年1月1日至2023年12月31日,对农产品批发市场、农贸市场(包括自有和承租,下同)专门用于经营农产品的土地,暂免征城镇土地使用税。

对同时经营其他产品的农产品批发市场和农贸市场使用的土地,按其他产品与农产品交易场地面积的比例确定征免城镇土地使用税。

19. 供热企业供热用地

自2019年1月1日至2023年12月31日,对向居民供热收取采暖费的"三北"地区供热企业,为居民供热所使用的厂房及土地免征城镇土地使用税;对供热企业其他厂房及土地,应当按照规定征收城镇土地使用税。

对专业供热企业,按其向居民供热取得的采暖费收入占全部采暖费收入的比例,计算免征城镇土地使用税。

对兼营供热企业,视其供热所使用的厂房及土地与其他生产经营活动所使用的厂房及土地是否可以区分,按照不同方法计算免征的城镇土地使用税。可以区分的,对其供热所使用厂房及土地,按向居民供热取得的采暖费收入占全部采暖费收入的比例,计算免征的城镇土地使用税。难以区分的,对其全部厂房及土地,按向居民供热取得的采暖费收入占其营业收入的比例,计算免征城镇土地使用税。

20. 商品储备管理公司及其直属库用地

自2019年1月1日至2021年12月31日,对商品储备管理公司及其直属库自用的承担商品储备业务的土地,免征城镇土地使用税。

商品储备管理公司及其直属库,是指接受县级以上政府有关部门委托,承担粮(含大豆)、食用油、棉、糖、肉5种商品储备任务,取得财政储备经费或者补贴的商品储备企业。

21. 民用航空发动机研制项目用地

(1)自2018年1月1日至2023年12月31日,对纳税人及其全资子公司从事大型民用客机发动机、中大功率民用涡轴涡桨发动机研制项目自用的科研、生产、办公用土地,免征城镇土地使用税。

(2)自2019年1月1日至2023年12月31日,对纳税人及其全资子公司自用的科研、生产、办公用土地,免征城镇土地使用税。

22. 农村饮水安全工程

为支持农村饮水安全工程(以下称饮水工程)巩固提升,自2019年1月1日至2023年12月31日对饮水工程运营管理单位自用的生产、办公用土地,免征城镇土地使用税。

饮水工程,是指为农村居民提供生活用水而建设的供水工程设施。饮水工程运营管理单位,是指负责饮水工程运营管理的自来水公司、供水公司、供水(总)站(厂、中心)、村集体、农民用水合作组织等单位。

对于既向城镇居民供水,又向农村居民供水的饮水工程运营管理单位,依据向农村居民供水量占总供水量的比例免征城镇土地使用税。无法提供具体比例或所提供数据不实的,不得享受优惠政策。

23. 公共租赁住房

自2019年1月1日至2023年12月31日,对公租房建设期间用地及公租房建成后占地,免征城镇土地使用税。在其他住房项目中配套建设公租房,按公租房建筑面积占总建筑面积的比例免征建设、管理公租房涉及的城镇土地使用税。

享受上述税收优惠政策的公租房是指纳入省、自治区、直辖市、计划单列市人民政府及新疆生产建设兵团批准的公租房发展规划和年度计划,或者市、县人民政府批准建设(筹集),并按照《关于加快发展公共租赁住房的指导意见》(建保〔2010〕87号)和市、县人民政府制定的具体管理办法进行管理的公租房。

24. 养老、托育、家政等社区家庭服务用地

自2019年6月1日至2025年12月31日,为社区提供养老、托育、家政等服务的机构自有或其通过承租、无偿使用等方式取得并用于提供社区养老、托育、家政服务的土地,免征城镇土地使用税。

25. 小微企业普惠性税收减税优惠

自2019年1月1日至2021年12月31日,由省、自治区、直辖市人民政府根据本地区实际情况,以及宏观调控需要确定,对增值税小规模纳税人可以在50%的税额幅度内减征土地使用税。

26. 物流企业大宗商品仓储设施用地

自2020年1月1日至2022年12月31日,对物流企业自有(包括自用和出租)或承租的大宗商品仓储设施用地,减按所属土地等级适用税额标准的50%计征城镇土地使用税。

仓储设施用地,包括仓库库区内的各类仓房(含配送中心)、油罐(池)、货场、晒场(堆场)、罩棚等储存设施和铁路专用线、码头、道路、装卸搬运区域等物流作业配套设施的用地。

27. 科技企业孵化器、大学科技园、众创空间用地

自2019年1月1日至2021年12月31日,对国家级、省级科技企业孵化器、大学科技园和国家备案众创空间自用以及无偿或通过出租等方式提供给在孵对象使用的房产、土地,免征城镇土地使用税。

28. 由各省、自治区、直辖市税务局确定征免税的情形

个人所有的居住房屋及院落用地,房产管理部门在房租调整改革前经租的居民住房用地,免税单位职工家属的宿舍用地,集体和个人举办的各类学校、医院、托儿所、幼儿园用地等的征免税,由各省、自治区、直辖市税务局确定。

【难记易考优惠政策总结见表8-1】

表8-1 难记易考优惠政策总结

情形	征收	减免
免税单位与纳税单位之间无偿用土地	纳税单位用免税单位	免税单位用纳税单位免征
各类危险品防火爆毒等安全防范用地	仓库库区、厂房本身用地	各省、自治区、直辖市税务局确定暂免
企业的铁路专用线、公路等用地	企业厂区(包括生产、办公及生活区)以内的	厂区外、与社会公用地段未加隔离的暂免
企业绿化用地	企业厂区(包括生产、办公及生活区)以内的绿化用地	厂区外的公共绿化用地和向社会开放的公园用地,暂免
盐场、盐矿用地	盐场、盐矿的生产厂房、办公、生活区用地	盐场的盐滩、盐矿的矿井用地暂免
火电厂	厂区围墙内的用地	厂区围墙外:灰场、输灰管、输油(气)管道、铁路专用线用地免,其他用地征税

续表

情形	征收	减免
水电站	发电厂房用地(包括坝内、坝外式厂房)、生产、办公、生活用地	其他用地免税
对供电部门的输电线路用地、变电站用地,免征城镇土地使用税		
水利设施用地	其他用地,如生产、办公、生活用地	水利设施及其管扩用地(如水库库区、大坝、堤防、灌渠、泵站等用地),免征
交通部门港口用地	—	对交通部门的港口的码头(即泊位,包括岸边码头、伸入水中的浮码头、堤岸、堤坝、栈桥等)用地免征,对港口的其他用地,应按规定征收土地使用税
民航机场用地	机场工作区(包括办公、生产和维修用地及候机楼、停车场)用地、生活区用地、绿化用地、机场场内道路用地	机场飞行区(包括跑道、滑行道等)用地、场内外通信导航设施用地和飞行区四周排水防洪设施用地、机场场外道路用地免征
自用地免征的情形	老年服务机构、铁路运输企业、饮水工程运营管理单位自用的生产、办公用土地	
核电站	核岛、常规岛、辅助厂房和通信设施用地(不包括地下线路用地)、生活、办公用地	其他用地免征;核电站应税土地在基建期内减半征收

【老杨唠吧唠】本章减免税优惠的内容较多,考试频率较高,建议考生将表8-1的内容和上述文字的内容结合起来一并学习。

【例题3·单选题】下列各项中,应当征收城镇土地使用税的是( )。

A. 军队的训练场用地

B. 公园的茶社用地

C. 公共租赁住房建设期间用地

D. 宗教寺庙内的宗教人员生活用地

解析▶ 宗教寺庙、公园、名胜古迹自用的土地免征城镇土地使用税,以上单位的生产、经营用地和其他用地,不属于免税范围,应按规定缴纳土地使用税,如公园、名胜古迹中附设的影剧院、饮食部、茶社、照相馆等使用的土地。

答案▶ B

【例题4·多选题】按照城镇土地使用税的规定,下列表述不正确的有( )。

A. 水利设施及其管扩用地免征城镇土地使用税

B. 民航机场候机楼用地,免征城镇土地使用税

C. 老年服务机构自用的土地,免征城镇土地使用税

D. 纳税单位无偿使用免税单位的土地,不征城镇土地使用税

E. 水电站的发电厂房用地,免征城镇土地使用税

解析▶ 选项B,民航机场候机楼用地,应按规定征收城镇土地使用税;选项D,纳税单位无偿使用免税单位的土地,应由纳税单位缴纳城镇土地使用税;选项E,水电站的发电厂房用地,应征收城镇土地使用税。

答案▶ BDE

四、计税依据和应纳税额的计算 ★★

扫我解疑难

(一)计税依据

城镇土地使用税以纳税人实际占用的土地面积(平方米)为计税依据。

纳税人实际占用的土地面积,以房地产管理部门核发的土地使用证书与确认的土地面积为准;尚未核发土地使用证书的,应由纳税人据实申报土地面积,据以纳税,待核

发土地使用证以后再作调整。

（二）应纳税额的计算

城镇土地使用税的应纳税额依据纳税人实际占用的土地面积和适用单位税额计算。

计算公式如下：

年应纳税额＝计税土地面积（平方米）×适用税额

土地使用权由几方共有的，由共有各方按照各自实际使用的土地面积占总面积的比例，分别计算缴纳土地使用税。

【例题5·单选题】 甲企业位于某经济落后地区，2019年12月取得一宗土地的使用权（未取得土地使用证书），2020年1月已按1 500平方米申报缴纳城镇土地使用税。2020年4月该企业取得了政府部门核发的土地使用证书，上面注明的土地面积为2 000平方米。已知该地区适用每平方米0.9元-18元的固定税额，当地政府规定的固定税额为每平方米0.9元，并另按照国家规定的最高比例降低税额标准。则该企业2020年应该补缴的城镇土地使用税为（　　）元。

A. 0　　　　　　B. 315

C. 945　　　　　D. 1 260

解析 经济落后地区，土地使用税的适用税额标准可适当降低，但降低额不得超过上述规定最低税额的30%。应补缴的城镇土地使用税＝(2 000－1 500)×0.9×(1－30%)＝315（元）。

答案 B

【例题6·单选题】 某市肉制品加工企业2020年占地60 000平方米，其中办公占地5 000平方米，生猪养殖基地占地28 000平方米，肉制品加工车间占地16 000平方米，企业内部道路及绿化占地11 000平方米。企业所在地城镇土地使用税单位税额每平方米0.8元。该企业全年应缴纳城镇土地使用税（　　）元。

A. 16 800　　　B. 25 600

C. 39 200　　　D. 48 000

解析 直接用于农、林、牧、渔业的生产用地，免征城镇土地使用税，农副产品加工厂占地和从事农、林、牧、渔业生产单位的生活、办公用地不包括在内。对企业厂区（包括生产、办公及生活区）以内的绿化用地，应照章征收城镇土地使用税。应纳土地使用税＝(60 000－28 000)×0.8＝25 600（元）。

答案 B

五、征收管理★

扫我解疑难

（一）纳税义务发生时间（见表8-2）

表8-2　纳税义务发生时间

具体形式	纳税义务发生时间
购置新建商品房	自房屋交付使用之<u>次月</u>起计征城镇土地使用税
购置存量房	自办理房屋权属转移、变更登记手续，房地产权属登记机关签发房屋权属证书之<u>次月</u>起计征城镇土地使用税
出租、出借房产	自交付出租、出借房产之<u>次月</u>起计征城镇土地使用税
房地产开发企业自用、出租、出借本企业建造的商品房	自房屋使用或交付<u>之次月</u>起计征城镇土地使用税
凡是缴纳了耕地占用税的	凡是缴纳了耕地占用税的，自批准征收之日起满1年时缴纳城镇土地使用税
纳税人新征用非耕地	自批准征用<u>次月</u>起缴纳城镇土地使用税

【例题7·单选题】下列关于城镇土地使用税纳税义务发生时间表述正确的是( )。

A. 纳税人出租房产，自交付出租房产当月起计征城镇土地使用税

B. 房地产开发企业自用本企业建造的商品房，自房屋使用的当月起计征城镇土地使用税

C. 凡是缴纳了耕地占用税的，自批准征收之日起满1年时缴纳城镇土地使用税

D. 纳税人购置的新建商品房，自房屋交付使用的当月起缴纳城镇土地使用税

解析 ▶ 选项A，纳税人出租房产，自交付出租房产之次月起计征城镇土地使用税；选项B，房地产开发企业自用本企业建造的商品房，自房屋使用的次月起计征城镇土地使用税；选项D，纳税人购置的新建商品房，自房屋交付使用之次月起缴纳城镇土地使用税。

答案 ▶ C

(二)纳税期限和纳税申报

城镇土地使用税按年计算，分期缴纳。缴纳期限由省、自治区、直辖市人民政府确定。

纳税人新征用的土地，必须于批准新征用之日起30日内申报登记。纳税人如有住址变更、土地使用权属转换等情况，从转移之日起，按规定期限办理申报变更登记。

(三)纳税地点

城镇土地使用税的纳税地点为土地所在地，由土地所在地的税务机关负责征收。

1. 纳税人使用的土地不属于同一省(自治区、直辖市)管辖范围内的，由纳税人分别向土地所在地的税务机关缴纳城镇土地使用税。

2. 在同一省(自治区、直辖市)管辖范围内的，纳税人跨地区使用的土地，其纳税地点由各省、自治区、直辖市税务局确定。

【例题8·单选题】纳税人使用的土地不属于同一省(自治区、直辖市)管辖的，纳税人( )缴纳城镇土地使用税。

A. 应向注册地税务机关

B. 应向核算地税务机关

C. 应向总机构所在地税务机关

D. 分别向土地所在地税务机关

解析 ▶ 城镇土地使用税在土地所在地缴纳。纳税人使用的土地不属于同一省(自治区、直辖市)管辖范围内的，由纳税人分别向土地所在地的税务机关缴纳城镇土地使用税。

答案 ▶ D

【例题9·单选题】位于某县城的一化工厂，2020年1月企业土地使用证书记载占用土地的面积为80 000平方米，8月新征用耕地10 000平方米，已缴纳耕地占用税，适用城镇土地使用税税率为10元/平方米。该化工厂2020年应缴纳城镇土地使用税( )元。

A. 720 000   B. 800 000
C. 820 000   D. 900 000

解析 ▶ 凡是缴纳了耕地占用税的，自批准征收之日起满1年时缴纳城镇土地使用税。应缴纳城镇土地使用税 = 80 000 × 10 = 800 000(元)。

答案 ▶ B

真题精练

一、单项选择题

1. (2020年)纳税人购置新建商品房，其城镇土地使用税纳税义务发生时间是( )。

A. 办理预售许可证之次月
B. 房屋交付使用之次月
C. 办理不动产权属证书之次日
D. 房屋竣工备案之次月

2. (2020年)某大型制造企业土地使用权证书载明占地面积100万平方米，其中幼儿园占地2万平方米，道路和绿化占地5万平方米，其余为生产办公用地。已知当地城镇土地使用税年税额为10元/平方米，2019年该企业应缴纳城镇土地使用税( )万元。

A. 980   B. 1 000
C. 930   D. 950

3. (2019年)下列用地行为,应缴纳城镇土地使用税的是( )。
   A. 宗教寺庙自用土地
   B. 市政休闲广场用地
   C. 农副产品加工厂用地
   D. 直接用于农业生产的土地
4. (2019年)关于城镇土地使用税的征收管理,下列说法正确的是( )。
   A. 纳税人新征用的非耕地,自批准征用之月起缴纳城镇土地使用税
   B. 纳税人新征用的土地,必须于批准新征用之日起15日内申报登记
   C. 城镇土地使用税按年计算,分期缴纳,纳税期限由市级人民政府确定
   D. 在同一省范围内,纳税人跨地区使用土地的,由省级税务局确定纳税地点
5. (2018年)下列用地,可免征城镇土地使用税的是( )。
   A. 军队家属的院落用地
   B. 国家机关的办公用地
   C. 企业的内部道路绿化用地
   D. 房地产公司开发写字楼用地

二、多项选择题
1. (2020年)下列免征城镇土地使用税的有( )。
   A. 城市市政广场占地
   B. 种植业生产占地
   C. 军队办公场所占地
   D. 市政街道占地
   E. 公园内部饮食部占地
2. (2019年)关于城镇土地使用税的纳税人,下列说法正确的有( )。
   A. 城镇土地使用权属未确定的,实际使用人为纳税人
   B. 城镇土地使用权权属共有的,共有各方分别为纳税人
   C. 城镇土地使用的权属纠纷未解决的,纠纷双方均为纳税人
   D. 国有或集体土地使用权出租的,出租人为纳税人
   E. 城镇土地使用税由拥有土地使用权的单位和个人为纳税人
3. (2018年)根据城镇土地使用税纳税人的相关规定,下列说法正确的有( )。
   A. 个人拥有土地使用权的,以个人为纳税人
   B. 土地使用权出租的,以承租人为纳税人
   C. 土地使用权属共有的,以共有各方为纳税人
   D. 土地使用权属未确定的,以实际使用人为纳税人
   E. 单位拥有土地使用权的,以单位为纳税人
4. (2016年)下列关于城镇土地使用税纳税义务发生时间的说法,正确的有( )。
   A. 购置新建商品房,自签订房屋销售合同的次月起计征城镇土地使用税
   B. 凡是缴纳了耕地占用税的,自批准征收之日起满1年时缴纳城镇土地使用税
   C. 以出让方式取得土地使用权,应由受让方从合同约定的交付土地时间的次月起缴纳城镇土地使用税
   D. 购置存量房,自房产权属登记机关签发房屋权属证书的次月起计征城镇土地使用税
   E. 通过拍卖方式取得建设用地(不属新征用耕地),应从合同约定的交付土地时间的次月起缴纳城镇土地使用税

三、计算题
(2020年)某新建农产品批发企业2019年发生下列业务:
(1)3月份受让一宗土地,土地出让合同记载土地出让金15 000万元、拆迁补偿费3 000万元、市政建设配套费2 000万元。该宗土地面积20万平方米,其中18万平方米用于农产品批发用房建设、2万平方米用于办公用房建设,当月办理了土地使用权证;
(2)3月份与某建筑企业签订批发市场建设项目总承包合同,记载金额40 000万元;该项目9月份竣工备案;
(3)9月底将农产品批发用房转入"固定资

产"账户,原值56 160万元;办公用房转入"固定资产"账户,原值8 320万元;
(4)9月30日签订农产品批发用房租赁合同,记载自10月1日起交付使用,租期1年,一次性收取1年租金4 000万元。
(注:该项目所在地契税税率为4%,城镇土地使用税税率为8元/平方米,计算房产税余值减除比例30%)依据上述资料,回答下列问题:

1. 该企业受让土地使用权,应缴纳契税( )万元。
   A. 600 B. 680
   C. 720 D. 800

2. 该企业2019年签订的合同应缴纳印花税( )万元。
   A. 14 B. 16
   C. 22 D. 26

3. 该企业2019年应缴纳城镇土地使用税( )万元。
   A. 13.33 B. 10.67
   C. 16.00 D. 12.00

4. 该企业2019年应缴纳房产税( )万元。
   A. 11.65 B. 17.47
   C. 23.30 D. 69.89

真题精练答案及解析

一、单项选择题

1. B 【解析】购置新建商品房,自房屋交付使用之次月起计征城镇土地使用税。

2. A 【解析】对企业厂区(包括生产、办公及生活区)以内的绿化用地,应照章征收城镇土地使用税;企业办的学校、医院、托儿所、幼儿园,其自用的土地免征城镇土地使用税;故应缴纳城镇土地使用税=(100-2)×10=980(万元)。

3. C 【解析】选项A、B、D,免征城镇土地使用税。选项C,农副产品加工厂占地不在免税的范围内。

4. D 【解析】选项A,纳税人新征用的非耕地,自批准征用次月起缴纳城镇土地使用税;选项B,纳税人新征用的土地,必须于批准新征用之日起30日内申报登记;选项C,城镇土地使用税按年计算,分期缴纳,缴纳期限由省、自治区、直辖市人民政府确定(非市级人民政府)。

5. B 【解析】国家机关、人民团体、军队单位本身的办公用地和公务用地免征城镇土地使用税。

二、多项选择题

1. ABCD 【解析】选项E,公园、名胜古迹中附设的营业场所,如影剧院、饮食部、茶社、照相馆等用地,应征收城镇土地使用税。

2. ABE 【解析】选项C,土地使用权未确定或权属纠纷未解决的,由实际使用人纳税;选项D,在城镇土地使用税征税范围内,承租集体所有建设用地的,由直接从集体经济组织承租土地的单位和个人,缴纳城镇土地使用税。

3. ACDE 【解析】选项B,土地使用权出租的,以出租方为纳税人。

4. BCDE 【解析】选项A,购置新建商品房,自房屋交付使用的次月起,缴纳城镇土地使用税。

三、计算题

1. D 【解析】该企业受让土地使用权应缴纳契税=(15 000+3 000+2 000)×4%=800(万元)

2. D 【解析】应纳印花税=(15 000+3 000+2 000)×0.05%+40 000×0.03%+4 000×1‰=26(万元)。

『提示』出让国有土地使用权的,其契税计税价格为承受人为取得该土地使用权而支付的全部经济利益,拆迁补偿费3 000万元、市政建设配套费2 000万元,应包含在内。

3. D 【解析】该企业2019年应缴纳城镇土

地使用税=2×8×9÷12=12(万元)。

『提示』对农产品批发市场、农贸市场(包括自有和承租)专门用于经营农产品的房产、土地,暂免征收房产税和城镇土地使用税。

4. B 【解析】该企业2019年应缴纳房产税=8 320×(1-30%)×1.2%×3÷12=17.47(万元)。

『提示』对农产品批发市场、农贸市场(包括自有和承租)专门用于经营农产品的房产、土地,暂免征收房产税和城镇土地使用税。

同步训练 限时40分钟

扫我做试题

一、单项选择题

1. 按照城镇土地使用税的有关规定,下列表述正确的是( )。
   A. 集体企业不是城镇土地使用税的纳税人
   B. 土地使用权未确定的,暂不缴纳城镇土地使用税
   C. 土地使用权共有的,由共有各方分别按其使用面积纳税
   D. 对外商投资企业和外国企业暂不征收城镇土地使用税

2. 下列说法符合城镇土地使用税规定的是( )。
   A. 在建制镇使用土地的个人为城镇土地使用税的纳税义务人
   B. 土地使用权权属纠纷未解决的,由税务机关根据情况确定纳税人
   C. 纳税人尚未核发土地使用证书的,暂不纳税,核发土地使用证后再补缴税款
   D. 经济发达地区城镇土地使用税适用税额标准经省级人民政府批准可以适当提高

3. 某盐场2020年度占地200 000平方米,其中办公楼占地20 000平方米,盐场内部绿化占地50 000平方米,盐场附属幼儿园占地10 000平方米,盐滩占地120 000平方米。盐场所在地城镇土地使用税单位税额每平方米0.7元。该盐场2020年应缴纳的城镇土地使用税为( )元。
   A. 14 000   B. 49 000
   C. 56 000   D. 140 000

4. 某公司2016年3月通过挂牌取得一宗土地,土地出让合同约定2016年4月交付,土地使用证记载占地面积为6 000平方米。该土地年税额4元/平方米,该公司2016年度应缴纳城镇土地使用税( )元。
   A. 24 000   B. 20 000
   C. 18 000   D. 16 000

5. 根据城镇土地使用税的规定,中等城市年税额为每平方米1.2元至24元,经省、自治区、直辖市人民政府批准,经济落后地区的城镇土地使用税适用税额标准可以适当降低,那么中等城市中的经济落后地区降低后的税额最低为( )元。
   A. 0.5   B. 0.87
   C. 1.07   D. 0.84

6. 甲公司与某国家机关共同使用一块土地,面积5 000平方米,其中国家机关占用70%,当地城镇土地使用税单位税额每平方米5元。甲公司全年应纳城镇土地使用税为( )元。
   A. 7 500   B. 17 500
   C. 25 000   D. 90 000

7. 某企业总机构2020年实际占用土地面积共30 000平方米,其中5 000平方米为厂区内的绿化区,企业的医院共占地500平方米;企业分设的A机构占地3 000平方米,

其中有无偿使用公安机关的一块场地100平方米。单位税额为5元/平方米。该企业2020年应缴纳城镇土地使用税为( )元。

A. 150 000　　　　B. 157 500
C. 156 500　　　　D. 162 500

8. 2020年度甲企业与乙企业共同使用面积为8 000平方米的土地，该土地上共有建筑物15 000平方米，甲企业使用其中的3/5，乙企业使用其中的2/5。除此之外，经有关部门批准，乙企业在2020年1月底新征用非耕地6 000平方米。甲乙企业共同使用土地所处地段的年税额为4元/平方米，乙企业新征土地所处地段的年税额为2元/平方米。下列关于2020年度缴纳城镇土地使用税的情况表述正确的是( )。

A. 甲企业纳税19 200元，乙企业纳税12 800元
B. 甲企业纳税19 200元，乙企业纳税23 800元
C. 甲企业纳税36 000元，乙企业纳税35 000元
D. 甲企业纳税36 000元，乙企业纳税24 000元

9. 甲公司实际占地面积共计20 000平方米，其中3 000平方米为厂区外的绿化区，2 000平方米为厂区以内的绿化用地，企业创办的学校和医院共占地1 500平方米，出租500平方米，无偿借出800平方米给部队作训练场地。所处地段适用年税额为3元/平方米。甲公司全年应缴纳的城镇土地使用税为( )元。

A. 40 000　　　　B. 42 000
C. 41 000　　　　D. 44 100

10. 2020年某民用机场占地100万平方米，其中飞行区用地90万平方米，场外道路用地7万平方米，场内道路用地0.5万平方米，工作区用地2.5万平方米，城镇土地使用税单位税额为5元/平方米。2020年该机场应缴纳城镇土地使用税( )元。

A. 125 000　　　　B. 150 000
C. 475 000　　　　D. 500 000

11. 下列各项中，属于免征城镇土地使用税的是( )。

A. 为社区提供养老服务的机构自有并用于提供社区养老服务的土地
B. 公园内设立的影剧院用地
C. 物流企业承租用于大宗商品仓储设施的土地
D. 核电站的办公用地

12. 以下关于城镇土地使用税的表述中，不正确的是( )。

A. 纳税人使用的土地不属于同一省（自治区、直辖市）管辖范围内的，由纳税人分别向土地所在地的税务机关申报缴纳
B. 在同一省（自治区、直辖市）管辖范围内，纳税人跨地区使用的土地，由纳税人分别向土地所在地的税务机关申报缴纳
C. 纳税人如有住址变更、土地使用权属转换等情况，从转移之日起，按规定期限办理申报变更登记
D. 城镇土地使用税按年计算，分期缴纳

13. 下列用地，可以免征城镇土地使用税的是( )。

A. 企业内道路占用的土地
B. 人民法院的办公楼用地
C. 公园的照相馆经营用地
D. 军队的家属院落用地

14. 下列单位的用地，征收城镇土地使用税的是( )。

A. 由国家财政部门拨付经费、实行全额预算管理的事业单位的自用土地
B. 由国家财政部门拨付经费、实行差额预算管理的事业单位的自用土地
C. 厂区以外的公共绿化用地和向社会开放的公园用地
D. 盐场、盐矿的生产厂房、办公、生活区用地

15. 甲企业(国有企业)生产经营用地分布于A、B、C三个地域，A地的土地使用权属于甲企业，面积10 000平方米，其中幼儿园占地1 000平方米，厂区绿化占地2 000平方米；B地的土地使用权属甲企业与乙企业共同拥有，面积5 000平方米，实际使用面积各半；C地的土地面积3 000平方米，甲企业一直使用但土地使用权未确定。假设A、B、C地的城镇土地使用税的单位税额为每平方米5元，甲企业全年应纳城镇土地使用税(　　)元。
    A. 57 500　　　　B. 62 500
    C. 72 500　　　　D. 85 000

16. 下列土地应征收城镇土地使用税的是(　　)。
    A. 盐场的盐滩用地
    B. 企业办的学校用地
    C. 核电站基建期内的办公用地
    D. 农产品批发市场、农贸市场专门用于经营农产品的土地

二、多项选择题

1. 下列选项中，属于现行城镇土地使用税特点的有(　　)。
    A. 城镇土地使用税属于准财产税
    B. 城镇土地使用税的征税对象包括国有土地和农业土地
    C. 城镇土地使用税实行差别幅度税额
    D. 城镇土地使用税征税范围限定在城市、县城、建制镇和工矿区
    E. 调节土地级差收入，鼓励平等竞争

2. 下列关于城镇土地使用税的说法，正确的有(　　)。
    A. 城镇土地使用税调节的是土地的级差收入
    B. 城镇土地使用税只在城市、县城、建制镇、工矿区范围内征收
    C. 城镇土地使用权属纠纷未解决的，由实际使用人纳税
    D. 纳税单位无偿使用免税单位的土地，由实际使用人纳税
    E. 在同一省管辖范围内纳税人跨地区使用的土地，由纳税人选择向其中一地的税务机关申报纳税

3. 在应税范围内使用土地的单位和个人属于土地使用税纳税义务人，其中单位的范围包括(　　)。
    A. 外商投资企业
    B. 个体工商户
    C. 国有企业
    D. 国家机关
    E. 社会团体

4. 下列说法符合城镇土地使用税规定的有(　　)。
    A. 某商店已经领取土地使用证，应当按照房地产管理部门核发的土地使用证书所确认的土地面积作为城镇土地使用税的计税依据
    B. 企业厂区外向社会开放的公园用地的土地面积，需要并入计税面积中，缴纳城镇土地使用税
    C. 某饭店尚未领取到土地使用证书，以据实申报的土地面积缴纳城镇土地使用税
    D. 城镇土地使用税的纳税期限由省、自治区、直辖市的人民政府确定
    E. 纳税人尚未取得土地使用证的，先不缴纳城镇土地使用税，待实际收到后再补缴城镇土地使用税

5. 下列各项中，应当缴纳城镇土地使用税的有(　　)。
    A. 农村工厂用地
    B. 市区农副产品加工场地
    C. 纳税单位无偿使用免税单位的土地
    D. 房地产开发企业建造的商品房用地
    E. 企业新购置的尚未核发土地使用证书的厂房用地

6. 按照城镇土地使用税的有关规定，下列用地可免征城镇土地使用税的有(　　)。
    A. 对企业厂区(包括生产、办公及生活区)以内的绿化用地
    B. 国家税务总局办公用地

C. 棚户区改造，对改造安置住房的建设用地
D. 机场飞行区用地
E. 公园照相馆用地

7. 下列说法中，符合城镇土地使用税税收政策的有（ ）。
   A. 经省、自治区、直辖市人民政府批准，经济落后地区的城镇土地使用税适用税额标准可以适当降低，但降低额不得超过规定的最低税额的30%
   B. 经济发达地区城镇土地使用税的适用税额标准可以适当提高，但须报经财政部批准
   C. 纳税单位无偿使用免税单位的土地，免征城镇土地使用税
   D. 直接从事饲养的专业用地免征城镇土地使用税
   E. 国家级、省级科技企业孵化器、大学科技园和国家备案众创空间自用以及无偿或通过出租等方式提供给在孵对象使用的房产、土地，免征城镇土地使用税

8. 下列关于城镇土地使用税的纳税义务发生时间，表述正确的有（ ）。
   A. 购置新建商品房，自商品房交付使用的次月起缴纳城镇土地使用税
   B. 凡是缴纳了耕地占用税的，自批准征收之日起满1年时缴纳城镇土地使用税
   C. 新征用的非耕地，自批准征用次月起缴纳城镇土地使用税
   D. 房产出租，自交付出租房产之次月起缴纳城镇土地使用税
   E. 购置存量房，自购买的次月起缴纳城镇土地使用税

9. 下列关于城镇土地使用税的说法，正确的有（ ）。
   A. 城镇土地使用税的纳税地点为土地所在地
   B. 在同一省管辖范围内，纳税人跨地区使用的土地，由省级人民政府确定纳税地点
   C. 纳税人如有住址变更、土地使用权属转换等情况，从转移之日起，按规定期限办理申报变更登记
   D. 各省、自治区、直辖市人民政府应当在法定税额幅度内，根据市政建设状况、经济繁荣程度等条件，确定所辖地区的适用税额幅度
   E. 纳税人新征用的土地，必须于批准新征用之日起10日内申报登记

10. 根据城镇土地使用税的规定，下列说法不正确的有（ ）。
    A. 城镇土地使用税按年计算，分期缴纳
    B. 城镇土地使用税的纳税人是所有占用土地的单位和个人
    C. 城镇土地使用税的计税依据是纳税人用于生产经营活动的土地面积
    D. 城镇土地使用税的纳税期限由省、自治区、直辖市人民政府确定
    E. 城镇土地使用税的征税对象是城市、县城、建制镇和工矿区的土地

同步训练答案及解析

一、单项选择题

1. **C**　【解析】选项A，城镇土地使用税的纳税人是在城市、县城、建制镇和工矿区内使用土地的单位和个人。单位，包括国有企业、集体企业、私营企业、股份制企业、外商投资企业、外国企业以及其他企业和事业单位、社会团体、国家机关、军队以及其他单位；所称个人，包括个体工商户以及其他个人。选项B，土地使用权未确定或权属纠纷未解决的，土地的实际使用人为纳税人；选项D，外商投资企业和外国企业按照实际占用的土地面积计征城镇土地使用税。

2. **A**　【解析】选项B，土地使用权未确定或

权属纠纷未解决的,由实际使用人纳税;选项 C,纳税人尚未核发土地使用证书的,应由纳税人据实申报土地面积,据以纳税,待核发土地使用证以后再作调整;选项 D,经济发达地区城镇土地使用税的适用税额标准可以适当地提高,但须报经财政部批准。

3. B 【解析】企业内部的幼儿园和盐场的盐滩占地免征城镇土地使用税。应缴纳的城镇土地使用税 = (200 000 - 10 000 - 120 000)×0.7 = 49 000(元)。

4. D 【解析】税法规定,通过招标、拍卖、挂牌方式取得的建设用地,不属于新征用的耕地,纳税人应按照规定从合同约定交付土地时间的次月起缴纳城镇土地使用税。

5. D 【解析】经省、自治区、直辖市人民政府批准,经济落后地区的城镇土地使用税适用税额标准可以适当降低,但降低额不得超过规定的最低税额的30%。因此最高降低额 = 1.2×30% = 0.36(元),降低后的税额最低为 1.2-0.36 = 0.84(元)。

6. A 【解析】土地使用权由几方共有的,由共有各方按照各自实际使用的土地面积占总面积的比例,分别计算缴纳土地使用税。甲公司应纳城镇土地使用税 = 5 000×30%×5 = 7 500(元)。

7. D 【解析】企业办的学校、医院、托儿所、幼儿园,其自用的土地免征城镇土地使用税。对企业厂区(包括生产、办公及生活区)以内的绿化用地,应照章征收城镇土地使用税。应纳城镇土地使用税 = (30 000 - 500) × 5 + 3 000 × 5 = 162 500(元)。

8. B 【解析】土地使用权由几方共有的,由共有各方按照各自实际使用的土地面积占总面积的比例,分别计算缴纳土地使用税;纳税人新征用的非耕地,自批准征用次月起缴纳城镇土地使用税,因此新征用的非耕地 2020 年只需缴纳 11 个月的城镇土地使用税。

甲企业应缴纳城镇土地使用税 = 8 000×3÷5×4 = 19 200(元)

乙企业应缴纳城镇土地使用税 = 8 000×2÷5×4+6 000×2×11÷12 = 23 800(元)。

9. D 【解析】对企业厂区以外的公共绿化用地和企业创办的学校和医院占地,免征城镇土地使用税。免税单位无偿使用纳税单位的土地,免征城镇土地使用税。甲公司应缴纳城镇土地使用税 = (20 000-3 000-1 500-800)×3 = 44 100(元)。

10. B 【解析】机场飞行区用地、场外道路用地,免征城镇土地使用税。应缴纳城镇土地使用税 = (0.5+2.5)×5×10 000 = 150 000(元)。

11. A 【解析】选项 B,公园自用的土地免征城镇土地使用税,自用的土地是指供公共参观游览的用地及其管理单位的办公用地;选项 C,对物流企业承租用于大宗商品仓储设施的土地,减按所属土地等级适用税额标准的 50% 计征城镇土地使用税;选项 D,对核电站的办公用地按规定征收城镇土地使用税。

12. B 【解析】选项 B,同一省(自治区、直辖市)管辖范围内,纳税人跨地区使用的土地,由各省、自治区、直辖市税务局确定纳税地点。

13. B 【解析】选项 A,对企业厂区(包括生产、办公及生活区)以内的绿化用地,应照章征收城镇土地使用税,厂区以外的公共绿化用地和向社会开放的公园用地,暂免征收城镇土地使用税;选项 C,公园供公共参观游览的用地及其管理单位的办公用地,免征城镇土地使用税,公园中附设的营业场所,如影剧院、饮食部、茶社、照相馆等用地,应征收城镇土地使用税;选项 D,军队本身的办公用地和公务用地,免征城镇土地使用税,军队的家属院落用地,不免税。

14. D 【解析】选项A、B、C,免征城镇土地使用税,选项D,应照章征收城镇土地使用税。

15. C 【解析】企业办的幼儿园其自用的土地免征城镇土地使用税。对企业厂区(包括生产、办公及生活区)以内的绿化用地,应照章征收城镇土地使用税。土地使用权由几方共有的,由共有各方按照各自实际使用的土地面积占总面积的比例,分别计算缴纳城镇土地使用税。土地使用权未确定的,由实际使用人纳税。应缴纳城镇土地使用税=(10 000-1 000+5 000÷2+3 000)×5=72 500(元)。

16. C 【解析】选项C,对核电站的核岛、常规岛、辅助厂房和通信设施用地(不包括地下线路用地)、生活、办公用地按规定征收城镇土地使用税,其他用地免征城镇土地使用税。

二、多项选择题

1. ACD 【解析】选项A,城镇土地使用税在实质上是对占有土地行为的课税,属于准财产税,而非严格意义上的财产税;选项B,城镇土地使用税的征税对象是国有土地,不包括农业土地;选项E,是城镇土地使用税的立法原则,而非城镇土地使用税的特点。

2. ABCD 【解析】选项E,在同一省管辖范围内纳税人跨地区使用的土地,由省级税务机关确定纳税地点。

3. ACDE 【解析】所称单位,包括国有企业、集体企业、私营企业、股份制企业、外商投资企业、外国企业以及其他企业和事业单位、社会团体、国家机关、部队以及其他单位;所称个人,包括个体工商户以及其他个人。

4. ACD 【解析】选项B,对企业厂区(包括生产、办公及生活区)以内的绿化用地,应照章征收城镇土地使用税,厂区外的公共绿化用地和向社会开放的公园用地,暂免征收城镇土地使用税。选项E,纳税人实际占用的土地面积,以房地产管理部门核发土地使用证所确认的土地面积为准;尚未核发土地使用证书的,应由纳税人据实申报土地面积,据以纳税,待核发土地使用证后再作调整。

5. BCDE 【解析】选项A,城镇土地使用税征税范围限定在城市、县城、建制镇、工矿区,上述范围之外的土地不属于城镇土地使用税的征税范围;选项B,农副产品加工厂占地和从事农、林、牧、渔业生产单位的生活、办公用地应缴城镇土地使用税;选项C,纳税单位无偿使用免税单位的土地,纳税单位应照章纳税;选项D,房地产开发企业建造的商品房用地,除经批准开发建设经济适用房的用地外,对各类房地产开发用地都应按规定征税;选项E,企业新购置的尚未核发土地使用证书的厂房用地,应由纳税人据实申报土地面积,据以纳税,待核发土地使用权证后再作调整。

6. BCD 【解析】选项A,对企业厂区(包括生产、办公及生活区)以内的绿化用地,应照章征收城镇土地使用税;选项E,公园、名胜古迹中附设的营业场所,如影剧院、饮食部、茶社、照相馆等用地,应征收城镇土地使用税。

7. ABDE 【解析】选项C,对免税单位无偿使用纳税单位的土地(如公安、海关等单位使用铁路、民航等单位的土地),免征城镇土地使用税;对纳税单位无偿使用免税单位的土地,纳税单位应照章缴纳城镇土地使用税。

8. ABCD 【解析】选项E,购置存量房,自办理房屋权属转移、变更登记手续,房地产权属登记机关签发房屋权属证书之次月起计征城镇土地使用税。

9. ACD 【解析】选项B,在同一省(自治区、直辖市)管辖范围内,纳税人跨地区使用的土地,由各省、自治区、直辖市税务局确定纳税地点;选项E,纳税人新征用的土地，必须于批准新征用之日起 30 日内申报登记。

10. BC 【解析】选项 B 说的范围过于宽泛，例如农村集体所有土地的占有者不是城镇土地使用税的纳税人；选项 C，城镇土地使用税的计税依据是纳税人实际占用的土地面积，不仅是生产经营活动的土地面积。

第9章　耕地占用税

考情解密

历年考情概况

本章属于考试的非重点章节。近三年考试的平均分值在4-6分。题型比较固定，基本上都是单选题和多选题，个别年份会结合其他小税种在计算题中出现。应纳税额的计算非常简单，主要围绕明确耕地的范围和税收优惠出题。

近年考点直击

考点	主要考查题型	考频指数	考查角度
概述	单选题、多选题	★	客观题考核，考频不高
纳税义务人和征税范围	单选题、多选题	★★	主要围绕征税范围考核文字性题目
税收优惠	单选题、多选题	★★★	既可以出单选题，也可以出多选题，同时也是计算性选择题的基础
应纳税额的计算	单选题、多选题、计算题	★★	主要在单选题中考查应纳税额的计算
征收管理	单选题、多选题	★	主要考查文字性的选择题

本章2021年考试主要变化

本章内容无实质性变化。

考点详解及精选例题

一、概述★
扫我解疑难

1. 概念：

耕地占用税是在中华人民共和国境内占用耕地建设建筑物、构筑物或者从事非农业建设的单位和个人，就实际占用的耕地面积为计税依据所征收的一种税。

2. 特点：

(1)兼具资源税与特定行为税的性质。

(2)采用地区差别税率。

(3)在占用耕地环节一次性课征。

二、纳税义务人和征税范围★★
扫我解疑难

(一)纳税义务人

在中国境内占用耕地建设建筑物、构筑物或者从事非农业建设的单位和个人，为耕地占用税的纳税人。

『提示1』经申请批准占用耕地的，纳税人为农用地转用审批文件中标明的建设用地人；转用审批文件中未标明建设用地人的，纳税人为用地申请人，其中用地申请人为各级人民政府的，由同级土地储备中心、自然资源主管部门或政府委托的其他部门、单位履行申报纳税义务。

『提示2』未经批准占用耕地的，纳税人为实际用地人。

(二) 征税范围

1. 纳税人占用耕地建设建筑物、构筑物或者从事非农业建设的国家所有和集体所有的耕地。

『提示1』耕地是指用于种植农作物的土地。

『提示2』占用耕地建设农田水利设施的不纳。

2. 占用园地、林地、草地、农田水利用地、养殖水面、渔业水域滩涂以及其他农用地建设建筑物、构筑物或者从事非农业建设的，依照规定缴纳耕地占用税。

『提示1』占用上述农用地的，适用税额可以适当低于本地区确定的适用税额，但降低的部分不得超过50%。具体适用税额由省、自治区、直辖市人民政府提出，报同级人民代表大会常务委员会决定，并报全国人民代表大会常务委员会和国务院备案。

『提示2』占用规定的农用地建设直接为农业生产服务的生产设施的不缴纳耕地占用税。

直接为农业生产服务的生产设施，是指直接为农业生产服务而建设的建筑物和构筑物。具体包括：储存农用机具和种子、苗木、木材等农业产品的仓储设施；培育、生产种子、种苗的设施；畜禽养殖设施；木材集材道、运材道；农业科研、试验、示范基地；野生动植物保护、护林、森林病虫害防治、森林防火、木材检疫的设施；专为农业生产服务的灌溉排水、供水、供电、供热、供气、通讯基础设施；农业生产者从事农业生产必需的食宿和管理设施；其他直接为农业生产服务的生产设施。

『提示3』园地，包括果园、茶园、橡胶园、其他园地。其中其他园地包括种植桑树、可可、咖啡、油棕、胡椒、药材等其他多年生作物的园地。

『提示4』林地，包括乔木林地、竹林地、红树林地、森林沼泽、灌木林地、灌丛沼泽、其他林地，不包括城镇村庄范围内的绿化林木用地，铁路、公路征地范围内的林木用地，以及河流、沟渠的护堤林用地。其中其他林地包括疏林地、未成林地、迹地、苗圃等林地。

『提示5』草地，包括天然牧草地、沼泽草地、人工牧草地，以及用于农业生产并已由相关行政主管部门发放使用权证的草地。

『提示6』农田水利用地，包括农田排灌沟渠及相应附属设施用地。

『提示7』养殖水面，包括人工开挖或者天然形成的用于水产养殖的河流水面、湖泊水面、水库水面、坑塘水面及相应附属设施用地。

『提示8』渔业水域滩涂，包括专门用于种植或者养殖水生动植物的海水潮浸地带和滩涂，以及用于种植芦苇并定期进行人工养护管理的苇田。

3. 纳税人因建设项目施工或地质勘查临时占用耕地应当依照规定缴纳耕地占用税。

『提示1』临时占用耕地，是指经自然资源主管部门批准，在一般不超过2年内临时使用耕地并且没有修建永久性建筑物的行为。

『提示2』纳税人在批准临时占用耕地期满之日起1年内依法复垦，恢复种植条件的，全额退还已经缴纳的耕地占用税。

4. 因挖损、采矿塌陷、压占、污染等损毁耕地属于税法所称的非农业建设，应依照规定缴纳耕地占用税。

『提示』自自然资源、农业农村等相关部门认定损毁耕地之日起3年内依法复垦或修复，恢复种植条件的，按规定办理退税。

【老杨唠吧唠】考生一定要注意"农田水利"这几个字在考题中出现的"杀伤力"，总结如下：占用耕地建设农田水利设施和建设直接为农业生产服务的生产设施不缴纳耕地占用税。占用农田水利用地建设建筑物、构筑物或者从事非农业建设的，要缴纳耕地占用税。

三、税收优惠★★★

扫我解疑难

(一)免征

1. 军事设施占用耕地免征耕地占用税。

『提示』具体范围为《中华人民共和国军事设施保护法》规定的军事设施。包括：

(1)地上、地下的军事指挥、作战工程；

(2)军用机场、港口、码头；

(3)营区、训练场、试验场；

(4)军用洞库、仓库；

(5)军用通信、侦察、导航、观测台站和测量、导航、助航标志；

(6)军用公路、铁路专用线、军用通讯、输电线路、军用输油、输水管道；

(7)其他直接用于军事用途的设施。

【老杨唠吧唠】免税的军事设施，具体范围为《中华人民共和国军事设施保护法》规定的军事设施。一定要注意军事设施的范围比"军事单位"等考题中经常出现的干扰选项的范围要小。

2. 学校、幼儿园、社会福利机构、医疗机构占用耕地免征耕地占用税。

『提示1』免税的学校，具体范围包括县级以上人民政府教育行政部门批准成立的大学、中学、小学、学历性职业教育学校和特殊教育学校，以及经省级人民政府或其人力资源社会保障行政部门批准成立的技工院校。

学校内经营性场所和教职工住房占用耕地的，按照当地适用税额缴纳耕地占用税。

『提示2』免税的幼儿园，具体范围限于县级以上人民政府教育行政部门批准成立的幼儿园内专门用于幼儿保育、教育的场所。

『提示3』免税的社会福利机构，具体范围限于依法登记的养老服务机构、残疾人服务机构、儿童福利机构、救助管理机构、未成年人救助保护机构内，专门为老年人、残疾人、未成年人、生活无着落的流浪乞讨人员提供养护、康复、托管等服务的场所。

『提示4』免税的医疗机构，具体范围限于县级以上人民政府卫生健康行政部门批准设立的医疗机构内专门从事疾病诊断、治疗活动的场所及其配套设施。

医疗机构内职工住房占用耕地的，按照当地适用税额缴纳耕地占用税。

『提示5』在农用地转用环节，用地申请人能证明建设用地人符合免税情形的，免征用地申请人的耕地占用税；在供地环节，建设用地人使用耕地用途符合规定的免税情形的，由用地申请人和建设用地人共同申请，按退税管理的规定退还用地申请人已经缴纳的耕地占用税。

3. 农村烈士遗属、因公牺牲军人遗属、残疾军人以及符合农村最低生活保障条件的农村居民，在规定用地标准以内新建自用住宅，免征耕地占用税。

(二)减征

1. 铁路线路、公路线路、飞机场跑道、停机坪、港口、航道、水利工程占用耕地，减按每平方米2元的税额征收耕地占用税。

『提示1』减税的铁路线路，具体范围限于铁路路基、桥梁、涵洞、隧道及其按照规定两侧留地、防火隔离带。专用铁路和铁路专用线占用耕地的，按照当地适用税额缴纳耕地占用税。

『提示2』减税的公路线路，具体范围限于经批准建设的国道、省道、县道、乡道和属于农村公路的村道的主体工程以及两侧边沟或者截水沟。具体包括高速公路、一级公路、二级公路、三级公路、四级公路和等外公路的主体工程及两侧边沟或者截水沟。

专用公路和城区内机动车道占用耕地的，按照当地适用税额缴纳耕地占用税。

『提示3』减税的飞机场跑道、停机坪，具体范围限于经批准建设的民用机场专门用于民用航空器起降、滑行、停放的场所。

『提示4』减税的港口，具体范围限于经批准建设的港口内供船舶进出、停靠以及旅客上下、货物装卸的场所。

『提示5』减税的航道，具体范围限于在江、河、湖泊、港湾等水域内供船舶安全航行的通道。

【老杨唠吧唠】特别提醒，"2元"考试不作为已知条件告诉我们；同时要注意减税的是"飞机场的跑道和停机坪"不要错误的扩大减征范围，比如候机楼等等可不是"跑道和停机坪"哟。最后提醒考生"水利工程"是减税，而"农田水利设施占用耕地"是不征收耕地占用税的(注意也不是免税哟！！！)，老杨不禁发出感慨：同样带"水利"两个字差别怎么这么大呢，不要被出题老师套路了！

2. 农村居民在规定用地标准以内占用耕地新建自用住宅，按照当地适用税额减半征税；其中农村居民经批准搬迁，新建自用住宅占用耕地不超过原宅基地面积的部分，免征耕地占用税。

3. 根据国民经济和社会发展的需要，国务院可以规定免征或者减征耕地占用税的其他情形，报全国人民代表大会常务委员会备案。

4. 自2019年1月1日至2021年12月31日，各省、自治区、直辖市人民政府可以根据本地区实际情况，以及宏观调控需要确定，对增值税小规模纳税人在50%的税额幅度内减征耕地占用税。

(三)其他规定

1. 纳税人符合上述规定情形，享受免征或者减征耕地占用税的，应当留存相关证明资料备查。

2. 军事设施、学校、幼儿园、社会福利机构、医疗机构占用耕地，以及铁路线路、公路线路、飞机场跑道、停机坪、港口、航道、水利工程占用耕地，依法分别享受免征或减征耕地占用税优惠后，纳税人改变原占地用途，不再属于免征或者减征耕地占用税情形的，应当按照当地适用税额补缴耕地占用税。

『提示』自改变用途之日起30日内申报补缴税款，补缴税款按改变用途的实际占用耕地面积和改变用途时当地适用税额计算。

【例题1·单选题】下列各项中，可以按照当地适用税额减半征收耕地占用税的是( )。

A. 供电部门占用耕地新建变电站
B. 农村居民在规定用地标准以内占用耕地新建自用住宅
C. 市政部门占用耕地新建自来水厂
D. 国家机关占用耕地新建办公楼

解析 ▶ 农村居民在规定用地标准以内占用耕地新建自用住宅，按照当地适用税额减半征收耕地占用税。 答案 ▶ B

【例题2·单选题】下列各项中，免征耕地占用税的是( )。

A. 飞机场占用耕地修建跑道
B. 农村居民在规定用地标准以内占用耕地新建自用住宅
C. 社会福利机构占用的耕地
D. 学校附设的小卖部占用的耕地

解析 ▶ 选项A，铁路线路、公路线路、飞机场跑道、停机坪、港口、航道、水利工程占用耕地，减按每平方米2元的税额征收耕地占用税；选项B，农村居民在规定用地标准以内占用耕地新建自用住宅，按照当地适用税额减半征收耕地占用税；选项D，学校附设的小卖部占用的耕地，按规定计算缴纳耕地占用税。 答案 ▶ C

四、应纳税额的计算★★

扫我解疑难

1. 计税依据：实际占用的属于耕地占用税征税范围的土地(以下简称应税土地)面积，以平方米为单位。

『提示』应税土地面积，包括经批准占用的耕地面积和未经批准占用的耕地面积。

2. 单位税额：地区差别幅度单位税额(每个幅度单位税额内的最低和最高税额相差5倍)。

『提示1』各地区耕地占用税的适用税额,由省、自治区、直辖市人民政府根据人均耕地面积和经济发展等情况,在规定的税额幅度内提出,报同级人民代表大会常务委员会决定,并报全国人民代表大会常务委员会和国务院备案。

『提示2』各省、自治区、直辖市耕地占用税适用税额的平均水平,不得低于《各省、自治区、直辖市耕地占用税平均税额表》规定的平均税额。

『提示3』在人均耕地低于0.5亩的地区,省、自治区、直辖市可以根据当地经济发展情况,适当提高适用税额,但提高的部分不得超过确定税额50%。

『提示4』占用基本农田的应当按照确定的当地适用税额,加按150%征收。

【老杨唠吧唠】耕地占用税的税率考试会告诉我们,但是要注意以下几点:(1)每个幅度单位税额的差距规定为5倍;(2)『提示3』和『提示4』的内容要求考生背会用熟,考试中不作为已知条件告诉。老杨认为"关键词记忆法"可以轻松搞定这个问题,这个关键词就是"5"!

3. 税额计算:

(1)应纳税额=应税土地面积×适用税额

(2)加按150%征税计算公式:应纳税额=应税土地面积×适用税额×150%

【例题3·单选题】2019年6月农村居民陈某因受灾住宅倒塌,经批准占用150平方米耕地新建住宅(在规定用地标准内),当地耕地占用税单位税额为20元/平方米。陈某应缴纳耕地占用税( )元。

A. 0　　　　　　B. 1 500
C. 3 000　　　　D. 4 000

解析 农村居民在规定的用地标准以内占用耕地新建自用住宅,按照当地适用税额减半征收。应缴纳耕地占用税=150×20×50%=1 500(元)。 答案 B

五、征收管理★

扫我解疑难

1. 税务机关负责征收。

2. 纳税义务发生时间:纳税人收到自然资源主管部门办理占用耕地手续的书面通知的当日。

『提示1』未经批准占用应税土地的纳税人,其纳税义务发生时间为自然资源主管部门认定其实际占地的当日。

『提示2』因挖损、采矿塌陷、压占、污染等损毁耕地的纳税义务发生时间为自然资源、农业农村等相关部门认定损毁耕地的当日。

『提示3』纳税人改变原占地用途,需要补缴耕地占用税的,其纳税义务发生时间为改变用途当日,具体为:经批准改变用途的为纳税人收到批准文件的当日;未经批准改变用途的为自然资源主管部门认定纳税人改变原占地用途的当日。

3. 纳税期限:当自纳税义务发生之日起30日内申报缴纳。

4. 纳税地点:应当在耕地或其他农用地所在地申报纳税。

5. 税务机关发现纳税人的纳税申报数据资料异常或者纳税人未按照规定期限申报纳税的,可以提请相关部门进行复核,相关部门应当自收到税务机关复核申请之日起30日内向税务机关出具复核意见。

『提示』纳税人的纳税申报数据资料异常或者纳税人未按照规定期限申报纳税的,包括下列情形:(1)纳税人改变原占地用途,不再属于免征或者减征耕地占用税情形,未按照规定进行申报的。(2)纳税人已申请用地但尚未获得批准先行占地开工,未按照规定进行申报的。(3)纳税人实际占用耕地面积大于批准占用耕地面积,未按照规定进行申报的。(4)纳税人未履行报批程序擅自占用耕地,未按照规定进行申报的。(5)其他应提请相关部门复核的情形。

真题精练

一、单项选择题

1. （2020年）下列工程占用耕地，可减征耕地占用税的是（　　）。
   A. 军用机场占用耕地
   B. 水利工程占用耕地
   C. 边防管控设施占用耕地
   D. 军用输水管道占用耕地

2. （2019年）农村居民张某2019年1月经批准，在户口所在地占用耕地2 500平方米，其中2 000平方米用于种植中药材，500平方米用于新建住宅。该地区耕地占用税税额为每平方米30元。张某应缴纳耕地占用税（　　）元。
   A. 7 500　　　　B. 15 000
   C. 37 500　　　D. 75 000

3. （2018年）下列占用耕地的行为，不征收耕地占用税的是（　　）。
   A. 农田水利占用耕地
   B. 医院内职工住房占用耕地
   C. 城区内机动车道占用耕地
   D. 专用铁路和铁路专用线占用耕地

4. （2018年）农村居民王某，2018年6月经批准占用耕地2 000平方米，其中1 500平方米用于种植大棚蔬菜，500平方米用于新建自用住宅（符合当地规定标准）。假设耕地占用税税额为20元/平方米，王某当年应缴纳耕地占用税（　　）元。
   A. 5 000　　　　B. 10 000
   C. 30 000　　　D. 40 000

二、多项选择题

1. （2020年）下列关于耕地占用税纳税义务发生时间的表述，正确的有（　　）。
   A. 医疗机构未经批准改变用途，为相关部门认定用途改变之日
   B. 经批准占用耕地，为收到相关部门建设用地批准书之日
   C. 因挖损、污染毁损耕地的，为相关部门认定毁损之日
   D. 军事设施经批准改变用途的，为收到相关部门批准文件之日
   E. 企业未经批准占用耕地，为相关部门认定纳税人实际占用之日

2. （2019年）关于耕地占用税的征收管理，下列说法正确的有（　　）。
   A. 免税学校内的经营性场所占用耕地，按当地适用税额缴纳耕地占用税
   B. 占用基本农田的，按照确定的当地适用税额加按150%征收
   C. 纳税义务发生时间为纳税人收到自然资源主管部门办理占用耕地手续书面通知当日
   D. 自纳税义务发生之日起10日申报纳税
   E. 耕地占用税的征收管理，依照《耕地占用税法》和《税收征收管理法》的规定执行

3. （2018年改）下列关于耕地占用税征收管理的说法，正确的有（　　）。
   A. 纳税人在批准临时占用耕地期满之日起一年内依法复垦，恢复种植条件的，全额退还已缴耕地占用税
   B. 纳税人占用耕地的，应当在耕地所在地申报纳税
   C. 土地管理部门在通知单位办理占用耕地手续时，应当同时通知耕地所在地上级税务机关
   D. 耕地占用税的纳税义务发生时间为纳税人收到自然资源主管部门办理占用耕地手续的书面通知的当天
   E. 纳税人应当自纳税义务发生之日起15日内申报缴纳耕地占用税

4. （2016年）某县直属中心医院，2016年5月6日收到自然资源主管部门办理占用耕地手续的书面通知，占用耕地9万平方米，其中医院内职工住房占用果树园地1.5万平方米，占用养殖水面1万平方米，所占耕地适用的税额为20元/平方米。下

列关于耕地占用税说法正确的有( )。
A. 该医院耕地占用税的计税依据是2.5万平方米
B. 该医院应缴纳耕地占用税50万元
C. 耕地占用税在纳税人获准占用耕地环节一次性课征
D. 养殖水面属于其他农用地,不属于耕地占用税征税范围
E. 该医院占用耕地的纳税义务发生时间为2016年5月6日当天

三、计算题

(2019年)位于某市郊区的物流公司占地面积共计20 000平方米,其中:办公区占地18 000平方米,职工医院占地600平方米,幼儿园占地400平方米,内部绿化区占地1 000平方米,2019年发生以下占地情形:

(1)经有关部门批准,3月份征用耕地20 000平方米用于建设大宗商品仓储设施,当月收到办理占用耕地手续的书面通知并签订土地使用权出让合同,政府减免土地出让金1 800万元,市政建设配套费150万元后,公司实际缴纳出让金1 200万元,另支付土地补偿费、青苗补偿和土地附着物补偿费共500万元。

(2)4月底无偿使用某免税单位占地面积为2 000平方米的房产,用于存储大宗商品,租期一年。

(注:当地城镇土地使用税额为6元/平方米,耕地占用税额为20元/平方米,契税税率为3%)

(1)2019年该物流公司征用耕地应缴纳耕地占用税为( )万元。
A. 20   B. 33.33
C. 40   D. 30

(2)2019年该物流公司取得耕地的土地使用权应缴纳契税( )万元。
A. 36   B. 105
C. 109.50   D. 51

(3)该公司无偿使用免税单位房产应缴纳城镇土地使用税( )万元。
A. 0.40   B. 0.80
C. 0.90   D. 0.45

(4)该物流公司除无偿使用免税单位的房产外还应缴纳城镇土地使用税( )万元。
A. 5.7   B. 11.4
C. 12.0   D. 10.8

真题精练答案及解析

一、单项选择题

1. B 【解析】选项ACD,军事设施占用耕地,免征耕地占用税;选项B,铁路线路、公路线路、飞机场跑道、停机坪、港口、航道、水利工程占用耕地,减按每平方米2元的税额征收耕地占用税。

2. A 【解析】农村居民在规定用地标准以内占用耕地新建自用住宅,按照当地适用税额减半征收耕地占用税。占用2 000平方米耕地种植中药材,不征收耕地占用税。张某应缴纳的耕地占用税=500×30×50%=7 500(元)。

3. A 【解析】选项A,农田水利不论是否包含建筑物、构筑物占用耕地,均不属于耕地占用税征税范围,不征收耕地占用税。

4. A 【解析】农村居民在规定用地标准以内占用耕地新建自用住宅,按照当地适用税额减半征收耕地占用税。
王某当年应缴纳耕地占用税=500×20×50%=5 000(元)

二、多项选择题

1. ACDE 【解析】选项B,经批准占用耕地,耕地占用税的纳税义务发生时间为纳税人收到自然资源主管部门办理占用耕地手续的书面通知的当日。

2. ABCE 【解析】选项D,纳税人应当自纳税义务发生之日起30日内申报缴纳耕地占用税。

3. ABD 【解析】选项 C，土地管理部门在通知单位办理占用耕地手续时，应当同时通知耕地所在地同级税务机关；选项 E，纳税人应当自纳税义务发生之日起 30 日内申报缴纳耕地占用税。

4. ABCE 【解析】县级以上人民政府卫生健康行政部门批准设立的医疗机构内专门从事疾病诊断、治疗活动的场所及其配套设施是免征耕地占用税的，医疗机构内职工住房占用耕地的，按照当地适用税额缴纳耕地占用税。养殖水面属于耕地占用税的征税范围。耕地占用税计税依据是 2.5 万平方米，应缴纳耕地占用税 = 2.5×20 = 50（万元）。耕地占用税的纳税义务发生时间为纳税人收到自然资源主管部门办理占用耕地手续的书面通知的当天。

三、计算题

（1）C 【解析】耕地占用税以纳税人实际占用的耕地面积为计税依据。应缴纳耕地占用税 = 20 000×20 = 400 000（元）= 40（万元）。

（2）C 【解析】出让国有土地使用权的，其契税计税价格为承受人为取得该土地使用权而支付的全部经济利益。以协议方式出让的，其契税计税价格为成交价格。成交价格包括土地出让金、土地补偿费、安置补助费、地上附着物和青苗补偿费、拆迁补偿费、市政建设配套费等承受者应支付的货币、实物、无形资产及其他经济利益。对承受国有土地使用权应支付的土地出让金，要征收契税。不得因减免出让金而减免契税。应缴纳契税 =（1 800+150+1 200+500）×3% = 109.5（万元）。

（3）A 【解析】对免税单位无偿使用纳税单位的土地（如公安、海关等单位使用铁路、民航等单位的土地），免征城镇土地使用税；对纳税单位无偿使用免税单位的土地，纳税单位应照章缴纳城镇土地使用税。无偿使用免税单位房产应缴纳城镇土地使用税 = 2 000×6×8÷12×50% = 4 000（元）= 0.4（万元）。

『提示』注意物流企业大宗商品仓储设施用地减半征税政策。

（4）B 【解析】企业办的医院、幼儿园，其自用的土地免征城镇土地使用税。企业内的广场、道路、绿化等占用的土地，应照章征收城镇土地使用税；为避免对一块土地同时征收耕地占用税和城镇土地使用税，税法规定，凡是缴纳了耕地占用税的，自批准征收之日起满 1 年时缴纳城镇土地使用税。该物流公司除无偿使用免税单位的房产外还应缴纳城镇土地使用税 =（20 000 - 600 - 400）×6 = 114 000（元）= 11.4（万元）。

『提示』绿化用地未提示和厂区分开，不属于公共用地，不免税。

同步训练 限时20分钟

扫我做试题

一、单项选择题

1. 下列关于耕地占用税纳税人和征税范围的表述，不正确的是（　）。
   A. 耕地占用税的纳税义务人是在境内占用耕地建设建筑物、构筑物或从事非农业建设的单位和个人
   B. 耕地占用税的征税范围包括纳税人为建设建筑物、构筑物或从事其他非农业建设而占用的国家所有和集体所有的耕地
   C. 为修建铁路、公路以及飞机场跑道占用耕地，免征耕地占用税
   D. 农田水利不论是否包含建筑物、构筑

物占用耕地，均不属于耕地占用税征税范围

2. 下列各项中，属于耕地占用税征税范围的是（　　）。
   A. 占用菜地开发花圃
   B. 占用林地从事非农业建设
   C. 占用耕地开发经济林
   D. 占用耕地开发茶园

3. 2020年1月某企业占用耕地5万平方米建造厂房，所占耕地适用的单位税额为20元/平方米。同年7月份该企业占用耕地1万平方米，为当地建设学校（经县级以上人民政府教育行政部门批准成立），所占耕地适用的单位税额为20元/平方米，2020年该企业应缴纳耕地占用税（　　）万元。
   A. 100   B. 14
   C. 20   D. 28

4. 在人均耕地低于0.5亩的地区，省、自治区、直辖市可以根据当地经济发展情况，适当提高耕地占用税的适用税额，但是提高的部分最高不得超过当地适用税额的（　　）。
   A. 10%   B. 20%
   C. 30%   D. 50%

5. 2020年3月某公司在郊区新建立一家分公司，共计占用耕地15 000平方米，其中800平方米修建幼儿园、2 000平方米修建学校，幼儿园和学校均为县级以上人民政府教育行政部门批准成立的，当地耕地占用税单位税额为20元/平方米。该公司应缴纳耕地占用税（　　）元。
   A. 244 000   B. 260 000
   C. 284 000   D. 300 000

二、多项选择题

1. 耕地占用税是对占用耕地建设建筑物、构筑物或从事其他非农业建设的单位和个人，就其应税土地面积征收的一种税。其特点表述正确的有（　　）。
   A. 属于对特定土地资源占用课税，具有资源税性质
   B. 具有特定行为税的性质
   C. 在占用耕地环节一次性课征
   D. 采用地区差别比例税率
   E. 由自然资源、农业农村和水利等相关部门负责征收

2. 下列属于耕地占用税征税范围的有（　　）。
   A. 在滩涂上从事农业种植
   B. 占用苗圃用地建游乐园
   C. 在鱼塘用地上建设厂房
   D. 占用耕地建农产品加工厂
   E. 占用菜地建房

3. 下列各项中，应征收耕地占用税的有（　　）。
   A. 铁路线路占用耕地
   B. 学校占用耕地
   C. 公路线路占用耕地
   D. 军事设施占用耕地
   E. 桑园和其他种植经济林木的土地被占用修公路

4. 下列关于耕地占用税的表述，正确的有（　　）。
   A. 耕地占用税由税务机关负责征收
   B. 纳税人因建设项目施工或地质勘查临时占用耕地，应当缴纳耕地占用税
   C. 纳税人在批准临时占用耕地的期满之日起一年内依法复垦，恢复种植条件的，全额退还已经缴纳的耕地占用税
   D. 建设直接为农业生产服务的生产设施占用牧草地的，征收耕地占用税
   E. 耕地占用税以纳税人实际占用的应税土地面积为计税依据，按照规定的适用税额一次性征收

5. 根据耕地占用税的相关规定，下列说法中正确的有（　　）。
   A. 军事设施占用耕地免征耕地占用税
   B. 农村居民在规定用地标准以内占用耕地新建自用住宅免征耕地占用税
   C. 公路、铁路线路占用耕地减半征收耕地占用税
   D. 免征耕地占用税后，改变原占地用途

不再属于免征情形的，应补缴耕地占用税
E. 耕地占用税纳税义务发生时间为纳税人收到自然资源主管部门办理占用耕地手续通知的次日

同步训练答案及解析

一、单项选择题

1. C 【解析】铁路线路、公路线路、飞机场跑道、停机坪、港口、航道、水利工程占用耕地，减按每平方米2元的税额征收耕地占用税。

2. B 【解析】占用园地、林地、草地、农田水利用地、养殖水面、渔业水域滩涂以及其他农用地建设建筑物、构筑物或者从事非农业建设的，依法缴纳耕地占用税。

3. A 【解析】占用园地、林地、草地、农田水利用地、养殖水面、渔业水域滩涂以及其他农用地建设建筑物、构筑物或者从事非农业建设的，按规定征收耕地占用税；学校占用耕地免征耕地占用税。该企业建造厂房占地属于从事非农业建设，应缴纳耕地占用税=5×20=100(万元)。

4. D 【解析】在人均耕地低于0.5亩的地区，省、自治区、直辖市可以根据当地经济发展情况，适当提高耕地占用税的适用税额，但是提高的部分最高不得超过规定的当地适用税额的50%。

5. A 【解析】学校、幼儿园占用的耕地免征耕地占用税。应缴纳耕地占用税=(15 000−800−2 000)×20=244 000(元)。

二、多项选择题

1. ABC 【解析】选项D，耕地占用税实行从量定额征收，采用的是地区差别幅度单位税额，不是比例税率；选项E，耕地占用税由税务机关负责征收。

2. BCDE 【解析】选项A，在滩涂上从事农业种植，不属于耕地占用税征税范围，不征收耕地占用税。

3. ACE 【解析】学校和军事设施占用的耕地免征耕地占用税。

4. ABCE 【解析】占用园地、林地、草地、农田水利用地、养殖水面、渔业水域滩涂以及其他农用地建设建筑物、构筑物或者从事非农业建设的，依照规定征收耕地占用税。选项D，建设直接为农业生产服务的生产设施占用规定的农用地的，不征收耕地占用税。

5. AD 【解析】选项B，农村居民在规定用地标准以内占用耕地新建自用住宅，按照当地适用税额减半征收耕地占用税；选项C，铁路线路、公路线路、飞机场跑道、停机坪、港口、航道、水利工程占用耕地，减按每平方米2元的税额征收耕地占用税；选项E，耕地占用税纳税义务发生时间为纳税人收到自然资源主管部门办理占用耕地手续的书面通知的当日。

第10章　船舶吨税

考情解密

历年考情概况

本章属于考试的非重点章。船舶吨税是2018年新增加的一章，近三年考试的平均分值在2-4分左右。题型以单选题和多选题为主。本章知识点少，学习难度小，考生学习中不要偷懒，要根据考试要求加强记忆。船舶吨税的很多知识点和《税法Ⅱ》中的车船税以及《税法Ⅰ》中的关税相同，考生可以结合起来一并复习。本章主要知识点包括计税依据、税额计算、税收优惠和征收管理。

近年考点直击

考点	主要考查题型	考频指数	考查角度
概述	单选题、多选题	★	客观题考核，考频不高
征税范围、税率	单选题、多选题	★★	客观题考核，考频不高
税收优惠	单选题、多选题	★★★	本章的高频考点
应纳税额的计算	单选题、多选题、计算题	★★	主要在单选题中考查应纳税额的计算
征收管理	单选题、多选题	★★	本章的中频考点

本章2021年考试主要变化

本章内容无实质性变化。

考点详解及精选例题

一、概述 ★

扫我解疑难

船舶吨税是海关对自中华人民共和国境外港口进入境内港口的船舶征收的一种税。其所征税款主要用于港口建设维护及海上干线公用航标的建设维护。

二、征税范围、税率 ★★

扫我解疑难

(一)征税范围

自中华人民共和国境外港口进入境内港口的船舶(以下简称应税船舶)，应当依法缴纳船舶吨税。

(二)税率(见表10-1)

1. 船舶吨税设置优惠税率和普通税率。
2. 中华人民共和国籍的应税船舶，船籍

国(地区)与中华人民共和国签订含有相互给予船舶税费最惠国待遇条款的条约或者协定的应税船舶,适用优惠税率。其他应税船舶,适用普通税率。

表 10-1 船舶吨税税目、税率表

税目 (按船舶净吨位划分)	税率(元/净吨)					
	普通税率(按执照期限划分)			优惠税率(按执照期限划分)		
	1年	90日	30日	1年	90日	30日
不超过 2 000 净吨	12.6	4.2	2.1	9.0	3.0	1.5
超过 2 000 净吨,但不超过 10 000 净吨	24.0	8.0	4.0	17.4	5.8	2.9
超过 10 000 净吨,但不超过 50 000 净吨	27.6	9.2	4.6	19.8	6.6	3.3
超过 50 000 净吨	31.8	10.6	5.3	22.8	7.6	3.8

『提示1』 拖船按照发动机功率每千瓦折合净吨位0.67 吨。

『提示2』 无法提供净吨位证明文件的游艇,按照发动机功率每千瓦折合净吨位0.05 吨。

『提示3』 拖船和非机动驳船分别按相同净吨位船舶税率的50%计征税款。

【老杨唠吧唠】对于该知识点,老杨提请注意以下几点:

(1)游艇是否征收船舶吨税的问题,很多考生容易忽略,它隐藏在"无法提供净吨位证明文件的游艇,按照发动机功率每千瓦折合净吨位 0.05 吨"中。这一点很多考生会"暴雷",考生要引起充分的重视!

(2)拖船和非机动驳船在税额计算题目中非常容易忽略的问题就是"折"的问题,相关内容和车船税的规定是一致的,请一并复习。

三、税收优惠★★★

扫我解疑难

(一)免征优惠

下列船舶免征船舶吨税:

(1)应纳税额在人民币50元以下的船舶。

(2)自境外以购买、受赠、继承等方式取得船舶所有权的初次进口到港的空载船舶。

(3)吨税执照期满后 24 小时内不上下客货的船舶。

(4)非机动船舶(不包括非机动驳船)。

(5)捕捞、养殖渔船。

(6)避难、防疫隔离、修理、改造、终止运营或者拆解,并不上下客货的船舶。

(7)军队、武装警察部队专用或者征用的船舶。

(8)警用船舶。

(9)依照法律规定应当予以免税的外国驻华使领馆、国际组织驻华代表机构及其有关人员的船舶。

(10)国务院规定的其他船舶。

(二)延期优惠

在吨税执照期限内,应税船舶发生下列情形之一的,海关按照实际发生的天数批注延长吨税执照期限:

(1)避难、防疫隔离、修理、改造,并不上下客货;

(2)军队、武装警察部队征用。

应税船舶因不可抗力在未设立海关地点停泊的,船舶负责人应当立即向附近海关报告,并在不可抗力原因消除后,向海关申报纳税。

【老杨唠吧唠】本处知识点是考试的高频考点,要下点功夫记忆,本处的"拦路虎"是免征优惠的(6)和延期优惠的(1),很多知识掌握不扎实的考生做题时很容易产生"似曾相识又模棱两可"的感觉,一定要注意"终止运营或者拆解,并不上下客货的应税船舶"只适用免征船舶吨税的规定,而"避难、防疫隔离、修理、改造,并不上下客货的应税船舶"在直接优惠和延期优惠具有相关的规定。

四、应纳税额的计算★★

船舶吨税按照船舶净吨位和吨税执照期限征收。应纳税额按照船舶净吨位乘以适用税额计算。计算公式为:

应纳税额=船舶净吨位×定额税率

『提示1』净吨位,是指由船籍国(地区)政府授权签发或者授权签发的船舶吨位证明书上标明的净吨位。

『提示2』应税船舶负责人申领吨税执照时,应当向海关提供下列文件:

(1)船舶国籍证书或者海事签发的船舶国籍证书收存证明。

(2)船舶吨位证明。

『提示3』应税船舶在吨税执照期限内,因税目税率调整或者船籍改变而导致适用税率变化的,吨税执照继续有效。

【例题·单选题】2020年10月20日,甲国某运输公司一艘货轮驶入我国某港口,该货轮净吨位为40 000吨,货轮负责人已向我国海关领取了吨税执照,在港口停留期为30日,甲国已与我国签订有相互给予船舶税费最惠国待遇条款,优惠税率每净吨位为3.3元。则该货轮负责人应向我国海关缴纳的船舶吨税为( )元。

A. 132 000　　　B. 99 000
C. 152 000　　　D. 64 000

解析 ▶ 应缴纳的船舶吨税=40 000×3.3=132 000(元)

答案 ▶ A

五、征收管理★★

(一)纳税义务发生时间及纳税期限

1. 船舶吨税纳税义务发生时间为应税船舶进入港口的当日。

2. 船舶吨税由海关负责征收。海关征收船舶吨税应当制发缴款凭证。

3. 应税船舶在吨税执照期满后尚未离开港口的,应当申领新的吨税执照,自上一次执照期满的次日起续缴船舶吨税。

4. 应税船舶负责人应当自海关填发船舶吨税缴款凭证之日起15日内缴清税款。未按期缴清税款的,自滞纳税款之日起至缴清税款之日止,按日加收滞纳税款0.5‰的滞纳金。

(二)纳税担保

1. 应税船舶到达港口前,经海关核准先行申报并办结出入境手续的,应税船舶负责人应当向海关提供与其依法履行船舶吨税缴纳义务相适应的担保;应税船舶到达港口后,依照规定向海关申报纳税。

2. 下列财产、权利可以用于担保:

(1)人民币、可自由兑换货币。

(2)汇票、本票、支票、债券、存单。

(3)银行、非银行金融机构的保函。

(4)海关依法认可的其他财产、权利。

(三)其他管理

1. 应税船舶在吨税执照期限内,因修理、改造导致净吨位变化的,吨税执照继续有效。

2. 吨税执照在期满前毁损或者遗失的,应当向原发照海关书面申请核发吨税执照副本,不再补税。

3. 海关发现少征或者漏征税款的,应当自应税船舶应当缴纳税款之日起1年内,补征税款。但因应税船舶违反规定造成少征或者漏征税款的,海关可以自应当缴纳税款之日起3年内追征税款,并自应当缴纳税款之日起按日加征少征或者漏征税款0.5‰的滞纳金。

4. 海关发现多征税款的,应当在24小时内通知应税船舶办理退还手续,并加算银行同期活期存款利息。

5. 应税船舶发现多缴税款的,可以自缴纳税款之日起3年内以书面形式要求海关退还多缴的税款并加算银行同期活期存款利息;海关应当自受理退款申请之日起30日内查实并通知应税船舶办理退还手续。

应税船舶应当自收到退税通知之日起3个月内办理有关退还手续。

6. 应税船舶有下列行为之一的，由海关责令限期改正，处 2 000 元以上 3 万元以下罚款；不缴或者少缴应纳税款的，处不缴或者少缴税款 50% 以上 5 倍以下的罚款，但罚款不得低于 2 000 元：

（1）未按照规定申报纳税、领取吨税执照；

（2）未按照规定交验吨税执照（或者申请核验吨税执照电子信息）以及提供其他证明文件。

7. 吨税税款、税款滞纳金、罚款以人民币计算。

真题精练

一、单项选择题

1. （2020 年）2020 年 8 月 1 日，某外国籍拖船驶入我国某港口，该拖船发动机功率 10 000 千瓦，申领 30 日的吨税执照，30 日吨税执照对应的超过 2 000 净吨，但不超过 10 000 净吨的普通税率 4 元/净吨。该拖船应缴纳船舶吨税（　　）万元。

A. 13 400　　　　B. 26 800
C. 1 000　　　　D. 2 000

2. （2018 年）船舶吨税的纳税人未按期缴清税款的，自滞纳税款之日起至缴清税款之日内，按日加收滞纳金的比率是滞纳税款的（　　）。

A. 0.2%　　　　B. 0.5‰
C. 2%　　　　　D. 5‰

二、多项选择题

1. （2020 年）下列免船舶吨税的有（　　）。

A. 警用船舶
B. 非机动船舶
C. 军队征用船舶
D. 吨税执照期满后 24 小时内不上下客货船舶
E. 应纳税额在人民币 50 元以下船舶

2. （2019 年）下列船舶中，免征船舶吨税的有（　　）。

A. 应纳税额在人民币 50 元以下的船舶
B. 非机动驳船
C. 自境外购买取得船舶所有权的初次进口到港的空载船舶
D. 警用船舶
E. 吨税执照期满后 24 小时内不上下客货的船舶

真题精练答案及解析

一、单项选择题

1. A　【解析】应缴纳船舶吨税 = 10 000 × 0.67 × 4 × 50% = 13 400（万元）。

2. B　【解析】船舶吨税的纳税人未按期缴清税款的，自滞纳税款之日起至缴清税款之日止，按日加收滞纳税款 0.5‰ 的滞纳金。

二、多项选择题

1. ACDE　【解析】选项 B，非机动船舶（不包括非机动驳船），免征船舶吨税。

2. ACDE

同步训练 限时20分钟

扫我做试题

一、单项选择题

1. 根据《船舶吨税法》的规定，下列说法正确的是（ ）。
   A. 船舶吨税是税务机关对自中华人民共和国境外港口进入境内港口的船舶所征收的一种税
   B. 船舶吨税主要是对进出港口航行船舶征收
   C. 船舶吨税以净吨位为计税依据，实行从量定额征收
   D. 对进出中国港口的国际航行游艇不征收船舶吨税

2. 2020年10月10日，甲国某运输公司一艘拖船驶入我国某港口，该拖船发动机功率为48 000千瓦，拖船负责人已向我国海关领取了吨税执照，在港口停留期为30日，甲国已与我国签订含有相互给予船舶税费最惠国待遇条款的条约。税额标准每净吨位为3.3元。该拖船负责人应向我国海关缴纳的船舶吨税为（ ）元。
   A. 53 064   B. 73 968
   C. 79 200   D. 106 128

3. 根据《船舶吨税法》的规定，应税船舶发现多缴税款的，可以自缴纳税款之日起（ ）年内以书面形式要求海关退还多缴的税款并加算银行同期活期存款利息。
   A. 1   B. 2
   C. 3   D. 5

4. 下列关于船舶吨税的说法中，错误的是（ ）。
   A. 船舶吨税按照船舶净吨位和吨税执照期限征收
   B. 拖船按相同净吨位船舶税率的50%计征税款
   C. 应税船舶在吨税执照期限内，因船籍改变而导致适用税率变化的，吨税执照无效
   D. 无法提供净吨位证明文件的游艇，按照发动机功率每千瓦折合净吨位0.05吨

5. 下列船舶中，免征船舶吨税的是（ ）。
   A. 养殖渔船
   B. 非机动驳船
   C. 自境外以继承方式取得船舶所有权的到港空载船舶
   D. 应纳税额为人民币100元的船舶

二、多项选择题

1. 下列船舶中，免征船舶吨税的有（ ）。
   A. 吨税执照期满后24小时内不上下客货的船舶
   B. 非机动驳船
   C. 军队征用的船舶
   D. 应纳税额为人民币80元的船舶
   E. 警用船舶

2. 下列关于船舶吨税征收管理的说法，正确的有（ ）。
   A. 船舶吨税由税务机关负责征收
   B. 应税船舶负责人应当自海关填发船舶吨税缴款凭证之日起15日内缴清税款
   C. 吨税执照在期满前毁损或者遗失的，应当向原发照海关书面申请核发吨税执照副本，不再补税
   D. 船舶吨税纳税义务发生时间为应税船舶进入港口的次日
   E. 应税船舶在吨税执照期限内，因修理导致净吨位变化的，吨税执照继续有效

3. 根据《船舶吨税法》的规定，应税船舶到达港口前，经海关核准先行申报并办结出入境手续的，应税船舶负责人应当向海关提供与其依法履行船舶吨税缴纳义务相适应的担保，

下列财产、权利可以用于担保的有（　　）。

A. 债券

B. 存单

C. 支票

D. 不可自由兑换货币

E. 非银行金融机构的保函

4. 下列说法符合《船舶吨税法》规定的有（　　）。

A. 自中国境外港口进入境内港口的应税船舶，应当缴纳船舶吨税

B. 中国籍的应税船舶，船籍国与中国签订含有相互给予船舶税费最惠国待遇条款的条约或者协定的应税船舶，适用普通税率

C. 吨税执照期满后24小时内上下客货的船舶免税

D. 吨税税款、税款滞纳金、罚款以人民币计算

E. 应税船舶在吨税执照期满后尚未离开港口的，应当申领新的吨税执照，自上一次执照期满的当日起续缴船舶吨税

5. 根据《船舶吨税法》的规定，在吨税执照期限内，海关按照实际发生的天数批注延长吨税执照期限的有（　　）。

A. 避难的船舶

B. 修理、改造，并不上下客货的船舶

C. 军队、武装警察部队征用的船舶

D. 终止运营并不上下客货的船舶

E. 自境外以受赠方式取得船舶所有权的初次进口到港的空载船舶

同步训练答案及解析

一、单项选择题

1. C　【解析】选择A，船舶吨税是海关对自中华人民共和国境外港口进入境内港口的船舶所征收的一种税，而不属于税务机关征收的一个税种；选项B，船舶吨税主要是对进出中国港口的国际航行船舶征收，不是对所有的进出港口的船舶均征收船舶吨税；选项D，符合船舶吨税征收范围的游艇也征收船舶吨税。

2. A　【解析】拖船和非机动驳船分别按相同净吨位船舶税率的50%计征税款，拖船按照发动机功率每千瓦折合净吨位0.67吨。应缴纳的船舶吨税 = 48 000 × 0.67 × 3.3 × 50% = 53 064（元）。

3. C　【解析】应税船舶发现多缴税款的，可以自缴纳税款之日起3年内以书面形式要求海关退还多缴的税款并加算银行同期活期存款利息。

4. C　【解析】选项C，应税船舶在吨税执照期限内，因税目税率调整或者船籍改变而导致适用税率变化的，吨税执照继续有效。

5. A　【解析】选项B，非机动驳船按相同净吨位船舶税率的50%计征船舶吨税；选项C，自境外以购买、受赠、继承等方式取得船舶所有权的初次进口到港的空载船舶，免征船舶吨税；选项D，应纳税额为人民币50元以下的船舶，免征船舶吨税。

二、多项选择题

1. ACE　【解析】选项B，根据规定非机动驳船按相同净吨位船舶税率的50%计征船舶吨税，所以非机动驳船不属于免税的非机动船舶的范围；选项D，应纳税额在人民币50元以下的船舶，免征船舶吨税。

2. BCE　【解析】选项A，船舶吨税由海关负责征收；选项D，船舶吨税纳税义务发生时间为应税船舶进入港口的当日。

3. ABCE　【解析】选项D，人民币、可自由兑换货币可以用于担保。

4. AD　【解析】选项B，中国籍的应税船舶，船籍国与中国签订含有相互给予船舶税费最惠国待遇条款的条约或者协定的应税船舶，适用优惠税率；选项C，吨税执照期满后24小时内不上下客货的船舶免税；选

项 E，应税船舶在吨税执照期满后尚未离开港口的，应当申领新的吨税执照，自上一次执照期满的次日起续缴船舶吨税。

5. BC 【解析】选项 A，避难、防疫隔离、修理、改造，并不上下客货的船舶享受延期优惠；选项 D，避难、防疫隔离、修理、改造、终止运营或者拆解，并不上下客货的船舶免征船舶吨税；选项 E，自境外以购买、受赠、继承等方式取得船舶所有权的初次进口到港的空载船舶免征船舶吨税。

易错易混知识点辨析

一、股权转让所得和投资收回的区别

"股权转让"是公司股东依法将自己的股东权益有偿转让给他人,使他人取得股权的民事法律行为,最终会导致股东发生变化。

"投资企业撤回或减少投资",则专指投资企业通过退股等方式从被投资单位撤回或减少长期股权投资。

从考试的角度看二者概念的区别了解即可,在考试中要特别注意审题,二者的税务处理是不同的。具体规定如下:

企业转让股权收入,应于转让协议生效、且完成股权变更手续时,确认收入的实现。转让股权收入扣除为取得该股权所发生的成本后,为股权转让所得。企业在计算股权转让所得时,**不得扣除**被投资企业未分配利润等股东留存收益中按该项股权所可能分配的金额。

投资企业从被投资企业撤回或减少投资,其取得的资产中,相当于初始出资的部分,应确认为投资收回;相当于被投资企业累计未分配利润和累计盈余公积按减少实收资本比例计算的部分,应确认为股息所得;其余部分确认为投资资产转让所得。

实战演练

【例题1·单选题】甲公司2018年1月将3 000万元投资于乙公司,取得乙公司50%的股权。2020年7月,甲公司将其所持有的乙公司的全部股权转让给丁公司,共从丁公司取得5 000万元。转让时乙公司累计未分配利润为600万元,盈余公积600万元。则甲公司需要确认的转让所得为( )万元。

A. 2 000　　　　　　B. 500
C. 1 400　　　　　　D. 650

解析 转让股权收入扣除为取得该股权所发生的成本后,为股权转让所得。在计算股权转让所得时不得扣除被投资企业未分配利润等留存收益中按该项股权所可能分配的金额。甲公司该项股权转让所得 = 5 000 - 3 000 = 2 000(万元)。　　**答案** A

【例题2·单选题】甲投资公司2019年10月将2 400万元投资于未公开上市的乙公司,取得乙公司40%的股权。2020年5月,甲公司撤回其在乙公司的全部投资,共计从乙公司收回4 000万元。撤资时乙公司的累计未分配利润为600万元,累计盈余公积为400万元。则甲公司撤资应确认的投资资产转让所得为( )万元。

A. 0　　　　　　B. 400
C. 1 200　　　　D. 1 600

解析 投资企业从被投资企业撤回或减少投资,其取得的资产中,相当于初始出资的部分,应确认为投资收回;相当于被投资企业累计未分配利润和累计盈余公积按减少实收资本比例计算的部分,应确认为股息所得;其余部分确认为投资资产转让所得。撤资应确认的投资资产转让所得 = 4 000 - 2 400 - (600+400)×40% = 1 200(万元)。　　**答案** C

二、企业投资者投资未到位而发生的利息支出扣除

投资者在规定期限内未缴足其应缴资本额的,企业对外借款所发生的利息,相当于实缴资本额与在规定期限内应缴资本额的差额应计付的利息,不得在计算应纳税所得额时扣除。具体计算不得扣除的利息,应以企业一个年度内每一账面实收资本与借款余额保持不变

的期间作为一个计算期，公式为：

企业每一计算期不得扣除的借款利息＝该期间借款利息额×该期间未缴足注册资本额÷该期间借款额

企业一个年度内不得扣除的借款利息总额为该年度内每一计算期不得扣除的借款利息额之和。

📝 实战演练

【例题·单选题】A 有限责任公司 2020 年 1 月 1 日成立，注册资本 200 万元，注册时资本应该一次性全部到位，但是 2020 年 1 月 1 日仅到位 120 万元，其余投资截至 2020 年底尚未到位。2020 年 3 月 1 日该公司向银行取得贷款 100 万元，利率 7%，贷款期限一年。假设不存在其他的利息费用，2020 年 A 公司不得税前扣除的利息费用为（　　）万元。

A. 4.67　　　　　　B. 4.87
C. 1.4　　　　　　D. 3.97

解析 ▶ 企业每一计算期不得扣除的借款利息＝该期间借款利息额×该期间未缴足注册资本额÷该期间借款额

不得扣除的利息＝(100×7%÷12×10)×80÷100＝4.67(万元)

答案 ▶ A

三、广告费和业务宣传费以后纳税年度结转扣除的注意事项

企业发生的符合条件的广告费和业务宣传费支出，除国务院财政、税务主管部门另有规定外，不超过当年销售(营业)收入 15% 的部分，准予扣除；超过部分，准予结转以后纳税年度扣除。

自 2011 年 1 月 1 日起至 2025 年 12 月 31 日，对化妆品制造与销售、医药制造和饮料制造(不含酒类制造)企业发生的广告费和业务宣传费支出，不超过当年销售(营业)收入 30% 的部分，准予扣除；超过部分，准予在以后纳税年度结转扣除。

需要注意结转扣除的部分需要受当年扣除限额的影响。同时注意结转扣除的以前年度的广告费和业务宣传费在当年间接法计算应纳税所得额是做纳税调减处理。

📝 实战演练

【例题·单选题】某服装生产企业 2020 年度销售自产服装收入 2 500 万元，销售边角余料收入 300 万元，出租房屋收入 200 万元，投资收益 100 万元(系从被投资企业分回的投资收益)，接受捐赠收入 50 万元，实际发生广告费 350 万元，业务宣传费 150 万元，上述金额均为不含增值税金额。则该企业 2020 年度计算所得税时，广告费和业务宣传费准予扣除(　　)万元。

A. 450　　　　　　B. 500
C. 50　　　　　　D. 350

解析 ▶ 企业发生的符合条件的广告费和业务宣传费支出，除国务院财政、税务主管部门另有规定外，不超过当年销售(营业)收入 15% 的部分，准予扣除。广告费和业务宣传费的扣除限额＝(2 500＋300＋200)×15%＝450(万元)，实际发生金额＝350＋150＝500(万元)，准予扣除 450 万元。

答案 ▶ A

四、如何理解关联关系判定中"双方存在持股关系或者同为第三方持股，虽持股比例未达到规定比例，但双方之间借贷资金总额占任一方实收资本比例达到 50% 以上，双方构成关联方"

理解这个知识点时要注意未达到规定的比例要求指的是 25% 以上，另外要注意的是双方之间的借贷总额，包括借入和借出。公式如下：

借贷资金总额占实收资本比例＝年度加权平均借贷资金÷年度加权平均实收资本，其中：

年度加权平均借贷资金＝i 笔借入或者贷出资金账面金额×i 笔借入或者贷出资金年度实际占用天数÷365

年度加权平均实收资本＝i 笔实收资本账面金额×i 笔实收资本年度实际占用天数÷365

📝 实战演练

【例题·计算题】A 公司持有 B 公司 20% 的股

份。在2020年度内,两公司发生如下借贷交易:

(1)2020年2月1日,A公司从B公司借入资金1 000万元,2020年2月28日归还;

(2)2020年4月1日,B公司从A公司借入资金2 000万元,2020年5月31日归还;

(3)2020年8月1日,A公司从B公司借入资金1 000万元,双方约定2021年2月28日归还;

在2020年度内,两公司的实收资本情况如下:

(1)2019年12月31日,A公司实收资本为3 000万元,B公司实收资本为1 000万元;

(2)2020年7月1日,A公司实收资本增加了1 000万元;

(3)B公司注册资本在2020年度未发生变化。

判定2020年A公司、B公司是否构成关联关系?

解析

(1)2020年度加权平均借贷资金 = 1 000 × 28 ÷ 365 + 2 000 × 61 ÷ 365 + 1 000 × 153 ÷ 365 = 830.14(万元);

(2)A公司2020年度加权平均实收资本 = 1 000 × 184 ÷ 365 + 3 000 × 365 ÷ 365 = 3 504.11(万元);

B公司2020度加权平均实收资本 = 1 000(万元);

(3)A公司2020年度借贷资金总额占实收资本比例 = 830.14 ÷ 3 504.11 = 23.69%;

B公司2020年度借贷资金总额占实收资本比例 = 830.14 ÷ 1 000 = 83.01%;

双方之间借贷资金总额占任一方实收资本比例达到50%以上即构成关联关系,所以2020年度A公司和B公司因资金借贷构成关联关系。

五、个体工商户生产经营所得个人所得税中关于工资薪金支出、工会经费、职工福利费支出、职工教育经费等相关费用的扣除易混淆知识点的对比记忆表

项目	从业人员	业主
工资薪金支出	实际支付可以据实扣除	不得税前扣除,按规定标准扣除
五险一金	规定的范围和标准缴纳的可扣	
补充养老保险费和补充医疗保险费	分别在不超过从业人员工资总额5%标准内的部分据实扣除;超过部分,不得扣除	当地(地级市)上年度社会平均工资的3倍为计算基数,分别在不超过该计算基数5%标准内的部分据实扣除;超过部分,不得扣除
商业保险	按规定为特殊工种从业人员支付的人身安全保险费和按规定可以扣除的其他商业保险费外,业主本人或为从业人员支付的商业保险费不得扣除	
工会经费、职工福利费和职工教育经费支出	工资薪金总额的2%、14%和2.5%的标准内据实扣除	当地(地级市)上年度社会平均工资的3倍为计算基数,在规定比例内据实扣除

实战演练

【例题·单选题】某个体工商户2020年生产经营情况如下:全年取得与生产、经营活动有关的收入30万元,业主本人的工资支出为10万元,业主本人向当地工会组织拨缴的工会经费、实际发生的职工福利费支出、职工教育经费支出分别为3万元、4万元、2万元。发生费用3万元,无法分清家庭支出和生产经营支出的具体数额。当地上年度社会平均工资为4万元,无其他项目所得。2020年该个体工商户应纳个人所得税为( )万元。

A. 6.00   B. 3.07
C. 8.48   D. 9.00

解析 个体工商户业主本人向当地工会组织拨缴的工会经费、实际发生的职工福利费支出、职工教育经费支出,以当地(地级市)上

年度社会平均工资的3倍为计算基数,在规定比例内据实扣除。工会经费税前扣除限额=4×3×2%=0.24(万元),职工福利费支出税前扣除限额=4×3×14%=1.68(万元),职工教育经费税前扣除限额=4×3×2.5%=0.3(万元)。对于生产经营与个人、家庭生活混用难以分清的费用,其40%视为与生产经营有关费用,准予扣除,所以税前可以扣除额=3×40%=1.2(万元)。应纳个人所得税=(30-0.24-1.68-0.3-1.2-6)×20%-1.05=3.07(万元)。

答案 ▶ B

六、会计收入确认与企业所得税和增值税视同销售主要项目对比表

扫我解疑难

项目		会计	增值税	企业所得税
统一核算,异地移送		×	√	×
职工个人福利	自产、委托加工	√	√	√
	外购	×	×	√
集体福利	自产、委托加工	×	√	×
	外购	×	×	×
市场推广、广告样品等	自产、委托加工	×	√	√
	外购	×	√	√
投资	自产、委托加工	√	√	√
	外购	√	√	√
分配	自产、委托加工	√	√	√
	外购	√	√	√
赠送	自产、委托加工	×	√	√
	外购	×	√	√

实战演练

【例题·多选题】根据企业所得税法相关规定,下列行为中,属于企业所得税视同销售的有( )。
A. 将生产的产品用于市场推广
B. 将生产的产品用于职工福利
C. 将资产用于境外分支机构加工另一产品
D. 将资产在总机构及其境内分支机构之间转移
E. 将生产的产品用于对外捐赠

解析 ▶ 选项D,属于内部处置资产,不视同销售。企业将资产移送他人的下列情形,因资产所有权属已发生改变而不属于内部处置资产,应按规定视同销售确定收入:(1)用于市场推广或销售;(2)用于交际应酬;(3)用于职工奖励或福利;(4)用于股息分配;(5)用于对外捐赠。

答案 ▶ ABCE

七、增值税加计抵减形成的其他收益是否属于企业所得税不征税收入或免税收入

扫我解疑难

自2019年至2021年,规定行业范围内的纳税人可以按照当期可抵扣进项税额加计一定比例(10%或15%)抵减应纳税额。加计抵减的增值税形成企业的经济利益流入,应计入企业收入总额。按照现有政策规定,由于增值税加计抵减形成的收益不属于不征税收入或免税收入,因此应作为应税收入计入纳税所得计征企业所得税。

八、企业所得税扣除项目和标准中利息费用和借款费用的区别

扫我解疑难

借款费用,是指企业因借款而发生的利息及其他相关成本,包括借款利息、辅助费用以及因外币借款而发生的汇兑差额等。借款费

用包括的范围要比利息费用广，利息费用是借款费用中的主体部分。

九、企业所得税中特许权费和特许权使用费的区别

特许权费，可以理解为特许经营某种商品或服务收取的费用，例如奥运特许商品，收取特许权费，特许经营商按照销售额的一定比例向奥组委支付特许权费。特许权费的比例一般为商品零售价的5%-15%。属于提供设备和其他有形资产的特许权费，在交付资产或转移资产所有权时确认收入；属于提供初始及后续服务的特许权费，在提供服务时确认收入。

特许权使用费收入，是指企业提供专利权、非专利技术、商标权、著作权以及其他特许权的使用权取得的收入。特许权使用费收入，按照合同约定的特许权使用人应付特许权使用费的日期确认收入的实现。

实战演练

【例题·多选题】根据企业所得税相关规定，下列表述中，正确的有（　　）。
A. 商业折扣按折扣后的金额确定商品销售收入
B. 现金折扣应当按折扣前的金额确定商品销售收入
C. 属于提供初始及后续服务的特许权费，在提供服务时确认收入
D. 属于提供设备和其他有形资产的特许权费，在交付资产或转移资产所有权时确认
E. 特许权使用费收入，以实际取得收入的日期确认收入的实现

解析 ▶ 选项E，特许权使用费收入，按照合同约定的特许权使用人应付特许权使用费的日期确认收入的实现。

答案 ▶ ABCD

十、怎么理解一个纳税年度内首次取得工资、薪金所得的居民个人，扣缴义务人在预扣预缴个人所得税时，可按照5 000元/月乘以纳税人当年截至本月月份数计算累计减除费用

对一个纳税年度内首次取得工资、薪金所得的居民个人，扣缴义务人在预扣预缴工资、薪金所得个人所得税时，可扣除从年初开始计算的累计减除费用（5 000元/月）。如，大学生小李2020年7月毕业后进入某公司工作，公司发放7月份工资、计算当期应预扣预缴的个人所得税时，可减除费用35 000元（7个月×5 000元/月）。

首次取得工资、薪金所得的居民个人，是指自纳税年度首月起至新入职时，没有取得过工资、薪金所得或者连续性劳务报酬所得的居民个人。在入职新单位前取得过工资、薪金所得或者按照累计预扣法预扣预缴过连续性劳务报酬所得个人所得税的纳税人不包括在内。如果纳税人仅是在新入职前偶然取得过劳务报酬、稿酬、特许权使用费所得的，则不受影响，仍然可适用该规定。

十一、无住所个人取得数月奖金、股权激励所得境内所得和境外所得的划分

数月奖金是指无住所个人一次取得归属于数月的奖金（包括全年奖金）、年终加薪、分红等工资薪金所得，不包括每月固定发放的奖金及一次性发放的数月工资。股权激励包括股票期权、股权期权、限制性股票、股票增值权、股权奖励以及其他因认购股票等有价证券而从雇主取得的折扣或补贴。

数月奖金和股权激励属于工资薪金所得，无住所个人取得数月奖金、股权激励，均应按照工资薪金所得来源地判定规则划分境内和境外所得。具体包括：

1. 无住所个人在境内履职或者执行职务时，收到的数月奖金或者股权激励所得，如果是归属于境外工作期间的所得，仍为来源于境外的工资薪金所得。

2. 无住所个人停止在境内履约或执行职务离境后，收到归属于其在境内工作期间的数月奖金或股权激励所得，仍为来源于境内的所得。

3. 无住所个人一个月内从境内、境外单位取得多笔数月奖金或者股权激励所得，且数月

奖金或者股权激励分别归属于不同期间的,应当按照每笔数月奖金或者股权激励的归属期间,分别计算每笔数月奖金或者股权激励的收入额后,然后再加总计算当月境内数月奖金或股权激励收入额。

需要注意的是,高管人员取得的数月奖金、股权激励,按照高管人员工资薪金所得的规则,划分境内、境外所得。

举例:A 先生为无住所个人,2020 年 1 月,A 先生同时取得 2019 年第四季度(公历天数 92 天)奖金和全年奖金。假设 A 先生取得季度奖金 20 万元,对应境内工作天数为 46 天;取得全年奖金 50 万元,对应境内工作天数为 73 天。两笔奖金分别由境内公司、境外公司各支付一半。(不考虑税收协定因素)

2020 年度,A 先生在中国境内居住天数不超过 90 天,为非居民个人,A 先生仅就境内支付的境内所得,计算在境内应税的收入。A 先生当月取得数月奖金在境内应计税的收入额为:$20 \times \frac{1}{2} \times \frac{46}{92} + 50 \times \frac{1}{2} \times \frac{73}{365} = 10$(万元)。

十二、无住所个人工资、薪金所得收入额计算公式较多,有什么好的记忆方法

扫我解疑难

这个问题是个人所得税这章考生感觉最杂乱的内容,考生在复习中要注意理解掌握,对比记忆。本处提供一章总结的表格,考生可以以指定教材或者本书对应部分的公式一并学习。

居住时间		一般规定		特殊规定	
		口诀	公式	高管	协定
非居民个人	1. ≤90 天	境内所得境内支付交	当月应税收入额=内付×内天/公天	口诀:境内支付交!境外支付不交!当月应税收入额=内付	口诀公式同 1
	2. >90 且<183 天	境内所得交	当月应税收入额=内外付×内天/公天	口诀公式同 3	
无住所居民个人	3. ≥183 天且≤6 年*	境外所得境外支付不交	当月应税收入额=内外付-外付×外天/公天		口诀公式同 2
	4. >6 年(第 7 年≥183 天)**	境内外全交	当月应税收入额=内外付	口诀公式同一般	

实战演练

【例题·计算题】2020 年居民老杨取得下列收入:

(1)在正保公司任职,全年共取得扣缴"三险一金"后的工资薪金收入 180 000 元,无专项附加扣除和其他扣除项目。

(2)9 月出版《梦想成真税法(Ⅱ)应税指南》,取得稿酬所得 30 000 元。

(3)10 月取得利息所得 40 000 元。

(4)12 月通过东城区人民政府对外公益慈善捐赠 20 000 元。

假如老杨根据各项所得的收入、公益捐赠支出、适用税率等情况,自行决定先在分类所得中扣除,后在综合所得中扣除的公益捐赠支出的顺序。

请计算老杨 2020 年应纳的个人所得税的税额。

---

* 当年境内居住满 183 天,且此前六年的任一年在中国境内累计居住天数不满 183 天或者单次离境超过 30 天。

** 当年境内居住满 183 天,且此前六年在境内每年累计居住天数都满 183 天而且没有任何一年单次离境超过 30 天。

解析

1. 利息所得:
(1)捐赠限额=40 000×30%=12 000(元),实际捐赠额20 000元大于捐赠限额只能扣除12 000元。
(2)应纳税额=(40 000-12 000)×20%=5 600(元)
(3)未扣完捐赠余额=20 000-12 000=8 000(元)

2. 综合所得:
(1)年度应纳税所得额=180 000+30 000×(1-20%)×70%-60 000=136 800(元)
(2)捐赠扣除限额=136 800×30%=41 040(元),大于未扣完的公益慈善捐赠余额8 000元,8 000元可以扣除
(3)应纳税额=(136 800-8 000)×10%-2 520=10 360(元)

十三、怎么理解"非居民企业(外国企业)在中国境内设立的机构(场所)可以就其取得的发生在境外、但与其有实际联系的所得直接缴纳的境外企业所得税性质的税额进行抵免"中实际联系的含义

为缓解由于国家间对所得来源地判定标准的重叠而产生的国际重复征税,我国税法对非居民企业在中国境内分支机构取得的发生于境外的所得所缴纳的境外税额,给予了与居民企业类似的税额抵免待遇。对此类非居民给予的境外税额抵免仅涉及直接抵免。

所谓实际联系是指,据以取得所得的权利、财产或服务活动由非居民企业在中国境内的分支机构拥有、控制或实施,如外国银行在中国境内分行以其可支配的资金向中国境外贷款,境外借款人就该笔贷款向其支付的利息,即属于发生在境外与该分行有实际联系的所得。

十四、对以货易货合同应如何计税贴花

商品购销活动中,采用以货换货方式进行商品交易签订的合同,是反映既购又销双重经济行为的合同。对此,应按合同所载的购、销合计金额计税贴花。合同未列明金额的,应按合同所载购、销数量依照国家牌价或市场价格计算应纳税金额。

十五、何为"银行同业拆借"

"银行同业拆借"是指按国家信贷制度规定,银行、非银行金融机构之间相互融通短期资金的行为。同业拆借合同不属于列举征税的凭证,不贴印花。确定同业拆借合同的依据,应以相关部门的管理规定为准。

十六、怎样理解"合同在国外签订的,应在国内使用时贴花"的规定

"合同在国外签订的,应在国内使用时贴花",是指印花税暂行条例列举征税的合同在国外签订时,不便按规定贴花,因此,应在带入境内时办理贴花完税手续。

十七、消防设施也否也应缴纳房产税

根据规定,凡以房屋为载体,不可随意移动的附属设备和配套设施,如给排水、采暖、消防、中央空调、电气及智能化楼宇设备等,无论在会计核算中是否单独记账与核算,都应计入房产原值,计征房产税。所以不可移动的消防设施属于配套设施需要计算缴纳房产税。但对于可移动的一些消防器材则不需要缴纳房产税。

十八、出租房产时一次性收取多年的租金应该如何计算纳税

房产税是按年计算分期缴纳,纳税人一次收取多年租金时,房产税也要按年计算,不需要一次性缴纳。需要注意的是,印花税是在书立或领受是贴花,所以一次性收取多年租金时印花税要一次性缴纳。

第三部分
思维导图全解

梦想成真辅导丛书

本书各章思维导图全解

第1章 企业所得税

第1讲 概　述

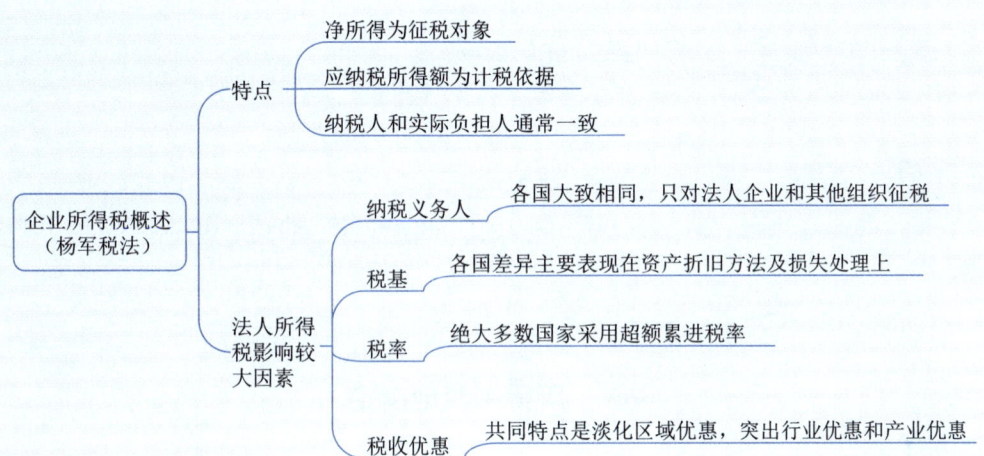

第2讲 纳税人、征税对象及税率

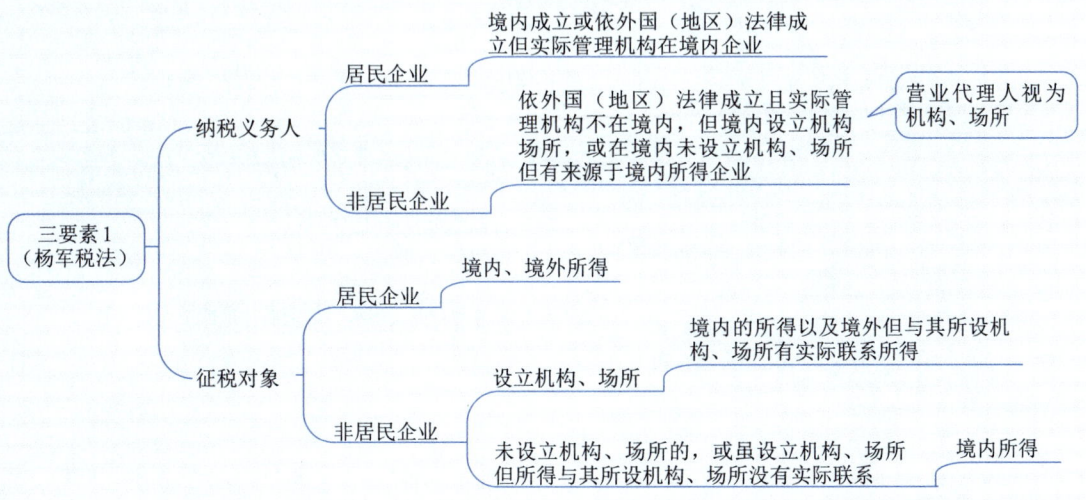

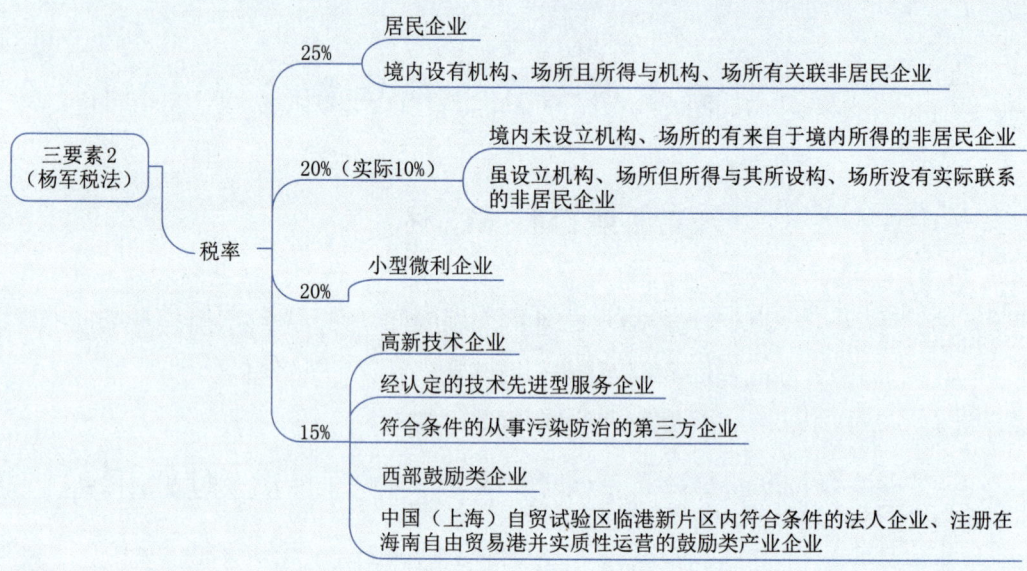

附：所得来源地确定

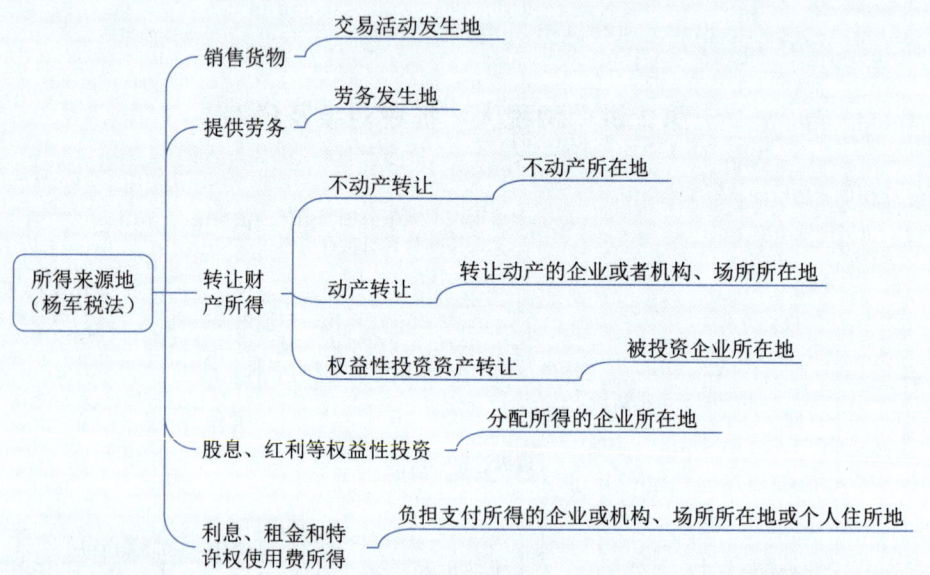

第3讲 应纳税所得额计算之收入总额(一)：一般收入的确认

一般收入（杨军税法）
- 销售货物收入
- 提供劳务收入
- 转让财产收入
  - 转让固定资产、生物资产、无形资产、股权、债权等财产取得的收入
  - 其中：转让股权收入
    - 转让协议生效且完成股权变更手续时确认收入
    - 股权转让所得＝转让股权收入－股权成本
    - 不得扣除被投资企业未分配利润等股东留存收益中按该项股权所可能分配金额
- 股息、红利等权益性投资收益
  - 除另有规定外，以被投资企业股东会作出利润分配或转股决定的日期确认收入
  - 被投资企业将股权（票）溢价形成的资本公积转为股本的
    - 不作为投资方的股息、红利收入
    - 投资方不得增加该项长期投资计税基础
- 利息收入
  - 合同约定债务人应付利息日期确认
  - 其中：混合性投资
    - 混合性投资的条件（略）
    - 所得税处理
      - 投资企业：被投资企业应付利息日期确认收入
      - 被投资企业：应付利息日期确认利息支出，按借款利息支出规定扣除
      - 被投资企业赎回的投资：赎价与投资成本间差额确认债务重组损益
- 租金收入
  - 合同约定承租人应付租金日期确认
    - 租赁期跨年且租金提前一次性支付的，租赁期内分摊计入相关年度收入
- 特许权使用费收入
  - 合同约定特许权使用人应付特许权使用费日期确认
- 接受捐赠收入
  - 实际收到捐赠资产的日期确认
- 其他收入
  - 包括企业资产溢余收入、逾期未退包装物押金收入、确实无法偿付的应付款、已作坏账损失处理后又收回的应收款、债务重组收入、补贴收入、违约金收入、汇兑收益等

第4讲 应纳税所得额计算之收入总额(二)：特殊收入和处置资产收入的确认

特殊收入（杨军税法）
- 分期收款销售货物 —— 合同约定收款日期
- 受托加工制造大型机器设备、船舶、飞机及从事建筑、安装、装配工程业务或提供其他劳务等持续时间＞12个月 —— 完工进度或完成工作量
- 产品分成 —— 分得产品日期按公允价确定收入
- 非货币性资产交换，以及将货物、财产、劳务用于捐赠、偿债、赞助、集资、广告、样品、职工福利或利润分配等用途 —— 视同销售货物、转让财产或提供劳务

处置资产收入（杨军税法）
- 内部处置不视同销售 —— 不改变资产所有权属
- 不属于内部处置视同销售
  - 改变资产所有权属 —— 以公允价值确定销售收入
  - 特殊：资产转移至境外

第5讲 应纳税所得额计算之收入总额(三)：相关收入实现的确认

销售商品收入确认（杨军税法）
- 时间
  - 托收承付方式 —— 办妥托收手续时
  - 预收款方式 —— 发出商品时
  - 需安装和检验设备 —— 购买方接受商品及安装和检验完毕时；如安装程序较简单，发出商品时
  - 支付手续费方式委托代销 —— 收到代销清单时
- 金额
  - 售后回购
    - 符合收入条件：销售的按售价确认收入，回购的作购进商品处理
    - 不符合收入确认条件：收到的款项确认为负债，回购价格＞原售价的，差额在回购期间确认利息费用
  - 商业折扣 —— 扣除商业折扣后金额
  - 现金折扣 —— 扣除现金折扣前金额；现金折扣实际发生时作为财务费用扣除
  - 销售折让 —— 发生当期冲减当期销售商品收入
  - 以旧换新 —— 销售的按收入确认条件确认收入，回收的作购进商品处理
  - 买一赠一 —— 不属于捐赠，总销售金额按各项商品公允价比例分摊收入
  - 财产转让、债务重组、接受捐赠、无法偿付应付款收入 —— 均应一次性计入确认收入年度

提供劳务收入确认（杨军税法）

- 安装费
  - 安装完工进度
  - 安装是商品销售附带条件的，确认商品销售实现时
- 宣传媒介收费
  - 相关广告或商业行为出现于公众面前时
  - 广告制作费按制作完工进度
- 软件费
  - 为特定客户开发软件的按开发完工进度
- 服务费
  - 含在商品售价内可区分的服务费，在提供服务期间分期
- 艺术表演、招待宴会和其他特殊活动收费
  - 相关活动发生时
  - 收费涉及几项的预收款，应合理分配给每项活动分别确认
- 会员费
  - 只有会籍，其他服务或商品另收费的在取得该会员费时
  - 入会后不再付费或低于非会员价格销售商品、提供服务的，整个受益期内分期
- 特许权费
  - 提供设备和其他有形资产的，在交付资产或转移资产所有权时
  - 提供初始及后续服务的，在提供服务时
- 劳务费
  - 长期为客户提供重复的劳务收取的，在相关劳务活动发生时

第6讲 应纳税所得额计算之不征税收入和免税收入

不征税收入和免税收入（杨军税法）

不征税收入

- 财政拨款
- 依法收取并纳入财政管理的行政事业性收费、政府性基金
  - 按规定缴纳的准予在计算应纳税所得额时扣除
  - 取得的各种基金、收费计入当年收入总额
  - 上缴财政当年作不征税收入从收入中减除；未上缴不得减除
- 符合规定非居民企业从事境内原油期货交易取得的所得（不含实物交割所得），暂不征收——境外经纪机构在境外为境外投资者提供中国境内原油期货经纪业务取得的佣金所得，不属于来源于中国境内的劳务所得，不征
- 其他不征税收入
  - 取得财政性资金，除属于国家投资和资金使用后要求归还本金外，均计入当年收入
  - 专项用途并经国务院批准的财政性资金作不征税收入从收入中减除
  - 1.财政性资金不含出口退税款；
  - 2.不得扣除支出的费用；
  - 3.不得扣除支出形成的资产折旧、摊销；
  - 4.60个月
- 符合条件的非居民企业从事中国境内原油期货交易取得的所得，暂不征收企业所得税

免税收入

- 国债利息收入
- 居民企业之间股息、红利等权益性收益
- 境内设立机构、场所的非居民企业从居民企业取得与该机构、场所有实际联系的股息、红利等权益性投资收益
- 符合条件的非营利组织收入
- 地方政府债券利息
  - 铁路债券取得的利息收入减半
- 跨境电子商务综合试验区内实行核定征收的跨境电商企业的符合规定的收入
- 创新企业CDR转让差价所得和持有股息红利所得的处理

附：企业接收政府和股东划入资产的所得税处理

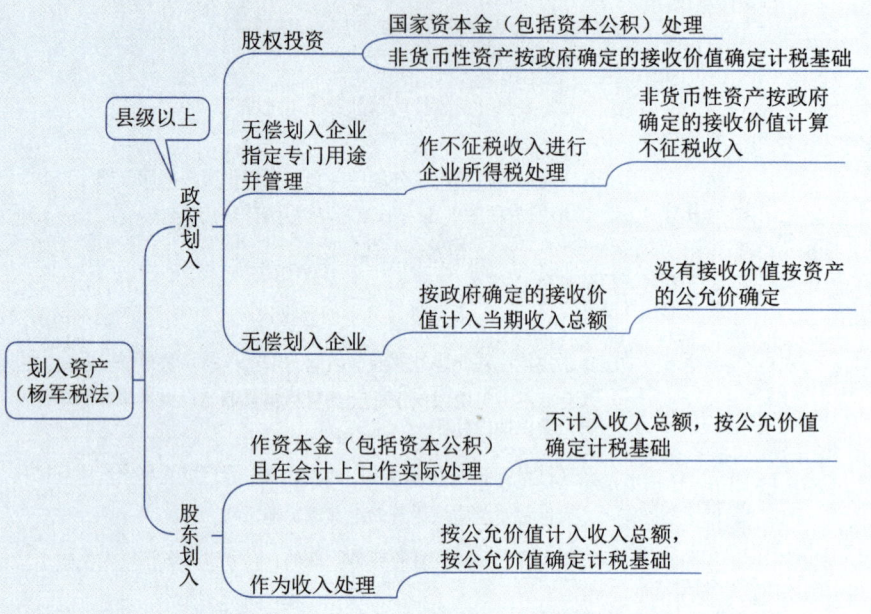

第7讲 应纳税所得额计算之各项扣除（一）：扣除原则和范围

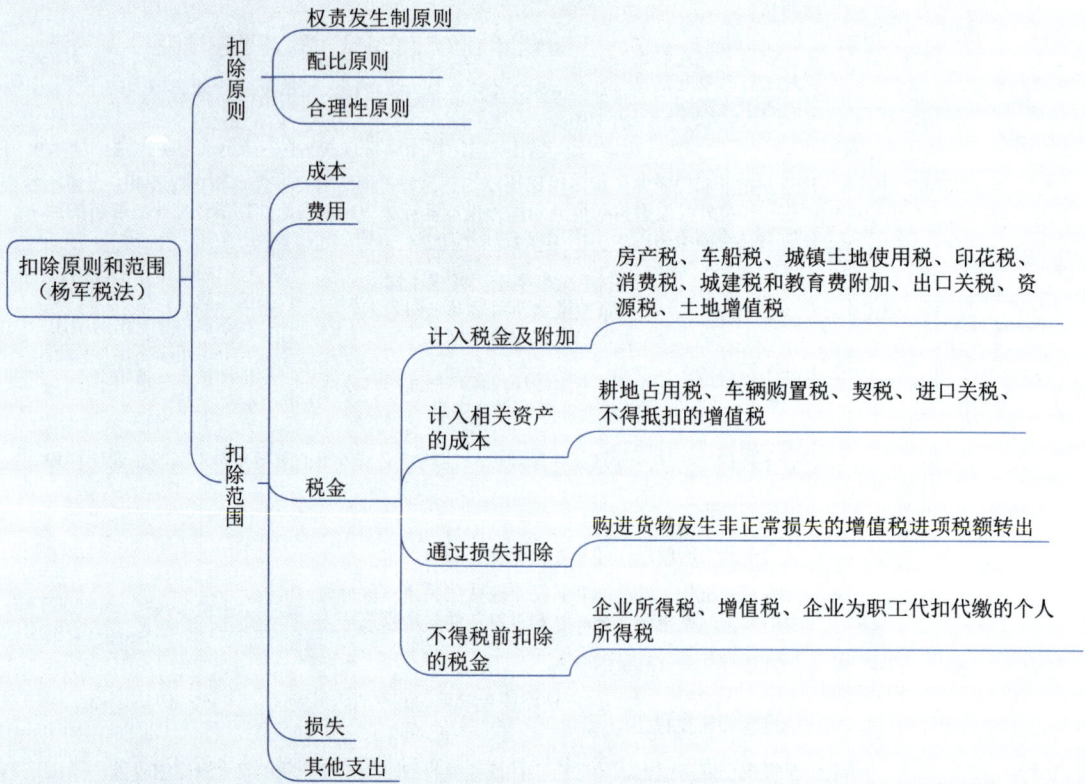

第8讲 应纳税所得额计算之各项扣除(二)：工资薪金支出、福利费、工会经费、职工教育经费、保险费和股权激励的所得税处理

人力相关费用扣除（杨军税法）

- **工资薪金支出**
  - 合理支出据实扣除
    - 税务合理性确认时原则（略）
    - 国有性质企业不得超过政府限定数额；超过部分不计入工资、薪金总额也不得扣除
    - 季节工、临时工、实习生、返聘离退休人员实际发生的费用应区分为工资薪金支出和职工福利费支出按规定扣除。其中属于工资薪金支出的，准予计入工资薪金总额基数，作为计算其他各项相关费用扣除依据
    - 外部劳务派遣用工实际发生费用：直接支付给劳务派遣公司费用作为劳务费支出；直接支付给员工个人的费用作为工资薪金支出和职工福利费支出（工资薪金支出准予计入企业工资薪金总额基数）
    - 福利性补贴支出：固定与工资薪金一起发放符合合理工资、薪金支出条件，作为工资薪金支出扣除；不符合的按职工福利费规定限额扣除
    - 汇算清缴结束前向员工实际支付的已预提汇缴年度工资薪金，准予在汇缴年度扣除
  - 职工食堂、职工浴室、理发室、医务所、托儿所、疗养院、集体宿舍等集体福利部门工作人员工资薪金计入福利费

- **股权激励**
  - 立即行权：（行权公允价格—行权支付价格）×数量，作为当年工资薪金支出按规定扣除
  - 等待期后行权：等待期内会计确认成本费用不得扣除，行权后按上述规定扣除

- **职工福利费、工会经费、职工教育经费（三步法）**
  - 福利费
    - 三步法第2步：工资薪金总额×14%
    - 福利费内容（略）
  - 工会经费　三步法第2步：工资薪金总额×2%
  - 职工教育经费
    - 三步法第2步：工资薪金总额×8%
    - 超过部分准予结转以后纳税年度扣除
    - 软件和集成电路产业：职工教育经费中的职工培训费全额扣除
    - 空勤训练费用作为航空企业运输成本税前扣除
    - 核电厂操纵员培养费用作为发电成本税前扣除
    - 学生实习合理支出和职工教育经费支出

  1. 杨氏三步法：
  第1步：实际发生额；
  第2步：限额；
  第3步：比较确定税前扣除额或纳税调整额
  2. 工资、薪金总额不包括"三费和五险一金"

- **保险费**
  - 人险
    - 社会保险
      - 按规定范围和标准为职工缴纳的"五险一金"准予扣除
      - 为投资者或职工支付补充养老和补充医疗保险费在规定的范围和标准内准予扣除
    - 商业保险
      - 为特殊工种职工支付的人身安全保险费和符合规定商业保险费准予扣除
      - 为投资者或职工支付的商业保险费不得扣除
  - 财险　按规定缴纳的准予扣除

  1. 职工因公出差乘坐交通工具人身意外保险费支出准予扣除；
  2. 雇主责任险、公众责任险等责任保险费准予扣除；
  3. 安置残疾人的机关事业单位以及由机关事业单位改制后的企业，为残疾人缴纳的机关事业单位养老保险，属于基本养老保险范围

第9讲 应纳税所得额计算之各项扣除（三）：借款费用和利息费用

融资费用（杨军税法）
- 借款费用
  - 生产经营活动中合理不需要资本化的准予扣除
  - 购置、建造固定资产、无形资产和经过12个月以上建造达到预定可销售状态的存货发生借款的，购置、建造期间合理借款费用作为资本性支出计入资产成本，交付使用后的借款利息在发生当期扣除
  - 发行债券、取得贷款、吸收保户储金等方式融资合理费用符合资本化的计入资产成本；不符合的作为财务费用在税前据实扣除
  - 以本企业为主体联合其他企业等开发项目形成的营业利润并入当期应纳税所得额
- 利息费用（杨氏三步法）
  - 非金融企业向金融企业借款：据实扣除
  - 非金融企业向非金融企业借款
    - 无关联关系：利率制约 — 三步法第2步：借款金额×银行同期利率
    - 有关联关系：本金制约+利率制约 — 三步法第2步：权益投资×2（或5）×银行同期利率
  - 向自然人借款
    - 股东或关联自然人借款：本金制约+利率制约 — 同上
    - 内部职工或其他人员借款：利率制约 — 同上
- 企业投资者投资未到位发生的利息支出相当于实缴资本额与规定期限内应缴资本额差额应计付的利息不得扣除

第10讲 应纳税所得额计算之各项扣除（四）：业务招待费、广告费和业务宣传费

业务招待费和广宣费（杨军税法）
- 业务招待费（杨氏三步法）
  - 三步法第2步：发生额×60%PK销售收入（基数）×5‰取小
  - 筹建期间业务招待费按实际发生额60%计入筹办费按有关规定扣除
- 广宣费（杨氏三步法）
  - 三步法第2步：销售收入（基数）×15%/30%
  - 筹建期间广宣费按实际发生额计入筹办费按有关规定扣除
  - 超过限额部分准予以后纳税年度结转扣除
  - 非广告性赞助支出不得扣除
  - 烟草企业广宣一律不得扣除
  - 签订广宣费分摊协议关联企业，其中一方限额比例内可以在本企业扣除也可以将其中的部分或全部分摊至另一方扣除。另一方计算本企业扣除限额时归集至本企业的广宣费不计算在内

基数（下同）："三作两不作"，三作：主营业务收入、其他业务收入、视同销售收入；两不作：投资收益、营业外收入（资产处置损益）

30%：化妆品制造或销售、医药制造和饮料制造（不含酒类制造）

第11讲 应纳税所得额计算之各项扣除(五)：公益性捐赠支出、手续费及佣金支出、投资企业撤回或减少投资

公益捐赠、手续费和撤回减少投资（杨军税法）

- **公益性捐赠支出**
  - 当年发生及以前年度结转的不超过年度利润总额12%的部分准予扣除，超过部分准予结转以后3年内扣除
    - 通过公益性社会组织或县级（含县级）以上人民政府及其部门用于符合规定的捐赠
    - 扣除时先扣除以前年度结转支出再扣除当年发生支出
    - 捐赠资产价值确认原则
      - 货币性资产：实际收到金额
      - 非货币性资产：公允价值
    - 目标脱贫地区扶贫捐赠支出据实扣除

- **手续费及佣金支出**
  - 不超过限额以内部分准予扣除，超过部分不得扣除
    - 保险企业三步法第2步：（保费收入-退保金）×18%
      - 超过限额部分准予结转以后年度扣除
    - 其他企业三步法第2步：合同或协议金额×5%
  - 从事代理服务、主营业务收入为手续费、佣金的企业（如证券、期货、保险代理）为取得该类收入而实际发生的营业成本，准予据实扣除
  - 除委托个人代理外，以现金等非转账方式支付的不得扣除
  - 发行权益性证券的手续费及佣金不得税前扣除
  - 不得将手续费及佣金支出计入回扣、业务提成、返利、进场费等费用
  - 已计入固定资产、无形资产等相关资产的，通过折旧、摊销等方式分期扣除
  - 不得直接冲减服务协议或合同金额，并如实入账

- **撤回或减少投资取得资产的税务处理**
  - 投资收回：相当于初始出资的部分
  - 股息所得：相当于被投资企业累计未分配利润和累计盈余公积按减少实收资本比例计算的部分
  - 投资资产转让所得：取得的资产减除上述两项的差额

第12讲 应纳税所得额计算之各项扣除(六)：其他扣除项目和不得扣除项目

其他扣除项目和不得扣除项目（杨军税法）

保险公司保险保障基金
- 按规定缴纳的准予据实扣除
- 不得在税前扣除情形
  - 财产保险公司保险保障基金余额达到公司总资产6%的
  - 人身保险公司保险保障基金余额达到公司总资产1%的
- 按规定提取未到期责任准备金、寿险责任准备金、长期健康险责任准备金、已发生已报案未决赔款准备金和已发生未报案未决赔款准备金准予税前扣除
  - 已发生已报案未决赔款准备金按最高不超过当期已提出保险赔款或给付金额100%提取
  - 已发生未报案未决赔款准备金按不超过当年实际赔款支出额8%提取

其他扣除项目
- 汇兑损失：除已计入有关资产成本及向所有者进行利润分配相关部分外准予扣除
- 环境保护专项资金：按规定提取准予扣除，提取后改变用途的不得扣除
- 租赁费
  - 经营租赁方式租入固定资产发生租赁费支出按租赁期限均匀扣除
  - 融资租赁方式租入固定资产发生租赁费支出按规定构成融资租入固定资产价值部分应当提取折旧费分期扣除
- 劳动保护费
  - 合理劳动保护支出准予扣除
  - 统一制作工作时统一着装工作服饰费用可以扣除
- 有关资产费用：转让固定资产费用允许扣除，折旧费、摊销费准予扣除
- 以前年度发生应扣未扣支出：可扣、追补、5年、抵扣、调亏
- 总机构分摊费用：非居民企业在中国境内设立的机构、场所，就其中国境外总机构发生的与该机构、场所生产经营有关费用能够提供证明文件并合理分摊的准予扣除
- 棚户区改造：参与政府统一组织的工矿棚户区、林区棚户区和垦区危房改造并同时符合条件的支出准予税前扣除
- 其他：如会员费、合理的会议费、差旅费、违约金、诉讼费用等准予税前扣除

不得扣除项目
- 向投资者支付股息、红利等权益性投资收益款项
- 企业所得税税款
- 税收滞纳金
- 罚金、罚款和被没收财物的损失
- 超过规定标准捐赠支出
- 赞助支出（与生产经营活动无关各种非广告性质支出）
- 未经核定的准备金支出
- 企业之间支付的管理费、企业内营业机构之间支付的租金和特许权使用费，以及非银行企业内营业机构之间支付的利息
- 与取得收入无关的其他支出

第13讲 应纳税所得额计算之亏损弥补

亏损弥补（杨军税法）

某一纳税年度发生亏损用下一年度所得弥补，下一年度所得不足以弥补的可逐年延续弥补但最长不得超过5年
- 具备高新技术企业或科技型中小企业资格：10年
- 亏损不是财务报表中亏损额，是税法调整后金额
- 5年弥补期是亏损年度第1年度算起，连续5年内不论是盈利或亏损，都作为实际弥补年限
- 连续发生年度亏损从第一个亏损年度算起，先亏先补，后亏后补
- 境外营业机构亏损不得抵减境内营业机构盈利
- 企业筹办期间不计算为亏损年度
  - 开始生产经营年度为计算企业损益年度
  - 筹办费用支出不得计算为当期亏损：可以在开始经营之日的当年一次性扣除，也可按长期待摊费用规定处理，但一经选定不得改变
- 受疫情影响较大的困难行业企业2020年度亏损最长结转年限延长至8年
  - 困难行业企业包括：交通运输、餐饮、住宿、旅游
- 符合条件的集成电路企业清单年度之前5年尚未弥补亏损年限最长不超过10年
- 电影行业2020年亏损结转年限5年延长至8年

第14讲 资产的所得税处理：固定资产税务处理

固定资产1（杨军税法）

计税基础
- 外购：买价+税费+达到预定用途发生的其他支出（无形资产同，生物资产同前2点）（购进固定资产的增值税符合规定的可以扣除）
- 自行建造：竣工结算前支出（自行开发无形资产：开发过程中资产符合资本化条件后至达到预定用途前支出）
- 融资租入：
  - 约定付款总额：约定付款总额+相关费用
  - 未约定付款总额：资产公允价值+签订合同发生的相关费用
- 盘盈：同类固定资产的重置完全价值
- 捐赠、投资、非货币性资产交换、债务重组方式取得：公允价值+税费（无形、生物同）
- 改建的固定资产：除已足额提取折旧的固定资产和租入的固定资产以外的其他固定资产，以改建过程中发生的改建支出增加计税基础
- 融资性售后回租中融资性租赁资产：承租人出售前原账面价值

不得计算折旧扣除范围
- 房屋、建筑物以外未投入使用的
- 经营租赁方式租入的
- 以融资租赁方式租出的
- 已足额提取折旧仍继续使用的
- 与经营活动无关的
- 单独估价作为固定资产入账的土地
- 其他不得计算折旧扣除的

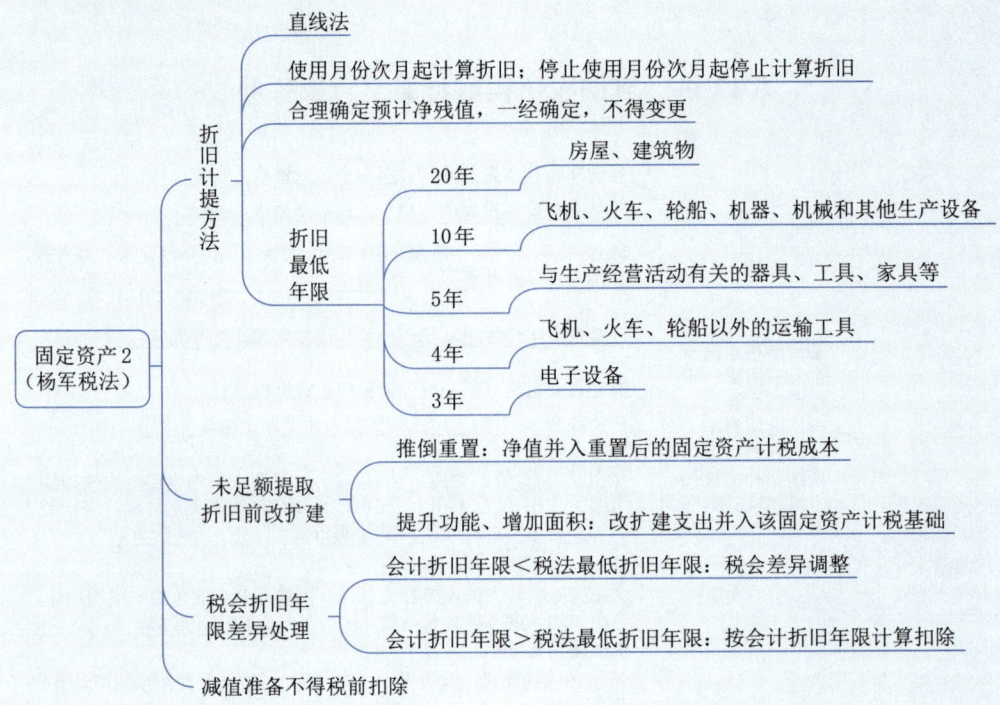

第15讲 资产的所得税处理：长期待摊费用、无形资产、生物资产、存货和非货币性资产投资企业所得税处理

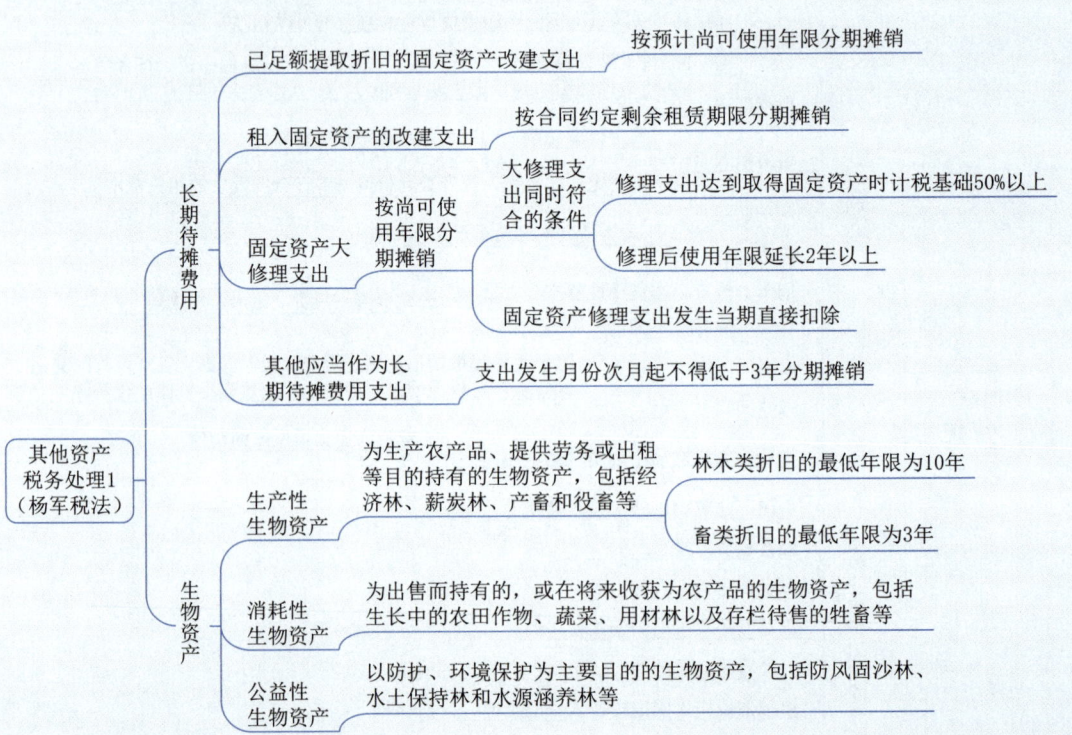

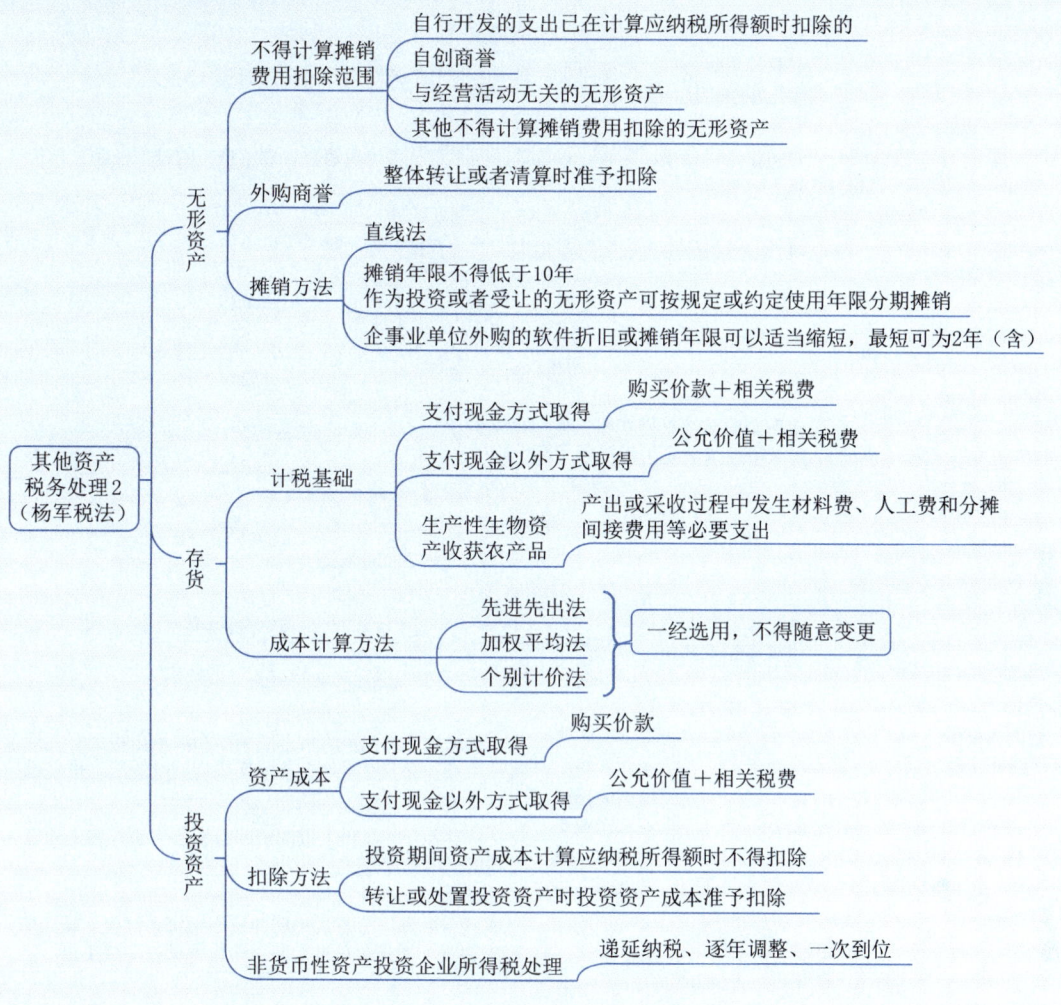

第16讲 资产损失税前扣除的所得税处理

资产损失2（杨军税法）

第三部分

扣除政策

- **股权投资作为损失扣除条件**
  - 关键词：被投资企业"死亡"或"病入膏肓（3年）"
- 存货盘亏、毁损、报废、被盗等原因不得从增值税销项税额中抵扣的进项税额与存货损失一起扣除
- 境外营业机构由于发生资产损失而产生亏损不得扣除
- **金融企业对涉农贷款和中小企业贷款按比例计提贷款损失准备金准予扣除**
  - 关注类 2%
  - 次级类 25%
  - 可疑类 50%
  - 损失类 100%
- **金融企业贷款损失准备金扣除政策**
  - 准予税前提取贷款损失准备金的贷款资产范围
  - 不得提取贷款损失准备金在税前扣除的范围

扣除管理

申报管理

- **清单申报 OR 专项申报**
  - **境内跨地区汇总企业资产损失申报规定**
    - 总分支机构资产损失除按专项申报和清单申报的有关规定向当地税务机关申报外，各分支机构同时还应上报总机构
    - 总机构对各分支机构上报的资产损失，除另有规定外以清单申报形式申报
    - 总机构将跨地区分支机构所属资产捆绑（打包）转让所发生的资产损失由总机构向当地税务机关专项申报
  - **商业零售企业存货损失扣除规定**
    - 存货因零星失窃、报废、废弃、过期、破损、腐败、鼠咬、顾客退换货等正常因素形成的损失，准予以清单形式申报
    - 存货因风、火、雷、震等自然灾害，仓储、运输失事，重大案件等非正常因素形成的损失专项申报
    - 存货单笔（单项）损失超过500万元的均应以专项申报

相关资产损失确认

- **损失确认证据**
  - 外部证据OR内部证据
- 逾期3年以上应收款项在会计上已作为损失处理的，可以作为坏账损失扣除
- 逾期1年以上，单笔数额不超过5万元或不超过企业年度收入总额0.1‰的应收款项，会计上已作为损失处理的，可作为坏账损失扣除
- 存货报废、毁损或变质损失，该项损失数额较大的（指占企业该类资产计税成本10%以上，或减少当年应纳税所得、增加亏损10%以上），留存备查自行出具的书面申明

资产损失3（杨军税法）· 扣除管理

相关资产损失确认

- 股权和债权不作为损失税前扣除包括：
  - 债务人或者担保人有经济偿还能力，未按期偿还的企业债权
  - 违反法律、法规的规定，以各种形式、借口逃废或悬空的企业债权
  - 行政干预逃废或悬空的企业债权
  - 企业未向债务人和担保人追偿的债权
  - 企业发生非经营活动的债权
  - 其他不应当核销的企业债权和股权

- 作为资产损失确认情形：
  - 资产捆绑（打包）以拍卖、询价、竞争性谈判、招标等市场方式出售，其出售价格低于计税成本差额
  - 正常经营业务因内部控制制度不健全而出现操作不当、不规范或因业务创新但政策不明确、不配套等原因形成的资产损失，应由企业承担的金额
  - 因刑事案件原因形成的损失，应由企业承担的金额，或经公安机关立案侦查2年以上仍未追回金额

第17讲 企业重组的一般性税务处理方法

企业重组一般性税务处理（杨军税法）

- 法人变为非法人或登记注册地转移至境外视同清算、分配，股东重新投资成立新企业
  - 全部资产及股东投资以公允价值为计税基础

- 其他法律形式简单改变的可直接变更税务登记
  - 除另有规定外有关企业所得税纳税事项由变更后企业承继（因住所发生变化而不符合税收优惠条件的除外）

- 债务重组
  - 非货币资产清偿债务分解为转让相关非货币性资产和按非货币性资产公允价值清偿债务两项业务确认所得或损失
  - 债权转股权的应当分解为债务清偿和股权投资两项业务，确认有关债务清偿所得或损失
  - 债务人按支付债务清偿额低于债务计税基础的差额，确认债务重组所得；债权人按收到债务清偿额低于债权计税基础的差额，确认债务重组损失

- 股权收购、资产收购、企业合并、分立等重组方式的处理规定
  - 被合并方、被分立方、被收购方、转让方（卖方）：确认所得和损失
  - 合并方、分立方、收购方、受让方（买方）：取得股权、资产等的计税基础以公允价值确定
  - 被合并企业的亏损不得在合并企业结转弥补
  - 企业分立相关企业的亏损不得相互结转弥补

第18讲　企业重组的特殊性税务处理方法

企业重组特殊性税务处理（杨军税法）

- **特殊性税务处理条件**
  - 具有合理商业目的且不以减少、免除或推迟缴纳税款为主要目的
  - 被收购、合并或分立部分的资产或股权比例符合规定比例
  - 重组交易对价中涉及股权支付金额符合规定比例
  - 企业重组后连续12个月内不改变重组资产原来的实质性经营活动
  - 企业重组中取得股权支付的原主要股东，在重组后连续12个月内，不得转让所取得的股权

- **债务重组和债转股的特殊性税务处理规定**
  - 债务重组确认应纳税所得额占该企业当年应纳税所得额50%以上，可以在5个纳税年度的期间内，均匀计入各年度应纳税所得额
  - 债权转股权业务，对债务清偿和股权投资两项业务暂不确认有关债务清偿所得或损失——股权投资计税基础以原债权的计税基础确定

- **股权收购、资产收购、企业合并、分立等重组方式处理规定**
  - 被合并方、被分立方、被收购方、转让方（卖方）
    - 股权支付——不确认所得和损失
    - 非股权支付——确认所得和损失
      - 非股权支付对应的资产转让所得或损失＝（被转让资产的公允价值－被转让资产的计税基础）×（非股权支付金额÷被转让资产的公允价值）
  - 合并方、分立方、收购方、受让方（买方）
    - 股权支付——取得股权、资产等的计税基础以原有计税基础确定
    - 非股权支付——取得股权、资产等的计税基础以公允价作为计税基础
  - 合并企业弥补的被合并企业亏损的限额＝被合并企业净资产公允价值×截至合并业务发生当年年末国家发行的最长期限的国债利率
  - 被分立企业未超过法定弥补期限的亏损额可按分立资产占全部资产的比例进行分配，由分立企业继续弥补
  - **其他规定**
    - 被收购企业股东取得收购企业股权计税基础，以被收购股权的原有计税基础确定
    - 转让企业取得受让企业股权计税基础，以被转让资产的原有计税基础确定
    - 被分立企业的股东取得分立企业的股权（新股）的计税基础
      - 如需部分或全部放弃原持有的被分立企业的股权（旧股）："新股"计税基础=放弃"旧股"计税基础
      - 如不需放弃"旧股"
        - "新股"的计税基础＝零
        - 被分立企业分立出去净资产占被分立企业全部净资产比例先调减原持有"旧股"计税基础，再将调减的计税基础平均分配到"新股"上
    - 合并分立后的税收优惠延续——一个前提两个限制

- **股权、资产划转**
  - 对100%直接控制的居民企业之间及受同一或相同多家居民企业100%直接控制的居民企业之间按账面净值划转股权或资产，符合条件的可以选择按规定进行特殊性税务处理
    - 划出方企业和划入方企业均不确认所得
    - 划入方企业取得被划转股权或资产的计税基础，以被划转股权或资产原账面净值确定
    - 划入方企业取得的被划转资产按其原账面净值计算折旧扣除

第 19 讲 房地产开发经营业务的所得税处理（一）

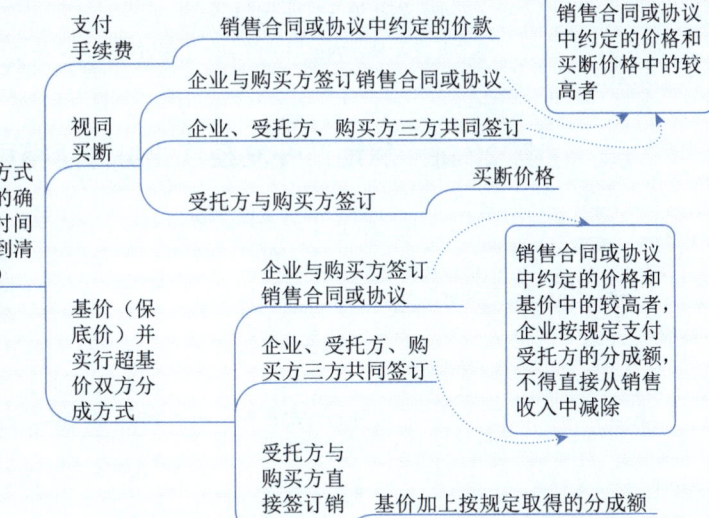

房地产开发经营业务的所得税处理1-2（杨军税法）

成本、费用扣除税务处理
- 已销开发产品计税成本按当期已实现销售的可售面积和可售面积单位工程成本确认
- 尚未出售已完工产品和按规定对已售产品进行日常维护保养等实际发生维修费用准予据实扣除
- 已计入收入的共用部位、共用设施设备维修基金按规定移交给有关部门、单位的，应于移交时扣除
- 开发区内建造的会所、物业管理场所、电站、热力站、水厂、文体场馆、幼儿园等配套设施
  - 属于非营利性且产权属于全体业主的或无偿赠与地方政府、公用事业单位的视为公共配套设施，其建造费用按公共配套设施费规定处理
  - 属于营利性的，或产权归企业所有的，或未明确产权归属的，或无偿赠与地方政府、公用事业单位以外其他单位的单独核算其成本
  - 除企业自用应按建造固定资产处理外，其他一律按建造开发产品处理
- 开发区内建造邮电通讯、学校、医疗设施应单独核算成本
- 停车场
- 按揭保证金损失时据实扣除
- 境外委托销售费用不过10%
- 开发产品转为自用的其实际使用时间累计未超过12个月又销售不得在税前扣除折旧

第20讲 房地产开发经营业务的所得税处理（二）

房地产开发经营业务的所得税处理2-1（杨军税法）

计税成本的核算方法

- **计税成本对象的确定原则**
  - 可否销售原则
  - 功能区分原则
  - 定价差异原则
  - 成本差异原则
  - 权益区分原则

- **开发产品计税成本支出内容**
  - 土地征用费及拆迁补偿费——包括契税、耕地占用税、土地使用费、土地闲置费等
  - 前期工程费
  - 建筑安装工程费
  - 基础设施建设费
  - 公共配套设施费——指开发项目内发生的、独立的、非营利性的，且产权属于全体业主的，或无偿赠与地方政府、政府公用事业单位的公共配套设施支出
  - 开发间接费

- **成本计算方法**
  - 企业开发、建造的开发产品应按制造成本法进行计量与核算
  - 土地成本一般按占地面积法进行分配
    - 如果确需结合其他方法进行分配的，应商税务机关同意
    - 一次性取得土地分期开发的其土地开发成本经商税务机关同意后可先按土地整体预算成本进行分配，待土地整体开发完毕再行调整
  - 单独作为过渡性成本对象核算的公共配套设施开发成本应按建筑面积法进行分配
  - 借款费用属于不同成本对象共同负担的按直接成本法或按预算造价法进行分配
  - 其他成本项目的分配法由企业自行确定

房地产开发经营业务的所得税处理2-2（杨军税法）

计税成本的核算方法

非货币方式取得土地使用权成本确定

- **产品换地权**
  - 本土地开发的产品：接受土地使用权时暂不确认其成本，待首次分出开发产品时确认
  - 其他土地开发的产品：投资交易发生时确认
- **股权换地权**
  - 投资交易发生时确认：该项土地使用权公允价值＋土地使用权转移税费＋应付补价－应收补价

特定事项税务处理

企业以本企业为主体联合其他主体合作或合资开发房地产项目，且该项目未成立独立法人公司的处理
- 分房同销售，已结成本算差额，未结成本算收入
- 分利润同投资

企业以换取开发产品为目的，将土地使用权投资其他企业房地产开发项目的处理
- 投地换房视同卖地买房

土地增值税清算涉及企业所得税退税处理

- 土地增值税清算后当年出现亏损且有其他后续开发项目的，该亏损向以后年度结转弥补

- 土地增值税清算后当年出现亏损且没有后续开发项目的可计算土地增值税原因导致的多缴所得税申请退税
  - 土地增值税总额按该项目各年度实现销售收入占整个销售收入总额比例在项目开发各年度进行分摊
    - 各年度应分摊的土地增值税＝土地增值税总额×（项目年度销售收入÷整个项目销售收入总额）
    - 销售收入包括视同销售房地产的收入，但不包括企业销售的增值额未超过扣除项目金额20%的普通标准住宅的销售收入
  - 当年应补充扣除土地增值税＝应分摊土地增值税－该年度已在企业所得税前扣除土地增值税
    - 调整当年度的应纳税所得额，并按规定计算当年度应退的企业所得税税款
    - 当年度已纳企业所得税税款不足退税的作为亏损向以后年度结转，并调整以后年度应纳税所得额
  - 进行土地增值税分摊调整后，相应年度应纳税所得额为正数的按规定计算缴纳企业所得税
  - 计算的累计退税额，不得超过其在该项目开发各年度累计实际缴纳的企业所得税；超过部分作为项目清算年度产生的亏损，向以后年度结转

第21讲 税收优惠：免征和减征优惠

第三部分

税收优惠 1-1（杨军税法）
- 农林牧渔业项目所得
  - 免征
    - 蔬菜、谷物、薯类、油料、豆类、棉花、麻类、糖料、水果、坚果的种植
    - 农作物新品种的选育
    - 中药材种植
    - 林木的培育和种植
    - 牲畜、家禽的饲养（含猪、兔的饲养及饲养牲畜、家禽产生的分泌物、排泄物）
    - 林产品采集
    - 灌溉、农产品的初加工、兽医、农技推广、农机作业和维修等农、林、牧、渔服务业项目
    - 远洋捕捞
  - 减半
    - 花卉、茶及其他饮料作物（含观赏性作物的种植）和香料作物的种植
    - 海水养殖、内陆养殖（含"牲畜、家禽的饲养"以外的生物养殖项目）
  - 相关规定
    - 属于限制和淘汰类的项目不得享受规定优惠政策
    - 企业委托其他企业或个人从事规定的农、林、牧、渔业项目取得的所得可享受相应优惠政策
    - 企业受托从事规定的农、林、牧、渔业项目取得的收入比照委托方享受相应优惠政策
    - 企业将购入的农、林、牧、渔产品，在自有或租用的场地进行育肥、育秧等再种植、养殖，经过一定的生长周期，使其生物形态发生变化，且并非由于本环节对农产品进行加工而明显增加了产品的使用价值的，可视为农产品的种植、养殖项目享受税收优惠
    - 企业同时从事适用不同规定项目的应分别核算，单独计算优惠项目计税依据及优惠数额；分别核算不清的可由税务机关按比例分摊法或其他合理方法进行核定
    - 企业购买农产品后直接进行销售的贸易活动产生的所得不能享受农、林、牧、渔业项目优惠政策
    - 企业对外购茶叶进行筛选、分装、包装后进行销售的所得，不享受农产品初加工优惠政策
  - 自项目取得第一笔生产经营收入所属纳税年度起3免3减半
    - 国家重点扶持公共基础设施项目投资经营所得
      - 一次核准、分批次建设的符合条件的可按每一批次为单位计算所得并享受优惠
      - 电网企业电网新建项目享受优惠政策
        - 暂以资产比例法合理计算电网新建项目应纳税所得额
      - 承包经营、承包建设和内部自建自用项目不享受优惠
    - 符合条件的环境保护、节能节水项目所得
      - 包括公共污水和垃圾处理、沼气综合开发利用、节能减排技术改造、海水淡化等
      - 减免期内转让，受让方自受让之日起可以在剩余期限内享受优惠，期满后不得重复享受
    - 饮水工程运营管理单位从事规定的饮水工程新建项目投资经营所得

税收优惠 1-2（杨军税法）

符合条件技术转让所得

一个纳税年度内，居民企业转让技术所有权所得不超过500万元的部分免征；超过500万元部分减半

技术转让范围
- 包括居民企业转让专利技术、计算机软件著作权、集成电路布图设计权、植物新品种、生物医药新品种等
  - 专利技术是指法律授予独占权的发明、实用新型和非简单改变产品图案的外观设计
- 包括5年以上全球独占许可使用权取得的技术转让所得

享受优惠条件：5条

不享受优惠政策情形
- 取得禁止出口和限制出口技术转让所得
- 从直接或间接持有股权之和达到100%关联方取得的技术转让所得
- 没有单独核算的不得享受优惠

计算方法

5年以上全球独占许可使用权技术转让所得：
技术转让所得 = 技术转让收入 − 无形资产摊销费用 − 相关税费 − 应分摊期间费用

技术转让所得：
技术转让所得 = 技术转让收入 − 技术转让成本 − 相关税费

1. 技术转让收入不包括销售或转让设备、仪器、零部件、原材料等非技术性收入，不属于与技术转让项目密不可分的技术咨询、技术服务、技术培训等收入。
2. 技术转让成本 = 无形资产的计税基础 − 摊销扣除额（即无形资产的净值）

铁路债券利息收入
减半征收

第22讲 税收优惠：高新技术企业优惠、小型微利企业优惠和加计扣除优惠

第三部分 税收优惠2（杨军税法）

减按15%税率
- 高新技术企业——认定条件：略
- 技术先进型服务企业——享受条件：略

小型微利企业
- 不超100万元的部分：2019.1.1至2020.12.31，减按25%；2021.1.1至2022.12.31，减按12.5%计入
- 2019.1.1至2021.12.31，超过100万元但不超过300万元的部分，减按50%计入
- 符合规定条件无论查账征收还是核定征收均可享受
- 符合规定条件的季度、月份预缴企业所得税时可自行享受小型微利企业优惠政策，无须税务机关审批
- 小型微利企业指企业全部生产经营活动产生所得均负有我国纳税义务的企业。仅就来源于我国所得负有我国纳税义务的非居民企业不适用

加计扣除

基本规定
- **研究开发费**：未形成无形资产计入当期损益的在据实扣除基础上，再按研究开发费用75%加计扣除；形成无形资产的按照无形资产成本175%摊销
- 制造业：未形成无形资产计入当期损益的在据实扣除基础上，再按研究开发费用100%加计扣除；形成无形资产的按照无形资产成本200%摊销
- **安置残疾人员**：支付给残疾职工工资据实扣除基础上按支付给残疾职工工资100%加计扣除

研究开发费加计扣除具体规定

研发费用具体范围
- 人员人工费用：包括直接从事研发活动人员的工资薪金、基本养老保险费、基本医疗保险费、失业保险费、工伤保险费、生育保险费和住房公积金，以及外聘研发人员的劳务费用
- 直接投入费用
- 折旧费用
- 无形资产摊销
- 新产品设计费、新工艺规程制定费、新药研制的临床试验费、勘探开发技术的现场试验费
- 其他相关费用：包括与研发活动直接相关的其他费用，如技术图书资料费、资料翻译费、专家咨询费、高新科技研发保险费，研发成果的检索、分析、评议、论证、鉴定、评审、评估、验收费用，知识产权的申请费、注册费、代理费、差旅费、会议费等
  - 限额=上述五项内容合计÷（1-10%）×10%
  - 不得超过可加计扣除研发费用总额10%
- 其他费用

不适用加计扣除行业：烟草制造业、住宿和餐饮业、批发和零售业、房地产业、租赁和商务服务业、娱乐业

不适用加计扣除活动：产品（服务）的常规性升级、对某项科研成果的直接应用、企业在商品化后为顾客提供的技术支持活动、对现存产品、服务、技术、材料或工艺流程进行的重复或简单改变、市场调查研究、效率调查或管理研究、作为工业（服务）流程环节或常规的质量控制、测试分析、维修维护、社会科学、艺术或人文学方面的研究

特别事项处理
- 企业委托外部机构或个人开展研发活动发生的费用，可按规定税前扣除；加计扣除时按照研发活动发生费用的80%计入委托方研发费用，并作为加计扣除基数按规定计算加计扣除，受托方不得再进行加计扣除
- 委托境外研发的费用按费用实际发生额80%计入委托方委托境外研发费用。委托境外研发费用不超过境内符合条件研发费用2/3部分可按规定在税前加计扣除（不包括委托境外个人）
- 集团集中研发合理分摊费用在受益成员企业间进行分摊，由相关成员企业分别加计扣除
- 为获得创新性、创意性、突破性产品进行创意设计活动而发生相关费用可按规定加计扣除

第23讲 税收优惠：其他规定

税收优惠3（杨军税法）

- **创投企业**：创业投资企业采取股权投资方式投资于未上市中小高新技术企业2年以上的，可按其投资额70%在股权持有满2年当年抵扣该创业投资企业应纳税所得额；当年不足抵扣的可在以后纳税年度结转抵扣（符合规定的公司制创业投资企业和有限合伙制创业投资企业优惠政策相同）

- **加速折旧**
  - 企业在2018.1.1至2023.12.31期间新购进的设备、器具，单位价值≤500万元的，允许一次性计入当期扣除；单位价值＞500万元按相关规定执行
    - 设备、器具，是指除房屋、建筑物以外的固定资产
    - 固定资产购进时点确认
      - 货币形式购进的——发票开具时间确认
      - 分期付款或赊销方式购进的——到货时间确认
      - 自行建造的——竣工结算时间确认
    - 固定资产投入使用月份次月所属年度一次性税前扣除
  - ＞500万元的税务处理
    - 制造业及信息传输、软件和信息技术服务业：加速折旧（不限于设备、器具）
    - 其他企业：符合一般性加速折旧政策按加速折旧处理，否则正常折旧
  - 所有行业企业持有的单位价值不超过5000元的固定资产，允许一次性计入当期成本费用在计算应纳税所得额时扣除，不再分年度计算折旧

- **减计收入**
  - 综合利用资源减按90%计入收入总额
  - 提供社区养老、托育、家政服务减按90%计入收入总额
  - 金融机构农户小额贷款利息收入减按90%计入收入总额
  - 保险公司为种植业、养殖业的保费减按90%计入收入总额
  - 小额贷款公司取得的农户小额贷款利息收入减按90%计入收入总额

- **境内、税额抵免**
  - 企业购置并实际使用规定环境保护、节能节水、安全生产等专用设备，该专用设备投资额10%可从当年应纳税额中抵免；当年不足抵免的可在以后5个纳税年度结转抵免
  - 5年内转让、出租的停止享受优惠并补缴已经抵免税款。转让受让方可按该专用设备投资额10%抵免当年企业所得税应纳税额；当年应纳税额不足抵免的可在以后5个纳税年度结转抵免
  - 已经从其销项税额中抵扣的投资额不再包括增值税进项税额（否则包括）

- **非居民企业**
  - 境内未设立机构、场所，或虽设立所得与机构、场所没有实际联系的减按10%税率征税
  - 非居民企业免税所得
    - 外国政府向中国政府提供贷款取得利息所得
    - 国际金融组织向中国政府和居民企业提供优惠贷款取得利息所得
    - 经国务院批准其他所得

- **促进节能服务产业**：符合条件节能服务公司实施合同能源管理项目取得第一笔生产经营收入所属纳税年度起3免3减半
- **污染防治**：符合条件从事污染防治第三方企业减按15%税率征税
- **西部大开发**：西部鼓励类产业企业减按15%税率征税
- 软件产业和集成电路产业
- 证券投资基金
- 保险保障基金
- 上海自贸区临港新片区（新增）
- 海南自由贸易港（新增）

第 24 讲　应纳税额计算

- 居民企业应纳税额计算（杨军税法）
  - 应纳税额＝应纳税所得额×适用税率－减免税额－抵免税额
    - 应纳税所得额
      - 直接法：应纳税所得额＝收入总额－不征税收入－免税收入－各项扣除金额－弥补亏损
      - 间接法：应纳税所得额＝会计利润总额±纳税调整项目金额

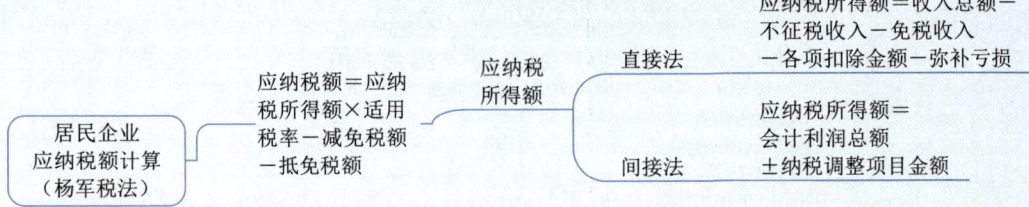

第 25 讲　境外所得抵扣税额的计算和居民企业核定征收应纳税额的计算

- 境外所得抵扣税额计算和核定征收（杨军税法）
  - 境外所得抵扣税额计算
    - 符合规定范围已在境外缴纳所得税税额可从当期应纳税额中抵免，抵免限额为该项所得按规定计算的应纳税额；超过抵免限额部分，在以后5个年度内，用每年度抵免限额抵免当年应抵税额后余额进行抵补
  - 居民企业核定征收
    - 核定范围
      - 适用情形
        - 依照法律、行政法规的规定可以不设置账簿的
        - 依照法律、行政法规的规定应当设置但未设置账簿的
        - 擅自销毁账簿或者拒不提供纳税资料的
        - 虽设置账簿，但账目混乱或者成本资料、收入凭证、费用凭证残缺不全，难以查账的
        - 发生纳税义务，未按照规定的期限办理纳税申报，经税务机关责令限期申报，逾期仍不申报的
        - 申报的计税依据明显偏低，又无正当理由的
      - 不适用情形
        - 享受优惠政策企业
        - 汇总纳税企业
        - 上市公司
        - 金融企业
        - 中介机构
        - 专门从事股权（股票）投资业务的企业
        - 国家税务总局规定的其他企业
    - 核定办法
      - 核定应税所得率
        - 应纳税所得额＝应税收入额×应税所得率
        - 应纳税所得额＝成本（费用）支出额÷（1－应税所得率）×应税所得率
      - 核定应纳所得税额

第三部分

第26讲 非居民企业应纳税额计算和核定征收

非居民企业应纳税额计算和核定征收（杨军税法）
- 非居民企业应纳税额计算（境内未设立机构、场所或虽设立但所得与所设机构、场所无实际联系的非居民企业所得）
  - 股息、红利等权益性投资收益和利息、租金、特许权使用费所得以收入全额为应纳税所得额
  - 转让财产所得以收入全额减除财产净值后余额为应纳税所得额
  - 其他所得参照前两项规定办法计算
  - 扣缴义务人在每次支付或到期应支付时扣缴应纳税额＝应纳税所得额×实际征收率（10%）

- 非居民企业核定征收
  - 按收入总额核定：应纳税所得额＝收入总额×核定利润率
  - 按成本费用核定：应纳税所得额＝成本费用总额÷（1－核定利润率）×核定利润率
  - 按经费支出换算收入核定：应纳税所得额＝经费支出总额÷（1－核定利润率）×核定利润率

- 外国企业常驻代表机构税收管理
  - 按经费支出换算收入核定的经费支出包括在中国境内、外支付给工作人员的工资薪金、奖金、津贴、福利费、物品采购费（包括汽车、办公设备等固定资产）、通信费、差旅费、房租、设备租赁费、交通费、交际费、其他费用等
    - 购置固定资产所发生支出，以及代表机构设立时或搬迁等原因所发生装修费支出，发生时一次性作为经费支出额换算收入计税
    - 利息收入不得冲抵经费支出额；发生交际应酬费以实际发生数额计入经费支出额
    - 以货币形式用于我国境内的公益、救济性质的捐赠、滞纳金、罚款，以及为其总机构垫付的不属于其自身业务活动所发生的费用，不应作为代表机构经费支出额
    - 其他费用包括：为总机构从中国境内购买样品所支付的样品费和运输费用；国外样品运往中国发生的中国境内的仓储费用、报关费用；总机构人员来华访问聘用翻译的费用；总机构为中国某个项目投标由代表机构支付的购买标书的费用等
    - 代表机构的核定利润率不应低于15%；采取核定征收方式的代表机构，如能建立健全会计账簿，准确计算其应税收入和应纳税所得额，报主管税务机关备案，可调整为据实申报方式

- 转让上市公司限售股
  - 转让所得＝转让收入－限售股原值－合理税费
  - 不能准确计算该限售股原值的税务机关一律按限售股转让收入15%核定为该限售股原值和合理税费

第27讲 源泉扣缴

源泉扣缴1（杨军税法）

- **扣缴方法**：代扣之日起7日内缴入国库并向所在地报税务机关送扣缴报告表

- **扣缴义务人**：
  - 非居民企业在境内未设立机构、场所，或虽设立但所得与其所设机构、场所没有实际联系的支付人为扣缴义务人
  - 非居民企业在境内取得工程作业和劳务所得应缴纳所得税，税务机关可指定工程价款或劳务费支付人为扣缴义务人

- **非居民企业间接转让财产处理**：
  - 通过实施不具有合理商业目的的安排规避纳税义务的可以重新定性该间接转让交易确认为直接转让中国居民企业股权等财产
  - **直接认定为不具有合理商业目的情形**：
    - 境外企业股权75%以上价值直接或间接来自于中国应税财产
    - 间接转让中国应税财产交易发生前一年内任一时点，境外企业资产总额（不含现金）的90%以上直接或间接由在中国境内的投资构成，或间接转让中国应税财产交易发生前一年内，境外企业取得收入的90%以上直接或间接来源于中国境内
    - 境外企业及直接或间接持有中国应税财产的下属企业虽在所在国家（地区）登记注册但实际履行功能及承担风险有限不足以证实其具有经济实质
    - 间接转让中国应税财产交易在境外应缴所得税税负低于直接转让中国应税财产交易在中国的可能税负
  - **豁免情形**：
    - 非居民企业在公开市场买入并卖出同一上市境外企业股权取得间接转让中国应税财产所得
    - 在非居民企业直接持有并转让中国应税财产情况下，按照可适用的税收协定或安排的规定，该项财产转让所得在中国可以免税
  - **应认定为具有合理商业目的情形**：
    - 交易双方股权关系具有的情形：
      - 股权转让方直接或间接拥有股权受让方80%以上股权
      - 股权受让方直接或间接拥有股权转让方80%以上股权
      - 股权转让方和股权受让方被同一方直接或间接拥有80%以上股权
    - 本次间接转让交易后可能再次发生的间接转让交易相比在未发生本次间接转让交易情况下的相同或类似间接转让交易，其中国所得税负担不会减少
    - 股权受让方全部以本企业或与其具有控股关系的企业的股权（不含上市企业股权）支付股权交易对价

源泉扣缴2（杨军税法）

非居民承包工程作业和提供劳务税收管理规定

- 从境外取得的付款凭证主管税务机关对其真实性有疑义的可要求其提供境外公证机构或注册会计师确认证明，经税务机关审核认可后方可作为计账核算凭证
- 主管税务机关应对非居民享受协定待遇进行事后管理，审核其提交的报告表和证明资料的真实性和准确性，对其不构成常设机构的情形进行认定。对于不符合享受协定待遇条件且未履行纳税义务的情形，税务机关应该依法追缴其应纳税款、滞纳金及罚款
- 税务机关应对非居民参与国家、省、地市级重点建设项目，包括城市基础设施建设、能源建设、企业技术设备引进等项目中涉及的承包工程作业或提供劳务，以及其他有非居民参与的合同金额超过5000万元人民币的，实施重点税源监控管理
- 欠缴税款的非居民企业法定代表人或非居民个人在出境前未按照规定结清应纳税款、滞纳金又不提供纳税担保的，税务机关可以通知出入境管理机关阻止其出境

非居民企业派遣人员在中国境内提供劳务征收企业所得税有关规定

- 非居民企业派遣人员在中国境内提供劳务，如果其对被派遣人员工作结果承担部分或全部责任和风险，通常考核评估派遣人员的工作业绩，应视为其在中国境内设立机构、场所提供劳务
- 如果非居民企业属于税收协定缔约对方企业且提供劳务机构、场所有相对固定性和持久性，该机构、场所构成在境内设立常设机构

第28讲 特别纳税调整（一）

特别纳税调整1-1（杨军税法）

企业与其他企业、组织或者个人构成关联关系情形

- **股权关系**
  - 一方直接或间接持有另一方股份总和达到25%以上
  - 双方直接或间接同为第三方所持有股份达到25%以上
  - 如果一方通过中间方对另一方间接持有股份，只要其对中间方持股比例达到25%以上，则其对另一方的持股比例按照中间方对另一方的持股比例计算
  - 两个以上具有夫妻、直系血亲、兄弟姐妹以及其他抚养、赡养关系的自然人共同持股同一企业，在判定关联关系时持股比例合并计算

- **借贷关系**
  - 双方存在持股关系或同为第三方持股，虽持股比例未达到上述规定，但双方之间借贷资金总额占任一方实收资本比例达到50%以上，或者一方全部借贷资金总额10%以上由另一方担保（与独立金融机构之间的借贷或者担保除外）

- **经营关系**
  - 双方存在持股关系或同为第三方持股，虽持股比例未达到上述规定，但一方的生产经营活动必须由另一方提供专利权、非专利技术、商标权、著作权等特许权才能正常进行，或一方的购买、销售、接受劳务、提供劳务等经营活动由另一方控制

- **高管关系**
  - 一方半数以上董事或半数以上高级管理人员（包括上市公司董事会秘书、经理、副经理、财务负责人和章程规定的其他人员）由另一方任命或委派，或同时担任另一方董事或高管；或双方各自半数以上董事或半数以上高管人员同为第三方任命或委派

- **其他关系**
  - 具有夫妻、直系血亲、兄弟姐妹以及其他抚养、赡养关系的两个自然人分别与双方具有上述4项关系之一
  - 仅因国家持股或者由国有资产管理部门委派董事、高级管理人员而存在上述关系的不构成关联关系

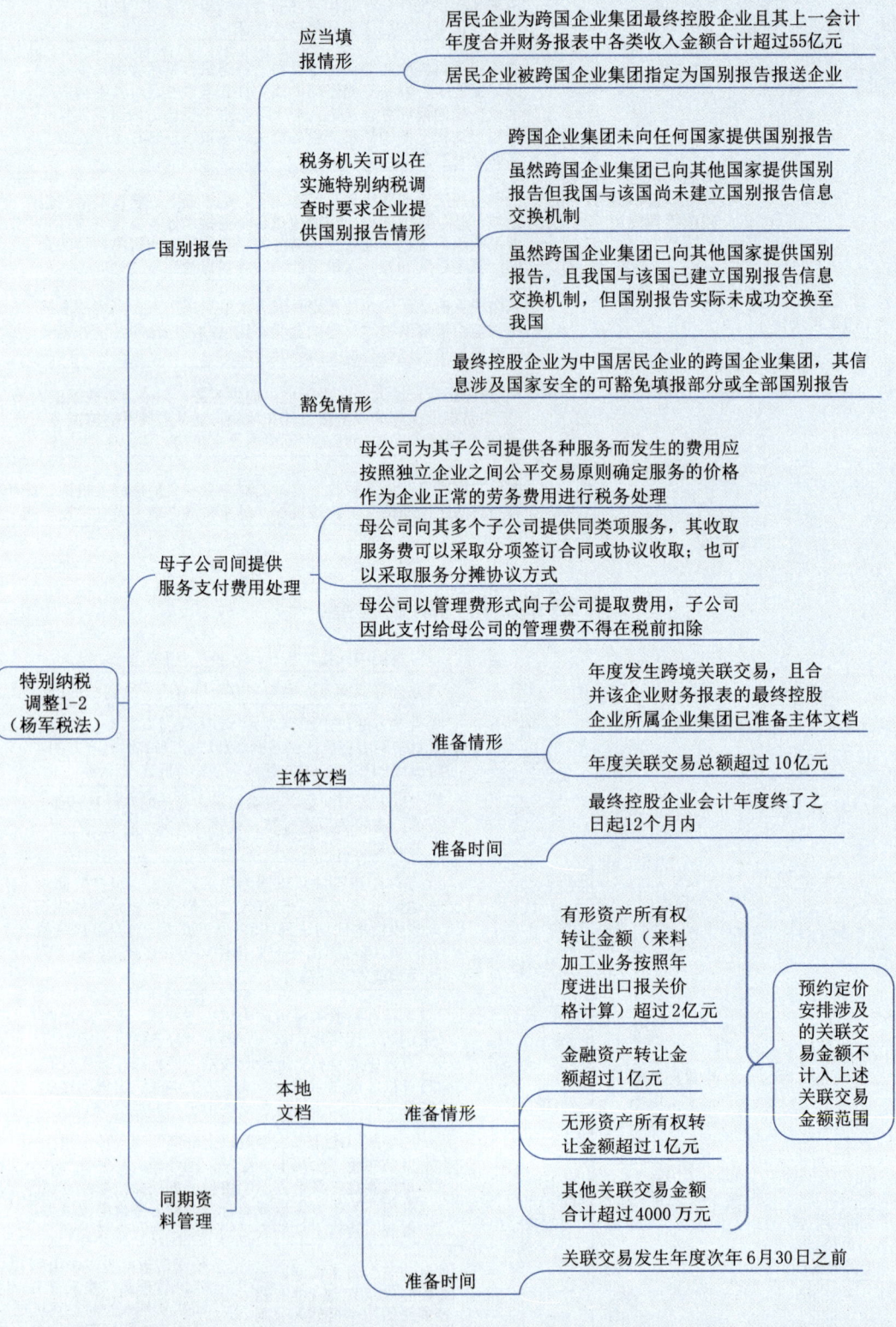

- 特别纳税调整1-3（杨军税法）
  - 同期资料管理
    - 特殊事项文档
      - 准备时间
        - 关联交易发生年度次年6月30日之前
      - 准备情形
        - 包括成本分摊协议和资本弱化事项文档
      - 准备时间
        - 关联交易发生年度次年6月30日之前
    - 豁免情形
      - 企业仅与境内关联方发生关联交易的可不准备主体文档、本地文档和特殊事项文档
      - 企业执行预约定价安排的可以不准备预约定价安排涉及关联交易的本地文档和特殊事项文档
    - 其他规定
      - 使用中文
      - 加盖企业印章并由法定代表人或者法定代表人授权代表签章
      - 自税务机关要求的准备完毕之日起保存10年

第29讲 特别纳税调整（二）

- 特别纳税调整2-1（杨军税法）
  - 特别纳税调查调整及相互协商程序管理
    - 重点关注企业风险特征
      - 关联交易金额较大或者类型较多
      - 存在长期亏损、微利或者跳跃性盈利
      - 低于同行业利润水平
      - 利润水平与其所承担的功能风险不相匹配，或者分享的收益与分摊的成本不相配比
      - 与低税国家（地区）关联方发生关联交易
      - 未按照规定进行关联申报或者准备同期资料
      - 从其关联方接受的债权性投资与权益性投资的比例超过规定标准
      - 由居民企业，或者由居民企业和中国居民控制的设立在实际税负低于12.5%的国家（地区）的企业，并非由于合理的经营需要而对利润不作分配或者减少分配
      - 实施其他不具有合理商业目的的税收筹划或者安排
    - 转让定价方法
      - 可比非受控价格法
        - 适用于所有类型的关联交易
      - 再销售价格法
        - 适用于再销售者未对商品进行改变外形、性能、结构或者更换商标等实质性增值加工的简单加工或者单纯购销业务
      - 成本加成法
        - 适用于有形资产使用权或者所有权的转让、资金融通、劳务交易等关联交易
      - 交易净利润法
        - 适用于不拥有重大价值无形资产企业的有形资产使用权或者所有权的转让和受让、无形资产使用权受让以及劳务交易等关联交易
        - 利润指标包括息税前利润率、完全成本加成率、资产收益率、贝里比率等

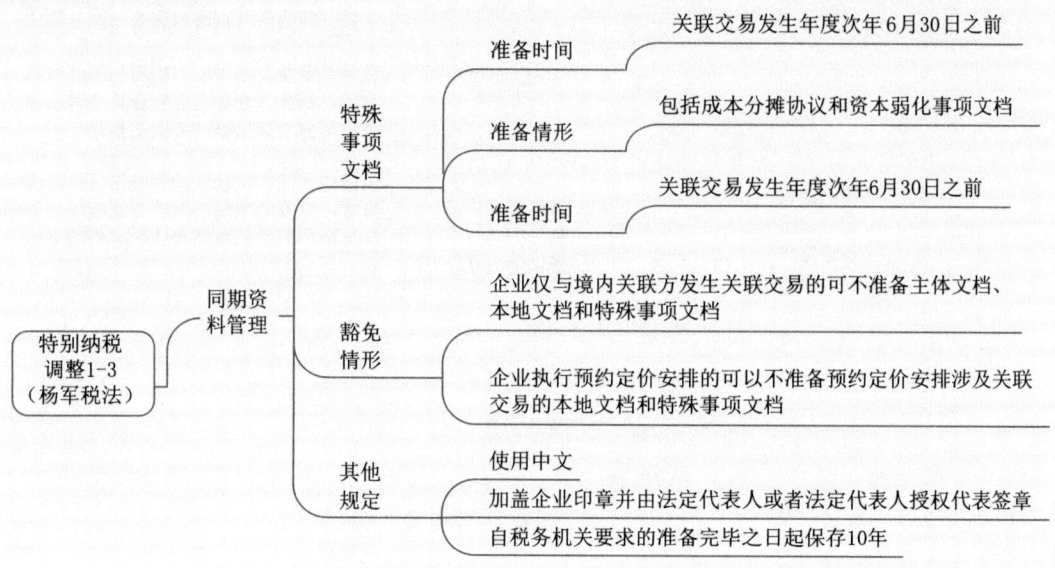

特别纳税调整 2-2（杨军税法）

特别纳税调查调整及相互协商程序管理

- 转让定价方法
  - 利润分割法
    - 包括一般利润分割法和剩余利润分割法
    - 适用于企业及其关联方均对利润创造具有独特贡献，业务高度整合且难以单独评估各方交易结果的关联交易
  - 其他符合独立交易原则的方法
    - 包括成本法、市场法和收益法等资产评估方法，以及其他能够反映利润与经济活动发生地和价值创造地相匹配原则的方法
- 来料加工业务调整
- 受让无形资产使用权调整
- 非受益性劳务价款调整
- 程序实施
- 协商
  - 拒绝协商程序请求的情形
  - 暂停相互协商程序的情形
  - 终止相互协商的情形

预约定价安排管理

- 谈签与执行流程：预备会谈、谈签意向、分析评估、正式申请、协商签署和监控执行
- 类型：单边、双边和多边
- 适用范围
  - 适用于税务机关向企业送达接收其谈签意向的通知书之日所属纳税年度起3—5个年度关联交易
  - 企业以前年度的关联交易与预约定价安排适用年度相同或者类似的，经企业申请可适用于以前年度该关联交易的评估和调整，追溯期最长为10年
  - 一般适用于税务机关向企业送达接收其谈签意向通知书之日所属纳税年度前3个年度每年度发生关联交易金额4000万元人民币以上企业

第30讲 特别纳税调整（三）

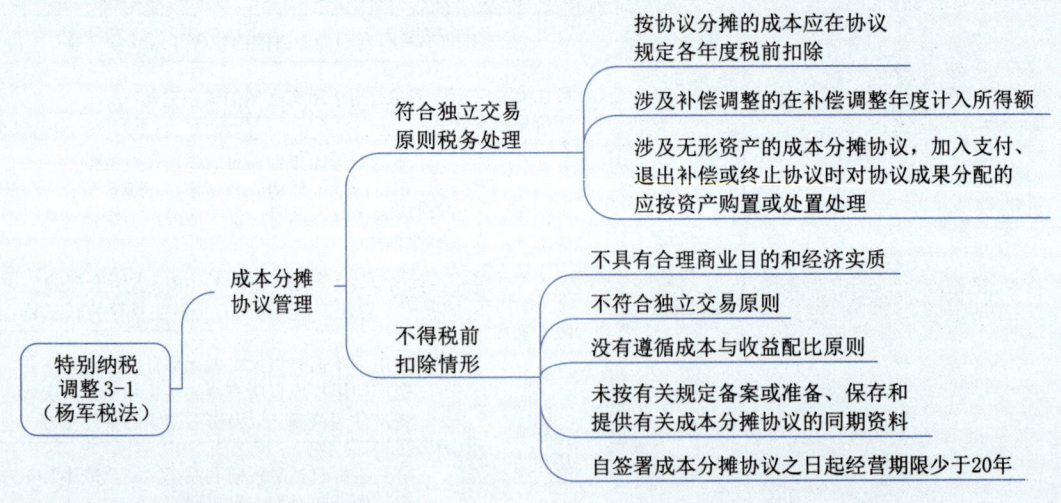

特别纳税调整 3-1（杨军税法）

成本分摊协议管理

- 符合独立交易原则税务处理
  - 按协议分摊的成本应在协议规定各年度税前扣除
  - 涉及补偿调整的在补偿调整年度计入所得额
  - 涉及无形资产的成本分摊协议，加入支付、退出补偿或终止协议时对协议成果分配的应按资产购置或处置处理
- 不得税前扣除情形
  - 不具有合理商业目的和经济实质
  - 不符合独立交易原则
  - 没有遵循成本与收益配比原则
  - 未按有关规定备案或准备、保存和提供有关成本分摊协议的同期资料
  - 自签署成本分摊协议之日起经营期限少于20年

特别纳税调整 3-2（杨军税法）

受控外国企业管理

- 控制指在股份、资金、经营、购销等方面构成实质控制
  - 股份控制是指由中国居民股东在纳税年度任何一天单层直接或多层间接单一持有外国企业10%以上有表决权股份，且共同持有该外国企业50%以上股份
- 中国居民企业股东当期所得＝视同股息分配额×实际持股天数÷受控外国企业纳税年度天数×持股比例
  - 多层间接持有股份的，股东持股比例按各层持股比例相乘计算
- 免于视同情形
  - 设立在国家税务总局指定的非低税率国家（地区）
  - 主要取得积极经营活动所得
  - 年度利润总额低于500万元人民币

资本弱化

- 不得扣除利息支出＝年度实际支付的全部关联方利息×（1-标准比例÷关联债资比例）
  - 标准比例：金融企业5∶1；其他企业2∶1
  - 关联债资比例＝年度各月平均关联债权投资之和÷年度各月平均权益投资之和

一般反避税管理

- 避税安排特征
  - 以获取税收利益为唯一目的或主要目的
  - 以形式符合税法规定、但与其经济实质不符方式获取税收利益
- 不适用情形
  - 与跨境交易或者支付无关的安排
  - 涉嫌逃避缴纳税款、逃避追缴欠税、骗税、抗税以及虚开发票等税收违法行为
- 优先适用
  - 属于转让定价、成本分摊、受控外国企业、资本弱化等其他特别纳税调整范围的应当首先适用其他特别纳税调整相关规定
  - 企业的安排属于受益所有人、利益限制等税收协定执行范围的应当首先适用税收协定执行相关规定
- 调整方法
  - 对安排的全部或部分交易重新定性
  - 在税收上否定交易方存在，或将该交易方与其他交易方视为同一实体
  - 对相关所得、扣除、税收优惠、境外税收抵免等重新定性或者在交易各方间重新分配
  - 其他合理方法

第31讲 征收管理（一）

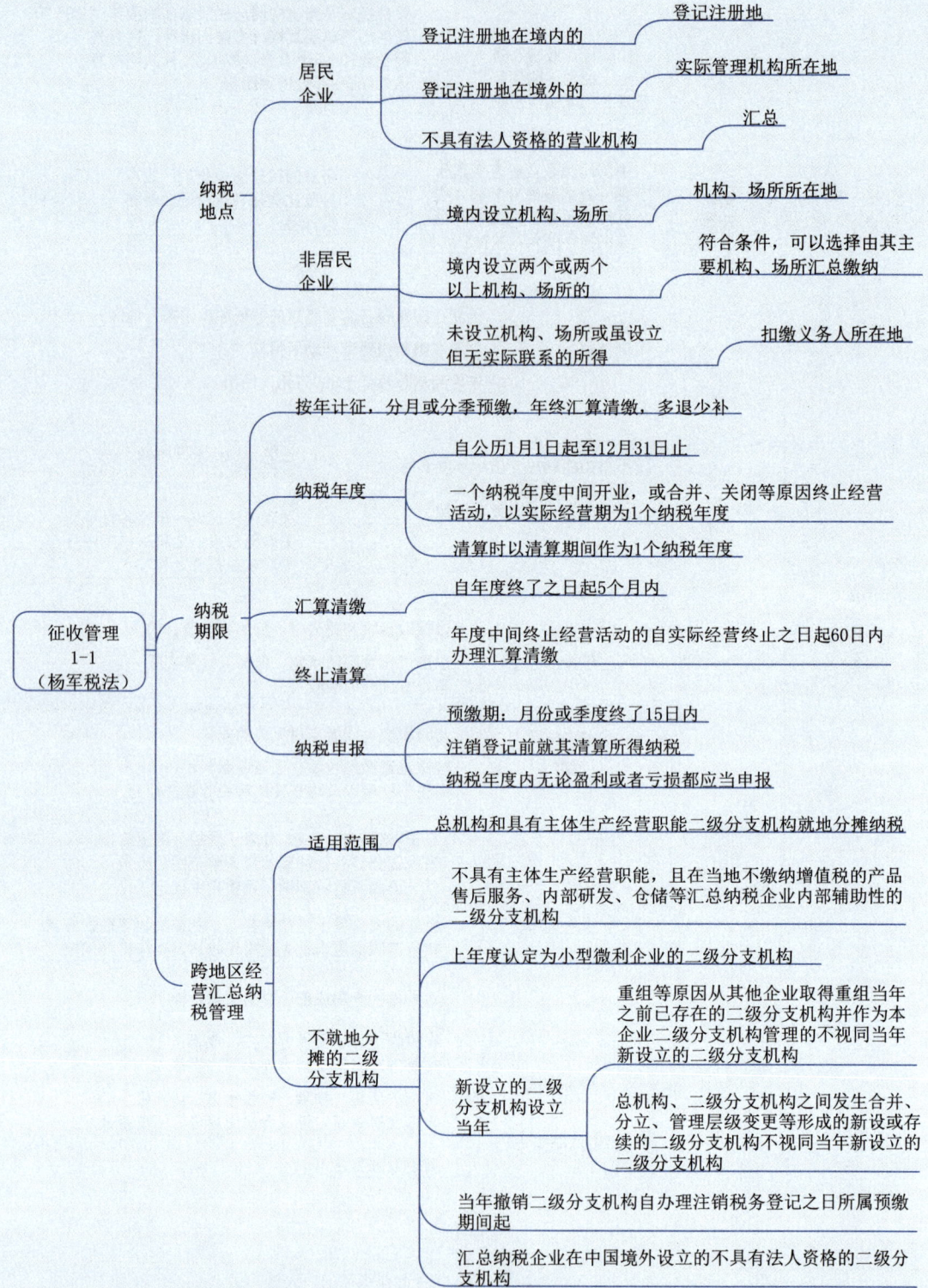

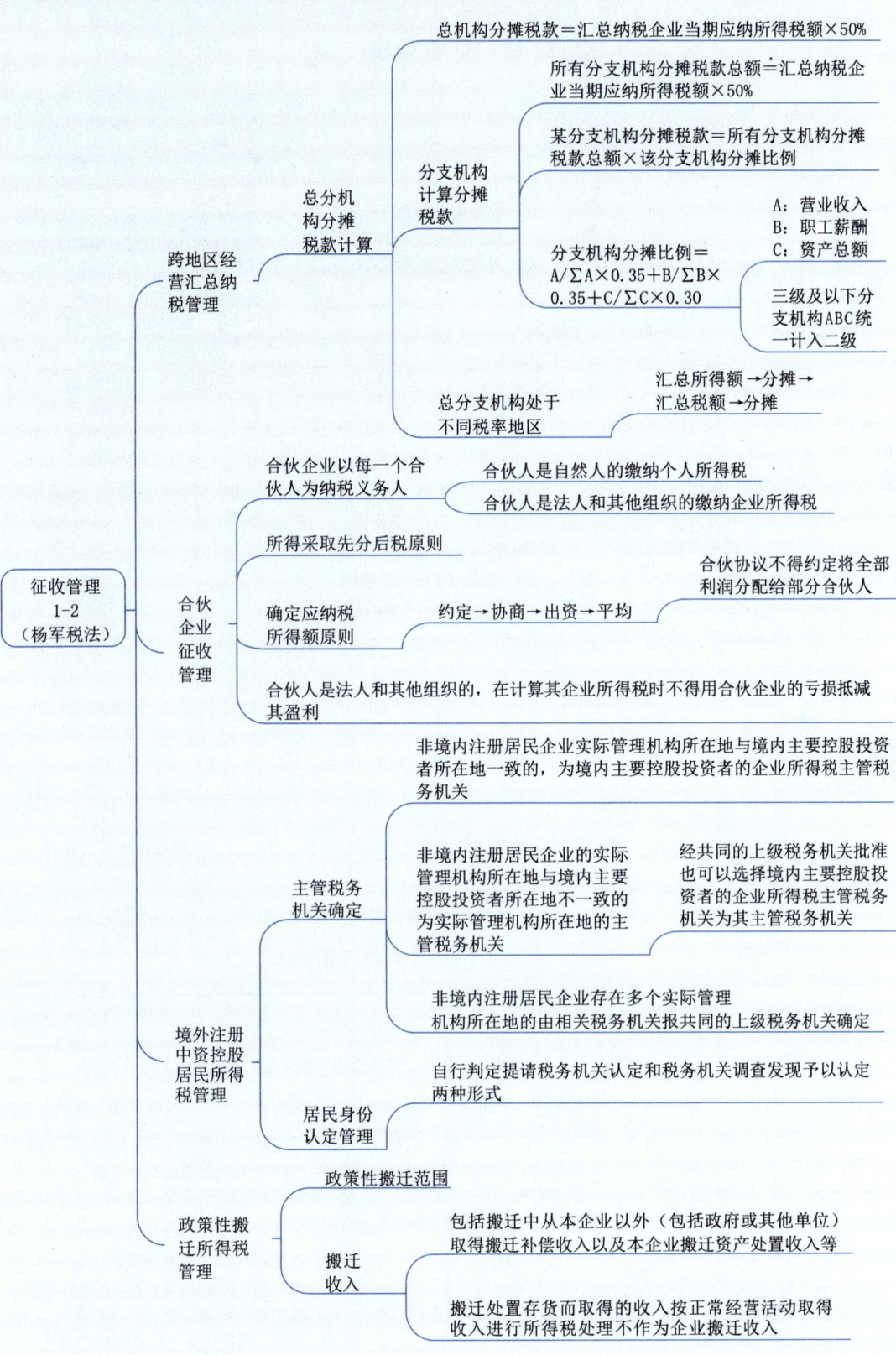

第32讲 征收管理(二)

征收管理2-2（杨军税法）

- **政策性搬迁所得税管理**
  - **搬迁支出**：包括搬迁费用支出以及由于搬迁所发生的企业资产处置支出
    - 搬迁费用支出包括安置职工实际发生的费用、停工期间支付给职工的工资及福利费、临时存放搬迁资产而发生的费用、各类资产搬迁安装费用以及其他与搬迁相关的费用
    - 资产处置支出包括变卖及处置各类资产的净值、处置过程中所发生的税费等支出
    - 企业由于搬迁而报废的资产，如无转让价值，其净值作为企业的资产处置支出
  - **应税所得**：搬迁期间的搬迁收入和搬迁支出可暂不计入当期应纳税所得额，而在完成搬迁年度对搬迁收入和支出进行汇总清算
    - **搬迁完成年度**
      - 从搬迁开始5年内（包括搬迁当年度）任何一年完成搬迁的
      - 从搬迁开始搬迁时间满5年（包括搬迁当年度）的年度
    - **视为完成搬迁**
      - 搬迁规划已基本完成
      - 当年生产经营收入占规划搬迁前年度生产经营收入50%以上
  - **搬迁损失税务处理方法（二选一）**
    - 搬迁完成年度一次性作为损失扣除
    - 搬迁完成年度起分3个年度均匀扣除
  - 企业以前年度发生尚未弥补的亏损的，凡企业由于搬迁停止生产经营无所得的，从搬迁年度次年起，至搬迁完成年度前一年度止，可从法定亏损结转弥补年限中减除

- **清算所得税处理**
  - **应进行清算情形**
    - 按《公司法》《企业破产法》等规定需要进行清算企业
    - 企业重组中需要按清算处理企业
  - 清算所得＝全部资产可变现价值或交易价格－资产的计税基础－清算费用－相关税费＋债务清偿损益
  - 可向所有者分配的剩余资产＝全部资产的可变现价值或交易价格－清算费用－职工的工资、社会保险费用和法定补偿金－清算所得税－以前年度欠税等税款－清偿企业债务
  - **被清算企业的股东分得的剩余资产**
    - 股息所得＝被清算企业累计未分配利润和累计盈余公积×股份比例
    - 投资转让所得（损失）＝剩余资产－股息所得－投资成本

第 2 章 个人所得税

第 1 讲 征税对象（一）

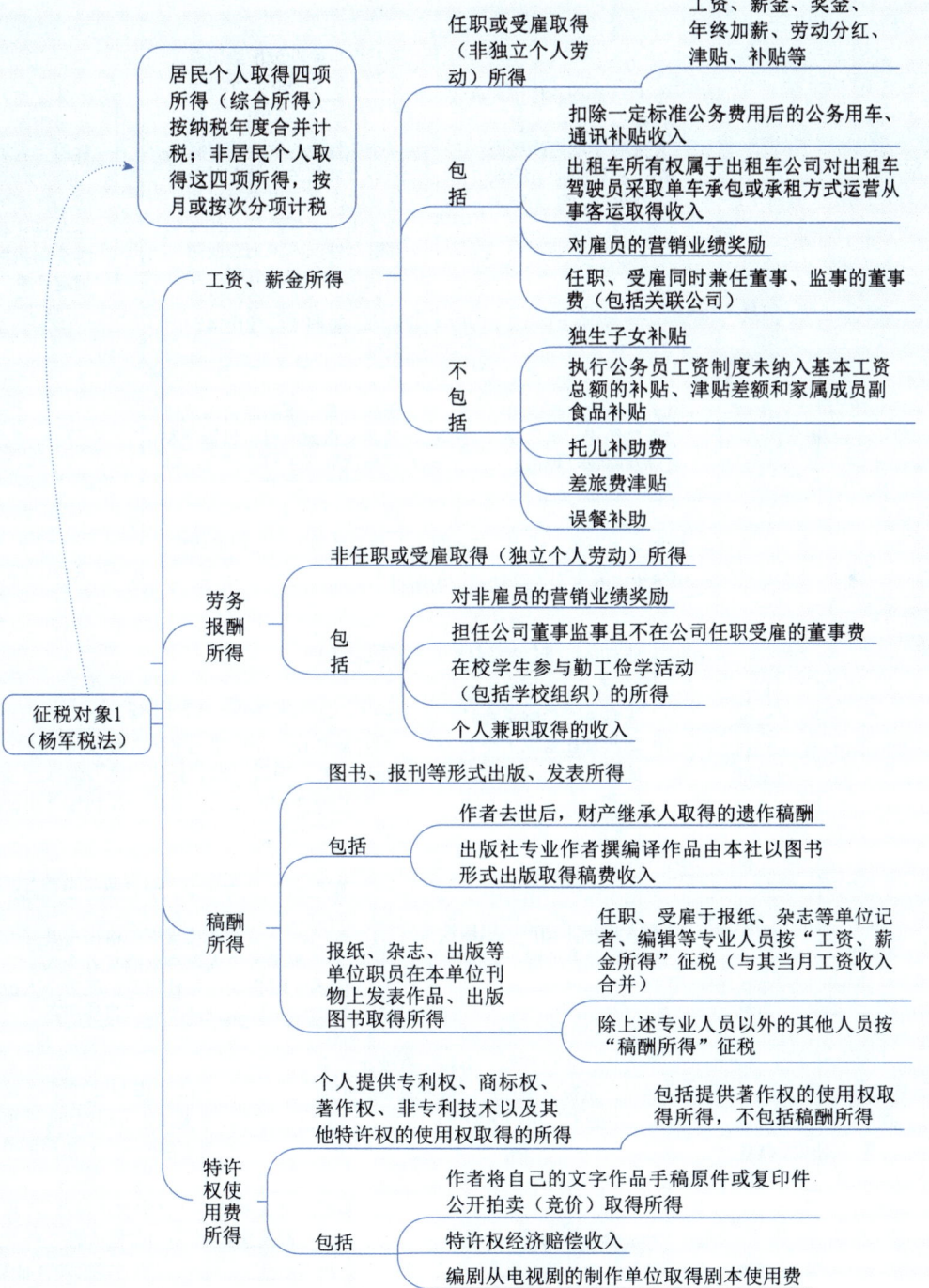

第2讲 征税对象（二）

征税对象2（杨军税法）

- **经营所得**
  - 个体工商户生产、经营所得
    - 专营种植业、养殖业、饲养业、捕捞业不征税
    - 出租车所有权属于驾驶员取得收入
    - 个人从事彩票代销业务而取得所得
  - 个人独资企业投资人、合伙企业的个人合伙人来源于境内注册的个人独资企业、合伙企业生产、经营所得
    - 先分后税
    - 包括合伙企业分配给所有合伙人的所得和企业当年留存的所得（利润）
    - 以企业资金为本人、家庭成员及其相关人员支付与企业生产经营无关的消费性支出及购买汽车、住房等财产性支出视为企业对个人投资者利润分配，并入投资者个人的生产经营所得，依照"经营所得"征税
  - 个人对企业、事业单位承包经营、承租经营以及转包、转租取得的所得
    - 个人承包经营、承租经营以及转包、转租取得的所得，包括个人按月或按次取得工资、薪金所得
  - 依法从事办学、医疗、咨询以及其他有偿服务活动取得所得
  - 从事其他生产、经营活动取得所得

  （个体工商户和从事生产、经营的个人取得与生产、经营活动无关的其他各项应税所得分别按有关规定计税）

- **利息、股息、红利所得**
  - 储蓄存款和个人结算账户利息所得暂免
  - 集体所有制企业改制为股份合作制企业时资产量化给职工个人处理
    - 仅作为分红依据不拥有所有权的量化资产不征税
    - 拥有所有权的企业量化资产暂缓征税；待个人将股份转让时按"财产转让所得"征税
  - 参与企业分配而获得的股息、红利按"利息、股息、红利所得"征税

- **财产租赁所得**
  - 个人出租不动产、机器设备、车船以及其他财产取得所得
    - 财产转租收入属于"财产租赁所得"
    - 房地产开发企业按优惠价格出售其开发商店给购买者个人而要求购买者个人一定期限内无偿供其出租使用，购买者个人少支出的购房价款视同"财产租赁所得"

- **财产转让所得**
  - 个人转让有价证券、股权、合伙企业中的财产份额、不动产、机器设备、车船以及其他财产取得所得
    - 境内股票转让所得暂不征税
    - 个人转让自用5年以上并且是家庭唯一生活用房所得免税

- **偶然所得**
  - 个人得奖、中奖、中彩以及其他偶然性质所得
    - 购买社会福利奖券一次中奖不超过1万元（含）的暂免，超过1万元全额征税
    - 累积消费达到一定额度给予顾客额外抽奖机会的获奖所得

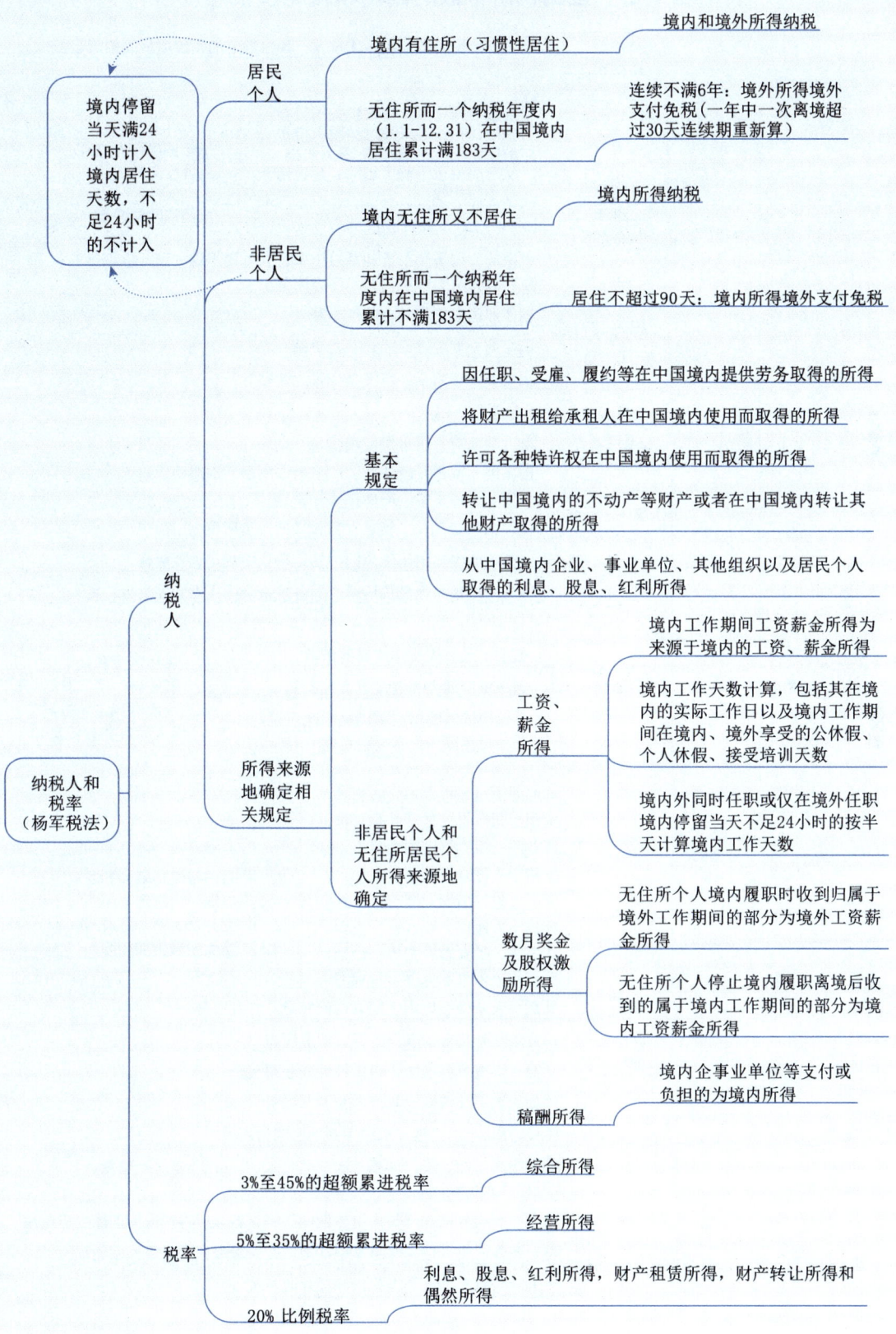

第4讲 应纳税所得额的确定和减免税优惠

第三部分 应纳税所得额确定和税收优惠（杨军税法）

应纳税所得额确定

- **一般规定**：应纳税所得额＝各项收入－税法规定的扣除项目或扣除金额
- **特殊规定**：通过境内社团、国家机关的公益捐赠，捐赠额未超过纳税人申报的应纳税所得额30%的部分可以从应纳税所得额中扣除，超过部分不得扣除
  - 捐赠住房作为公共租赁住房处理相同
  - 全额扣除的情形

税收优惠

免税项目
- 省政府、国务院部委和军以上单位、外国组织、国际组织颁发科教育文卫体环保技术等方面奖金
- 国债和国家发行的金融债券利息
- 国家统一规定发给的补贴、津贴
- 福利费、抚恤金、救济金（院士津贴等）
- 保险赔款
- 军人转业费、复员费、退役金
- 国家统一规定发给干部、职工的安家费、退职费、退休工资、离休工资、离休生活补助费
- 使领馆外交代表、领事官员和其他人员所得
- 中国政府参加的国际公约、签订协议中规定免税所得
- 国务院规定其他免税所得（国务院报全国人大常委会备案）

减税项目
- 残疾、孤老人员和烈属的所得
- 因严重自然灾害造成重大损失的
- 其他经国务院财政部门批准减免税的（报全国人大常委会备案）

具体幅度和期限由省、自治区、直辖市政府规定（报同级人大常委会备案）

暂免项目
- 外籍个人以非现金形式或实报实销形式取得的住房补贴、伙食补贴、搬迁费、洗衣费
- 外籍个人按合理标准取得的境内、境外出差补贴
- 外籍个人取得的探亲费、语言训练费、子女教育费等，经当地税务机关审核批准为合理的部分

目前与专项附加扣除二选一，选定一年不变，2022年1月1日起享受专项附加扣除

- 外籍个人从外商投资企业取得的股息、红利所得
- 符合条件外籍专家取得工资、薪金所得
- 举报、协查各种违法、犯罪行为而获得奖金
- 代扣代缴手续按规定取得的扣缴手续费
- 转让自用5年以上唯一家庭生活用房取得所得
- 购买福彩、赈灾彩、体彩一次中奖收入1万元以下（含）暂免，超过1万元全额征
- 离退休高级专家在延长离退休期间工资、薪金所得视同离休工资免税
- 符合条件低收入住房保障家庭从地方政府领取住房租赁补贴免征
- "五险一金"计入个人账户和提存时免征

第5讲 综合所得的计税方法（一）：基本规定

综合所得计税方法1（杨军税法）

- **居民个人预扣预缴办法**
  - **工资薪金所得**：扣缴义务人支付时按"累计预扣法"计算预扣税款，并按月办理全员全额扣缴申报
    - **累计预扣法**：累计预扣预缴应纳税所得额=累计收入－累计免税收入－累计减除费用－累计专项扣除－累计专项附加扣除－累计依法确定的其他扣除
      - 累计减除费用：5000元/月×当年截至本月本单位的任职受雇月份数（符合条件扣6万）
      - 专项扣除：三险一金
      - 专项附加扣除：子女教育、继续教育、大病医疗、住房贷款利息或者住房租金、赡养老人
      - 其他扣除：年金，商业健康保险、税收递延型商业养老保险支出以及国务院规定其他项目
    - 1.除大病医疗汇算清缴时扣除外，其他专项附加扣除可选择预扣预缴时扣除也可以汇算清缴时扣除；
    - 2.专项、专项附加和其他扣除一个纳税年度扣除不完的不结转以后年度扣除
  - **劳务报酬所得**
    - 每次收入不超过4000元：预扣预缴税额=（收入－800）×预扣率
    - 每次收入4000元以上：预扣预缴税额=收入×（1－20%）×预扣率－速算扣除数
  - **稿酬所得**
    - 每次收入不超过4000元：预扣预缴税额=（收入－800）×70%×20%
    - 每次收入4000元以上：预扣预缴税额=收入×（1－20%）×70%×20%
  - **特许权使用费所得**
    - 每次收入不超过4000元：预扣预缴税额=（收入－800）×20%
    - 每次收入4000元以上：预扣预缴税额=收入×（1－20%）×20%
  - 1.扣缴义务人支付时按次或按月预扣预缴税款；
  - 2.属于一次性收入的以取得为一次；属于同一项目连续性收入的以一个月为一次

- **居民个人汇算清缴**
  - 综合所得应纳税所得额=纳税年度的综合收入额－基本费用6万/年－专项扣除－专项附加扣除－其他扣除
  - 工资、薪金收入全额计入收入额；劳务报酬所得、特许权使用费收入打"8折"计入收入额；稿酬打"5.6折"计入收入额
  - 应纳税额=全年应纳税所得额×适用税率－速算扣除数
  - 应补（退）税额=全部应纳税额－减免税额－已缴税额－境外所得已纳所得税抵免额

- **非居民个人税额计算**
  - 工资、薪金所得：应纳税所得额=每月收入额－5000元/月
  - 劳务报酬所得：应纳税额=收入×（1－20%）×税率－速算扣除数
  - 稿酬所得：应纳税额=收入×（1－20%）×70%×税率－速算扣除数
  - 特许权使用费所得：应纳税额=收入×（1－20%）×税率－速算扣除数
  - 扣缴义务人按月或按次代扣代缴税款，不办理汇算清缴

第6讲 综合所得的计税方法(二)：专项附加扣除

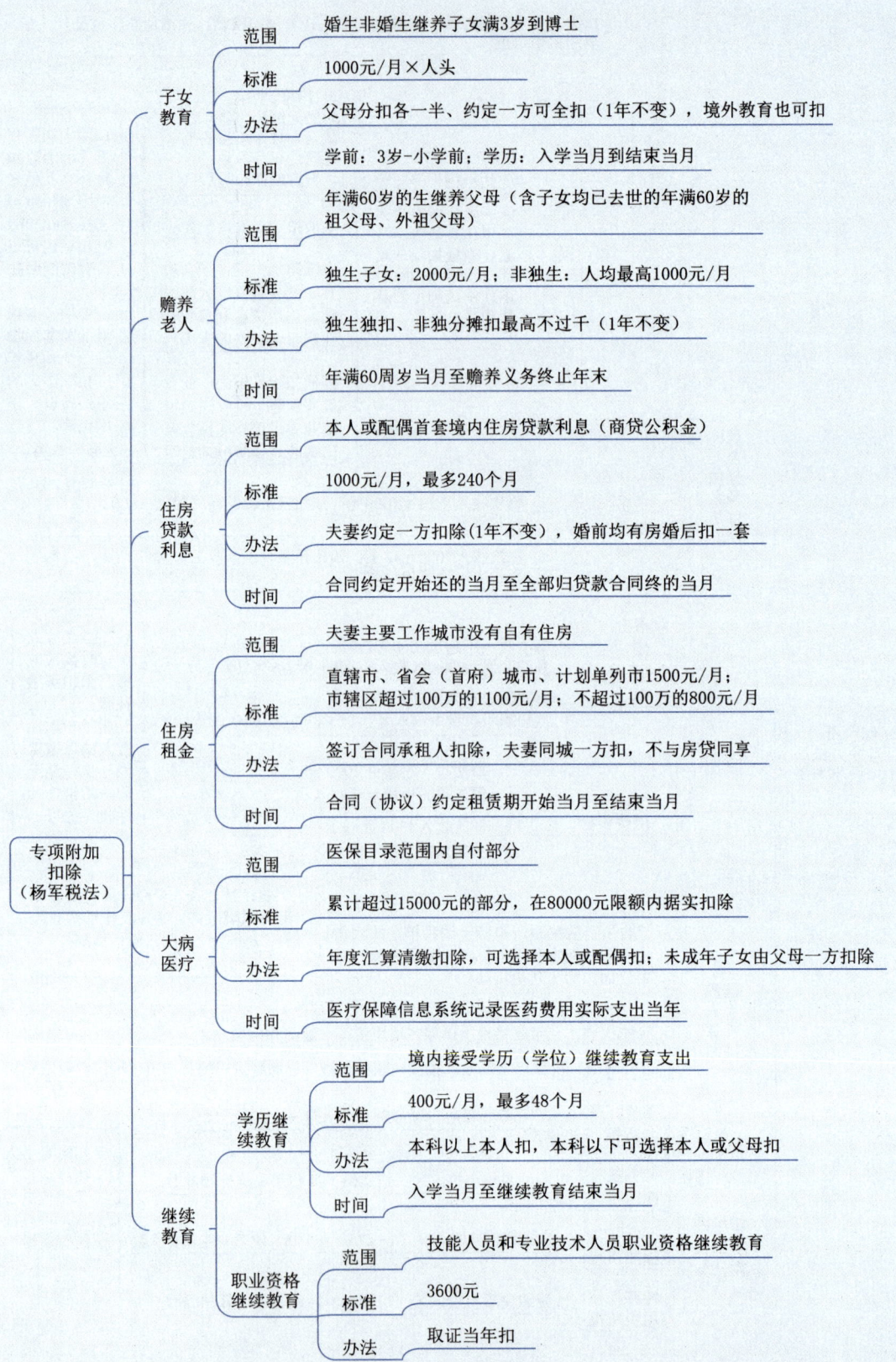

第7讲 无住所个人所得税计算

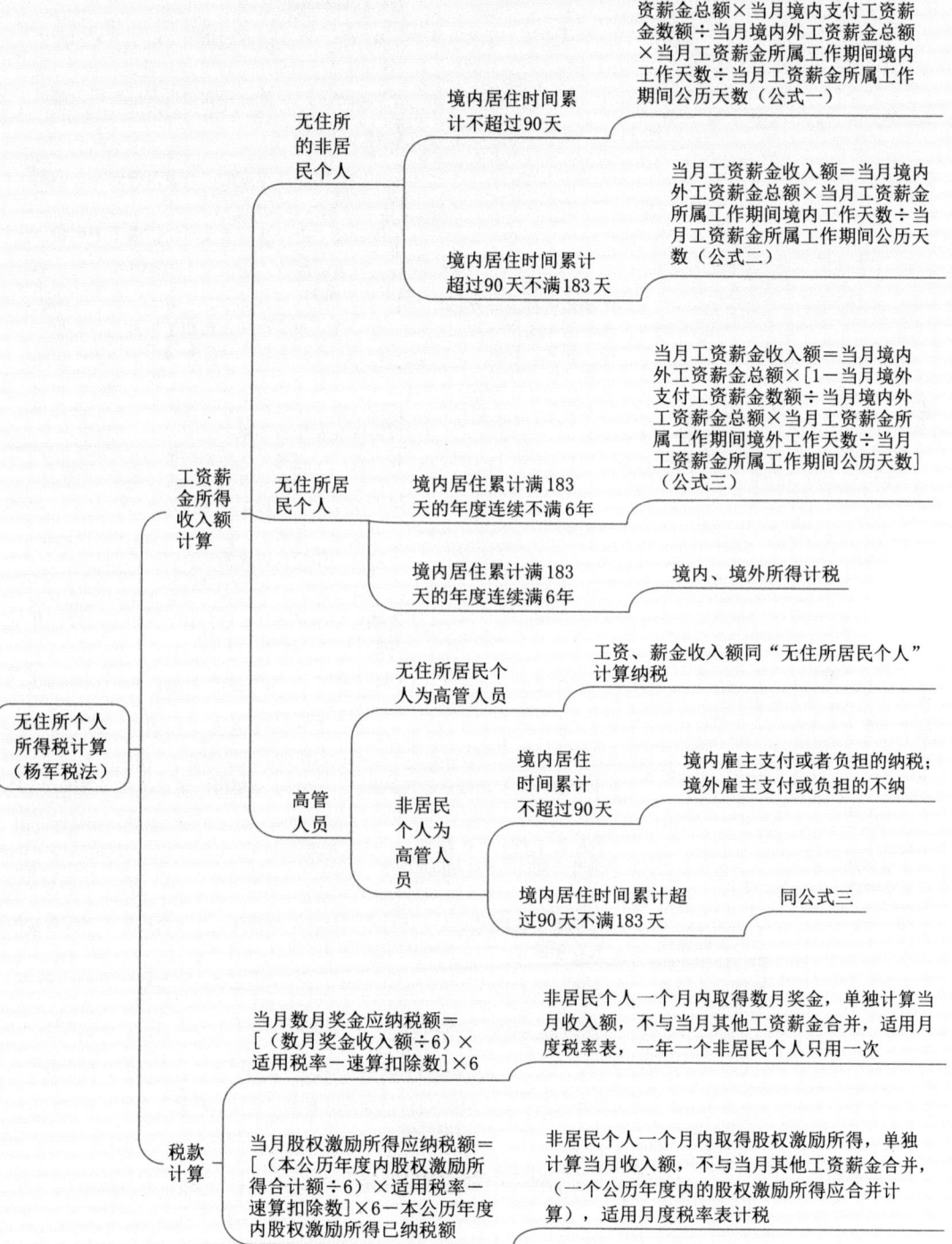

第8讲 经营所得的计税方法

- **经营所得计税方法（杨军税法）**
  - **个体工商户相关规定（同所得税略）**
    - 应纳税所得额＝收入总额－成本－费用－损失－税金－其他支出－允许弥补的以前年度亏损
      - 收入总额：不包括股息、红利等权益性投资收益和特许权使用费收入
      - 不得扣除：个人所得税税款、用于个人和家庭支出等
      - 分别核算生产经营费用和个人家庭费用，难以分清费用，其40%视为与生产经营有关费用准予扣除
      - 亏损准予用以后年度生产经营所得弥补，但结转年限最长不得超过5年
      - 工资薪金支出：从业人员可扣，业主不可扣
      - 补充养老和医疗：业主按上年度社会平均工资3倍计算基数
      - 工会经费、职工福利费和职工教育经费支出（2.5%）：业主按上年度社会平均工资3倍计算基数
      - 按规定缴纳摊位费、行政性收费、协会会费等按实际发生数额扣除
      - 开办费：可选择开始生产经营当年一次性扣除，也可自生产经营月份起在不短于3年期限摊销扣除，一经选定，不得改变
      - 公益捐赠：捐赠额不超过应纳税所得额30%部分可据实扣除（有全额，直捐不得扣）
      - 研发费及单台价值在10万元以下的研究仪器装置购置费准予直接扣除；10万元以上（含10万元）的不得当期直接扣除
      - 固定资产税务处理
        - 期限超1年且单位价值在1000元以上
        - 折旧方法：平均年限法和工作计量法
  - **个人独资企业和合伙企业相关规定（增量学习法）**
    - 个人独资企业以投资者为纳税人，合伙企业以每一个合伙人为纳税人
    - 投资者工资不得在税前扣除（5000元/月扣除）
      - 兴办两个或两个以上企业的其费用扣除标准由投资者选择其中一个企业的生产经营所得中扣除
    - 投资者及其家庭发生生活费用不允许税前扣除，生活费用与生产经营费用混合难以划分的全部视为生活费用不允许扣除
    - 投资者及其家庭共用固定资产难以划分的由税务机关核定
    - 兴办两个或两个以上企业汇总所得额确定税率
    - 亏损弥补
      - 兴办两个或两个以上企业的年度经营亏损不能跨企业弥补
      - 查账改核定征税后查账征税认定经营亏损未弥补完部分不再继续弥补
    - 核定征税投资者不享受优惠政策
  - **企事业单位承包经营、承租经营所得**
    - 应纳税所得额＝收入总额－必要费用（5000元/月）×实际承包承租月份
      - 收入总额＝经营利润＋工资薪金性质所得
        - 经营利润＝会计利润－所得税－上缴的承包费

第9讲：利息、股息、红利所得、财产租赁所得、财产转让所得和偶然所得的计税方法

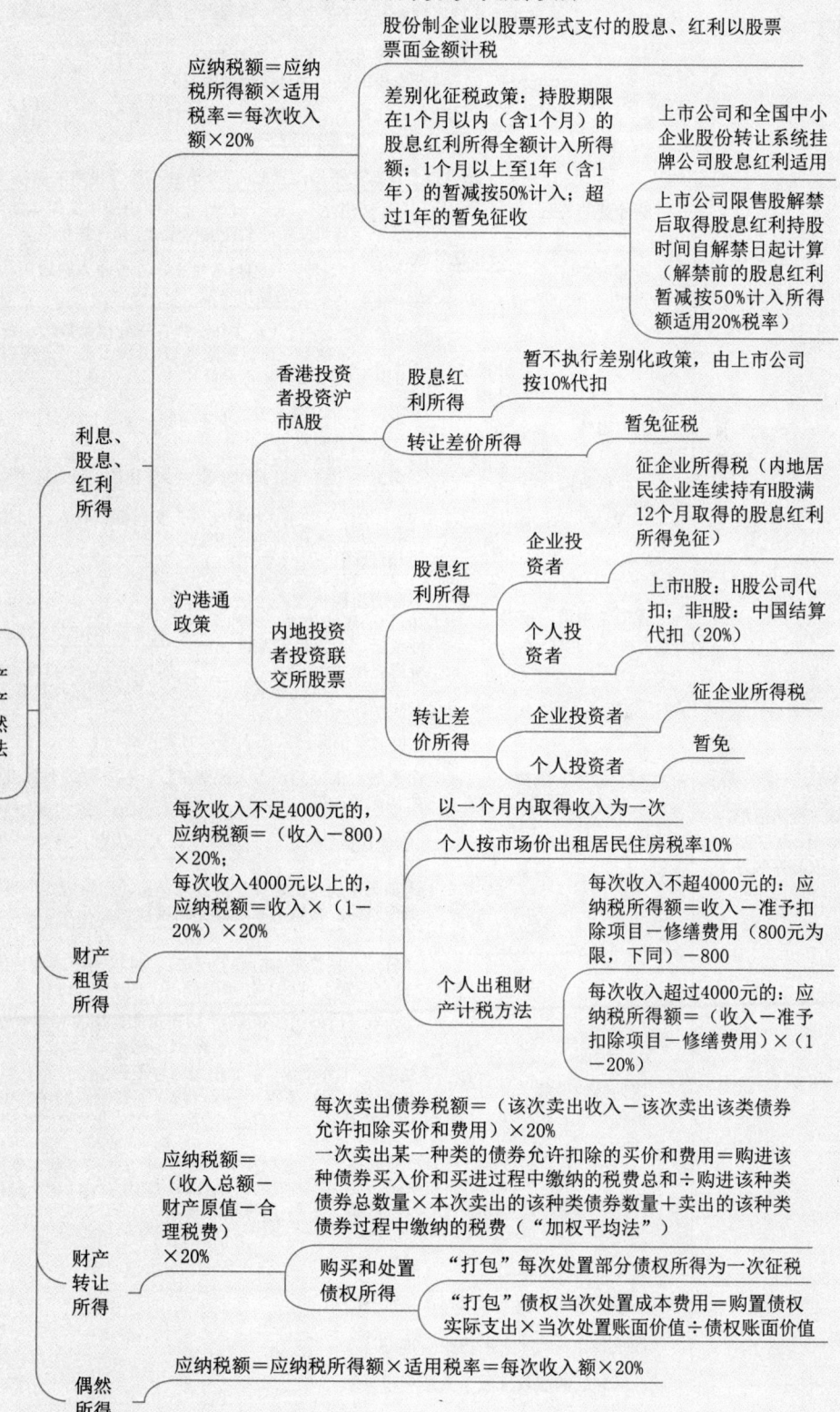

第10讲　特殊情形下个人所得税的计税方法

第三部分　特殊情形计税方法1（杨军税法）

- 全年一次性奖金
  - 除全年一次性奖金外其它各种奖金一律与当月工资、薪金合并纳税
  - 分步法计税
    - 第1步：找税率：A＝一次性奖金÷12个月，用A查找税率表；（月综合税率表）
    - 第2步：算税额：应纳税额＝一次性奖金×适用税率－速算扣除数
  - 可选择分步法or并入当年综合所得（2022年1月1日起并入综合所得）

- 解除劳动关系
  - 超当地上年职工平均工资3倍部分单独找综合税率表算税

- 内部退养
  - 分步法计税
    - 第1步：A＝一次性收入÷内退至离退休间所属月份＋当月工资－费用扣除额，用A查找税率表
    - 第2步：（当月工资＋一次性收入－费用扣除标准）×税率－速算扣除数

- 提前退休
  - 分摊法计税
    - 应纳税额＝[（一次补贴收入÷分摊系数）－费用扣除标准]×税率－速算扣除数]×分摊系数（分摊系数：提前退至法定退实际年份）

- 单位低价向职工售房
  - 分步法计税
    - 第1步：找税率：A＝少支出的差价÷12个月，用A查找税率表；（月综合税率表）
    - 第2步：算税额：应纳税额＝少支出的差价×适用税率－速算扣除数

- 保险营销员、证券经纪人佣金收入
  - 属于劳务报酬所得：扣缴义务人支付佣金收入，按累计预扣法计算预扣税款
  - 不含增值税收入×（1－20%）－展业成本－附加税费后，并入当年综合所得计税
    - 展业成本按收入额25%
    - 简化计算：不含增值税的收入×80%×75%－附加税费并入综合所得

- 年金
  - 缴费
    - 单位缴费部分计入个人账户时暂不缴纳
    - 个人缴费部分超过本人缴费工资计税基数的4%标准内暂从所得额中扣除
  - 运营
    - 年金基金投资运营收益分配计入个人账户时暂不缴纳
  - 领取
    - 达到国家规定的退休年龄领取年金，符合规定的不并入综合所得，全额单独计算应纳税款

- 境外缴纳税额抵免计税方法
  - 三步法
    - 第1步：扣除限额A：同一国家、地区内不同项目应纳税额之和为这个国家（地区）扣除限额
    - 第2步：境外已纳税额B：按所得来源国家和地区法律应缴实缴税额
    - 第3步：比较确定：核心关键词：多不退少要补
      - 1.B<A：补税＝A－B；2.B>A：无需补税，超出部分不得扣除但可在以后5年中在该国家（地区）扣除限额余额中补扣

- 股权激励所得
  - 2021年12月31日前取得上市公司股权激励不并入当年综合所得，全额单独计税
    - 应纳税额＝股权激励收入×适用税率－速算扣除数
    - 一个纳税年度内取得两次以上（含）股权激励合并计税

- 从事建筑安装业个人取得所得征税办法　略
- 股权转让所得个人所得税管理办法　略
- 收回转让的股权征收个人所得税方法　略
- 创业投资企业个人合伙人所得税政策的规定

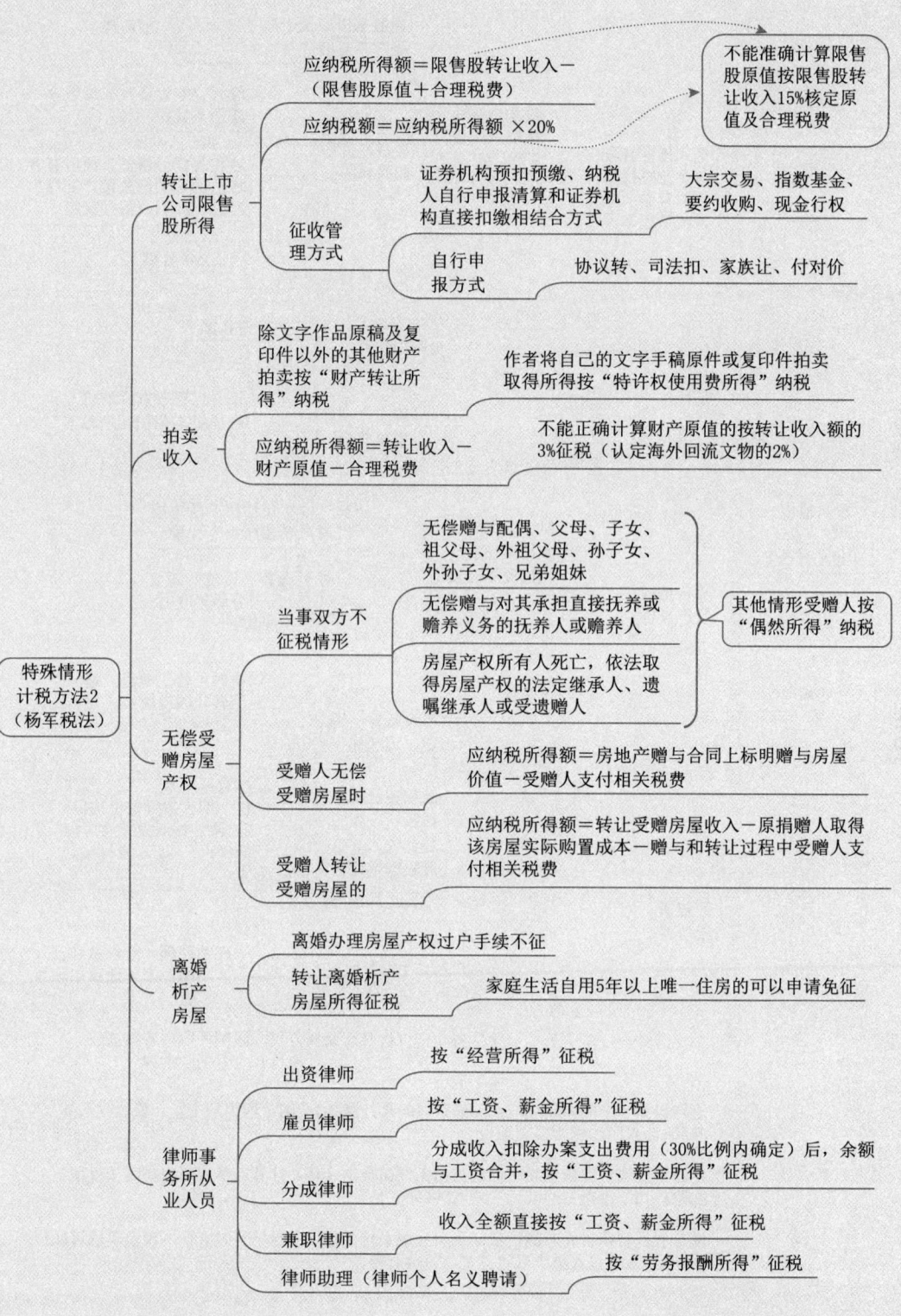

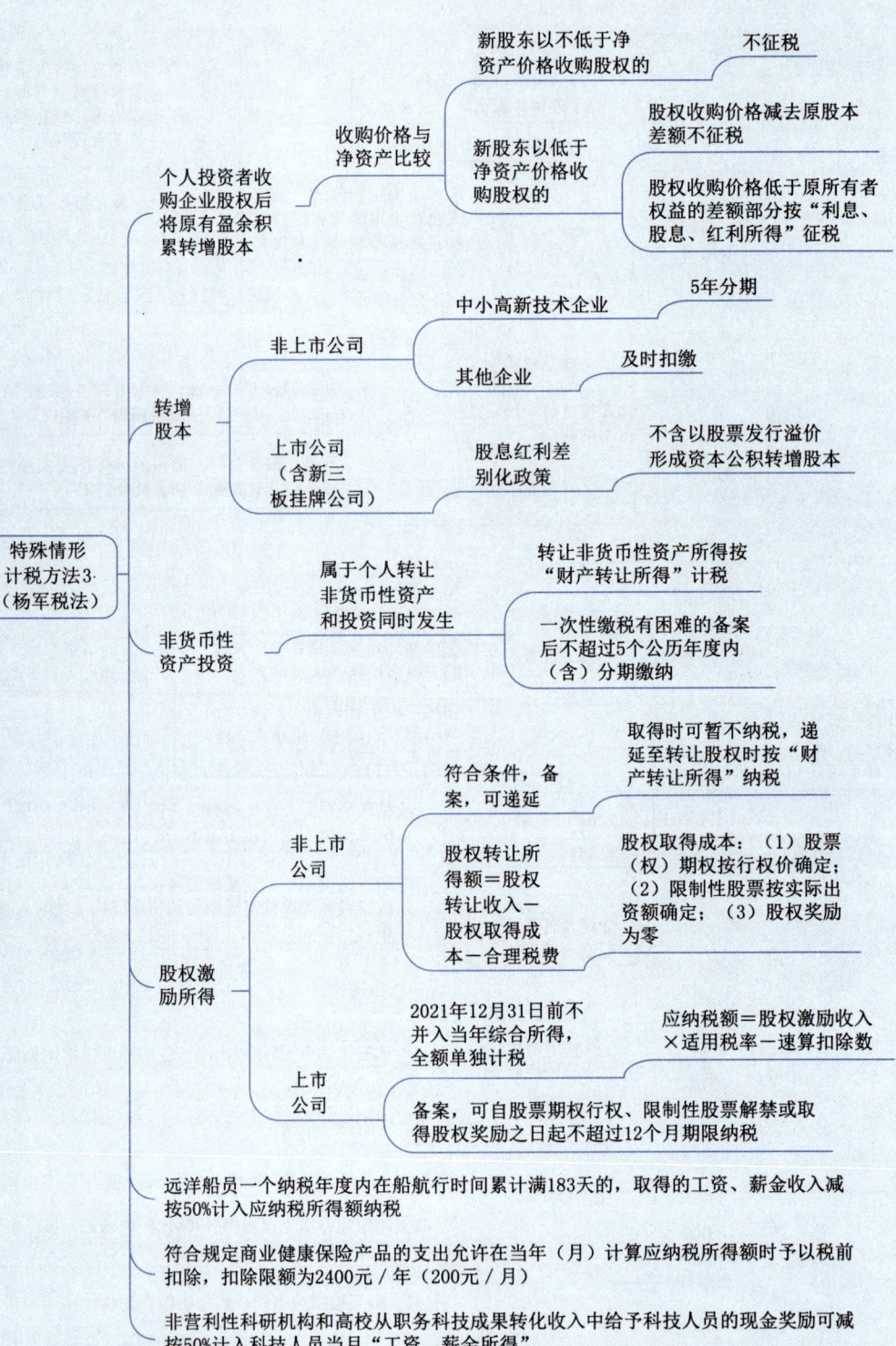

远洋船员一个纳税年度内在船航行时间累计满183天的，取得的工资、薪金收入减按50%计入应纳税所得额纳税

符合规定商业健康保险产品的支出允许在当年（月）计算应纳税所得额时予以税前扣除，扣除限额为2400元/年（200元/月）

非营利性科研机构和高校从职务科技成果转化收入中给予科技人员的现金奖励可减按50%计入科技人员当月"工资、薪金所得"

特殊情形计税方法4（杨军税法）

公益慈善事业捐赠

公益捐赠支出按关规定扣除
- 捐赠额未超过纳税人申报的应纳税所得额30%的部分可以从应纳税所得额中扣除，超过部分不得扣除

支出金额确定
- 货币性资产按实际捐赠金额确定
- 捐赠股权、房产按个人持有股权、房产财产原值确定
- 捐赠除股权、房产以外的其他非货币性资产按非货币性资产市场价格确定

居民个人扣除规定
- 可以在财产租赁所得、财产转让所得、利息股息红利所得、偶然所得（以下统称分类所得）、综合所得或经营所得中扣除
  - 自行决定顺序
  - 一个所得项目扣除不完可以在其他所得项目中继续扣除
- 工资薪金所得：可以选择预扣预缴时或年度汇算清缴时扣除
  - 选择预扣预缴时扣除按累计预扣法计算扣除限额，其捐赠当月的扣除限额为截止当月累计应纳税所得额的30%（全额扣除从其规定，下同）
  - 两处以上取得工资薪金所得，选择其中一处扣除，选择后当年不得变更
- 劳务报酬、稿酬和特许权使用费所得：预扣预缴时不扣，汇算清缴时扣
- 全年一次性奖金、股权激励等所得：不并入综合所得而单独计税的比照分类所得
- 分类所得：可在捐赠当月所得中扣除，当月分类所得应扣除未扣除的可按规定追补扣除

经营所得扣除规定
- 个体工商户发生公益捐赠支出在其经营所得中扣除
- 个人独资企业、合伙企业按分配比例（个人独资企业分配比例为100%）计算归属为每一个人投资者的公益捐赠支出，个人投资者将其归属的个人独资企业、合伙企业公益捐赠支出和本人需要在经营所得扣除的其他公益捐赠支出合并，在其经营所得中扣除
- 可以选择在预缴税款时扣除，也可以选择在汇算清缴时扣除
- 经营所得采取核定征收方式的，不扣除公益捐赠支出

非居民个人扣除规定
- 未超过其在公益捐赠支出发生当月应纳税所得额30%的部分可从其应纳税所得额中扣除，扣除不完的可在经营所得中继续扣除

相关规定
- 个人同时发生按30%扣除和全额扣除的公益捐赠支出自行选择扣除次序
- 个人留存捐赠票据期限为5年

第11讲 征收管理

- 征收管理1（杨军税法）
  - 自行申报纳税
    - 申报纳税所得项目
      - 取得综合所得需要办理汇算清缴
      - 取得应税所得没有扣缴义务人
      - 取得应税所得，扣缴义务人未扣缴税款
      - 取得境外所得
      - 因移居境外注销中国户籍
      - 非居民个人在中国境内从两处以上取得工资、薪金所得
      - 国务院规定的其他情形
    - 申报纳税地点
      - 一般为收入来源地税务机关
      - 两处或两处以上取得工资、薪金所得的可选择并固定在一地税务机关申报纳税
      - 从境外取得所得的，应向境内户籍所在地或经常居住地税务机关申报纳税
      - 在中国境内几地工作的临时来华人员，应以税法规定的申报纳税日期为准，在某一地区达到申报纳税日期的，即在该地申报纳税
      - 纳税人要求变更申报纳税地点的，须经原主管税务机关备案
    - 申报纳税期限
      - 15日
        - 非居民个人境内两处以上取得工资、薪金所得的，取得所得次月15日内申报纳税
        - 经营所得纳税人在月度或季度终了后15日内纳税申报预缴税款
        - 应税所得没有扣缴义务人的，在取得所得次月15日内纳税申报缴纳税款
        - 扣缴义务人每月或每次预扣、代扣税款次月15日内缴入国库并报送扣缴申报表
      - 次年3月31日前
        - 经营所得取得所得次年3月31日前办理汇算清缴
      - 次年3月1日至6月30日内
        - 居民个人从境外取得所得的，在取得所得次年3月1日至6月30日内申报纳税
        - 居民个人取得综合所得，按年在取得所得次年3月1日至6月30日内汇算清缴
      - 次年6月30前
        - 应税所得扣缴义务人未扣缴税款的在取得所得次年6月30日前缴纳税款（税务机关通知限期缴纳的按照期限缴纳）

第三部分

本书各章思维导图全解

征收管理2（杨军税法）
└─ 综合所得汇算清缴规定
    ├─ 汇算应退或应补税额＝[（综合所得收入额－60000元－"三险一金"等专项扣除－子女教育等专项附加扣除－依法确定的其他扣除－捐赠）×适用税率－速算扣除数]－2019年已预缴税额
    │   └─ 年度汇算不包括：经营所得、利息股息红利所得、财产转让所得、财产租赁所得、偶然所得；不并入综合所得的项目，如解除劳动合同、提前退休、内部退养等一次补偿收入，纳税人选择不并入综合所得的全年一次性奖金
    ├─ 需要办理年度汇算纳税人
    │   ├─ 年度综合所得收入额不超过6万元但已预缴个人所得税 ── 可以在2020年3月1日至5月31日期间简易汇算退税
    │   ├─ 年度已预缴税额大于年度应纳税额且申请退税的
    │   │   ├─ 年度中间劳务报酬、稿酬、特许权使用费适用预扣率高于综合所得年适用税率
    │   │   └─ 预缴税款时，未申报扣除或未足额扣除减除费用、专项扣除、专项附加扣除、其他扣除或捐赠，以及未申报享受或未足额享受综合所得税收优惠等情形
    │   └─ 年度综合所得收入超过12万元且需要补税金额超过400元的（双超） ── 包括取得两处及以上综合所得，合并后适用税率提高导致已预缴税额小于年度应纳税额等情形
    └─ 无需办理年度汇算纳税人
        ├─ 年度汇算需补税但年度综合所得收入不超过12万元的
        ├─ 年度汇算需补税金额不超过400元的
        └─ 已预缴税额与年度应纳税额一致或不申请年度汇算退税的

第 3 章 国际税收

第 1 讲 概 述

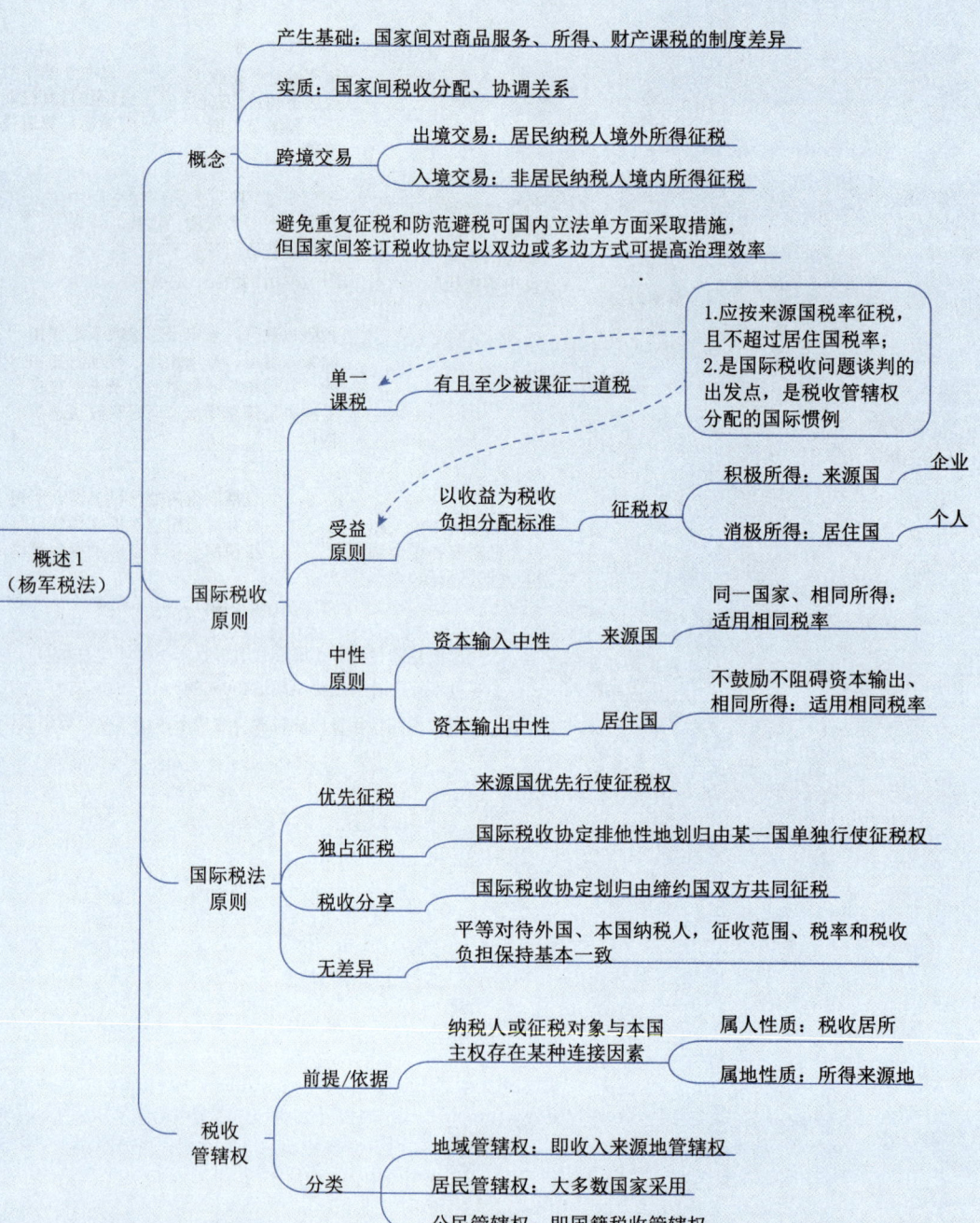

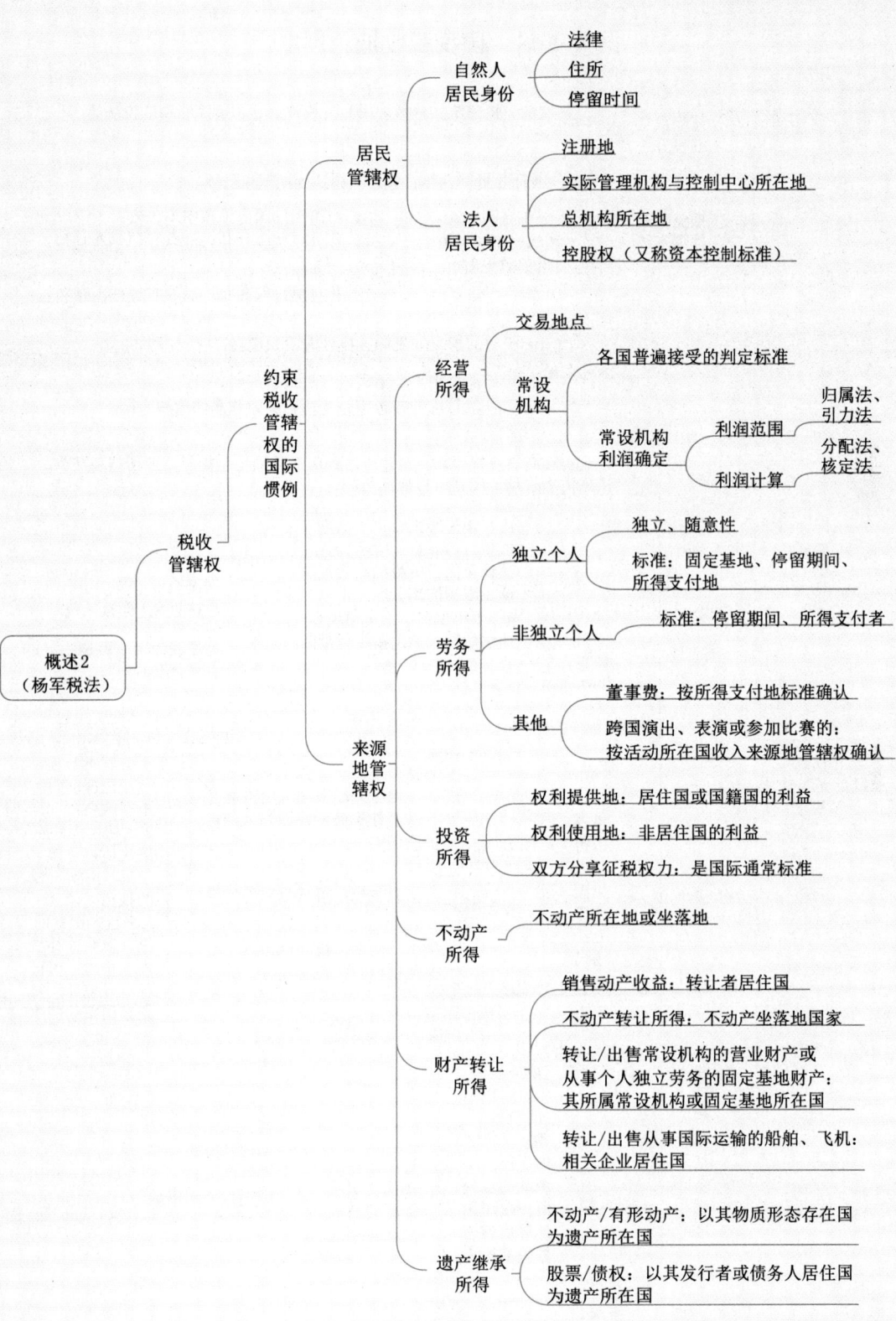

第2-5讲 国际税收抵免制度

第三部分

国际税收抵免制度1（杨军税法）

- **减除重复征税方法**：免税法、抵免法（普遍采用）、税收饶让、扣除法和低税法等

- **抵免限额确定方法**
  - 分国抵免限额、综合抵免限额和分项抵免限额
  - 分国抵免限额和综合抵免限额抵免效果对比
    - 普遍盈利且国内外税率不一致：前者对居住国有利，后者对纳税人有利
    - 盈亏并存：前者对纳税人有利，后者对居住国有利

- **我国税收抵免制度**
  - **境外所得范围**
    - 居民企业来源于境外的应税所得
    - 非居民企业境内设立机构、场所，取得境外与机构、场所有实际联系的应税所得
  - 企业实际应纳所得税额＝企业境内外所得应纳税总额－企业所得税减免、抵免优惠税额－境外所得税抵免额
  - **抵免办法**
    - 已在境外缴纳、可于当期抵免的，其抵免限额为依法计算的应纳税额；超过抵免限额的部分，可以以后5个年度内，用每年度已抵免后的税额余额进行抵补
    - 居民企业：直接抵免＋间接抵免
    - 非居民企业（范围内）：直接抵免
  - **境外所得税抵免额计算方法（杨氏三步法）**
    - 第1步：抵免限额＝来源于某国（地区）的应纳税所得（境外税前所得额）×25%或15%
    - 第2步：实缴税额：可抵免境外税额
    - 第3步：比较确定：境外抵免额（第1和第2孰低）
    - 1.分国不分项、不分国不分项，一经选择5年内不得改变；
    - 2.当期境内外应纳税所得总额＜0，当期境外所得税的抵免限额＝0；
    - 3.来自多国家的境外盈利弥补境内亏损时，可自行选择境外所得来源国家的顺序
  - **境外应纳税所得额计算**
    - 境外税额直接抵免的应税所得＝该项境外所得直接缴纳的境外所得税还原计算后的境外税前所得
    - 适用间接抵免的外国企业持股比例的计算层级
    - 杨氏判断法：多层持股条件判断流程，顺序自上而下
      - 第1层：单看
      - 第2-5层：双看

国际税收抵免制度2（杨军税法）

我国税收抵免制度

境外应纳税所得额计算

- 上述直接缴纳税额还原后的所得中属于股息、红利所得的，计算境外税额间接抵免境外所得时，再将该项境外所得间接负担的税额还原计算：
  （境外股息、红利所得=境外股息、红利税后净所得+直接缴纳税额+间接负担税额）

- 境外所得间接负担税额计算（杨氏计算法）
  - 计算顺序自下而上
  - 本层企业所纳税额属于由一家上一层企业负担的税额＝（利润税+投资税+间接税）×分配比例×持股比例

- 上述税额还原后的境外税前所得，有关成本费用中与境外所得有关部分进行对应调整扣除后计算境外应税所得

其他规定

- **境外分支机构亏损的弥补**
  - 不得抵减其境内或他国应税所得，但可用同一国家其他项目或以后年度所得弥补
  - 非实际亏损额在该分支机构的结转弥补期限不受5年年期限制

- **不应作为可抵免境外所得税税额情形**
  - 错缴、错征的境外税款
  - 税收协定规定不应征收的境外税款
  - 境外的利息、滞纳金或罚款
  - 从境外征税主体得到实际返还或补偿的境外税款
  - 境内规定已免征的境外所得担负的境外税款
  - 已从境外应税所得中扣除的境外税款

- **税收饶让**
  - 居民企业在已订立税收协定国家享受的免税、减税，可作为实缴的境外所得税额用于办理税收抵免
  - 不适用：境外所得采用简易办法计算抵免额的
  - 境外所得不判定为来源国应税所得，不属于税收饶让抵免范畴，应全额纳税

- **简易办法计算抵免**
  - 可按境外应税所得的12.5%作为抵免限额

- **境外分支机构与我国对应纳税年度的确定**
  - 不一致：为在我国有关纳税年度中任何一日结束的境外纳税年度

第6讲 国际税收协定

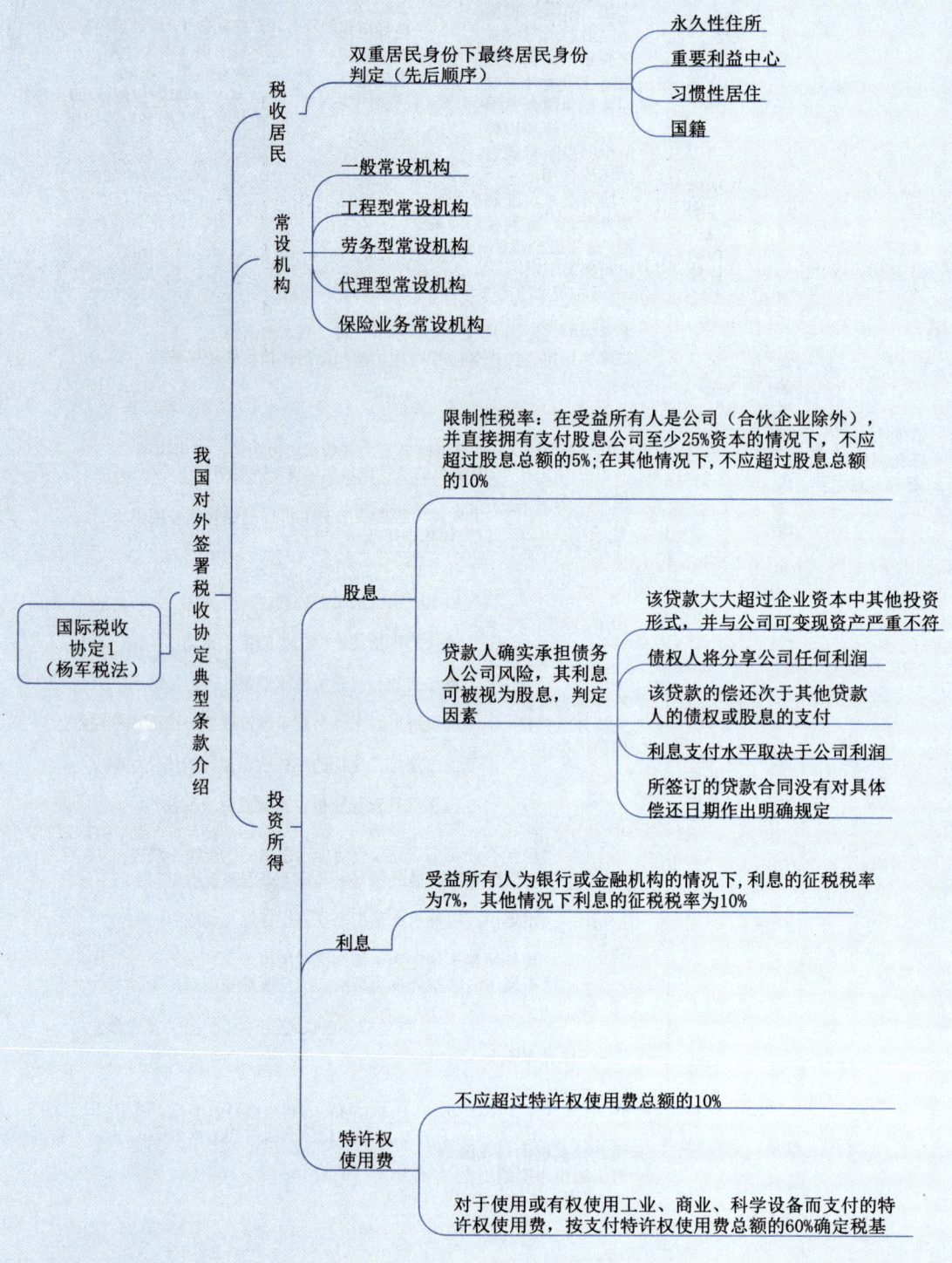

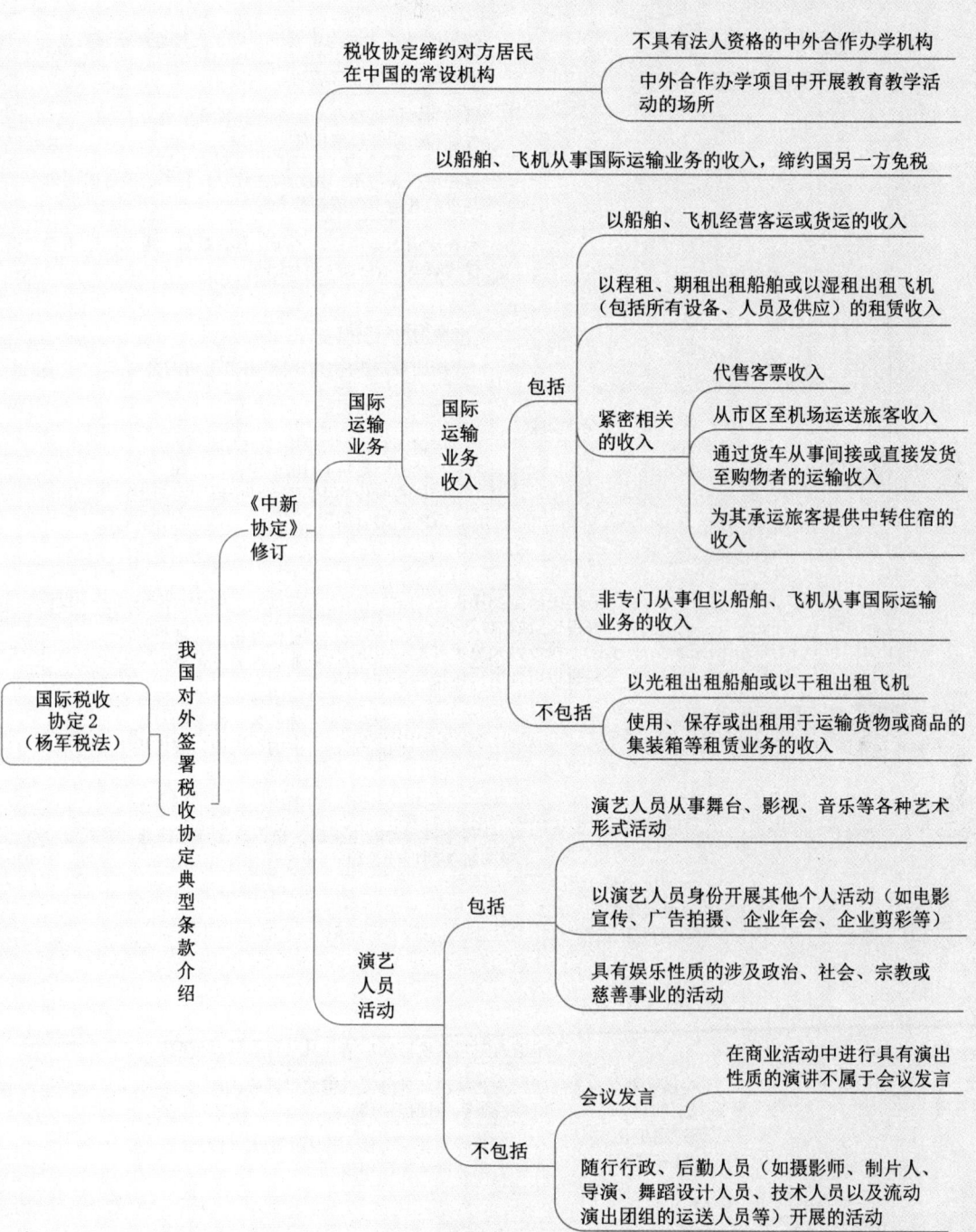

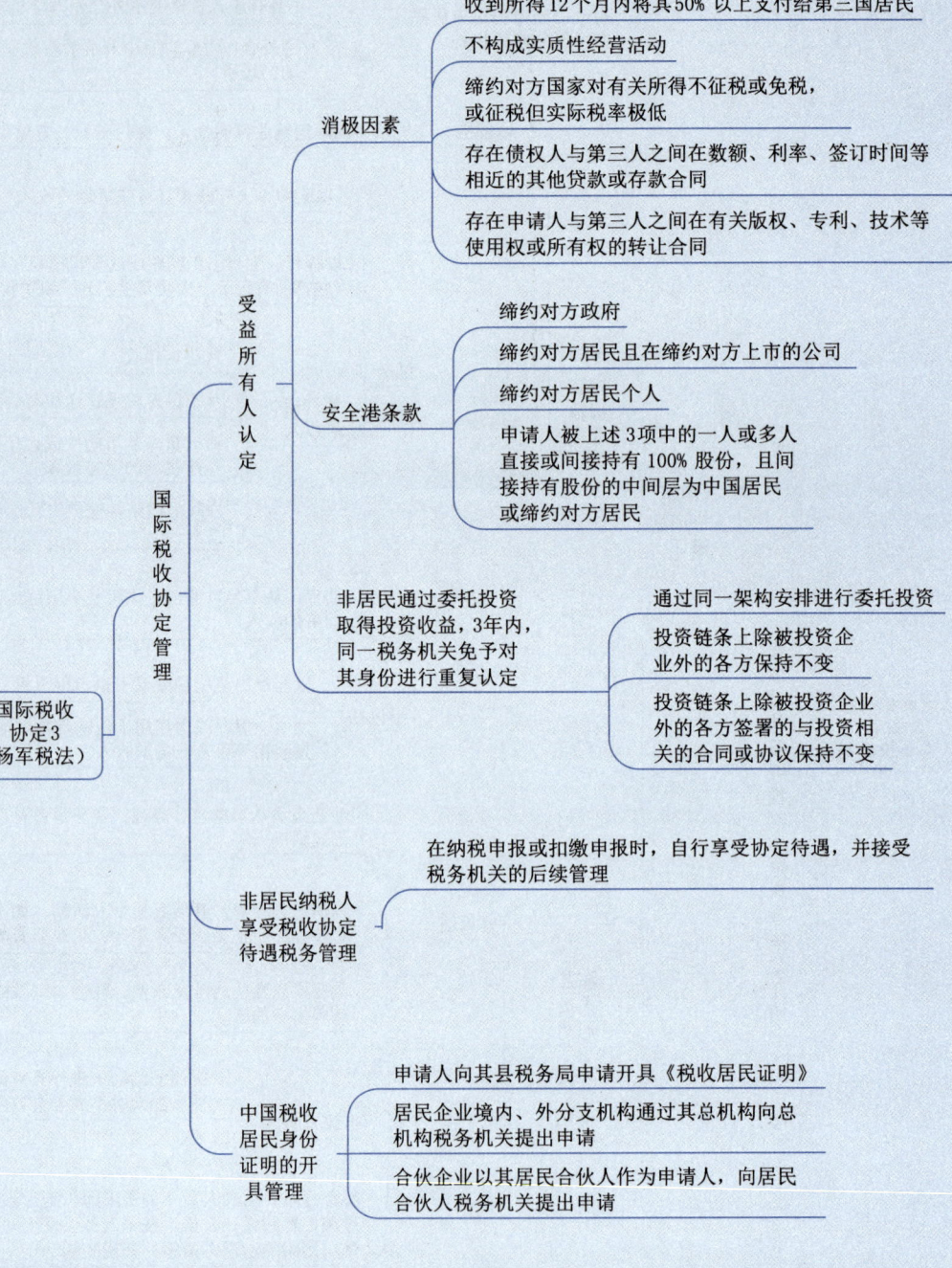

第7讲 国际避税与反避税和国际税收合作

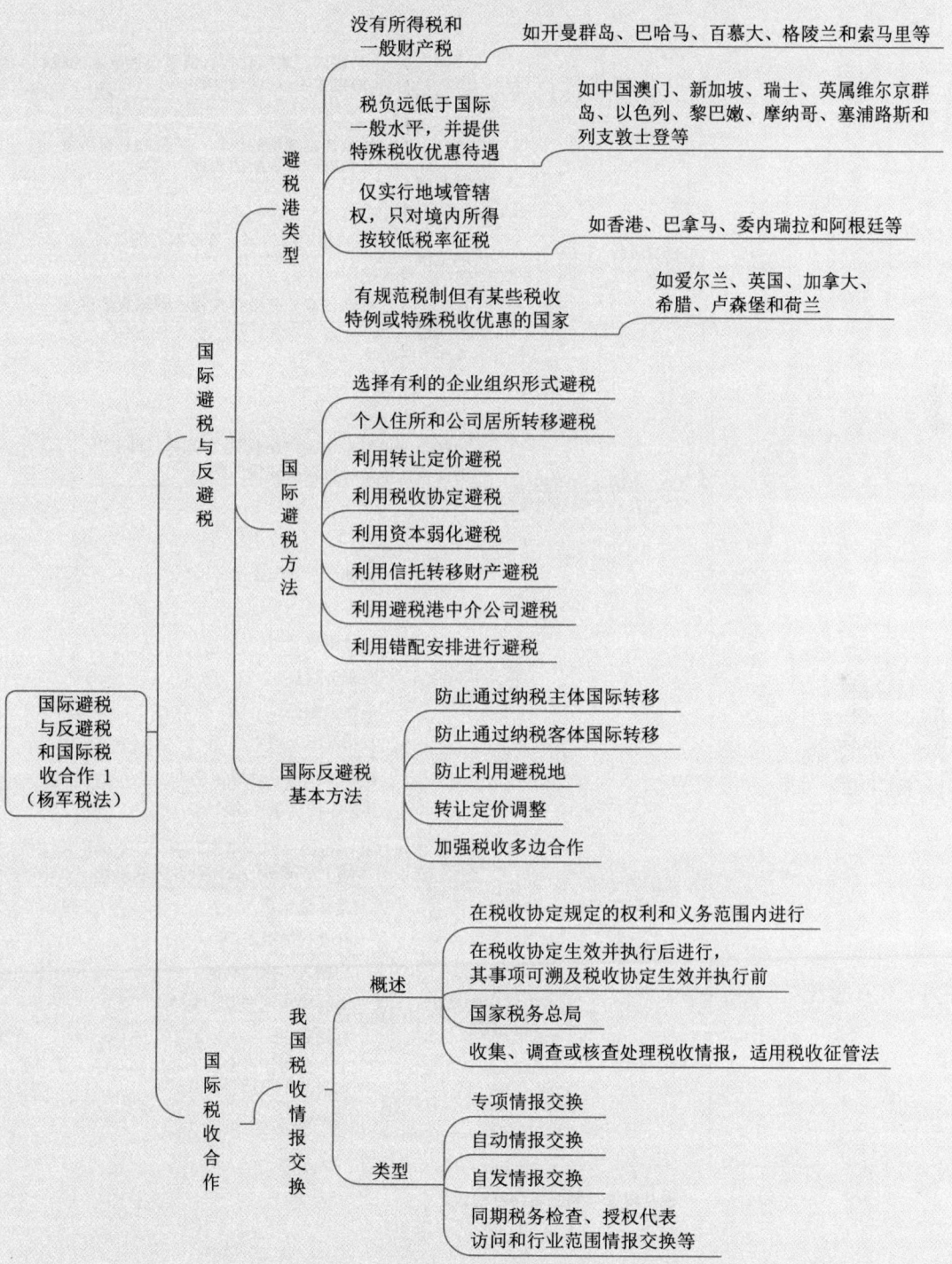

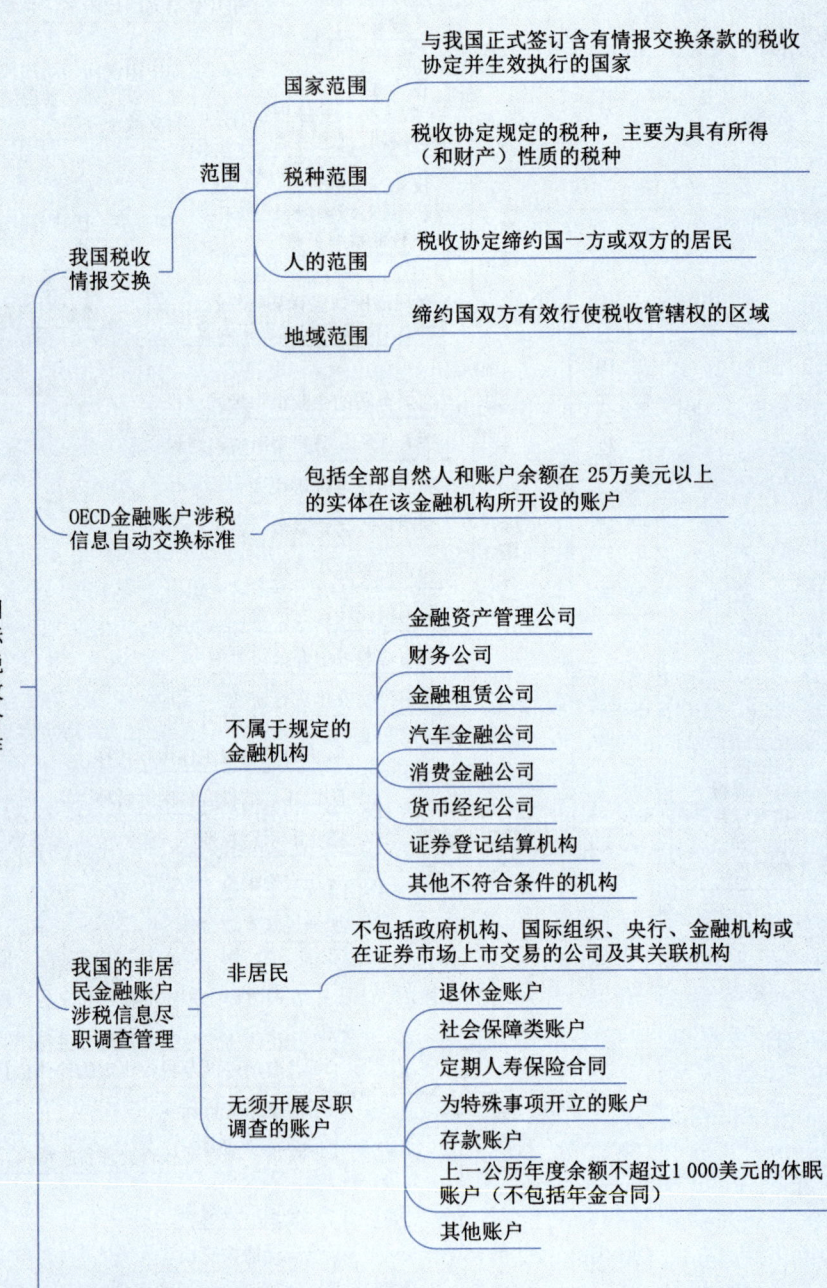

第4章 印花税

第1讲 征税范围、纳税人、税率和税收优惠

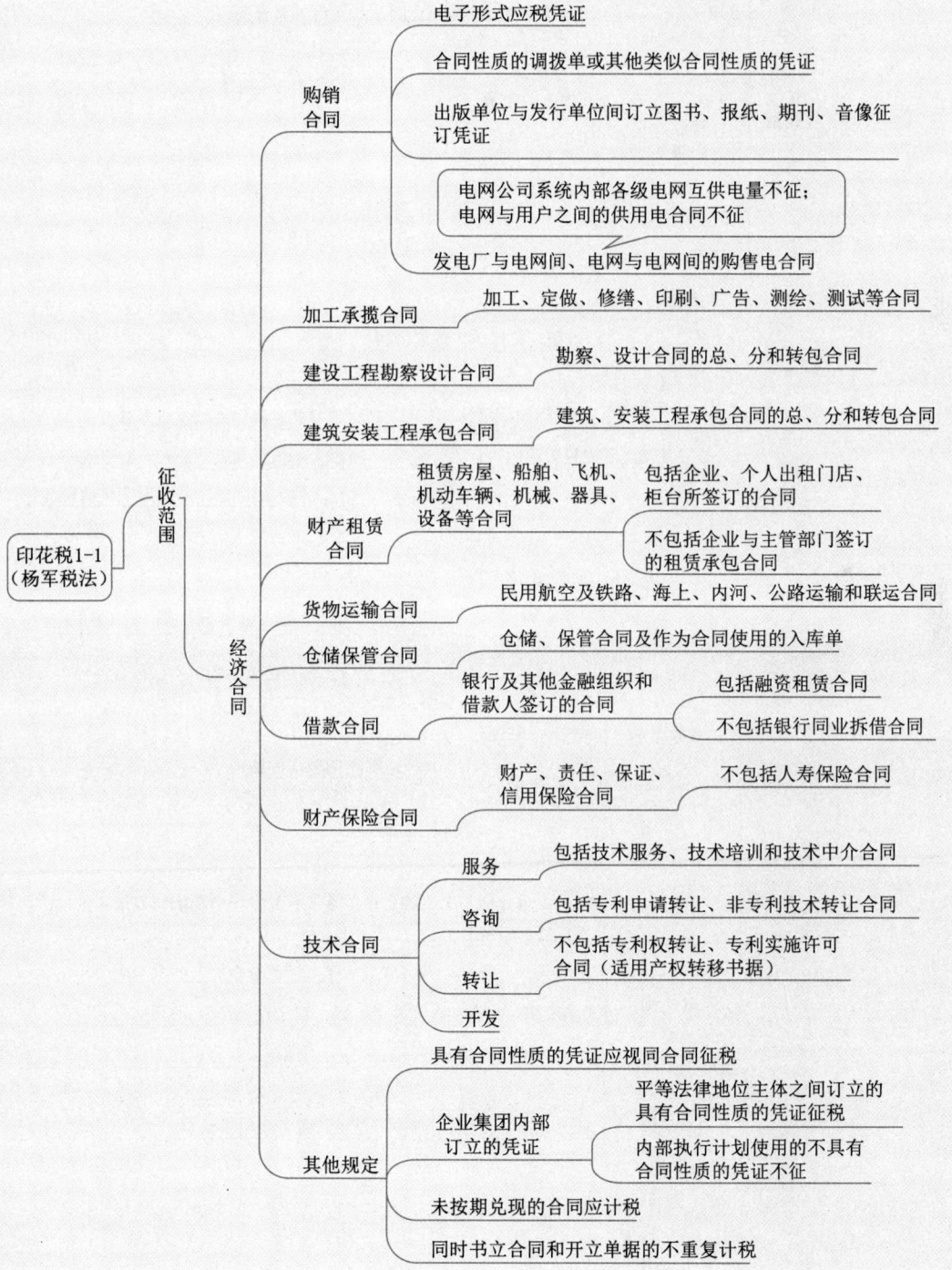

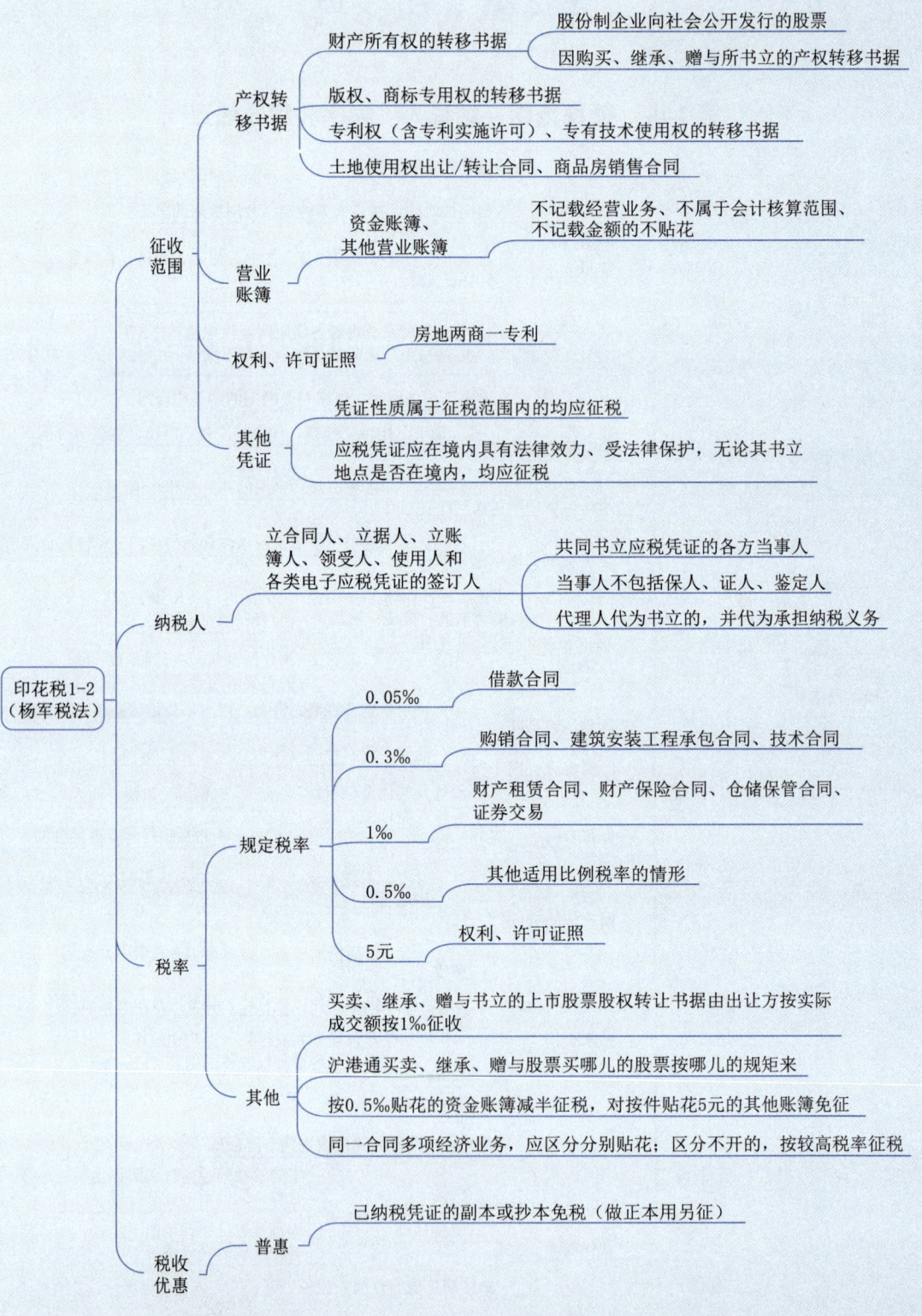

印花税 1-3（杨军税法）

税收优惠

房屋
- 房管部门与个人订立用于生活居住的租房合同暂免
- 公租房经管单位涉及建设、管理公租房的免征（其他住房中配套公租房的按建筑面积比例免征）
  - 公租房经管单位购住房作为公租房的免征
  - 公租房租赁协议免征
- 改造安置住房经管单位、开发商与改造安置住房相关的及购置住房的个人涉及的免征
- 高校学生签订高校学生公寓租赁合同免征

三农
- 国家指定收购部门与村委会、农民个人书立农产品收购合同免征
- 对农牧业保险合同免税

金融
- 无息、贴息贷款合同免税
- 外国政府或国际金融组织向我国政府及国家金融机构提供优惠贷款书立合同免征
- 投资者买卖封闭式证券投资基金免征
- 融资性售后回租中对承租人、出租人因出售租赁资产及购回租赁资产所签订合同不征
- 证券投资者保护基金有限责任公司发生的部分业务免税

改制
- 上市公司国有股权无偿转让行为
  - 经国务院和省政府批准的国有（含国有控股）企业改组改制发生的，暂不征
  - 其他情况征税
- 县级以上政府及主管部门批准改制的
  - 企业因改制签订的产权转移书据免征
  - 企业改制前签订且已贴花的未履行完的合同，改制后仅改变执行主体，其余条款未变动的不再贴花

公益
- 财产所有人将财产赠给政府、社会福利单位、学校所立书据免征

小规模纳税人
- 可以在50%的税额幅度内减征印花税（不含证券交易印花税）

运输
- 军事物资运输、抢险救灾物资运输和新建铁路临管线运输免征
- 国家石油储备第一期项目建设过程中涉及的免征

特定主体
- 商品储备管理公司及其直属库资金账簿免征
- 承担商品储备业务过程中书立的购销合同免征，对合同其他各方当事人照章征收
- 国际奥委会相关实体与北京冬奥组委签订的各类合同免征国际奥委会相关实体印花税
- 饮水工程运营管理单位为建饮水工程取得土地使用权而签订的产权转移书据及与施工单位签订的建设工程承包合同免征
- 图书、报纸、期刊以及音像制品的发行单位之间，以及发行单位与订阅单位或个人之间书立的征订凭证暂免
- 杭州2022年亚运会和亚残运会及其测试赛组委会、2020年晋江中学生运动会、2020年三亚亚洲沙滩运动会、2021年成都世界大学生运动会使用的营业账簿和签订的各类合同等应税凭证免征印花税。对财产所有人将财产（物品）捐赠给组委会所书立的产权转移书据免征

第2讲 计税依据、税额计算和征收管理

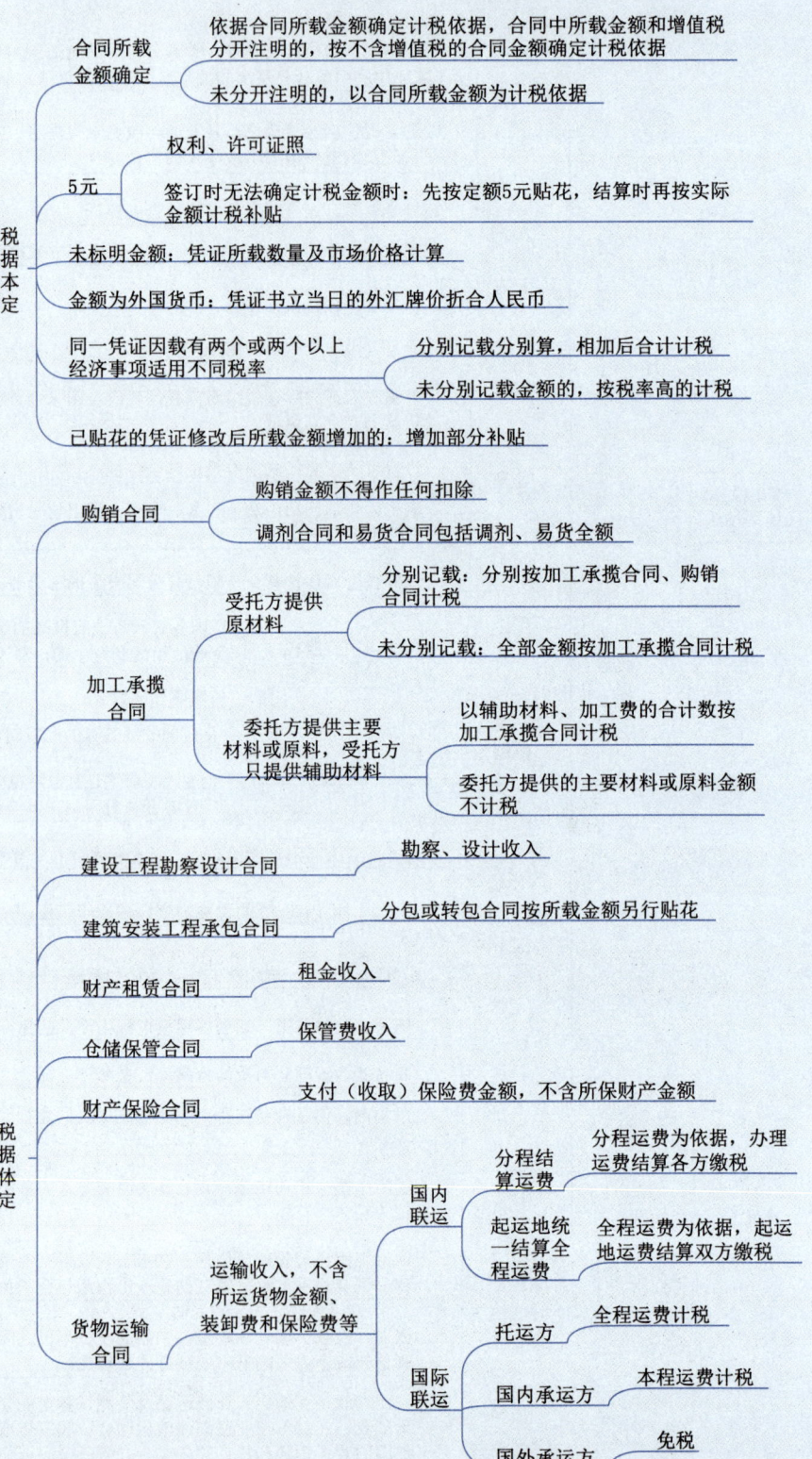

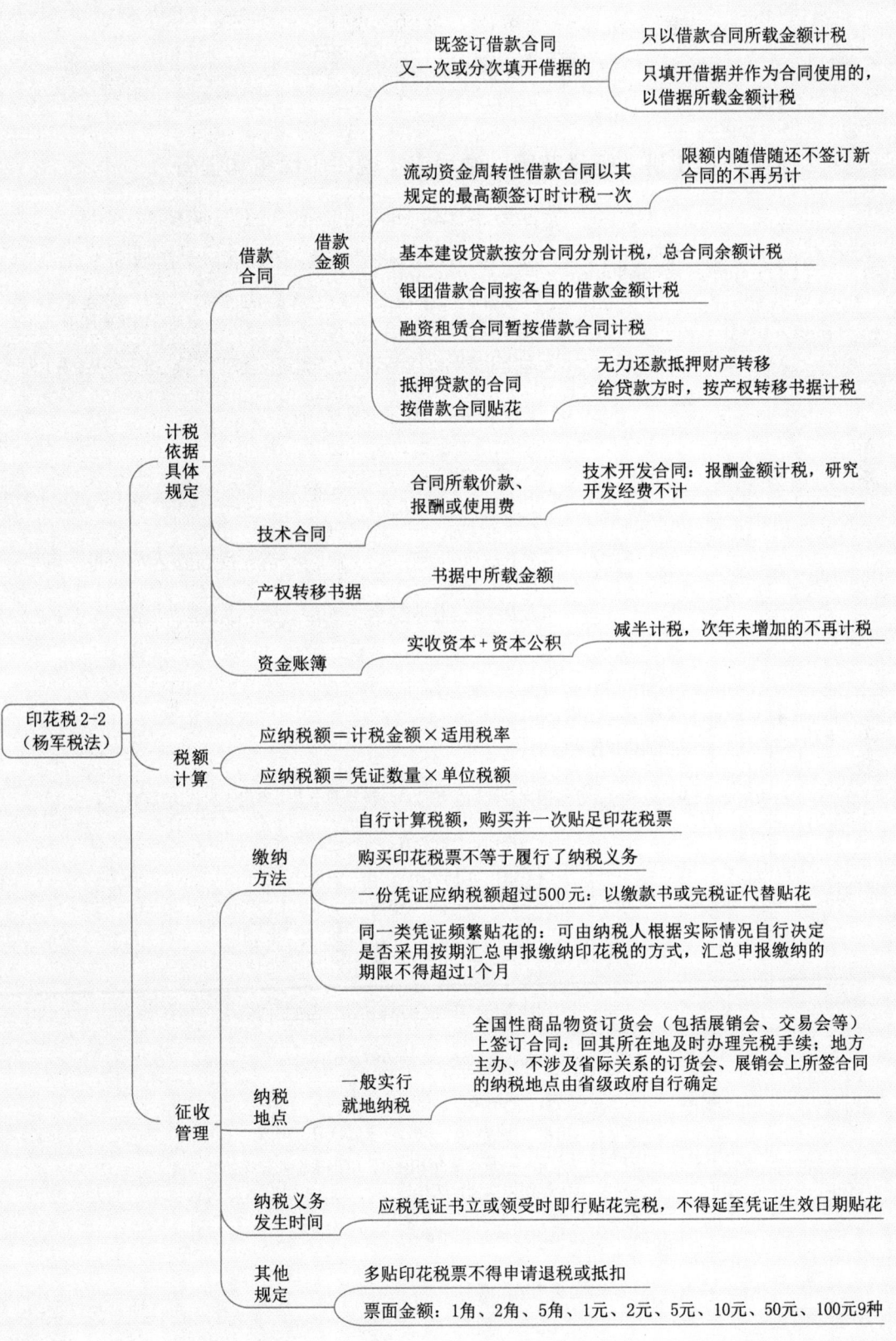

第5章 房产税

第1讲 征税范围、纳税人、税率、优惠和征管

房产税1-1（杨军税法）

- **征税范围**
  - 城市、县城、建制镇和工矿区的房产
    - 城市：指市区、郊区和市辖县县城，不包括农村
    - 建制镇：指镇人民政府所在地，不包括所辖的行政村
    - 房屋指有屋面和围护结构（有墙或两边有柱），能够遮风避雨，可供人们在其中生产、工作、学习、娱乐、居住或储藏物资的场所
    - 独立于房屋之外的建筑物，如围墙、烟囱、水塔、变电塔等不属于房产

- **纳税人**
  - 产权所有人
    - 产权属国家所有：经营管理单位
    - 产权属集体和个人所有：集体单位和个人
    - 产权出典：承典人
    - 产权所有人、承典人不在房屋所在地：房产代管人或使用人
    - 产权未确定及租典纠纷未解决：房产代管人或使用人

- **税率**
  - 从价计税：1.2%
  - 从租计税：12%
  - 个人出租住房：4%
  - 企事业单位、社会团体及其他组织按市场价格向个人出租用于居住的住房：4%

- **征收管理**
  - 纳税义务发生时间
    - 原有房产用于生产经营：生产经营之月
    - 自建房屋用于生产经营：建成次月
    - 办理验收手续前已使用或出租、出借的新建房屋：当月
    - 委托施工企业建房：办理验收手续之日的次月
    - 购置新建商品房：房屋交付使用次月
    - 购置存量房地产：房产证签发次月
    - 出租、出借房产：交付房产之次月
    - 房地产开发企业自用出租、出借本企业建造的商品房：房产使用或交付次月
  - 纳税期限：按年计算、分期缴纳
  - 纳税地点：房产所在地

房产税 1-2（杨军税法）

税收优惠

基本规定
- 国家机关、人民团体、军队自用的：免征
- 国家财政部门拨付事业经费的单位自用的：免征 —— 不包括经费来源自收自支的事业单位
- 宗教寺庙、公园、名胜古迹自用的：免征 —— 不包括附设的经营性单位
- 个人拥有的非营业用的：免征

特殊规定
- 企业办的各类学校、医院、托儿所、幼儿园自用的：免税
- 老年服务机构自用的：暂免
- 铁总所属铁路运输企业自用的：免征（地方铁路运输企业自用房产比照）
- 由省、自治区、直辖市人民政府确定对增值税小规模纳税人可在50%税额幅度内减征
- 经鉴定毁损不堪的居住房屋、危险房屋：在停止使用后免征
- 房屋大修导致连续停用半年以上的：在房屋大修期间免征
- 为基建工地服务的工棚等临时性房屋：
  在施工期间免征；
  基建工程结束后，交还或者估价转让给基建单位的：
  接收的次月征税
- 按政府规定价格出租的公有住房和廉租住房：暂免
- 房地产开发企业建造的商品房
  - 出售前：不征
  - 出售前已使用或出租、出借的：征税
- 军队空余房产租赁收入：暂免
- 纳税单位与免税单位共同使用的：
  按各自使用的部分划分，分别征收或免征
- 经营公租房取得租金收入：免征
- 高校学生公寓：免征
- 饮水工程运营管理单位自用的生产、办公用房产：免征
- 专门经营农产品的农产品批发市场、农贸市场使用的房产：暂免
- 向居民供热收取采暖费的"三北"地区供热企业所使用的房产：免征
- 商品储备管理公司及其直属库自用的承担商品储备业务的房产：免征
- 为社区提供养老、托育、家政等服务的机构自有或其通过承租、无偿使用等方式取得并用于提供社区养老、托育、家政服务的房产：免征
- 纳税人及其全资子公司从事大型民用客机发动机、中大功率民用涡轴涡桨发动机研制项目自用的科研、生产、办公房产：免征
- 纳税人及其全资子公司从事大型客机研制项目自用的科研、生产、办公房产：免征

第2讲 计税依据和税额计算

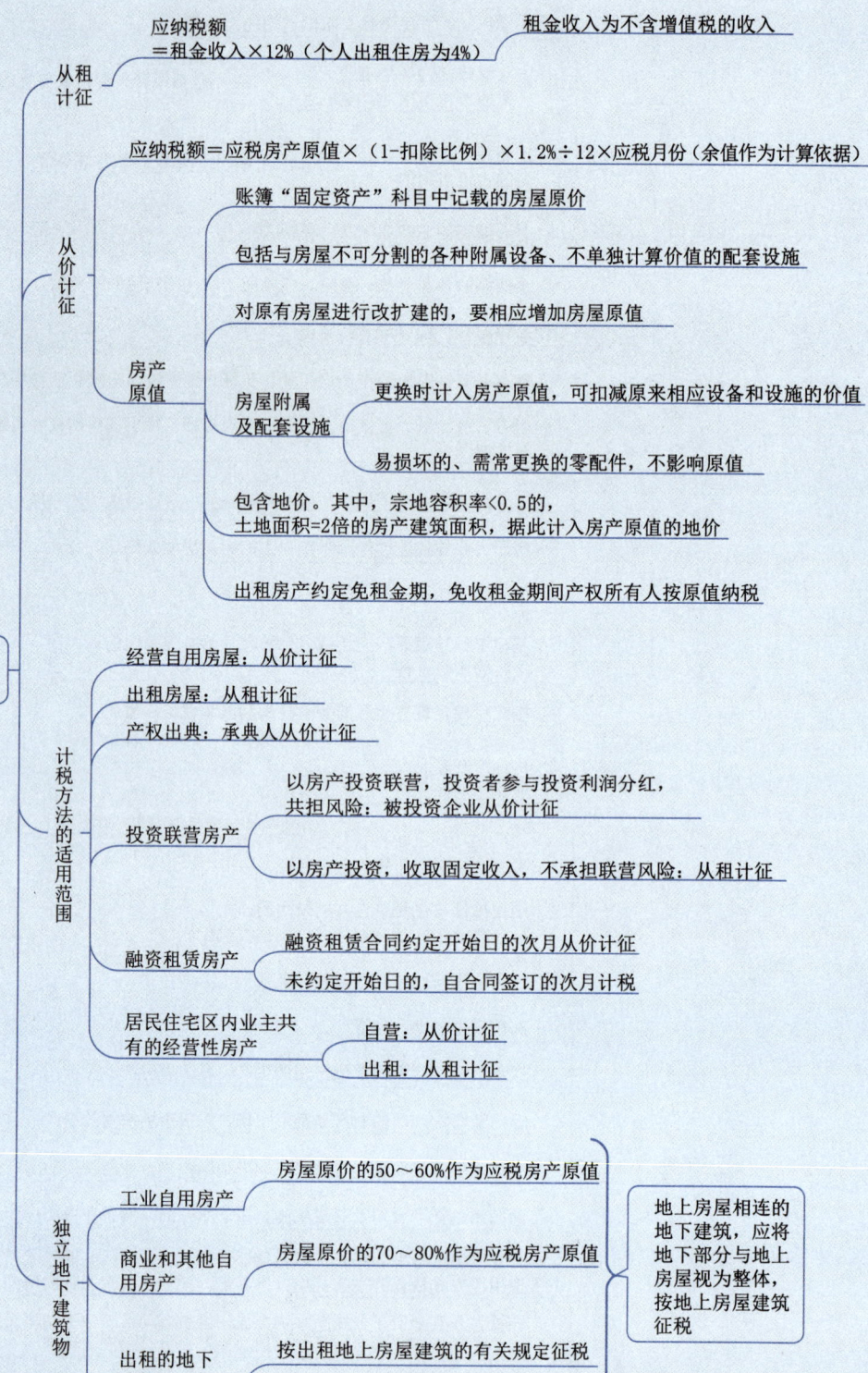

第6章 车船税

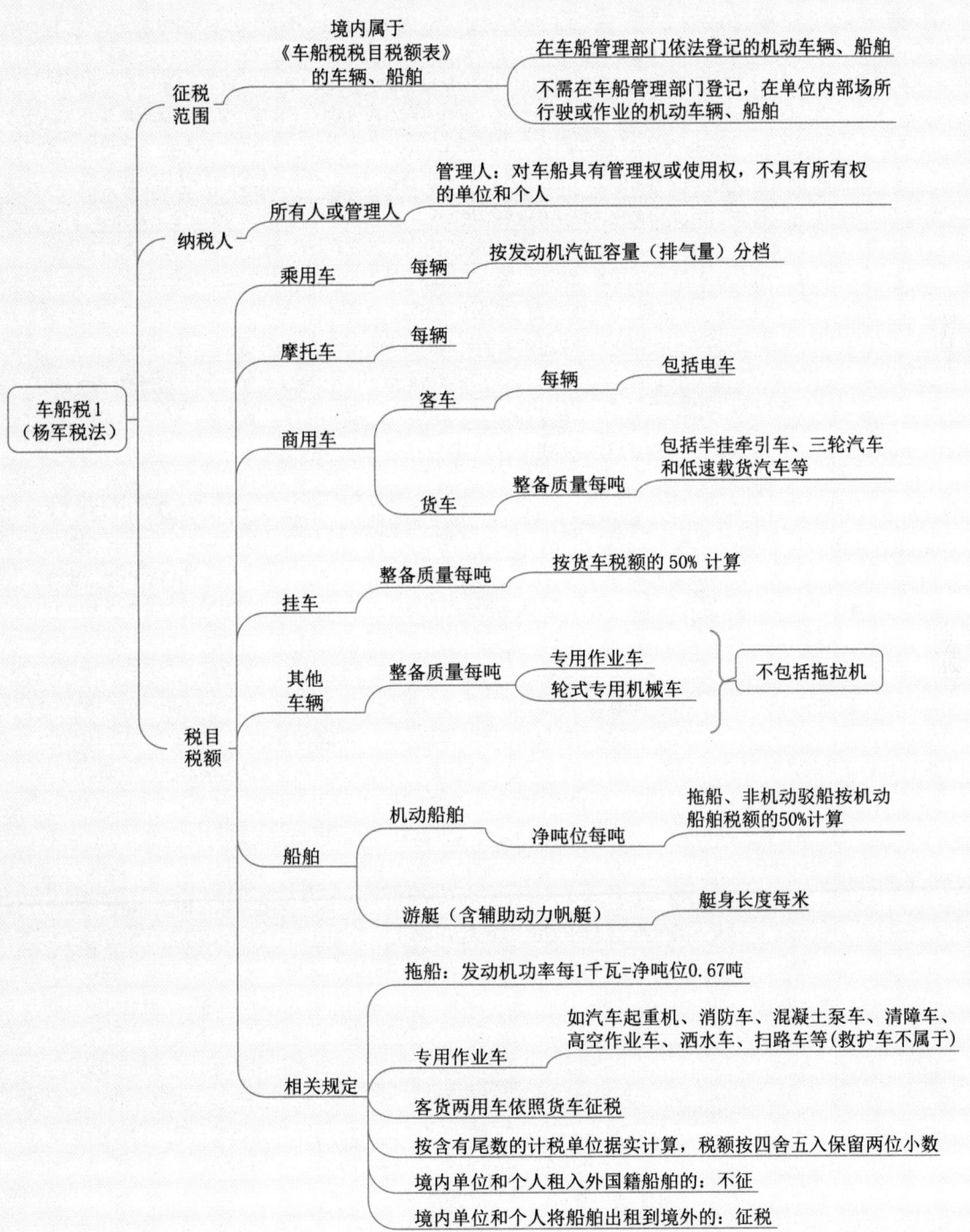

第三部分 车船税2（杨军税法）

税收优惠

法定减免
- 捕捞、养殖渔船
- 军队、武装警察部队专用车船
- 警用车船
- 悬挂应急救援专用号牌的国家综合性消防救援车辆和国家综合性消防救援专用船舶
- 予以免税的外国驻华使领馆、国际组织驻华代表机构及其有关人员的车船
- 对节约能源、使用新能源的车船可以减征或者免征。免征或者减半征收车船税的车船的范围，由国务院财政、税务主管部门商国务院有关部门制订，报国务院批准
- 对受严重自然灾害影响纳税困难以及有其他特殊原因确需减税、免税的，可以减征或者免征。具体减免期限和数额由省、自治区、直辖市人民政府确定，报国务院备案
- 公共交通车船，农村居民拥有并主要在农村使用的摩托车、三轮汽车和低速载货汽车：省级政府可定期减免

特定减免
- 临时入境外国车船和港澳台车船：不征
- 按规定缴纳船舶吨税的机动船舶：自《车船税法》实施之日起5年内免征
- 机场、港口内部行驶或作业的车船：自《车船税法》实施之日起5年内免征
- 国家综合性消防救援车辆由部队号牌改挂应急救援专用号牌：一次性免征改挂当年车船税

节能及新能源车船减免
- 节能汽车：减半
  - 许可在境内销售排量为≤1.6升的燃用汽油、柴油的乘用车（含非插电式混合动力、双燃料和两用燃料乘用车）
  - 许可在境内销售燃用天然气、汽油、柴油的轻型和重型商用车（含非插电式混合动力、双燃料和两用燃料轻型和重型商用车）
- 新能源车船：免征
  - 新能源汽车：纯电动商用车、插电式（含增程式）混合动力汽车、燃料电池商用车
  - 纯电动乘用车、燃料电池乘用车不属于车船税征税范围
  - 主推进动力装置为纯天然气发动机的船舶：免征

税额计算

应纳税额＝年应纳税额÷12×应纳税月份数
- 购置当年的当月起按月计算
- 已完税车船被盗抢、报废、灭失的，可申请退还自发生月份起至年度终了期间的税款
- 被盗抢车船失而复得的，从公安机关出具证明的当月起计税
- 已缴纳税的车船在同一年度内办理转让过户的不纳不退

征收管理

- 纳税义务发生时间：取得车船所有权或者管理权的当月
- 纳税地点：车船的登记地或扣缴义务人所在地
  - 不需要办理登记的车船：为所有人或管理人所在地
- 申报缴纳：按年申报，分月计算，一次性缴纳

第7章 契 税

第1讲 征税范围、纳税人和税率

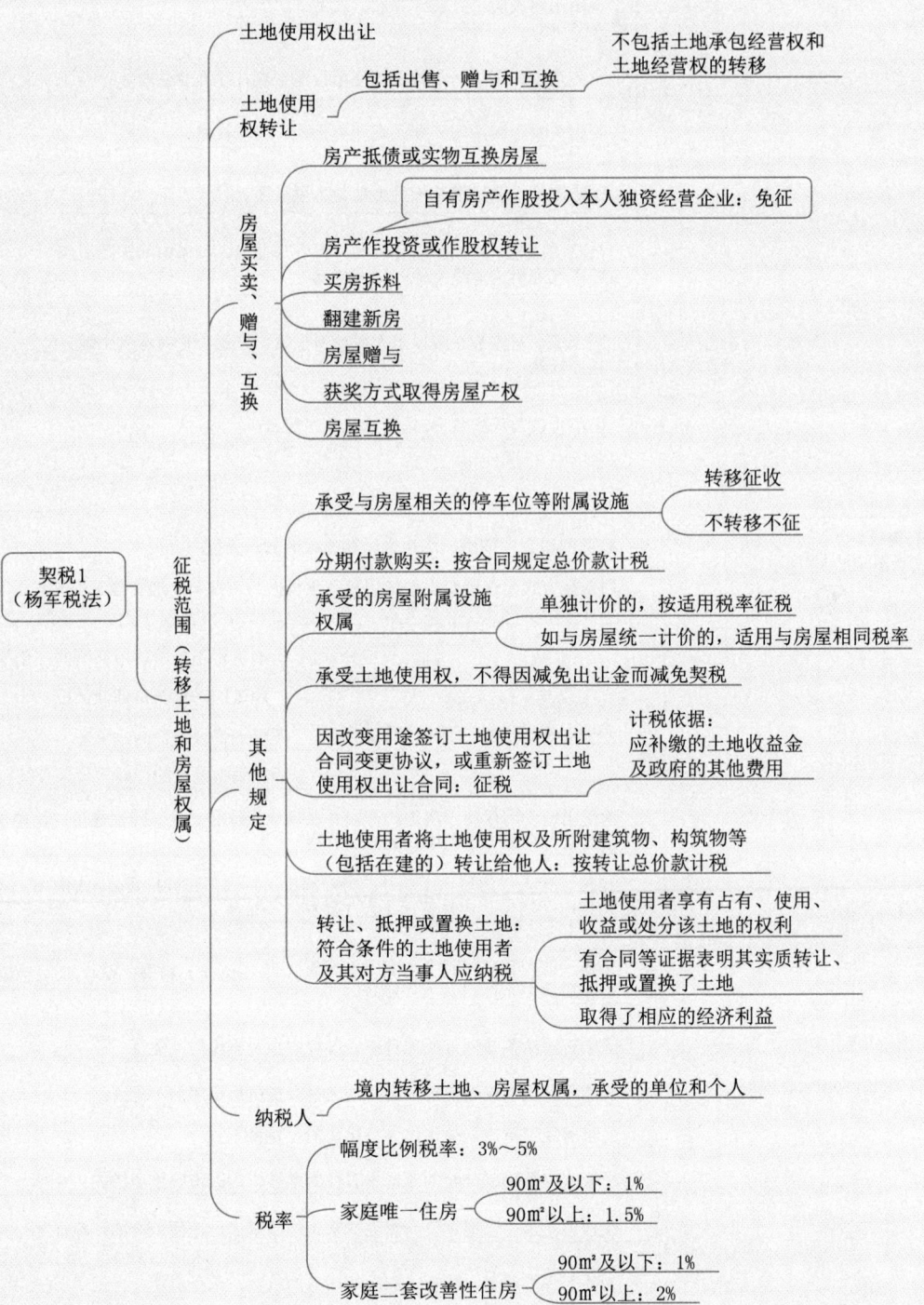

第2讲 税收优惠、计税依据、税额计算和征收管理

第三部分

契税2-1（杨军税法）

税收优惠

法定减免

- 国家机关、事业单位、社会团体、军事单位承受土地、房屋用于科教医、办公和军事设施
- 非营利性的学校、医疗机构、社会福利机构承受土地、房屋权属用于科教医、办公、养老、救助
- 承受荒山、荒地、荒滩土地使用权用于农林牧渔业生产
- 婚姻关系存续期间夫妻之间变更土地、房屋权属
- 法定继承人通过继承承受土地、房屋权属
- 依照法律规定应当予以免税的外国驻华使馆、领事馆和国际组织驻华代表机构承受土地、房屋权属
- 因土地、房屋被县级以上人民政府征收、征用，重新承受土地、房屋权属
- 因不可抗力灭失住房，重新承受住房权属

其他规定

- 售后回租合同期满，承租人回购原权属的：免征
- 招拍挂方式出让国有土地使用权：纳税人为最终与土地管理部门签订出让合同的土地使用权承受人
- 居民因个人房屋被市、县级政府征收
  - 货币补偿重新购房
    - 购房价不超过货币补偿的：免征
    - 超过的，对差价部分征税
  - 房屋产权调换
    - 不缴纳调换差价的：免征
    - 缴纳调换差价的，对差价部分征税
- 承受土地使用权用于房地产开发并在该地代政府建设保障性住房：计税价格为取得全部土地使用权的成交价格
- 单位、个人以房屋、土地外的资产增资，扩大其在被投资公司的股权持有比例时：房屋、土地权属不发生转移，不征税
- 个体户的经营者将其个人名下的房屋、土地权属转至个体户名下（或转回）：免征　　合伙人和合伙企业间与之相同
- 国家石油储备基地首期项目建设过程中涉及契税的：免征
- 已纳税购房者权属变更前退房的退税，变更后退房的不退税
- 公租房经管单位购住房作为公租房的：免税
- 经管单位回购已分配的改造安置住房继续作为改造安置房源的：免征
- 饮水工程运营管理单位为建设饮水工程而承受土地使用权的：免征
- 为社区提供养老、托育、家政等服务的机构，承受房屋、土地用于提供社区养老、托育、家政服务的免征

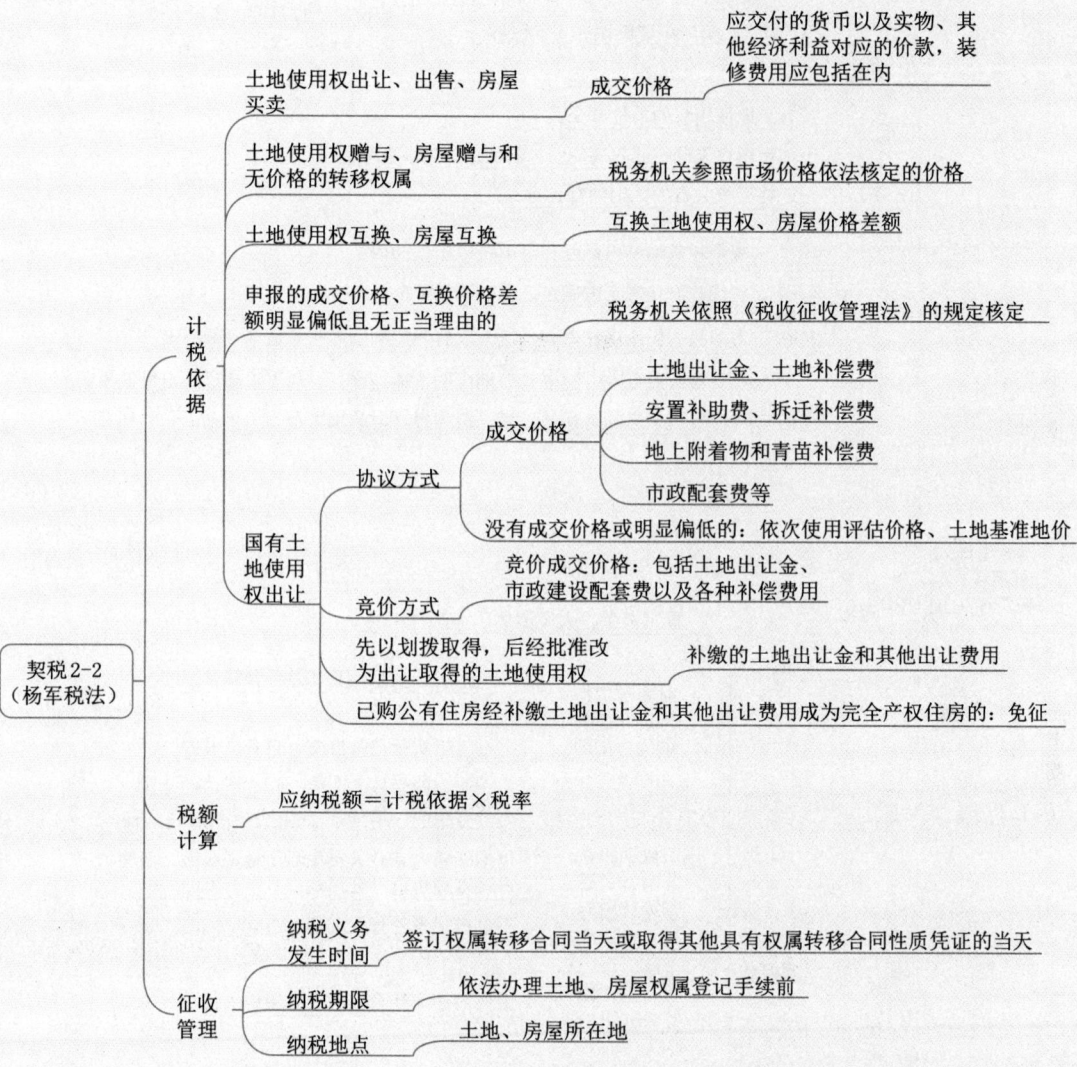

第8章 城镇土地使用税

第三部分

城镇土地使用税1（杨军税法）
- 征税范围
  - 城市、县城、建制镇、工矿区内
    - 城市的征收范围：市区、郊区
- 纳税人
  - 拥有土地使用权的单位或个人
  - 土地使用权未确定或权属纠纷未解决的，为实际使用人
  - 土地使用权共有的，为共有各方
- 适用税额
  - 定额税率
    - 每个税额幅度内最低和最高税额相差20倍
    - 省级政府在规定内确定适用的税额幅度
    - 市、县人民政府在本省（级）政府确定幅度内制定适用税额标准
    - 经省级政府批准，经济落后地区的可适当降低，但不得超过规定最低税额的30%
    - 经济发达地区的可适当提高，但须报经财政部批准
- 税收优惠
  - 法定减免
    - 国家机关、人民团体、军队自用的
    - 财政部门拨付事业经费单位自用的
      - 包括实行全额预算和差额预算管理的
      - 不包括实行自收自支、自负盈亏的
      - 企业办的学校、医院、托儿所、幼儿园，其自用的：免征
    - 宗教寺庙、公园、名胜古迹自用的
      - 包括寺庙内宗教人员生活用地，公园、名胜古迹管理单位办公用地
      - 不包括附设的营业场所
    - 市政街道、广场、绿化地带等公共用地
      - 企业内部非社会性的公共用地：征税
    - 直接用于农、林、牧、渔业的生产用地
      - 农副产品加工厂占地和相关生活、办公用地：征税
    - 开山填海整治土地
      - 从使用的月份起免缴5-10年
      - 不包括通过出让、转让、划拨等方式取得的已填海整治的土地

城镇土地使用税2（杨军税法）

税收优惠

其他减免税优惠

- **免税单位与纳税单位之间无偿使用土地**：纳用免征，免用纳不征
- **各类危险品防火爆毒等安全防范用地**
  - 由省级税务局确定暂免
  - 仓库库区、厂房本身用地征税
- **企业的铁路专用线、公路等用地**
  - 厂区外、与社会公用地段未加隔离的暂免
  - 厂区内征税
- **企业绿化用地**
  - 厂区外的公共绿化用地和向社会开放的公园用地暂免
  - 厂区内征税
- **盐场、盐矿用地**
  - 盐滩、盐矿的矿井用地暂免
  - 盐场、盐矿的生产厂房、办公、生活区用地征税
- **火电厂**
  - 厂区围墙外：灰场、输灰管、输油（气）管道、铁路专用线用地免征
  - 厂区围墙外其他用地和厂区围墙内用地征税
- **水电站**：发电厂房用地（包括坝内、坝外式厂房）及其生产、办公、生活用地以外的免税
- 供电部门的输电线路用地、变电站用地免征
- **核电站**
  - 核岛、常规岛、辅助厂房和通信设施用地（不包括地下线路用地）及其生活、办公用地征税
  - 其他用地免征，核电站应税土地在基建期内减半征收
- **交通部门港口用地**：交通部门的港口的码头（包括岸边码头、伸入水中的浮码头、堤岸、堤坝、栈桥等）用地免征；对港口的其他用地，应按规定征收土地使用税
- **民航机场用地**：机场飞行区（包括跑道、滑行道等）用地、场内外通信导航设施用地和飞行区四周排水防洪设施用地、机场场外道路用地免征
- **水利设施用地**：水利设施及其管扩用地（如水库库区、大坝、堤防、灌渠、泵站等用地）免征
- 老年服务机构、铁路运输企业：免征
- **房地产开发公司开发建造商品房用地**：除经批准开发建设经济适用房用地外一律不得减免
- 专门经营农产品的农产品批发市场、农贸市场使用（包括自有和承租）的房产、土地：暂免
- **物流企业承租用于大宗商品仓储设施的土地**：减按税额标准的50%计征
- 为社区提供养老、托育、家政等服务的机构自有或其通过承租、无偿使用等方式取得并用于提供社区养老、托育、家政服务的土地，免征城镇土地使用税
- 由省、自治区、直辖市人民政府根据本地区实际情况，以及宏观调控需要确定，对增值税小规模纳税人可以在50%的税额幅度内减征土地使用税
- **向居民供热收取采暖费的供热企业**：为居民供热所使用的厂房、土地免征，其他的则需征税
- 饮水工程运营管理单位自用的生产、办公用房产、土地：免征
- **由省级税务局确定的减免税**
  - 个人所有的居住房屋及院落用地
  - 免税单位职工家属宿舍用地
  - 集体和个人举办的各类学校、医院、托儿所、幼儿园用地
  - 房产管理部门在房租调整改革前经租的居民住房用地
- 科技企业孵化器、大学科技园和国家备案众创空间自用以及无偿或通过出租等方式提供给在孵对象使用的免征

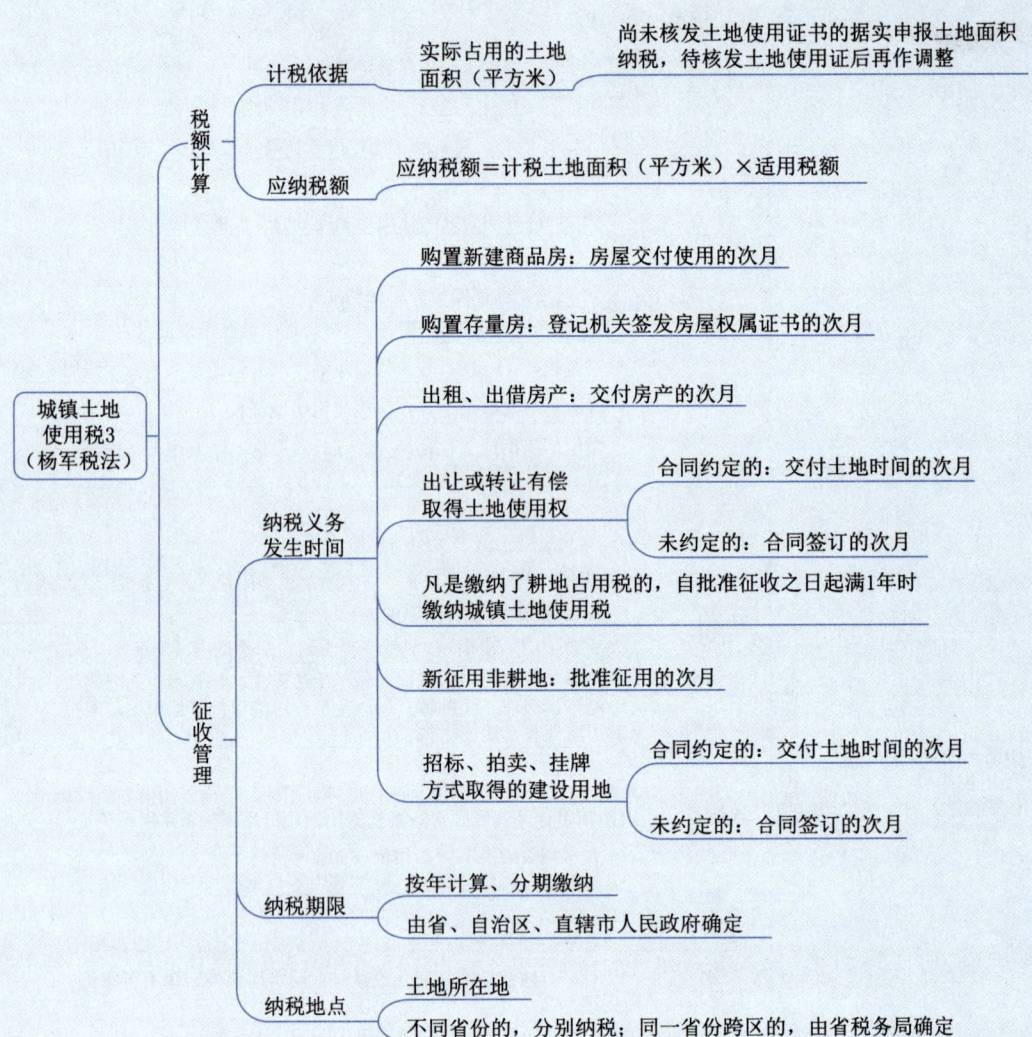

第9章 耕地占用税

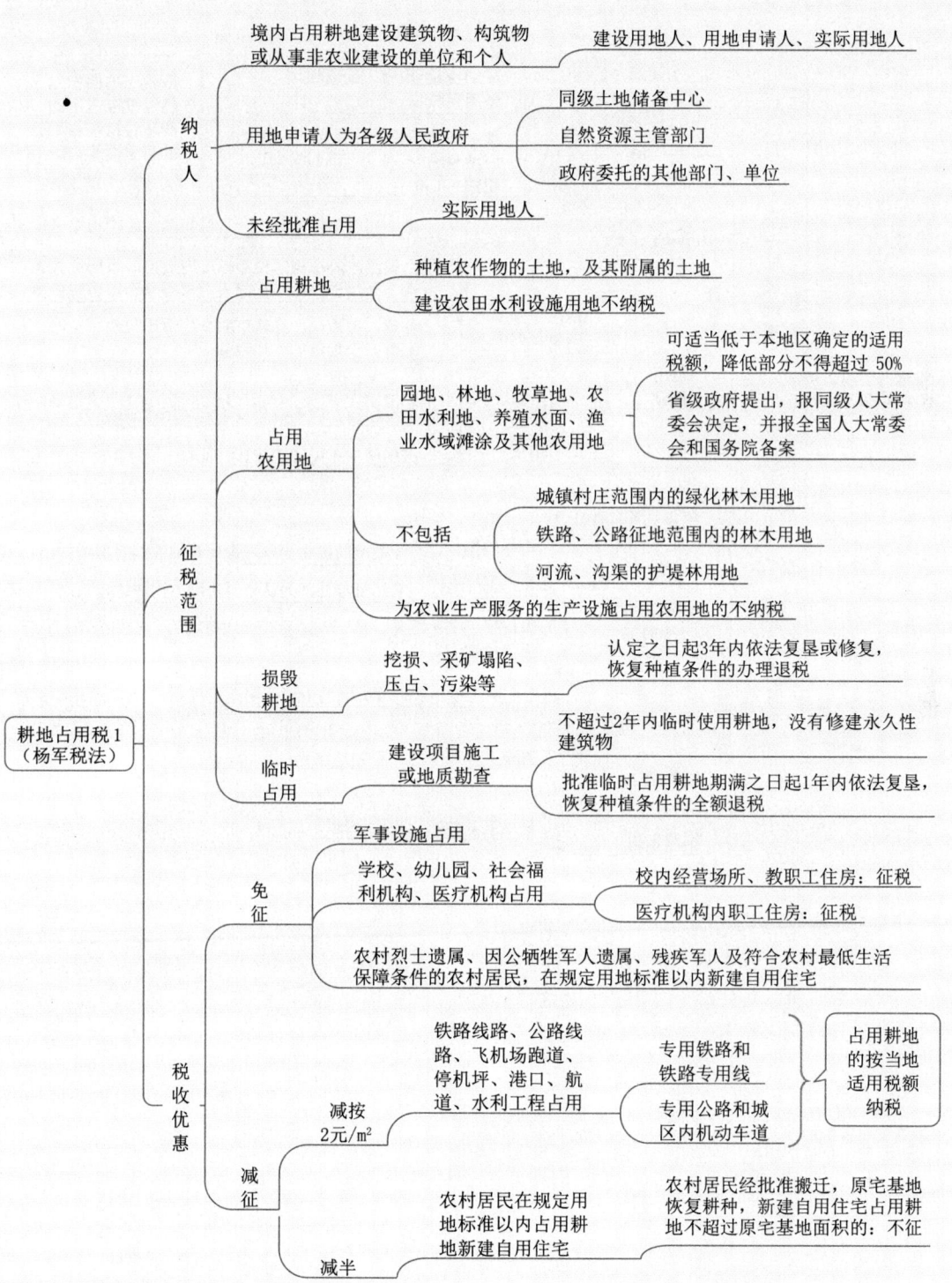

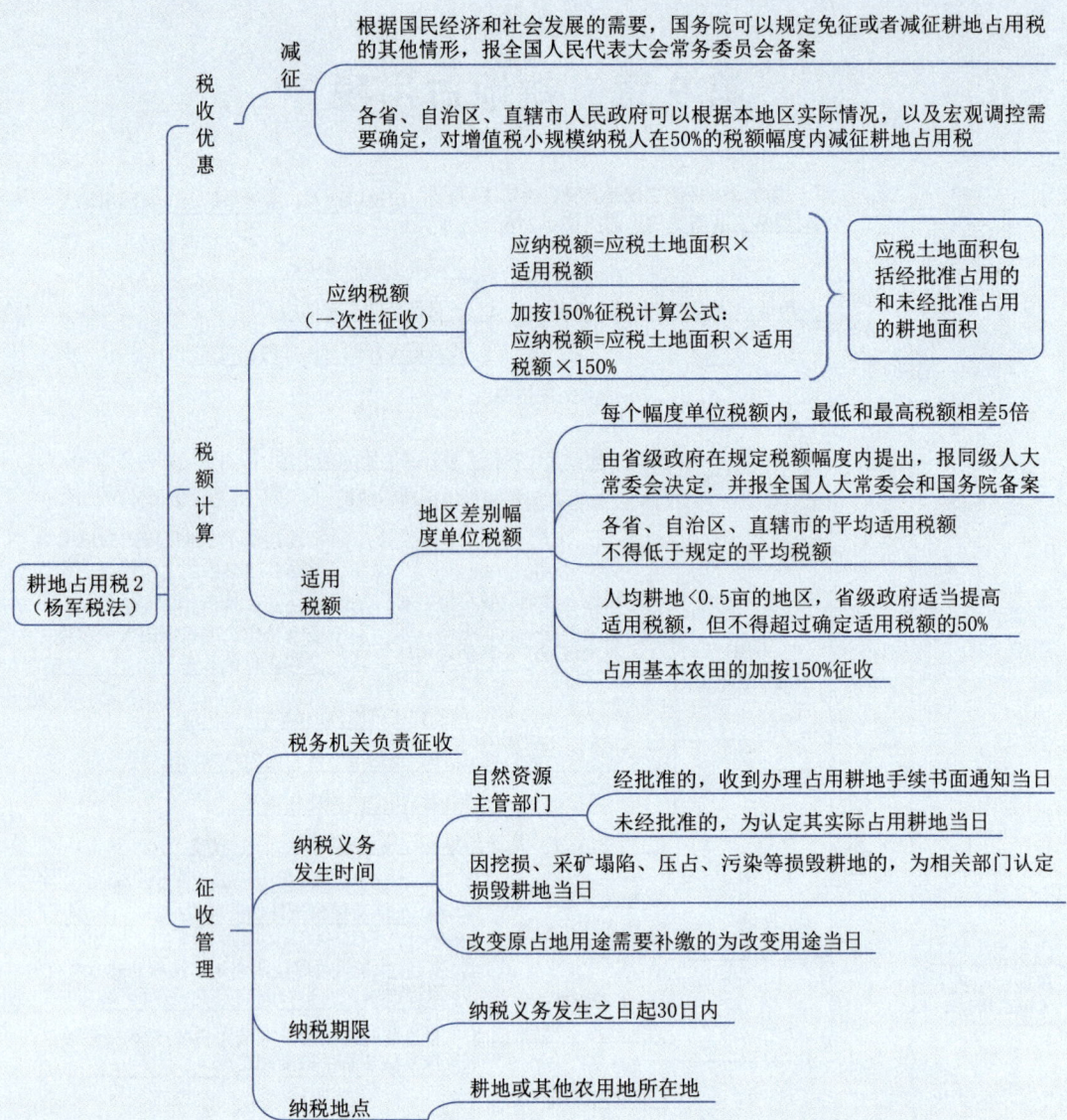

第10章 船舶吨税

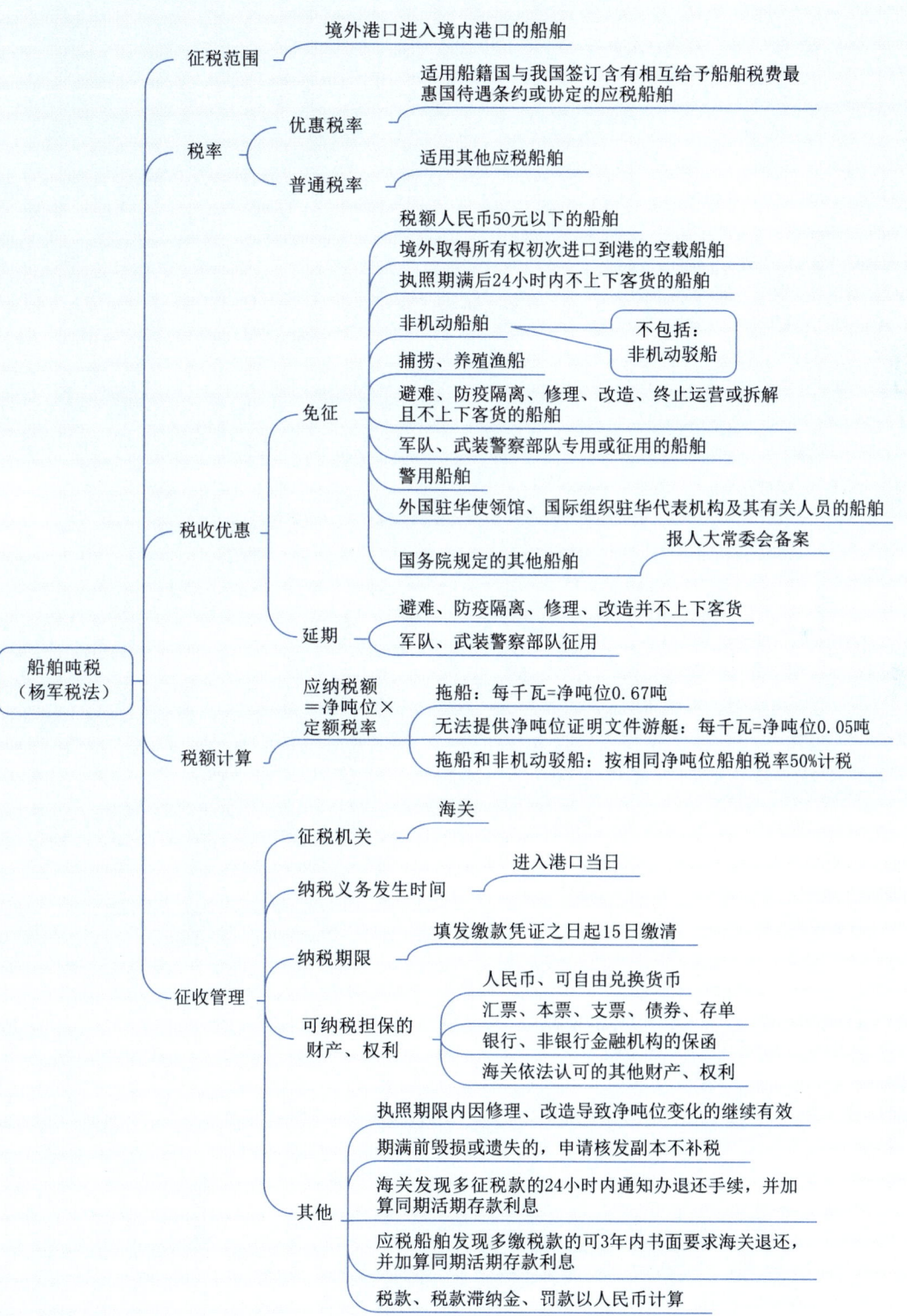

第四部分

考前模拟试卷

梦想成真辅导丛书

2021年考前模拟试卷

模拟试卷(一)

一、**单项选择题**(共40题,每题1.5分。每题的备选项中,只有1个最符合题意。)

1. 2020年某化妆品生产企业不含税收入总额8 000万元(其中接受捐赠收入为20万元,取得投资境内非上市公司的股息红利100万元),发生的成本、税金及附加合计3 200万元,销售费用2 500万元(其中广告费业务宣传费合计2 200万元),管理费用500万元,财务费用200万元。已知上年结转的广告费200万元,假设不存在其他调整项目。2020年该企业应缴纳企业所得税( )万元。
   A. 400　　　　　B. 350
   C. 334　　　　　D. 459

2. 2020年某居民企业主营业务收入5 000万元,营业外收入80万元,与收入配比的成本4 100万元,全年发生管理费用、销售费用和财务费用共计700万元,营业外支出60万元(其中符合规定的公益性捐赠支出50万元),2019年度经核定结转的亏损额30万元。2020年度该企业应缴纳企业所得税( )万元。
   A. 47.5　　　　　B. 53.4
   C. 53.6　　　　　D. 54.3

3. 下列关于企业所得税收入的确定,说法正确的是( )。
   A. 利息收入以实际收到利息的日期确认收入的实现
   B. 房地产开发企业自建的商品房转为自用的按转移的日期确认收入的实现
   C. 被清算企业的股东从被清算企业分得的剩余资产应当确认为股息所得
   D. 自产的货物用于对外捐赠按企业同类资产同期对外销售价格确定销售的收入

4. 下列关于企业所得税特殊收入的确认,说法不正确的是( )。
   A. 以分期收款方式销售货物的,按照合同约定的收款日期确认收入的实现
   B. 企业受托加工制造大型机械设备,持续时间超过12个月的,按照纳税年度内完工进度或者完成的工作量确认收入的实现
   C. 采取产品分成方式取得收入的,按照企业分得产品的日期确认收入的实现,其收入额按照产品的公允价值确定
   D. 企业发生非货币性资产交换,以及将货物用于在建工程的行为,应当视同销售处理

5. 根据企业所得税法的相关规定,符合特殊性税务处理条件的企业债务重组,确认的应纳税所得额占当年应纳税所得额( )以上的,债务人可以在5个纳税年度内均匀计入各年度应纳税所得额。
   A. 50%　　　　　B. 60%
   C. 75%　　　　　D. 85%

6. 下列经营性房产中,应从租计征房产税的是( )。
   A. 以融资租赁方式出租的房产
   B. 处于免收租金期间内的出租房产

C. 收取固定收入不承担风险的对外投资联营房产

D. 居民住宅内业主共有从事自营业务的经营性房产

7. 某企业 2020 年度实现不含税销售收入 1 750 万元，与之相应的扣除项目金额共计 728 万元，另外有因债权人缘故确实无法支付的款项 3 万元。经税务机关核定 2019 年度的亏损额为 12 万元、2018 年度的亏损额为 8 万元。该企业 2020 年度应缴纳的企业所得税为(   )万元。

A. 200   B. 250.5

C. 251.25   D. 256.25

8. 下列各项目中，不计入企业所得税应纳税所得额的是(   )。

A. 国债转让收益

B. 已作坏账损失处理后又收回的应收款项

C. 非营利组织从事营利性活动取得的收入

D. 依法收取并纳入财政管理的行政事业性收费

9. 下列关于房地产开发企业预提(应付)费用的企业所得税处理，正确的是(   )。

A. 部分房屋未销售的，清算相关税款时可按计税成本预提费用

B. 公共配套设施尚未建造或尚未完工的，可按预算造价合理预提费用

C. 向其他单位分配的房产还未办理完工手续的，可按预计利润率预提费用

D. 出包工程未最终办理结算而未取得全额发票的，可按合同总金额的 30% 预提费用

10. 依据个人所得税法的相关规定，下列说法不正确的是(   )。

A. 居民个人取得劳务报酬所得、稿酬所得、特许权使用费所得的，预扣预缴时不扣除公益捐赠支出，统一在汇算清缴时扣除

B. 经营所得采取核定征收方式的，不扣除公益捐赠支出

C. 个人同时发生按 30% 扣除和全额扣除的公益捐赠支出，自行选择扣除次序

D. 个人应留存捐赠票据，留存期限为 3 年

11. 下列各项中免征企业所得税的是(   )。

A. 饮水工程新建项目投资经营的所得

B. 企业投资者持有的 2020 年发行的铁路债券利息收入

C. 提供社区养老、托育、家政服务取得的收入

D. 企业直接向承担疫情防治任务的医院捐赠用于应对新型冠状病毒感染的肺炎疫情的物品

12. 下列关于企业所得税扣除项目及其标准的表述，正确的是(   )。

A. 企业总机构分摊的费用一律不得在分支机构进行分摊税前扣除

B. 企业手续费支出，凡是通过现金支付的，不得在税前扣除

C. 企业发行股票支付给证券承销商的手续费不得税前扣除

D. 环境保护专项资金被用于高科技鼓励项目，也是允许税前扣除的

13. 依据企业所得税法相关规定，下列表述正确的是(   )。

A. 境外营业机构的亏损不得抵减境内营业机构的盈利

B. 从事承包工程作业、设计和咨询劳务的，利润率为 10%-30%

C. 从事管理服务的，利润率为 15%-30%

D. 居民企业在中国境内设立不具有法人资格的营业机构，可在设立地独立缴纳企业所得税

14. 某工业企业 2020 年度产品销售收入 5 000 万元，提供技术咨询服务收入 200 万元，仓库对外出租的收入 520 万元，国债利息收入 60 万元。当年发生管理费用 450 万元，其中业务招待费 70 万元；销售费用 600 万元，其中广告和业务宣传费 330 万元；财务费用 260 万元。假

定其他扣除项目金额是2 560万元,该企业2020年应纳税所得额为( )万元。(以上收入为不含税收入)

A. 1 020　　　　B. 1 891.40

C. 1 188.6　　　D. 1 248.6

15. 根据企业所得税法的规定,下列关于资产计税基础的说法中错误的是( )。

A. 外购的生产性生物资产,以购买价款和支付的相关税费为计税基础

B. 自行建造的固定资产,以达到预定可使用状态前发生的支出为计税基础

C. 融资租入的固定资产,以租赁合同约定的付款总额和承租人在签订租赁合同过程中发生的相关费用为计税基础,租赁合同未约定付款总额的,以该资产的公允价值和承租人在签订租赁合同过程中发生的相关费用为计税基础

D. 自行开发的无形资产,以开发过程中该资产符合资本化条件后至达到预定用途前发生的支出为计税基础

16. 大学教授张某取得的下列收入中,属于"稿酬所得"的是( )。

A. 作品参展收入

B. 出版书画作品收入

C. 学术报告收入

D. 审稿收入

17. 老杨于2020年承包某口罩厂,根据约定,对该厂的利润享有支配权。2020年12月取得承包经营利润200 000元,同时每年从该服装厂取得工资80 000元。假设无综合所得,不考虑专项扣除、专项附加扣除和其他扣除事项,老杨取得的收入应缴纳个人所得税( )元。

A. 29 500　　　　B. 33 500

C. 45 500　　　　D. 65 500

18. 下列关于企业员工取得与股票期权相关所得计征个人所得税的表述中,符合税法规定的是( )。

A. 员工行权时的施权价与该股票当日收盘价之间的差额,暂不征税

B. 员工行权后的股票再转让取得的收益,应按"工资、薪金所得"纳税

C. 员工接受企业授予的股票期权时,以当日收盘价按"劳务报酬所得"纳税

D. 员工因拥有股权而参与企业税后利润分配取得的所得,应按"利息、股息、红利所得"纳税

19. 下列财产转让所得不需缴纳个人所得税的是( )。

A. 境内上市公司股票转让所得

B. 土地使用权转让所得

C. 机器设备转让所得

D. 建筑物转让所得

20. 老杨通过沪港通在香港联交所进行股票投资,2020年12月取得香港联交所上市的H股股票转让差价所得和股息红利所得。下列有关对个人所得税的计税规定,正确的是( )。

A. 股票转让差价所得按照10%的税率征收个人所得税

B. 股票转让差价所得暂免征收个人所得税

C. 股息红利所得由H股公司按照10%的税率代扣代缴个人所得税

D. 股息红利所得由中国证券登记结算公司按照20%的税率代扣代缴个人所得税

21. 2020年12月,王某出租住房取得不含增值税租金收入3 000元,房屋租赁过程中缴纳的可以税前扣除的相关税费120元,支付出租房屋维修费1 000元。王某当月出租住房应缴纳个人所得税为( )元。

A. 128　　　　B. 208

C. 188　　　　D. 108

22. 居民个人取得综合所得,需要办理汇算清缴的时间是( )。

A. 应当在取得所得的当年1月1日至5月31日内办理汇算清缴

B. 应当在取得所得的次年1月1日至5月31日内办理汇算清缴

C. 应当在取得所得的当年3月1日至

6月30日内办理汇算清缴

D. 应当在取得所得的次年3月1日至6月30日内办理汇算清缴

23. 下列情形中,不属于纳税人办理纳税申报缴纳个人所得税的是( )。

A. 取得综合所得需要办理汇算清缴

B. 在两处取得工资薪金所得的

C. 投资者从境内被投资单位取得的所得

D. 从中国境外取得所得的

24. 下列关于个人所得税优惠的说法不正确的是( )。

A. 保险赔款免征个人所得税

B. 残疾人取得的财产转让所得可以减征个人所得税

C. 个人举报各种违法犯罪行为而获得的奖金属于暂免征收个人所得税项目

D. 外籍个人以非现金形式取得的洗衣费免征个人所得税

25. 2019年甲公司在境外设立不具有独立纳税地位的分支机构,该分支机构2019年产生利润200万元,下列关于该境外利润确认收入时间的说法中,正确的是( )。

A. 按照利润所属年度确认收入的实现

B. 按照利润实际汇回的日期确认收入的实现

C. 按照双方约定汇回的日期确认收入的实现

D. 按照境外分支机构作出利润汇回决定的日期确认收入的实现

26. 下列关于国际税收的表述中,不正确的是( )。

A. 国际税收是指对在两个或两个以上国家之间开展跨境交易行为征税的一系列税收法律规范的总称

B. 国家间对商品服务、所得、财产课税的制度差异是国际税收产生的基础

C. 国际税收的实质是国家之间的税收分配关系和税收协调关系

D. 国际税收的基本原则分为单一课税原则和受益原则两类

27. 下列关于双重居民身份下最终居民身份的判定标准的顺序正确的是( )。

A. 国籍、永久性住所、重要利益中心、习惯性居处

B. 重要利益中心、国籍、永久性住所、习惯性居处

C. 永久性住所、重要利益中心、习惯性居处、国籍

D. 永久性住所、重要利益中心、国籍、习惯性居处

28. 下列国家或地区中,不征收所得税和一般财产税的是( )。

A. 中国香港   B. 瑞士
C. 开曼群岛   D. 卢森堡

29. 甲公司与乙公司签订购销合同,合同约定丙为担保人,丁为鉴定人。下列关于该合同印花税纳税人的表述中,正确的是( )。

A. 甲、乙、丙和丁为纳税人

B. 甲、乙和丁为纳税人

C. 甲、乙为纳税人

D. 甲、乙和丙为纳税人

30. 下列各项中,属于印花税免税范围的是( )。

A. 一般贷款合同

B. 高校学生公寓租赁合同

C. 技术合同

D. 企业与农民个人书立的农业产品收购合同

31. 2020年3月,甲国某运输公司一艘货轮驶入我国某港口,该货轮净吨位5万吨,货轮负责人已向我国海关领取了吨税执照,在港口停留期限为30天,甲国与我国签订含有相互给予船舶税费最惠国待遇条款的条约,适用税率为3.3元,则该货轮负责人应向我国缴纳船舶吨税( )元。

A. 116 000   B. 165 000
C. 184 000   D. 152 000

32. 下列关于印花税计税依据的表述中,符合印花税条例规定的是( )。

A. 对于一项信贷业务，如果只填开借据并作为合同使用的，应以借据所载金额为计税依据

B. 技术开发合同就合同所载的报酬以及研究开发经费作为计税依据

C. 建筑安装工程承包合同的计税依据是承包总额扣除分包或转包金额后的余额

D. 对于由受托方提供原材料的加工合同，原材料和加工费金额按照"加工承揽合同"计税

33. 某运输公司以价值100万元的仓库作抵押，从银行取得抵押贷款80万元，并在合同中规定了还款日期，但是到了还款日期后，由于资金周转困难而无力偿还，按合同规定将抵押财产的产权转移给银行以抵偿贷款本息100万元，签订了产权转移书据。以上经济事项该运输公司应缴纳印花税（　　）元。

A. 575　　　　B. 265
C. 765　　　　D. 540

34. 下列车船中，不属于车船税征税范围的是（　　）。

A. 挂车
B. 燃料电池乘用车
C. 非机动驳船
D. 节能汽车

35. 2020年某公司拥有机动船舶2艘，净吨位分别为200吨和181吨；150千瓦的拖船1艘；小型船2艘，净吨位均为1吨。船舶车船税税额为：净吨位每吨年税额3元，2020年该公司应缴纳的车船税为（　　）元。

A. 1 271.5　　　B. 1 299.75
C. 2 097.5　　　D. 2 092.5

36. 居民甲某共有三套房产，将第一套市价为80万元的房产与乙某互换，并支付给乙某15万元；将第二套市价为60万元的房产折价给丙某抵偿了50万元的债务；将第三套市价为30万元的房产作股投入本人独资经营的企业。若当地确定的契税税率为3%，甲某应缴纳契税（　　）万元。（以上价格为不含增值税价格）

A. 0.45　　　　B. 1.95
C. 2.25　　　　D. 2.85

37. 下列房产转让的情形中，产权承受方免于缴纳契税的是（　　）。

A. 以获奖方式承受土地、房屋权属
B. 将房产赠与非法定继承人
C. 以自有房产投资入股本人独资经营的企业
D. 以预付集资建房款方式承受土地、房屋权属

38. 某外商投资企业2020年年初实际占地面积为50 000平方米，其中，企业自办幼儿园占地2 000平方米，职工医院占地2 000平方米，企业厂区内绿化占地5 000平方米，无偿向消防队提供训练用地1 000平方米。2020年4月该企业为扩大生产，根据有关部门的批准，新征用非耕地8 000平方米。该企业所处地段适用年税额3元/平方米。该企业2020年应缴纳城镇土地使用税（　　）万元。

A. 15.3　　　　B. 15.1
C. 13.8　　　　D. 13.3

39. 下列各项中，可以免征城镇土地使用税的是（　　）。

A. 直接从事种植、养殖、饲养的专业用地
B. 名胜古迹场所设立的照相馆用地
C. 公园内设立的影剧院用地
D. 基建期内的核电站应税土地

40. 下列关于耕地占用税征收管理的表述中，符合税法规定的是（　　）。

A. 耕地占用税由自然资源主管部门负责征收
B. 占用耕地的个人纳税人应在其户籍所在地缴纳耕地占用税
C. 纳税义务发生时间为纳税人收到自然资源主管部门办理占用耕地手续通知书的次日

D. 未经批准占用耕地的，纳税义务发生时间为自然资源主管部门认定其实际占用耕地的当日

二、**多项选择题**（共20题，每题2分。每题的备选项中，有2个或2个以上符合题意，至少有1个错项。错选，本题不得分；少选，所选的每个选项得0.5分。）

41. 根据企业所得税法的相关规定，下列固定资产不得计提折旧在税前扣除的有（　　）。

   A. 未投入使用的机器设备
   B. 以经营租赁方式租入的生产线
   C. 以融资租赁方式租入的机床
   D. 与经营活动无关的小汽车
   E. 已足额提取折旧但仍在使用的旧设备

42. 下列关于房地产企业收入的处理，正确的有（　　）。

   A. 企业代有关部门、单位和企业收取的各种基金、费用和附加等，应按规定全部确认为销售收入
   B. 采取一次性全额收款方式销售开发产品的，应于实际收讫价款或取得索取价款凭据（权利）之日，确认收入的实现
   C. 采取银行按揭方式销售开发产品的，其首付款应于实际收到日确认收入的实现，余款在银行按揭贷款办理转账之日确认收入的实现
   D. 企业将开发产品用于捐赠、赞助、职工福利、奖励、对外投资、分配给股东或投资人、抵偿债务、换取其他企事业单位和个人的非货币性资产等行为，应视同销售
   E. 企业销售未完工开发产品的计税毛利率由各省、自治区、直辖市主管税务局按规定进行确定

43. 下列关于受控外国企业管理的说法，正确的有（　　）。

   A. 受控外国企业是指由居民企业，或者由居民企业和居民个人控制的设立在法定税率低于所得税法规定税率水平50%的国家（地区），并非出于合理经营需要对利润不作分配或减少分配的外国企业
   B. 居民企业或者中国居民直接或者间接单一持有外国企业10%以上有表决权股份，且由其共同持有该外国企业50%以上股份构成受控外国企业的控制关系
   C. 居民企业或者居民企业和中国居民持股比例没有达到项规定的标准，但在股份、资金、经营、购销等方面对外国企业构成实质控制
   D. 中国居民股东多层间接持有股份按各层持股比例相乘计算，中间层持有股份超过25%的，按100%计算
   E. 受控外国企业与中国居民企业股东纳税年度存在差异的，应将视同股息分配所得计入受控外国企业纳税年度终止日所属的中国居民企业股东的纳税年度

44. 下列关于企业所得税纳税地点的说法中，正确的有（　　）。

   A. 居民企业一般在实际经营管理地纳税
   B. 非居民企业在中国境内未设立机构、场所的，以扣缴义务人所在地为纳税地点
   C. 非居民企业在中国境内设立两个或者两个以上机构、场所的，可以自行选择纳税地点
   D. 居民企业登记注册地在境外的，以实际管理机构所在地纳税
   E. 居民企业可以在登记注册地与实际经营管理地中，任选一地纳税

45. 下列关于企业所得税税前扣除的政策表述，正确的有（　　）。

   A. 企业从事生产经营之前进行筹办活动期间发生筹办费用支出，不得计算为当期的亏损，企业应当在开始经营之日的当年一次性扣除
   B. 运输工具税前计提折旧的最低年限为4年
   C. 与生产经营活动有关的家具最低折旧

年限为3年

D. 租入固定资产的改建支出可作为长期待摊费用分期扣除

E. 企业的固定资产改良支出，如果有关固定资产尚未提足折旧，可增加固定资产价值

46. 下列关于抵免限额的确定方法描述正确的有（ ）。

A. 分国抵免限额与综合抵免限额相比，在不同条件下，它们抵免效果不同

B. 当跨国纳税人在国外经营普遍盈利且国外税率与国内税率不一致时（纳税人在高税国与低税国均有投资），采用综合抵免限额对纳税人有利

C. 当跨国纳税人在国外经营普遍盈利且国外税率与国内税率不一致时（纳税人在高税国与低税国均有投资），采用分国抵免限额对纳税人有利

D. 当跨国纳税人的国外经营活动盈亏并存时，分国抵免限额对纳税人有利

E. 当跨国纳税人的国外经营活动盈亏并存时，综合抵免限额对纳税人有利

47. 2020年10月甲公司购买乙公司的部分资产，该部分资产计税基础为6 000万元，公允价值为8 000万元；乙公司全部资产的公允价值为10 000万元。甲公司向乙公司支付一部分股权（计税基础为4 500万元，公允价值为7 000万元）以及1 000万元银行存款。假定符合资产收购特殊性税务处理的其他条件，且双方选择特殊性税务处理。下列说法正确的有（ ）。

A. 甲公司取得的乙公司资产的计税基础为6 250万元

B. 乙公司取得的甲公司股权的计税基础为6 000万元

C. 乙公司应确认资产转让所得250万元

D. 乙公司暂不确认资产转让所得

E. 甲公司应确认股权转让所得2 500万元

48. 下列关于个人所得税专项附加扣除时限的表述中，符合税法规定的有（ ）。

A. 赡养老人支出约定或者指定分摊的须签订书面分摊协议，指定分摊优先于约定分摊

B. 子女接受全日制学历教育的相关支出，按照每个子女每月1 000元的标准限额扣除

C. 纳税人在中国境内外接受学历（学位）继续教育的支出，在学历（学位）教育期间按照每月400元定额扣除。同一学历（学位）继续教育的扣除期限不能超过48个月

D. 婚后购买首套住房的住房贷款利息支出经夫妻双方约定，可以选择由其中一方按扣除标准的100%扣除，也可以选择由双方分别按扣除标准的50%扣除，具体扣除方式在一个纳税年度内不能变更

E. 纳税人及其配偶在一个纳税年度内不能同时分别享受住房贷款利息和住房租金专项附加扣除

49. 下列各项个人所得中，属于稿酬所得征税范围的有（ ）。

A. 兼职为出版社提供审稿劳务取得的所得

B. 作者将自己的文学作品手稿原件公开拍卖所得

C. 文学作品出版取得的所得

D. 非报纸、杂志的专业作者在本单位的报纸、杂志上发表作品的所得

E. 记者在自己报社的杂志上发表作品所得的所得

50. 某居民企业用自己的一项固定资产投资设立一家新公司，下列关于该投资行为涉及企业所得税处理的说法正确的有（ ）。

A. 固定资产投资确认转让所得按6年分期计入相应年度的应纳税所得额

B. 按固定资产评估后的公允价值扣除计税基础后的余额确认其转让所得

C. 非货币性资产投资，限于以非货币性

资产出资设立新的居民企业但不包括将非货币资产注入现存的居民企业

D. 以固定资产的账面价值作为被投资方的计税基础

E. 于投资协议生效并办理股权登记手续时，确认固定资产收入的实现

51. 下列各项所得中，按照规定可以免征或暂免征收个人所得税的有( )。

A. 外籍个人从外商投资企业取得的股息、红利所得

B. 国家发行的金融债券利息所得

C. 按国家统一规定领取的退休工资

D. 外籍个人以现金形式取得的住房补贴

E. 保险赔款

52. 下列税务处理中，符合个人独资企业和合伙企业征税规定的有( )。

A. 投资者的工资不得税前扣除

B. 企业计提的各种准备金不得税前扣除

C. 分配给投资者的股息、红利，允许税前扣除

D. 企业发生的与生产经营有关的业务招待费可据实扣除

E. 投资者兴办两个或两个以上企业的，企业的年度经营亏损不可跨企业弥补

53. 根据个人所得税法律制度的规定，下列关于专项附加扣除说法正确的有( )。

A. 个人接受同一学历教育事项，符合本办法规定扣除条件的，该项教育支出可以由其父母按照子女教育支出扣除，也可以由本人按照继续教育支出扣除，但不得同时扣除

B. 纳税人本人及配偶在纳税人的主要工作城市没有住房，而在主要工作城市租赁住房发生的租金支出，根据承租的住房的位置确定定额扣除标准

C. 赡养支出采取指定分摊或约定分摊方式的，每一纳税人分摊的扣除额最高不得超过每月1 000元，并签订书面分摊协议或口头协议

D. 受教育子女的教育费父母分别按扣除标准的50%扣除，经父母约定，也可以选择由其中一方按扣除标准的100%扣除。具体扣除方式在3个纳税年度内不得变更

E. 受教育子女的教育费父母分别按扣除标准的50%扣除，经父母约定，也可以选择由其中一方按扣除标准的100%扣除。具体扣除方式在1个纳税年度内不得变更

54. 国际税收合作中情报交换的范围有( )。

A. 国家范围应仅限于与我国正式签订含有情报交换条款的税收协定并生效执行的国家

B. 税种范围应仅限于税收协定规定的税种，主要为具有所得(和财产)性质的税种

C. 税种范围包括所有税种

D. 地域范围应仅限于缔约国双方有效行使税收管辖权的区域

E. 人的范围应仅限于税收协定缔约国一方或双方的居民

55. 下列关于印花税征收管理规定的说法中，正确的有( )。

A. 按期汇总缴纳印花税的期限最长不得超过3个月

B. 凡多贴印花税票的，不可申请退税，但可申请下期抵扣

C. 纳税人购买了印花税票不等于履行了纳税义务，只有在将印花税票贴在应税凭证上后，才算完成了纳税义务

D. 印花税一般实行就地纳税，但对于全国性商品物资订货会上所签订的合同应纳的印花税，应由纳税人回其所在地后及时办理贴花完税手续

E. 未按规定建立印花税应税凭证登记簿的，税务机关可以核定纳税人的计税依据

56. 对不同的借款形式，下列关于印花税计税方法的表述中，正确的有( )。

A. 凡一项信贷业务既签订借款合同，又一次或分次填开借据的，应以借款合同

和借据所载金额分别计税贴花

B. 流动资金借款周转性合同只以其规定的最高限额为计税依据，在签订时贴花一次，在限额内随借随还不签订新合同的，不再另贴印花

C. 对借款方以财产作抵押，从贷款方取得一定数量抵押贷款的合同，应按借款金额以及抵押金额分别贴花

D. 借款合同由借款方与银团各方共同书立、各执一份合同正本的，借款方与银团各方应分别在所执的合同正本上，按各自的借款金额计税贴花

E. 对银行及其他金融组织的融资租赁业务签订的融资租赁合同，应按合同所载租金总额，按借款合同计税

57. 按照房产税的规定，下列表述正确的有( )。

A. 国家机关自用的房产，免征房产税

B. 房屋大修停工3个月以上的房产在大修期间免征房产税

C. 基建单位出资建造的施工期间使用的茶炉房，在施工期间免征房产税

D. 老年服务中心自用的房产，免征房产税

E. 对房地产开发企业建造的商品房，一律不征房产税

58. 下列车船中，应以"辆"作为车船税计税依据的有( )。

A. 电车

B. 摩托车

C. 微型客车

D. 客货两用车

E. 三轮农用运输汽车

59. 根据契税现行政策的规定，下列表述正确的有( )。

A. 以竞价方式出让的，其契税计税依据，一般确定为竞价的成交价格，土地出让金、市政建设配套费以及各种补偿费用应包括在内

B. 先以划拨方式取得土地使用权，后经批准改为出让方式取得该土地使用权的，应依法缴纳契税

C. 以自有房产做股投入本人独资经营企业，由于产权发生了转移，仍然应该征收契税

D. 因土地、房屋被县级以上人民政府征收、征用，重新承受土地、房屋权属的，由省、自治区、直辖市人民政府提出免征或者减征契税的具体办法

E. 房屋买卖的契税计税价格为房屋买卖合同的价款，买卖装修的房屋，装修费用不应包括在内

60. 根据税法的规定，下列项目免征契税的有( )。

A. 公共租赁住房经营管理单位购买住房作为公共租赁住房

B. 合伙企业的合伙人将其名下的房屋、土地权属转移至合伙企业名下

C. 企业获得土地使用权而免缴的土地出让金

D. 房屋所有权互换

E. 居民因个人房屋被征收而选择货币补充用以重新购置房屋，且购房成交价格不超过货币补偿的

三、计算题(共8题，每题2分。每题的备选项中，只有一个最符合题意。)

(一)

我国居民企业甲在境外进行了投资，相关投资结构及持股比例如下：

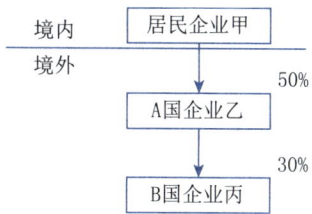

2020年经营及分配状况如下：

(1) B国企业所得税税率为30%，预提所得税税率为12%，丙企业应纳税所得总额800万元，丙企业将部分税后利润按持股比例进行了分配。

(2) A 国企业所得税税率为 20%，预提所得税税率为 10%。乙企业税前利润 1 000 万元，其中来自丙企业的投资收益为 100 万元，按照 12% 的税率缴纳 B 国预提所得税 12 万元；乙企业在 A 国享受税收抵免后实际缴纳的税额 180 万元，乙企业将全部税后利润按持股比例进行了分配。

(3) 居民企业甲适用的企业所得税税率 25%，其中来自境内的应纳税所得额为 2 400 万元。

要求：根据以上资料，回答下列问题。

61. 满足持股条件适用间接抵免优惠政策企业包括（　　）。
    A. 乙
    B. 丙
    C. 乙和丙均满足
    D. 乙和丙均不满足

62. 企业乙所纳税额属于企业甲负担的税额为（　　）万元。
    A. 76　　　　　B. 86
    C. 96　　　　　D. 100.38

63. 企业甲取得来源于企业乙投资收益的抵免限额为（　　）万元。
    A. 105　　　　B. 115
    C. 125　　　　D. 108

64. 企业甲取得来源于企业乙投资收益的实际抵免额为（　　）万元。
    A. 105　　　　B. 115
    C. 125　　　　D. 108

（二）

某中外合资企业，2020 年发生以下业务：
(1) 该企业占地情况如下：厂房 58 000 平方米，办公楼占地 6 000 平方米，厂办子弟学校 3 000 平方米，厂办职工食堂及对外餐厅 2 000 平方米，厂办医院和幼儿园占地各 3 000 平方米，厂区内绿化用地 3 000 平方米，养殖专业用地 8 000 平方米，6 月份新占用非耕地 5 000 平方米用于厂房扩建，签订产权转移书据，支付价款 350 万元，并且取得了土地使用证；

(2) 企业原有房产价值 6 000 万元，自 7 月 1 日起与甲企业签订合同以其中价值 1 000 万元的房产使用权出租给甲企业，期限两年，每月收取 25 万元的含税租金收入，在合同中按含税租金列示；另外委托施工企业修建物资仓库，签订合同，8 月中旬办理验收手续，建筑合同注明价款 600 万元，并按此价值计入固定资产核算；

(3) 企业 2020 年拥有载货汽车 25 辆、挂车 10 辆，整备质量均为 5 吨；2.5 升排气量的小轿车 2 辆。

(提示：城镇土地使用税每平方米单位税额 4 元；已知当地省政府规定的房产原值扣除比例为 20%；该企业所在省规定载货汽车年纳税额每吨 30 元，小轿车年纳税额每辆 560 元，不动产出租选用一般计税方法)

根据上述资料，回答下列问题：

65. 2020 年应缴纳的城镇土地使用税为（　　）元。
    A. 266 100　　B. 276 400
    C. 286 000　　D. 274 100

66. 2020 年应缴纳的房产税为（　　）元。
    A. 528 000　　B. 547 200
    C. 624 800　　D. 712 300

67. 2020 年应缴纳的印花税为（　　）元。
    A. 8 350　　　B. 9 555
    C. 5 950　　　D. 5 955

68. 2020 年应缴纳的车船税为（　　）元。
    A. 6 450　　　B. 6 457
    C. 5 620　　　D. 6 185

四、综合分析题（共 12 题，每题 2 分。由单项选择题和多项选择题组成。错选，本题不得分；少选，所选的每个选项得 0.5 分。）

（一）

某市化妆品生产企业为增值税一般纳税人，适用企业所得税税率为 25%。2020 年生产经营情况如下：

(1)当年销售高档化妆品给商场，开具增值税专用发票，取得不含税销售收入6 500万元，对应的销售成本为2 240万元。

(2)将自产高档化妆品按市价销售给本单位职工，该批化妆品不含税市场价50万元，成本20万元。

(3)当年8月购进原材料取得增值税专用发票，注明增值税181万元。

(4)当年发生管理费用600万元，其中含境内符合规定的新技术开发费用120万元、委托境外研发费用80万元、业务招待费80万元。

(5)当年发生销售费用700万元，其中含广告费230万元；全年发生财务费用300万元，其中支付银行借款的逾期罚息20万元、向非金融企业借款利息超银行同期同类贷款利息18万元。

(6)取得国债利息收入160万元。

(7)全年计入成本、费用的实发工资总额200万元(属合理限额范围)，实际发生职工工会经费6万元、职工福利费20万元、职工教育经费25万元。

(8)营业外支出共计250万元，其中税收滞纳金10万元、广告性质的赞助支出20万元、通过当地人民政府向贫困山区捐款200万元。

(其他相关资料：该企业高档化妆品适用的消费税税率为15%，增值税税率为13%；相关发票均符合税法规定，并进行了抵扣，不考虑地方教育附加)

根据上述资料，回答下列问题：

69. 2020年企业缴纳的下列税费，正确的有( )。

　　A. 全年应缴纳增值税670.5万元
　　B. 全年应缴纳消费税982.5万元
　　C. 全年应缴纳城市维护建设税和教育费附加165.3万元
　　D. 全年可直接在企业所得税前扣除的税费为1 818.3万元

70. 2020年该企业实现的会计利润是( )万元。

　　A. 1 478.69　　B. 1 452.2
　　C. 1 510.69　　D. 1 599.58

71. 下列支出项目在计算企业所得税应纳税所得额时，其实际发生额可扣除的有( )。

　　A. 支付的广告费230万元
　　B. 支付银行借款的逾期罚息20万元
　　C. 支付新技术开发费200万元
　　D. 支付给贫困山区的捐赠款200万元

72. 计算企业所得税应纳税所得额时，下列说法正确的有( )。

　　A. 实际发生的职工福利费无需调整应纳税所得额
　　B. 实际发生的业务招待费应调增应纳税所得额32万元
　　C. 实际发生的职工工会经费应调增应纳税所得额2万元
　　D. 实际发生的职工教育经费应调增应纳税所得额9万元

73. 2020年该企业的应纳税所得额是( )万元。

　　A. 1 369.81　　B. 1 515.97
　　C. 1 340.88　　D. 1 266.19

74. 2020年该企业应缴纳企业所得税( )万元。

　　A. 392.45　　B. 393.71
　　C. 335.22　　D. 316.55

(二)

自然人杨军与正小保在北京共同创办了名称为逢考必过的普通合伙企业，合伙协议约定利润分配比例杨军为60%，正小保为40%。2020年该合伙企业实现收入总额800万元，取得投资分回的利息为200万元，成本费用400万元，其中，列支杨军工资15万元，其他事项纳税调整增加额为35万元。

杨军2020年无任何综合所得，实际缴纳基本养老保险和基本医疗保险2.4万元，符合条件的专项附加扣除3.6万元。

正小保在一家位于某省会的公司上班，其名下没有住房，每月支付一居室房租 3 500 元。2020 年每月从该公司领取扣除社会保险费用及住房公积金后的收入为 20 000 元，无其他涉税事项；另外，当年，正小保从经营所得中拿出 50 万元捐赠给公益慈善事业。

请根据上述资料，回答下列问题：

75. 根据上述题目，涉及的个人所得税的处理不符合税法规定的有（　）。
　　A. 住房租金支出由签订租赁住房合同的承租人扣除
　　B. 纳税人应当留存住房租赁合同、协议等有关资料备查
　　C. 租金支出扣除的时间从租赁合同（协议）约定的房屋租赁期开始的次月至租赁期结束的次月
　　D. 投资者兴办两个或两个以上企业的，其费用扣除标准由投资者选择在其中一个企业的生产经营所得中扣除

76. 逢考必过合伙企业的应纳税所得额为（　）万元。
　　A. 400　　　　B. 412
　　C. 438　　　　D. 450

77. 杨军取得合伙企业的经营所得应纳税额为（　）万元。
　　A. 83.75　　　B. 85.85
　　C. 86.69　　　D. 87.95

78. 杨军全年应纳税额为（　）万元。
　　A. 83.75　　　B. 107.75
　　C. 105.85　　　D. 106.69

79. 正小保取得合伙企业的经营所得应纳税额为（　）万元。
　　A. 37.55　　　B. 38.054
　　C. 38.95　　　D. 39.65

80. 正小保取得 2020 年综合所得应缴纳的个人所得税额为（　）万元。
　　A. 1.13　　　　B. 1.55
　　C. 3.11　　　　D. 3.65

模拟试卷（一）
参考答案及详细解析

一、单项选择题

1. C 【解析】对化妆品制造与销售、医药制造和饮料制造（不含酒类制造）企业发生的广告费和业务宣传费支出，不超过当年销售收入 30% 的部分，准予扣除；超过部分，准予在以后纳税年度结转扣除。本年允许扣除的广告费业务宣传费限额 =（8 000 - 100 - 20）× 30% = 2 364（万元），本年实际发生了 2 200 万元，上年 200 万元中可以扣除 164 万元。

应缴纳企业所得税 =（8 000 - 100 - 3 200 - 2 500 - 164 - 500 - 200）× 25% = 334（万元）。

2. B 【解析】会计利润 = 5 000 + 80 - 4 100 - 700 - 60 = 220（万元）。

公益性捐赠扣除限额 = 220 × 12% = 26.4（万元），税前准予扣除的捐赠支出是 26.4 万元。

应纳企业所得税 =（220 + 50 - 26.4 - 30）× 25% = 53.4（万元）。

3. D 【解析】选项 A，利息收入按照合同约定的债务人应付利息的日期确认收入的实现；选项 B，纳税人自建商品房转为自用，是内部处置资产，不视同销售确认收入；选项 C，被清算企业的股东从被清算企业分得的剩余资产，其中相当于从被清算企业累计未分配利润和累计盈余公积中按该股东所占股份比例计算的部分，应当确认为股息所得。

4. D 【解析】将货物用于在建工程，属于内部移送，不确认收入。

5. A 【解析】根据企业所得税相关规定，企业债务重组确认的应纳税所得额占当年应纳税所得额 50% 以上的，可以在 5 个纳税年度内均匀计入各年度应纳税所得额。

6. C 【解析】选项 A，融资租赁的房产，由承租人自融资租赁合同约定开始日的次月

起依照房产余值缴纳房产税；选项 B，对出租房产，约定免收租金期限的，在免收租金期间由产权所有人按照房产余值缴纳房产；选项 D，对居民住宅区内业主共有的经营性房产，要区分自营或出租，分别适用不同政策。自营的，依照房产余值计征；出租的，依照租金收入计征。

7. C 【解析】因债权人缘故确实无法支付的款项 3 万元属于营业外收入应计入应纳税所得额；一般企业发生年度亏损的，可以用下一纳税年度的所得弥补；下一纳税年度所得不足弥补的，可以逐年延续弥补，但延续弥补期最长不得超过 5 年。

该企业 2020 年度应缴纳的企业所得税 =（1 750－728＋3－12－8）×25％＝251.25（万元）。

8. D 【解析】选项 D，依法收取并纳入财政管理的行政事业性收费，属于不征税收入。

9. B 【解析】除以下几项预提（应付）费用外，计税成本均应为实际发生的成本。
（1）出包工程未最终办理结算而未取得全额发票的，在证明资料充分的前提下，其发票不足金额可以预提，但最高不得超过合同总金额的 10％。
（2）公共配套设施尚未建造或尚未完工的，可按预算造价合理预提建造费用。
（3）应向政府上交但尚未上交的报批报建费用、物业完善费用可以按规定预提。

10. D 【解析】选项 D，个人应留存捐赠票据，留存期限为 5 年。

11. D 【解析】选项 A，符合三免三减半政策；选项 B，减半征收企业所得税；选项 C，提供社区养老、托育、家政服务取得的收入在计算应纳税所得额时，减按 90％计入收入总额。

12. C 【解析】选项 A，企业总机构的费用分摊，要区分情况，我国是法人纳税制，分支机构不具有纳税主体资格，但是，对于非居民企业在中国境内设立的机构场所，就其中国境外总机构发生的与该机构生产经营有关的费用，能提供总机构出具的费用汇集范围、定额、分配依据和方法等证据文件，并合理分摊的，允许税前扣除；选项 B，关于手续费，对于支付给个人的，是允许现金支付的；选项 D，关于环保专项资金，只能用于环境保护和生态恢复等方面，要专款专用，改变用途的，不可以扣除。

13. A 【解析】选项 B，从事承包工程作业、设计和咨询劳务的，利润率为 15％－30％；选项 C，从事管理服务的，利润率为 30％－50％；选项 D，居民企业在中国境内设立不具有法人资格的营业机构的，应当汇总计算并缴纳企业所得税。

14. B 【解析】企业发生的与生产经营活动有关的业务招待费支出，按照发生额的 60％扣除，但最高不得超过当年销售（营业）收入的 5‰。业务招待费扣除限额 =（5 000＋200＋520）×5‰＝28.6（万元）＜70×60％＝42（万元），只能扣除 28.6 万元。
广告和业务宣传费的扣除限额 =（5 000＋200＋520）×15％＝858（万元），实际发生额小于限额，应当据实扣除。
应纳税所得额 = 5 000＋200＋520－（450－70＋28.6）－600－260－2 560＝1 891.40（万元）。

15. B 【解析】自行建造的固定资产，以竣工结算前发生的支出为计税基础。

16. B 【解析】稿酬所得是指个人因其作品以图书、报刊形式"出版、发表"而取得的所得。这里所说的"作品"，是指包括中外文字、图片、乐谱等能以图书、报刊方式出版、发表的作品；"个人作品"，包括本人的著作、翻译的作品等。个人取得遗作稿酬，应按稿酬所得项目计税。选项 A、C、D，属于劳务报酬所得。

17. B 【解析】应纳税额 =（200 000＋80 000－60 000）×20％－10 500＝33 500（元）。

18. D 【解析】选项 A，员工行权时，以实际购买价(施权价)低于购买日公平市场价(指该股票收盘价)的差额,是因员工在企业的表现和业绩情况而取得的与任职、受雇有关的所得,应按"工薪、薪金所得"缴纳个人所得税;选项B,员工将行权后的股票再转让取得的收益,应按"财产转让所得"纳税;选项C,员工接受实施股票期权计划企业授予的股票期权时,除另有规定外,一般不作为应税所得征税。

19. A 【解析】选项A,对个人转让境内上市公司股票取得的所得暂不征收个人所得税。

20. B 【解析】股票转让差价暂免征收个人所得税,选项A不正确,选项B正确;内地个人投资者通过沪港通购买H股取得的股息红利,H股公司向中国证券登记结算公司申请,由中国结算向H股公司提供内地个人投资者名册,H股公司按照20%的税率代扣个人所得税,所以选项C和D不正确。

21. A 【解析】其他个人出租房产,月租金收入不超过10万元的,免征增值税;房屋租赁期间发生修缮费用准予在税前扣除,但以每月800元为限,应纳税额=(3 000-120-800-800)×10%=128(元)。

22. D 【解析】选项D,居民个人取得综合所得应当在取得所得的次年3月1日至6月30日内办理汇算清缴。

23. C 【解析】有下列情形之一的,纳税人应当依法办理纳税申报缴纳个人所得税:(1)取得综合所得需要办理汇算清缴;(2)取得应税所得没有扣缴义务人;(3)取得应税所得,扣缴义务人未扣缴税款;(4)取得境外所得;(5)因移居境外注销中国户籍;(6)非居民个人在中国境内从两处以上取得工资、薪金所得;(7)国务院规定的其他情形。

24. B 【解析】选项B,对残疾人个人取得的劳动所得才适用减税规定。

25. A 【解析】居民企业在境外设立不具有独立纳税地位的分支机构取得的各项境外所得,无论是否汇回中国境内,均应计入该企业所属纳税年度的境外应纳税所得额。所以按照利润所属年度确认收入的实现。

26. D 【解析】国际税收的基本原则包括单一课税原则、受益原则和国际税收中性原则。

27. C 【解析】双重居民身份下最终居民身份的判定标准有永久性住所、重要利益中心、习惯性居处和国籍。这些标准是有先后顺序的,只有当使用前一标准无法解决问题时,才使用后一标准。

28. C 【解析】不征收所得税和一般财产税的国家和地区,如巴哈马共和国、百慕大群岛、开曼群岛、瑙鲁等地。

29. C 【解析】合同的当事人是印花税的纳税人,不包括合同的担保人、证人、鉴定人。

30. B 【解析】无息贷款合同是免征印花税的;技术合同属于印花税应税合同;国家指定收购部门与村民委员会、农民个人书立的农业产品收购合同,是免征印花税的。

31. B 【解析】应缴纳船舶吨税=50 000×3.3=165 000(元)。

32. A 【解析】选项B,技术开发合同只就合同所载的报酬金额计税,研究开发经费不作为计税依据;选项C,建筑安装工程承包合同的计税依据为承包金额,不得剔除任何费用,如果施工单位将自己承包的建设项目再分包或转包给其他施工单位,其所签订的分包或转包合同,仍应按合同所载金额另行贴花;选项D,对于由受托方提供原材料的加工、定做合同,凡在合同中分别记载加工费金额和原材料金额的,应分别按"加工承揽合同""购销合同"计税,两项税额相加数,即为合同应贴印花,若合同中未分别记载,则应就全部金额依照"加工承揽合同"计税贴花。

33. D 【解析】借款方以财产作抵押,与贷款方签订的抵押借款合同,属于资金信贷业务,借贷双方应按"借款合同"计税贴花,因借款方无力偿还借款而将抵押财产转移给贷款方,应就双方书立的产权转移书据,按"产权转移书据"计税贴花。

该运输公司应缴纳印花税 = 800 000 × 0.05‰ + 1 000 000 × 0.5‰ = 540(元)。

34. B 【解析】纯电动乘用车和燃料电池乘用车不属于车船税征税范围,不征收车船税。

35. B 【解析】拖船按照发动机功率1千瓦折合净吨位0.67吨计算征收车船税。拖船按船舶税额的50%计算。该公司应缴纳的车船税 = 200×3 + 181×3 + 150×0.67×3×50% + 2×3 = 1 299.75(元)。

36. A 【解析】土地使用权互换、房屋互换,支付补价的一方纳税,第一套房产甲某支付了补价,应纳契税 = 15×3% = 0.45(万元);用于抵债的第二套房产,应由承受方丙来缴纳契税;第三套房产作股投入本人独资经营企业,免纳契税。甲某共缴纳契税0.45万元。

37. C 【解析】以自有房产作股投入本人独资经营的企业,免纳契税。

38. B 【解析】应纳城镇土地使用税 = (50 000 - 2 000 - 2 000 - 1 000) × 3 + 8 000 × 3 × 8 ÷ 12 = 151 000(元) = 15.1(万元)。

39. A 【解析】选项B、C不免征城镇土地使用税;选项D,减半征收城镇土地使用税。

40. D 【解析】选项A,耕地占用税由税务机关负责征收;选项B,纳税人占用耕地,应当在耕地所在地申报纳税;选项C,除了经批准而占用耕地的纳税义务发生时间是纳税人收到自然资源主管部门办理占用耕地手续的书面通知的当日外,未经批准占用耕地的,其纳税义务发生时间为自然资源管理部门认定的纳税人实际占用耕地的当日。

二、多项选择题

41. ABDE 【解析】税法规定,下列固定资产不得计算折旧扣除:(1)房屋、建筑物以外未投入使用的固定资产;(2)以经营租赁方式租入的固定资产;(3)以融资租赁方式租出的固定资产;(4)已足额提取折旧仍继续使用的固定资产;(5)与经营活动无关的固定资产。选项C,融资租赁租入的机床,税法允许计提折旧税前扣除。

42. BCDE 【解析】选项A,企业代有关部门、单位和企业收取的各种基金、费用和附加等,凡纳入开发产品价内或由企业开具发票的,应按规定全部确认为销售收入。

43. BCE 【解析】选项A,应该是实际税负低于所得税法规定税率水平50%的国家(地区),并非出于合理经营需要对利润不作分配或减少分配的外国企业,不是法定税率;选项D,中国居民股东多层间接持有股份按各层持股比例相乘计算,中间层持有股份超过50%的,按100%计算。

44. BD 【解析】除税收法律、行政法规另有规定外,居民企业以企业登记注册地为纳税地点;但登记注册地在境外的,以实际管理机构所在地为纳税地点。非居民企业在中国境内设立两个或者两个以上机构、场所的,符合国务院税务主管部门规定条件的,可以选择由其主要机构、场所汇总缴纳企业所得税。

45. DE 【解析】选项A,企业从事生产经营之前进行筹办活动期间发生筹办费用支出,不得计算为当期的亏损,企业可以在开始经营之日的当年一次性扣除,也可以按照税法有关长期待摊费用的处理规定处理,但一经选定,不得改变;选项B,飞机、火车、轮船的折旧年限最低为10年；飞机、火车、轮船以外的运输工具，折旧年限不低于4年；选项C，与生产经营有关的器具、工具、家具等折旧年限不低于5年。

46. ABD 【解析】当跨国纳税人在国外经营普遍盈利且国外税率与国内税率不一致时(纳税人在高税国与低税国均有投资)，采用综合抵免限额对纳税人有利，采用分国抵免限额对居住国有利。当跨国纳税人的国外经营活动盈亏并存时，分国抵免限额对纳税人有利，采用综合抵免限额对居住国有利。

47. AC 【解析】选项A，甲公司取得的乙公司资产的计税基础 = 6 000×(7 000÷8 000)+1 000=6 250(万元)；选项B，转让企业取得受让企业股权的计税基础，以被转让资产的原有计税基础确定，所以乙公司取得的甲公司股权的计税基础 = 6 000×7 000÷8 000 = 5 250(万元)；非股权支付对应的资产转让所得 = (8 000 - 6 000)×(1 000÷8 000) = 250(万元)，所以选项C正确，选项D错误；选项E，甲公司不确认股权转让所得。

48. AE 【解析】选项B，定额扣除而不是限额扣除；选项C，境外的继续教育支出不能扣除；选项D，婚后购买的住房利息支出无分扣50%规定。

49. CD 【解析】选项A，属于劳务报酬所得；选项B，对于作者将自己的文字作品手稿原件或复印件公开拍卖(竞价)取得的所得，应按特许权使用费所得项目征收个人所得税；选项E，应按工资薪金所得缴纳个人所得税。

50. BE 【解析】选项A，以非货币性资产对外投资确认的非货币性资产转让所得，可在不超过5年期限内，分期均匀计入相应年度的应纳税所得额，按规定计算缴纳企业所得税；选项C，非货币性资产投资，限于以非货币性资产出资设立新的居民企业，或将非货币性资产注入现存

居民企业；选项D，以固定资产的公允价值作为被投资方的计税基础。

51. ABCE 【解析】选项D，外籍个人以非现金形式或者实报实销形式取得的住房补贴、伙食补贴、搬迁费、洗衣费暂免征收个人所得税。

52. ABE 【解析】选项C，分配给投资者的股息、红利，不允许税前扣除；选项D，企业发生的与生产经营有关的业务招待费按照税法规定的限额扣除，而不是据实扣除。

53. ABE 【解析】选项C，赡养支出采取指定分摊或约定分摊方式的，每一纳税人分摊的扣除额最高不得超过每月1 000元，并签订书面分摊协议；选项D，受教育子女的教育费父母分别按扣除标准的50%扣除，经父母约定，也可以选择由其中一方按扣除标准的100%扣除。具体扣除方式在1个纳税年度内不得变更。

54. ABDE 【解析】除缔约国双方另有规定外，情报交换的范围一般为：
(1)国家范围应仅限于与我国正式签订含有情报交换条款的税收协定并生效执行的国家；
(2)税种范围应仅限于税收协定规定的税种，主要为具有所得(和财产)性质的税种；
(3)人的范围应仅限于税收协定缔约国一方或双方的居民；
(4)地域范围应仅限于缔约国双方有效行使税收管辖权的区域。

55. DE 【解析】印花税按期汇总缴纳的期限为一个月；凡多贴印花税票的，不得申请退税或者抵扣；纳税人购买了印花税票不等于履行了纳税义务，只有在将印花税票贴在应税凭证上并即行注销后，才完成纳税义务。

56. BDE 【解析】选项A，凡一项信贷业务既签订借款合同，又一次或分次填开借据的，只以借款合同所载金额计税贴花；选项C，对借款方以财产作抵押，从贷款

方取得一定数量抵押贷款的合同，应按借款合同贴花，在借款方无力偿还借款而将财产转移给贷款方时，应再就双方书立的产权书据，按产权转移书据的有关规定计税贴花。

57. ACD 【解析】选项B，纳税人因房屋大修导致连续停用半年以上的，房屋大修期间免征房产税；选项C，凡是在基建工地为基建工地服务的各种工棚、材料棚、休息棚和办公室、食堂、茶炉房、汽车房等临时性房屋，不论是施工企业自行建造还是由基建单位出资建造交施工企业使用的，在施工期间，一律免征房产税。但是，如果在基建工程结束以后，施工企业将这种临时性房屋交还或者估价转让给基建单位，应当从基建单位接收的次月起，依照规定征收房产税；选项E，对房地产开发企业建造商品房，在出售前不征收房产税，但在出售之前已使用或出租、出借的，应按规定征收房产税。

58. ABC 【解析】客货两用车和三轮农用运输汽车按整备质量每吨作为计税依据。

59. ABD 【解析】选项C，以自有房产作股投入本人独资经营企业，由于产权所有人和土地使用权人未变化，因此免纳契税；选项E，房屋买卖的契税计税价格为房屋权属转移合同确定的成交价格，买卖装修的房屋，装修费用应包括在内。

60. ABE 【解析】选项C，企业获得土地使用权而免缴的土地出让金，不得因减免土地出让金，而减免契税；选项D，房屋产权相互交换，双方交换价值相等，免纳契税，其价值不相等的，按超出部分由支付差价方缴纳契税。

三、计算题

（一）

61. A 【解析】丙不适用间接抵免优惠政策。甲持有丙的比例50%×30%=15%，低于20%。
乙适用间接抵免优惠政策。甲持有乙的

比例为50%，大于20%。

62. C 【解析】乙所纳税额属于企业甲负担的税额=[乙企业就利润和投资收益所实际缴纳的税额(180+12)+乙企业间接负担的税额0]×乙向一家上一层企业分配的股息(红利)404÷本层企业所得税后利润额808=96(万元)。

63. C 【解析】甲境外所得=808×50%=404(万元)，A国的应纳税所得额=404+96=500(万元)，抵免限额=(2 400+500)×25%×500/(2 400+500)=125(万元)。

64. C 【解析】可抵免境外税额=96+404×10%=136.4(万元)
抵免限额=125万元
当年实际可抵免的税额为125万元。

（二）

65. C 【解析】厂办的子弟学校、医院、幼儿园均属于城镇土地使用税免税范围；用于养殖专业用地免征城镇土地使用税。
全年应缴纳的城镇土地使用税=(58 000+6 000+2 000+3 000)×4+5 000×4×6÷12=286 000(元)。

66. D 【解析】出租房产应从租计征房产税，应纳房产税=25÷(1+9%)×6×12%=16.51(万元)。
委托施工企业建设的房屋，从办理验收手续之日的次月起，计征房产税。
仓库应缴纳房产税=600×(1-20%)×1.2%×4÷12=1.92(万元)。
从价房产税=(6 000-1 000)×(1-20%)×1.2%+1 000×(1-20%)×1.2%×6÷12=52.8(万元)。
合计房产税=16.51+1.92+52.8=71.23(万元)=712 300(元)。

67. B 【解析】应纳印花税=350×0.5‰×10 000+5+25×24×1‰×10 000+600×0.3‰×10 000=9 555(元)。

68. C 【解析】全年应纳车船税=25×5×30+10×5×30×50%+2×560=5 620(元)。

四、综合分析题

(一)

69. ABC 【解析】应缴纳增值税 = 6 500×13%+50×13%−181 = 670.5(万元)。
应缴纳消费税 = (6 500+50)×15% = 982.5(万元)。
应缴纳城建税和教育费附加 = (982.5+670.5)×(7%+3%) = 165.3(万元)。
税前可以扣除的税费 = 165.3+982.5 = 1 147.8(万元)。

70. B 【解析】会计利润 = 6 500+50−2 240−20−1 147.8−600−700−300+160−250 = 1 452.2(万元)。

71. ABC 【解析】广告费扣除限额 = (6 500+50)×30% = 1 965(万元),实际发生的230万元的广告费和20万元的广告性质的赞助支出,都可以据实扣除。捐赠扣除的限额 = 1 452.2×12% = 174.26(万元),实际发生了200万元,不能全额扣除,只能扣除174.26万元。

72. ACD 【解析】职工福利费扣除的限额 = 200×14% = 28(万元),实际发生了20万元,不需要调整。
职工教育经费扣除限额 = 200×8% = 16(万元),实际发生了25万元,需要调增所得额9万元。职工工会经费扣除限额 = 200×2% = 4(万元),实际发生了6万元,需要调增所得额2万元。业务招待费扣除限额 = (6 500+50)×5‰ = 32.75(万元),实际发生额的60% = 80×60% = 48(万元),税前允许扣除32.75万元,调增所得额47.25(80−32.75)万元。

73. D 【解析】应纳税所得额 = 1 452.2−160+(200−174.26)+2+9+(80−32.75)+18+10−120×75%−80×80%×75% = 1 266.19(万元)。
『提示』委托境外进行研发活动所发生的费用,按照费用实际发生额的80%计入委托方的委托境外研发费用。委托境外研发费用不超过境内符合条件的研发费用三分之二的部分,可以按规定在企业所得税前加计扣除。
委托境外进行研发活动所发生的费用80万元的80% = 80×80% = 64(万元),小于符合条件的境内研发支出的三分之二 = 120×2/3 = 80(万元);允许加计扣除的委外研发支出 = 80×80%×75% = 48(万元)。

74. D 【解析】应纳税额 = 1 266.19×25% = 316.55(万元)。

(二)

75. C 【解析】选项C,租金支出扣除的时间从租赁合同(协议)约定的房屋租赁期开始的当月至租赁期结束的当月。

76. D 【解析】应纳税所得额 = 收入−成本费用+税前列支的投资者工资+纳税调整增加额 = 800−400+15+35 = 450(万元)。

77. A 【解析】杨军没有综合所得,计算应纳税所得额时,可减除费用6万元、专项扣除、专项附加扣除以及依法确定的其他扣除。杨军来源于合伙企业的经营所得 = 450×60% = 270(万元),经营所得的应纳税所得额 = 270−6−2.4−3.6 = 258(万元);个人所得税 = 258×35%−6.55 = 83.75(万元)。

78. B 【解析】合伙企业对外投资分回的股息红利200万元,不并入企业的收入,应按规定确定各个投资者的利息、股息、红利所得,分别按"利息、股息、红利所得"应税项目计算缴纳个人所得税。杨军应交利息个人所得税 = 200×60%×20% = 24(万元),全年应纳税额 = 83.75+24 = 107.75(万元)。

79. C 【解析】正小保有综合所得,减除费用6万元、专项扣除、专项附加扣除以及依法确定的其他扣除已在综合所得的应纳税所得额扣除,不能重复扣除。
正小保来源于合伙企业的经营所得 = 450×40% = 180(万元),
准予扣除的公益慈善事业捐赠额 = 180×30% = 54(万元),

实际捐赠50万元,小于扣除限额,可以据实扣除。

扣除捐赠额之后的应纳税所得额＝180－50＝130(万元),

应交个人所得税＝130×35%－6.55＝38.95(万元)。

80. B 【解析】综合所得应纳税额＝(2×12－0.5×12－0.15×12)×20%－1.692＝1.55(万元)。

模拟试卷(二)

一、单项选择题(共40题,每题1.5分。每题的备选项中,只有1个最符合题意。)

1. 下列各项中,在计算企业所得税应纳税所得额时准予扣除的是( )。
   A. 企业之间支付的管理费
   B. 银行内营业机构之间支付的利息
   C. 企业内营业机构之间支付的租金
   D. 企业内营业机构之间支付的特许权使用费

2. 甲服装生产企业2020年1月与乙公司达成债务重组协议,甲以自产的服装抵偿所欠乙公司一年前发生的债务150万元,该服装成本100万元,市场价值120万元。另外甲企业库存衣服因管理不善发生损失,账面成本为5万元,其中包含上月外购原材料成本3万元,购入时取得增值税专用发票,税率13%。就这两项业务甲企业应纳的企业所得税是( )万元。
   A. 7.25 B. 6.15
   C. 3.62 D. 7.4

3. 在中国境内未设立机构、场所的非居民企业,下列计算企业所得税应纳税所得额正确的是( )。
   A. 财产转让所得以转让收入减去财产原值为应纳税所得额
   B. 特许权使用费所得以收入减去摊销费用为应纳税所得额
   C. 租金所得以租金收入减去房产税为应纳税所得额
   D. 股息所得以收入全额为应纳税所得额

4. 某经认定的技术先进型服务企业,2020年计入成本、费用的实发工资总额为300万元,拨缴职工工会经费5万元,已经取得工会拨缴收据,支出职工福利费45万元、职工教育经费15万元,该企业2020年计算应纳税所得额时准予在税前扣除的工资和三项经费合计为( )万元。
   A. 310 B. 349.84
   C. 394.84 D. 362

5. 2020年某外商投资企业委托境外公司在境外销售其位于境内的一栋商品房,签订代销合同,境外公司以5 000万元售出。该商品房成本费用3 000万元,另向境外公司支付佣金、手续费750万元(能提供有效凭证),销售过程中缴纳相关税费375万元。该外商投资企业销售商品房应缴纳企业所得税( )万元。
   A. 281.25 B. 218.75
   C. 406.25 D. 500

6. 2020年某国家重点扶持的高新技术企业,主营业务为电子产品的制造。主营业务收入4 000万元、国债利息收入40万元,与收入配比的成本2 100万元,全年发生管理费用200万元、销售费用500万元(其中包括广告费、业务宣传费支出300万元)、财务费用500万元,营业外支出40万元。上年未扣结转到本年度的广告费支出100万元。假设没有其他相关调整事项。2020年度该企业应缴纳企业所得税( )万元。
   A. 84 B. 90
   C. 100 D. 52

7. 某高新技术企业因扩大生产规模新建厂房,由于自有资金不足,2020年1月1日向银行借入长期借款1笔,金额3 000万元,贷款年利率是4.5%,2020年4月1日该厂房开始建设,12月31日房屋竣工结算并交付使用,则2020年度该企业可以在税前直接扣除的该项借款费用是( )万元。

A. 36.65　　　　B. 35.45
C. 32.75　　　　D. 33.75

8. 某居民企业以其持有的一处房产投资设立一家公司，如不考虑特殊性税务处理，下列关于该投资行为涉及企业所得税处理正确的是( )。

A. 以房产的账面价值作为被投资方的计税基础

B. 以房产对外投资确认的转让所得，按6年分期均匀计入相应年度的应纳税所得额

C. 以签订投资协议的当天为纳税申报时间

D. 对房产进行评估，并按评估后的公允价值扣除计税基础后的余额确认房产的转让所得

9. 境内某居民企业2020年境内应纳税所得额为1 000万元，适用25%的企业所得税税率。该企业在A国设有甲分支机构(我国与A国已经缔结避免双重征税协定)，甲分支机构的应纳税所得额为50万元，甲分支机构所在地适用20%的企业所得税税率，甲分支机构按规定在A国缴纳了企业所得税，该企业在汇总时在我国应缴纳的企业所得税为( )万元。

A. 200　　　　　B. 252.5
C. 197.5　　　　D. 172.5

10. 2020年某居民企业实现商品不含税销售收入2 025万元，发生现金折扣100万元，商业折扣50万元，后因商品质量问题，发生销货退回25万元，接受捐赠收入120万元，转让无形资产所有权收入20万元。国债利息收入50万元，确实无法偿付的应付款项10万元。2020年该企业的企业所得税应税收入为( )万元。

A. 2 140　　　　B. 2 100
C. 2 150　　　　D. 2 200

11. 境外某公司在中国境内未设立机构、场所，2020年取得境内甲公司支付的股息红利30万元；取得境内乙公司支付的不含税的设备租金收入80万元，当年该设备计提折旧10万元、发生的修理费用5万元；取得境内丙公司支付的商标使用费50万元(不含税)；取得境内丁公司支付的财产转让收入100万元，该财产净值为65万元。2020年度该境外公司在我国应缴纳企业所得税( )万元。

A. 16.5　　　　B. 18
C. 19.5　　　　D. 26

12. 某新办制造企业为居民企业，2020年1月1日，为生产经营向关联方借入1年期经营性资金500万元，关联借款利息支出40万元，该关联方对企业的权益性投资为150万元，银行同期同类借款利率为6%，该企业不能提供资料证明该交易符合独立交易原则，且企业实际税负高于关联方，则该企业当年在计算应纳税所得额时利息费用需纳税调整的金额为( )万元。

A. 18　　　　　B. 20
C. 22　　　　　D. 0

13. 在计算企业所得税时，租入的固定资产改建支出的税务处理正确的是( )。

A. 一次性列入成本费用

B. 按照不少于3年的期限分期摊销

C. 按照合同约定的剩余租赁期限分摊摊销

D. 按照固定资产预计可使用年限分期摊销

14. 根据企业所得税法的相关规定，下列表述正确的是( )。

A. 企业转让规定的限售股取得的收入，应作为企业应税收入计算纳税

B. 专门从事股权(股票)投资业务的企业，可以核定征收企业所得税

C. 扣缴义务人对非居民企业未依法扣缴税款的，由扣缴义务人缴纳税款

D. 2021年制造企业发生研发费用形成无形资产的，按无形资产成本的175%在税

前摊销

15. 某法人企业总机构在北京，上海、青岛分设两个二级分支机构，2020年上海分支机构营业收入、职工工资、资产总额、三项分别是80万元、30万元、50万元；青岛分支机构营业收入、职工工资、资产总额、三项分别是70万元、40万元、60万元；2020年第一季度总机构汇总计算应纳税额160万元，上海分支机构第一季度的预缴税款为（ ）万元。

A. 37.84　　　B. 67.2
C. 75.2　　　D. 82.3

16. 在中国境内无住所的个人，在中国境内居住累计满183天的年度连续不满六年的个人，适用个人所得税的规定是（ ）。

A. 经向主管税务机关备案，其来源于中国境外且由境外单位或者个人支付的所得，免予缴纳个人所得税

B. 其来源于中国境外且由境外单位或者个人支付的所得，免予缴纳个人所得税

C. 经向主管税务机关备案，其来源于中国境内外的所得，免予缴纳个人所得税

D. 经向主管税务机关备案，其来源于中国境外的所得，免予缴纳个人所得税

17. 某企业雇员王某2020年1月领取已扣除社保、公积金后的工资8 500元，领取加班奖金350元，季度奖金1 500元，除减除费用外，没有允许扣除的专项附加扣除以及依法确定的其他扣除。王某当月将自己一处商业用房进行拍卖处理，拍卖成交价格为15万元，但无法向税务机构提供合法的财产原值凭证。王某1月份应缴纳的个人所得税合计为（ ）元。

A. 4 660.5　　　B. 5 505
C. 9 005　　　D. 9 425

18. 我国居民老杨2020年向某公益组织捐赠现金10万元；原值为250万元，市场价为550万元的房产一套；原值19万元，市场价11万元的八成新汽车一辆，符合全额扣除规定。老杨2020年汇算清缴前可扣除的捐赠支出为（ ）元。

A. 268.8　　　B. 271
C. 571　　　D. 579

19. 我国居民老杨，仅取得来源于我国境内某单位的工资薪金所得，截至2020年11月累计应纳税所得额33万元，截至2020年12月累计应纳税所得额36万元。12月其向符合规定的公益项目捐款12万元，老杨选择在预缴税款时扣除公益捐赠支出。老杨在2020年度汇算时补（退）税（ ）元。

A. 退税1 500　　　B. 补税1 500
C. 退税17 100　　　D. 0

20. 下列各项中，应按"经营所得"项目征税的是（ ）。

A. 出租汽车经营单位对出租车驾驶员采取单车承包或承租方式运营，出租车驾驶员从事客货营运取得的所得

B. 个人因专利权被侵害获得的经济赔偿所得

C. 有限责任公司的个人投资者以企业资本金为本人购买的汽车

D. 个人独资企业的个人投资者以企业资金为本人购买的住房

21. 2020年12月美籍华人陈某（在中国境内无住所）来中国某企业任职，当月取得工资收入10 000元。陈某当月应缴纳个人所得税（ ）元。

A. 290　　　B. 745
C. 880　　　D. 920

22. 扣缴义务人每月或者每次预扣、代扣的税款，应当（ ）内缴入国库，并向税务机关报送扣缴个人所得税申报表。

A. 次月10日　　　B. 次月15日
C. 次年3个月　　　D. 次年6个月

23. 李某2020年3月取得上一年的一次性奖金480 000元；当月工资薪金所得15 000元，李某选择不并入当年综合所得计算纳税。则李某上年度全年一次性奖金应申报缴纳个人所得税（ ）元。

A. 139 590　　B. 151 052
C. 181 235.29　　D. 182 835.29

24. 2020年1月，杨氏公司因为增效减员与已经在单位工作了24年的老王解除劳务合同，老王取得一次性经济补偿收入370 000元，按照国家和政府规定的比例实际缴纳三险一金共计40 000元。假设当地上年度职工平均工资为60 000元，张三应就该项一次性补偿收入缴纳个人所得税（　　）元。
    A. 0　　B. 13 080
    C. 21 080　　D. 60 580

25. 下列各项在个人所得中，应缴纳个人所得税的是（　　）。
    A. 个人持有的国家发行的金融债券利息所得
    B. 与企业解除劳动合同后再任职取得的收入
    C. 破产国有企业职工取得的一次性安置费收入
    D. 外籍个人从外商投资企业取得的股息、红利

26. 根据个人所得税法律制度，下列应按"工资、薪金所得"税目，征收个人所得税的是（　　）。
    A. 单位全勤奖
    B. 参加商场活动中奖
    C. 出租闲置房屋取得的所得
    D. 国债利息所得

27. 根据个人所得税法律制度，下列说法不正确的是（　　）。
    A. 城镇企业事业单位及其职工个人实际缴付的失业保险费，超过《失业保险条例》规定比例的，应将其超过规定比例缴付的部分计入职工个人当期的工资薪金收入，计征个人所得税
    B. 企业和事业单位根据规定的办法和标准，为在本单位任职或者受雇的全体职工缴付的企业年金或职业年金单位缴费部分在计入个人账户时计征个人所得税

C. 个人根据规定缴付的年金个人缴费部分，在不超过本人缴费工资计税基数的4%标准内的部分暂从当期应纳税所得额中扣除
D. 个人达到国家规定的退休年龄按月领取的年金，全额按照"工资、薪金所得"项目适用的税率，计征个人所得税

28. 下列关于资本弱化的表述错误的是（　　）。
    A. 企业从其关联方接受的债权性投资与权益性投资的比例超过规定标准而发生的利息支出，不得在计算应纳税所得额时扣除
    B. 金融企业实际支付给关联方的利息支出，标准债资比例为5∶1
    C. 企业同时从事金融业务和非金融业务，其实际支付给关联方的利息支出，应按照合理方法分开计算；没有按照合理方法分开计算的，一律按照其他企业的比例计算准予税前扣除的利息支出
    D. 企业所得税法规定不得在计算应纳税所得额时扣除的利息支出，可以结转到以后纳税年度扣除

29. 下列关于国际税收的表述，不正确的是（　　）。
    A. 国家间对商品服务、所得、财产课税的制度差异是国际税收产生的基础
    B. 国家间税收分配是国际税收协调的结果
    C. 流转税是一个国家国际税收最主要的方面
    D. 国际税收规则需要解决对跨境交易的收入按照什么标准进行征税，如何在跨境交易活动的相关国家之间分配征税权这两个问题

30. 建筑公司与甲企业签订一份建筑承包合同，合同注明不含增值税金额5 500万元。施工期间，该建筑公司又将其中价值1 300万元的安装工程转包给乙企业，并签订转包合同。该建筑公司上述合同应缴纳印花税（　　）万元。

A. 1.79　　　　　B. 1.80
C. 2.03　　　　　D. 2.04

31. 某公司与运输公司签订货物运输合同记载货物价值1 000万元，装卸费10万元，保险费12万元，运输费20万元，货物运输合同计算缴纳印花税的计税依据为( )万元。(上述金额均为不含税金额)
    A. 20　　　　　B. 42
    C. 1 022　　　D. 1 042

32. 下列房产属于免征房产税的是( )。
    A. 老年服务机构对外出租的房产
    B. 居民住宅区内业主共有的经营性房产
    C. 对饮水工程运营管理单位未使用而出租的房产
    D. 经营公共租赁住房所取得的租金收入

33. 某企业为增值税一般纳税人，2020年委托施工企业建造物资仓库，8月末办理验收手续，入账原值为300万元，同年9月1日将原值400万元的旧仓库对外投资联营，不承担经营风险，当年收取含税固定利润12.5万元，按一般计税办法计算增值税。当地政府规定房产计税余值扣除比例为30%，该企业2020年度应缴纳房产税( )万元。
    A. 3.6　　　　　B. 4.46
    C. 3.84　　　　　D. 4.8

34. 2020年某运输公司拥有并使用以下车辆：整备质量5.7吨的货车10辆；整备质量为4.5吨的挂车5辆。中型客车10辆，其中包括2辆电车。当地政府规定，货车税额为60元/吨，客车税额是480元/年。该公司当年应纳车船税( )元。
    A. 9 750　　　　B. 9 570
    C. 8 895　　　　D. 8 970

35. 根据车船税法规定，下列车辆以"辆"作为车船税计税标准的是( )。
    A. 商用货车
    B. 商用客车
    C. 三轮汽车
    D. 辅助动力帆艇

36. 甲某2020年3月以300万元的价格购入A公司一处房屋作为办公场所。为节省运输费用，甲某将自有价值160万元的仓库与另一企业价值200万元的仓库互换，由甲某向该企业支付差价40万元。甲某上述经济事项应缴纳契税( )万元。(契税的税率为4%)(以上价格均为不含税价格)
    A. 20　　　　　B. 12
    C. 13.6　　　　D. 18.4

37. 下列各项中，免征契税的是( )。
    A. 国家出让国有土地使用权
    B. 受赠人接受他人赠与的房屋
    C. 法定继承人继承土地、房屋权属
    D. 以房产作投资

38. 某公司与政府机关共同使用一栋共有土地使用权的建筑物，该建筑物占用土地面积2 000平方米，建筑面积10 000平方米(公司与机关占用比例为4∶1)，城镇土地使用税年税额5元/平方米。该公司应缴纳城镇土地使用税( )元。
    A. 0　　　　　B. 2 000
    C. 8 000　　　D. 1 000

39. 根据船舶吨税的规定，下列说法不正确的是( )。
    A. 应税船舶在吨税执照期限内，因修理导致净吨位变化的，吨税执照无效
    B. 海关发现多征税款的，应当在二十四小时内通知应税船舶办理退还手续
    C. 应税船舶发现多缴税款的，可以自缴纳税款之日起三年内以书面形式要求海关退还多缴的税款并加算银行同期活期存款利息
    D. 吨税执照在期满前毁损或者遗失的，应当向原发照海关书面申请核发吨税执照副本，不再补税

40. 下列选项中，免征耕地占用税的是( )。
    A. 农村居民在规定用地标准以内占用耕地新建自用住宅
    B. 医院占用的耕地
    C. 铁路线路占用的耕地

D. 飞机场跑道占用的耕地

二、**多项选择题**（共20题，每题2分。每题的备选项中，有2个或2个以上符合题意，至少有1个错项。错选，本题不得分；少选，所选的每个选项得0.5分。）

41. 非居民企业取得的下列所得，免征企业所得税的有（　　）。

A. 外国政府向居民企业提供贷款取得的利息所得

B. 外国政府向中国政府提供贷款取得的利息所得

C. 国际金融组织向中国居民企业提供优惠贷款取得的利息所得

D. 外国企业向中国居民企业提供贷款取得的利息所得

E. 国际金融组织向中国政府提供优惠贷款取得的利息所得

42. 下列各项中，不得在企业所得税税前全额扣除的有（　　）。

A. 转让资产时该项资产的净值

B. 计提的职工教育经费

C. 合同违约金

D. 非银行企业内营业机构之间支付的利息

E. 企业所得税税款

43. 下列资产的入账计税基础符合税法规定的有（　　）。

A. 外购的固定资产，以购买价款为计税基础

B. 自行建造的固定资产，以交付使用前发生的支出为计税基础

C. 融资租入的固定资产，以最低租赁付款额为计税基础

D. 通过非货币性资产交换方式取得的固定资产，以该资产的公允价值和支付的相关税费为计税基础

E. 盘盈的固定资产，以同类固定资产的重置完全价值为计税基础

44. 下列关于跨地区经营汇总纳税企业所得税征收管理的表述中正确的有（　　）。

A. 上年度认定为小型微利企业的，其二级分支机构不就地分摊缴纳企业所得税

B. 新设立的分支机构，设立当年不就地分摊缴纳企业所得税

C. 汇总纳税企业在中国境外设立的不具有法人资格的二级分支机构，不就地分摊缴纳企业所得税

D. 总机构应将查补所得税款、滞纳金和罚款的50%就地全额缴入中央国库

E. 总机构将分支机构所属资产捆绑打包转让所发生的损失，由总机构向所在地主管税务机关专项申报

45. 甲企业为增值税一般纳税人，2019年5月购置并使用《环境保护专用设备企业所得税优惠目录》中的设备一台，含税价格113万元（取得增值税专用发票，并按规定认证），当年应纳税所得额为150万元，2020年12月因企业转产，将该设备转让给小规模纳税人乙企业，获得含税价格105万元，甲企业当年应纳税所得额为200万元，乙企业当年应纳税所得额为36万元；甲乙都不属于小型微利企业，适用所得税率25%。以下说法正确的有（　　）。

A. 2019年甲企业可以抵免10万元应纳税额

B. 转让时按适用税率计算缴纳增值税

C. 甲企业2019年可以抵免1.13万应纳税额

D. 乙企业2020年应缴纳企业所得税为0

E. 乙公司可以按该专用设备投资额的10%抵免当年企业所得税应纳税额

46. 根据企业所得税法的相关规定，企业提供劳务完工进度的确定，可以选用的方法有（　　）。

A. 已完工作的测量

B. 已提供劳务占劳务总量的比例

C. 以可否出售的比例

D. 发生成本占总成本的比例

E. 预计成本占总成本的比例

47. 下列关于预约定价安排的陈述，正确的有（　　）。

A. 企业可以就其未来年度关联交易的定价原则和计算方法达成定价

B. 分析评估阶段，税务机关可以进行功能和风险实地访谈

C. 企业应在年度终了后6个月内，向税务机关报送执行预约定价安排情况的纸质版和电子版年度报告

D. 企业申请双边或多边预约定价安排的，需要同时向国家税务总局和主管税务机关提交谈签意向书

E. 企业应在年度终了后5个月内，向税务机关报送执行预约定价安排情况的纸质版和电子版年度报告

48. 下列符合《个人所得税专项附加扣除暂行办法》规定的有（　　）。

A. 纳税人的子女接受全日制学历教育的相关支出，按照每个子女每月1 000元的标准定额扣除

B. 父母可以选择由其中一方按扣除标准的100%扣除，也可以选择由双方分别按扣除标准的50%扣除，具体扣除方式在三个纳税年度内不能变更

C. 纳税人在境外接受学历（学位）继续教育的支出，在学历（学位）教育期间按照每月400元定额扣除

D. 在一个纳税年度内，纳税人发生的与基本医保相关的医药费用支出，扣除医保报销后个人负担（指医保目录范围内的自付部分）累计超过15 000元的部分，由纳税人在办理年度汇算清缴时，在80 000元限额内据实扣除

E. 纳税人及其配偶在一个纳税年度内可同时分别享受住房贷款利息和住房租金专项附加扣除

49. 下列情形中，应按照"特许权使用费"项目征收个人所得税的有（　　）。

A. 某电视剧编剧从任职的电视剧制作中心获得的剧本使用费

B. 出租土地使用权取得的收入

C. 作者将自己的文学作品手稿拍卖取得的收入

D. 转让土地使用权取得的收入

E. 取得侵犯专利权的经济赔偿收入

50. 依据个人企业所得税的相关规定，下列说法正确的有（　　）。

A. 个人公益捐赠股权的按照公允价值确定捐赠支出金额

B. 个人公益捐赠货币性资产的按照实际捐赠金额确定捐赠支出金额

C. 居民个人发生的公益捐赠支出可以选择在分类所得、综合所得或者经营所得中扣除。在当期一个所得项目扣除不完的，可以按规定在其他所得项目中继续扣除

D. 居民个人根据各项所得的收入、公益捐赠支出、适用税率等情况，自行决定在综合所得、分类所得、经营所得中扣除的公益捐赠支出的顺序

E. 居民个人取得工资薪金所得的，不可以选择在预扣预缴时扣除，必须选择在年度汇算清缴时扣除

51. 下列关于个人住房贷款利息专项附加扣除符合规定的有（　　）。

A. 首套住房贷款是指购买住房享受首套住房贷款利率的住房贷款

B. 首套住房贷款是指纳税人名下只有一套房贷款享受的住房贷款

C. 纳税人本人或者配偶单独或者共同使用商业银行或者住房公积金个人住房贷款为本人或者其配偶购买住房符合规定的可以扣除贷款利息

D. 纳税人发生的首套住房贷款利息支出，在实际发生贷款利息的年度，按照每月1 000元的标准定额扣除，扣除期限最长不超过360个月

E. 夫妻双方婚前分别购买住房发生的首套住房贷款，其贷款利息支出，婚后可以分别扣除

52. 依据个人所得税法的相关规定,下列2020年度不需要办理汇算的纳税人有( )。
   A. 年度汇算需补税但年度综合所得收入不超过12万元的
   B. 年度已预缴税额大于年度应纳税额且申请退税的
   C. 年度汇算需补税金额不超过400元的
   D. 年度综合所得收入超过12万元且需要补税金额超过400元的
   E. 已预缴税额与年度应纳税额一致或者不申请年度汇算退税的

53. 以下关于个人取得拍卖收入计征个人所得税的表述,正确的有( )。
   A. 作者将自己的文字作品手稿原件或复印件拍卖计征个人所得税时,不涉及财产原值确定问题
   B. 纳税人的财产原值凭证内容填写不规范,或者一份财产原值凭证包括多件拍卖品且无法确认每件拍卖品一一对应的原值的,不得将其作为扣除财产原值的计算依据
   C. 纳税人能够提供合法、完整、准确的财产原值凭证,但不能提供有关税费凭证的,应按征收率计算纳税
   D. 纳税人如不能提供合法、完整、准确的财产原值凭证,不能正确计算财产原值的,一律按转让收入额的3%征收率计算缴纳个人所得税
   E. 对个人财产拍卖所得征收个人所得税时,以该项财产最终拍卖成交价格为其转让收入额

54. 下列免征个人所得税的有( )。
   A. 中国人民解放军师以上单位的奖金
   B. 国家发行的金融债券利息
   C. 保险赔款
   D. 根据国家有关规定,从企业、事业单位、国家机关、社会团体提留的福利费
   E. 国家税务总局规定的其他免税所得

55. 下列选项属于不利于对申请人"受益所有人"身份的判定的因素有( )。
   A. 申请人有义务在收到所得的12个月内将所得的40%以上支付给第三国(地区)居民
   B. 申请人从事的经营活动不构成实质性经营活动
   C. 缔约对方国家(地区)对有关所得征税且实际税率极高
   D. 在利息据以产生和支付的贷款合同之外,存在债权人与第三人之间在数额、利率和签订时间等方面相近的其他贷款或存款合同
   E. 在特许权使用费据以产生和支付的版权、专利、技术等使用权转让合同之外,存在申请人与第三人之间在有关版权、专利、技术等的使用权或所有权方面的转让合同

56. 下列房产中免征房产税的有( )。
   A. 对向居民供热收取采暖费的"三北"地区供热企业,为居民供热所使用的厂房
   B. 国家机关办公用房
   C. 经费来源实行自收自支的事业单位的办公用房
   D. 宗教寺庙的宗教人员使用的生活用房屋
   E. 高校学生公寓

57. 下列关于印花税征收管理规定的说法中,正确的有( )。
   A. 已经贴花的凭证,凡修改后所载金额增加的部分,应补贴印花
   B. 凡多贴印花税票的,不可申请退税,但可申请下期抵扣
   C. 印花税应税凭证应按照《税收征管法实施细则》的规定保存十年
   D. 印花税一般实行就地纳税,但对于全国性商品物资订货会上所签订的合同应纳的印花税,应由纳税人回其所在地后及时办理贴花完税手续
   E. 签订的合同应当在合同生效的日期贴花

58. 下列项目占用耕地,免征耕地占用税的

有( )。
A. 军用机场
B. 军用港口
C. 学校教职工住房
D. 港口码头
E. 农村居民占用耕地新建自用住宅

59. 以下对车船税法的说法正确的有( )。
A. 车船税由保险机构负责征收
B. 车船税按年申报，分月计算，一次性缴纳
C. 从事机动车交通事故责任强制保险业务的保险机构为机动车车船税的扣缴义务人，应当依法代收代缴车船税
D. 按照规定缴纳船舶吨税的机动船舶，自车船税法实施之日起5年内免征车船税
E. 电车以"整备质量"作为车船税的计税依据

60. 以下列方式取得房屋需要缴纳契税的有( )。
A. 法定继承人继承的房屋
B. 以获奖方式取得的房屋
C. 接受赠与的房产
D. 婚姻关系存续期间夫妻之间变更房屋权属
E. 承受荒滩土地使用权

三、计算题(共8题，每题2分。每题的备选项中，只有一个最符合题意。)

（一）

A市甲公司占地35 000平方米，其中厂内绿化用地5 000平方米，厂区外公共绿化用地4 700平方米，附属学校占地7 000平方米，其余为生产车间和办公楼用地；生产车间和办公楼房产原值560万元。公司原有接送职工上下班载客汽车4辆，整备质量为5吨的货车5辆。2020年初公司新征耕地5 000平方米用于扩大经营，每平方米价格0.6万元，当月签订合同并办好土地使用证；6月30日签订房屋租赁合同一份，将价值50万元的办公楼从7月1日起出租给其他企业使用，租期12个月，

月不含税租金0.4万元；2020年10月购进1辆3.0升小轿车自用，签订购销合同，合同注明不含税价格150万元，当月办理了注册登记。

(其他相关资料：①城镇土地使用税税率每平方米5元，耕地占用税每平方米20元；②计算房产余值的扣除比例为20%；③载客汽车车船税额是500元/辆，载货汽车单位税额为50元/吨，3.0升小汽车的单位税额为1 800元/辆)

根据上述资料，回答下列问题：

61. 2020年应缴纳的城镇土地使用税和耕地占用税为( )元。
A. 116 500   B. 216 500
C. 141 500   D. 241 500

62. 2020年应缴纳的车船税为( )元。
A. 2 900   B. 2 750
C. 3 700   D. 3 680

63. 2020年，上述合同应缴纳的印花税为( )元。
A. 15 048   B. 15 503
C. 15 498   D. 15 053

64. 2020年应缴纳的房产税为( )万元。
A. 51 360   B. 51 503
C. 54 240   D. 54 053

（二）

某房地产开发企业2018年1月开始开发某房地产项目，2020年10月项目全部竣工并销售完毕，12月进行土地增值税清算，整个项目共缴纳土地增值税1 100万元，其中2018年—2020年预缴土地增值税分别为240万元、300万元、60万元；2020年清算后补缴土地增值税500万元。2018年—2020年实现的项目销售收入分别为12 000万元、15 000万元、3 000万元，缴纳的企业所得税分别为55万元、310万元、0。该企业2020年度汇算清缴出现亏损，应纳税所得额为-400万元。企业没有后续开发项目，拟申请退税。

根据以上资料，回答以下问题。

65. 实际应退还的 2018 年所得税( )万元。
   A. 45   B. 50
   C. 200   D. 440

66. 实际应退还的 2019 年所得税( )万元。
   A. 62.5   B. 67.5
   C. 72.5   D. 77.5

67. 下列关于 2020 年所得税实际应退税额的说法正确的是( )。
   A. 应退税额 12.5 万元
   B. 应纳税额 12.5 万元
   C. 应退税额 62.5 万元
   D. 应纳税额 62.5 万元

68. 企业累计应退税额( )万元。
   A. 100
   B. 125
   C. 162.5
   D. 以上答案均不对

四、综合分析题(共 12 题,每题 2 分。由单选和多选组成,错选,本题不得分;少选,所选的每个选项得 0.5 分)

(一)

某空调企业以境内、境外全部生产经营活动有关的研究开发费用总额、销售收入总额、高新技术产品收入等指标申请并经认定为高新技术企业,2020 年度相关生产经营业务如下:

(1)销售空调 10 万台,共计不含税销售额 50 000 万元,产品成本 24 000 万元。

(2)将 1 万台同类型空调用于抵偿等额的债务,成本 2 400 万元。

(3)税前准予扣除的税金及附加(不包括房产税)1 249.66 万元。

(4)发生销售费用 2 500 万元,其中含全年实际支出的广告费 2 370 万元。

(5)发生管理费用 1 200 万元,其中包含业务招待费 140 万元、环境保护专项资金支出 40 万元,新产品研究开发支出 120 万元。

(6)发生财务费用 300 万元,其中当年 1 月 1 日起,向其他非关联企业借款 1 000 万元,期限 1 年,支付利息 100 万元,同期同类银行利率是 5%。

(7)6 月份,企业接受非关联企业赠与的原材料一批,金额为 550 万元,未取得增值税专用发票,企业自己负担运杂费 35 万元。

(8)企业原自有房产原值为零,当年自建两栋完全一样的办公楼,6 月 30 日建成投入生产经营,入账金额共为 800 万元;8 月 1 日将一栋办公楼用于出租,收取三年不含税租金 72 万元,企业选择按年确认租金收入;已知当地政府规定的计算房产余值的扣除比例为 30%。

(9)当年从境外 A 国被投资方分回所得 2 000 万元,A 国的税率为 20%。

根据上述资料,回答下列问题:

69. 企业当年的收入总为( )万元。
   A. 51 010   B. 52 510
   C. 52 560   D. 57 560

70. 企业当年应纳的房产税为( )万元。
   A. 2.68   B. 3.56
   C. 2.18   D. 3.16

71. 税前准予扣除的期间费用为( )万元(不含加计扣除)。
   A. 3 104.25   B. 3 894
   C. 4 146.55   D. 4 034

72. 企业当年境内的应纳税所得额为( )万元。
   A. 23 923.18   B. 26 086.24
   C. 26 112.26   D. 26 142.13

73. 根据上述题目,涉及的所得税的处理符合税法规定的有( )。
   A. 用于抵债的 1 万台空调,所得税应确认收入
   B. 运杂费 35 万元应当计入接受捐赠的收入
   C. 环境保护专项资金支出可以在税前扣除
   D. 出租的房屋应当按照 72 万元计入当年的所得

E. 新建的办公楼应当从6月份开始计算房产税

74. 企业当年应纳的企业所得税为( )万元。
    A. 6 950.55   B. 5 920.44
    C. 6 087.8   D. 3 588.48

姓名	基本工资	岗位工资	工龄补贴	托儿补助费	工资总额	代扣		实发工资
						三险一金	个人所得税	
林某	120 000	30 000	8 000	600	158 600	20 000	—	—

（2）3月受邀出演乙文化公司创作的舞剧，当月演出四场共获得劳务报酬20 000元。

（3）4月出版专著取得稿费收入15 000元，发生资料费支出4 000元。

（4）林某正在偿还首套住房贷款及利息，林某为独生女，林某父母均已年过60岁。林某的独生子正在读大学3年级，林某夫妻约定由林某扣除贷款利息和子女教育费。

（5）林某2020年3月以个人名义购入境内上市公司股票，同年9月出售，持有期间取得股息1.9万元；从境内非上市公司取得股息0.7万元。

（6）2020年1月1日起将其位于市区的一套公寓住房按市价出租，每月收取租金4 000元。1月因卫生间漏水发生修缮费用900元，已取得合法有效的支出凭证。

（7）歌舞团于2021年1月与林某签订了解除劳动关系协议，一次性支付已在本公司任职8年的林某经济补偿金115 000元（甲歌舞团所在地上年职工平均工资25 000元）。

要求：根据上述资料，不考虑其他因素和税费。分析回答下列问题。

75. 林某当年取得的下列收入中，计入全年综合所得年度收入额的金额正确的有( )。
    A. 甲歌舞团的工资薪金收入158 000元
    B. 甲歌舞团的工资薪金收入158 600元
    C. 受邀出演乙文化公司创作的舞剧演出四场的劳务报酬收入额16 000元
    D. 出版专著取得稿费收入额8 400元

76. 林某缴付的下列费用中，准予从年度应纳税所得额中扣除的是( )。
    A. "三险一金"支出20 000元
    B. 贷款利息支出12 000元
    C. 子女教育支出12 000元
    D. 赡养老人支出24 000元

77. 计算林某全年综合所得应缴纳个人所得税税额为( )元。
    A. 1 614   B. 2 920
    C. 2 476.4   D. 2 394

78. 计算林某股息所得应缴纳个人所得税税额为( )万元。
    A. 0.33   B. 0.26
    C. 0.52   D. 0.45

79. 林某2020年1月出租房屋应缴纳的个人所得税为( )元。
    A. 240   B. 700
    C. 640   D. 1 280

80. 歌舞团2021年1月支付林某一次性经济补偿金应代扣代缴个人所得税( )元。
    A. 1 800   B. 1 600
    C. 1 620   D. 1 480

模拟试卷（二）参考答案及详细解析

一、单项选择题

1. B 【解析】企业之间支付的管理费、企业内营业机构之间支付的租金和特许权使用费,以及非银行企业内营业机构之间支付的利息,不得扣除。

2. A 【解析】 可扣除的财产损失 = 5 + 3 × 13% = 5.39(万元)
抵债服装销售所得 = 120 - 100 = 20(万元),
债务重组所得 = 150 - (120 + 120 × 13%) = 14.4(万元)。
这两项业务应纳企业所得税 = (20 + 14.4 - 5.39) × 25% = 7.25(万元)。

3. D 【解析】 选项 A,转让财产所得,以收入全额减除财产净值后的余额为应纳税所得额;选项 B、C,租金、特许权使用费所得,以收入全额为应纳税所得额。

4. D 【解析】 企业发生的合理的工资、薪金支出准予据实扣除。
福利费扣除限额 = 300 × 14% = 42(万元),实际发生 45 万元,准予扣除 42 万元;
工会经费扣除限额 = 300 × 2% = 6(万元),实际发生 5 万元,可据实扣除;
职工教育经费扣除限额 = 300 × 8% = 24(万元),实际发生 15 万元,可据实扣除;
税前准予扣除的工资和三项经费合计 = 300 + 42 + 5 + 15 = 362(万元)。

5. A 【解析】 企业委托境外机构销售开发产品的,其支付境外销售费用(含佣金或手续费)不超过委托销售收入 10% 的部分,准予据实扣除。佣金手续费扣除限额 = 5 000 × 10% = 500(万元)。
应缴纳企业所得税 = (5 000 - 3 000 - 500 - 375) × 25% = 281.25(万元)。

6. A 【解析】 会计利润 = 4 000 + 40 - 2 100 - 200 - 500 - 500 - 40 = 700(万元),广告费扣除限额 = 4 000 × 15% = 600(万元),实际发生了 300 万元,准予全部扣除,上年结转的广告费支出也允许扣除。
应纳企业所得税 = (700 - 100 - 40) × 15% = 84(万元)。

7. D 【解析】 企业为购置、建造固定资产发生借款的,在有关资产购置、建造期间发生的合理的借款费用,应予以资本化,作为资本性支出计入有关资产的成本。厂房建造前发生的借款利息可以在税前直接扣除,可以扣除的借款费用 = 3 000 × 4.5% ÷ 12 × 3 = 33.75(万元)。

8. D 【解析】 选项 A,以房产的公允价值作为被投资方的计税基础;选项 B,以非货币性资产对外投资确认的非货币性资产转让所得,可在不超过 5 年期限内,分期均匀计入相应年度的应纳税所得额,按规定计算缴纳企业所得税;选项 C,企业以非货币性资产对外投资,应于投资协议生效并办理股权登记手续时,确认非货币性资产转让收入的实现。

9. B 【解析】 A 国的扣除限额 = 50 × 25% = 12.5(万元),在 A 国实际缴纳的所得税 = 50 × 20% = 10(万元),小于抵扣限额,需要补税。
企业在汇总时在我国应缴纳的企业所得税 = 1 000 × 25% + (50 × 25% - 10) = 252.5(万元)。

10. B 【解析】 销售商品涉及现金折扣的,应当按扣除现金折扣前的金额确定销售商品收入金额。企业已经确认销售收入的售出商品发生销售折让和销售退回,应当在发生当期冲减当期销售商品收入。国债利息收入免税。所以,应税收入 = (2 025 - 50 - 25) + 120 + 20 + 10 = 2 100(万元)。

11. C 【解析】 非居民企业从中国境内取得的股息、红利等权益性投资收益和利息、租金、特许权使用费所得,以收入全额为应纳税所得额。应纳税额 = (30 + 80 + 50) × 10% + (100 - 65) × 10% = 19.5(万元)。

12. C 【解析】 债资比例,金融企业 5:1,其他企业 2:1。
合理的借款金额 = 150 × 2 = 300(万元),准予扣除的利息费用 = 300 × 6% = 18(万元),则利息支出超过规定标准 = 40 - 18 = 22(万元),需要进行纳税调增应纳税所得额

22万元。

或：债资比=500/150=3.33

本金限制不能扣除的利息=500×6%×(1-2/3.33)=12(万元);

利率限制不能扣除的利息=500×(8%-6%)=10(万元);

合计不得扣除的利息=12+10=22(万元)。

13. C 【解析】租入固定资产的改建支出，按照合同约定的剩余租赁期限分期摊销。

14. A 【解析】选项B，专门从事股权(股票)投资业务的企业，不得核定征收企业所得税；选项C，应该由纳税人缴纳税款，不是扣缴义务人缴纳；选项D，自2021年起，制造企业发生研发费用形成无形资产的，按无形资产成本的200%在税前摊销。

15. A 【解析】上海分支机构分摊比例=0.35×[80÷(80+70)]+0.35×[30÷(30+40)]+0.30×[50÷(50+60)]=47.30%

上海分支机构应预缴企业所得税=160×50%×47.30%=37.84(万元)。

16. A 【解析】在中国境内无住所的个人，在中国境内居住累计满183天的年度连续不满六年的，经向主管税务机关备案，其来源于中国境外且由境外单位或者个人支付的所得，免予缴纳个人所得税。

17. A 【解析】个人财产拍卖所得适用"财产转让所得"项目计算个人所得税。纳税人如不能提供合法、完整、准确的财产原值凭证，不能正确计算财产原值的，按转让收入额的3%征收率计算缴纳个人所得税。

工资收入应缴纳的个人所得税=(8 500+350+1 500-5 000)×3%=160.5(元)。

拍卖的个人所得税=15×3%×10 000=4 500(元)。

应缴纳的个人所得税合计=160.5+4 500=4 660.5(元)。

18. B 【解析】房产按原值确定公益捐赠支出金额为250万元，捐赠的旧汽车属于股权、房产以外的非货币性资产，按市场价格确定捐赠支出金额为11万元，公益捐赠的支出金额=10+250+11=271(万元)。

19. C 【解析】公益捐赠扣除限额=360 000×30%=108 000(元)，小于实际捐赠额120 000元。

2020年1-12月累计应纳税额=(360 000-108 000)×20%-16 920=33 480(元)。

2020年1-11月已累计缴纳个税=330 000×25%-31 920=50 580(元)。

汇算时退税金额=50 580-33 480=17 100(元)。

20. D 【解析】选项A，出租汽车经营单位对出租车驾驶员采取单车承包或承租方式运营，出租车驾驶员从事客货营运取得的所得，按"工资、薪金所得"征税；选项B，个人因专利权被侵害获得的经济赔偿所得，按"特许权使用费所得"征收个人所得税；选项C，除个人独资企业、合伙企业以外的其他企业的个人投资者以企业资本金为本人购买的汽车，按"利息、股息、红利所得"征收个人所得税。

21. A 【解析】应缴纳个人所得税=(10 000-5 000)×10%-210=290(元)。

22. B 【解析】扣缴义务人每月或者每次预扣、代扣的税款，应当在次月十五日内缴入国库，并向税务机关报送扣缴个人所得税申报表。

23. A 【解析】年终一次性奖金应纳个人所得税的计算：

480 000÷12=40 000(元)，适用税率30%，速算扣除数是4 410元。

应纳个人所得税=480 000×30%-4 410=139 590(元)。

24. B 【解析】当地上年度职工平均工资3倍数额以内的部分，免征个人所得税；超过3倍数额的部分，不并入当年综合所得，单独使用综合所得税率计算。

应纳税所得额=370 000-60 000×3-

40 000＝150 000(元)。

应纳税额＝150 000×20%－16 920＝13 080(元)。

25. B 【解析】选项A、C、D属于免税的所得。

26. A 【解析】工资、薪金所得，是指个人因任职或受雇而取得的工资、薪金、奖金、年终加薪、劳动分红、津贴、补贴以及与任职或者受雇有关的其他所得。全勤奖属于奖金，应按"工资、薪金"项目计征个人所得税。

27. B 【解析】选项B，企业和事业单位根据规定的办法和标准，为在本单位任职或者受雇的全体职工缴付的企业年金或职业年金单位缴费部分在计入个人账户时，个人暂不缴纳。

28. D 【解析】企业所得税法规定不得在计算应纳税所得额时扣除的利息支出，不得结转到以后纳税年度。

29. C 【解析】所得税是一个国家国际税收最主要的方面。

30. D 【解析】建筑承包合同中总包合同和分包合同都是需要贴花的，应纳印花税＝(5 500+1 300)×0.3‰＝2.04(万元)。

31. A 【解析】货物运输合同的计税依据为取得的运输费金额(即运费收入)，不包括所运货物的金额、装卸费和保险费等。

32. D 【解析】选项A，老年服务机构自用的房产暂免征收房产税；选项B，对居民住宅区内业主共有的经营性房产，由实际经营(包括自营和出租)的代管人或使用人缴纳房产税。其中自营的，依照房产原值减去10%至30%后的余值计征，没有房产原值或不能将共有住房划分开的，由房产所在地地方税务机关参照同类房产核定房产原值；出租的，依照租金收入计征。选项C，为支持农村饮水安全工程(以下称饮水工程)巩固提升，自2019年1月1日至2023年12月31日对饮水工程运营管理单位自用的生产、办

公用房产，免征房产税。选项D，经营公共租赁住房所取得的租金收入，免征房产税。

33. B 【解析】(1)施工企业建设的房屋，从办理验收手续之日的次月起，计征房产税。

物资仓库应缴纳房产税＝300×(1－30%)×1.2%÷12×4＝0.84(万元)

(2)以房产联营投资，不共担风险，只收取固定收入，应由出租方按租金收入计缴房产税，从租计征房产税＝12.5÷(1+9%)×12%＝1.38(万元)，2020年1月1日到2020年8月31日，这8个月应按照房产余值计征，从价计征房产税＝400×(1－30%)×1.2%÷12×8＝2.24(万元)。

(3)该企业2020年度应缴纳房产税＝0.84+1.38+2.24＝4.46(万元)。

34. C 【解析】(1)货车应纳税额＝5.7×60×10＝3 420(元)

(2)挂车应纳税额＝4.5×60×5×50%＝675(元)

(3)客车应纳税额＝10×480＝4 800(元)

该运输公司应纳车船税＝3 420+675+4 800＝8 895(元)。

35. B 【解析】商用货车和三轮汽车都是以整备质量为计税标准的。辅助动力帆艇是以艇身长度每米为计税标准的。

36. C 【解析】房屋买卖的，其契税计税依据为房屋权属转移合同确定的成交价格，包括应交付的货币以及实物、其他经济利益对应的价款；土地使用权互换的，其契税计税依据为所互换的土地使用权价格的差额。

甲某上述经济事项应缴纳契税＝300×4%+40×4%＝13.6(万元)。

37. C 【解析】选项C，法定继承人通过继承承受土地、房屋权属的，免征契税。

38. C 【解析】土地使用权由几方共有的，由共有各方按照各自实际使用的土地面

积占总面积的比例，分别计算缴纳土地使用税。政府机关用地免征城镇土地使用税。该公司应缴纳城镇土地使用税 = 2 000÷5×4×5 = 8 000(元)。

39. A 【解析】选项 A，应税船舶在吨税执照期限内，因修理、改造导致净吨位变化的，吨税执照继续有效。

40. B 【解析】选项 A，农村居民在规定用地标准以内占用耕地新建自用住宅，按照当地适用税额减半征收耕地占用税；选项 C、D，铁路线路、公路线路、飞机场跑道、停机坪、港口、航道、水利工程占用耕地，减按每平方米 2 元的税额征收耕地占用税。

二、多项选择题

41. BCE 【解析】非居民企业取得下列所得免征企业所得税：
(1)外国政府向中国政府提供贷款取得的利息所得；
(2)国际金融组织向中国政府和居民企业提供优惠贷款取得的利息所得；
(3)经国务院批准的其他所得。

42. BDE 【解析】选项 B，计提的职工教育经费不得在税前全额扣除，只有实际发生不超过工资薪金总额 8%的部分准予扣除，超过部分准予以后纳税年度扣除；选项 D、E 不可以在税前扣除。

43. DE 【解析】选项 A，外购的固定资产，以购买价款和支付的相关税费以及直接归属于使该资产达到预定用途发生的其他支出为计税基础；选项 B，自行建造的固定资产，以竣工结算前发生的支出为计税基础；选项 C，融资租入的固定资产，租赁合同约定付款总额的，以租赁合同约定的付款总额和承租人在签订租赁合同过程中发生的相关费用为计税基础。

44. ABCE 【解析】总机构应将查补所得税款(包括滞纳金、罚款)的 50%按照规定计算的分摊比例，分摊给各分支机构缴纳，各分支机构根据分摊查补税款就地办理缴库；50%分摊给总机构缴纳，其中 25%就地办理缴库，25%就地全额缴入中央国库。

45. ABDE 【解析】2019 年购置时取得了增值税专用发票，抵扣了进项税，所以，增值税部分不作为投资额。由于购置时抵扣了进项税，所以，销售时按适用税率计算增值税销项税。
2019 年甲企业缴纳的企业所得税 = 150×25%−100×10% = 27.5(万元)。
2020 年甲企业缴纳的企业所得税 = 200×25%+100×10% = 60(万元)。
2020 年乙企业缴纳的企业所得税 = 36×25%−105×10% = −1.5(万元)，所以当年乙企业不需要缴纳企业所得税，不足抵免的税额 1.5 万元可以在以后 5 个纳税年度结转抵免。

46. ABD 【解析】企业提供劳务完工进度的确定，可以选用的方法有：已完工作的测量、已提供劳务占劳务总量的比例、发生成本占总成本的比例。

47. ABCD 【解析】选项 E，企业应在年度终了后 6 个月内，向税务机关报送执行预约定价安排情况的纸质版和电子版年度报告。

48. AD 【解析】选项 B，父母可以选择由其中一方按扣除标准的 100%扣除，也可以选择由双方分别按扣除标准的 50%扣除，具体扣除方式在一个纳税年度内不能变更；选项 C，纳税人在中国境内接受学历(学位)继续教育的支出，在学历(学位)教育期间按照每月 400 元定额扣除；选项 E，纳税人及其配偶在一个纳税年度内不可同时分别享受住房贷款利息和住房租金专项附加扣除。

49. ACE 【解析】选项 B，按照"财产租赁所得"税目征收个人所得税；选项 D，按照"财产转让所得"税目征收个人所得税。

50. BCD 【解析】选项 A，个人公益捐赠股权、房产的,按照个人持有股权、房产的财产原值确定捐赠支出金额;选项 E,居民个人取得工资薪金所得的,可以选择在预扣预缴时扣除,也可以选择在年度汇算清缴时扣除。

51. AC 【解析】选项 B,首套住房贷款是指购买住房享受首套住房贷款利率的住房贷款;选项 D,纳税人发生的首套住房贷款利息支出,在实际发生贷款利息的年度,按照每月 1 000 元的标准定额扣除,扣除期限最长不超过 240 个月;选项 E,选择其中一套购买的住房,由购买方按扣除标准的 100% 扣除,也可以由夫妻双方对各自购买的住房分别按扣除标准的 50% 扣除,具体扣除方式在一个纳税年度内不能变更。

52. ACE 【解析】选项 B 和 D,需要办理汇算。

53. ABE 【解析】选项 C,不能按征收率计算纳税,应当就财产原值凭证上注明的金额据实扣除,并按照税法规定计算缴纳个人所得税;选项 D,一般都是 3%,但是存在特殊情况,就是经文物部门认定是海外回流文物的,按转让收入额的 2% 征收率缴纳个人所得税。

54. BCD 【解析】选项 A,省级人民政府、国务院部委和中国人民解放军军以上单位,以及外国组织、国际组织颁发的科学、教育、技术、文化、卫生、体育、环境保护等方面的奖金;选项 E,国务院规定的其他免税所得。

55. BDE 【解析】选项 A,申请人有义务在收到所得的 12 个月内将所得的 50% 以上支付给第三国(地区)居民;选项 C,缔约对方国家(地区)对有关所得不征税或免税,或征税但实际税率极低。

56. ABDE 【解析】选项 C,国家财政部门拨付事业经费的单位自用的房产免税,自用的房产是指这些单位本身的业务用房,包括实行差额预算管理的事业单位本身自用的房产免征房产税,不包括经费来源实行自收自支的事业单位。

57. ACD 【解析】选项 B,凡多贴印花税票的,不得申请退税或者抵扣;选项 E,一般在应纳税凭证书立或领受时即行贴花完税,不得延至凭证生效日期贴花。

58. AB 【解析】选项 C,按当地适用税额缴税;选项 D,港口码头减按每平方米 2 元的税额征税;选项 E,农村居民在规定用地标准以内占用耕地新建自用住宅,按照当地适用税额减半征税。

59. BCD 【解析】选项 A,车船税由税务机关负责征收;选项 E,电车以"辆"作为车船税的计税依据。

60. BC 【解析】选项 A,法定继承人通过继承承受土地、房屋权属,免征契税;选项 D,婚姻关系存续期间夫妻之间变更土地、房屋权属,免征契税;选项 E,承受荒山、荒地、荒滩土地使用权用于农、林、牧、渔业生产,免征契税,用于其他方面的,应征收契税。

三、计算题

(一)

61. B 【解析】应缴纳的城镇土地使用税 = (35 000 - 4 700 - 7 000) × 5 = 116 500(元)。
应缴纳的耕地占用税 = 5 000 × 20 = 100 000(元)。
合计 = 116 500 + 100 000 = 216 500(元)。

62. C 【解析】应缴纳的车船税 = 4 × 500 + 5 × 5 × 50 + 1 × 1 800 ÷ 12 × 3 = 3 700(元)。

63. B 【解析】应缴纳的印花税 = 5 000 × 0.6 × 0.5‰ × 10 000 + 5 + 0.4 × 12 × 0.1% × 10 000 + 150 × 0.3‰ × 10 000 = 15 503(元)。

64. C 【解析】应缴纳的房产税 = 560 × (1 - 20%) × 1.2% × 6 ÷ 12 × 10 000 + (560 - 50) × (1 - 20%) × 1.2% × 6 ÷ 12 × 10 000 + 0.4 × 6 × 12% × 10 000 = 54 240(元)。

(二)

65. B 【解析】2018 年分摊的土地增值税 = 1 100 × (12 000 ÷ 30 000) = 440(万元);应

纳税所得额调整 = 240 - 440 = - 200（万元），应退税额 = 200×25% = 50（万元），实际缴纳税额 55 万元，可退税额 50 万元。

66. A 【解析】2019 年分摊的土地增值税 = 1 100×（15 000÷30 000）= 550（万元）；应纳税所得额调整 = 300 - 550 = - 250（万元），应退税额 = 250×25% = 62.5（万元），实际缴纳税额 310 万元，可退税额 62.5 万元。

67. B 【解析】2020 年分摊的土地增值税 = 1 100×（300÷30 000）= 110（万元）；应纳税所得额调整 = 60 + 500 - 110 = 450（万元），调整后的应纳税所得额 = - 400 + 450 = 50（万元），当年应纳税额 = 50×25% = 12.5（万元）。

68. A 【解析】累计应退税额 = 50 + 62.5 - 12.5 = 100（万元）。

四、综合分析题

（一）

69. D 【解析】收入总额 = 50 000 + （50 000÷10）×1 + 72÷（3×12）×5 + 550 + 2 000 = 57 560（万元）。

70. D 【解析】从租计税：72÷（3×12）×5×12% = 1.2（万元）。
从价计税：400×（1 - 30%）×1.2%×6÷12 + 400×（1 - 30%）×1.2%×1÷12 = 1.96（万元）。
合计应缴纳房产税 = 1.96 + 1.2 = 3.16（万元）。

71. B 【解析】销售（营业）收入 = 50 000 + （50 000÷10）×1 + 72÷（3×12）×5 = 55 010（万元）。
广告费用扣除限额 = 55 010×15% = 8 251.5（万元），实际支出的广告费 2 370 万元，可据实扣除。
业务招待费用扣除限额 = 55 010×5‰ = 275.05（万元），实际发生额的 60% = 140×60% = 84（万元），只能扣除 84 万元，环境保护专项资金支出可以税前扣除，借款的利息可以扣除的限额 = 1 000×5% = 50（万元），实际发生 100 万元，只能扣除 50 万元。
税前准予扣除的期间费用 = 2 500 + 1 200 - 140 + 84 + 300 - 100 + 50 = 3 894（万元）。

72. A 【解析】境内的应纳税所得额 = 57 560 - 2 000 - 24 000 - 2 400 - 1 249.66 - 3 894 - 3.16 - 120×75%（加计扣除）= 23 923.18（万元）。

73. AC 【解析】选项 B，接受捐赠确认的所得只包括货物的价款和增值税；选项 D，租赁期限跨年度，且租金提前一次性支付的，企业选择按年确认租金收入的，应当根据权责发生制确认租金收入；选项 E，新建的办公楼应当从 7 月份开始计算房产税。

74. D 【解析】高新技术企业，适用税率 15%，该企业以境内、境外全部生产经营活动有关的研究开发费用总额、销售收入总额、高新技术产品收入等指标申请并经认定为高新技术企业，来源于境外所得可以按 15% 的优惠税率缴纳企业所得税，该企业境外已经按 20% 税率计算缴纳所得税，所以在中国境内不需要补缴税款。
应缴纳企业所得税 = 23 923.18×15% = 3 588.48（万元）。

（二）

75. ACD 【解析】选项 B，托儿补助费不计入工资薪金收入；选项 C 和 D，劳务报酬所得、稿酬所得、特许权使用费所得以收入减除 20% 的费用后的余额为收入额；稿酬所得的收入额减按 70% 计算。

76. ABCD 【解析】选项 A，三险一金属于专项扣除项目；选项 B、C、D，符合专项附加扣除的规定，可以扣除。

77. B 【解析】应纳税所得额 = （158 000 + 16 000 + 8 400）- 60 000 - 20 000 - 12 000 - 12 000 - 24 000 = 54 400（元）。
应纳税额 = 36 000×3% + （54 400 -

36 000)×10% = 2 920(元)或 54 400×10%-2 520=2 920(元)。

78. A 【解析】个人所得税法规定：个人从公开发行和转让市场取得的上市公司股票，持股期限在1个月以内(含1个月)的，其股息红利所得全额计入应纳税所得额；持股期限在1个月以上至1年(含1年)的，暂减按50%计入应纳税所得额；持股期限超过1年的，暂免征税。上述所得统一适用20%的税率计征个人所得税。如果属于非上市公司或境外公司的，按照税率20%征收。应纳税额=1.9×50%×20%+0.7×20%=0.33(万元)。

79. A 【解析】应缴纳个人所得税=(4 000-800-800)×10%=240(元)。

80. D 【解析】超过免税标准的补偿金=115 000-25 000×3=40 000(元)。应纳个人所得税=40 000×10%-2 520=1 480(元)。

附录：本书适用的税率表

表1　个人所得税预扣率表一

（居民个人工资、薪金所得预扣预缴适用）

级数	累计预扣预缴应纳税所得额	预扣率(%)	速算扣除数
1	不超过36 000元	3	0
2	超过36 000元至144 000元的部分	10	2 520
3	超过144 000元至300 000元的部分	20	16 920
4	超过300 000元至420 000元的部分	25	31 920
5	超过420 000元至660 000元的部分	30	52 920
6	超过660 000元至960 000元的部分	35	85 920
7	超过960 000元的部分	45	181 920

表2　个人所得税预扣率表二

（居民个人劳务报酬所得预扣预缴适用）

级数	预扣预缴应纳税所得额	预扣率(%)	速算扣除数
1	不超过20 000元	20	0
2	超过20 000元至50 000元的部分	30	2 000
3	超过50 000元的部分	40	7 000

表3　个人所得税税率表三

（非居民个人工资、薪金所得，劳务报酬所得，稿酬所得，特许权使用费所得适用）

级数	应纳税所得额	税率(%)	速算扣除数
1	不超过3 000元	3	0
2	超过3 000元至12 000元的部分	10	210
3	超过12 000元至25 000元的部分	20	1 410
4	超过25 000元至35 000元的部分	25	2 660
5	超过35 000元至55 000元的部分	30	4 410
6	超过55 000元至80 000元的部分	35	7 160
7	超过80 000元的部分	45	15 160

表4　个人所得税税率表一
（综合所得适用）

级数	累计预扣预缴应纳税所得额	预扣率(%)	速算扣除数
1	不超过 36 000 元	3	0
2	超过 36 000 元至 144 000 元的部分	10	2 520
3	超过 144 000 元至 300 000 元的部分	20	16 920
4	超过 300 000 元至 420 000 元的部分	25	31 920
5	超过 420 000 元至 660 000 元的部分	30	52 920
6	超过 660 000 元至 960 000 元的部分	35	85 920
7	超过 960 000 元的部分	45	181 920

表5　按月换算后的综合所得税率表

级数	全月应纳税所得额	税率(%)	速算扣除数
1	不超过 3 000 元的	3	0
2	超过 3 000 元至 12 000 元的部分	10	210
3	超过 12 000 元至 25 000 元的部分	20	1 410
4	超过 25 000 元至 35 000 元的部分	25	2 660
5	超过 35 000 元至 55 000 元的部分	30	4 410
6	超过 55 000 元至 80 000 元的部分	35	7 160
7	超过 80 000 元的部分	45	15 160

表6　个人所得税税率表二
（经营所得适用）

级数	全年应纳税所得额	税率(%)	速算扣除数
1	不超过 30 000 元的	5	0
2	超过 30 000 元至 90 000 元的部分	10	1 500
3	超过 90 000 元至 300 000 元的部分	20	10 500
4	超过 300 000 元至 500 000 元的部分	30	40 500
5	超过 500 000 元的部分	35	65 500

表7　印花税适用比例税率表

应税凭证	税率
财产租赁合同、仓储保管合同、财产保险合同	1‰
加工承揽合同、建设工程勘察设计合同、货物运输合同、产权转移书据、记载资金账簿	0.5‰
购销合同、建筑安装工程承包合同、技术合同	0.3‰
借款合同	0.05‰

表8　船舶吨税税目、税率表

税目（按船舶净吨位划分）	税率（元/净吨）						备注
	普通税率（按执照期限划分）			优惠税率（按执照期限划分）			
	1年	90日	30日	1年	90日	30日	
不超过2 000净吨	12.6	4.2	2.1	9.0	3.0	1.5	1. 拖船按照发动机功率每千瓦折合净吨位0.67吨；2. 无法提供净吨位证明文件的游艇，按照发动机功率每千瓦折合净吨位0.05吨；3. 拖船和非机动驳船分别按相同净吨位船舶税率的50%计征税款
超过2 000净吨，但不超过10 000净吨	24.0	8.0	4.0	17.4	5.8	2.9	
超过10 000净吨，但不超过50 000净吨	27.6	9.2	4.6	19.8	6.6	3.3	
超过50 000净吨	31.8	10.6	5.3	22.8	7.6	3.8	

注：拖船，是指专门用于拖（推）动运输船舶的专业作业船舶；非机动驳船，是指在船舶登记机关登记为驳船的非机动船舶。

你来找茬，给你奖励

"梦想成真"辅导丛书自出版以来，以严谨细致的专业内容和清晰简洁的编撰风格受到了广大读者的一致好评，但因水平和时间有限，书中难免会存在一些疏漏和错误。读者如有发现本书不足，可扫描"欢迎来找茬"二维码上传纠错信息，审核后每处错误奖励10元购课代金券。（多人反馈同一错误，只奖励首位反馈者。请关注"中华会计网校"微信公众号接收奖励通知。）

在此，诚恳地希望各位学员不吝批评指正，帮助我们不断提高完善。

邮箱：mxcc@cdeledu.com

微博：@正保文化

欢迎来找茬

中华会计网校
微信公众号